Otto Rank

Psychoanalytische Beiträge zur Mythenforschung

Gesammelte Studien aus den Jahren 1912 bis 1914

SEVERUS

**Rank, Otto: Psychoanalytische Beiträge zur
Mythenforschung - Gesammelte Studien aus den
Jahren 1912 bis 1914**
Hamburg, SEVERUS Verlag 2013.
Nachdruck der Originalausgabe,
Wien/Leipzig: 1919

ISBN: 978-3-86347-578-9
Druck: SEVERUS Verlag, Hamburg, 2013

**Bibliografische Information der Deutschen
Nationalbibliothek:**
Die Deutsche Nationalbibliothek verzeichnet diese
Publikation in der Deutschen Nationalbibliografie;
detaillierte bibliografische Daten sind im Internet über
http://dnb.d-nb.de abrufbar.

INHALTSVERZEICHNIS

VORWORT.

Die Psychoanalyse hat schon frühzeitig und ungezwungen
wertvolle Beziehungen zu den Geisteswissenschaften gewonnen, namentlich durch ihren Schöpfer Freud selbst, der in seinem grund-
legenden Werke „Die Traumdeutung" die durch die ubiquitäre Symbolik, die typischen Träume und die spezifischen Mechanismen des
unbewußten Schaffens nahegelegte tiefere Verwandtschaft des Traumes
mit Mythus, Kunst und Witz psychologisch begründet und für die
Betrachtung kulturgeschichtlicher Fragen fruchtbar gemacht hat.
Dem Ausbau dieses ursprünglich bescheidenen Ablegers der psychoanalytischen Forschungen, der sich in überraschend kurzer Zeit zu
stattlicher Selbständigkeit entwickelte, dienten zunächst die von
Freud seit dem Jahre 1908 herausgegebenen „Schriften zur angewandten Seelenkunde", in denen seine Mitarbeiter, Anhänger und
Schüler die Bedeutung der psychoanalytischen Betrachtungsweise für
das Verständnis verschiedener geisteswissenschaftlicher Probleme in
Einzeluntersuchungen dargelegt haben [1]. Bald erwies sich jedoch dieser
Rahmen der Fülle und Mannigfaltigkeit der Gesichtspunkte und
Mitarbeiter gegenüber als zu eng, so daß sich Freud, einer An-
regung von H. Sachs folgend, im Jahre 1912 zur Gründung einer
eigenen „Zeitschrift für Anwendung der Psychoanalyse auf die
Geisteswissenschaften" mit dem Titel „Imago" entschloß, der als
Ergänzung zur „Internationalen Zeitschrift für ärztliche Psycho-

---

[1] Vom Verfasser erschienen in dieser Sammlung: „Der Mythus von
der Geburt des Helden", Versuch einer psychologischen Mythendeutung,
1909, in englischer Übersetzung von Drs. F. Robbins und S. Jelliffe. im
„Journal of Nervous and Mental Disease" 1913; als Buch in „Nervous and
M. D. Monograph Series Nr. 18", Neuyork 1914, (eine italienische Übersetzung
befand sich vor dem Kriege in Vorbereitung), sowie „Die Lohengrinsage",
Beiträge zu ihrer Motivgestaltung und Deutung, 1911.

_analvse" die systematische Pflege der Völkerpsychologie, also
Mythologie, Religions-, Sprach- und Sozialpsychologie ebenso wie
der Ästhetik, Biographik, Charakterologie, Pädagogik, Moraltheorie
Kriminal- und Kinderpsychologie obliegt, welches weitverzweigte
Erscheinungsgebiet die Psychoanalyse von seiner gemeinsamen
Wurzel im unbewußten Seelenleben so weit zu umfassen vermochte,
als der Geltungsbereich psychologischer Problemstellung und Lösung
auf Grund unserer heutigen Erkenntnis reicht[1].

In dieser Stärke der psychoanalytischen Betrachtungsweise,
die sich gerade in ihrer Anwendung auf die Probleme der Geisteswissenschaften bewährt hat, liegt aber zugleich eine ihrer notwendigen Grenzen. Die Psychoanalytiker, die zumeist von der ärztlichen Praxis her als Laien an die geisteswissenschaftlichen Probleme
herantraten, mußten den Fachleuten dieser Wissensgebiete als Eindringlinge in fremdes Gebiet erscheinen, denen man um so leichter
das Recht absprechen mochte, in diesen Fragen überhaupt mit-
zureden, als ihre Ergebnisse — auch wenn man von der anfangs
vielleicht unvermeidlichen Einseitigkeit absieht — im ganzen doch
recht unbequem waren und manches langgehegte Vorurteil zu er-
schüttern drohten. Die ursprüngliche und natürliche Abneigung der
Fachgelehrten gegen neue und fremdartige Methoden hat sich so
in dem besonderen Falle der Psychoanalyse zu einer Gegnerschaft
verschärft, die in der Nichtbeachtnng dessen, was die Analytiker
zum Verständnis verschiedener Probleme beizutragen hatten, einen
für beide Parteien unzweckmäßigen Ausdruck gefunden hat. Anstatt
uns dort, wo wir zu neuartigen Fragestellungen gedrängt, eigenartige Lösungsversuche vorgeschlagen haben, wenn schon nicht zv
folgen, so doch anzuhören und dort, wo wir aus Unkenntnis de
Materie oder der fachlichen Methodik und Literatur gefehlt hatten,
eines Besseren zu belehren, hat man uns in Acht und Bann getan
und glaubte mit dieser affektiven Erledigung sich die wissenschaftliche Auseinandersetzung zu ersparen. Wenn einzelne Leistungen der
angewandten Psychoanalyse, wie dies gelegentlich geschehen ist, von
Fachgelehrten sachlich gewürdigt und mitunter sogar anerkannt
wurden, so geht doch unser Verlangen danach, endlich einmal mit

---

[1] Siehe die systematische Zusammenfassung von Rank und Sachs
„Die Bedeutung der Psychoanalyse für die Geisteswissenschaften" (Grenzfragen des Nerven- und Seelenlebens, hg. v. Löwenfeld), Wiesbaden 1913.

wirklichen Argumenten kritisiert zu werden. Die psychoanalytische
Wissenschaft ist nicht so einseitig, wie es manchmal in den Arbeiten
ihrer Vertreter den Anschein haben mag, und schon durch ihren
Grundsatz von der Überdeterminierung alles seelischen Geschehens
bereitwillig zur Berücksichtigung anderer Gesichtspunkte eingestellt.
Durch die ablehnende Haltung der Fachgelehrten genötigt, haben
wir selbst die undankbare Aufgabe auf uns nehmen müssen, die
ersten, schwierigsten und notwendigerweise auch unsichersten
Schritte mit den Ergebnissen unserer Wissenschaft auf den fremden
Wissensgebieten zu unternehmen, auf die durch die psychoanalytischen
Forschungen ein überraschend neues Licht geworfen wurde. Wir
hatten dabei gar nicht die Absicht, die Forscher anderer Wissensgebiete zu belehren, sondern wollten uns zunächst selbst über die
Tragweite der Freudschen Entdeckungen klar werden, wobei wir
gerade Unterstützung und Belehrung von den anderen Wissensgebieten erhofften.

Namentlich gilt dies für das Gebiet der Mythologie, auf dem
die Psychoanalyse am frühesten und erfolgreichsten festen Fuß gefaßt hatte, ohne doch bisher, trotz der erfreulichen Mitarbeit ver-
einzelter Mythologen, den Anschluß an die Mythenforschung gefunden
zu haben. Durch Sammlung und Herausgabe seiner in den Jahren
1912 bis 1914 in den verschiedenen psychoanalytischen Periodicis[1]
veröffentlichten Beiträge zur Mythenforschung hofft nun der Verfasser, die Aufmerksamkeit der Mythologen, Folkloristen und Kultur-
historiker vom Fach auf die Bedeutung psychoanalytischer Gesichtspunkte zu lenken und ihre Stellungnahme herauszufordern. Die bei
derartigen Sammlungen unvermeidlichen Wiederholungen werden bei
der Neuartigkeit des Gegenstandes vielleicht nicht unerwünscht sein
und die zunächst auf einen engeren Kreis berechnete knappe Dar-
legung der analytischen Voraussetzungen weniger störend machen.
Aus ähnlichen Gründen wurde auch die nahegelegte chronologische

---

[1] Imago. Zeitschrift für Anwendung der Psychoanalyse auf die
Geisteswissenschaften. Seit 1912.

Jahrbuch für psychoanalytische und psychopathologische Forschungen. Seit 1909 bis 1914.

Internationale Zeitschrift für ärztliche Psychoanalyse. Seit 1913.

Zentralblatt für Psychoanalyse. Medizinische Monatschrift für
Seelenkunde. 1911 bis 1914.

Reihenfolge zugunsten der inhaltlichen Zusammengehörigkeit aufgegeben. Die wenigen unwesentlichen Veränderungen des Textes
sollten gleichfalls das Verständnis mancher unklaren Ausdrucksweise
erleichtern und vereinzelte Zusätze des Materials, die aus Mangel
an den nötigen literarischen Behelfen während der Kriegszeit sehr
bescheiden ausgefallen sind, die Beweiskraft erhöhen helfen.

Zur Vorbereitung der Herausgabe dieser Arbeiten während
der Kriegszeit veranlaßte den Verfasser der Umstand, daß einzelne
im Rahmen der bisherigen mythologischen Arbeiten geplante Fort-
führungen und Ergänzungen, die das Bild der psychoanalytischen
Mythenforschung abrunden sollten, vorläufig keine Aussicht haben,
verwirklicht zu werden. Doch gibt sich der Verfasser der Hoffnung
hin, daß es ihm in absehbarer Zeit vergönnt sein werde, von anderer
Seite her eine Ausgestaltung und Vertiefung der hier angewandten
Gesichtspunkte erreichen zu können.

Krakau, im Oktober 1917.

Dr. Otto Rank.

I.

MYTHOLOGIE UND PSYCHOANALYSE[1].

> „Der Traum bringt uns in ferne Zustände
> der menschlichen Kultur wieder zurück und gibt
> ein Mittel an die Hand, sie besser zu verstehen."
> Nietzsche.

Die Berechtigung, Methodik und Ergebnisse der Psychoanalyse
für das Verständnis der Entstehung, Wandlung und Bedeutung mythischer Überlieferungen fruchtbar zu machen, läßt sich durch den
Hinweis begründen, daß mit derartigen Untersuchungen die Grenzen
der eigentlichen psychoanalytischen Domäne im Grunde nicht überschritten werden. Abgesehen davon, daß der Mythus seit jeher als
deutungsbedürftig galt, ist wohl kaum zu verkennen, daß wir es in
den mythischen und märchenhaften Erzählungen der Natur- wie der
Kulturvölker, gleichgültig welchen Sinn und Inhalt sie haben mögen,
mit Phantasieprodukten zu tun haben und diese Feststellung
bietet uns die Gewähr für den berechtigten und notwendigen Anteil
psychologischer Betrachtung an der Mythenforschung. Gerade in der
Durchleuchtung des menschlichen Phantasielebens und seiner Produktionen hat die Psychoanalyse ihre Hauptleistung vollbracht: Zunächst in der Aufdeckung der mächtigen unbewußten Triebkräfte,
aus denen sie gespeist werden, in der Klarlegung der psychischen
Mechanismen, die ihre jeweilige Form bestimmen, und im Verständnis der vorwiegend symbolischen Ausdrucksmittel, die
ihren geheimen Sinn verraten; letzten Endes auch in der Konstatie-

---

[1] Nach: „Grenzfragen des Nerven- und Seelenlebens", 1913, Nr. 93,
Kap. II, ferner Referat über „Mythologie" im Jahrbuch für psychoanalytische
Forschungen, VI. Bd. 1914 und „Traumdeutung", 4. Aufl., 1914, Kap. VI,
Anhang 2.

rung der realen Nöte und Unbefriedigungen, die zur Phantasiebildung
überhaupt drängen.

Die erste Anregung für psychoanalytische Bemühungen um das
Verständnis der Mythenbildung und Mythenbedeutung ging von der
Einsicht in die Entstehung und den Sinn der Träume aus, die wir
Freud verdanken. Allerdings ist man nicht erst durch die Psychoanalyse auf die Beziehungen zwischen Traum und Mythus aufmerksam geworden; die außerordentliche Bedeutung des Traumlebens für Dichtung und Mythus war, wie P. Ehrenreich[1] betont,
zu allen Zeiten anerkannt. Nicht nur sollen bei vielen Völkern, nach
ihrer eigenen Angabe, Träume die einzige Quelle der Mythenbildung
sein, auch namhafte Mythologen wie Laistner, Mannhardt, Roscher
und neuestens auch Wundt haben die Bedeutung des Traumlebens, namentlich des Angsttraumes, für das Verständnis einzelner
Mythen- oder wenigstens Motivgruppen eingehend gewürdigt. Insbesondere der Alptraum, mit seinen zahlreichen Beziehungen zu
mythologischen Motiven, bot hiezu am ehesten sowohl Anlaß als
auch geeignetes Material und einzelne seiner Elemente, wie die Bewegungshemmung, der Namensanruf (Schrei), die Fragepein u. a.
scheinen tatsächlich ihren Niederschlag in den entsprechenden mythischen Erzählungen gefunden zu haben (Laistner). Und wenn diese
Anschauungsweise auch in jüngster Zeit durch die in den Vordergrund gerückte „Naturbedeutung" einigermaßen in Mißkredit geraten
scheint, so bleibt sie darum doch in den Augen einsichtiger Forscher,
wie beispielsweise Ehrenreichs, als wertvolle Erkenntnis unbe-
stritten. Man begreift aber die schroffe Gegenüberstellung der rein
innerlichen, psychologischen Betrachtungsweise, die vom Traumleben
ausgeht, und der Auffassung, welche ausschließlich die reale Umwelt
(Naturvorgänge) zur Grundlage nimmt, wenn man den engen Geltungsbereich einer Erklärungsweise ermißt, die so ziemlich auf den
Typus des Angsttraumes beschränkt blieb und auch hiebei an dem
unverstandenen Traumerlebnis und Inhalt haftete (F. v. d. Leyen)[2].

So interessant diese Parallelisierungen auch sind, vermögen sie
doch nicht der Bedeutung des Traumlebens für die Mythenbildung

---

[1] „Die allgemeine Mythologie und ihre ethnologischen Grundlagen."
Leipzig 1910, S. 149 (Mythol. Bibl. IV, 1).

[2] „Das Märchen," Leipzig 1911 („Wissenschaft und Bildung", Nr. 96).

gerecht zu werden. Die Annahme einer Verwendung einzelner auffälliger Traumerlebnisse im Zusammenhang märchenhafter Erzählungen kann unmöglich das Problem erschöpfen. Auch hier hat die
psychoanalytische Forschung allmählich über die Deskription hinaus
zu den gemeinsamen unbewußten Triebkräften der Traum- und Mythenproduktion geführt[1]. War die Parallelisierung von Traum und Mythus
und damit dessen psychologische Betrachtungsweise einmal in ihrer
prinzipiellen Berechtigung anerkannt, so mußte notwendig einem
tieferen Verständnis des Traumlebens auch ein Fortschritt auf dem
Gebiet der Mythenforschung entsprechen. Den ersten, zugleich wichtigsten und in vielfacher Hinsicht denkwürdigen Schritt in dieser
Richtung erblicken wir in Freuds Deutung der antiken Ödipusmythe, die er auf Grund typischer Träume männlicher Individuen
vom Tode des Vaters und dem geschlechtlichen Verkehr mit der
Mutter als allgemein menschlichen Ausdruck dieser primitiven, in
der Vorzeit aktuell gewesenen, seither aber intensiv verdrängten
Wunschregungen aufklären konnte. Von besonderer Bedeutung für
das Verständnis der Mythen erwiesen sich auch die übrigen „typischen Träume", deren Inhalt und Aufbau deutliche Analogien zu den
allgemein-menschlichen Mythenbildungen verriet. Steht auch unter
diesen das Ödipusmotiv durch seine Bedeutung und Wandlungsfähigkeit bei weitem voran, so zeigt eine andere Reihe von Überlieferungen auffällige, bis ins Detail gehende Übereinstimmungen mit dem
sogenannten „Nacktheitstraum"[2], während andere mythische Motive,
wie das der Sintflut oder Wassergeburt sich psychologisch aus der
identischen Symbolik des Geburtstraumes verstehen lassen[3]. Die
Bedeutsamkeit dieser Beziehungen verdient näher gewürdigt und vor

---

[1] Hier sei gleich eine merkwürdige Beziehung des Traumes zur Mythenforschung erwähnt, die sich nur auf dem Boden der Psychoanalyse ergeben
konnte. Es gibt Träume, die sich zur Darstellung aktueller psychischer
Situationen gewisser aus der Kindheit bekannter Märchenstoffe bedienen.
Die Analyse deckt in diesen Fällen zugleich mit dem Grund für die individuelle Verwendung des Motivs oft auch dessen allgemeine Bedeutung auf,
die sich mythologisch fruchtbar erweist. (Vgl. Freud: „Märchenstoffe in
Träumen" [Internat. Zeitschr. f. Psychoanalyse, I, 1913, S. 147], dazu die
ausführliche Analyse „Aus der Geschichte einer infantilen Neurose", Sammlung kl. Schriften, 4. Folge, 1918.)

[2] Siehe Abschnitt X.

[3] Siehe Abschnitt VII.

Mißverständnissen bewahrt zu werden; eine Auseinandersetzung darüber vermag uns ein Stück weit in die Methodik der psychoanalytischen Mythendeutung einzuführen.

Wie man bemerkt, führt ihr Fortschritt weit über die bloß äußerliche Parallelisierung hinaus zu den gemeinsamen unbewußten Quellen, aus denen nicht nur die Traumleistung in gleicher Weise wie die Mythenbildung, sondern alle Phantasieprodukte überhaupt gespeist werden. Die Psychoanalyse hat also nicht irgend eine beliebig akzeptable Deutung vorzuschlagen, sondern sie begründet damit die Notwendigkeit der Mythendeutung überhaupt aus dem Anteil, den das Unbewußte an der Mythenbildung hatte. Ferner setzt sie an Stelle der flächenhaften Vergleichung eine genetische Betrachtungsweise, welche gestattet, die Mythen als die entstellten Überreste von Wunschphantasien ganzer Nationen, sozusagen als die Säkularträume der jungen Menschheit aufzufassen. Wie der Traum in individueller Hinsicht, so repräsentiert der Mythus im phylogenetischen Sinne ein Stück des untergegangenen Kinderseelenlebens und es ist eine glänzende Bestätigung der psychoanalytischen Betrachtungsweise, daß sie die aus der Individualpsychologie geschöpfte Erkenntnis des unbewußten Seelenlebens in den mythischen Überlieferungen der Vorzeit vollinhaltlich wiederfindet. Insbesondere der tragende Konflikt der kindlichen Psyche, das ambivalente Verhältnis zu den Eltern und zur Familie, mit seinen vielseitigen Beziehungen, hat sich als Hauptmotiv der Mythenbildung und als wesentlicher Inhalt mythischer Überlieferung erwiesen.

Es empfiehlt die Freudsche Deutung der Ödipus-Sage ganz besonders, daß sie nichts in das Material hineinträgt und zu seinem Verständnis keiner Hilfsannahmen bedarf, sondern daß sie direkt in den gegebenen Elementen den Sinn der Mythe nachweist. Die einzige Voraussetzung ist das Stück unerschrockenen Forschermutes — wie es übrigens Ödipus selbst repräsentiert[1] —, das den an der Einsicht

---

[1] Man vgl. in Schopenhauers Schreiben an Goethe (vom 11. November 1815) die Stelle: „Der Muth keine Frage auf dem Herzen zu behalten ist es dér den Philosophen macht. Dieser muss dem Ödipus des Sophokles gleichen, der Aufklärung über sein eignes schreckliches Schicksal suchend, rastlos weiter forscht, selbst wenn er schon ahndet, dass sich aus den Antworten das Entsetzlichste für ihn ergeben wird. Aber da tragen die meisten die Jokaste in sich, welche den Ödipus um aller Götter willen

in das Traumleben geschulten Psychoanalytiker in den Stand setzt, in gleicher Weise wie die Mythenschöpfer an die psychische Realität des Erzählten zu glauben. Wir haben damit den wichtigsten Grundsatz der psychoanalytischen Mythenauffassung formuliert[1], wenngleich wir uns darüber klar sind, daß die unverhüllte Naivität der griechischen Ödipus-Fabel, die seine Anwendung ohne weiteres zuläßt, nur einen besonders günstigen Ausnahmefall darstellt, wie übrigens auch die zu ihrem Verständnis herangezogenen Traumbilder in ihrer Durchsichtigkeit vom regulären Typus der Traumbildung auffällig genug abweichen. Es ist unnötig, die von Freud[2] erörterten Gründe hiefür zu wiederholen; es hat sich gezeigt, daß die Mehrzahl der Mythen, gleichwie die Mehrzahl unserer Träume, erst nach einer mehr oder weniger komplizierten Deutungsarbeit ihren tieferen Sinn verraten.

Die ihnen zugrunde liegenden anstößigen Wunschregungen erscheinen in ähnlichen Entstellungen und symbolischen Verkleidungen wie die Mehrzahl der Träume. Wir finden in der Mythenbildung die uns aus dem Traumstudium bekannten Mechanismen der Verdichtung, der Affektverschiebung, der Personifizierung psychischer Regungen und ihrer Spaltung oder Vervielfachung, endlich auch die Schichtenbildung wieder und können, was diese Einsicht eigentlich wertvoll macht, auch die Tendenzen aufzeigen, die sich dieser Mechanismen bedienen. Macht man auf Grund dieser Kenntnis die Entstellungen rückgängig, so stößt man am Ende auf jene primitiven Triebregungen, deren Unterdrückung dazu geführt hatte, die ihnen versagte direkte Befriedigung in der mythischen Einkleidung durchzusetzen. Ja, es hat sich ergeben, daß die Entwicklung der mythischen Vorstellungen in ihrem weiteren Umfang geradezu die kulturelle Einordnung des einzelnen in die Familie und dieser in die Stammesgemeinschaft widerspiegelt (vgl. das Schlußkapitel).

Auch der Gesichtspunkt der Deutung ist, wie die Parallelisierung mit dem Traum, keineswegs erst durch die Psychoanalyse nahegelegt worden. Die Anschauung, daß die Mythen außer ihrem manifesten Sinn — der übrigens nicht immer ohne weiteres verständlich ist — noch

---

bittet, nicht weiter zu forschen: und sie geben ihr nach . . . . ." (Ferenczi, „Imago", I, S. 276 ff.)

[1] Es ist dies zugleich ein Fundamentalsatz der psychoanalytischen Betrachtungsweise überhaupt.

[2] Traumdeutung, 4. Aufl., S. 201.

eine andere, geheime Bedeutung haben müßten, daß sie also erst
zu deuten seien, ist uralt; vielleicht so alt, wie die Mythen selbst,
die schon bei ihrem Auftreten, ähnlich wie die Träume, befremdendes
Unverständnis erweckt haben mochten, das durch die dem Erzählten
zugeschriebene reale Glaubwürdigkeit nur wenig gemildert wurde.
Es ist nun nach verschiedenen psychoanalytischen Erfahrungen
sehr wahrscheinlich, wenn auch nicht unbedingt beweisbar, daß der
Prozeß, den man auf einer frühen Stufe reicher Entfaltung als
Mythenbildung bezeichnet, und der sich später in kultische, religiöse
künstlerische, philosophische Bestrebungen sondert, seinen Anfang
nahm zu einer Zeit, wo der Mensch den naiven Glauben an die unbe-
dingte Realisierbarkeit aller seiner Wünsche und verpönten Begierden
verlieren mußte, zu einem Zeitpunkt also, den wir in der individuellen
Entwicklung als den Beginn der Verdrängungsperiode kennen.

Mit dieser Einsicht ist ein weiteres wichtiges Prinzip psychoanalytischer Mythenforschung gegeben. Ist der Mythus, wie wir es
vom Traum und anderen psychischen Leistungen wissen, ein Produkt
mächtiger nach Ausdruck ringender unbewußter Strebungen und gleichzeitig auch der Gegenregungen, die sie an der vollständigen Durchsetzung hindern, so muß sich in seinem Inhalt die Wirkung dieses
Konfliktes äußern, und eine psychologische Deutung wird in der Rückgängigmachung seiner Entstellungen ihre Aufgabe zu sehen haben.
Allerdings muß ihr dabei immer Ziel und Absicht ihrer Forschung
bewußt bleiben: durch Aufzeigung der ursprünglich an der Mythenbildung beteiligten unbewußten Triebkräfte den geheimen psychologischen Sinn des Mythus zu ergründen, womit keineswegs auch
die älteste Form der mythischen Erzählung oder ihre ursprüngliche
bewußte Bedeutung rekonstruiert ist, deren Herstellung die Mythologie als ihre Aufgabe betrachtet. Wenngleich nun nicht zu leugnen
ist, daß in manchen Fällen die ursprünglichere Überlieferung dem
unbewußten Sinn näher steht, da mit dem Fortschreiten der Verdrängung immer weiter gehende Entstellungen verbunden sind, so
darf doch nicht an das Prinzip von der allmählichen Wiederkehr
des ursprünglich Verdrängten vergessen werden, das uns gestattet,
oft noch in hochkomplizierten und späten Gestaltungen, wie beispielsweise in den Märchen, weniger verhüllte Stücke des unbewußten
Sinnes zu entdecken. So weit wird auch die Psychoanalyse der vergleichenden Mythen- und Märchenforschung nicht entraten können;

allerdings nicht zu dem Endzweck, die ursprüngliche Gestaltung des Mythus zu eruieren, vielmehr in der Absicht, den unbewußten Sinn zu erschließen, der vermutlich auch in der ursprünglichsten Form nicht voll kenntlich gewesen sein wird.

Denn das Bedürfnis nach Gestaltung und Erzählung von Mythen kann erst mit dem Verzicht auf gewisse reale Lustquellen und der Nötigung zu ihrem kompensatorischen Ersatz in der Phantasiebefriedigung eingesetzt haben. Dieser reale Verzicht, den wir als das phylogenetische Gegenstück unserer psychischen Verdrängung auffassen gelernt haben, nötigt die Wunschphantasie zu ähnlichen, wenn auch noch nicht so raffinierten Entstellungen wie diese. Der Glaube an die Realität des Mythus spiegelt seine Abstammung aus der versagten Wirklichkeit wieder, die in der mythischen Erzählung verherrlicht wird und so den Fortschritt des Menschen in der Kulturentwicklung ermöglicht. Die Psychoanalyse rekonstruiert die ehemals bewußt geduldete, dann verbotene und nur in der (mythischen) Phantasie wieder entstellt zum Bewußtsein zugelassene Wunschdurchsetzung (Triebbefriedigung), deren reale Hemmung den ersten Anstoß zur Mythenbildung bot. Sie ist sich dabei klar, letzten Grundes nichts anderes zu treiben als Psychologie, Analyse des Phantasielebens, das sich ebensowohl in anderen Formen manifestiert.

Entschließt man sich, die bisher angedeuteten dynamischen Faktoren des Seelenlebens als wesentlich für die Mythenbildung zu berücksichtigen, so versteht man nicht nur das frühzeitig auftretende Bedürfnis nach einer Deutung des entstellten und unverständlichen mythischen Produktes, sondern auch die Wege, auf denen man diese zunächst suchen mußte. Wird der Mythus konstituiert als Ersetzung psychisch versagter Realitäten und ihre rechtfertigende Projektion auf übermenschliche Götter und Heroen, denen das dem Menschen anstößig Gewordene noch erlaubt sein darf, so wird das Deutungsbedürfnis, das psychologisch noch zum Mythus dazugehört, notwendigerweise diese Abwehr zu unterstützen und zu verstärken suchen. Diese Deutung wird sich also nicht den zugrunde liegenden psychischen Realitäten, sondern im Gegenteil den Phänomenen der Außenwelt zuwenden, die eine Beziehung auf das nur teilweise verstandene und vom Bewußtsein abgelehnte Phantasieprodukt gestatten. Daß sich besonders überragende Helden

und außergewöhnliche Menschen dazu eignen, die der allgemeinen
Verdrängung unterliegenden Regungen gewissermaßen kollektivisch
auf sich zu nehmen und als übermenschliche Heroentaten durchzusetzen, ist ja naheliegend und wird durch die Träger der mythischen
Erzählungen sowie die ihnen zugeschriebenen Taten bewiesen.

Minder einleuchtend scheint die Beziehung menschlich gefaßter
Mythen und Märchen zu den Naturvorgängen und Himmels-
körpern, wie sie die naturmythologische Deutungsweise behauptet.
Doch braucht man sich als psychologische Berechtigung für diese
Auffassung nur gegenwärtig zu halten, daß der phantasiebegabte
Mensch der Vorzeit auch auf die unbeseelten Naturerscheinungen,
denen er mit bewunderndem Unverständnis gegenüberstand, je nach
ihrer Eignung gewisse eigene Affekte übertrug (projizierte) und sie
so mit seinem psychischen Leben verwob. Der Naturvorgang an sich
wurde ihm allerdings nicht zum Motiv, sondern bot ihm nur Material
für die Phantasiebildung, ähnlich wie der Träumer äußere Reize oft
geschickt in sein Traumbild verwebt. Man darf die Bedeutung
der Naturphänomene für die Mythenbildung vielleicht überhaupt ähnlich einschätzen wie die Psychoanalyse das aktuelle Tagesmaterial
für die aus unbewußten Motiven erfolgende Traumbildung wertet.
Es ist wahrscheinlich,) daß dem mythenbildenden Menschen die Projektion der versagten Befriedigungen auf vergöttlichte Heroen und
vermenschlichte Götter nicht genügte, sondern daß er auch in anthro-
pomorpher Weise die den göttlichen Willen repräsentierenden Naturvorgänge in die Mythenbildung einbezog. Der Umstand, daß die
fertigen Mythen diesen Anteil bis zu einem gewissen verschieden
deutlichen Grade erkennen lassen, scheint dafür zu sprechen, daß
schon bei ihrer Gestaltung die vermenschlichte Auffassung der
Naturvorgänge mitbestimmend war. Anscheinend in der Weise, daß
die bereits früher im Dienste der Selbsterhaltung (Furcht) und auf
dem Wege der Selbstdarstellung (Projektion des Ich auf die Umwelt) personifizierten Phänomene zur Zeit, da der Mensch nach
äußeren Darstellungsobjekten für seine verdrängten Regungen suchte,
als ein Material zur Mythenbildung bereit lagen, während die Triebkraft für beide Prozesse aus dem unbewußten Affektleben stammt.
Dieser Auffassung entspricht es völlig, daß der in seiner Berechtigung — namentlich für die festen mythischen Kalenderzahlen
— nicht zu bestreitende naturmythologische Anteil immer nur rein

deskriptiv zu zeigen vermag, welche Naturvorgänge bestimmten
mythischen Motiven entsprechen können, aber nicht zum dynamischen Verständnis der psychischen Prozesse leitet, die zur anthro-
pomorphischen Apperzeption äußerer Vorgänge überhaupt und weiterhin zu ihrer Ausgestaltung in der Form menschlicher Erzählungen
führen.

Die manchen mythischen Erzählungen eigentümliche Beziehung
psychischer Inhalte und Vorgänge auf Naturphänomene gehört
zum Teil noch vormythischen Perioden der „animistischen Weltanschauung" an, deren Berücksichtigung uns wieder nur zu einem
psychologischen Ausgangspunkt der Mythenbildung und Mythenforschung zurückführt. Mag es die moderne Mythenforschung
immerhin als ihre Aufgabe betrachten, die zumeist in rein menschlicher Einkleidung überlieferten mythischen Erzählungen (und der
„Mythos" ist nichts anderes als „Erzählung") auf die Darstellung von Naturvorgängen „zurückzuführen" — wie man etwa
das prächtig sinnliche Hohelied Salomonis als Gespräch zwischen
Christus und der Kirche „gedeutet" hat — Aufgabe des Psychologen
wird gerade das Umgekehrte bleiben: die menschlich eingekleideten
Phantasieprodukte, auch dort, wo sie direkt auf andere Vorgänge
übertragen scheinen, aus ihren psychologischen Quellen abzuleiten
und zu verstehen. Dies geschieht vermöge Kenntnis der Verdrän-
gungs- und Ersatzbildungsvorgänge und der dabei verwendeten
psychischen Mechanismen, wie sie uns aus dem psychoanalytischen
Studium des menschlichen Phantasielebens bekannt geworden sind.
Das Problem der Vereinbarung oder Ausgleichung der psychoanalytischen und der seit langem in verschiedenen Variationen herrschenden
naturalistischen Mythendeutung ist zunächst nur als prinzipielles
zu stellen, da seine Speziallösung den Rahmen der psychoanalytischen Mythenforschung überschreitet. Die Aufgabe, die von der
Analyse erhärteten Gesichtspunkte bei der Mythendeutung zu berücksichtigen, fiele eigentlich den Mythologen von Fach zu, die aber leider in
ihrer aprioristisch einseitigen Auffassung verharren. Die Psychoanalytiker, die ja zunächst als Eindringlinge in fremdes Gebiet erscheinen
mußten, haben von allem Anfang, an den Gesichtspunkt der Überdeterminierung gewöhnt, die Berechtigung anderer Erklärungsweisen
nicht in Abrede gestellt. Der menschlichen Einkleidung des Mythus,
die so sehr für die psychoanalytische Auffassung spricht, wird

aber oft eine naturalistische Bedeutung untergelegt, ohne daß die Gewähr dafür geboten scheint, es liege ihr auch ein entsprechender Inhalt zugrunde. Soweit dies der Fall ist, hat die analytische Forschung auch versucht, diese Elemente zu berücksichtigen und sie jeweils an die Stelle zu rücken, die ihnen im Gesamtaufbau des Mythus zukommt. Eine Reihe von Überlieferungen, namentlich soweit sie das in der Mythologie dominierende Inzestmotiv enthalten, läßt jedoch gar keine oder nur eine offenkundig sekundäre Beziehung auf Naturvorgänge erkennen; aber auch solche mythische Erzählungen, die direkt auf Erscheinungen der Natur anspielen, lassen sich durch Hervorhebung dieser Elemente nicht „deuten", d. h. in ihrem tieferen Sinn erfassen. Die Streitfrage spitzt sich dann dahin zu, ob man bereits die primitive Naturauffassung, die der mythischen Erzählung zugrunde liegt oder erst diese selbst als „Mythus" bezeichnen will, eine Frage, die wir im zweiten Sinne beantworten möchten, da eben der Mythus nichts anderes als Erzählung ist und die anthropomorphe Naturauffassung der über die Mythologie hinausreichenden animistischen Weltanschauung angehört.

Der Psychoanalytiker, der die Überdeterminierung aller seelischen Erscheinungen kennt, ist sich von vornherein klar über den Anteil, den eine Reihe bewußter Faktoren des Seelenlebens an der Mythenbildung notwendigerweise haben muß, und leugnet durchaus nicht die Bedeutung naiver Naturauffassung für die Gestaltung der Mythen. Daß viele Mythen eine Naturgrundlage haben, ist eine Tatsache, die von keiner psychoanalytischen Deutung geleugnet oder auch nur tangiert würde. Freud hat im Gegenteil an einem schönen Beispiel gezeigt[1], wie der eigentliche menschlich bedeutsame Mythus sich auf dieser anthropomorphen Naturauffassung erhebt, wie unzureichend aber eine Erklärung ausfallen muß, die mit Aufzeigung dieser Grundlage auch den Inhalt des Mythus erschöpft sieht.

Die bloße Schilderung eines Naturvorganges ist noch kein Mythos und seine menschliche „Einkleidung" setzt komplizierte psychologische Prozesse voraus, die dem von der Psychoanalyse influenzierten Forscher näher liegen und besser verständlich scheinen. Hinter den in einer Reihe mythischer Überlieferungen zweifellos enthaltenen Naturelementen erhebt sich die psychologische Frage, warum gerade

---

[1] „Das Motiv der Kästchenwahl." Imago, II, 1913

diese Naturvorgänge mit diesen menschlichen Gestalten und Motiven verknüpft wurden, auf welche Weise dies erfolgte und warum gerade in der dem Mythos eigentümlichen Weise, die ihn als solchen erst charakterisiert.

Wenn dem gegenüber extreme Vertreter der Naturdeutungsmethode in starrer Weise daran festhalten, daß mit der Aufzeigung atmosphärischer, lunarer, astraler und ähnlicher Elemente des Mythus, die mitunter nur auf dem Wege gekünstelter und allegorischer Spielereien herausgelesen werden können, dessen „Deutung" voll gegeben sei, so erwacht jenseits dieser Feststellungen für den Psychologen ein erneutes Interesse. Er gewinnt den Eindruck, als befänden sich die Forscher, welche sich einer ausschließlich naturmythologischen Deutungsweise — gleichviel in welchem Sinne — bedienen, bei ihrem Bemühen, den Sinn der mythischen Erzählungen zu ergründen, in einer den primitiven Mythenschöpfern ähnlichen Einstellung, indem sie sich bestrebten, gewisse anstößige Motive durch Beziehung auf die Natur, durch Projektion in die Außenwelt ihrer Anstößigkeit zu entkleiden und so die der Mythenbildung zugrunde liegende psychische Realität durch Unterlegung einer andersartigen objektiven Realität zu verleugnen. Diese Abwehrtendenz ist wahrscheinlich eines der Hauptmotive für die mythische Projektion anstößiger Gedanken auf kosmische Vorgänge gewesen und ihre Reaktivierungsmöglichkeit im Dienste der Mythenerklärung wird von den Begründern der naturmythologischen Deutungsweise ganz naiv als besonderer Vorteil ihres Verfahrens geschätzt. So gesteht Max Müller[1], daß „durch dieses Verfahren nicht bloß bedeutungslose Sagen eine eigene Bedeutung und Schönheit erhielten, sondern daß man dadurch einige der empörendsten Züge der klassischen Mythologie beseitige und ihren wahren Sinn ausfindig mache". — Diesem naiven Eingeständnis gegenüber erinnert man sich gerne der scharfen Worte des Arnobius, der allerdings als Anhänger des Frühchristentums ein persönliches Interesse daran hatte, die heidnischen Götter so roh als möglich erscheinen zu lassen, und der darum die allegorisierenden Mythendeutungen seiner Zeitgenossen (etwa 300 n. Chr.) mit folgenden Worten zurückweist: „Inwiefern

---

[1] Essays (Bd. II d. deutsch. Übersetzung. Leipzig 1869, S. 143). Ähnlich Cox: Mythology of the Aryan Nations, vol. I.

seid ihr denn wohl sicher, daß ihr in der Erklärung und Auslegung denselben Sinn wahrnehmt und darlegt, den jene Historiker selbst in ihren verborgenen Gedanken hatten, den sie aber nicht mit dem eigentlichen Ausdrucke, sondern in anderen Worten dargestellt haben? Es kann doch ein zweiter eine andere scharfsinnigere und wahrscheinlichere Auslegung ersinnen . . . . Da dem so ist, wie könnt ihr etwas Gewisses von vieldeutigen Dingen herleiten und eine bestimmte Erklärung dem Worte geben, das ihr durch zahllose Arten der Auslegung durchgeführt findet? . . . . wie wollt ihr denn wissen, welcher Teil der Erzählung in gewöhnlicher Darstellung abgefaßt, was dagegen in ihr durch zweideutige und fremdartige Ausdrücke verhüllt ist, wo die Sache selbst kein Merkmal enthält, welches die Unterscheidung an die Hand gibt? Entweder muß alles in allegorischer Weise abgefaßt sein, und von uns so erklärt werden oder nichts . . . . . Vordem war es üblich, allegorischen Reden den ehrbarsten Sinn zu geben, schmutzige und häßlich lautende Dinge mit dem Schmuck anständiger Benennung zu verhüllen; jetzt sollen sittsame Dinge zotig und garstig eingehüllt werden!" — Diese vor vielen Jahrhunderten niedergeschriebenen Worte gelten unverändert gewissen Ausschreitungen moderner Naturmythologen, die — wie beispielsweise S i e c k e — das mythische Motiv der Kastration als Darstellung der Mondabnahme, das des Inzests als eine bestimmte Konstellation des Mondes zur Sonne erklären.

Wie wenig die Berücksichtigung der unbewußten Triebkräfte eine Beachtung der Naturelemente ausschließt, zeigt am besten die Tatsache, daß die meisten Mythologen, die eine naturalistische Auffassung vertreten, in den wesentlichen Punkten der Mythenauffassung mit den Ergebnissen der psychoanalytischen Forschung zusammentreffen. So gesteht G o l d z i h e r [1], wenngleich in naturmythologisch befangener Naivität, daß „Elternmorde oder Kindestötungen, Brudermorde und Geschwisterkämpfe, geschlechtliche Liebe und Vereinigung zwischen Kindern und Eltern, zwischen dem Bruder und der Schwester die Hauptmotive des Mythos ausmachen"; und S t u c k e n , J e r e m i a s u. a. bezeichnen direkt Inzest und K a s t r a t i o n als „Motiv der Urzeit", das sich allenthalben in der Mythologie finde. Während aber die Psychoanalyse diese Regungen, deren Bedeutung sie aus dem infan-

---

[1] „Der Mythos bei den Hebräern." Leipzig 1876, S. 107.

tilen Aktualleben wie aus dem unbewußten Seelenleben des Erwachsenen würdigen gelernt · hat, als psychische Realität anzuerkennen vermag, bleibt die Naturdeutung bei der ablehnenden Projektion dieser Regungen an den Himmel stehen. Demgegenüber
haben einsichtige Forscher die sekundäre Rolle der Naturbedeutung[1]
betont, und ein psychologisch orientierter Mythologe wie Wundt
lehnt den von manchen Mythologen festgehaltenen Standpunkt eines
himmlischen Ursprungs der Mythen als eine psychologisch unvoll-
ziehbare Vorstellung ab[2], indem er den Helden als Projektion
menschlicher Wünsche und Hoffnungen auffaßt.

Aufgabe der psychoanalytischen Mythenforschung ist es, den
durch Beziehung auf Naturvorgänge und anderweitige Entstellungen
unkenntlich gewordenen unbewußten Sinn der dem Mythus zugrunde
liegenden Phantasien aufzudecken. Das geschieht vermöge unserer
Einsicht in den Inhalt und die Mechanismen des unbewußten Seelenlebens, das wir am Traum besonders deutlich studieren, aber auch
in andern Äußerungen (wie Religion, Kunstwerk, Witz etc.) nachweisen können. Wir treten damit ausdrücklich dem Mißverständnis
entgegen, welches uns die Auffassung der älteren „Traumtheorie"
zuschreibt, die gewisse mythische Motive direkt aus dem Traumerlebnis hervorgehen ließ. Wir haben vielmehr Traum und Mythus
als parallele Produktionen der gleichen seelischen Kräfte erkannt,
welche auch andere Schöpfungen der Phantasie hervorbringen. Damit
ist aber nicht gesagt, daß Traum und Mythus für uns identisch
sind. Schon der Umstand, daß der Traum von vornherein nicht
für das Verständnis bestimmt ist, während der Mythus zur Allge-
meinheit spricht, schließt eine derartige Identifizierung aus. Aber
gerade die Bedingung der Verständlichkeit legt es nahe, den Unter-

---

[1] In diesem Sinne sagt Stucken (Mose, S. 432): „Der von den Vorfahren überkommene Mythus wurde auf Naturvorgänge übertragen und
naturalistisch gedeutet, nicht umgekehrt." — „Die Naturdeutung selbst ist
ein Motiv" (S. 633 Anmkg.). Ähnlich äußert sich Meyer (Gesch. d. Altert.,
II. Bd., S. 48): „In zahlreichen Fällen ist die in den Mythen gesuchte Natur-
symbolik nur scheinbar vorhanden oder sekundär in sie hineingetragen,
wie sehr vielfach in den vedischen und in den ägyptischen Mythen, sie ist
ein primitiver Deutungsversuch so gut wie die bei den Griechen seit dem
5. Jahrhundert aufkommenden Mythendeutungen."

[2] „Völkerpsychologie", II. Bd., 3. Teil, 1909, S. 282.

schied zwischen dem poetischen Aufbau eines Märchens und der anscheinenden Absurdität eines Traumbildes aus dem besonders intensiven Anteil jener seelischen Kräfte zu verstehen, denen Freud die „sekundäre Bearbeitung" des Trauminhalts durch die bewußte psychische Instanz zuschreibt. Damit rücken die Mythen, ohne sich allzusehr vom innern Aufbau des Traumes zu entfernen, in die Nähe besser bekannter psychischer Bildungen, die gleichsam — wie schon ihr Name andeutet — eine Mittelstellung zwischen dem Traum und jener Bewußtseinsinstanz einnehmen: nämlich in die Nähe der Tagträume. So ist uns beispielsweise die Mythe · von der Aussetzung des neugeborenen Helden im Körbchen und Wasser, seine Errettung und Pflege durch arme Leute und sein endlicher Sieg über die Verfolger (meist den Vater) als ehrgeizige, von erotischen Wünschen unterfütterte Phantasie der Knabenzeit bekannt, die dann im „Familienroman" der Neurotiker wiederkehrt und sich in mancher Beziehung mit den pathologischen Verfolgungs- und Größenideen gewisser Geisteskranker, der Paranoiker, deckt. Diese typischen Phantasien der Knaben- und Pubertätsjahre von außergewöhnlicher Geburt, hoher Abkunft und ruhmreichem Schicksal kehren in der Mythenbildung als Inhalt einer Reihe gleichlautender Lebensläufe großer Heroen wieder[1] und die damit eng verbundene Ödipusvariante von der Rettung · der Mutter und dem siegreichen Kampf mit ihrem Bedränger bildet die Grundlage einer Mythengruppe, als deren Paradigma die Lohengrinsage gelten kann[2]. Diesen aus der Kinder- und Pubertätszeit stammenden mythenhaltigen Phantasien reihen sich die in noch frühere Zeit zurückreichenden „infantilen Sexualtheorien" an, deren völkerpsychologische Parallelen an reichem mythologischen Material zu erweisen sind[3]: die Vorstellung der Befruchtung durch den Mund und die entsprechende der Geburt als einer Exkretion, die eine Unkenntnis des Geschlechtsunterschiedes voraussetzen, sowie viele ähnliche weitverbreitete mythische Motive lassen sich unverändert in den infantilen Vorstellungen unserer Kinder und im Unbewußten der Erwachsenen nachweisen. Setzen wir diese Kenntnis in den mythischen Zusammenhang ein,

---

[1] Siehe Rank: „Der Mythus von der Geburt des Helden", 1909.
[2] Rank, „Die Lohengrinsage", 1911.
[3] Siehe Kapitel VI.

so gibt uns das dadurch ermöglichte Verständnis zugleich den Schlüssel zur Eröffnung der geheimen Triebkraft und Tendenz des Mythus in die Hand. Dabei zeigt sich, daß die Symbolisierung im allgemeinen dazu dient, die unter dem Druck der Verdrängung stehenden Wunschregungen in verhüllter Darstellung durchzusetzen, die dem Bewußtsein nicht mehr anstößig sein kann und doch den aus dem Unbewußten zur Äußerung drängenden Affekten eine fast gleichwertige Ersatzbefriedigung gewährt. Dies ist übrigens die allgemeinste Formulierung, unter die sich die Mechanismen der unbewußten Phantasiebildung, also auch die der Mythenschöpfung einordnen lassen. Sie dienen, allgemein gesprochen, der Festhaltung und entstellten Durchsetzung des psychisch Lustvollen, das zum Verzicht bestimmt ist, anderseits der wunschgemäß eingekleideten Anerkennung, d. h. eigentlich der Ableugnung des Unlustvollen, Peinlichen, das dem Menschen von der Realität aufgezwungen wird. Der Erfolg dieser beiden Bestrebungen, die ja Grundtendenzen der Psyche repräsentieren, läßt sich unter den Gesichtspunkt der Wunscherfüllung zusammenfassen, die sich zur Kompensation der versagten Befriedigung oder zur Umgehung eines aufgenötigten Verzichts in immer neuen raffinierteren Verkleidungen der Mechanismen bedient, die wir im einzelnen kurz darstellen wollen.

Der auch aus dem Traumleben bekannte Mechanismus der Spaltung einer Persönlichkeit in mehrere, ihre Eigenschaften repräsentierende Gestalten kehrt z. B. in der Form des Heldenmythus wieder, wo der aufrührerische Sohn die dem Vater geltenden feindseligen Regungen etwa an einem „Tyrannen" befriedigt, der die gehaßte Seite der „Vaterimago" repräsentiert, während den kulturellen Anforderungen der Pietät durch gesonderte Anerkennung einer geliebten, verehrten, ja sogar verteidigten oder gerächten Vaterimago Rechnung getragen wird. Dieser Spaltung der mythischen Gestalten entsprechen offenbar im Helden selbst, von dessen Standpunkt der Mythus gebildet scheint, ähnliche „ambivalente" Einstellungen den betreffenden Personen gegenüber, so daß sich in letzter psychologischer Auflösung dieser Mechanismus auf eine, wie wir sagen könnten, „paranoide" Auseinanderlegung des im Psychischen Verbundenen und seine Projektion auf die mythischen Gestalten reduziert. Eine ganze Reihe komplizierter und mit einem

reichlichen Personenaufgebot ausgestatteter Mythen läßt sich
so auf das Familiendreieck von Eltern und Kind zurückführen
und in letzter Linie als eine in rechtfertigender Weise verhüllte
Darstellung der egozentrischen kindlichen Einstellung selbst erkennen.

Von der Spaltung, die ein, wie es scheint, unmittelbar im
Wesen der mythenbildenden Phantasietätigkeit begründetes Darstellungsmittel ist, empfiehlt es sich, den ähnlichen Mechanismus der
Doublettierung ganzer mythischer Gestalten (nicht bloß einzelner
von ihnen abgespaltener Regungen) zu unterscheiden, der manchen
modernen Mythologen (Winckler, Stucken, Hüsing u. a.) bereits
bekannt ist und sich durch die ganze Mythen- und Märchengeschichte
verfolgen läßt. Auch hier gewährt uns erst die psychoanalytische
Vertiefung in das Sagengefüge Einblick in die Tendenz dieses Mechanismus als eines Mittels zur Wunschdurchsetzung und Triebbefriedigung, die auch in der Realität nicht immer am ursprünglichen
Wunschobjekt möglich ist, sondern erst nach entsprechenden Er-
setzungen im Sinne einer Reihenbildung. Wie manche Träume in
einer Reihe aufeinanderfolgender Situationen immer das gleiche
Wunschmotiv in verschiedener Einkleidung und Entstellung möglichst
adäquat zu erfüllen suchen, so wiederholt auch der Mythus ein und
dieselbe psychische Konstellation solange, bis sie gewissermaßen in
ihren Wunschtendenzen erschöpft ist. Ein klassisches Beispiel stellt
die Lohengrinsage dar, in deren erstem Teil der Sohn die geliebte
Mutter aus der Gewalt des grausamen Vaters errettet, die anschließende Heirat mit der Geretteten aber erst in einem zweiten
Teil vollzogen wird, nachdem die ganze Rettungsepisode sich nochmals mit einer fremden Dame, einer Mutterdoublette, abgespielt hatte.
Ähnliches liegt in einer Reihe von Überlieferungen vor, welche den
verpönten Inzest mit Mutter, Tochter oder Schwester durch
Doublettierung des männlichen oder weiblichen Partners annehmbar
zu machen wissen. Beispiele für Doublettierung des männlichen
Partners bieten die zahlreichen Märchen und Sagen, in denen ein
König zunächst im vollen Bewußtsein seiner Sünde die eigene
Tochter heiraten will, die sich ihm aber durch die Flucht entzieht
und nach mannigfachen Abenteuern einen König heiratet, in dem
man leicht eine Doublette des ursprünglich abgewiesenen Vaters
wiedererkennt.

Diese und viele ähnliche Beispiele zeigen, daß die Doublettierung, manchmal auch Vervielfältigung einzelner mythischer Figuren in der Regel mit der Verdoppelung oder Vervielfachung ganzer Sagenepisoden einhergeht, die man erst wieder zur Deckung, man möchte sagen zur Verdichtung zu bringen hat, die ihnen im unbewußten Phantasieleben ursprünglich zukam. Mit der Spaltung, Doublettierung, symbolischen Einkleidung und Projektion dieser psychischen Elemente ist also der anstößige, etwa inzestuöse Inhalt der Erzählung im Sinne der Verdrängungstendenz verwischt, zugleich aber wird in der verhüllten Form die ursprüngliche Befriedigungstendenz festgehalten[1].

Im Laufe des Verdrängungsfortschritts tritt auch eine allmähliche Verschiebung des affektiven Akzents vom ursprünglich Bedeutsamen auf Nebensächliches ein, die bis zur völligen Umkehrung des Affekts oder Vorstellungsinhalts, wie bei der Traumbildung, gehen kann. Dies ist eine notwendige Folge der an den Verdrängungsfortschritt geknüpften Unverständlichkeit der Mythen, denen doch immer noch irgend eine bewußte, wenn auch mißverständliche Bedeutung untergelegt werden mußte[2].

Die angeführten psychischen Entstellungsmotive und Mechanismen geben dem Mythologen wie dem Forscher, der sich auf mythologisches Material zu stützen gewohnt ist, beherzigenswerte Winke, daß bei Verwertung dieses Materials noch mehr Vorsicht geboten ist, als die vergleichende Mythenforschung bereits mit Recht fordert, und daß noch andere, einflußreichere und schwerer zu durchschauende Faktoren Berücksichtigung verlangen, als die historische Grundlage und die äußeren Schicksale der mythischen Überlieferung. Wie der gewissenhafte Forscher heute kein mythisches Gut mehr verwertet, ohne den Gesichtspunkten der vergleichenden Forschung Rechnung zu tragen, so wird es zu einer Forderung der wissenschaftlichen Sicherheit gehören, keinen Mythus, der nicht auch psychologisch als gedeutet gelten kann, zum Zwecke einer einwandfreien Beweisführung zu verwenden.

Die Mythen sind aber nicht nur durch Auflösung der verhüllenden Symbolik und der Gegensatzdarstellung, durch Aufhebung der Spaltung und Doublettierung, durch Zurückführung der Aus-

---

[1] Vgl. „Der Sinn der Griselda-Fabel", Kap. III.
[2] Vgl. „Die Matrone von Ephesus", Kap. IV.

einanderlegung und Projektion auf die egozentrische und dem Bewußtsein anstößige Einstellung des Unbewußten psychologisch zu verstehen. Es ist dabei noch ein anderer Faktor zu berücksichtigen, der — abgesehen von der besprochenen Auseinanderzerrung der Mythen in der Längen- und Breitendimension — auch eine Schichtung in der Tiefendimension bewirkt, die dem Mythus in noch viel höherem Grade als beispielsweise dem Traum zu eigen ist. Der Mythus ist ja kein individuelles Produkt wie der Traum, aber auch kein sozusagen feststehendes wie das Kunstwerk. Vielmehr ist die Mythenbildung stets im Fluß, niemals vollendet, und wird von den aufeinanderfolgenden Generationen ihren religiösen, kulturellen, ethischen Ansprüchen, d. h. aber psychologisch gesprochen dem jeweiligen Verdrängungsstadium, angepaßt. Diese Generationsschichtung läßt sich in weitgehendem Maße noch in gewissen formalen Eigentümlichkeiten der Mythenbildung erkennen, indem besonders anstößige Greuel, die ursprünglich dem Träger der mythischen Begebenheiten allein zugeschrieben waren, allmählich in verschieden abgeschwächter Form innerhalb derselben Erzählung auf seine Vor- und Nachfahren verteilt oder in gesonderten Versionen des Mythus dargestellt werden.

Als Urheber, Fortpflanzer und Ausschmücker der sogenannten Volksproduktionen müssen wir uns begabte Einzelindividuen denken, an denen sich der Verdrängungsfortschritt besonders deutlich und wohl auch früher manifestiert. Die Erzählung geht dabei im Laufe ihrer Ausgestaltung anscheinend durch eine Reihe ähnlich eingestellter Individualpsychen hindurch, von denen jede in der gleichen Richtung an der Hervorhebung der allgemein menschlichen Motive und der Abschleifung manches störenden Beiwerks oft generationenlang arbeitet. Auf diesem Wege kann es in langen Zeiträumen und unter geänderten Kulturbedingungen möglich werden, daß späte und in ihrer ganzen Anlage der Kulturhöhe angepaßte Fassungen doch in einzelnen Punkten dem unbewußten Sinn der Erzählung wieder näherkommen. Wie anderseits die ursprünglich mit realer Glaubwürdigkeit ausgestatteten religiösen Mythen in aufgeklärten Zeitaltern den Anspruch auf ernste Beachtung allmählich einbüßen und schließlich ganz verlieren, zeigt ja die Geschichte der griechischen, vedischen und eddischen Überlieferungen deutlich genug. Mit der realen Entwertung des Mythus muß aber, da seine psychische Realität auf höherer Kulturstufe noch weniger anerkannt werden kann,

auch eine psychologische Entwertung einhergehen: er wird aus dem
Gebiet der sozial wertvollen Funktion in das Reich der Fabel verwiesen, und da sich, wie bereits angedeutet wurde, auch der Anteil
des unbewußten Phantasielebens allmählich, wieder deutlicher durch-
setzt, so kann der Mythus, der sich ebensowenig aus der Welt
schaffen läßt wie die mythenbildenden Faktoren aus dem Seelenleben, auf einer gewissen Kulturstufe als Märchen wiedererscheinen
und wird von besonders entwickelten Kulturvölkern mit herablassen-
der Überlegenheit in die Kinderstube verwiesen, wohin es ja auch
in einem tieferen Sinne, als ein Rückschlagsprodukt, gehört und wo
es eigentlich nur noch richtig verstanden werden kann. Es verhält
sich damit ähnlich wie mit den primitiven Waffen, z. B. Bogen und
Pfeilen, die, vom Kulturmenschen durch zweckentsprechendere ersetzt, in der Kinderstube als Spielzeug fortleben. Ebensowenig wie
diese Waffen ist aber das Märchen, wie die wissenschaftliche
Forschung längst festgestellt hat, für Kinder geschaffen, denen es
übrigens bei einer Reihe von Völkern bis zum heutigen Tage vorenthalten wird; es dürfte vielmehr einem Weiterschaffen der mythenbildenden Faktoren auf anderer sozialer Stufe entspringen[1]. Psychologisch betrachtet ist es die letzte Form, in der das mythische Produkt
dem Bewußtsein des erwachsenen Kulturmenschen noch erträglich ist.
Dem phantasiebegabten und von primitiven Affekten erfüllten Kinde
tritt aber auch das Märchen als objektive Realität entgegen, weil
es der Zeit noch nahesteht, in der es an die psychische Realität
seiner ähnlichen eigenen Regungen glauben durfte. Die Erwachsenen
dagegen wissen schon, daß es „nur ein Märchen" ist, d. h. ein
Phantasieprodukt. Führt uns so das Märchen selbst zu einem psychologischen Ausgangspunkt der Mythenforschung zurück, so verrät es
uns zugleich den menschlichen Ausgangspunkt der Mythenbildung,
indem es die Götter und Heroen auf irdisches Maß reduziert und
ihre vermenschlichten Schicksale im Rahmen der Familie sich ab-
spielen läßt. Mit dieser vollen Ausgestaltung der bereits dem Mythus
zugrunde liegenden rein menschlichen Züge hat das Märchen der
psychologischen Auffassung und Deutung selbst vorgearbeitet und
wird daher bei der Analyse des Mythus als wertvolles Hilfsmittel
willkommen sein, welches nicht nur das mythische Material ergänzt,

[1] Vgl. Abschnitt XIII „Mythus und Märchen".

sondern oft eine Bestätigung der daraus gezogenen Schlüsse gestattet. Der einfache Mythus liefert das Material in noch relativ
rohem Zustand, weil er es auf übermenschliche Verhältnisse beziehen
kann; das komplizierte Märchen reduziert es auf menschliche Dimen-
sionen, aber in vielfach verhüllter, zum Teil ethisch gemilderter
Weise. Beide Formen ergänzend zusammengehalten ergeben ein
volles Verständnis im Sinne der psychoanalytischen Auffassung, die
das für unser Empfinden anstößige Motiv nicht nur als allgemein
menschliche Regung im unbewußten Seelenleben des erwachsenen
Kulturmenschen aufzeigt und in seiner psychischen Realität anerkennt, sondern es auch durch Heranziehung ethnologischen und folkloristischen Materials, bis zu seiner ursprünglich objektiven Realität
beim Primitiven zu verfolgen sucht. Auf diesem bereits eingeschlagenen Wege wird die psychoanalytische Mythenforschung ihre weiteren Aufgaben zu suchen haben.

II.

DIE SYMBOLIK[1].

Ein wegen seiner besonderen Eignung zur verhüllten Darstellung des Verdrängten und seiner Zulassung zum Bewußtsein vom Mythus in gleicher Weise wie vom Traum verwendete Ausdrucksmittel des Unbewußten ist das Symbol. Wir verstehen darunter eine besondere Art der indirekten Darstellung, die durch gewisse Eigentümlichkeiten von den ihr nahestehenden des Gleichnisses, der Metapher, der Allegorie, der Anspielung und anderen Formen der bildlichen Darstellung von Gedankenmaterial (nach Art des Rebus) ausgezeichnet ist. Das Symbol stellt gewissermaßen eine ideale Vereinigung all dieser Ausdrucksmittel dar: es ist ein stellvertretender anschaulicher Ersatzausdruck für etwas Verborgenes, mit dem es sinnfällige Merkmale gemeinsam hat oder durch innere Zusammenhänge assoziativ verbunden ist. Sein Wesen liegt in der Zwei- oder Mehrdeutigkeit, wie es ja selbst auch durch eine Art Verdichtung, ein Zusammenwerfen (συμβάλλειν) einzelner charakteristischer Elemente entstanden ist. Seine Tendenz vom Begrifflichen nach dem Anschaulichen stellt es in die Nähe des primitiven Denkens; durch diese Verwandtschaft gehört die Symbolisierung wesentlich dem Unbewußten an, entbehrt aber als Kompromißleistung keineswegs der bewußten Determinanten, die in verschieden starkem Anteil die Symbolbildung und das Symbolverständnis bedingen.

Will man die mannigfach abgestufte Schichten- und Reihenbildung der Symbolbedeutungen und der Symbolerkenntnis verstehen,

---

[1] Nach: „Grenzfragen des Nerven- und Seelenlebens", 1913, Nr. 93, Kap. I und „Traumdeutung", 4. Aufl., 1914, Kap. VI, Anhang 2.

so muß man sich einer genetischen Betrachtung zuwenden. Man
erfährt dabei, daß die Symbolbildung nicht, wie es ihrer Mannigfaltigkeit nach zu erwarten wäre, willkürlich und nach individuellen
Verschiedenheiten vor sich geht, sondern daß sie bestimmten Gesetzen
folgt und zu typischen über Zeit, Ort, Geschlechts- und Rassen-
unterschiede, ja über die großen Sprachgemeinschaften hinweg-
reichenden allgemein menschlichen Bildungen führt. Über die typische,
allgemein menschliche Bedeutung sagt der Ästhetiker Dilthey:
„Versteht man unter einem natürlichen Symbol das Bildliche, das in
fester gesetzlicher Beziehung zu einem inneren Zustande steht, so
zeigt die vergleichende Betrachtung, daß auf Grund unseres psycho-
physischen Wesens ein Kreis natürlicher Symbole für Traum und
Wahnsinn, wie für Sprache und Dichtung besteht." „Da die wichtigsten Verhältnisse der Wirklichkeit überall verwandt sind, und das
Herz des Menschen überall dasselbe, gehen Grundmythen durch die
Menschheit. Solche Symbole sind: das Verhältnis des Vaters zu
seinen Kindern, die Beziehung der Geschlechter, Kampf, Raub und
Sieg."

     Die Erforschung der typischen Symbolformen und die Herstel-
lung ihres untergegangenen Verständnisses durch das Zusammen-
arbeiten verschiedener Hilfswissenschaften (wie Kulturgeschichte,
Linguistik, Ethnographie, Mythenforschung u. a.) ist allerdings kaum
noch in Angriff genommen. Psychoanalytisch am besten studiert und
auch kulturgeschichtlich am ehesten zu belegen ist jene große und
hochbedeutsame Gruppe von Symbolen, die der Darstellung sexuellen
Materials und erotischer Beziehungen dienen, der Sexualsymbole,
wie wir kurz zu sagen pflegen. Das Prävalieren der sexuellen Symbolbedeutungen erklärt sich aber nicht nur aus der individuellen Erfahrung, daß kein Trieb in dem Maße der kulturellen Unterdrückung
unterworfen und der direkten Befriedigung entzogen ist, wie der aus
den verschiedensten „perversen" Komponenten zusammengesetzte
Sexualtrieb, dessen psychischer Bereich, das Erotische, daher in
weitem Umfang der indirekten Darstellung fähig und bedürftig ist.
Eine weit größere Bedeutung für die Genese der Symbolik hat die
Tatsache, daß den Geschlechtsorganen und -funktionen in primitiven
Kulturen eine für unsere Begriffe ganz ungeheuere Wichtigkeit bei-
gelegt war, von der wir uns durch die Tatsachen der ethnographischen Forschung und die in Kult und Mythus erhaltenen Reste eine

annähernde Vorstellung machen können [1]. Dieser Sexualüberschätzung des primitiven Menschen und ihrer einmal notwendig gewordenen Einschränkung verdanken wir die Grundlagen der Kultur, so gut wie wir ihren weiteren Ausbau der fortgesetzten Sublimierung einzelner unbefriedigbar gewordener und verdrängter Triebe schulden.

Wenn wir beispielsweise heute das Feuer in einem Traume als Symbol der Liebe verwendet finden, so lehrt das Studium der Kulturgeschichte, daß diesem fast zur Allegorie herabgesunkenen Bilde ursprünglich eine reale, für die Entwicklung der Menschheit ungeheure Bedeutung zukam. Das Feuererzeugen hat tatsächlich einmal den Sexualakt selbst vertreten, d. h. es war mit den gleichen libidinösen Energien, eventuell auch mit den zugehörigen Vorstellungen besetzt wie dieser. Ein geradezu klassisches Beispiel dafür bietet die Feuererzeugung in Indien, die dort unter dem Bilde der Begattung vorgestellt wird. Im Rigveda (III, 29, 1) heißt es:

„Dies ist das Quirlholz; das Zeugende (das männliche Reibholz) ist zubereitet! Bring die Stammesherrin (das weibliche Reibholz) herbei; den Agni wollen wir quirln nach alter Art. In den beiden Reibhölzern ruht der Wesenkenner (Agni) gleich der Leibesfrucht, die schön hineingesetzt ist in die schwangeren Frauen . . . In sie, die die Beine ausgespreizt hat, führt als ein Kundiger ein (das männliche Holz)." (Nach L. v. Schröders Übers. in „Mysterium und Mimus im Rigveda", p. 260.) Wenn der Inder Feuer entzündet, dann spricht er ein heiliges Gebet, welches auf eine Mythe Bezug nimmt. Er greift ein Stück Holz mit den Worten [2]: „Du bist des Feuers Geburtsort", legt darauf zwei Grashalme. „Ihr seid die beiden Hoden", darauf ergreift er das unten liegende Holz: „Du bist Urvaci." Darauf salbt er das Holz mit Butter und sagt dabei: „Du bist Kraft", stellt es dann auf das liegende Holz und sagt dazu: „Du bist Pururavas" usw. Er faßt also das liegende Holz mit seiner kleinen Höhlung als die Repräsentation der empfangenden Göttin und das stehende Holz als das Geschlechtsglied des begattenden Gottes auf. Über die Verbreitung dieser Vorstellung sagt der bekannte Ethnologe

---

[1] Vgl. R. Payne Knight: „Le culte du Priape." Bruxelles 1883 und Dulaure: „Die Zeugung in Glauben, Sitten und Bräuchen der Völker." Verdeutscht und ergänzt von Krauß, Reiskel und Ihm.

[2] Nach Schröder führen schon die ältesten Ritualtexte, die Jajurweden, diese Formel an.

Leo Frobenius[1]: „Das Feuerquirlen, wie es bei den meisten
Völkern zu finden ist, repräsentiert also bei den alten Indern den
Geschlechtsakt. Es sei mir erlaubt, gleich darauf hinzuweisen, daß
die alten Inder mit dieser Auffassung nicht allein dastehen. Die Süd-
afrikaner haben nämlich dieselbe Anschauung. Das liegende Holz heißt
bei ihnen ‚weibliche Scham', das stehende ‚das Männliche'[2]. Schinz
hat dies seinerzeit für einige Stämme erklärt und seitdem ist die
weite Verbreitung dieser Anschauung in Südafrika, und zwar besonders bei den im Osten wohnenden Stämmen aufgefunden worden."

Noch deutliche Hinweise auf die sexualsymbolische Bedeutung
des Feuerzündens finden wir im Feuerraubmythus des Prometheus,
dessen sexualsymbolische Grundlage der Mythologe Kuhn (1859)
erkannt hat. Wie die Prometheus-Sage bringen auch andere Überlieferungen die Zeugung mit dem himmlischen Feuer, dem Blitz, in
Zusammenhang. So äußert O. Gruppe[3] über die Sage von Semele,
aus deren brennendem Leib Dionysos geboren wird, sie sei „wahrscheinlich einer der in Griechenland sehr spärlichen Reste des alten
Legendentypus, der sich auf die Entflammung des Opferfeuers bezog", und ihr Name habe „vielleicht ursprünglich die ‚Tafel' oder
den ‚Tisch', das untere Reibholz (vgl. Hesych. σεμέλη τράπεζα)
bezeichnet . . . . In dem weichen Holz des letzteren entzündet sich
der Funke, bei dessen Geburt die ‚Mutter' verbrennt". — Noch in
der mythisch ausgeschmückten Geburtsgeschichte des Großen Alex-
ander heißt es, daß seine Mutter Olympias in der Nacht vor der
Hochzeit träumte, es umtose sie ein mächtiges Gewitter und der
Blitz fahre flammend in ihren Schoß, daraus dann ein wildes
Feuer hervorbreche und in weit und weiter zehrenden Flammen ver-
schwinde[4]. (Droysen: Gesch. Alex. d. Gr., S. 69.) Hieher gehört
ferner die berühmte Fabel vom Zauberer Virgil, der sich an einer
spröden Schönen dadurch rächt, daß er alle Feuer der Stadt ver-

---

[1] „Das Zeitalter des Sonnengottes." Berlin 1904, p. 338 f.

[2] Im Hebräischen bedeuten die Ausdrücke für „männlich" und „weib-
lich" geradezu: der Bohrer und die Gehöhlte.

[3] Griech. Mythol. u. Relig.-Gesch. Bd. II (München 1906), S. 1415 ff.

[4] Ähnlich träumt die mit Paris schwangere Hekuba, sie bringe ein
brennendes Scheit zur Welt, das die ganze Stadt in Brand setze. (Vgl. dazu
die Legende vom Brand des Tempels von Ephesus in der Geburtsnacht
Alexanders.)

löschen und die Bürger ihr neues Feuer nur am Genitale der nackt zur Schau gestellten Frau entzünden läßt; diesem Gebot der Feuerzündung stehen andere Überlieferungen im Sinne der Prometheus-Sage als Verbot gegenüber, wie das Märchen von Amor und Psyche, das der neugierigen Gattin verbietet, den nächtlichen Liebhaber durch Lichtanzünden zu verscheuchen, oder die Erzählung von Periander, den seine Mutter unter der gleichen Bedingung allnächtlich als unerkannte Geliebte besuchte.

Zwischen den beiden extremen Stadien der Symbolentwicklung, der realen Identifizierung (im Gebrauch) und der unbewußten Verwendung (im Traum) liegen andere mehr oder weniger bewußte Symbolbedeutungen, welche in dem Maße, in dem sie unkenntlich wurden, in der Sprache Niederschlag gefunden haben. So sprechen wir vom „Erglühen" in Liebe, von „Feuerfangen" im Sinne von Verlieben und bezeichnen die Geliebte als „Flamme".

Hieher gehören neben den zahlreichen auf das Feuer bezüglichen Hochzeitsbräuchen auch die im Folk-lore weitverbreiteten Schwankerzählungen vom Lebenslicht, welche die gleiche Symbolik in Form einer Traumeinkleidung offen verwerten. Einem Manne träumt, daß ihm der heilige Petrus im Himmel sein und seines Weibes Lebenslicht zeige. Da in dem seinen nur noch wenig Öl vorhanden ist, versucht er mit dem Finger aus seines Weibes Hängelampe Öl in seine einzutröpfeln. So tat er es mehrmals und sobald der heilige Petrus nahte, fuhr er zusammen, erschrak und erwachte davon; da merkte er, daß er den Finger in den Geschlechtsteil seines Weibes gesteckt und leckend in seinen Mund den Finger abgeträufelt habe. (Anthropophyteia, Bd. VII, p. 255 f.) Gleiche Kenntnis und Verwertung dieser Sexualsymbolik verrät die Anekdote, nach der der Pfarrer einem Mädchen ihr Genitale als „das Licht des Lebens" bezeichnet. „Ach, jetzt versteh' ich," sagt sie, „warum mein Schatz heut morgen sein' Docht neingsteckt hat." (Anthrop. VII, p. 310 und eine Variante ebenda, p. 323.) Umgekehrt sagt in den Contes drolatiques Balzacs die Geliebte des Königs, um den zudringlichen Pfaffen zurückzuweisen: „Das Ding, das der König liebt, bedarf noch nicht der letzten Ölung"[1].

---

[1] Vgl. dazu auch Hárnik: Zur Symbolik des ausgelöschten Lichtes. (Internat. Zeitschr. f. Psychoanalyse, V, 1919, Heft 2.)

Entsprechend dem unteren Reibholz gilt dann jede Feuerstätte, Altar, Herd, Ofen, Lampe usw., als weibliches Symbol. So diente beispielsweise bei der Satansmesse als Altar das Genitale eines entblößt daliegenden Weibes. Dem griechischen Periander wird nach Herodot (V, 92) von seiner verstorbenen Gattin Melissa eine Weissagung zuteil mit der Bekräftigung, er habe „das Brot in einen kalten Ofen geschoben", was ihm ein sicheres Wahrzeichen war, „da er den Leichnam der Melissa beschlafen". Das Brot wird hier dem Phallus gleichgesetzt; nach den interessanten Arbeiten von Höfler, namentlich über „Gebildbrote", ahmen noch unsere heutigen Wecken- und Striezelgebäcke den Phallus nach (vgl. bes. Zentralblatt f. Anthropol. etc. 1905, S. 78). Aber das im Backofen Erzeugte, das Brot, wird auch mit dem im Mutterleib Erzeugten, dem Kind, verglichen, wie noch der Name „Leib" (erst später in „Laib" unterschieden) und die Form (mit dem Nabel in der Mitte) erkennen lassen. Anderseits umschreibt man die Geburt noch heute in Tirol mit dem Ausdruck: der Ofen ist eingefallen, wie auch Franz Moor in Schillers „Räuber" die einzige brüderliche Beziehung zu Karl darin erblickt, daß sie „aus dem gleichen Ofen geschossen" seien. Die sexuelle Bedeutung greift dann auf alles über, was mit dem ursprünglichen Symbol in Beziehung tritt. Die Esse, durch die der Storch das Kind fallen läßt, wird zum weiblichen, der Schornsteinfeger zum phallischen Symbol, wie man noch an seiner jetzigen Glücksbedeutung erkennt; denn die meisten unserer Glückssymbole waren ursprünglich Fruchtbarkeitssymbole, wie das Hufeisen (Roßtrappe), das Kleeblatt, die Alraune u. a. m., und so erscheint das Sexualleben auch innig mit der Vegetation und dem Ackerbau verknüpft.

Für die ursprünglich sexuelle Betonung des Pflügens war, außer der phallischen Bedeutung fast aller Werkzeuge[1], die Auf-

---

[1] Messer, Hammer, Nagel etc. Der Hammer Thors, mit dem insbesondere der Ehebund geweiht wurde, ist von Cox (Myth. of the Aryan Nations 1870, vol. II, p. 115), Meyer (Germ. Myth. 1891, S. 212) u. a. in seiner phallischen Bedeutung anerkannt; der ihm entsprechende Donnerkeil Indras ist sein Phallos (Schlesinger: Gesch. d. Symbols, 1912, S. 438). Über den Nagel führt Hugo Winckler aus: „Der Nagel ist das Werkzeug der Fruchtbarkeit, der penis; daher dessen Gestalt in den altbabylonischen ‚cones' noch zu erkennen ist, welche den eingeschlagenen clavis der Römer vertreten"; vgl. arabisch na'al = koitieren („Arabisch-Semitisch-Orientali-

fassung der Erde als Ur-Mutter maßgebend (vgl. Dieterich „Mutter
Erde" und Hahn, Entstehung der Pflugkultur). Dem Altertum
war diese Vorstellung so geläufig, daß z. B. die von Julius Cäsar
und Hippias berichteten Träume vom Geschlechtsverkehr mit der
Mutter, auf die Muttererde und deren Besitzergreifung gedeutet
wurden. Auch im Sophokleischen „Ödipus" spricht der Held
wiederholt von der „Mutterflur, von wo er selbst entkeimet
war". Und noch Shakespeare läßt im „Pericles" den Boult,
der die widerspenstige Marina entjungfern soll, das Symbol vom
Ackern gebrauchen (IV, 5): „An if she were a thornier piece of
ground than she is, she shall be ploughed". Zu bekannt, um hier
genannt zu werden, sind die Benennungen menschlicher Zeugungs-
vorgänge aus dem Bereiche des Ackerbaues (Samen, Befruchtung etc.).
Die diesen sprachlichen Beziehungen zugrunde liegende Identifizierung
der menschlichen und vegetativen Befruchtung ist offen erkennbar in
dem bis in späte Zeit erhaltenen Befruchtungszauber, der darin
besteht, daß ein nacktes Paar auf dem Acker den Geschlechtsakt
ausübt, gleichsam um den Boden zur Nachahmung aufzumuntern.
Die obszönen Riten im Kultus der Demeter, die als Göttin der
Zeugung und Fruchtbarkeit (auch der Entbindung) verehrt wurde,
haben sich als Hochzeitsgebräuche bis in unsere Zeit erhalten, wo
in manchen Gegenden der erste Beischlaf auf dem gefurchten Felde
vollzogen wird, damit die in den Furchen hausenden Geister, durch
die man Fruchtbarkeit und Gesundheit zu erlangen hoffte, in den
Schoß des Weibes eindrängen. Der zugrunde liegende Gedanke war
nach O. Gruppe (Gr. Myth. u. Rel.-Gesch. 1172 ff.) die geschlechtliche Befruchtung der Erdmutter, die auf zweierlei Weise rituell
ausgeführt werden konnte. Entweder wurde ein Abzeichen des männlichen Gliedes in die Furche gesteckt, wobei man den Phallus als
oberes Holz des Feuerzeuges verwertete; oder es wurde die Göttin
Erde durch ein irdisches Weib vertreten, wie im Sündenfall-Mythus
der Genesis, der die Einführung des Ackerbaues mit dem Geschlechtsverkehr in Beziehung bringt und die Fruchtbarkeit der Eva („du
sollst mit Schmerzen Kinder gebären") mit der des Ackers („mit

sches", Mitt. d. Vorderasiat. Ges. 1901, 4/5). Noch im heutigen Volksleben
der Bayern, Schwaben und Schweizer soll der eiserne Nagel als Symbol des
Phallus und der Fruchtbarkeit eine Rolle spielen (Arch. f. Kriminalanthrop.,
Bd. 20, S. 122).

Kummer sollst du dich darauf nähren dein Leben lang"). Der Name
Hewa, als „Mutter aller Lebendigen", stellt die Beziehung zur Erdenmutter her und die Nacktheit der beiden weist auf den Befruchtungszauber, der auch von den Paaren nackt ausgeführt werden
muß. Bemerkenswert ist in diesem Zusammenhang, daß sowohl im
Griechischen und Lateinischen wie in den orientalischen Sprachen
„pflügen" für gewöhnlich im Sinne von Koitieren gebraucht wird
(Kleinpaul, Rätsel d. Sprache, S. 136) und daß nach Winckel-
mann (Alte Denkmäler der Kunst) die Ausdrücke „Garten", „Wiese",
„Feld" im Griechischen scherzhaft den weiblichen Geschlechtsteil
bezeichneten, der im Hohenlied Salomonis der „Weinberg" heißt.
Das neurotische Gegenstück zu dieser symbolisierenden Vermensch-
lichung der Erde findet sich bei den Indianern Nordamerikas, deren
Widerstand gegen die Pflugkultur sich nach Ehrenreich daraus
erklärt, daß sie sich scheuen, die Haut der Erdenmutter zu ver-
letzen; hier ist die Identifizierung sozusagen zu gut gelungen.

Andere Symbole von scheinbar individueller Bedeutung lassen
ihre typische Form und Geltung aus entwicklungsgeschichtlichen
Zusammenhängen erkennen, wie beispielsweise die Symbolisierung
des Vaters als Kaiser oder einer anderen mächtigen Autoritäts-
person. Auch hier zeigt die Kulturhistorie die ursprünglich reale
Bedeutung der später nur noch im Symbol fortlebenden Beziehung
darin, daß der Vater in primitiven Verhältnissen seiner „Familie"
gegenüber wirklich mit den höchsten Machtvollkommenheiten ausgestattet war und über Leib und Leben der „Untertanen" verfügen
konnte. Über den Ursprung des Königtums aus dem Patriarchat in
der Familie äußert sich der Sprachforscher Max Müller in folgender
Weise: „Als die Familie im Staate aufzugehen begann, da wurde
der König inmitten seines Volkes das, was der Gemahl und Vater
im Hause gewesen war: der Herr, der starke Schützer[1]. Unter den
mannigfachen Bezeichnungen für König und Königin im Sanskrit ist
eine einfach: Vater und Mutter. Ganaka im Sanskrit bedeutet Vater
von GAN zeugen; es kommt auch als Name eines wohlbekannten
Königs im Veda vor. Dies ist das altdeutsche chuning, englisch

---

[1] Vater ist von einer Wurzel PA abgeleitet, welche nicht zeugen,
sondern beschützen, unterhalten, ernähren bedeutet. Der Vater als Erzeuger
hieß im Sanskrit ganitar (genitor). Max Müller: Essays, II. Bd., Leipzig 1869,
deutsche Ausg., S. 20.

king. Mutter im Sanskrit ist gani oder ganî, das griechische γυνή, gotisch quinô, slawisch zena, englisch queen. Königin also bedeutet ursprünglich Mutter oder Herrin und wir sehen wiederum, wie die Sprache des Familienlebens allmählich zur politischen Sprache des ältesten arischen Staates erwuchs, wie die Brüderschaft der Familie die φρατρία des Staates wurde." — Auch heute noch ist diese Auffassung des königlichen Herrschers und der göttlichen und geistlichen Oberhoheit als Vater im Sprachgebrauch lebendig. Kleinere Staaten, in denen die Beziehungen des Fürsten zu seinen Untertanen noch engere sind, nennen ihren Herrscher „Landesvater"; selbst für die Völker des mächtigen Russenreiches ist ihr Kaiser das „Väterchen", wie seinerzeit für das gewaltige Hunnenvolk ihr Attila (Diminutiv von got. atta = Vater). Das herrschende Oberhaupt der katholischen Kirche wird als Vertreter Gottvaters auf Erden von den Gläubigen „heiliger Vater" genannt und führt im Lateinischen den Namen „Papa" (Papst), mit dem auch unsere Kinder noch den Vater bezeichnen.

Diese Darstellung der Eltern als kaiserliche oder sonst hochstehende Personen ist ein für das Verständnis der Träume wie der Mythen und Märchen gleich wichtiges Symbol. Die den ehrgeizigen Phantasien des Individuums dienenden Tagträume von einem „Familienroman" haben das Verständnis der gleichlautenden Massenphantasien ganzer Völker ermöglicht und uns gelehrt, in den dem Helden feindlich gegenübergestellten Machtpersonen Personifikationen des Vaters, in den ihm von diesen vorenthaltenen Frauen Imagines der Mutter zu erkennen. Der König und die Königin, von denen fast jedes Märchen zu erzählen weiß, verleugnen ihren elterlichen Charakter selten und auch der Heldenmythus bedient sich des gleichen Darstellungsmittels, um die den Eltern geltenden verpönten Regungen vorwurfslos ausleben zu können.

Als Beispiel sei hier ein ungeheuer verbreitetes Märchen angeführt, in dem ein die ganze Geschichte begründender Traum vielleicht auf die Beziehung dieser Erzählung zu einem typischen Traumstoff hinweist. Das Märchen, dessen Parallelen Th. Benfey (Kl. Schr. III) über die ganze Erde verfolgt hat, beginnt damit, daß der Sohn träumt, er werde vornehmer werden als sein Vater, nämlich Kaiser. Er wird nun hochmütig und widersetzlich, so daß der Vater, dem er den Grund (nämlich seinen Traum) nicht verraten will, ihn prügelt und 'aus dem Hause jagt. Er kommt nun an den Hof des

Kaisers, dem er gleichfalls sein Geheimnis (den Traum) nicht verraten will, wofür er eingesperrt und zum Hungertode verurteilt wird.
Es gelingt ihm aber, ein Loch in die Mauer seines Kerkers zu machen,
und so allnächtlich mit der Königstochter in Verbindung zu treten,
die sich in ihn verliebt und ihn speist. Durch Erraten schwieriger
Rätsel oder durch Lösen schwerer Aufgaben (Speerwerfen usw.)
vermag er schließlich die Hand der Königstochter wirklich zu gewinnen, ihren Vater zu beseitigen (töten) und sein Erbe anzutreten.
Dieser kurze Auszug, der nur die häufigste Variante der weitverzweigten Fabel wiedergibt, zeigt doch zur Genüge, daß es sich um
den bekannten Familienroman des Ehrgeizigen handelt, der seinen
Vater (in der Phantasie) zum Kaiser erhöht und ihn dann beseitigt,
um seine Stelle einzunehmen. Mit dieser Stelle ist, wie die psychoanalytische Untersuchung der individuellen und mythischen Phantasiebildung ergeben hat, im tiefsten Grunde der Besitz der Mutter
gemeint[1], die hier durch die Schwester (die Tochter des Königs)
ersetzt ist. Ihre mütterliche Bedeutung ist aber noch voll erhalten
in ihrer Rolle als Ernährerin, die aus dem zum Familienroman gehörigen Aussetzungsmythus stammt. So ist das vornehme Milieu nichts
als eine den Größenideen dienende Entstellung der eigenen Familie
und die Spaltung der Personen, die in manchen Fassungen noch
weiter geht, dient der vorwurfsfreien Befriedigung aller den Eltern
geltenden Leidenschaften.

Daß tatsächlich der in der Sprache des Unbewußten (Kaiser)
dargestellte Konflikt mit dem Vater um den Besitz der Mutter zugrunde liegt, zeigt eine von Benfey (S. 188) angeführte griechische
Version, welche die Geschichte dem Äsop zuschreibt. Dieser hatte
seinen Adoptivsohn Ainos mit dem Tode bedroht, da er eine von des
Königs (= Vaters) Kebsweibern verführt hatte. Um sich zu retten
und beim König in Gunst zu setzen, fälscht Ainos einen angeblich
von Äsop verfaßten hochverräterischen Brief, auf Grund dessen Äsop
in den Kerker geworfen und von Lykurg zum Tode verurteilt wird.
Sein Freund, der Henker, rettet ihn aber und ernährt ihn heimlich
in einem der Gräber. Als aber der König später Äsops Fähigkeit,

---

[1] In einer ausführlichen Analyse der Märchengruppe ließe sich leicht
zeigen, daß die Proben körperlicher Kraft, die der Held ablegt (Speerwerfen,
ungeheure Mengen essen und trinken, schneller als der Vogel laufen), die
eigene Potenz gegenüber der väterlichen herausstreichen sollen.

schwere Aufgaben durch List zu lösen, gegen den Ägypterkönig ins
Treffen führen will, bereut er die rasche Verurteilung. Äsop wird
zur Stelle geschafft, hilft seinem Herrn gegen den Ägypterkönig und
wird wieder in seine frühere Stellung eingesetzt, die inzwischen sein
Sohn eingenommen hatte. Dieser erhängt sich. Ist hier der Konflikt
zwischen Vater und Sohn, den das Märchen auf Grund des Familienromans in das königliche Milieu verlegt, wieder auf den bürgerlichen
Boden der eigenen Familie zurückversetzt, so zeigt den Vaterkonflikt
innerhalb des königlichen Milieus das stofflich nahestehende Drama
Calderons: „Das Leben ein Traum." Da träumt die Mutter vor
der Geburt des Sohnes, dieser werde einst seinen Fuß auf den Nacken
des Vaters setzen. Als sie bei der Geburt stirbt, wird der Sohn in
einen einsamen Turm (Gefängnis) gebracht, wo er niemand sieht
als Clotald, der ihm Speise und Trank bringt (Ernährung). Später
bereut der König doch diese strenge Maßregel und will einen Versuch machen, der entscheiden soll, ob sich sein Sohn zum Thronerben
eigne. Er bekommt einen Schlaftrunk und wird so ins Schloß gebracht, wo ihm — als er erwacht ist — als Erben von Polens Krone
gehuldigt wird. Aber er macht sich durch sein rohes, wütendes Benehmen unmöglich und wird — wieder im Schlaf — in seinen Turm
zurückgebracht. Dort erwacht er aus einem Traum, indem er murmelt:
Clotald soll sterben und mein Vater vor mir knien. Clotald stellt
ihm sein ganzes Erlebnis als einen Traum dar, worauf er in sich
geht, seine wilden Sitten ablegt und vom Volk zum König ausge-
rufen wird. Sein Vater kniet schließlich wirklich vor ihm, aber der
Sohn zeigt sich milde und nachsichtig gegen ihn. So zeigen die
Träume, welche diese Erzählungen einkleiden, scheinbar eine ferne
unerwartete Zukunft prophetisch an, während sie in Wirklichkeit
nur symbolische Ausdrücke (Kaiser) jener Regungen des Ödipuskomplexes sind, die auch im realen Leben zu Erfolg, Macht, Ansehen und Besitzergreifung eines hochgewerteten Sexualobjektes
führen können. Der Traum aber lehrt uns, daß alle diese Regungen
und Phantasien eigentlich den Eltern gelten (Vater).

Als einer der zahlreichen Beweise für die Richtigkeit anderer,
psychoanalytisch aus der Traumsprache erschlossenen allgemein-
menschlichen Symbolbedeutungen kann die Tatsache angesehen werden,
daß manche in Mythen und Märchen alter Überlieferung vorkommende
Träume häufig detailliert in einer Weise ausgelegt werden, die eine

verblüffende Kenntnis der Symbolik und auch eine Vorahnung der
wesentlichen Traumgesetze vorauszusetzen scheint. So wird in der
Kyrossage der Mutter des Helden während ihrer Schwangerschaft
ein Traum zugeschrieben, worin so viel Wasser von ihr geht, daß
es einem großen Strome gleich, ganz Asien überschwemmt. Wenn
im weiteren Verlauf der Erzählung die Traumdeuter dieses Gesicht
auf die bevorstehende Geburt eines Kindes (und seine künftige
Größe) beziehen, so scheinen sie damit die Einsicht in die psychoanalytisch festgestellte Symbolschichtung zu verraten, nach der
solche ihrem manifesten Inhalt nach vesikale Träume bei Frauen
oft die symbolisch nahestehende Geburtsbedeutung haben können.
Übrigens fügen sich auch die Sintflutsagen der Geburtsbedeutung
des Wassersymbols, indem sich immer an sie eine Regeneration des
Menschengeschlechtes anschließt[1].

Ein anderes, durch den Hinweis auf die Wunscherfüllung beachtens-
werte Beispiel entnehmen wir der „Aithiopika" des Heliodorus
(c. 18). Thyamis, der Hauptmann, hat am Tage die Chariklea, nebst
ihrem Geliebten und anderer Beute geraubt und kämpft mit der Versuchung, das junge Mädchen mit Gewalt zu der Seinigen zu machen.
„Nachdem er den größten Teil der Nacht geruht hatte, wurde er von
umherschweifenden Träumen beunruhigt, plötzlich im Schlafe gestört, und verlegen über ihre Deutung, hing er wachend seinen
Gedanken nach. Denn um die Zeit, wo die Hähne krähen[2], kam
ihm durch göttliche Schickung folgendes Traumgesicht: Indem er
zu Memphis, seiner Vaterstadt, den Tempel der Isis besuchte, kam
es ihm vor, als ob dieser ganz von Fackelschein erleuchtet
würde. Altäre und Herde waren von mannigfaltigen Tieren angefüllt
und mit Blut benetzt, die Vorhallen und Gänge aber voll
Menschen, die mit Händeklatschen und gemischtem Getös alles
erfüllten. Nach seinem Eintritt in das Heiligtum selbst sei ihm die
Göttin entgegengekommen, habe ihm die Chariklea eingehändigt
und gesagt: ‚Diese Jungfrau, Thyamis, übergebe ich dir. Habend
wirst du sie nicht haben, sondern wirst ungerecht sein und die
Fremde töten; aber sie wird nicht getötet werden'. Dieses Gesicht
setzte ihn in große Verlegenheit. Er wendete es nach allen Seiten

---

[1] Vgl. Abschnitt VII „Die Symbolschichtung".
[2] Träume gegen Morgen gesehen, galten für wahr.

und suchte den Sinn aufzufinden, und da ihm dieses nicht gelingen wollte, paßte er die Lösung seinen Wünschen an. Die Worte: „Habend wirst du sie nicht haben' deutete er: ‚zur Gattin und nicht mehr, als Jungfrau'. Den Ausdruck: ‚Du wirst sie töten' bezog er auf die jungfräuliche Verletzung, an der Chariklea nicht sterben würde. Auf diese Art erklärte er den Traum, indem sein Verlangen den Ausleger machte." (Übers. v. Fr. Jacobs, Stuttgart 1837.)

Wie es sich hier um eine symbolische Darstellung der Defloration handelt, die in sadistischer Auffassung als Tötung erscheint, wobei auch das Blut nicht fehlt, so zeigt ein in seinen Vorbedingungen ähnlicher Traum aus ganz anderer Überlieferung den gleichen Wunsch in einer ebenfalls typisch symbolischen Einkleidung. Saxo Grammaticus (ed. Hölder, p. 319) erzählt folgende Geschichte. Thyri bittet ihren Gatten Gormo in der Hochzeitsnacht inständig, sich während dreier Nächte des Beischlafes zu enthalten; sie werde sich ihm nicht zu eigen geben, bevor er im Schlafe ein Zeichen erhalten hätte, daß ihre Ehe fruchtbar sein werde. Unter diesen sonderbaren Bedingungen träumt ihm folgendes: „Zwei Vögel, der eine größer als der andere, fliegen auf den Geschlechtsteil seiner Frau herab (prolapsos) und mit schwingenden Körpern erheben sie sich im Fluge wieder in die Lüfte. Nach einer Weile kehren sie wieder und setzen sich in seine Hände. Ein zweites und drittes Mal fliegen sie, durch kurze Rast gestärkt (recreatos), davon, bis endlich der kleinere von ihnen seines Genossen ledig mit blutigem Gefieder (pennis cruore oblitis) zu ihm zurückkehrt. Durch dieses Gesicht erschreckt, gibt er, schlafend wie er war, seinem Entsetzen Ausdruck und erfüllt das ganze Haus mit lautem Geschrei. Thyri aber zeigt sich über den Traum sehr erfreut und meint, sie wäre niemals seine Gattin geworden, wenn sie nicht aus diesen Traumbildern die sichere Gewähr ihres Glückes geschöpft hätte." Diesen in allen seinen Details charakteristischen Deflorationstraum deutet die Frau mit leichter Verschiebung ihrer eigenen Wunschregungen als minder anstößiges Zeichen für Kindersegen[1]. Der Vogel erscheint hier deutlich als phallisches Symbol, sogar mit besonderer Darstellung der

---

[1] Thyris Sexualverlangen ersetzt der Wunsch nach Fruchtbarkeit. Es sei hier nicht unerwähnt, daß die wirkliche Fruchtbarkeitsbedeutung in einer zweiten Version derselben Sage einen ganz anderen, in mehrfacher Hinsicht interessanten Ausdruck findet. Dort ist Thyri noch unvermählt und

verschiedenen Zustände (groß und klein), die schwingende Bewegung, wie überhaupt die Rhythmik des ganzen Traumes, weisen auf den intendierten Koitus und charakterische Details (ein zweites und drittes Mal, durch kurze Rast gestärkt) auf die gewünschte Wiederholung; daß endlich der Kleine allein mit blutigen Federn zurückbleibt, läßt wohl in seiner Bedeutung keinen Zweifel zu. Die Angst am Schluß des Traumes erklärt sich einwandfrei als Ausdruck der in der Traumsymbolik nicht völlig abreagierten Libido, deren Befriedigung gehemmt ist. Einer Untersuchung von Benezé[1] entnehmen wir, daß ein ähnlicher Traum sich in dem mittelhochdeutschen Spielmannsepos „Salman und Morolf" findet, dem man es kaum mehr anmerkt, daß er nach dem Vorbild bei Saxo gestaltet ist. Salmans treulose Frau sucht ihren Gatten durch Erzählung eines, wie sie glaubt, nachkommenverheißenden Traumes zu versöhnen und wieder zu gewinnen. Sie erzählt ihm, ihr habe geträumt, daß sie in seiner süßen Umarmung schlafe, als zwei Falken ihr auf die Hand flogen. Von größerem Interesse ist es, daß auch Kriemhilds Traum (im Anfang des Nibelungenliedes) in diesen Zusammenhang gehört: Ihr träumt von einem starken, schönen, wilden Falken, den sie sich gezogen (und den ihr zwei Adler geraubt hatten). Dieser noch weiter entstellte und rationalisierte Traum kommt merkwürdigerweise in seiner Deutung dem ursprünglichen Sinn insofern

stellt ihrem Zukünftigen folgende Bedingung: er möge ein Haus bauen, wo vorher noch keines gestanden, dort die drei Nächte schlafen und darauf achten, was ihm träume. Er hat dann drei Träume von je drei Ochsen, wodurch Thyri über den Ausfall der Ernte der nächsten drei Jahre unterrichtet, zur Vorsorge mit Getreidevorräten veranlaßt wird. Henzen, der hier mit Recht an die biblischen Träume des Pharao von den sieben fetten und sieben mageren Kühen erinnert, betont das „Zugrundeliegen alter indogermanischer Anschauung, welche die Zeugungskraft der Natur unter dem Bilde des Stieres und die Fruchtbarkeit der Erde unter dem der Kuh sich vorzustellen liebte" (vgl. Sanskrit gans = Kuh und Erde). So könnte auch dem Pharaotraum ein Wunsch nach menschlicher Fruchtbarkeit, eine Potenzphantasie zugrunde liegen. Die besonders geforderte Bedingung der Neuheit des Hauses und des Bauplatzes, die andere Male zu einem wahren Zeremoniell ausgestaltet erscheint (Unberührtheit des Lagers, des Bettzeugs, der Wäsche), könnte hier die Unberührtheit des Mädchens ersetzen. Noch heute herrscht übrigens der Glaube, daß der erste Traum in einem neuen Milieu in Erfüllung geht.

[1] „Das Traummotiv in der mittelhochdeutschen Dichtung." Halle 1897.

näher als er die Fruchtbarkeitsbedeutung ganz außer acht läßt
und den Vogel mit dem zu erwartenden Mann identifiziert. Die Bedingung zur Traumentstellung ist hier durch die Sexualablehnung
des Mädchens gegeben, die bewußterweise von Männerliebe nichts
wissen will. Ähnlich wird in der Volsunga-Sage (c. 25) Gudruns
Traum, in dem sie einen schönen Habicht mit goldigen Federn auf
ihrer Hand sah, auf einen Königssohn gedeutet, der um sie werben,
den sie bekommen und sehr lieben werde. „Eine vielfache Anwendung
finden die Vögel ferner" nach Mentz[1] in den französischen Volks-
epen, „um bei Frauen die Geburt von Kindern anzuzeigen. Immer
sehen die Träumenden dann, wie aus dem Munde oder dem Magen
Vögel herausflattern". In der mittelhochdeutschen Epik erscheint der
Falke endlich sehr häufig als glück- und rettungbringender Vogel,
ein letzter Nachklang seiner symbolisch Geschlechtsgenuß und Kindersegen schaffenden Funktion („vögeln" = coire).

* * *

Diese Beispiele mögen genügen, um das hohe Alter, den
reichen Inhalt, den weiten und typischen Geltungsbereich, die kulturgeschichtliche wie individuelle Bedeutung der Symbolik zu kennzeichnen und auf das Fortleben der symbolbildenden Kräfte im
Seelenleben des heutigen Kulturmenschen hinzuweisen.

Psychologisch betrachtet bleibt die Symbolbildung ein Regressiv-
phänomen, ein Herabsinken auf eine frühere Stufe bildlichen Denkens, das sich beim vollwertigen Kulturmenschen in deutlichster
Ausprägung in jenen Ausnahmszuständen findet, in denen die bewußte Realanpassung entweder teilweise eingeschränkt ist, wie in
der religiösen und künstlerischen Ekstase, oder gänzlich aufgehoben
erscheint, wie im Traum und den Geistesstörungen. Dieser psychologischen Auffassung entspricht die kulturhistorisch nachweisbare
ursprüngliche Funktion der der Symbolisierung zugrunde
liegenden Identifizierung als eines Mittels zur Realanpassung,
das überflüssig wird und zur bloßen Bedeutung eines Symbols
herabsinkt, sobald diese Anpassungsleistung geglückt ist. So erscheint
die Symbolik als der unbewußte Niederschlag überflüssig und unbrauchbar gewordener primitiver Anpassungsmittel an die Realität,
gleichsam als eine Rumpelkammer der Kultur, in die der erwachsene

---

[1] Die Träume in den altfranzös. Epen. Marburg 1888.

Mensch in Zuständen herabgesetzter oder mangelnder Anpassungs-
fähigkeit gerne flüchtet, um seine alten, längst vergessenen Kinder-
spielzeuge wieder hervorzuholen. Was spätere Generationen nur noch
als Symbol kennen und auffassen, das hatte auf früheren Stufen
geistigen Lebens vollen realen Sinn und Wert. Im Laufe der Entwicklung verblaßt die ursprüngliche Bedeutung immer mehr oder
wandelt sich sogar, wobei allerdings Sprache, Folklore, Witz u. a.
oft Reste des ursprünglichen Zusammenhangs in mehr oder weniger
deutlicher Bewußtheit bewahrt haben.

Die weitaus umfassendste und bedeutsamste Gruppe primitiver,
dem bewußten Denken ziemlich ferngerückter Symbole bilden die-
jenigen, welche Erscheinungen und Vorgänge der Außenwelt ursprünglich im Dienste der Anpassung sexualisierten, um in späteren
Stadien die diesem ursprünglichen Sinn wieder entfremdeten Anthro-
pomorphismen als „Symbole" des Sexuellen zu verwenden. Außer
diesen scheint es noch andere Formen und Mechanismen der Symbolbildung zu geben, welche umgekehrt den menschlichen Körper, seine
organischen Vorgänge und psychischen Zustände durch harmlose
oder anschaulich leicht darstellbare Dinge der Außenwelt symbolisieren. Hieher gehört die Kategorie der s o m a t i s c h e n S y m b o l e,
am besten bekannt aus den Traumforschungen S c h e r n e r s, welche
Körperteile oder ihre Funktionen bildlich darstellen (z. B. Zahnreihen
als Häuserreihen, Urindrang als Überschwemmung etc.), und die
Kategorie der (von H. S i l b e r e r) sogenannten f u n k t i o n a l e n S y m-
b o l e, welche endopsychisch wahrgenommene Zustände und Vorgänge
des eigenen Seelenlebens (das jeweilige Funktionieren der Psyche)
plastisch darstellen (etwa die trübe Gemütsstimmung durch das Bild
einer düsteren Landschaft, das Einarbeiten in schwierige Gedanken-
gänge durch das mühselige Aufsteigen auf einem sich immer mehr
verengenden Pfad u. ä.). Diese beiden Arten „introjizierender" Symbolbildung, welche der erstgeschilderten „projizierenden" der m a t e r i a l e n
K a t e g o r i e, die das psychisch Inhaltliche versinnbildlicht, scheinbar
gegenüberstehen, sollten vielleicht besser nicht als besondere Arten
der Symbolbildung angesehen werden, sondern als b i l d l i c h e D a r-
s t e l l u n g s a r t e n körperlicher und psychischer Vorgänge, die bei
der eigentlichen Symbolbildung in gewissem Ausmaße regelmäßig mit
unterlaufen. So wird z. B. im phallischen Symbol der Schlange neben
der Form, Fähigkeit sich aufzurichten, Glätte, Geschmeidigkeit des

Phallus besonders dessen Gefährlichkeit und Unheimlichkeit dargestellt, also nicht wesentliche Bestandteile, sondern bestimmte psychische
Einstellungen (Angst, Abscheu), von denen andere auch tatsächlich
zu anderen Symbolisierungen des männlichen Gliedes führen (z. B. als
Vogel etc.), während in manchen wieder gewisse somatische Eigentümlichkeiten und Zustände (Stock = Erektion, Spritze = Ejakulation,
leere Ballonhülle = Schlaffheit) Darstellung finden.

Zusammenfassend lassen sich für das eigentliche Symbol im
psychoanalytischen Sinne, wie wir es am besten aus der Sprache
des Traumes kennen, aber auch in einer Reihe anderer seelischer
Produktionen wiederfinden, folgende Charakteristika aufstellen:

Die Stellvertretung für Unbewußtes, die konstante
Bedeutung, die Unabhängigkeit von individuellen Bedingungen, die entwicklungsgeschichtliche Grundlage, die
sprachlichen Beziehungen, die phylogenetischen Parallelen
(in Mythus, Kult, Religion etc.). Das Zutreffen dieser Bedingungen,
unter denen wir von einem Symbol sprechen und von denen bald
diese, bald jene einwandfrei nachweisbar sind, bietet uns zugleich
die Möglichkeit, die aus dem individuellen Seelenleben erkannten
Symbolbedeutungen zu verifizieren und eine auf diesem vagen und
vieldeutigen Gebiet besonders schätzenswerte Sicherheit[1]. Weitere
Unterstützung bei der Symbolerforschung gewährt das reiche im
Folklore und Witz niedergelegte Material, das häufig genug auf
anderen Gebieten nur unbewußt verwendete, besonders sexuelle
Symbole so gebraucht, als müßten sie jedem geläufig sein[2]. Eine

---

[1] Vgl. zur Ergänzung Ernest Jones „Die Theorie der Symbolik"
(„Papers on Psycho-Analysis", 2d ed., 1918, deutsch in Internat. Zeitschr. f.
Psychoanalyse, V, 1919).

[2] Die gewissen Formen des Witzes nahestehenden obszönen Rätsel
sind in ihrer überwiegenden Menge nach Schultz (Rätsel aus dem hellenischen Kulturkreise 1912, II. Teil) „ursprünglich keine Rätsel, sondern
symbolische, zum Teil sogar dialogisch gestaltete Schilderungen der rituellen
Vorgänge der Feuererzeugung und Rauschtrankgewinnung gewesen", die
im Verein mit geschlechtlicher Zeugung „im Mittelpunkte alten arischen
Rituales standen". — „Wenn sie bei der betreffenden Handlung gesungen
wurden, konnte über den Sinn solcher Verse kein Zuhörer im Zweifel sein."
„Erst später, als mit der religiösen Übung auch dieses Verständnis ver-
blaßte, wurden sie zu ‚Rätseln' und mußten sich an verschiedene überlieferte Lösungen anpassen lassen" (S. 117 f.).

sehr merkwürdige Bestätigung und teilweise Bereicherung erfährt
unsere Symbolkenntnis ferner durch das psychoanalytische Studium
gewisser Geisteskranker, von denen ein Typus, die sogenannten
Schizo- oder Paraphreniker, die Eigentümlichkeit hat, uns die geheimen
Symbolbedeutungen offen zu verraten. Endlich ist uns auch ein
experimentelles Verfahren nahegelegt worden, das die Verifi-
zierung bekannter und die Auffindung neuer, zunächst individueller Symbole in einwandfreier Weise gestattet und jeden Zweifel an der Existenz
einer sexuellen Traumsymbolik zerstreut[1]. Als solche gleichsam von der
Natur angestellte Experimente dürfen auch gewisse Träume betrachtet
werden, in denen ein körperliches Bedürfnis sexueller oder anderer Natur
sich in bestimmten typischen Symbolen zu befriedigen sucht, ehe der
Reiz zum Erwachen und damit zur Feststellung der Symbolbedeutungen führt (Wecktraum)[2]. — Als ein nicht zu unterschätzendes,
wenn auch nur heuristisches Prinzip der Symbolforschung ist schließlich
ihr Erfolg anzusehen, der uns gestattet, unverständlichen Äußerungen
des Seelenlebens einen guten Sinn und tiefe Bedeutung abzugewinnen.
Was diese Art des wissenschaftlichen Beweises auf dem Gebiet der
Symboldeutung betrifft, teilen wir voll und ganz die Auffassung des
Mythen- und Sprachforschers Wilhelm Müller, die er vor mehr als
einem halben Jahrhundert gegen seine Fachgenossen vertreten hat:
„Wie wir die Bedeutung unbekannter Worte dadurch ermitteln, daß
wir dieselbe zunächst aus dem Zusammenhange einer Stelle erraten
und sie für richtig halten, wenn sie an allen Stellen, wo das Wort
wiederkehrt, paßt, so ist die Erklärung eines Symbols, abgesehen
von anderen Stützpunkten, dann für richtig zu halten, wenn dasselbe
allenthalben, wo es erscheint, oder doch in einer großen Anzahl von
Fällen, dieselbe Erklärung zuläßt und diese in den Zusammenhang
des Mythus paßt."

Das Verständnis für den verborgenen Sinn ist weder bei allen
Symbolen gleich, noch bleibt es im Laufe der Entwicklung und des

---

[1] Der Versuchsperson wird der hypnotische Auftrag erteilt, etwas
Bestimmtes, z. B. eine sexuelle Situation zu träumen. Sie träumt aber nicht
in direkter Darstellung, wie dies bei harmlosen Aufträgen der Fall ist,
sondern in symbolischer Verkleidung, die vollauf der im gewöhnlichen Traumleben durch Psychoanalyse aufgedeckten entspricht. Vgl. Dr. Karl Schrötter:
„Experimentelle Träume" (Zentralbl. f. Psychoanalyse, II, 1912).

[2] Vgl. Kapitel VII „Die Symbolschichtung".

Bedeutungswandels desselben Symbols konstant. Auch ist innerhalb eines durch den ungefähr gleichen Bewußtseinsinhalt zusammengefaßten Kulturkreises das Symbolverständnis je nach den Gebieten der Anwendung, der Volksschichte, in der es auftritt, und dem psychischen Zustand des Auffassenden verschieden. Es zeigt sich, daß die Bedingungen des Symbolverständnisses zu den Tendenzen der Symbolbildung in einer gegensätzlichen Korrelation stehen. Indem die symbolische Darstellung in den Dienst unbewußter Strebungen tritt, um das anstößig Gewordene in verkleideter Form ins Bewußtsein zu schmuggeln, muß ihr eine gewisse Unbestimmtheit anhaften, die von der leicht zu durchschauenden Zweideutigkeit (in der Zote und im Witz) bis zur völligen Unverständlichkeit (in Traum und Neurose) abgestuft sein kann. Zwischen diesen beiden extremen Einstellungsmöglichkeiten des Bewußtseins zum Symbol und seinem Verständnis liegt eine Reihe sozusagen vollwertiger Symbolisierungen, wie sie Religion, Mythus und Kunst aufweisen, die einerseits eine verstandesmäßige Darstellung und Auffassung ermöglichen, anderseits aber doch nicht des tiefen unbewußten Sinnes entbehren.

III.

DER SINN DER GRISELDA-FABEL[1].

„Warum hab ich dir das alles getan?
Ich weiß es nicht."
Gerhart Hauptmann (Griselda).

Die Wechselbeziehungen zwischen der Psychoanalyse und dem Geistesleben werden dort am leichtesten aufzuzeigen sein, wo die künstlerisch gestalteten Phantasieprodukte des einzelnen oder des Volkes eine auffällige Annäherung an die Ergebnisse der Psychoanalyse zeigen, die ja selbst nur eine — allerdings wissenschaftliche — Darstellung seelischer Inhalte und Vorgänge ist. In solchen Fällen bedarf es nicht erst des ganzen komplizierten Rüstzeugs der neuen Seelenkunde und seiner eigenartigen Anwendung auf ein höchst disparates Material, sondern es wird nur eine keineswegs spezifisch psychoanalytische Einstellung erfordert sein, die es nicht verschmäht, den geringgeschätzten und gerne übersehenen Banalitäten der menschlichen Liebesbeziehungen ein wenig Aufmerksamkeit und wissenschaftliches Interesse zu schenken.

Eines dieser offenkundigen und doch notwendigerweise erst von der Psychoanalyse entdeckten Geheimnisse ist die jedem scharfsichtigen Menschenkenner zugängliche Beobachtung, daß die zärtlichen Beziehungen zwischen Eltern und Kindern durchaus nicht frei sind von einem erotischen Unterton, der bald deutlicher, bald leiser mitschwingt und sich in den gegengeschlechtlichen Verhältnissen am unzweideutigsten offenbart. So wird die Mutter dem Knaben, der Vater seinem Töchterchen unwillkürlich eine intensivere und anders gefärbte Zärtlichkeit entgegenbringen als dem gleichgeschlechtlichen Kinde, das sich darum oft von einem Elternteil zurückgesetzt, ja

---

[1] Aus „Imago", I. Jahrgang, 1912, S. 34 bis 48.

schlecht behandelt fühlt, und es wird so begreiflich, wenn sich das
Kind dann mit seinem Zärtlichkeitsbedürfnis um so inniger und
schwärmerischer dem andersgeschlechtlichen Elternteil zuwendet, der
ihm ja von Anfang an durch Liebkosungen und zärtliche Behandlung
lieb geworden war. Daß einem vorurteilslosen Beobachter und
Kenner der menschlichen Seele diese banalen Tatsachen nicht entgehen können, möge das folgende aufrichtige Urteil zeigen, das Peter
Rosegger in „Heimgärtners Tagebuch" niederschrieb: „Ich gebe
sogar zu, daß in der Liebe zwischen Mutter und Sohn ein bißchen
was Sexuelles liegt — unbewußt natürlich. Liebt doch eine Mutter
ihren Sohn ganz anders, als ihre Tochter"[1]. Daß es trotzdem der
psychoanalytischen Forschung vorbehalten bleiben mußte, die ungeheuere Bedeutung dieser allermenschlichsten Regungen zu entdecken
und damit in den Augen fanatischer Unsittlichkeitsschnüffler ein Odium
auf sich zu laden, erklärt sich einerseits aus den späteren psychischen Schicksalen dieser frühen und zarten inzestuösen Keime, anderseits aus der besonderen Gunst des der psychoanalytischen Forschung
unterzogenen Materials. Das Schicksal dieser für das Kulturleben un-
brauchbaren erotischen Bindung an die Familie ist, vom Standpunkte
des Seelenlebens betrachtet, die Verdrängung, vom Standpunkte des
sozialen Lebens betrachtet, die Lösung der libidinösen Familienbande
und ihre Übertragung in die eigene zu gründende Familie. Soll der
Sohn ein Weib, die Tochter einen Mann voll und ganz lieben können,
so wird die Möglichkeit zur Überleitung der bis dahin ausschließlich
den Eltern zugewendeten zärtlichen Gefühle auf das neue vollwertige
Liebesobjekt zur Bedingung, und als ein Nachklang dieser Einstellung
ist es aufzufassen, wenn die Tochter so häufig den Mann nach dem
Vorbilde des verehrten und geliebten Vaters wählt, der Sohn in der
Geliebten die Mutter wiederzufinden sucht. Auch wo diese Ablösung
des Kindes von der elterlichen Zärtlichkeit glatt gelingt, kommt bald
da bald dort ein Rest der ursprünglichen Gefühlseinstellung zwischen
Eltern und Kindern zum Vorschein. So erklärt sich die vielgefürchtete
Abneigung der Schwiegermutter gegen ihre Schwiegertochter als Folge

---

[1] Man vgl. auch die im Zentralbl. f. Psychoanalyse (II, 1911, S. 137)
mitgeteilte gleichsinnige Äußerung des französischen Akademikers E. Faguet
über dieses Thema, sowie das entsprechende Material bei Rank, Das Inzestmotiv in Dichtung und Sage, 1912, S. 32 f.

der Eifersucht auf die Frau, der sie den geliebten Sohn abtreten
mußte; die sprichwörtliche Abneigung der Schwiegermutter gegen
den Schwiegersohn aus dem Neid der im Wettbewerb mit der
Tochter Unterlegenen, die es dem Schwiegersohne nie verzeihen
kann, daß er — ganz wie ihr eigener Mann — auch für die jüngere
Konkurrentin zärtlicher fühlt [1]. So erklärt sich ferner der oft hart-
näckige Widerstand des Vaters gegen jede Verheiratung seiner
Tochter aus dem Umstand, daß er ihre zärtliche Neigung an keinen
anderen Mann verlieren will, sein Widerstand gegen eine Heirat
des Sohnes wieder aus dem Neid gegen den jüngeren und glück-
licheren Liebhaber. Als einen sehnsüchtigen Rückfall in die infantile
Einstellung dürfen wir es ferner ansehen, wenn der unglückliche
oder übelgelaunte Ehemann der Gattin beständig seine Mutter als
Ideal und Vorbild in jeder Beziehung hinstellt, bei der er es besser
gehabt hätte, oder wenn die mit dem Manne unzufriedene junge
Gattin plötzlich wieder zu ihrem Vater zurück will. All diese vielseitigen und fein verästelten Beziehungen treten oft genug in gesellschaftlichen Skandalromanen und Kriminalaffären unverhüllt in die
Öffentlichkeit; ihre unbewußte erotische Motivierung lugt aber für
den vorurteilslosen Beobachter auch in den konventionell nicht
anstößigen Verhältnissen immer noch deutlich durch die rationalen
Begründungen hindurch, mit denen die Menschen die ihnen selbst
unbekannten Wurzeln ihres Tuns zu umkleiden pflegen. Was uns das
normale Seelenleben so in Bruchstücken und Andeutungen verrät,
das hat die zur Heilung gemütskranker Menschen unternommene
Psychoanalyse zu ihrer eigenen Überraschung im vollen Umfang und
in seiner ganzen Bedeutsamkeit feststellen und erkennen können. Auf
dem mühseligen und langwierigen empirischen Weg der Beobachtung
hat sich ergeben, daß der Psychoneurotiker infolge des Zusammentreffens verschiedener ungünstiger Umstände nur an jenen Aufgaben
scheitert, deren Bewältigung dem leistungsfähigen Kulturmenschen
infolge des Zusammentreffens verschiedener günstiger Umstände ohne
zu große Opfer gelungen ist. Und es wird uns nicht wundern, wenn
unter diesen Aufgaben die Ablösung des Individuums von der Familie
obenan steht, die wir als Bedingung der für das Kulturleben not-

---

[1] Die kulturhistorische Begründung dieser Gefühlsbeziehungen hat
Freud in „Totem und Tabu", 1913, I. Abschnitt, gegeben.

wendigen sozialen und der für ein glückliches Menschenleben erforder-
lichen sexuellen Selbständigkeit ansehen mußten. Tatsächlich haben
die Forschungen Freuds mit überraschender Regelmäßigkeit ergeben,
daß der Neurotiker im wesentlichen an der Bewältigung des Familienkomplexes scheitert. Bei ihm bricht darum die normalerweise abge-
dämpfte und in kulturelle Bahnen geleitete Inzestneigung aus dem
Unbewußten mächtig hervor und überflutet, einem zerstörenden Lava-
strome gleich, sein ganzes Gefühlsleben. Die krasse und anstößige
Form, in der dann bei dem mühsamen Abtragen der erstarrten
Schichten — der Psychoanalyse — die kindliche Einstellung zu den
Eltern und die spätere phantastische Ausmalung dieses Verhältnisses
zum Vorschein kommt, erschreckt und überrascht den unmittelbaren
Zeugen dieser Vorgänge, eben den Psychoanalytiker, bei weitem
mehr als den kühlen Beobachter, der die spärlichen Reste der Aus-
grabungsarbeit geordnet und gesichtet hinter den Scheiben der Glas-
vitrinen kennen lernt. Sehr mit Unrecht hat man daher den Psycho-
analytikern vorwerfen wollen, ihre eigene verderbte Phantasie ver-
kenne und verfälsche die weit harmloser aufzufassenden Befunde;
denn der Psychoanalytiker war gewiß der erste, der sich am schwersten
dazu entschließen konnte, diese befremdenden Regungen in ihrem
vollen Ausmaße im menschlichen Seelenleben anzuerkennen. An
diesem entscheidenden Punkte kam ihm für seine an den Psychoneurotikern gemachten Erfahrungen eine unerwartete und wertvolle
Bestätigung. Wenn man nur den Mut gefaßt hatte, an diese Dinge
zu glauben, wurde mit einem Male klar, daß es seit Jahrtausenden
schon Menschen gegeben haben mußte, denen diese Beziehungen,
wenngleich nicht klar bewußt, so doch keineswegs fremd geblieben
waren. Eine Reihe von Mythen, Märchen, Sagen und Dichtungen
spiegelte den Kampf des Individuums mit den libidinösen Familien-
regungen oft in einer Deutlichkeit wieder, die nur den unbewußten
Phantasiegebilden unserer neurotischen Mitmenschen vergleichbar war.
Der uneingestandene Drang des Knaben, den störenden Vater zu
beseitigen, um seine Stelle bei der geliebten Mutter einnehmen zu
können, hat seinen unvergänglichen Ausdruck in der griechischen
Sage von Ödipus gefunden, der seinen Vater unerkannt tötet und
seine Mutter unwissentlich heiratet. Die kindliche Eifersucht der
Tochter, die ihre Mutter als störende Konkurrentin im Wettstreit
um die Neigung des Vaters empfindet, ist verkörpert im Schicksal

der Elektra, die ihre Mutter mit tödlichem Hasse verfolgt, um die
Ermordung des geliebten Vaters zu rächen. Und welchen Zeiten,
Völkern und Stoffquellen sich der psychoanalytisch geschärfte Blick
des Beobachters auch zuwenden mag, überall tritt ihm der aus dem
Unbewußten in seinem vollen Umfang und seiner ganzen Bedeutsamkeit für normales, überwertiges und pathologisches Geschehen
im Seelenleben des einzelnen und der Völker erschlossene Inzestkomplex in mehr oder minder deutlicher Ausprägung entgegen. Es
ist nur ein grobes Unrecht, wenn man diese Übereinstimmung der
Ergebnisse, die vom ästhetischen Standpunkt vielleicht monoton
wirken mag, einer psychoanalytischen Voreingenommenheit zuschreiben
will, während sie doch im Material selbst begründet ist. Und so
können wir als Beweis dafür, daß wir richtig gearbeitet und gesehen
und die Bedeutsamkeit des Gewonnenen auch richtig eingeschätzt
haben, nichts freudiger begrüßen, als gerade das gehäufte Zusammen-
stimmen der psychoanalytischen Resultate mit den auf anderen
Gebieten geistigen Schaffens zutage getretenen Erscheinungen.

War aber dem Psychoanalytiker, solange er sich in der Auffassung der befremdenden Seelenregungen noch nicht ganz sicher
fühlte, die Übereinstimmung im Resultat das Wertvolle, ja um so
wertvoller, je monotoner, d. h. übereinstimmender es sich ergab, so
sind ihm nunmehr auf dem gesicherten Fundament der neuen
Seelenkunde die verschiedenen Wege und Mittel interessant geworden,
die es ermöglichen, aus den wenigen unsterblichen Menschheits-
komplexen des primitiven Seelenlebens so mannigfaltige und hoch-
gewertete Gebilde, wie Religion, Kunst, Philosophie, entstehen zu
lassen. Nun ist dieses fragwürdige Wie, das an die Stelle des durch-
schauten Was getreten ist, entsprechend den hochkomplizierten
kulturellen Formen in allen seinen feinen Verzweigungen zugleich
kaum verfolgbar. Die subtilen künstlerischen Produktionen einzelner
und ganzer Völker erfordern vielfach schwierige und nur durch um-
fangreiche Paralleluntersuchungen zu leistende psychoanalytische
Arbeit, um in dem Zusammenwirken der verschiedenen ursächlichen
Momente das Entscheidende, oft unter vielerlei Verdrängungsschichten
Verborgene bloßzulegen. Andere Schöpfungen der Phantasietätigkeit,
wie beispielsweise die antike Ödipus-Sage, offenbaren dagegen ihren
geheimen Sinn und ihre tiefste Tendenz, wenn man nur die eingangs
hervorgehobene Einstellung nicht vermissen läßt, die nicht einmal

ein Suchen nach verborgenen Motiven fordert, sondern sich bereits unter der rein negativen Bedingung der Vorurteilslosigkeit fruchtbar erweisen kann. Unter solchen Voraussetzungen mag sich dann der ideale Fall herstellen, wo Inhalt und Motiv der Sagenbildung als direkte Bestätigungen psychoanalytischer Ergebnisse erscheinen und die Psychoanalyse sich so als wissenschaftliches Prinzip der Sagendeutung gewissermaßen legitimiert. Ein solcher Fall, wo die Psychoanalyse und eine verständnisvolle, auf rein menschliche Quellen zurückgehende Sagendeutung einander bis auf einen Schritt entgegenkommen, um sich schließlich die Hände zu reichen, wo also die psychoanalytische Betrachtungsweise ein von der Sagenforschung anerkanntes, bisher jedoch unaufgeklärtes Problem spielend zu lösen vermag, liegt in der beliebten und weitverbreiteten Griselda-Fabel vor.

Seitdem der Stoff im 14. Jahrhundert durch Boccaccio (Decamerone X, 10) wahrscheinlich aus mündlicher Tradition in die Literatur eingeführt und durch die lateinische Bearbeitung seines Zeitgenossen Petrarca über alle europäischen Länder in Form von unzählige Male gedruckten Volksbüchern, Romanzen und dramatischen Bearbeitungen verbreitet worden war[1], haftet ihm ein, mit Rücksicht auf diese fast einzig dastehende Popularität um so paradoxeres Rätsel an, um dessen Lösung sich die zahlreichen und zum Teil hervorragenden dichterischen Bearbeiter (Chaucer, Th. Dekker, Perrault, Goldoni, Lope de Vega, Hans Sachs, Bürger, Arnim, Halm, Hauptmann u. v. a.) bei weitem eifriger, wenn auch mit dem gleichen negativen Erfolge, bemüht haben, als die kritischen Beurteiler. Aber nicht nur das literarisch geschulte, ästhetische Empfinden, sondern auch das moralische und psychologische Taktgefühl der naiven harm-

---

[1] Literatur: Markus Landau: „Die Quellen des Decamerone" (2. Aufl. Stuttgart 1884). R. Köhler: „Kleinere Schriften", Bd. 2 (Berlin 1900), S. 501 bis 555. Fr. von Westenholz: „Die Griseldis-Sage in der Literaturgeschichte" (Heidelberg 1888). F. X. Wannenmacher: „Die Griseldis-Sage auf der iberischen Halbinsel" (Diss. Straßburg 1894). G. Widmann: „Griseldis in der deutschen Literatur des 19. Jahrhunderts" (I. Teil, Diss. Tübingen 1904, II. und III. Teil „Euphorion", 1906 und 1907). R. Schuster: „Griseldis in der französischen Literatur" (Diss. Tübingen 1909). H. B. Wheatley: „The History of patient Grisel" (1619). Neu herausgegeben in den „Publications of Villon Society" 1885, mit einer bibliographischen und literarhistorischen Einleitung. In den genannten Schriften findet man auch die weitere Literatur über dieses Thema verzeichnet.

losen Hörer und Zuschauermenge hat — am Inhalt der Fabel zwar
scheinbar ausgiebigen Gefallen — an seiner Motivierung jedoch,
häufig genug im Einklang mit dem Dichter, harten Anstoß genommen,
was sich in den nach Ländern, Zeiten und Autoren stets wechselnden
Motivierungsversuchen widerspiegelt. Die Handlungsweise dieses Markgrafen Gualtieri von Saluzzo, der sich, von seinen Vasallen zur
Vermählung gedrängt, nach langem Widerstreben plötzlich entschließt,
ein armes Bauernmädchen, Griselda, zu heiraten, ihr aber dann ohne
Grund die im Verlaufe der Ehe geborenen Kinder entreißt, endlich
sie selbst verstößt, um ihr schließlich bei seiner zweiten Hochzeit,
der die aufs tiefste Gedemütigte und Gekränkte beiwohnen muß,
zu eröffnen, es sei dies alles nur zum Schein und zur Erprobung
ihres ergebenen Gehorsams geschehen: diese Handlungsweise kann
bei keinem billig und vernünftig Denkenden Zustimmung oder Verständnis finden. Ebensowenig das entsprechend schwach motivierte
Verhalten der in ihrer Würde so tiefverletzten Frau, die solch ein
sinnloses und — wie die verschiedenen Rechtfertigungsversuche des
Gatten zeigen — auch frivoles Spiel mit ihrem weiblichen, mütterlichen,
menschlichen Empfinden mit einer willenlosen Ergebenheit hinnimmt,
die man vielleicht als Idealisierung der mittelalterlichen Hörigkeit
der Frau auffassen könnte, die aber jedem höheren Empfinden als
direktes Gegenteil eines weiblichen Idealbildes erscheinen mußte.
Entweder es liegt hier einer der rohesten und wie Widmann
(Diss. S. 44) treffend bemerkt, durch die notwendige Unzulänglichkeit
der verschiedenen Motivierungsversuche erst recht in seiner ganzen
Kraßheit abstoßend wirkenden Stoffe vor oder eines von jenen
eingangs erwähnten Rätseln, die eigentlich keine sind, weil ihre
Lösung offen zutage liegt und nur auf Grund einer Art psychischen
Verblendung jahrhundertelang beständig übersehen werden konnten.

So sehr auch die einzelnen dichterischen Bearbeiter bemüht waren,
die unverständliche Handlungsweise des Markgrafen der Menschlichkeit
näherzubringen, so ist es doch — wie noch Minor in seiner
Beurteilung von Hauptmanns „Griselda" („Österr. Rundschau",
März 1909) betont — noch keinem gelungen, den Stoff mit unserem
modernen Bewußtsein in Einklang zu bringen. Ja, gerade der einzige
Dichter, der eine psychologische Motivierung aus rein inneren Motiven
versucht hat, läßt seinen Helden selbst in den unseren Ausführungen
vorangestellten Worten eingestehen, daß ihm die eigentlichen Motive

seines Tuns unbekannt seien, und ähnlich sieht sich schon der erste
Erzähler des Stoffes genötigt, in Selbsterkenntnis seiner widerspruchsvollen Charakterzeichnung und schwächlichen Rechtfertigung des
Helden ausdrücklich gegen ihn Stellung zu nehmen, indem er den
fingierten Erzähler der Geschichte des Grafen Handlungsweise una
matta bestialità nennen läßt. Suchen doch alle Interpreten des Stoffes,
sofern sie die bloße Selbstsucht, den Stolz und Eigendünkel des Markgrafen mit Recht nicht als Triebfeder seines Tuns gelten lassen wollen,
sein sinnloses Handeln wenigstens durch äußere Motivierungen (Wette,
Intrigen der Untertanen oder Verwandten etc.) zu entschuldigen,
deren Unstichhältigkeit aber nicht nur von allen Forschern anerkannt
ist, sondern offenbar von jedem neuen Bearbeiter und Motivierer
ebenso wie vom Publikum empfunden wurde. Von allen diesbezüg-
lichen kritischen Äußerungen sei, als Beispiel für die haltlosen Schein-
begründungen der Erzähler, eine hier genannt, weil sie die einzige
ist, in der sich eine leise Ahnung von der Möglichkeit einer tieferen
Begründung findet. Widmann führt in seiner Dissertation (S. 44)
aus: „Der schwächste Punkt der ganzen Handlung ist der nur
scheinbare Unwille der Untertanen, den der Markgraf Griselden
gegenüber als zwingenden Grund für sein Verhalten vorschützt. Es
ist doch recht unwahrscheinlich, daß sie diese Scheingründe nicht als
solche erkennen, wenn, wie besonders bei Cochem, ihre Regenten-
tätigkeit und sonstigen Tugenden sie bei den Untertanen allgemein
beliebt machten und diese Leute über des Grafen Verhalten murren[1].
Es ist hier von Anfang an eine Bruchlinie in der Komposition der
Erzählung, die für ihre Entstehung einen Fingerzeig geben und
etwa auf die unorganische Aufpfropfung des Prüfungsmotivs hinweisen mag." Es läßt sich nun durch verständnisvolle Berücksichtigung eines bisher hartnäckig übersehenen Zuges der Erzählung
zeigen, daß diese Bruchlinie keineswegs der durchaus einheitlichen
Komposition anhaftet, sondern einer jahrhundertelang fortgeschleppten,
mißverständlichen Auffassung und Motivierung entsprungen ist, deren
sich der erste Erzähler des Stoffes aus psychologischen Gründen
ebenso schuldig machen mußte wie der moderne Bearbeiter und der
scheinbar über dem Stoff stehen   Beurteiler, und die erst auf Grund

---

[1] In einem Volksbuch schelten sie ihn ganz offen Wüterich, Bluthund
und Mörder.

unserer psychoanalytischen Einsichten aufgedeckt werden kann, obwohl sie seit jeher für jedermann offen zutage lag.

Zu diesem Zwecke müssen wir nur einige in fast allen Bearbeitungen typisch wiederkehrende Züge nachtragen, deren Erwähnung
in unserer summarischen Inhaltsangabe mit Recht unterblieben ist,
da sie auch sonst allgemein nicht zum wesentlichen Inhalt gerechnet
wurden. In den allermeisten Versionen bringt Griselda zuerst, zur
größten Freude des Vaters, ein Mädchen zur Welt, dessen
Beseitigung der Graf mit der Begründung der Unebenbürtigkeit
fordert, die bei dem Sohn und Erben, der an zweiter Stelle folgt,
eher angebracht scheint; tatsächlich hat diese für den Knaben plau-
siblere Begründung in einzelnen Versionen dazu beigetragen, ihn
als Erstgeborenen einzuführen, doch werden wir gut tun, mit Rücksicht auf das spätere Verständnis daran festzuhalten, daß in den
ersten Bearbeitungen und der weitaus größten Zahl ihrer Abkömmlinge die Geburt der Tochter den Grafen auf den neuen
Gedanken (nuovo pensier) der Prüfung bringt. Er läßt der Gattin
durch einen Vertrauten das Kind abfordern, mit der Andeutung,
oft auch der direkten Ankündigung seiner Tötung, schickt es jedoch
einer Verwandten, meist seiner Schwester, zur heimlichen Erziehung.
Mit dem einige Jahre (bei Boccaccio 6) später geborenen Knaben
wiederholt sich das gleiche. Wieder nach Verlauf einiger Jahre
wird dann der Graf plötzlich seines Weibes überdrüssig und jagt
sie davon, um eine Jüngere zu freien. Dieser Zeitpunkt ist
jedoch in der Erzählung genau bestimmt, ähnlich wie die Idee
der „Prüfungen" durch die Geburt der Tochter. „Als seine
Tochter 16 Jahre alt war (bei Boccaccio 13; das Alter
wechselt innerhalb dieser Grenzen), ließ er aus Rom erdichtete
Briefe holen und öffentlich anschlagen, wonach ihm vom Papst
erlaubt wurde, sich von seiner unebenbürtigen Gemahlin zu scheiden
und eine seinesgleichen zu nehmen" (Simrock: „Die deutschen Volksbücher", Bd. 6, Frankfurt 1847). Wie ihn also, in den landläufigen
Fassungen, die Geburt der Tochter zum grausamen Gatten macht,
so macht ihn auch regelmäßig die Geschlechtsreife der Tochter (deren
Eintritt je nach dem Landstrich wechselt) zum verliebten Freier. Daß
die Erzählung diese Ereignisse nicht bloß zufällig zusammentreffen
läßt, sondern durch ihre zeitliche Kontinuität gerade auf ihre innige
Beziehung hinweisen will, ergibt sich aus dem weiteren Verlauf der

Geschichte. Es wird alles zur Hochzeit des Grafen mit der — wie bei seiner ersten Ehe — auch bis zuletzt unbekannten neuen schönen Braut gerüstet und Griselda selbst muß als Magd dabei mithelfen. Erst im entscheidenden Moment eröffnet der Graf allen Beteiligten, daß die vermeintliche junge Braut niemand andere sei als seine Tochter, die er nun samt ihrem Bruder, der aus so schweren Proben siegreich hervorgegangenen geliebten Gattin wieder zuführt.

Man kann von der wenigstens unsere primitivsten moralischen Empfindungen respektierenden Erzählung wohl kaum verlangen, daß sie den allzumenschlichen Wunsch des Vaters, seine alte und für ihn reizlos gewordene Frau gegen seine hübsche blühende Tochter einzutauschen[1], etwa noch deutlicher ausspreche als es in der Scheinheirat der Griselda-Sage geschieht. Sind wir überdies von der Psychoanalyse darauf vorbereitet, daß die im realen Kulturleben notwendige Hemmung derartiger Wunschregungen häufig zur Produktion ersatzbietender Phantasiebildungen führt (Symptom, Traum, Kunstwerk, Mythus, Religion), in denen der vom Milieu verbotene und dem eigenen Bewußtsein anstößig gewordene Wunsch in mehr oder minder entstellender Verhüllung sich Befriedigungen zu schaffen sucht, so dürfen wir in der Aufdeckung dieser notwendig verborgenen und doch so offen daliegenden Motivierung nicht nur den

---

[1] Bei Boccaccio heißt es im Hinblick auf die neue unbekannte Braut: „Jedermann meinte, der Markgraf habe einen guten Tausch gemacht." — Und bei Simrock: „Alle lobten den Markgrafen, daß er nicht Unrecht getan hätte, daß er seine vorige Gemahlin verstoßen und, wo nicht eine verständigere und tugendhaftere, daran sie doch ein wenig zweifelten, so doch in Wahrheit eine weit jüngere und schönere, die ihm an Stand und Ehren gleich wäre, sich ersehen hätte." — Die zur Scheidung von der ersten Frau eingeholte Erlaubnis des Papstes scheint auf einen früheren Dispens zur Heirat der Tochter hinzuweisen. — Einen anderen Ausweg aus der Situation des Vaters, der nach dem Tode der Frau seine Tochter heiraten möchte, zeigt eine hübsche Geschichte von Rétif de la Bretonne: „Die beiden Witwer und ihre Töchter" (in „Zeitgenossinnen", Verlag G. Müller, München, Bd. 2), in der es direkt heißt: „Da unsere Väter uns, ihre Töchter, nicht selber heiraten können, so liefern sie sie sich gegenseitig aus!" (S. 39.) Es sind dann die unglücklichen Folgen dieser Pseudo-Inzestehen geschildert. — „Die Ernadans von Madras lassen es zu, daß ein Mann seine älteste Tochter zur zweiten Frau nimmt." Hans Fehlinger, Über einige sexuelle Sitten in Indien. (Geschlecht und Gesellschaft, IX, 1914, S. 181.) — Man vgl. den Inzest Lots mit seinen Töchtern in der Genesis.

lange gesuchten Sinn der Sage, sondern zugleich die Tendenz ihrer
Bildung, d. h. die für ihre Gestaltung entscheidende psychische
Triebkraft, erblicken. Wir müssen nicht nur mit allen Beurteilern
des Stoffes darin übereinstimmen, daß die von den Bearbeitern der
Sage eingeführten Motivierungen der Handlungsweise des Markgrafen
höchst fadenscheinig und unstichhältig sind, sondern auch auf Grund
unserer Einsichten in die Sagenbildung erkennen, daß die Begründungen deswegen so unzureichend ausfallen mußten, weil die Sagenmotive, zu deren Stütze sie bestimmt waren, selbst nur mißverständliche Auslegungen des unverständlich gewordenen Inhalts darstellen. War einmal der ursprüngliche Sinn der Sage verwischt, so
suchte sich natürlich das Motivierungsbedürfnis an andere, der eigentlichen Tendenz bloß sekundär dienende Elemente zu heften und sich
im Laufe der Überlieferung umso heftiger an diesen falschen Stellen
zu verbeißen, je unzureichender die hier angesetzten Begründungen
erschienen. Daß dabei gewiß auch mächtige Komponenten des Seelenlebens auf ihre Rechnung kommen mußten, zeigt sich deutlich an
der aus dieser Verschiebung folgenden extremen Ausgestaltung der
männlichen Grausamkeitssucht und der weiblichen Unterwürfigkeits-
neigung, die bekanntlich in ihren normalen Ausläufern, der Erobe-
rungskraft des Mannes und der Hingebungsfähigkeit des Weibes, als
spezifische Geschlechtscharaktere hoch geschätzt werden und die
wir in ihren pathologischen Übertreibungen als Sadismus und Ma-
sochismus zu bezeichnen gewöhnt sind. Doch müssen wir die krasse
Ausgestaltung und die damit verbundene Interpretation der Griselda-
Sage in dieser Richtung als sekundäre Bildung ansehen, wenngleich
schon ihr Keim dem lüsternen Wunsch des Vaters auf seine Tochter
ursprünglich zur Geltung verholfen haben wird[1]. Es konnte darum keine

---

[1] Hier läßt sich vielleicht rechtfertigen, warum wir nur die Handlungsweise des Grafen und nicht auch die seiner Gattin psychologisch zu motivieren haben. Wie im Liebesleben der Mann der agressive Teil ist, so geht
auch die Mythenschöpfung und Sagenbildung von seiner unbefriedigten Libido aus und es kann uns nicht wundern, wenn die zur Befriedigung oder
Rechtfertigung seiner Gelüste von ihm selbst geschaffenen weiblichen Phan-
tasiegestalten seinen Wünschen möglichst widerstandslos dienen. Nach Analogie der vom Standpunkt des Sohnes gebildeten Ödipus-Sage sollte man
erwarten, daß hier die erotische Neigung der Tochter zum Vater die Triebkraft zur Sagenbildung liefert; doch zeigt sich, daß das weibliche Empfinden
auch hier nur eine rein passive Rolle spielt und die Erzählung vom Stand-

Bearbeitung und keine Auslegung des Stoffes von Erfolg begleitet sein, welche diese „lobwirdige History von der demütigen und gehorsamen Frawe Gryselda" für bare Münze nahm und nicht 'die an sich völlig sinnlosen Prüfungen der eigentlichen Tendenz der Sage unterzuordnen wußte.

Verrät uns so die Sage selbst mit einer seltenen Offenheit, die nur vom konsequenten Übersehen an Seltsamkeit übertroffen wird, wo der Zugang zu ihrem geheimsten Sinn liegt, so bedarf es jetzt allerdings für einen Moment des psychoanalytischen Schlüssels, um die in das Innerste der Sagenbildung führende Eingangspforte zu erschließen. Wir dürfen nämlich nicht übersehen, daß der ganze komplizierte Apparat der Kinderabnahme, des Zeitintervalls, der Verstoßung und der zweiten Hochzeit ganz vergeblich aufgeboten würde, wenn der Vater von Anfang an alles weiß und nur als ein Spiel betrachtet, und stehen so neuerdings vor der Aufgabe, ihm selbst — und damit auch uns — seine eigene unverstandene Handlungsweise zu motivieren. Nun ist es aber nicht mehr schwer, auf dem Boden unserer Auffassung zu erkennen, daß auch diese Unlogik erst sekundär durch Unterstreichung der Prüfungstendenz hineingebracht wurde; denn sollte überhaupt die Prüfung der Gattin die Handlungsweise des Grafen motivieren können, so war die erste Bedingung, daß der Graf — ja gerade nur er allein — von allen Vorgängen unterrichtet war, während dem ursprünglichen und logischen Sinn der Sage nach gerade die Unkenntnis der Identität von Braut und Tochter — die ihm erst im entscheidenden Moment bekannt werden durfte — seine zweite Inzest-Heirat ermöglichen konnte. Aber wie bei der Ausgestaltung des Grausamkeitsmotivs haben wir auch in dieser sekundären Entstellung nicht allein das Werk blinden Unverständnisses, sondern ebensosehr das unbewußte Walten der Verdrängungstendenz zu sehen, welche die Blutschande mit der Tochter auch noch in der Phantasiebefriedigung zu anstößig findet und darum im letzten Moment verhindert. Daß man tatsächlich eine solche psychische Vorstufe unserer Sage annehmen darf,

punkt des Mannes (Vaters) gearbeitet ist. — Hervorhebung verdient hier noch, daß das ganze Schema unserer Sage mit allen seinen Details in einer Reihe von Überlieferungen vom Standpunkt des Sohnes verwertet erscheint, der seine Mutter heiraten will, wie unser Markgraf seine Tochter. (Vgl. dazu meine Abhandlung über die Lohengrinsage, 1911).

4*

in der die Heirat mit der Tochter unbewußterweise erfolgen sollte,
zeigt ihr Vergleich mit einer großen Gruppe verwandter Überlieferungen, aus denen sich unzweideutig ergibt, daß der in der Griselda-
Sage trotz Wissens des Vaters erst im letzten Moment verhinderte
und durch die Wiederheirat der ersten Frau schlecht verdeckte
Inzest mit der Tochter andermal nicht nur vollzogen, sondern in
seiner Anstößigkeit meist durch den unbewußten Vollzug gemildert
wird, wozu eben der ganze in der Griselda-Sage scheinbar zwecklos
aufgebotene Apparat der Aussetzung[1], d. h. heimlichen Aufziehung
bei fremden Leuten, der aller Logik hohnsprechende Zeitintervall bis
zur Reifung der Tochter, und die zweite Hochzeit dient, welche
Motive uns aus einer Reihe paralleler Überlieferungen bereits als
gleiche Hilfsmittel der Inzestermöglichung, sekundär der Verhinderung, geläufig sind. Indem hier nur auf die breite Fundierung dieser
Auffassung der Griselda-Sage in den in Riklins[2] und meinen
Arbeiten niedergelegten vergleichenden Materialuntersuchungen hingewiesen werden kann, sei nicht versäumt, einzelne Bearbeitungen
des Griselda-Stoffes selbst hervorzuheben, in denen die ursprünglichen Motive noch im Sinne unserer Auffassung betont erscheinen.
In der von Schuster (S. 52 bis 60) ausführlich besprochenen dramatischen Bearbeitung einer Madame de Saintonge (1650 bis 1718):
Griselde ou la Princesse de Saluces ist die Fabel des zweifelhaften
Prüfungsmotivs entkleidet und alles folgt aus der Lüsternheit des
Fürsten nach dem Besitz eines jungen Mädchens, von dem er erst
am Schlusse erfährt, daß sie seine Tochter sei. Wir sehen hier direkt,
wie die logische Zurücksetzung des sekundären Prüfungsmotivs auf
der anderen Seite den unbewußten Inzest in den Vordergrund drängt.
Kann man dafür vielleicht noch das Raffinement der französischen
Intrigenkomödie verantwortlich machen, so betont die Naivität eines
von Köhler (S. 546 fg.) mitgeteilten isländischen Volksmärchens
das sexuelle Motiv in der detaillierten Schilderung der Brautnachts-
szene zwischen Vater und Tochter, die knapp an der Grenze des
Darstellbaren als täuschendes Spiel erklärt wird. „Am Abend, als

---

[1] Im deutschen Märchen (Köhler, S. 538) sagt der Graf, er werfe das
Neugeborene in den „Ziggel" (gleich Ziehbrunnen): Das typische Aussetzungsmotiv.

[2] Wunscherfüllung und Symbolik im Märchen. Wien und Leipzig 1908,
S. 76 u. fg.

man sich zur Ruhe begibt, will auch der König mit seiner neuen
Königin (seiner Tochter) sich niederlegen; er befiehlt der Grishildur
ein kleines Licht zu nehmen, es anzuzünden, zwischen den Fingern
zu halten und sie beide zu Bette zu begleiten. Grishildur tut so und
leuchtet ihnen, während sie sich niederlegten. Die neue Königin
stieg zuerst ins Bett, und der König tut es ebenfalls. Da
war das Licht, das Grishildur hielt, so weit herabgebrannt, daß es an
ihren bloßen Fingern brannte. Der König fragte, ob sie sich nicht
brenne. Grishildur antwortete: ‚Es schmerzen die brennenden Finger,
aber noch mehr schmerzt das trauernde Herz', und vergoß Tränen.
Da ertrug es der König nicht länger . . .''

Daß manche Bearbeiter die Eignung des Stoffes zur Durchsetzung inzestuöser Regungen, wenn auch nicht in der ursprünglichen Bedeutung der Sage, wohl fühlten und unwillkürlich darstellten,
sei an zwei weiteren Bearbeitungen gezeigt. Bei der großen Zahl
verschiedener Motivierungsversuche und Modifikationen ist einer der
Erzähler, Nikolay, der den Stoff in einer Ballade behandelte, auf
den Einfall gekommen, den langen Zeitintervall bis zur Reife der
Tochter und damit auch die Heirat mit dieser gänzlich auszuschalten.
Der Graf verstößt seine Gattin hier bereits im zweiten Jahr der
Ehe und vermählt sich sogleich zum Schein mit einer neuen Braut[1].
Diese ist jedoch wieder nicht eine beliebige fremde Person, deren
dem Markgrafen zu seinem Spiel gewiß genug zur Verfügung stünden,
sondern charakteristischerweise — seine Schwester, die sonst
meist seine Kinder heimlich aufzieht und von der es im Volksbuch
von Cochem heißt, sie habe sie wie ihre eigenen gehalten, was sich
wie der Keim zu diesem balladenhaften Geschwisterinzest ausnimmt.

Die negative Seite des Inzestkomplexes tritt uns dagegen in
Gerhart Hauptmanns Dramatisierung entgegen, die wir als den
ersten Versuch einer rein innerlichen Motivierung schätzen müssen.
Er hat das Hauptmotiv der Sage in den Bahnen des Inzestkomplexes selbst so verschoben, daß der Graf bei der Geburt des
Kindes seine zärtliche Neigung nicht auf dieses überträgt, sondern
sie im Gegenteil, wie zur Sicherung seiner ehelichen Gefühle, nur

[1] Wo die Verstoßung ebenfalls bald nach der Geburt des Kindes erfolgt, die Gattin aber den langen Zeitintervall bis zur Reife der Tochter im
Elternhause verbringt (wie im isländischen Märchen), tritt die ganze Unlogik
dieser sekundären Motivierung offen hervor.

noch intensiver an die Gattin heftet[1] und das Kind sogar um deren Liebe beneidet. Hier hat es dann seine volle psychologische Berechtigung, wenn dieses Kind ein Knabe ist, der ja dem Vater von Anfang an als Konkurrent um die zärtliche Neigung der Mutter gegenübersteht. So wendet sich also auch der moderne Dichter zur psychologischen Motivierung der Griselda-Fabel an die Untiefen sorgsam geborgener Beziehungen des Familienkomplexes, dem er an anderer Stelle so große und allgemein gültige Bedeutung zumißt, wie die Psychoanalyse auf Grund ihrer Erfahrung: „Ich bin überzeugt, daß tiefe Zwiste unter nahen Verwandten unter die grauenvollsten Phänomene der menschlichen Psyche zu rechnen sind. In solchen Kämpfen kann es geschehen, daß glühende Zuneigung und glühender Haß parallel laufen — daß Liebe und Haß in jedem der Kämpfenden gleichzeitig und von gleicher Stärke sind: das bedingt die ausgesuchten Qualen und die Endlosigkeit solcher Gegensätze." (Griechischer Frühling, S. 209.)

Indem wir von diesen Seitenpfaden des Inzestkomplexes wieder auf unseren Hauptweg abschwenken, möchten wir schließlich noch zwei besonders charakteristische Züge in der Gestaltung der Griselda-Sage hervorheben, die auf ihre Wurzel in der erotischen Neigung des Vaters zur Tochter bedeutsam hinweisen. Das eine Motiv findet sich zwar in der gesamten Überlieferung nur ein einziges Mal in der französischen Verserzählung Perraults (1691) — von wo es in zwei unselbständige dramatische Bearbeitungen überwanderte — ist jedoch für die unbewußte dichterische Motivgestaltung in dem von uns betonten menschlichen Sinne charakteristisch genug, um erwähnt zu werden. Die im Kloster aufgewachsene Tochter des Grafen verliebt sich nämlich in einen jungen Edelmann und der französische Erzähler scheint in dem zeitlichen Zusammentreffen dieses Ereignisses mit der Verstoßung der Gemahlin unwillkürlich angedeutet zu haben, daß der Graf es nicht ertragen könne, seine geliebte Tochter einem anderen Manne zu gönnen. Dazu stimmt auch die auffällige Bemerkung, daß den Vater, trotz seiner Freude über den erwünschten Eidam, „eine sonderbare Lust ergriff, die Liebenden das

---

[1] Dazu vgl. man die von Frazer angeführte Sitte der Primitiven, daß beim Eintritt der ersten Menstruation (Reife) der Tochter der Vater mit seiner Frau den Geschlechtsakt ausüben muß.

Glück ihres Lebens durch grausame Qualen erkaufen zu lassen . . .
Zugleich kann ich bei dieser Gelegenheit die Geduld meiner Gattin
aufs neue erproben, nicht sowohl um wie bisher mich von meinem
unsinnigen Mißtrauen zu befreien — denn ich darf nicht mehr an
ihrer Liebe zweifeln — als vielmehr um ihre Güte, ihre Sanftmut,
die Größe ihres Verstandes vor aller Leute Augen zu entfalten . . ."
(Westenholz, S. 72). Diese Bemerkung des Dichters von der beim
Vater unmotiviert hervorbrechenden Lust, das Liebesglück der
Tochter mit einem anderen Manne zu stören und sie selbst zu heiraten,
mutet, wie Westenholz (S. 79) scharfsinnig bemerkt, umso seltsamer an, als der Dichter sich vorher die größte Mühe gab, alle
sonst so schlecht motivierten Prüfungen der Gattin durch ein von
Anfang an bestehendes Mißtrauen des Grafen gegen das weibliche
Geschlecht zu begründen. Wenn nun seine Motivierungskunst gerade
wieder an der entscheidenden Stelle des unverstandenen Tochter-
inzests plötzlich versagt, so dürfen wir auch darin einen Beweis
für die von uns behauptete Verschiebung des Motivierungsbedürf-
nisses vom eigentlichen Thema auf unwesentlichere Elemente erblicken.

Ein letzter Beweis des tiefreichenden Anteils, den der väterliche Inzestkomplex an der Bildung der Griselda-Sage hat, ergibt
sich, wenn man sie hinsichtlich dieses Komplexes mit dem geschärften
Auge des Psychoanalytikers betrachtet. Auf den ersten Blick mag
es vielleicht eher geistreich als zutreffend aussehen, wenn wir darauf
aufmerksam machen, daß das erotische Verhältnis des Markgrafen
zu seiner Tochter in vielen Fassungen der Erzählung bereits in dem
Verhältnis von Griseldens Vater zu seiner Tochter vorgebildet ist.
Wie der Markgraf bei Perrault seine Tochter dem Edelmann nicht
gönnt, so sträubt sich — charakteristischerweise gerade in den
naiveren Volksmärchen — der alte Vater, im Gegensatz zur landläufigen Fassung, wo er sich eine Ehre aus dem hohen Eidam
macht, entschieden dagegen, dem Grafen seine Tochter zu geben,
nicht bloß weil er das Unglück voraussieht, sondern weil er die
geliebte Tochter nicht entbehren mag — ganz wie später der Markgraf nicht die seinige. So heißt es in dem von Köhler (S. 540)
mitgeteilten dänischen Märchen: Der „König hatte einen Torwächter
(Portner), und der hatte eine einzige Tochter. Ihre Mutter war tot
und sie lebte bei ihrem Vater, hielt ihm Haus und war seine Stütze

und seine Freude." Als nun der König diese Tochter zur Frau begehrt, „wollte das der Torhüter sehr ungern; er sagte, das gehöre
zu dem Übelsten, das der König verlangen könnte, denn er werde
nicht glücklich werden und sie auch nicht, und er bat den König
gar sehr, er möchte es doch sein lassen, aber der König wollte
nicht". Noch auffälliger verfährt diese Märchenerzählung bei der
Verstoßung Griseldas: „Sie war es sehr zufrieden, heim zu
ihrem alten Vater zu kommen. Sie kehrte nun zu ihrem Vater
zurück, und er war sehr froh, daß er sie wieder bekommen
hatte." Ähnlich nimmt auch der Vater im isländischen Märchen
(Köhler S. 547), in charakteristischem Gegensatz zur Mutter, die
Werbung des Königs übel auf, und in Nikolays Ballade erklärt er,
die Tochter verstünde ihn besser zu pflegen als seine verstorbene
Frau; so zieht ja auch der Markgraf später aus den bereits erörterten erotischen Motiven seine Tochter der eigenen Gattin vor.
In dem dramatischen Gedicht „Griseldis" von Friedrich Halm
(Wien 1837) endlich, das die Scheinheirat mit der Tochter gänzlich
ausschaltet, verflucht der Vater Griseldis, weil sie ihren Mann mehr
als ihn liebt, und nimmt sie erst wieder liebevoll bei sich auf, als
sie ihren Gatten freiwillig verlassen hat.

Sind wir durch ähnliche Untersuchungen und Ergebnisse darauf vorbereitet, daß ein so mächtiger, tief im Unbewußten wurzelnder
seelischer Komplex sich in unerschöpflichen Phantasiebildungen immer
wieder auszuleben strebt, so wird es uns nicht in Verwunderung
setzen, daß er sich innerhalb derselben ihm entsprungenen Phantasie-
schöpfung in zwei verschiedenen Formen ausprägt, die allerdings bei
schärferem Zusehen in eine Wiederholung derselben Situation zu-
sammenfließen. Die tiefere Erklärung dieser für die Mythenbildung
typischen und für ihr Verständnis bedeutsamen Verdoppelung und
Vervielfachung von Gestalten und Situationen würde uns in schwierige
und weitverzweigte psychologische Erörterungen über das Wesen der
mythenbildenden Phantasietätigkeit verstricken, die zwar schon von
verschiedenen Seiten in Angriff genommen, aber keineswegs noch zu
einem in jeder Hinsicht spruchreifen Abschluß gebracht sind. Das
Problem wird in diesem Falle dadurch noch komplizierter, daß sich
diese Doublierung des Vaterverhältnisses weniger deutlich in den
literarisch älteren Überlieferungen findet, deren novellistischem Ge-
präge die Freude des alten Mannes über das plötzliche Glück seiner

Tochter näher lag als sein Sträuben gegen die Heirat, als in den naiven Märchenerzählungen, die mit dem übernommenen Stoff freier und dem Volksempfinden entsprechender schalten. Es deckt sich dies jedoch vollkommen mit unseren bisherigen Anschauungen über die mythenbildende Phantasietätigkeit des Volkes, und gibt uns so Anlaß, mit einem Hinweis auf das Wesen dieser dichtenden Volksseele zu schließen. Wir haben es besonders lehrreich gefunden, zu verfolgen, wie einzelne Dichter vermöge ihrer eigenen unbewußten Komplexbetonung zur Verdeutlichung und Unterstreichung gewisser inzestuöser Züge des überlieferten Stoffes gelangten. Ähnliche dichterisch begabte Einzelindividuen müssen wir uns auch als Urheber, Fortpflanzer und Ausschmücker der sogenannten Volksproduktionen denken. Die durch Generationen fortgesetzte Bearbeitung in einer Reihe ähnlich eingestellter Individualpsychen[1] läßt die allgemeinmenschlichen Motive mehr hervortreten und manches störende Beiwerk unterdrücken. Auf diesem Wege mag es denn auch in unserem Falle der Vielzahl der Märchenerzähler besser als dem einzelnen Dichter gelungen sein, durch möglichstes Zurückdrängen des sekundär aufgebauschten Prüfungsmotivs den von uns hervorgehobenen, rein menschlichen Zügen und damit dem ursprünglichen Sinn der Sage näher zu kommen, ja die durch allzu persönliche Komplexbetonung entstellte Überlieferung in manchem Punkte direkt psychologisch richtigzustellen. Die Märchenerzähler haben dabei etwas gemacht, was Jung in einer interessanten Arbeit[2] für das der mündlichen Überlieferung nahestehende Gerücht erweisen konnte: daß es nämlich ein gleichfalls unverstandenes seelisches Produkt, einen Traum, im Verlaufe seiner mündlichen Tradition vollkommen psychologisch richtig gedeutet hat, indem jeder einzelne Erzähler aus seinen persönlichen Komplexen den richtigen Sinn herausgefühlt und dem Stoff als ergänzende Modifikation angefügt hat. Hier ersehen wir endlich auch, daß die große Beliebtheit des Stoffes bei den poetischen Erzählern verschiedener Zeiten und Länder, wie bei ihrem Publikum, sich nicht aus dem Gefallen an der künst-

---

[1] Charakteristisch in diesem Sinne erscheint die häufig im Titel der Volksbücher gebrauchte Wendung: Von einem Liebhaber der Historie aufs neue an Tag gegeben oder zum Druck befördert.

[2] „Ein Beitrag zur Psychologie des Gerüchtes." (Zentralbl. f. Psychoanalyse, I. Jahrgang, 1911, S. 81 u. fg.).

lich aufgebauschten und so schlecht motivierten äußeren Handlung
erklären kann, sondern der nicht anerkannten Befriedigung der
gleichen unbewußten Seelenregungen entspringt, deren besondere
Intensität ursprünglich zur krassen Ausgestaltung dieses Komplexes
in dem Phantasiegebilde geführt hatte, und deren allmähliche Verdrängung aus unserem kulturell eingestellten Seelenleben, die späteren
mißverständlichen Auffassungen verschulden mußte.

IV.

DIE MATRONE VON EPHESUS.

Ein Deutungsversuch der Fabel von der treulosen Witwe[1].

Zu den beliebtesten der bei zahlreichen Völkern und zu verschiedenen Zeiten immer wiederkehrenden Erzählungen gehört unstreitig die eines gewissen grausigen Humors nicht entbehrende Geschichte von der Witwe, die, ohne Speise und Trank zu sich zu nehmen, am Sarge des geliebten Gatten trauert, schließlich aber dem Leben wiedergegeben und sogar dazu gebracht wird, den Leichnam ihres Gatten an Stelle des vom Galgen gestohlenen Verbrechers aufzuhängen, um dem neuen Geliebten das verfallene Leben zu retten. Wird auch die Beliebtheit und ungeheuere Verbreitung dieser Anekdote, die Eduard Griesebach auf ihrer Wanderung durch die Weltliteratur genau verfolgt hat[2], durch ihre aufdringlich unterstrichene Tendenz, die Unbeständigkeit der Weibertreue zu demonstrieren, scheinbar ausreichend erklärt, so muß doch in den Augen des einigermaßen kritischen Beurteilers der tiefwirkende und anhaltende Erfolg in auffälligem Widerspruch zu dem platten Inhalt und der seichten, allzu billigen Tendenz der Geschichte stehen. Tritt man dem Sachverhalt von der psychologischen Seite näher, so wird man etwa sagen können, es hafte dem Stoff irgend ein mächtiger Affekt an, der durch den offenkundigen Inhalt nicht ausreichend motiviert scheint. Dieser Eindruck wird zur Gewißheit, wenn man aus ähnlichen Untersuchungen wiederholt erfahren hat, daß sich das Verständnis für die Gestaltung, Fortpflanzung und Wirkung eines

---

[1] Internat. Zeitschr. f. Psychoanalyse, I. Jahrgang, 1913, Seite 50 bis 60.

[2] Die Wanderung der Novelle von der treulosen Witwe durch die Weltliteratur. Berlin 1886. (Editio definitiva.)

mehrfach überlieferten und oft bearbeiteten Stoffes nur aus der psychoanalytischen Berücksichtigung der ihm zugrunde liegenden unbewußten Triebkräfte ergibt, die der manifeste Inhalt nicht mehr erkennen läßt, da ihre Abkömmlinge so gut es geht von dem logischen Bewußtsein rationalisiert wurden.

Ohne auf die literarischen Quellen und die verschiedenen Versionen der Erzählung im einzelnen einzugehen, sei kurz ein häufig wiederkehrendes Schema voll ausgeführt. In der Regel — der Bericht des Petronius macht davon eine Ausnahme — erfährt eine Frau, daß eine Witwe ihrem verstorbenen Gemahl untreu geworden sei und ihn sehr bald vergessen habe. Sie hält sich einer solchen Handlungsweise für unfähig, wird aber von dem für tot ausgegebenen eigenen Gatten der Untreue überführt und tötet sich durch Erhängen. Paßt dieser tragische Abschluß durchaus nicht zu der lustspielmäßigen Einkleidung des sich tot stellenden Gatten, so befriedigt anderseits in dem einfachen, ernsthaften und psychologisch durchaus ursprünglicheren Bericht des Petronius wieder der frivole Schluß nicht. Bei Petronius fehlt das erste Beispiel der treulosen Witwe und die Erzählung beginnt gleich mit der Matrone von Ephesus, die beschließt, an der wirklichen Leiche des geliebten Mannes den Tod durch Verhungern zu suchen. Sie wird von dem Soldaten, der die in der Nähe gekreuzigten Räuber bewacht, zum Essen genötigt und bald tröstet sie sich auch mit seiner Liebe. Auch hierin weicht die Erzählung des Petronius von den meisten übrigen Einkleidungen bedeutsam ab, daß es dem Soldaten gelingt, die Witwe gleich völlig zu erobern, während der Diebstahl des Gekreuzigten, der dann durch den Leichnam des Gatten ersetzt wird, erst nach der dritten Liebesnacht der Witwe stattfindet. Für gewöhnlich bemerkt der Wächter bald nachdem er der Witwe Speise und Trank aufgenötigt hat, den Raub des Gehenkten und bittet sie um einen Rat, den sie auch zu geben verspricht unter der Bedingung, daß er sie dann heirate. Nachdem sie ihn aber durch Opferung ihres eigenen Mannes vom sicher zu erwartenden Henkertode gerettet hat, verweigert er die Heirat und läßt sie beschämt stehen. Er motiviert dies in fast allen Erzählungen — wieder mit Ausnahme des Petronius — damit, daß die trauernde Witwe nicht nur den Leichnam ihres Gatten durch Erhängen geschändet, sondern sich auch nicht gescheut habe, an ihm die Verstümmelungen vorzunehmen, die ihn dem Räuber ähnlich machen sollen. Hier stoßen wir nun aber auf eine krasse Unwahrscheinlichkeit in der Erzählung und werden so aufmerksam, daß wir darin vielleicht einen jener Rationalisierungsversuche erkennen dürfen, hinter dem der ursprüngliche Sinn des Motivs verborgen liegen mag.

Der von seinen Verwandten geraubte Leichnam des Räubers weist nämlich in den allermeisten Berichten irgend eine, oft sogar mehrere Verstümmelungen auf, die nun dem Leichnam des Ersatzmannes auch beigebracht werden müssen, damit seine Identität mit dem Gestohlenen hergestellt werde. Setzt diese fadenscheinige Motivierung eine Kontrolle des Gehenkten voraus, die sich mehr auf die körperlichen Verletzungen als auf das Aussehen der Person stützt, so wird die Sache noch verdächtiger dadurch, daß der Wächter, anstatt der Frau für Rat und Hilfe dankbar zu sein, sie auch noch mit Berufung auf sein zartes Gewissen zwingt, den Gatten eigenhändig aufzuhängen und die Verstümmelungen an seinem Leichnam selbst vorzunehmen. Ist unser Verdacht in bezug auf die Stichhaltigkeit dieser Motivierung aber einmal soweit geweckt, so wird er durch die Art der Verstümmelungen in eine ganz bestimmte Richtung gedrängt. Meist handelt es sich um einen Zahn (im Italienischen, Griesebach S. 91), den die Witwe dem Leichnam des gehängten Gatten ausschlägt (auch um zwei Zähne), oder die beiden Ohren (im Deutschen, l. c. S. 104), die ihm abgeschnitten werden. Wie in manchen Berichten der Gatte sich nur tot stellt, so wird in der in Voltaires „Zadig" (1747) eingeflochtenen Erzählung die Verstümmelung am totgeglaubten Gatten nur versucht. Azora, Zadigs Gattin, versucht ihrem scheintoten Mann mit einem Rasiermesser die Nase abzuschneiden, um ihren neuen Geliebten damit zu heilen; Zadig aber richtet sich im Sarge auf und hält mit der einen Hand seine Nase fest[1]. Haben uns Freuds Traumanalysen und Auflösungen neurotischer Symptome diese Handlungen als symbolischen Ersatz der Kastration oder Kastrationsdrohung (Zadig) verstehen gelehrt, so werden wir uns nicht über die verschiedenen Einkleidungen dieser Verstümmelung wundern, die einmal das Ab-

---

[1] Vgl. dazu die Bedeutung des Motivs der Verzauberung der Studenten in Auerbachs Keller bei Goethe (Rank: Das Inzest-Motiv in Dichtung und Sage, 1912, S. 297. Zum ganzen Thema vgl. ebenda Kap. IX, 4).

schneiden des Phallus durch Verlust eines Zahnes oder der Nase
umschreibt, und die Entfernung der Hoden durch den Verlust eines
anderen paarigen Organs (2 Ohren, 2 Zähne, die beiden Beine und
Ohren in einer deutschen Fassung, l. c. S. 117[1]). Daß diese Deutung
aber nicht bloß aus verwandten Phantasiebildungen erschlossen
werden kann, sondern auch am vorliegenden Material selbst noch
zu bestätigen ist, lehrt eine unter dem Titel „Dyocletians Leben von
Hans von Bühel" aus einer Baseler Handschrift von Adalbert Keller
herausgegebene deutsche Bearbeitung des Stoffes, über die Griesebach (S. 107) sagt: „Man könnte finden, daß der Deutsche hier
die Verstümmelung etwas zu sehr ins Große und Krasse gehäuft
und übertrieben habe. Was die sämtlichen französischen Versionen
einzeln haben, die Verwundung mit dem Degen im Fabliau, das
Ausbrechen der Zähne in den Sept Sages, das Abhauen der Ohren
bei Brantôme und das Abschneiden der Nase bei Voltaire: das läßt
Hans von Bühel seine Frau alles zusammen vollführen, nur an Stelle
der Nase die ‚Zwene' setzend, zu deren Verstümmelung er noch
eine weitere Scheußlichkeit hinzufügt." (Die Frau wirft nämlich die
abgeschnittenen „Zwene", die Hoden, einem Hunde vor.)

Nun kann man diese besondere Bedeutung der am Leichnam
des Gatten vorgenommenen Verstümmelungen als allgemein durch-
gängig nur anerkennen, wenn ihre Aufdeckung zum Verständnis der
Erzählung beiträgt und uns etwas von ihrem ursprünglichen Sinn
erkennen lehrt. Wäre doch die Kastration des toten Gatten eine
noch ungeheuerlichere und der Menschlichkeit noch ferner gerückte
Roheit als die bloße Preisgabe seines unnützen Kadavers, wenn wir
nicht gerade darin einen in gewissem Sinne rührenden Zug der
weiblichen Treue erkennen dürften, der in direktem Gegensatze zum
manifesten Inhalt und zur aufdringlichen Tendenz der Erzählung
steht. Entschließen wir uns also, gegen die frivole und offenbar
sekundär aufgebauschte Tendenz, die in den verschiedenen Versionen

---

[1] In einer verwandten indischen Geschichte (Griesebach, S. 67) handelt
es sich um „einen Menschen mit abgeschnittenen Füßen, Händen, Nase und
Ohren". Die symbolische Gleichung, in der alle paarigen Organe einander
ersetzen, hat Stekel (Die Sprache des Traumes, Wiesbaden 1911) aufgestellt.
In einer französischen (Griesebach, S. 77) und einer deutschen (l. c. S. 102)
Version stirbt der Mann, als seine Frau sich in den Finger schneidet, so
daß Blut fließt.

mit so starker affektiver Betonung ausgestattete Trauer der Witwe
völlig ernst und wahr zu nehmen, so liegt es nahe, ihre bis über
den Tod hinaus während Liebe[1] zum Gatten in letzter Linie auf
die von ihm gewährte geschlechtliche Befriedigung zurückzuführen,
welche die Witwe schmerzlich entbehrt[2]. Sie trauert, grob gesprochen,
dem Verlust des für sie unersetzlichen Phallus nach und wünscht
ihn als liebevolles Andenken zu besitzen, ursprünglich wohl mit der
geheimen Phantasie, sich damit auch weiterhin geschlechtlichen
Genuß und Befriedigung zu verschaffen. Daß eine solche Phantasie
dem, wenn auch uneingestandenen menschlichen Empfinden durchaus
nicht fremd ist, lehrt nicht nur der japanische Brauch, wonach die
Witwe den Penis ihres verstorbenen Gatten einbalsamiert aufbewahrt[3], sondern auch einzelne aus unserem Kulturkreis überlieferte
Fälle, die, mögen sie nun der Wirklichkeit oder einer Phantasie
entsprechen, jedenfalls das Vorhandensein dieses Gedankenganges
demonstrieren. „Schurig (Spermatologie, S. 357) berichtet im Beginn
des 18. Jahrhunderts von einer belgischen Dame seiner Bekannt-
schaft, die, als ihr leidenschaftlich geliebter Mann starb, dessen

---

[1] Eine solche Liebe des Mannes zu einer toten Frau wird von
Achilleus der Penthesilea gegenüber berichtet und Periander beschläft die
tote Melissa nach Herodot. Im Roman des Ephesiers Xenophon wird im
Eingang des 5. Buches erzählt, wie Aegialeus dem Habrokomes seine ein-
balsamierte Gattin zeigt, die ihm trotz Alter und Tod noch immer jugendlich erscheine; er esse und schlafe mit der Leiche und denke dabei an die
einstigen Festnächte (Griesebach, S. 113). Auch Karls des Großen Geliebte
Fastrada bleibt nach dem Tode durch einen Zauberring unverweslich und
gewinnt jedesmal neues Leben, sobald der sinnlich erregte Geliebte ihr
naht. Diese Geschichte soll schon im 16. Jahrhundert auf den Londoner
Bühnen aufgeführt worden sein (vgl. Koeppel, Quellenstudien zu den
Dramen Chapmans, Massingers, Fords, 1897, S. 222, wo auch andere ähnliche Darstellungen [S. 12] erwähnt werden). Einige Überlieferungen, die
dieses Motiv der über das Grab hinaus währenden Liebe in charakteristischer
Einkleidung darstellen, habe ich in meiner Studie „über die Nacktheit in
Sage und Dichtung" behandelt Andere Beispiele bei Jones: „Der Alptraum"
(Schr. z. angew. Seelenkunde, Heft XIV, 1912, S. 39).

[2] Über das Rühmen der physischen Vorzüge des verstorbenen Gatten
durch die Witwe vgl. man das in Ed. Fuchs' Illustr. Sittengesch., Bd. Re-
naissance, Hauptwerk S. 164, Ergänz. S. 40 mitgeteilte Material.

[3] Siehe F. S. Krauss: Das Geschlechtsleben in Glaube, Sitte und Ge-
wohnheitsrecht der Japaner. 2. Aufl., Leipzig 1911, S. 265 (Abbildungen).

Penis heimlich abschnitt und ihn in einer silbernen Lade bewahrte.
Ein noch weiter zurückliegendes Beispiel von einer Dame des französischen Hofes, welche die Genitalien ihres toten Mannes einbalsa-
mierte und parfümierte und sie in einem goldenen Kästchen auf-
bewahrte, wird von Brantôme[1] erwähnt" (zit. nach Ellis: Die
krankhaften Geschlechtsempfindungen auf dissoziativer Grundlage.
Deutsch von Jentsch, Würzburg 1907). Wir brauchen aber durchaus nicht nach so exklusiven Berichten zu fahnden, um die psychologische Berechtigung unserer Auffassung zu erhärten. In der
ägyptischen Sage von Isis und Osiris äußert sich die Trauer der
Witwe um den ermordeten Gemahl und Bruder in einer Form, die
sich unschwer auf die Phantasie von der Konservierung des Penis
reduzieren läßt. Osiris ist von seinem Bruder aus Eifersucht ermordet
und zerstückelt worden; Isis setzt die Stücke wieder zusammen und
belebt sie, nur den fehlenden Phallus muß sie durch einen aus
Holz ersetzen[2]. Dieser unveränderliche Holzphallus, der wohl ein

---

[1] In dem Livre second des dames galantes (discours IV) hat Brantôme auch die Geschichte der Witwe von Ephesus erzählt, die ihrem Manne
hier ein Ohr abhaut (Griesebach, S. 84).

[2] Wie der Osiris-Phallus von einem Fisch verschlungen wird, so die
Hoden in der Erzählung Hans von Bühels durch einen Hund. — Auch bei
der Analyse des individuellen weiblichen Phantasielebens stößt man nicht
selten auf diesen Gedanken, dessen tiefere Wurzel das grausame Gelüste
ist, dem Manne den Penis abzubeißen, wobei die Vorstellung infantiler
Befruchtungs-Theorien mitspielt. Es sei hier auf den anscheinend in diesen
Zusammenhang gehörigen und oft behandelten Stoff verwiesen, der seit
Konrad v. Würzburgs Bearbeitung als „Herzmaere" bekannt ist und
zum Inhalt die Rache eines betrogenen Gatten hat, der seiner Frau das
Herz ihres Liebsten als Speise zubereitet schickt (vgl. das Verschlingen
durch den Hund und Fisch). Daß diese Rache ursprünglich als Kastration
des Nebenbuhlers gedacht sein mochte, ist nicht nur aus inneren Gründen
wahrscheinlich, sondern ließe sich aus der Geschichte des Motivs erweisen.
In der bei Boccaccio erzählten und in das deutsche Volksbuch über-
gegangenen Geschichte von der schönen Gismonda schickt der eifersüchtige Vater seiner jungverwitweten Tocher (vgl. Inzestmotiv S. 383
Anmkg.) das Herz ihres Liebsten in einer goldenen Schale, die an das
von Brantôme erwähnte goldene Kästchen erinnert, in welchem jene andere
Witwe den einbalsamierten Phallus ihres verstorbenen Gatten bewahrte
(vgl. oben). Und in einem altfranzösischen Lais, wo der schuldige Ritter
12 Damen auf einmal liebt (Potenzphantasie), muß er zum Gericht für
diese „noch anderes als das Herz liefern" (Voretzsch: Studium d. altfrz.

Ersatz des ursprünglich wirklich einbalsamierten Gliedes ist, hat nun gleichfalls innerhalb des Kreises der Novelle von der treulosen Witwe sein Gegenstück. „In einer sehr merkwürdigen Umbildung tritt sie uns entgegen in Hans Wilhelm Kirchofs ‚Wendunmuth', von welchem die erste Ausgabe 1563 zu Frankfurt a. M. erschien. — Eine Witwe konnte sich von ihrem geliebten Gatten Johannes nicht trennen, ließ sich also einen aus Holz machen und behielt ihn alle Nacht im Bette, bis die kluge Magd ihren lebendigen Bruder, der ein hübscher Bursche war, einmal statt des Holzbildes zu ihr legte. Die Frau war es auch zufrieden, und als sie am Morgen das Frühstück nicht kochen lassen konnte, weil die Magd sagte, es sei kein Holz mehr da, befahl sie, den hölzernen Johannes in den Ofen zu werfen" (Griesebach, S. 111 ff.). Ein 14 strophiges Lied vom hölzernen Johannes in den Fastnachtspielen des Jakob Ayrer stimmt mit Kirchofs Erzählung überein. Wie die Einbalsamierung des geliebten Phallus bei Wolfram von Eschenbachs Sigune, die die Leiche ihres Tschionatulander einbalsamiert in den Zweigen einer Linde neben sich aufbewahrt, auf den ganzen Körper des Geliebten übertragen ist, so ist auch der hölzerne Osirisphallus im Laufe der Verdunklung des ursprünglichen, allmählich anstößig gewordenen Motivs zum hölzernen Johannes geworden, mit dem die Witwe jede Nacht schläft[1]. Welch sonderbaren und doch immer noch durchsichtigen Wandlungen das Motiv bei dem weiteren Fortschreiten des Verdrängungsprozesses unterworfen war, zeigt eine dramatische Bearbeitung der auf Kirchof fußenden Darstellung Gellerts, welcher

---

Lit., S. 403). Von einem mittelalterlichen Minnesänger wird berichtet: „Um seiner Dame seine Herzhaftigkeit zu zeigen, ließ sich Ulrich von Lichtenstein einen Finger abhacken und sandte ihr denselben ausgeschmückt in einem prächtigen Kästchen zu" (Weinhold). Daß er dann in ihrem Dienste als Frau Venus verkleidet eine abenteuerliche Turnierfahrt unternahm, scheint auch für die Kastrationsbedeutung dieser symbolischen Handlung zu sprechen. Prof. Jones macht mich auf ein Gedicht von Keats: „The Pot of Basil" aufmerksam, worin ein Mädchen den Kopf ihres toten Geliebten in einem Topf unter Blumen vergräbt und davon nicht zu trennen ist.

[1] Stekel erwähnt (Sprache d. Traumes, S. 182) die in seinem Heimatlande (Bukowina) gebräuchliche Bezeichnung des Penis als „Johannes" und zitiert einen darauf bezüglichen Volksspruch. Prof. Jones teilt mir brieflich mit, daß eine ganz allgemeine Bezeichnung für den Penis in England „John Thomas" ist.

in seinen „Fabeln und Erzählungen" (1. Ausgabe, Leipzig 1746) die Geschichte von der „Witwe" erzählt, die den geschnitzten Gatten opfert, um für den neuen Freier eine Kanne Schmerlen sieden zu lassen; in dem zu Anfang der Vierzigerjahre daraus entstandenen Drama „Die Witwe von Ephesus" ist dem Holzbild ein Wachsbild substituiert, aus welchem die Kerzen für das Hochzeitsmahl gegossen werden. Daß die Kerze in Ermanglung eines wirklichen, einbalsamierten oder hölzernen Phallus vom weiblichen Geschlechte mit Vorliebe zur sexuellen Befriedigung verwendet wird, ist allgemein bekannt, und so ist auf den sonderbarsten Umwegen der „hölzerne Johannes" wieder in das ursprünglich phallische Ersatzinstrument verwandelt worden.

Wir könnten nun den der verbreiteten Fabel von der treulosen Witwe zugrunde liegenden tiefsten, nur zu bald verloren gegangenen Sinn dahin rekonstruieren, daß es sich ursprünglich um die Phantasie einer besonders treuen Witwe gehandelt habe, die nach dem Tode ihres Mannes jeden anderen geschlechtlichen Umgang trotz ihrer Begierde meidet[1], um sich mit dem abgeschnittenen und einbalsamierten Genitale ihres Mannes zufrieden zu geben. Dieses Motiv wurde bald als anstößig aus dem Bewußtsein verdrängt und von späteren Erzählern, welche es nicht mehr kannten, wurde die unverstandene Fabel zu der ihr ursprünglich ganz ferne liegenden Tendenz gegen die Frauentreue zugespitzt. Doch verraten auch die scheinbar erst zur Durchsetzung dieser Tendenz eingeführten Motive der Verstümmelung und des Aufhängens aus Liebe zu dem Wächter durch ihre tiefere Beziehung zu dem aufgedeckten Thema, daß sie von der Rationalisierungstendenz nur in ihrem Sinne ausgestaltet wurden. Denn wie wir in der so fadenscheinig motivierten Verstümmelung des Gatten den unverstandenen Nachklang der Kastration erkannt haben, so gehört auch das gleich schwach motivierte Aufhängen[2] des Leichnams enge zum ursprünglichen Sinn der Fabel.

---

[1] Sie enthält sich auch der Speise, um die Sinnenlust nicht zu reizen. Doch weist der in Chamissos 21strophigem „Lied von der Weibertreue" (Gedichte, 2. Auflage, Leipzig 1834, S. 208 bis 214) nicht weniger als 13mal wiederkehrende Refrain: „Es plagt sie sehr der Hunger" darauf hin, daß diese Begierde, wie so häufig, als symbolischer Ersatz der geschlechtlichen Begierde aufzufassen sein mag.

[2] Bei Petronius, dessen Todesjahr 66 n. Chr. fällt, wird der damaligen Sitte entsprechend gekreuzigt, und in der französischen Bearbeitung der

Es ist eine physiologisch bekannte Tatsache, daß sich bei Gehenkten eine kräftige Erektion einzustellen pflegt, und es ist wohl im Sinne der der Fabel zugrunde liegenden Phantasie die Annahme nicht zu gewagt, daß die Witwe, die den Penis ihres Mannes nicht bloß als Reliquie aufbewahrt, sondern zur Befriedigung benützt, ehe sie ihn einbalsamiert, zur Erektion zu bringen, gleichsam „hölzern" zu machen sucht. Daß dies auch dem ursprünglichen Sinne unserer Novelle nach durch Aufhängen erfolgt sein mag, kann eine von Balzacs „Contes drolatiques" lehren[1], welche von einem alten Jüngferlein erzählt, „das durch alle 40 Jahre keinen Schlüssel zu ihrem Schloß gefunden hatte". Der König und seine Geliebte beobachteten einst das zurückgezogen lebende Fräulein und machen sich den Scherz, ihr einen Gehenkten ins Bett zu legen[2], den sie gleich nach erfolgter Exekution vom Galgen abnehmen ließen. „Sie versucht ihn wieder zu erwecken", was ihr schließlich auch gelingt; sie holt rasch einen Arzt, der ihm zur Ader läßt. „Der junge Mann bewegte sich und ward lebendig, dann verfiel er nach dem Lauf der Natur in eine allgemeine Mattigkeit, Entkräftung und Erschlaffung der Glieder. Das alte Mädchen aber verfolgte die großen und namhaften Veränderungen, die sich am   per des schlecht Gehenkten vollzogen, zupfte den Medikus am Ärmel, und mit einem Auge blinzelnd, wies sie auf eine besondere Stelle am Körper des jungen Mannes. ‚Wird es künftighin so aussehen?' — ‚Vermutlich oft genug', antwortete der wahrheitsliebende Chirurgus. ‚Oh, als Gehenkter gefiel er mir besser als hängend!"" — Ist diese von einem ähnlich grimmigen Humor wie die Fabel von der „treulosen" Witwe erfüllte Geschichte lediglich auf die physiologische Tatsache der Erektion bei Gehenkten gegründet, so zeigt eine andere, gleichfalls in den Kreis dieser Phantasien gehörige, mehrfach überlieferte Erzählung das Motiv des Aufhängens (Kreuzigens) und der Kastration des erigierten Gliedes im Zusammenhang mit der auf einer wirklichen Untreue ertappten Frau, wenn auch in anekdotischer Einkleidung. R. Köhler hat diese Erzählung (Kleinere Schriften, II, 170) mitge-

---

„sieben weisen Meister" findet sich zwar, wie in den meisten Versionen, das Hängen, aber da erinnert wieder das Durchstechen der Seite (Griesebach, S. 79) auffällig an den Heiland.

[1] Übersetzt von Philipp Frey. Wiener Verlag, 1905.

[2] Ähnlich schläft auch das Weib mit ihrem „hölzernen Johannes" im Bett.

teilt. Ein Bildhauer oder Maler überrascht seine Frau mit einem
Liebhaber, der sich beim Erscheinen des Mannes so stellt, als sei
er eines der Kruzifixe des Meisters, alsbald aber aus der Rolle fällt
und erschreckt flieht, als der Meister Anstalt macht, ihn zu kastrieren,
oder wie das Fabliau und Nicolas von Troyes erzählen, ihn wirklich
kastriert hat. „In den ersten Zeilen des Heidelberger Bruchstückes
tut der Maler, als bemerke er bei Betrachtung des Kruzifixes mit
Unwillen, daß eine gewisse Partie desselben durch die Schuld der
Knechte zu groß ausgefallen sei"[1].

In dieser Anekdote, welche dieselben Elemente wie die Novelle
von der Witwe von Ephesus, nur in anderer Verwendung enthält,
erkennen wir die Geschichte von der eigentlich treulosen Frau,
die hier ihren Liebhaber — wenn auch nicht ernsthaft — ans Kreuz
bringt und ihn des Gliedes beraubt, wie sie es dort mit ihrem verstorbenen Gatten tat, dem sie damit die Treue bis über den Tod
hinaus hält. Diese Identifizierung des Liebhabers, mit dem sie die
Treue bricht, und des betrogenen Gatten[2], verbindet aber nicht bloß
die beiden äußerlich so ähnlichen Geschichten auch innerlich miteinander, sondern führt uns zu einem noch tieferen Verständnis
unserer Fabel selbst. Auch in der Geschichte von der „treulosen"
Witwe wird nicht nur der tote Gatte aufgehängt, sondern auch der
Liebhaber, dem zuliebe das geschieht, wird dadurch selbst vor der
Strafe des Gehenktwerdens bewahrt. Aus der analytischen Betrach-
tung einer Reihe komplizierter psychologischer Phänomene sind wir
aber gewohnt, eine solche besonders in der Mythenbildung häufige
Identifizierung zweier Gestalten auf ihre ursprüngliche psychologische
Identität zu reduzieren und den Tatbestand so zu formulieren, daß
die verschiedenartige psychologische Einstellung einer bestimmten
Person gegenüber zu ihrer Spaltung in zwei oder mehrere gesonderte
Gestalten führt, von denen jede der jeweiligen Einstellung entspricht,
deren ursprüngliche Zusammengehörigkeit sich aber noch an gewissen
äußerlichen Anzeichen verrät. Wenn also in der Erzählung der verliebte Wächter wegen seiner Fahrlässigkeit an Stelle des Gehenkten

---

[1] Vgl. auch Anthropophyteia, VI, 308.

[2] Auch der gestohlene Leichnam, der gleichfalls am Galgen hängt,
ist mit dem Manne, der dann seine Stelle einnimmt, zu identifizieren; ja,
er hat auch treue Anverwandte, die ihn selbst im Tode nicht im Stiche
lassen und für seinen Leichnam sorgen.

selbst aufgeknüpft werden soll, dafür aber der tote Mann eintritt,
so dürfen wir annehmen, daß der junge Soldat, der die Witwe so
rasch zu trösten vermag, eigentlich nichts anderes darstellt, als
eine verbesserte Neuauflage des sexualunfähig gewordenen Mannes,
gleichsam den zu neuem Leben auferstandenen Gatten[1]. Wie die
Einbalsamierung und die hölzerne Nachbildung vom Phallus später
auf den ganzen Körper übertragen wurde, so scheint auch das der
Fabel zugrunde liegende Phänomen der Erektion und Erschlaffung
des Gliedes auf den ganzen Körper übertragen, der bald „tot", wie
der erschlaffte Penis, bald „auferstanden", wie der erigierte, gedacht
wird[2]. Es handelt sich also eigentlich, wenn man von der symbolischen
Einkleidung absieht, darum, dem „toten" Mann wieder zur Erektion
zu verhelfen[3], was im Hinblick auf die Identifizierung des Mannes
und des Liebhabers in vielen Überlieferungen so dargestellt wird,
daß der neue Mann zur Heilung irgend eines Übels der abgeschnittenen Glieder des früheren bedarf. Welcher Art dieses Übel
ist, zeigt eine bei Griesebach (S. 117) angeführte Erzählung,
wonach eine Frau habe „aus dem Körper ihres verstorbenen
Mannes für den neuen Buhlen einen Riemen geschnitten und gerben

---

[1] Wie in der Griselda-Fabel die Tochter als verbesserte Neuauflage
der altgewordenen Mutter erscheint, so tritt hier an Stelle des sexualunfähigen Gatten der junge Liebhaber. Über die inzestuöse Bedeutung des
Motivs vom plötzlich wieder lebendig gewordenen (heimkehrenden) Gatten
vgl. „Das Inzestmotiv" (S. 618 ff.).

[2] Auch die Balzacsche Geschichte bedient sich des ähnlichen Wort-
spieles vom „hängenden". In den Träumen hat „tot sein" und „auferstehen"
nicht selten ähnliche Bedeutung. (Vgl. Rank: Das Verlieren als Symptom-
handlung. Zugleich ein Beitrag zum Verständnis der Beziehungen des Traumlebens zu den Fehlleistungen des Alltagslebens. Zentralbl. f. Psychoanalyse,
I., S. 457 Anmerkg.)

[3] In der Traumdeutung (2. Aufl., S. 212 u. ff.) hat Freud ein für die
vorliegende Untersuchung überaus lehrreiches Beispiel mitgeteilt. Zu dem
Traum einer Frau, dessen Inhalt sich mit einem Mittel zur Behebung der
Impotenz ihres Mannes beschäftigt, ergibt sich als Material bei der Deutung,
„daß sie mehrere Tage vor dem Traume plötzlich mitten in ihren Beschäf-
tigungen durch den gegen ihren Mann gerichteten Imperativ erschreckt
wurde: Häng' dich auf." Es ergab sich, daß sie einige Stunden vorher
irgendwo gelesen hatte, beim Erhängen stelle sich eine kräftige Erektion
ein. Es war der Wunsch nach dieser Erektion, der in dieser schrecken-
erregenden Verkleidung aus der Verdrängung wiederkehrte. „Häng' dich auf"
besagte so viel als „Verschaff' dir eine Erektion um jeden Preis". (Freud l. c.)

lassen. Es war dem Buhlen nämlich mit ihr ergangen wie dem
Simplizissimus in Paris (im 4. Buche der Ausgabe von 1761) und
er verlangte sich mit dem ‚Menschenriemen' zu gürten, als Mittel,
‚seine Kräfte wieder zu erholen'!" Hier wird die Identifizierung des
Gatten mit dem neuen Buhlen bis zu dem entscheidenden Punkt
geführt, wo der als Ersatz des Mannes eingeführte Liebhaber insoferne mit dem erledigten Gatten zusammenfällt und überflüssig wird,
als er wie dieser die Frau nicht mehr zu befriedigen vermag. Ganz
offenkundig verraten uns aber jene Fassungen der Fabel die symbolische Bedeutung des „Totseins" und die volle Identität des Liebhabers mit dem Gatten, wo dieser nicht wirklich gestorben ist[1],
sondern sich bloß tot stellt[2], um dann seine Frau des versuchten
Treubruchs zu überführen, wie in der chinesischen Erzählung (Griesebach, S. 18), oder wie in der Talmuderzählung (l. c. S. 27) mit noch
deutlicherer Anspielung auf das Thema der Potenz, die Stelle des
Liebhabers im letzten Moment selbst bei der Frau einzunehmen und
sie so des Treubruchs — mit ihrem eigenen Mann — zu überführen.
Hier wäre der Kreis geschlossen und unsere Auffassung durch das
Material selbst vollauf bestätigt, auch wenn die chinesische Er-
zählung nicht mit deutlichen Worten aussprüche, daß der neue
Liebhaber mit dem totgeglaubten Manne identisch sei, „der sich

---

[1] Man vgl. die Wiederbelebung des Osiris mit dem Holzphallus, sowie
die Belebung des Gehenkten in der Novelle Balzacs.

Das gleiche Motiv findet sich im deutschen Märchen: Die Hochzeit
der Frau Füchsin (Griesebach, S. 129), wo der alte Fuchs sich scheintot
stellt, um die Treue seiner Frau zu erproben, die alle Freier abweist (treue
Witwe) bis einer kommt, der so wie ihr früherer Gatte (Identität) neun
Schwänze hat, womit gleichfalls auf die schmerzlich vermißte Potenz des
angeblich Verstorbenen hingewiesen scheint, der bei der Hochzeit alle zum
Hause hinausjagt. In einer zweiten Version, wo der Fuchs wirklich tot ist
und die Witwe ein junges Füchslein heiratet, ist die Identität von Gatten
und Liebhaber bereits verwischt.

[2] Hieher gehört auch Hans Sachsens Fastnachtspiel „Der tote Mann",
wo ein Ehemann sich tot stellt, um die Treue seines Weibes zu erproben. —
Von anderen, bei Griesebach nicht erwähnten, Bearbeitungen der Fabel sind
mir bekannt geworden: die dramatische Behandlung von Klingemann
„Die Witwe von Ephesus" (Dramat. Werke, Bd. I, Wien 1818), sowie aus
jüngster Zeit ein Gedicht von Carl Maria und Emil Ferdinand Malkowsky
„Die Witwe von Ephesus" (Der Zeitgeist, Beibl. z. Berl. Tageblatt vom
5. Sept. 1910).

selbst in zwei teilte, indem er das Gesetz von der Teilung in Schatten und Wesen anwandte" (Griesebach, S. 18).

Wollen wir schließlich noch eine synthetische Rekonstruktion der dieser Fabel zugrunde liegenden Phantasiebildung versuchen, so müssen wir doch anerkennen, daß das Motiv von der Treulosigkeit der Witwe trotz seiner erst später verstärkten tendenziösen Auffassung und Ausgestaltung nicht zu dieser aufdringlichen Betonung hätte gelangen können, wenn es nicht doch irgendwie im ursprünglichen Sinn der Geschichte bereits begründet gewesen wäre. Dasselbe gilt von dem feindseligen Verhalten der Witwe gegen ihren Mann, dessen ursprünglicher Sinn der gewesen zu sein scheint, daß die Frau nicht so sehr dem Manne als seinem Penis treu ist und diesem nur so lange, als er sie zu befriedigen imstande ist. So gilt die unzweifelhaft auch rachsüchtige Bedeutung der Kastration (vgl. das Abbeißen und Verschlingen) nur dem unbrauchbar gewordenen Gliede, dem die Witwe leicht untreu wird. Neben dieser treulosen Rachephantasie geht aber — mit der auffälligen Ambivalenz, die gerade den psychosexuellen Regungen anhaftet — die zärtliche Phantasie der liebebedürftigen Witwe einher, die sogar dem Phallus des verstorbenen Gatten noch die Treue hält, wenn sie auch mit einer der seelischen Oberfläche zugekehrten Gefühlsschichte dieses autoerotische Surrogat ablehnt und sich den Werbungen eines leistungsfähigen Liebhabers — in dem sie wieder nur einen Ersatz des Mannes sieht — geneigt zeigt. An diesen beiden gefühlsgegensätzlichen und dem Bewußtsein in gleicher Weise anstößigen Phantasien der Kastrationsbegründung setzt aber die Verdrängung ein und verdunkelt bald den ursprünglichen Sinn der Geschichte, um die rationalen Motivierungsversuche in den Vordergrund zu schieben. Der Mechanismus, mittels dessen das geschieht, ist der gleiche, wie ihn Freud in der „Traumdeutung" als Verschiebung des Affektes vom Wesentlichen auf Unwesentliches dargelegt hat. Auf diese Weise wird der psychische Hauptakzent sekundär auf ein nebensächliches Detail verschoben, das im unverstandenen manifesten Inhalt unverhältnismäßig betont erscheint, uns aber gerade dadurch zur Rückgängigmachung der Verschiebung und zum Verständnis der ursprünglichen Motivgestaltung zu führen vermag.

V.

DAS „SCHAUSPIEL" IN „HAMLET"[1].

Ein Beitrag zur Analyse und zum dynamischen Verständnis der Dichtung[2].

Nach Freuds Deutung wurzelt die Unfähigkeit Hamlets, am Oheim Rache für die Ermordung seines Vaters zu nehmen, in der „Ödipuseinstellung", die ihn hindert, den Mann zu töten, der in Erfüllung seiner eigenen unbewußten Wünsche seinen Vater beseitigt und bei der Mutter dessen Stelle eingenommen hat. Das ganze Stück besteht eigentlich in nichts anderem als in kunstvoll durchgeführten Verzögerungen dieser vom Helden selbst geforderten Handlung, die sich als solche erst am Schluß, in dem großen allgemeinen Sterben, sozusagen hervorwagt.

Ich möchte nun zeigen, welche Bedeutung dem vielbesprochenen „Schauspiel im Schauspiel" in diesem komplizierten Apparat der Hemmungen und Verzögerungen zukommt und wie es, von diesem Standpunkt betrachtet, geradezu der Höhe- und Wendepunkt der dramatischen und seelischen Entwicklung genannt zu werden verdient.

Nachdem Hamlet, der zunächst nur über den plötzlichen Tod seines Vaters trauert und über die rasche Wiederverheiratung seiner Mutter empört ist, vom Geist seines verstorbenen Vaters dessen

---

[1] Aus „Imago", IV. Jahrgang, 1915, 1. Heft.
[2] Vgl. Freud, Die Traumdeutung, 1900, S. 183 f. Anmkg. (4. Aufl. 1914, S. 199 f.). Rank, Der Mythus von der Geburt des Helden (Schriften z. angew. Seelenk., Heft V, 1909). Jones, The Oedipus-Complex as an Explanation of Hamlet's Mystery. (American Journal of Psychol. vol. XXI. Jan. 1910. Deutsch von P. Tausig: Das Problem des Hamlet und der Ödipuskomplex. Schriften z. angewandten Seelenkunde, hg. v. Prof. S. Freud, 10. Heft, 1911.) Rank, Das Inzestmotiv in Dichtung und Sage, 1912, Kap. II und VI.

Mord erfahren hat, steht die Rache am Mörder als sein einziger
Lebenszweck bei ihm fest. Er tut aber gar nichts zur Ausführung,
sondern heuchelt bloß Wahnsinn, angeblich um ungehindert einen
Plan anlegen zu können, der aber nirgends in Erscheinung tritt. Im
Gegenteil wird der Held erst durch die Ankunft der Schauspieltruppe
und den ergreifenden Probevortrag des Spielers daran gemahnt, daß
er bis jetzt anstatt zu Handeln nur — wie ein Komödiant — gespielt habe, indem er einen Wahnsinnigen agierte. Stärker als diese
äußere Beziehung wirkt die inhaltliche anfeuernd auf Hamlet. Die
Rede des Schauspielers behandelt nämlich die grausame Tötung
eines Königs (Priamos) und den Schmerz seiner treuen Gattin (Hekuba),
dessen bloße Schilderung den Vortragenden selbst zu Tränen rührt
und den Prinzen so erinnert, daß er viel mehr Grund hätte, um der
geschehenen Taten willen („um Hekuba") seine tiefsten Leidenschaften in Handlungen ausströmen zu lassen, anstatt müßig zu
bleiben und zu träumen. Es gelingt aber nicht, ihn durch diesen
vorgehaltenen Seelenspiegel zur Tat anzuspornen, sondern er bringt
es — wie er sich bisher begnügte, einen Wahnsinnigen zu spielen
— auch jetzt nur zur Nachahmung des Schauspielers[1], indem er

> ... mit Worten nur,
> Wie eine Hure, muß mein Herz entladen,
> Und mich aufs Fluchen legen, wie ein Weibsbild,
> Wie eine Küchenmagd!
> Pfui darüber!

Hier taucht nun die Idee zum Schauspiel in ihm auf, das die
Ermordung seines Vaters darstellend, den zusehenden Mörder zum
Verrat seiner Schuld bringen soll. Zugleich sucht Hamlet diesen
Aufschub seiner Aktion durch die hier rege werdenden Zweifel an
der Vertrauenswürdigkeit der Geistererscheinung zu rechtfertigen,
indem er von dem unfreiwillig erzwungenen Geständnis des Mörders
die für seine Tat erforderliche innere Sicherheit erhofft. Daß ihm
das Schauspiel durch seine Wirkung auf den König diese Gewißheit
verschafft, er aber trotzdem unfähig bleibt, die Rache zu vollführen,
beweist, wie sehr seine Skrupel und Bedenken nur stets aufs neue
vorgeschobenen Scheingründen entsprechen, welche die ihm unbewußte
eigentliche Ursache seiner Hemmung vertreten[2].

---

[1] Dem er übrigens den Anfang seiner Tirade vordeklamiert hatte.
[2] Dies hat besonders Jones ausgeführt.

Läßt man sich von diesen ablenkenden Tendenzen des Helden und des Dichters nicht verleiten, das Schauspiel lediglich in seiner Wirkung auf den König und als Beweismittel für dessen Schuld zu betrachten, sondern faßt es in seinen Beziehungen zum Helden selbst ins Auge, so läßt sich daraus ein neues Verständnis für den geheimen Mechanismus des dramatischen und seelischen Ablaufs gewinnen. Wie der Vortrag des Schauspielers von der Tötung des Priamos den in der Rache säumigen Sohn an seine Mission gemahnt, so soll das Schauspiel von der Ermordung seines Vaters den zurückgedrängten Racheimpuls frisch anfachen und die entscheidende Tat auslösen helfen, etwa wie wenn jemand sich durch Trinken Mut zu einem Morde machte. Daß Hamlet solcher Aufmunterung immer wieder bedarf, zeigt nicht nur der Verlauf des Stückes im allgemeinen, sondern auch einzelne Szenen in aller Deutlichkeit[1]; so besonders in der Unterredung zwischen Hamlet und seiner Mutter die Erscheinung des toten Vaters, die dazu dient, „den abgestumpften Vorsatz zu schärfen" und darauf hinweist, daß die Geistererscheinung von Anfang an diese Funktion hat, die sie auch bei ihrem ersten Auftreten direkt verrät („Räch' seinen schnöden unerhörten Mord").

Dem Schauspiel geht voran eine Pantomime, welche den ganzen Inhalt des Stückes in verkürzter Darstellung vorwegnimmt, was den feinen dichterischen Nebensinn hat, den Zuschauer zu informieren, da ja die eigentliche Aufführung durch den „Ibykus"-Verrat des Königs unterbrochen wird. In der Kette der gegen Hamlets Hemmungen versuchten Stimulantien bildet diese Pantomime nicht nur zeitlich, sondern auch psychologisch das Mittelglied zwischen der Priamosepisode, die dem Prinzen seine untätige Anteilnahme zum Bewußtsein bringt und dem eigentlichen Schauspiel, welches ihn unmittelbar zur Rache treiben soll, indem es ihn gewissermaßen zum Augenzeugen des Verbrechens macht[2]. Die Pantomime versucht es vorher sozusagen noch einmal mit den milderen Mitteln einer bloß bildlichen Vorstellung (nach Art eines Traumbildes oder einer Phantasie), während die beredte Aktion des Schauspiels — zu der

---

[1] Man vgl. den Hinweis Jones' (l. c. deutsche Übers., S. 25) auf die Rede des Schauspielers und die Fortinbras-Episode.

[2] Sehr fein läßt der Dichter knapp vor dem Schauspiel den Prinzen im Gespräch mit Ophelia den Tod seines Vaters in unmittelbare zeitliche Nähe rücken: „ . . . starb mein Vater vor noch nicht zwei Stunden".

Hamlet selbst den wesentlichen Teil des Textes beisteuert — als letztes und kräftigstes Mittel in der Reihe dieser Antriebe erscheint. Daß es dennoch die dem Helden die ganze Zeit über sozusagen in der Hand zuckende Tat nicht auszulösen vermag, hat verschiedene Gründe und Folgen, denen nachzuspüren für das Verständnis des feineren Aufbaues der Dichtung nicht ohne Wert ist.

Der Hauptgrund ist, daß die Ermordung des Königs im Schauspiel nicht bloß dem Mörder seine Tat vorführen soll, sondern wie hinter einem doppelten Boden eine andere geheime Bedeutung verbirgt. Dem Helden, auf dessen Veranlassung das Schauspiel arrangiert wird, stellt sie nämlich die Ausführung seines gehemmten Impulses vor Augen, indem sie die von ihm ersehnte Tötung des gegenwärtigen Königs, seines Oheims, als geschehen darstellt. Daß der im Schauspiel ermordete König nicht nur Hamlets Vater repräsentiert, sondern auch seinen Oheim (und Stiefvater), ist natürlich an der Figur des Schauspielkönigs selbst nicht zu erweisen, in dem ja beide Gestalten ineinanderfließen. Dagegen ist es mit aller wünschenswerten Deutlichkeit in der Figur seines Mörders ausgesprochen, bei dessen Auftreten Hamlet den Zwischenruf macht: „Das ist ein gewisser Lucianus, ein Neffe des Königs" und damit die Identität seiner Beziehung zum gegenwärtigen König herstellt[1]. In der Rede des Schauspielers ließ er sich seine Aufgabe an einem klassischen Vorbild exemplifizieren; in der Pantomime läßt er sich gewissermaßen zeigen, was er zu machen hat und im Schauspiel sollen Wort und Tat zusammenwirken, um ihn zur Nachahmung des Vorgestellten zu bringen. Aber wie er sich vorhin bei dem Beispiel von Priamos Tötung mit der den Schauspieler imitierenden Entladung in Worten begnügte, so begnügt er sich nun mit der bloß „gespielten" Ermordung des Oheims, anstatt aus ihr den Impuls zur Tat zu schöpfen. Damit ist Hamlet der Verpflichtung, die Tat nun auch wirklich auszuführen, wieder enthoben und tatsächlich

---

[1] Diese Identität vermag eine kluge Regie, wie ich es gelegentlich gesehen habe, dadurch zu verdeutlichen, daß der Mörder, dessen „schwarze Gedanken" der Dichter hervorhebt, in schwarzer Kleidung auftritt, die bekanntlich Hamlets einzige Tracht während des ganzen Stückes ist. Man vergleiche auch die Charakterisierung von Priamos' Mörder, des rauhen Pyrrhus, „dessen düstre Waffen, schwarz wie sein Vorsatz glichen jener Nacht . . ." etc.

vermag er den König auch nicht zu töten, den er unmittelbar nach dem
Schauspiel in reuigem Gebete überrascht. Ein weiterer, wenn auch
indirekter Beweis für unsere Auffassung, daß die Ermordung des
Königs im Schauspiel Hamlet nicht nur zu seiner Tat anspornen,
sondern diese geradezu ersetzen soll, ist im Verhalten des Claudius
zu erblicken, der mit den Worten: „Leuchtet mir! fort!" das Schauspiel eiligst verläßt und bei seinem Wiederauftreten in der nächsten
Szene (III, 3) seine Furcht vor etwaigen Anschlägen Hamlets unzweideutig verrät:

> „Ich mag ihn nicht, auch steht's um uns nicht sicher,
> Wenn frei sein Wahnsinn schwärmt."

Er schickt darum den gefährlichen Stiefsohn in Begleitung seiner
beiden Freunde Rosenkranz und Güldenstern nach England mit dem
geheimen Auftrag, ihn aus dem Wege zu schaffen, welches Schicksal
Hamlet aber mittels Verwechslung des „Uriasbriefes" auf seine Begleiter zu wenden vermag[1]. Daß er diese Tat, wie schon Freud
betonte, skrupellos zu begehen vermag, ist wieder nur der Erfolg
eines äußeren Ansporns (IV, 4); des für „eine Grille" geopferten
Norwegerheeres von Fortinbras, der ihn lehrt, Menschenleben gering
zu achten.

Von der Tatsache aus, daß der Mörder im Schauspiel mit
Hamlet selbst zu identifizieren ist, läßt sich dessen weitere Bedeutung
entwickeln, welche die nachherige Tatenlosigkeit Hamlets näher deter-
miniert. Der ganze Konflikt in Hamlets Seele entspringt ja seiner
ambivalenten Einstellung zum Vater, derzufolge er den Mann nicht
zu töten vermag, welcher seine eigenen Kinderwünsche realisierte.
Der Mordimpuls gegen den leiblichen Vater, an dessen Stelle sich
das Kind bei der Mutter setzen will, ist es eigentlich, der bei Hamlet
durch alle bewußten Skrupel und unbewußten Gegenimpulse gehemmt erscheint, weil er stets auf Befriedigung lauert. Aus diesem
Begehren heraus schwelgt er recht eigentlich im Gedenken an den

---

[1] Es ist vielleicht der Andeutung wert, daß auch den Claudius — neben
den von ihm angeführten äußeren Gründen (IV, 7), — innere Hemmungen
abhalten, den ihm so gefährlichen Hamlet zu beseitigen. Daß dieser schließlich
doch durch Claudius fällt, der sich des Laertes nur als Werkzeug bedient —
in der geheimen Nebenhoffnung, so auch diesen Feind loszuwerden — ist in der
Duellszene deutlich ausgesprochen (Laertes: „ . . . des Königs Schuld, des
Königs!").

Vatermord, den Claudius für ihn vollbracht hat, läßt er sich die
Ermordung des alten Priamos vordeklamieren und das Schauspiel
vorführen, das die Ermordung seines Vaters wiederholt und ihn
selbst in der Rolle des Mörders zeigt. Darum und nicht weil Claudius,
an dessen Schuld er nicht zweifelte, überführt scheint, gerät Hamlet
nach dem Schauspiel, das mit der Ermordung abbricht, in die über-
mütigste, tollste Laune, die keiner der mir bekannten Hamletdar-
steller so meisterhaft zum Ausdruck gebracht hat wie Bassermann.
Es ist der Triumph über den Tod des Vaters, der sich dieses eine
Mal unter der Maske der Überlistung von dessen Mörder unge-
hemmt austoben darf. So zwingt das Schauspiel nicht nur den wirklichen Mörder zum unfreiwilligen Geständnis, sondern bringt auch
durch die manische Stimmung, die es bei Hamlet auslöst, dessen
unbewußte „Gedankenschuld" ans Licht.

Den Beweis dafür liefert wieder die Szenenfolge, die Hamlet
in dieser exaltierten Stimmung, die sich in den an Ophelia gerichteten obszönen Reden deutlich genug charakterisiert, die Mutter
aufsuchen läßt, zu der der Weg eben erst mit dieser Beseitigung
des Vaters (und seines Stellvertreters) freigeworden ist. Und dieselbe
Szene (III, 2, Schlußworte) zeigt auch mit einer geradezu unerwarteten
Deutlichkeit, wie sehr das unbewußte Begehren nach dem sexuellen
Besitz der Mutter als Triebkraft zur Beseitigung des Vaters wirkt:

> „. . . . Nun tränk ich wohl heiß Blut
> Und täte Dinge, die der heil'ge Tag
> Mit Schaudern säh! Still! jetzt zu meiner Mutter.
> O Herz, vergiß nicht die Natur![1] Nie dränge
> Sich Neros Seel' in diesen festen Busen!
> Grausam, nicht unnatürlich laß mich sein;
> Nur reden will ich Dolche, keine brauchen."

Mit diesen Worten ermahnt sich Hamlet zur Mäßigung seiner Mutter
gegenüber, zu der ihm der Weg nunmehr nach der (fiktiven) Tötung
des Vaters offen steht: er will seiner Mutter gegenüber kein zweiter
Nero werden, was bewußterweise vor dem Muttermord warnt, unbewußt aber auf den mit Neros Namen untrennbar verknüpften
Mutterinzest hinzielt, zu dem ihm jetzt gewissermaßen die Möglichkeit geboten scheint.

---

[1] In diesem Sinne hatte ihn schon der Geist des Vaters gewarnt (I, 5):
fleck dein Herz nicht, dein Gemüt ersinne nichts gegen deine Mutter."

Wie Hamlet bis zur Schauspielszene einer fortschreitenden Steigerung der Antriebe zur Ausführung seiner Rachetat bedarf, so treten nun nach dieser dem passiven Helden größtmöglichen Annäherung an diese, eine Reihe von Hemmungen gegen den damit frei gewordenen Inzestimpuls ein. Und wie früher kein Ansporn stark genug war, um ihn zur Mordtat zu treiben, so scheint jetzt keine Hemmung stark genug, um ihn von diesem zweiten Teil der Tat abzuhalten. Da der Selbstvorhalt des Nero als eines nicht nachahmenswerten Beispiels dazu offenbar nicht ausreicht, muß Hamlet auf dem Weg in das Schlafgemach seiner Mutter zunächst seinen Oheim-Vater wieder begegnen, der ihm die Irrealität der eben stattgefundenen Mordszene demonstriert und den er trotz günstigster Gelegenheit nicht zu töten vermag. Auch hier weiß er seine Hemmung mit Scheingründen zu bemänteln — wie er die „Mausefalle" des Schauspiels mit Zweifeln an der Vertrauenswürdigkeit des Gespenstes begründete — indem er es als unzweckmäßige Rache auslegt, den Mörder im Gebet zu töten. Er will eine seiner Ansicht nach geeignetere Gelegenheit abwarten:

> „Wann er berauscht ist, schlafend, in der Wut,
> In seines Betts blutschänderischen Freuden,
> Beim Doppeln, Fluchen oder anderm Tun,
> Das keine Spur des Heiles an sich hat."

Auch in dieser sonderbaren Rechtfertigung findet sich ein Hinweis auf die im Schauspiel vollzogene Identifizierung des ermordeten Königs und seines Mörders, da Hamlet die Rache an ihm nur vollziehen will, wenn er sich in der gleichen Situation befindet, in der er sein Opfer zu Tode traf. — Unmittelbar darauf, im Schlafgemach der Königin, wirkt als neuer Hemmschuh seiner Maßlosigkeit gegen die Mutter der hinter einem Vorhang lauschende Polonius, der sich durch ein Geräusch verrät und von Hamlet durch die Tapete hindurch erstochen wird, da er in ihm den König vermutet („Ist es der König?" — „Ich nahm dich für 'nen Höhern"[1]). Es ist dies die

---

[1] Diese Hinweise dürfte man nur als Andeutung dafür nehmen, daß die Tötung des Polonius hier die gewünschte des Königs vertritt. Denn eigentlich muß Hamlet wissen, daß der König nicht anwesend ist: Er hat ihn kurz vorher im Gebet angetroffen und würde auch beim Hilferuf des Alten die Stimme erkannt haben; außerdem kennt er bereits von früher her (III, 1) den Polonius als Lauscher, während er den König nicht bemerkt

in ihrer Aktivität am weitesten gehende Annäherung an seine Tat
— in der wirklichen Tötung eines Mannes, der als ausgesprochenes
Vatersurrogat und als Ersatz des Königs auftritt[1] — in der die
Wirkung der Hemmung sich doch dadurch bemerkbar macht, daß
er ihn ungesehen tötet und sich über die Person nicht klar sein
will. Zudem bringt er dieses Surrogat seiner Tat nur unter dem
Ansturm der auf die anwesende Mutter bezüglichen Gefühle zustande,
die seine sonst so scharfsinnigen Ausflüchte verdunkeln, und empfängt
auch für diesen Vatermord die gebührende Todesstrafe von dem un-
gehemmt Rache heischenden Sohn des Getöteten, von Laertes. Aber
noch eine dritte Hemmung seiner der Mutter gegenüber maßlosen
Leidenschaft wird eingeschaltet. Auf dem Gipfel der Vorwürfe, die
Hamlet der Mutter macht und wo er von der eklen Paarung mit
ihrem Lumpenkönig spricht, da erscheint für einen Augenblick —
nur ihm sichtbar — der Geist seines Vaters (ohne Rüstung), um
ihn zur Milde gegen die Mutter und zur Rache am Oheim zu mahnen.
Damit ist eigentlich die Handlung auf demselben Punkte angelangt
wie zu Anfang des Stückes bei der ersten Erscheinung des Geistes
vor Hamlet (I, 5) und der Held unternimmt von da an tatsächlich
auch nichts mehr zur Ausführung seiner Tat, die ihm schließlich
durch einen bloßen Zufall ermöglicht wird und die er auch da nur
als Sterbender zustande bringt, was ja die verpönte Möglichkeit
ausschließt, sich selbst an die Stelle des Ermordeten zu setzen[2].
Zwischen der ersten und zweiten Erscheinung des Geistes vor Hamlet
liegt als Höhepunkt die Schauspielszene, in der das Verbrechen des
Vatermordes wiederholt, beziehungsweise von Hamlet selbst in effigie
ausgeführt wird. Mit Beziehung auf die Geistererscheinung sucht
Hamlet durch diese Scheintötung sich zu vergewissern, daß der

---

hatte. Dieser sagt übrigens (4, 1): „So wär es uns geschehn, wenn wir daselbst
gestanden."

[1] Er hatte einmal den Julius Cäsar „gespielt", der von seinem Sohne
Brutus umgebracht wird, wie er unmittelbar vor dem Schauspiel dem Prinzen
Hamlet gesteht (3/2).

[2] Dies ist nicht nur nach dem Inhalt des Stückes, sondern auch nach
dem Gebet des Claudius (III, 3) das Hauptverbrechen und die Hauptschuld.
— Am Schlusse erscheint darum auch der junge Fortinbras (nach IV, 4
auch ein Vorbild und Ansporn Hamlets zur Tat), der ausdrücklich als
Nachfolger genannt wird.

Vater wirklich tot ist und ihm auch nicht mehr als Geist erscheinen kann. Gerade das wird aber mit seiner zweiten Erscheinung, im Schlafgemach der Mutter, dementiert, so wie der Umstand, daß Hamlet den König Claudius nach dem Schauspiel im Gebet trifft, dessen im Schauspiel vollführte Ermordung widerlegt. Hamlet erkennt also hier unzweideutig, daß er wirklich handeln, wirklich töten muß, nicht nur „im Spaß" wie im Schauspiel, und er tut es, indem er wenigstens die harmloseste Vaterfigur, den Polonius, trifft.

Und doch trifft er in ihm gerade die für die Situation entscheidende Vaterrepräsentanz. Denn die drei Vaterfiguren, die ihm nach dem Schauspiel in der größtmöglichen Annäherung an seine Wunschphantasie von ihrer Beseitigung erscheinen, treten ihm ja gerade auf dem mit dem Schauspielmord freigewordenen Weg zur Mutter entgegen, wodurch sie als Störer der Beziehung zum Weib charakterisiert sind. Daß er nun gerade den Polonius tötet, hat neben all den angeführten Motiven noch den tieferen Grund, daß Polonius der Vater katexochen ist, welcher ihn in seinen Sexualbeziehungen stört, wie der wirkliche Vater in der Beziehung zur Mutter[1]. Denn Polonius ist es, der Hamlets Verhältnis zu Ophelia ausspäht, mißbilligt und hintertreibt, indem er seiner Tochter den Verkehr verbietet. Wie sehr Hamlet aber Ophelia mit seiner Mutter identifiziert, hat bereits Brandes (übrigens auch Goethe) angedeutet und die psychoanalytische Betrachtung des Dramas näher gezeigt (Rank, Inzest, S. 59). Aber nicht nur für Hamlet ist Polonius der Störer der Sexualfreiheit, sondern noch weit mehr für seine Tochter Ophelia, die er strenge zu Tugend und Keuschheit anhält und die darum in dem Wahn, in den sie nach seinem Tode verfällt, obszöne Reden führt, in denen die solange und gewaltsam zurückgedrängte Sexualität sich Bahn bricht; allerdings jetzt des geliebten Objektes zweifach beraubt, da auch Hamlet sich von ihr abgewendet hat. Diesen Verlust zu verschmerzen, wählt sie den analytisch aufgedeckten Weg so mancher Psychose und identifiziert sich selbst mit einem der beiden Verlorenen, während sie den anderen bewußt betrauert. Die Identifizierung erfolgt einerseits, indem sie Hamlets Wahnsinn, den sie für echt hielt — und als Neurose ist er es ja auch —

---

[1] Auf diese Bedeutung des Polonius hat bereits Jones hingewiesen (S. 55).

imitiert, anderseits indem sie im Wahn unzüchtige Reden gebraucht wie Hamlet ihr gegenüber in seiner Verstellung. Auch daß sie wie Hamlet beim Tod des Vaters in eine Gemütskrankheit verfällt, macht diese Identifizierung als eine vom Dichter beabsichtigte kenntlich. Auf der anderen Seite soll sie als das keusche Gegenstück zu Gertrude die über den Tod hinausgehende Treue des Weibes vertreten, das eher dem Wahnsinn verfällt als den Geliebten (Vater oder Mann) zu verraten.

Für Hamlet selbst ist Ophelia ein deutlicher Ersatz der Mutter und in diesem tieferen Sinne behält Polonius doch Recht mit seiner Vermutung: „der Ursprung und Beginn von seinem Gram sei un-erhörte Liebe"; denn dies verrät er ja bei seinem allerersten Auf-treten, daß ihn die Untreue der Mutter an der Welt und an sich selbst irre gemacht habe. Von den zahlreichen und oft sehr feinen Andeutungen der Identifizierung von Ophelia mit Hamlets Mutter wollen wir die deutlichste hervorheben, weil sie uns wieder zur Schauspielszene zurückführt. Bei der Unterredung mit Ophelia, der er übrigens genau wie seiner Mutter Keuschheit predigt (vgl. Rank, Inzest, S. 59), wird Hamlet von Polonius belauscht — wie bei der Unterredung mit der Mutter[1]. Daß er den Lauscher erst in Gegen-wart der Mutter und nicht schon bei seinem ersten Vergehen straft, soll die ihm zugeteilte Vaterrolle Hamlet gegenüber unterstreichen. Die darin ausgesprochene Phantasie von der Belauschung des Sohnes im Schlafgemach der Mutter durch den Vater ist analytisch als eine auf Grund der Identifizierung mit dem Vater erfolgte Ent-

---

[1] Daß es sich bei dieser „Belauschung" im Grunde um den Sexualakt handelt, brauchen wir nicht erst zu erschließen, sondern finden es in der vom Dichter verwendeten Sagenquelle deutlich ausgesprochen. „Nach der Erzählung des Saxo beschließt der König, die Echtheit von Hamlets Wahn-sinn durch sinnlichen Genuß auf die Probe zu stellen (davon noch ein Nach-klang im Drama die Ermahnung des Königs an Hamlets Freunde, ihn zu Lust und Ergötzlichkeiten anzutreiben). Er wird im Walde wie zufällig mit einem Mädchen zusammengebracht und allein gelassen, während die Späher sich im Gebüsch verborgen halten, um sein Verhalten zu beobachten. Hamlet bringt jedoch das Mädchen an eine abgelegene Stelle, wo er unbelauscht den Beischlaf mit ihr vollzieht und die ihm von Kindheit an Bekannte zu strengem Stillschweigen verpflichtet. Man erkennt in dieser Szene unschwer das Vorbild des belauschten Zusammentreffens mit Ophelia ..." (Rank, Inzest, S. 225.)

stellung der kindlichen Urphantasie aufzufassen, wonach der Sohn die Eltern im Schlafgemach belauscht. Daß dieser typische Ausdruck eines übermäßig ausgeprägten Ödipuskomplexes sich im Stücke auf diese Art vorgezeichnet fände, würde die Freudsche Deutung noch glänzender bestätigen (vgl. Rank, Inzest, S. 61, 224), wenn sich eine weniger entstellte Form dieser Phantasie aufzeigen ließe. Dies ist das Schauspiel. Hier erscheint Hamlet tatsächlich als Zuschauer der ehelichen Zärtlichkeiten des Elternpaares. (Besonders in der Pantomime, wo nach der Zärtlichkeit mit dem ersten Gatten und dessen Vergiftung noch die erfolgreiche Werbung des Mörders um die Witwe dazu kommt)[1].

Aber selbst der vom Sohn beobachtete Akt ist, wenn auch in entstellter Weise, so doch in einer allgemein menschlichen Symbolik angedeutet. Denn die sonderbare und auffällige Art der Beseitigung durch Einträufeln von Gift in den äußeren Gehörgang erklärt sich nur aus der latenten Sexualbedeutung der Szene, der diese Elemente angehören. Die Bedeutung des Giftes als Sperma (Schwängerung = Vergiftung) ist nicht nur aus der Märchensymbolik, sondern auch aus der individuellen analytischen Erfahrung festgestellt[2] und das Ohr als Organ der Empfängnis hat Dr. Ernest Jones[3] als völkerpsychologisches Symbol nachgewiesen. Überdies verrät das Ganze Anklänge an das Sündenfallmotiv, auf das auch die Schlange hinweist, welche den alten König angeblich gestochen hatte während er schlief (I, 5). Biblisch" im Sinne der Genesis und Erbsünde mutet Hamlets Einstellung zum Geschlechtsakt selbst an, den er Ophelien und der Mutter zu verekeln sucht und den er als etwas Tierisches verabscheut. Dies scheint einer der Gründe dafür, warum im Schauspiel (und seinem Vorbild, der Ermordung des Königs) der Geschlechtsakt nur symbolisch in seinen einzelnen Elementen vertreten ist, diese aber in freier Umordnung zum Bilde der Bestrafung für das sexuelle Vergehen zusammengesetzt sind. Aus diesem Kompromißcharakter,

---

[1] Das gleiche Motiv, die Gewinnung der Witwe an der Bahre ihres Gatten, hat der Dichter bereits in einem seiner früheren Werke, in „König Richard III." (I, 2), mächtig angeschlagen.

[2] Auch am Schluß vergiftet der König die Königin unabsichtlich und alle Beteiligten sterben, wie der ermordete alte König, um dessentwillen all dies geschieht, durch das Gift des Claudius.

[3] Die Empfängnis der Jungfrau Maria durch das Ohr. Jahrbuch der Psychoanalyse, VI, 1914.

welcher das Vergehen (Sexualakt der Eltern) und die Bestrafung
(durch den Sohn) in einem einzigen „Schauspiel" vereinigt, ist auch
die sonderbare Bedingung zu verstehen, die den Ermordeten im
Schlaf (wie Hamlet fordert: „in seines Betts blutschänderischen
Freuden") umgebracht werden läßt. Dieser doppelsinnige Charakter
der Szene entspricht der sadistischen Auffassung des Koitus, wie
sie das Kind im Verlauf seiner Sexualforschung bildet[1], und in
diesem Sinne ist es leicht verständlich, daß sich Hamlet mit dem Darsteller des Mörders nicht nur — wie bereits ausgeführt — zum
Zwecke der Vatertötung identifiziert, sondern auch im Sinne der
Stellvertretung beim elterlichen Geschlechtsakt.

Es ist als Beweis für die Richtigkeit dieser zunächst scheinbar unfruchtbaren Symboldeutung anzusehen, daß auch sie uns die seelische
Dynamik und ihr dramatisches Spiegelbild um ein Stück weiter verständlich macht. Denn wir bemerken hier, daß Hamlet im „Schauspiel"
sich nicht nur die Tötung seines Vaters vorspielen läßt und in der
Identifizierung mit dem Mörder den gegenwärtigen Nebenbuhler bei
seiner Mutter beseitigt, sondern daß er auch den Sexualakt der
Eltern darin sieht und auf Grund derselben Identifizierung dabei die
Rolle des beseitigten Vaters spielt. Wie ihn die „sadistische" Bedeutung der Szene zum Mord anfeuern soll, so soll ihn ihre sexuelle
Bedeutung zum Inzest reizen (vgl. die Hinweise auf Nero), mit
dessen bloßer Darstellung er sich aber auch hier begnügt. Wie weit
aber das Spiel doch auch diese Wirkung hat, zeigt sich an den
obszönen Reden, die Hamlet unmittelbar vor und im verstärkten
Maße während des Schauspiels an Ophelia richtet[2]. Er versucht es
gewissermaßen statt mit der Mutter, die ihn vergebens zu sich ladet,
mit ihr, die für ihn ein voller Mutterersatz ist und die er wohl unmittelbar vor dem Schauspiel von sich gestoßen hatte, weil er im
Begriffe stand, das wirkliche Liebesobjekt, welches durch Ophelia nur
vertreten wurde, zu gewinnen. Insoweit ersetzt ihm also das Schauspiel, währenddessen er in Ophelias „Schoße liegt", außer der
Tötung des Vaters auch den Sexualakt mit der Mutter, im Sinne
der Vorbildlichkeit des elterlichen Verkehrs. Anderseits versetzt ihn

---

[1] Diesen Zug hat Jones (l. c. 62) als in der Sage vorgebildet nachgewiesen.

[2] Unmittelbar bevor der Giftmörder auftritt, hat Hamlet die krasse
Replik: „Ihr würdet zu stöhnen haben, ehe ihr meine Spitze abstumpftet."

diese Bedeutung des Schauspiels in die infantile Rolle des Zuschauers der elterlichen Zärtlichkeiten, welche als Urtrauma seiner Ödipuseinstellung zugrunde liegt und alle ihre Komponenten wie in einem Brennpunkt vereinigt, als dessen dramatischen Ausdruck wir das „Schauspiel" nachgewiesen zu haben glauben.

Es ließe sich schließlich noch versuchen, von hier aus die persönlichen Beziehungen des Dichters zum Stoff und zur Art seiner Behandlung in derselben Richtung ein Stückchen weiter zu verfolgen als dies bereits von psychoanalytischer Seite geschehen ist. Es kann kaum zweifelhaft sein, daß die große Bedeutung, die der Schauspielkunst und ihren Vertretern in dem Stücke zukommt, von den Berufsinteressen und dem Künstlerehrgeiz Shakespeares beeinflußt sind, der bekanntlich auch als Darsteller — zum Teil seiner eigenen Rollen — wirkte. Psychologisch habe ich dies so zu erklären versucht[1], „daß die schauspielerische Leistung ein vollwertigerer psychischer Akt, gleichsam eine gründlichere Erledigung seelischer Angelegenheiten sei als die Arbeit des Dramatikers. Der Schauspieler vollende erst das Drama, er mache das, was der Dramatiker eigentlich machen wolle, aber — infolge psychischer Widerstände — nicht machen könne: er „erlebe" gleichsam, was der Dramatiker nur „träume". Vergleichen wir diese psychologische Formel mit dem, was uns die Analyse des „Schauspiels" gezeigt hat, so finden wir, daß Shakespeare darin auch ein unbewußtes Bekenntnis dafür abgelegt hat, wie ihm die Schauspielkunst für vieles, was er sich im Leben versagen mußte, Ersatz geboten habe, genau so wie für Hamlet das Schauspiel die Handlungen ersetzen muß, die er infolge mächtiger innerer Hemmungen nicht ausführen kann. Auch ist aus dem Wesen der Schauspielkunst selbst leicht zu erraten, welcher psychische Mechanismus dem Darsteller die dem Dichter verwehrte motorische Abfuhr sonst nicht zu erledigender Affektstauungen gestattet: es ist dies eine bis zur zeitweiligen Aufhebung der eigenen Persönlichkeit getriebene Identifizierung, von der ja in „Hamlet" so ausgiebiger Gebrauch gemacht ist und deren wir uns darum auch bei der Deutung so oft bedienen mußten[2]. Neben diesem wesentlichen Moment des

---

[1] Vgl. Rank, Der Künstler, 2. u. 3. Aufl., S. 79 f. und Inzestmotiv, S. 231.

[2] Die Begründung dafür, daß Shakespeare den Geist von Hamlets Vater und nicht, wie man erwarten sollte, den Helden selbst spielte, bei Rank, Inzest, S. 232 f.

schauspielerischen Könnens lehrt uns die vorstehende Betrachtung ein in seiner Bedeutung nicht zu unterschätzendes Motiv für die Berufswahl des Schauspielers kennen. Im infantilen Verhältnis zu den Eltern sind — wie die Analyse des „Hamlet" zeigt — einige Momente gegeben, welche eine zur Identifizierung, dieser allgemein-künstlerischen Fähigkeit, begabte Persönlichkeit gerade in die Laufbahn des Darstellers drängen können: der Wunsch, groß und erwachsen zu sein, den Vater zu spielen[1], zu imitieren, sich an seine Stelle zu setzen auf Grund der Beobachtungen, die das Kind erlauscht hat und die es vor den Eltern schlau zu verbergen sucht (Verstellung). Die Lieblingsrollen des Schauspielers bieten ihm Gelegenheit, diese Strebungen wirklich zu agieren und sich dabei — in Umkehrung der kindlichen Situation, die er ja nur zum Teil festgehalten, zum Teil durch Identifizierung mit dem Vater überwunden hat — von den Zuschauern belauschen zu lassen, welche geradezu zur Bedingung seiner (mimischen) Aktionsfähigkeit geworden sind[2]. So erweitert sich das „Schauspiel im Schauspiel" und die kleine Analyse, die wir daran geknüpft haben, zum großen eigentlichen Schauspiel, das wir in seiner dynamischen Bedeutung für das Seelenleben des Künstlers und der Zuschauer ein Stückchen weiter verständlich gemacht zu haben glauben.

---

[1] In einer mir bekannten Familie hat der älteste, im Pubertätsalter stehende, etwas neurotische, aber auch dichterisch veranlagte Sohn zum Geburtsfest des Vaters ein Huldigungsstück geschrieben, in dem er die Rolle des — Vaters darstellte.

[2] Hier zweigt der wichtige — narzißtische — Mechanismus der Schauspielkunst ab, der in diesem Zusammenhang unberücksichtigt bleiben muß. Daß die Zuschauer recht eigentlich in ihrer Schaulust befriedigt werden, sagt ja schon ihr Name und der der Sache (Schauspiel). Es ist auffällig, aber in dem hier entwickelten Zusammenhang verständlich, daß sich Träume vom Theater (Zirkus, Schaustellungen überhaupt) regelmäßig bei der Analyse als Darstellungen der Belauschung des elterlichen Verkehrs enthüllen, wie aus einigen typischen und sehr frappanten Details zu erkennen ist.

VI.

VÖLKERPSYCHOLOGISCHE PARALLELEN ZU DEN INFANTILEN SEXUALTHEORIEN[1].

Zugleich ein Beitrag zur Sexualsymbolik.

Wie Freud bei der psychoanalytischen Erforschung des Unbewußten und zum Teil auch des Kinderseelenlebens selbst feststellen konnte, bilden die meisten Kinder zu einer Zeit, wo ihnen eine verständnisvolle Kenntnis der Sexual- und Geschlechtsvorgänge der Erwachsenen noch abgeht, eine Reihe typisch wiederkehrender „Sexualtheorien" über die Entstehung und Herkunft der Kinder sowie über den Unterschied der Geschlechter[2]. Diese Theorien enthalten bei aller anscheinenden Absurdität doch meist einen irgendwie wahrhaften Kern, der sich, ebenso wie die Konstanz dieser Vorstellungen, daraus erklärt, daß das Kind der in seinem Triebleben vorherrschenden erogenen Zone, die ja das Sexualleben des Erwachsenen noch beeinflußt, die entscheidende Rolle bei all diesen Vorgängen zuschreibt. Zur breiten Fundierung dieser Befunde ist es uns sehr wertvoll, daß ganz ähnliche „Irrtümer" auch aus der Kindheit der Völker überliefert sind und immer wieder bei den Erwachsenen dort zum Vorschein kommen, wo sich die im Unbewußten fortlebende primitive Anschauungs- und Arbeitsweise der menschlichen Psyche erhalten hat. Ohne daß wir den Gründen und psychologischen Konsequenzen einer solchen Parallelisierung von Individual- und Völkerpsychologie hier nachzugehen beabsichtigen, seien im folgenden aus dem in un-

---

[1] Aus „Zentralblatt", II. Jahrgang, 1912, S. 372 bis 383 und 425 bis 437.

[2] Freud: Über infantile Sexualtheorien. Kleine Schr. zur Neurosenlehre, 2. Folge, 1909.

heimlicher Fülle vorhandenen Material einige typische, zum Teil weniger bekannte Beispiele aus der Märchen-, Mythen- und Sagenwelt genannt, die uns erst auf Grund der psychoanalytischen Forschungen in ihrer vollen Bedeutung verständlich werden können.

Vielleicht am häufigsten von allen infantilen Sexualtheorien findet sich in der Volksüberlieferung die von der **Befruchtung durch das Essen** (oder Trinken), die besonders für das Märchen charakteristisch ist und von **Riklin**[1] bereits im Sinne der **Freud**schen Verlegung von unten nach oben an einigen Beispielen belegt wurde. Ich möchte hier einiges ergänzende Material hinzufügen mit Hinweisen auf die oft durchsichtige sexualsymbolische Bedeutung der wundertätigen Speise. Das als Befruchtungsvorgang erkannte Verschlucken des schwängernden **Fisches** (Penissymbol) findet sich in mehreren slawischen Varianten (mitgeteilt in: Litauische Volkslieder und Märchen von **Leskien** und **Brugmann**, Straßburg 1882, S. 546); das Motiv vom **zerstückelten** Fisch, durch dessen verschiedene Teile zugleich noch Tiere geschwängert werden, im Märchen von den **zwei Fischersöhnen** (ebenda S. 385). Symbolisiert in diesen Überlieferungen der fruchtbare Fisch[2] die befruchtende Kraft des männlichen Sexualorgans, so tritt für das weibliche Sexualorgan der Mund[3] ein, wie nicht nur realerweise bei der Fellatio, sondern

---

[1] Wunscherfüllung und Symbolik im Märchen. Wien und Leipzig 1908.

[2] Reichliches Material bei H. **Kunike**: „Der Fisch als Fruchtbarkeitssymbol bei den Waldindianern Südamerikas." („Anthropos", VII, 1—2, Jan. bis April 1912, S. 206 ff.) Antikes Material und weitere Literatur bei Robert **Eisler**: „Der Fisch als Sexualsymbol" (Imago, III, 1914).

[3] „Die Hochzeit zwischen Zeus und Hera war in Samos als coitus per os dargestellt, und da der Hera der Pfau heilig ist, wird wohl zu vergleichen sein, daß wir dieselbe Art der Begattung auch in Indien zwischen Pfauhahn und Pfauhenne überliefert finden" (**Schultz**: Rätsel aus dem hellenischen Kulturkreise, II, S. 106). Nach **Hartland** (Primitive Paternity, 1909, vol. I, p. 151) glauben die Bauern von England heute noch, daß die Pfauhennen auf diese Weise geschwängert werden. Über die verschiedenen Tieren (Schlange, Wiesel, Geier etc.) zugeschriebene sonderbare Befruchtung und Geburtsart vgl. man außer dem reichen Werk von **Hartland** die Abhandlung von **Lessiak** über „Gicht" (Zeitschr. f. deusch. Altertum, 1910). Das Gegenstück dazu bilden die infantilen Vorstellungen über das Geschlechtsleben der Haustiere (Eierlegen, Melken etc.). Die infantile Vorstellung vom Kuheuter als Penis hat in einer provençalischen Schwankerzählung (Anthropophyteia, VII, 313) zur Darstellung der Kastrationsphantasie Verwendung gefunden.

auch in den unbewußten Phantasien der Neurotiker und den ihnen
entsprechenden volkskundlichen Überlieferungen von denen hier zwei
genannt seien. In einer aufschlußreichen Arbeit „Über den Kausalzusammenhang zwischen Geschlechtsverkehr und Empfängnis in
Glaube und Brauch der Natur- und Kulturvölker"[1] hat Reitzenstein ganz im Sinne der individual-psychoanalytischen Ergebnisse
aus einer Reihe von Überlieferungen den Nachweis erbracht, daß es
eine Zeit gab, in der dieser Kausalzusammenhang der ganzen
Menschheit unbekannt war, und daß diese Unkenntnis ihren Niederschlag in einer Reihe von Legenden und Gebräuchen gefunden hat.
Diese Arbeit, der wir manchen Beleg für die psychoanalytisch eru-
ierten infantilen Sexualtheorien entnehmen können, enthält (S. 658)
auch eine Überlieferung, in der das weibliche Genitale dem Mund
gleichgesetzt wird. „Viçvavasu ist als Genius der Pubertät und der
unverheirateten Mädchen zugleich Gatte jeder Jungfrau und die weiblichen Genitalien werden sein Mund genannt." Dieselbe Gleichsetzung
findet sich in einem hindostanischen Roman (1870), aus dem Bruch-
stücke in der Zeitschrift: Der Amethyst (vom 8. Juli 1906) ver-
öffentlicht sind: „Das Haar ihrer heimlichen Reize war samtiger an-
zurühren als Seide aus China, und der offene Liebesmund zwischen
ihren Schenkeln war süßer als Kandiszucker; die Lippen, die ihn
küßten, konnten sich nicht von ihm trennen." Wir sehen also, daß
die Befruchtung durch das Essen nicht bloß eine poetische Umschreibung des Zeugungsvorganges ist, sondern ein direkter symbolischer Ersatz durch Vermittlung der erogenen Mundzone, deren
Lustgewinnungsfähigkeit zu der ebenfalls typischen Mädchenvorstel-
lung Anlaß gibt, daß man durch Küssen Kinder bekomme.

Wie der Mund das weibliche Genitale und der damit in Verbindung
gebrachte Fisch das männliche Zeugungsorgan symbolisiert, so erscheint
der in einer großen Zahl von Überlieferungen befruchtend wirkende
Apfel, infolge der in ihm enthaltenen Samenkörner, als Symbol des Sper-
mas (der Form nach ist er weibliches Symbol; Brüste etc.), das übrigens
oft genug auch durch eine befruchtende Flüssigkeit vertreten ist[2]. Der

---

[1] Zeitschr. f. Ethnologie, 41. Jahrgang, 1909, S. 644 bis 683.

[2] So in einem kleinrussischen Märchen (Leskien, S. 544), wo eine
vom Felde heimkehrende Magd ihren Durst stillt, indem sie aus zwei
(göttlichen) mit Wasser gefüllten Fußspuren trinkt und sich sofort
schwanger fühlt. Die zwei Söhne wachsen mit wunderbarer Schnel-

Apfel, der als Attribut der Liebesgöttin Aphrodite galt, spielt als Befruchtungssymbol eine bedeutsame Rolle in verschiedenen Hochzeitsgebräuchen. So mußte nach den Solonischen Gesetzen (Plut. Solon, c. 20) die Braut mit ihrem Bräutigam einen Apfel verzehren. Man vgl. den Apfel der Eris bei der Hochzeit des Peleus und bei der Vermählung des Paris mit der Liebesgöttin Aphrodite, die durch das Apfelurteil eingeleitet wird. In einem kyprischen Märchen (Schmidt, Griech. Märchen, S. 249) wird ein Mädchen vom Genuß eines Apfels schwanger, der auf einem aus ihres Vaters Grabe sprossenden Baume wächst. In einem bosnischen Märchen (Leskien, 543) erhält ein kinderloser Mann von einem Pilger einen Apfel mit der Anweisung, die Schale seiner Hündin und seiner Stute zu geben, den Apfel mit seiner Frau zu teilen[1] (Sündenfall!), die Kerne außerhalb seines Hauses einzupflanzen. — Ähnlich genießt im italienischen Märchen von Mela und Buccia (R. Köhler, Kl. Schr., I, 512) eine Königin einen Apfel, dessen Schale ihre Kammerfrau ißt; nach 9 Monaten bringen beide Knaben zur Welt (Mela und Buccia), die in treuester Freundschaft heranwachsen (dem ursprünglichen Sinne nach offenbar Zwillinge wie im kleinrussischen Märchen von den beiden Fußstapfen). Das gleiche Schema weist die Legende von Vikramadityas Geburt auf; nur erscheint dort an Stelle des Apfels die als besonders fruchtbringend verehrte Erde, aus der auch sonst Menschen entstehen. (So gilt nach dem Hinweis von R. Köhler [Kl. Schr., II, S. 7] den alten Kirchenlehrern die Erde als Mutter Adams [vgl. Gen. III, 19 „von Erde bist du genommen ..."] und trotzdem so lange als Jungfrau „insofern sie noch nicht von Regen befruchtet und von Menschenhand bearbeitet war, teils insofern sie noch kein Blut getrunken hatte".)

---

ligkeit heran. — Ein mexikanischer Befruchtungszauber besteht im Begießen mit Wasser (Reitzenstein, 656). Gleich der Geburt erfolgt im Märchen oft auch die Wiederbelebung durch ein wunderbares „Lebenswasser", wie auch der Fruchtbarkeitsbedeutung des Apfelessens dessen Todesbedeutung gegenübersteht (Sündenfall, Schneewittchen, Persephone). Vgl. „die Lohengrinsage", 1911, S. 164, sowie Abrahams Deutung von der Herabkunft des Göttertrankes (Traum und Mythos, 1909, S. 61 u. ff.) und die oben folgenden Ausführungen.

[1] Die Teilung des Apfels zwischen Braut und Bräutigam hat sich als Befruchtungssymbol in einem slawischen Hochzeitsbrauch erhalten.

Die königliche Mutter Vikramadityas wird durch eine Handvoll ge-
kochter Erde, die ein Einsiedler ihr zu essen gibt, schwanger, zugleich auch ihre Magd, die den Bodensatz ißt. Die beiden Kinder
wachsen als unzertrennliche Freunde heran (Jülg, Mongolische Märchen, Innsbruck 1868, S. 73 u. ff.). — Das Motiv des befruchtenden
Apfelessens findet sich auch in der Völsungasaga, wo die lange Zeit
kinderlose Frau Rerirs durch den Genuß eines von Odin geschickten
Apfels schwanger wird. Auch entspringt dem Samen dieses wunderbaren Apfels der Baum, in den Odin sein Schwert stößt und der
wegen seiner Entstehung „Kinderstamm" genannt wird (vgl. den
Stamm im Kyprischen Märchen). Schwert und Baumstamm sind
typische Penissymbole[1], und auf Grund dieser Vertretung wird uns

---

[1] Wie hier erscheint der Baum, der wegen seiner Gestalt als Symbol
des Phallus verwendet wird, wegen seiner fruchttragenden Eigenschaft nicht
selten im weiblichen Sinne gebraucht. — Das Schwert erscheint als Symbol
der Befruchtung in dem oft verwerteten Motiv, daß der Mann sein nacktes
Schwert zum Zeichen der Keuschheit (symbolum castitatis) zwischen sich
und das Weib legt, wie Siegfried, der seinem Blutsbruder Gunther die
Brünnhilde freit oder Tristan, der bei der Gattin seines Oheims schlafend
gefunden wird. In der biblischen Abimelech-Sage bekommt die unfruchtbare Sarah noch einen Sohn (Isaak) durch den Ersatzmann Abimelech,
den sie vom alten Abraham, der sie für seine Schwester ausgibt, nicht
mehr erwarten kann. Als Abschwächung dieses anstößigen Verhältnisses
muß es aufgefaßt werden, wenn dem Abimelech im Traum ein Engel mit
entblößtem Schwert erscheint und ihm verbietet, die Sarah zu berühren.
Aus verwandten Überlieferungen bei Naturvölkern hat Reitzenstein nachgewiesen, daß dieses in den angeführten Sagen als symbolum castitatis verwendete Schwert ursprünglich ein Befruchtungs-Holz oder -Stab war, den der
Gatte in den ersten drei Nächten, deren er sich des Beischlafs enthalten mußte,
zwischen sich und sein junges Weib legte. Aus Unkenntnis des Kausalzusammenhanges von Geschlechtsverkehr und Empfängnis ließ er in den
ersten Nächten dem Gotte gewissermaßen das jus primae noctis zur wunderbaren Befruchtung, nach deren vermeintlichem Eintritt er sich erst dem
Genusse des Geschlechtsverkehrs hingeben durfte; ein Brauch, den noch
die Kirche in den „Tobias-Nächten" beibehalten hat, ohne seinen Sinn zu
kennen. — Der Ausdruck „nacktes" oder „entblößtes" Schwert scheint
nicht zufällig zu sein, da auch in manchen legendarischen Darstellungen
des Sündenfalls der Baum als „entblößt" (Wünsche, S. 29) und die
Schlange als „nackt" (l. c. S. 36) bezeichnet werden. — Die sexualsymbolische Bedeutung des Schwertes wird in einem albanischen Zauber-
märchen vom Jüngsten (mitgeteilt von Ed. Reimer in „Belgrader Nach-
richten" Nr. 55 vom 25. Februar 1918) vom Erzähler direkt in einer Rand-

das „rasche Wachstum" dieses Baumes, das oft auf den Sohn
übertragen ist, leicht verständlich. Nach Wünsche (Lebensbaum,
S. 23, 29) weist auch der Lebensbaum im Paradies in manchen
Legenden ein so rasches Wachstum auf und trägt dann an seiner
Spitze ein kleines Kind (wie die Totemsäule den Ahnherrn).

Hier reiht sich das älteste uns bekannte Märchen, die ägyptische Erzählung von Bitiu und Anepu, dem unzertrennlichen Brüderpaar (vgl. die Zwillinge) an. Bitiu, der von der Frau seines
Bruders beschuldigt wird, sie verführt zu haben, entmannt sich
selbst zum Zeichen seiner Unschuld und folgt seinem ihm von den
Göttern eigens angefertigten Wundermädchen, als es ihm vom König
weggenommen wird, in verschiedenen exquisit sexuellen Gestalten,
die zu seiner Zeugungsunfähigkeit wohl in scheinbarem Widerspruch
stehen, aber doch nur als ihre begreifliche Wunschkompensation
erscheinen. Erst verwandelt er sich in einen Apisstier und entdeckt sich der Königin, die jedoch ihren Gemahl zur Tötung des
geheiligten Tieres zu bewegen weiß. „Zwei Blutstropfen fallen
am Tor des Palastes auf die Erde; zwei riesige Sykomoren
schießen in einer Nacht auf. Wieder feiert man das Wunder
durch ein Fest und wieder offenbart sich Bata der Königin;
wieder überredet sie den König, die Bäume fällen zu lassen (Entmannung). Sie selbst überzeugt sich von der Ausführung des
Befehls. Da fliegt ihr ein Splitter in den Mund, sie wird schwanger und gebiert Bata (ihren früheren Gatten) als ihren Sohn"[1].

Wie hier und im Kyprischen Märchen diese Symbolik ihre
Tendenz verrät, den verbotenen Inzestakt zu mildern oder zu
verhüllen, so erfährt sie weitere Modifikationen und Entstellungen

---

glosse eingeflochten. Beim Auszug auf Abenteuer „hatte der Kieros, der
Jüngste, noch heimlich das zauberkräftige Schwert seines Vaters an sich
genommen". „Hier schwieg der erzählende Mönch und kam vertraulich zu
Ekrem Bei Vlora: ‚Herr', flüsterte er, ‚das Schwert hat hier und oft, und gar
in einem langen, großen albanischen Märchen besondere Bedeutung. Die
Kinder müssen das noch nicht wissen. Gemeint ist, daß der Jüngste, der
Kieros, die überkräftige Männlichkeit seines Vaters geerbt hatte .... Und
das hat manchmal, aber nur ganz selten zur Folge, daß er nicht allein
manneskräftiger, sondern auch zwölfmal klüger als sein Vater ist.' ..."

[1] Nach Hermann Schneider: „Kultur und Denken der alten Ägypter."
Leipzig 1907. — Zur weiteren psychoanalytischen Deutung dieses Märchens
vgl. man Kapitel XII: Das Brüdermärchen.

von diesem anstößigen Komplex her in einer Reihe biblischer
Überlieferungen, von denen hier eine ausführlich mitgeteilt sei. Im
29. Kapitel der Genesis wird erzählt, wie Jakob durch seinen
14jährigen Dienst die beiden Schwestern Lea und Rahel als Weiber
gewinnt. Er hatte die jüngere, Rahel, lieber, wogegen Gott gerade
Lea reichlich mit Kindern segnete, so daß sie ihm vier Söhne gebar.
„Dann hörte sie auf Kinder zu gebären" (29, 35), wurde also
unfruchtbar wie es ihre Schwester Rahel von Anfang an gewesen
war. Doch ließ sie der Neid nicht ruhen und sie legte ihre Magd
Bilha dem Jakob zu, die ihm auch zwei Söhne gebiert. Dieser Erfolg läßt nun auch die bereits mit vier Söhnen gesegnete, seither
aber unfruchtbare Lea nicht ruhen und sie legte ihrerseits ihre
Magd Silpa dem Jakob bei, die ihm auch zwei Söhne schenkt. Diese
Magd erinnert auffällig an die typische Dienerin, die zugleich mit
der Herrin von der wunderbaren Frucht genießt und schwanger
wird (vgl. z. B. die Kammerfrau im italienischen Märchen und in
der Geburts-Legende von Vikramaditya)[1]. Nachdem nun so bei Rahel
und Lea die eigene Fruchtbarkeit und die der willigen Mägde erschöpft ist, tritt plötzlich ein scheinbar harmloses Ereignis ein,
welches sonderbarerweise beide Frauen wieder fruchtbar macht,
sogar die bedauernswerte Rahel, die von Anfang an unter ihrer
Unfruchtbarkeit litt. Ruben, der älteste Sohn der Lea, „ging aus
zur Zeit der Weizenernte und fand Dudaim auf dem Felde und
brachte sie heim seiner Mutter Lea. Da sprach Rahel zu Lea: Gib
mir der Dudaim deines Sohnes ein Teil. — Lea antwortete: Hast
du nicht genug, daß du mir meinen Mann genommen hast und willst
auch die Dudaim meines Sohnes nehmen? Rahel sprach: Wohlan,
laß ihn diese Nacht bei dir schlafen um die Dudaim deines Sohnes. —
Da nun Jakob des Abends von dem Felde kam, ging ihm Lea
hinaus entgegen, und sprach: Bei mir sollst du liegen; denn ich
habe dich erkauft um die Dudaim meines Sohnes. Und er schlief

---

[1] Das fast überall im Zusammenhang mit der symbolischen Befruchtung auftretende Motiv der Zwillinge dürfte auch auf die infantile Vorstellung zurückgehen, daß eine Frau nicht zugleich zwei Kinder von einem
Manne empfangen könne; daher zwei Frauen. Den entsprechenden ungeheuer verbreiteten Volksglauben und seine zahlreichen Zeugnisse findet man
in meiner Abhandlung über die Lohengrinsage (Anmerkung Nr. 24, S. 164 bis
172) nach Köhler zusammengestellt.

die Nacht bei ihr. — Und Gott erhörte Lea, und sie ward schwanger und gebar Jakob den fünften Sohn" (Gen. XXX, 14—17). Aber nicht nur Lea wird vom Moment des Dudaimstreites wieder fruchtbar, sondern auch der seit jeher unfruchtbaren Rahel „gedachte der Herr und erhörte sie und machte sie fruchtbar. Da ward sie schwanger und gebar einen Sohn und sprach: Gott hat meine Schmach von mir genommen" (XXX, 22—23). Diese den befruchtenden Liebes-äpfeln entsprechenden Dudaim werden hier zwar nicht gegessen und erscheinen somit auch nicht mehr als Grund des plötzlichen Kindersegens; doch steht in auffälligem Gegensatz zu ihrer mangelnden späteren Verwertung in der Erzählung der Eifer, mit dem sich die neidige Rahel um ihren Besitz (ihre „Teilung"! [vgl. die typische Teilung zwischen zwei Frauen, meist Herrin und Magd]) bemüht, für den sie sogar eine Liebesnacht mit ihrem Manne opfert und damit der gerade um den Kindersegen beneideten Nebenbuhlerin den Dienst erweist, der ihr selbst am ehesten zu einem Kinde verhelfen könnte. Der Grund dieses heroischen Verzichtes auf den befruchtenden Bei-schlaf des Gatten kann ursprünglich nur der gewesen sein, daß sie eben die befruchtende Kraft der Dudaim kannte, die sie ja direkt mit der ihres Mannes identifiziert („Hast du nicht genug, daß du mir meinen Mann genommen hast, und willst auch die Dudaim meines Sohnes nehmen?"). Erweist sich somit die wunderbare Fruchtbarkeit beider Frauen als Folge des geteilten Besitzes (Genusses) der ge-heimnisvollen Dudaim[1], so scheint in dieser in anderen Punkten offen-

---

[1] Die landläufige Übersetzung des Wortes „Dudaim" mit „Veilchen" oder „Stiefmütterchen" ist nach übereinstimmender Auffassung der wissen-schaftlichen Kommentatoren falsch. Das Wort bezeichnet vielmehr Liebes-äpfel, und zwar die Atropa Mandragora oder Mandragora vernalis, eine in Palästina häufige Pflanze, die eine einschläfernde Wirkung übt, eine Art Belladonna mit gelblichen, süß duftenden Äpfeln, die nach der Volksmeinung Liebe erwecken und die Frauen fruchtbar machen. In der Wurzel erblickt die Volksphantasie die Form eines Menschen (Näheres in Guthe: Biblisches Wörterbuch, wo sich auch eine Abbildung der Pflanze findet). Nach Wetz-stein heißt diese Pflanze noch heute bei den Arabern: Diener des Liebes-genusses. S. Delitzsch: Kommentar zum Hohenliede, S. 439 f. — Wenn ein Weib die Mandragoren unter dem Herzen trägt, so wird durch die Zauberkraft jeder, der sich ihr naht, gezwungen, ihr seine Liebe und Neigung zu schenken, ja, er wird sogar in Ekstase und leidenschaftliche Verzückung versetzt. S. Ausland, 1857, Nr. 44, S. 1040 ff. (Wünsche: Die Sagen vom Lebensbaum und Lebenswasser. Leipzig 1905, S. 22.) Der Genuß

herzigeren Sage noch ein Stück weit die Tendenz dieser symbolischen
Einkleidung verfolgbar. Die Magd, die im Märchen zugleich mit der
Herrin von der wunderbaren Frucht genießt und schwanger wird,
wird hier einfach zugleich oder an Stelle der rechtmäßigen Gattin
vom Herrn geschwängert, mit welcher Deutung der Vorgang natürlich alles Wunderbare verliert. Dieser weiblichen Ersatzperson für
die unfruchtbare Gattin scheint nun in anderen Überlieferungen eine
männliche Ersatzperson für den zeugungsunfähigen Gatten zu entsprechen (vgl. Abimelech), der eben an Stelle seines wirkungslosen
Samens der Gattin einen befruchtenden zuführt [1]). Deswegen gibt
auch regelmäßig der Mann seiner Frau den Apfel, nicht wie bei
dem Sündenfall die Frau dem Manne, und deswegen ißt offenbar
auch er selbst erst davon, wie im bosnischen Märchen, um ebenso
zeugungskräftig zu werden wie seine Frau befruchtungsfähig. Es ist
nun ganz im Sinne der rationalistischen Deutung der anderwärts
wunderbaren Magdschwangerschaft, die in der Jakobsage einfach
durch den Geschlechtsverkehr mit dem Herrn erfolgt, wenn auch die

---

der Früchte sollte zur Wollust reizen und fruchtbar machen. — Auf eine
andere Bedeutung der Liebesäpfel weist Clay Trumbull (The bloodcovenant,
Newyork 1885, S. 111) hin, der auf die ägyptische Bezeichnung aufmerksam
macht. Das ägyptische Wort tetmut für Liebesäpfel ist aus tet (= Arm oder
Armband) und mut (= bekräftigen, festmachen) zusammengesetzt. Nach
Trumbull wären die Liebesäpfel Bezeichnungen für das schließen von Bluts-
bünden, also auch Symbole für Liebesvereinigungen. — In späterer Zeit
spielt die Hauptrolle in der Sage die Wurzel, deren Ähnlichkeit mit einem
alten Männlein früh aufgefallen war und die als Talisman diente. Nach der
deutschen Alraunsage entsteht das Alräunchen aus dem Samen, den der
Gehenkte im Moment, in dem das Genick bricht, verliert. Dieser Same
befruchtet die Erde. Um Mitternacht ging man es graben, wobei man
sich die Ohren verstopfte, denn es schrie beim Ausreißen jämmerlich. Die
ihm zugeschriebene Wirkung als Amulett (Glück, Reichtum, Liebeszauber,
Fruchtbarkeit etc.) kennzeichnet es deutlich als phallisches Symbol (vgl.
dazu H. E. Ewers „Alraune", S. 52). — Näheres über die Mandragore bei
Frazer: Folk-lore in the Old Testament. London 1919, vol. II, p. 372—397.

[1] Storfer (Die Sonderstellung des Vatermordes, Leipzig 1911) erwähnt die Institution des Zeugungshelfers (altindisch Nyôga) und verweist darauf, daß Lykurgos den zeugungsunfähigen Männern gestattete, bei
ihren Frauen jüngere und kräftigere Ersatzmänner einzuführen. — In den
deutschen Bauernweistümern wird dem Manne, „der sinen echten wiwe oder
frowelik recht niet gedoin konde", empfohlen, seine Frau zu einem Verwandten zu führen. (Ebenda S. 4, Anmerkung 1.)

Überreichung der befruchtenden Dudaim nicht wie im Märchen durch den alten zeugungsunfähigen Gatten geschieht und dessen Zeugungs- akt symbolisch vertritt, sondern ebenfalls in rationalistischer Absicht von seinem jungen Sohn Ruben, um dessen „Dudaim" ja die beiden Frauen streiten. Müssen wir hierin den ursprünglichen Sinn der Sage erblicken, so wird sogleich verständlich, wieso die eifersüchtige Rahel ihrer ohnehin bevorzugten Schwester Lea den alten Jakob so bereitwillig überlassen kann, wenn sie sich dafür die „Dudaim" des jungen Ruben erkaufen kann. Da aber auch Lea nur infolge des Teilbesitzes dieser „Dudaim" schwanger wird, so liegt offenbar ursprünglich hier eine Inzestphantasie des Ruben auf seine Mutter Lea zugrunde, die sich durch den Geschlechtsverkehr mit ihrem jungen kräftigen Sohn den von ihrem alternden Manne nicht mehr zu erhoffenden Kindersegen verschafft, wie ihre gänzlich kinderlose. Schwester Rahel auf dem gleichen Wege des abgeschwächten Inzests mit ihrem Stiefsohn Ruben. Es geschieht dies hier allerdings nicht mehr mit der gleichen Skrupellosigkeit, die wir in der von der eigenen Frau geforderten Schwängerung der Magd durch den Gatten fanden, sondern in einer auf dem Wege der Verdrängung hergestellten symbolischen Verhüllung, die nicht nur den eigentlich verbotenen (inzestuösen) Sexualakt, sondern selbst noch dessen symbolische Ein- kleidung betroffen hat. Daß wir aber dem Ruben hier keine Inzest- phantasie suggeriert oder willkürlich untergeschoben haben, beweist seine spätere Tat nach Rahels Tode, wo er „hinging und bei Bilha, seines Vaters Kebsweibe, schlief" (XXXV, 22). Diese Bilha kennen wir aber bereits aus dem früheren Zusammenhange als stell- vertretende Magd der unfruchtbaren Rahel, die für Ruben selbst wieder nur als Stellvertreterin seiner Mutter Lea eintrat, der er ursprünglich seine wundertätigen Dudaim allein zugedacht hatte.

* * *

Wie die Kinder in den infantilen Theorien und der volkskund- lichen Sexualsymbolik durch das Essen empfangen werden, so werden sie auch durch den Mund oder logischerweise, was sich in der kind- lichen Vorstellung häufiger findet, auf dem Wege eines Exkrementes zur Welt gebracht (vgl. Freuds und Jungs Kinderanalysen im Jahrbuch I und II). Das Gebären durch den Mund findet sich in der ägyptischen Mythologie, wo der Gott Re alle Götter des Himmels und der Erde ohne Weib aus sich selbst erschafft. Es heißt darüber bei Schneider (l. c. 431): „Wie er das anfing, beschäftigte die ägyptischen Gelehrten so sehr, daß nicht weniger als drei Antworten auf diese Frage auf uns gekommen sind. . . . . Die zweite Theorie stellt Re ganz als Menschen vor und fragt, wie ungeschlechtliche Zeugung bei einem Menschen möglich sei. Wieder liefert die Überzeugung von der Identität des anschaulichen Bildes einer Sache mit ihrem Wesen die Möglichkeit einer Antwort. Das Wesen des Zeugens ist ganz anschaulich die Einführung eines Phallus in einen Hohlraum, das der Geburt die Ausstoßung des Kindes aus einem Hohlraum. Re zeugt also seine Kinder, indem er den Phallus in die Hohlhand einführt [Onanie[1]], er gebiert sie, indem er sie aus dem Munde ausstößt." —

---

[1] Beim biblischen Onan (Gen. Kap. 38) scheint es sich gar nicht um Onanie, sondern etwa um Koitus interruptus zu handeln. Onan soll auf Befehl seines Vaters Juda das Weib seines verstorbenen Bruders, Thamar, beschlafen (vgl. Bitiu und Anepu), um seinem Bruder Nachkommen zu verschaffen (Unfruchtbarkeit, Ersatzmann). „Aber da Onan wußte, daß der Same nicht sein eigen sein sollte (die Kinder hätten als rechtmäßige Nachkommen seines Bruders gegolten), wenn er sich zu seines Bruders Weib legte, ließ er's auf die Erde fallen, und verderbte es, auf daß er seinem Bruder nicht Samen gebe" (38, 9). Thamar wird dann unerkannterweise von ihrem Schwiegervater Juda in Blutschande befruchtet. Daß die Durchsetzung dieses Inzests auch hier die Triebkraft für die Sagenbildung abgibt, lassen einzelne Hinweise noch erkennen, insbesondere der auffällige Tod der zwei Söhne Judas, die sich der Thamar nahen, ohne sie zu befruchten: ihr Mann und dessen Bruder Onan. Juda verspricht ihr dann seinen dritten Sohn Sela, bis er groß geworden ist. „Denn er gedachte: Vielleicht möchte er auch sterben, wie seine Brüder." In diesem vom Standpunkt des Vaters gearbeiteten Mythos, der in der Beseitigung der unerwünschten jüngeren Konkurrenten an die von Jung (Jahrb. I, S. 171 fg.) aufgeklärte Tobias-Geschichte gemahnt, tritt also der Vater als befruchtender Ersatzmann für den zeugungsunfähigen Sohn (Onan) ein, wie in der Ruben-Sage der Sohn für den alten Vater. (Von Thamars Verkehr mit ihrem Schwiegervater Juda führt Jensen „Das Gilgameschepos", I, S. 575, drei Parallelen an.) Der auf die Erde gefallene Same Onans, der weiter in der Sage keine Rolle mehr spielt, muß ursprünglich der symbolische Ersatz einer verbotenen Befruchtung (Inzest) gewesen sein, da in allen anderen Überlieferungen das auf die Erde getropfte Sperma oder Blut (Uranos, Anepu) befruchtend wirkt. So auch in der griechischen Sage von Erichthonios, der entsteht, indem die jungfräuliche Athena sich der Umarmung des brünstigen Hephaistos zu entziehen weiß und den auf ihrem Schenkel vergossenen Samen auf die Erde wirft, die den schlangenfüßigen Erichthonios hervorbringt. Doch gilt diese Erzählung allgemein als Ab-

Die gleiche, nur schlecht rationalisierte Vorstellung liegt offenbar dem nachweisbar von ägyptischer Überlieferung beeinflußten griechischen Mythus von Kronos zugrunde, der die ihm von seiner **Schwester Rea** (vgl. den ägyptischen Re) geborenen Kinder sogleich nach ihrer Geburt verschlang, weil er fürchtete, sie würden ihm das gleiche Schicksal der **Entmannung** (vgl. Bitiu[1]) bereiten, das er selbst seinem Vater zugefügt hatte (aus den damals auf die Erde gefallenen **Blutstropfen** waren die Erinnyen und Giganten entstanden, wozu man die aus Bitius Blutstropfen hervorgewachsenen Sykomoren und die durch den auf die Erde gefallenen Samen entstandenen Menschen vergleiche). Nur bei ihrem jüngsten Sohne Zeus gelingt es Rea, den blutgierigen Kronos durch einen in Windeln gewickelten **Stein** zu täuschen, den er anstatt des Kindes verschluckt. Der herangewachsene Zeus zwingt dann seinen Vater Kronos, **die verschluckten Kinder von sich zu geben** (Geburt durch den Mund oder Anus).

Ähnlich werden die Kinder in anderen Überlieferungen mit noch deutlicherer Anlehnung an die infantilen Theorien in Form der **Exkremente** entleert. So verrichtet in einer von F. Boas mitgeteilten Sage der Kwa'-kinth-Indianer ein Mann seine Notdurft und

---

schwächung einer älteren Fassung, der der Geschlechtsverkehr der Athena noch nicht anstößig war. — Die Entstehung von Lebewesen aus dem auf die Erde verspritzten männlichen Samen werden wir in der Agdistismythe wiederfinden. — Nach einer von Th. Reik mir mitgeteilten Vermutung dürfte der ursprüngliche Sinn der Onansage durch eine Verschiebung der Rolle der Eltern auf den Bruder und seine Frau die gegenwärtige Form erhalten haben. Onan wäre demnach der Sohn, der durch sein Schuldbewußtsein von der Zeugung von Kindern seelisch abgehalten wird. Daß das Samenverspritzen auf die Erde erfolgt, zeigt als entstellte Wiederkehr des Verdrängten gerade die primäre unbewußte Tendenz, nämlich der Mutter Kinder zu zeugen. Der Tod des Bruders, der für den des Vater eingetreten ist, wird in diesem Zusammenhang als das mächtigste Motiv von Onans Schuldbewußtsein sichtbar und Onans Vorgehen demnach vom nachträglichen Gehorsam diktiert sein, bei dem aber der Anteil des Trotzes in der Durchsetzung des verbotenen Tuns (Befruchtung der Erde) noch deutlich wird.

[1] Das Märchen von Bitiu und Anup (= Anubis) ist nach **Schneiders** scharfsinniger Vermutung nur ein Abklatsch des Osirismythus, der alle diese Motive bereits enthält (Verführung der Frau des Bruders, die Entmannung deswegen etc.) und wie es scheint, auch der griechischen Kosmologie als Vorbild gedient hat.

verwandelt seine Exkremente in einen jungen Mann (Indianische Sagen, S. 158 u. ff.). Auch in der griechischen Flutsage, wie sie
Ovid in seinen Metamorphosen erzählt, sucht das einzig überlebende
Menschenpaar, Deukalion und Pyrrha, das Menschengeschlecht
auf eine ähnlich geheimnisvolle Weise wieder zu erneuern. Da
Pyrrha dem Deukalion erst später Hellen, den Stammvater der
Hellenen, gebiert, so muß sie wohl ihre anfängliche Unfruchtbarkeit dazu geführt haben, die Göttin Themis um ein außerge-
wöhnliches Mittel der Menschenschöpfung zu bitten. Es ist gewiß
auch kein Zufall, daß Deukalion dabei an die Kunst des Prometheus
denkt, der aus dem mit Wasser befeuchteten Ton die Menschen
nach dem Ebenbilde der Götter schuf, ganz wie Jehovah seinen
Adam aus dem Kote[1] (vgl. die Erde bei Vikramaditjas Entstehung).
Themis erteilt dem Ehepaar das zweideutige Orakel, mit umschleiertem
Haupt die Gebeine ihrer Mutter hinter ihren Rücken zu werfen[2],
was der scharfsinnige Deukalion sofort auf die Mutter Erde und
ihre Knochen, die Steine, bezieht (vgl. den unverdaulichen Stein als
Ersatz des Kindes bei Kronos). „So gingen sie denn seitwärts,
verhüllten ihr Haupt, entgürteten ihre Kleider (!) und warfen,
wie ihnen befohlen war, die Steine hinter sich. Da ereignete sich
ein großes Wunder: das Gestein begann seine Härtigkeit und Spröde
abzulegen, wurde geschmeidig, wuchs, gewann eine Gestalt; mensch-

---

[1] Daß die Erzeugung des Menschen aus Staub (Erde, Stein) ursprünglich eine solche aus Kot war, legt auch ein Hinweis Wincklers (Die
babylon. Kultur, S. 48; Krit. Schr. II, 31; III, 3) nahe, der das „Staub-
essen" der Paradiesesschlange als Verfeinerung für den Ausdruck „Kot-
essen" erklärt. — Weiteres Material zur analen Geburtstheorie bei Jung
(Jahrb. IV, 1912, S. 234) und Jones „Die Empfängnis der Jungfrau Maria
durch das Ohr" (ebenda VI, 1914). — Man vgl. auch das anzügliche Disti-
chon Herders: „Der Du von Göttern stammst, von Gothen oder vom
Kote, Goethe, sende sie mir", sowie Fausts Apostrophierung des Mephistopheles: „Du Spottgeburt aus Dreck und Feuer."
[2] Als Gegenstück ist die biblische Sage von Lots Weib zu nennen,
die auch bei einer Sintflut (Sindbrand) gegen das ausdrückliche Verbot
hinter sich blickt und sogleich zur Salzsäule (Stein) erstarrt. Vielleicht
durften auch Deukalion und Pyrrha ursprünglich dabei nicht hinter sich
blicken (Schauverbot), wie sie ja noch in der vorliegenden Fassung ihr
Haupt umschleiern müssen. — Zu beachten ist auch hier, daß dann Lots
Töchter mit ihrem Vater, als dem einzig übriggebliebenen Mann, das
neue Geschlecht zeugen (Inzest).

liche Formen traten an ihm hervor, doch noch nicht deutlich, sondern rohen Gebilden oder einer in Marmor vom Künstler erst aus dem Groben herausgemeißelten Figur ähnlich. Was jedoch an den Steinen Feuchtes oder Erdiges war, das wurde zu Fleisch an dem Körper; das Unbeugsame, Feste ward in Knochen verwandelt; das Geäder in den Steinen blieb Geäder. So gewannen mit Hilfe der Götter in kurzer Frist die vom Manne geworfenen Steine männliche Bildung, die vom Weibe geworfenen weibliche." (Nach Gustav Schwab: Die schönsten Sagen des klassischen Altertums, 23. Aufl., S. 9, der sich ziemlich wortgetreu an den Text hält[1].)

Eine der analen Geburt entsprechende Zeugungstheorie hat R. Reitler (im Zentralbl. f. Psychoanalyse, II. Jahrg., Heft 3, Dez. 1911) mitgeteilt. Das Kind bildete im Alter von 6 oder 7 Jahren auf ein aktuelles Erlebnis hin folgende Theorie: „Wenn die Eltern das Geheimnisvolle, das die Kinder nicht wissen dürfen, tun, so pressen sie die nackten Popos aneinander und blasen sich gegenseitig Luft ein" (l. c. S. 177)[2]. Ähnlich lautet eine von Freud (l. c. S. 171) mitgeteilte Vorstellung mancher Kinder, der Sinn des Heiratens bestehe darin, daß man einander den Popo zeigt (ohne sich zu schämen). Allerdings wäre hier der charakteristische Vorgang der Lufteinblasung zu ergänzen, wie ja Reitler treffend bemerkt, es sei für das kindliche Denken ganz folgerichtig anzunehmen, „daß, wo die Kinder später heraus-, das Befruchtende früher ebenda hinein-

---

[1] Die von L. Levy („Das Steinewerfen in Koheleth 3₅, in der Deukalionsage und im Hermeskult", Monatschr. f. d. Wiss. d. Judentums 55, 1911, Heft 9/10) gegebene Deutung des Steinwerfens als Symbol des Koitierens, die mir erst nach Abschluß dieser Arbeit von Dr. Abraham (Berlin) brieflich mitgeteilt wurde, verkennt trotz Anerkennung der Sexualsymbolik in der Deukalionsage die eigentliche Bedeutung des Motivs der analen Geburt. — Dr. Abraham faßt das „Schleudern" (Werfen) des Samens auf die Erde als Darstellung der Ejaculatio auf, wofür andere Überlieferungen, wie die Erichthonios-Sage, die Onan-Geschichte und der Kybele-Mythos (s. S. 107 f.) sprechen. — Über werfen = begatten vgl. auch A. J. Storfer: „Marias jungfräuliche Mutterschaft" (Berlin 1914, S. 99[1]), woselbst übrigens reichliche Parallelen zu den infantilen Sexualtheorien angeführt werden.

[2] In einem griechischen Märchen (Hahn Nr. 69), in dem zwei Alte durch 40 Tage und Nächte in einen Schlauch blasen müssen, um den Räuber Nuß zum Kinde zu bekommen, hebt Schultz (Rätsel, II, S. 111) den geschlechtlichen Sinn, sowie die Beziehung zu Orion hervor.

kommen müßte" (l. c. 120). Die gleiche infantile Vorstellung der befruchtenden und menschenzeugenden Darmgase findet sich bei den Brahmanas, nach deren Glauben die Menschen aus dem dem Hinterteil des Schöpfungsherrn Prajapati entfahrenden „unteren Hauche", die Götter aus dem oberen Hauch, dem Munde entstehen (Oppert, Die Gottheiten der Indier. Zeitschr. f. Ethnologie, 37. Jahrg., 1905, S. 296). Wir finden hier wieder den Mund als Zeugungsorgan und den oberen gleich wie den unteren Hauch zur Befruchtung befähigt. Das Einhauchen des Lebensodems durch den Mund, das an die infantile Kußtheorie der Mädchen erinnert, findet sich in zahlreichen Überlieferungen, von denen zunächst auf den Genesisbericht (II, 7 „und er blies ihm ein den lebendigen Odem in seine Nase"), sowie auf die Prometheusschöpfung hingewiesen sei. So erklärt sich auch, „daß in vielen indogermanischen und semitischen Sprachen die Seelen immer als Lufthauch gedacht sind, wie dies die Wörter: Pneuma, spiritus, anima (von enomos, Wind), nephesch, ruach in ihrer etymologischen Bedeutung beweisen. Daher herrscht auch der Glaube, daß die Seelen beim Tode des Menschen den Körper verlassen, zum Himmel aufschweben und als Schäfchen an ihm dahinziehen" (Wünsche, Lebensbaum, S. 86 Anm.). Doch wird diese Belebung durch den Hauch in anderen Überlieferungen direkt als Schwängerung durch den Wind aufgefaßt, die selbst wieder nur eine euphemistische Darstellung der anstößigen infantilen Auffassung zu sein scheint. So wird im finnischen Epos Kalewala[1] die Jungfrau Ilmator durch den Wind Mutter. Nach einer auf dem indischen Archipel heimischen Sage wird Lumina-ut durch den Wind geschwängert und vermählt sich dann mit dem auf diese Weise geborenen Sohn (Bab, Geschlechtsleben, Geburt und Mißgeburt in der asiatischen Mythologie. Zeitschr. f. Ethnologie 1906, S. 280). Eine entstellte Rationalisierung der gleichen Vorstellung findet sich in der Geburtslegende des Zoroaster, dessen Mutter im sechsten Monat ihrer Schwangerschaft träumt, die bösen und die guten Geister stritten um den Embryo. Ein Ungeheuer riß den zukünftigen Zoroaster aus dem Leib der Mutter; ein Lichtgott aber bekämpft das Ungeheuer mit seinem Lichthorn (Elefantenrüssel — Phallus), schließt

---

[1] Kalewala, das Nationalepos der Finnen, nach der 2. Ausgabe ins Deutsche übertragen von Anton Schiefner, Helsingfors 1852.

den Embryo wieder in den Mutterleib ein, bläst Dughda an und
sie ward schwanger (Brodbeck, Zoroaster, Leipzig 1893)[1].

Wie Deukalion die aus Erde gebildeten Menschen durch den
Feuerhauch seines Vaters Prometheus beleben läßt, so schreibt die
Überlieferung dem Prometheus selbst späterhin die Schöpfung der
Pandora zu, mit der er dann den Deukalion zeugt. Eine andere
Version erzählt, wie Hephaistos, der sich künstlich Mädchen bildet
(auch Anepu hat ein solches Göttermädchen zur Frau), die Pandora
aus einem Gemisch von Erde und Wasser (nach anderen Tränen;
ein anderes Sekret) bildete. Die Verhältnisse komplizieren sich jedoch
hier im Sinne der Inzestphantasie, wenn man anderwärts wieder
erfährt, daß Pyrrha, die Gemahlin des Deukalion, auch als Gattin
seines Vaters Prometheus gilt (vgl. später die Weltelternmythe).
Soviel steht jedoch auch mythologisch fest, daß die Deukalionsage
nur eine jüngere Form der Prometheussage darstellt (Roscher).
So wird Pandora, „die griechische Eva" (Roscher), von den Mythologen als ursprüngliche Verkörperung der Mutter Erde aufgefaßt,
ebenso wie Pyrrha als „die rote Erde" gilt, die durch die Flut
(Deukalion vom Stamme $\alpha\delta\varepsilon\acute{v}\omega$ = netzen) befruchtet wird. Ovid
spricht (Metam. 1, 81) von semina caeli, die noch in der frischen
Schöpfungserde enthalten gewesen sein mochten. „Die Vorstellung,
daß die ersten Menschen aus Erde, Wasser und Erde, Schlamm
Lehm oder Ton entstanden seien, findet sich bekanntlich bei den
alten Dichtern und Philosophen vielfach, auch ohne Beziehung auf
Prometheus ausgesprochen, wie nach Plato (Menex. 238) die Mutter
Erde das erste Weib und das Weib schlechthin ist" (Roschers
Lex. Prometheus). Die Verbindung dieser Menschenschöpfungen mit
der Flutsage (Deukalion schwimmt neun Tage und Nächte im
Kasten) ist jedoch keine zufällige, da — wie ich anderwärts ausgeführt habe[2] — die Flutsagen eng mit dem Urin zusammenhängen,
aus dem ja nach infantiler Vorstellung Menschen entstehen können.

---

[1] Über die Vorstellung der Alten, daß die Geier durch den Wind
befruchtet werden, vgl. man Freuds Studie über Leonardo da Vinci (S. 25);
weitere Hinweise auf dieses Thema bringt Reitler (l. c.) — Über die Befruchtung durch Wind oder Hauch vgl. ferner Jones „Alptraum" etc. und
bes. Jahrb. VI, 1914, Jung (Jahrb. IV, S. 269, 270[1], 285, 355), Nelken
(ebenda S. 533[2]).

[2] Die Symbolschichtung, im mythischen Denken.

Denn nicht nur aus den analen Exkrementen und der dafür einge-
setzten kotigen Erde (Lehm) entstehen die Menschen nach den
infantilen Anthropogonien[1], sondern auch aus dem Urin, der im
infantilen Sinne dem Sperma gleichgesetzt wird (Wasser). So kommt
das Kind zu einer Zeugungstheorie, die den Geschlechtsakt als ein
Urinieren auffaßt (Freud: Infantile Sexualtheorien, S. 171). Einen
interessanten Beleg dafür aus der dichterisch gestalteten Phantasie
des Erwachsenen hat Dr. Sachs aus Grimmelshausens „Simplicissimus"
(im Zentralbl. f. Psychoanalyse I, S. 525) mitgeteilt. Sie findet ihr Gegenstück in der griechischen Sage von Orion, der nach einer von den
Mythologen als falsche etymologische Ableitung angesehenen Überlieferung aus dem Urin entsteht, den drei Götter auf eine Rindshaut
abschlagen, um ihrem kinderlosen Bewirter Hyrieus auf seinen
Wunsch zu einem Sohne zu verhelfen. Mit Rücksicht darauf, daß
dieses οὐρεῖν hier ganz im infantilen Sinne als „semen emittere"
(Roscher: Orion) aufgefaßt ist, dürfen wir doch dieser Version
eine wenn auch nicht mythologische, so doch psychologische Ur-
sprünglichkeit zusprechen. Gewöhnlich erscheint die Sage in der
Form, daß die mit dem Samen getränkte Stierhaut in die Erde
vergraben wird und nach zehn Monaten Urion zur Welt kommt, in
dessen Namen eben seine Entstehung nachklingen soll. Es erscheint
uns auch nicht unwesentlich, daß eine chiische Version den Orion
als Sohn des Oinopion kennt, der dann dessen Tochter oder Gattin,
in diesem Falle also seine Mutter geschlechtlich gebraucht
und dafür von dem erzürnten Vater geblendet wird (vgl. das
ähnliche Schicksal des Ödipus[2]). Orion hat daher nach der erster-
wähnten Version gar keine Mutter, respektive die Erde zur Mutter.

In diesen Zusammenhang scheint auch die weitverbreitete

---

[1] Auch nach altorientalischer Auffassung (Babylonier, Ägypter) werden
die Menschen aus Lehm oder Ton gebildet (vgl. Wünsche: Schöpfung und
Sündenfall des ersten Menschenpaares im jüdischen und moslemischen Sagen-
kreise mit Rücksicht auf die Überlieferungen in der Keilschriftliteratur,
Leipzig 1906, S. 75 fg.). Nach jüdischer Sage macht Gott den Menschen aus
verschiedenfarbigem Staub, und zwar aus dem schwarzen die Eingeweide
(l. c. S. 8, vgl. später die schwarzen Koprolithen im Märchen). — Der Entstehung Adams aus der Erde entspricht auch sein Name; 'adam = Mensch,
eig. Erdmann aus 'adamah = Erde (l. c. S. 5 Anm.)

[2] Über die Blendung als Symbol der Kastration vgl. man das Material
in d. „Internat. Zeitschr. f. ärztl. Psychoanalyse", I. Jahrg. 1913, S. 151 ff.

Märchenerzählung zu gehören, nach der meist ein kranker (zeugungs-
unfähiger?) König seine Söhne um das Lebenswasser ausschickt;
aber nur dem Jüngsten gelingt es, sich in dessen Besitz zu setzen,
während die beiden älteren meist in Steine verwandelt werden
(Lot). Der jüngere besprengt sie mit seinem Lebenswasser
(vgl. den mexikanischen Befruchtungszauber S. 88, Anm. 2 f.)[1], worauf
sie wieder Menschen werden, ganz wie in der Deukalion-Sage,
aber seine Güte übel lohnen. Sie vertauschen das Lebenswasser,
das sie selbst dem Vater nach Hause bringen, und verdächtigen
den Jüngsten, er habe seinen Vater mit einem Gifttrank töten
wollen. Der Jüngste wird nun auf Befehl des Königs getötet, aber
die Jungfrau, deren Erlösung er zugleich mit Erlangung des Lebenswassers bewirkt hat, belebt ihn mit dessen Hilfe wieder, worauf
er sie heiratet, das Reich des Vaters erhält und die Brüder straft
(vgl. Grimmsche Sammlung Nr. 97 und 60, sowie die im III. Band
enthaltenen Varianten dazu)[2]. Es würde zu weit führen, auch hier
die Durchsetzung der Inzestphantasie nachzuweisen (Heirat des
Weibes, das ihn belebt), doch bleibe nicht unerwähnt, daß es Varianten
gibt, in denen die Inzestverhütung angedeutet ist. So wenn es in
einer Märchengruppe (Wünsche, Lebenswasser, S. 91) heißt, die
Mutter, die sich mit einem Drachen vermählt hatte, schickt — indem
sie sich krank stellt — ihren Sohn nach dem Wasser des Lebens
aus, in der Hoffnung, er würde dabei umkommen (vgl. Judas Söhne).
Oder wenn eine Prinzessin, die heiraten will, sich auf diese Weise
von ihren lästigen Brüdern zu befreien sucht. Auffällig ist jedoch
in einigen Varianten, wie z. B. der aus 1001 Nacht (Wünsche,
S. 95), daß diese Steine, die durch Besprengen mit dem Lebenswasser zu Menschen werden, schwarz sind, was wie ein Nachklang
ihrer koprolithischen Bedeutung erscheint. Zu erwähnen ist schließlich
noch, daß der Jüngste, der durch das von ihm selbst gefundene
Lebenswasser wieder belebt wird, in einigen Varianten (wo ihn die
Mutter ausschickt) zerstückelt und wieder zusammengesetzt wird.
Auch dieses im Mythus weit verbreitete Motiv der Zerstückelung

---

[1] Auch die Lebensrute, die Aigremont (Volkserotik und Pflanzen-
welt) als Phallussymbol deutet, spielt in dieser Märchengruppe eine Rolle
bei der Wiederbelebung. — Als „Steine" werden auch vielfach die Hoden
in mythischer und folkloristischer Überlieferung bezeichnet.

[2] Zur weiteren Deutung dieser Märchengruppe vgl. Kap. XII.

und Zusammenfügung (i. e. Belebung) entspricht einer infantilen
Sexualtheorie, nach der die Kinder ebenfalls stückweise gemacht
werden (vgl. dazu „Die Lohengrinsage" S. 108 und „Inzestmotiv"
S. 313 ff.). Die Zusammensetzung erfolgt dann häufig durch ein
Lebenskraut, dessen Wirkung der Mensch an einer toten und
wiederbelebten Schlange (seltener Vogel) kennen lernt
(Wünsche, Lebensbaum und Lebenswasser, S. 16 u. ff.) [1].

Die infantile Sehnsucht nach Erforschung des Geheimnisses
der Entstehung und Herkunft der Kinder, die einen großen Teil
der Mythen und Märchen beherrscht, findet charakteristischen Ausdruck in einem esthnischen Märchen, das Rohrschach (im Zentralbl. f. Psychoanalyse; nach Kreutzwald: Estnische Märchen,
Halle 1869) mitgeteilt hat. Es handelt davon, wie die 7jährige Else
ihrer bösen Stiefmutter entläuft und in den „Tontlawald" gerät.

---

[1] Vgl. dazu den ebenfalls zur lebenden Schlange gewordenen
Mosesstab, welchen Vorgang bereits Abraham (Traum und Mythos,
1909, S. 65) als Symbol der Erektion auffaßt. Nach- einem anderen Berichte schlägt Moses mit diesem Stabe gegen den ausdrücklichen Befehl
Gottes in der Wüste Wasser aus einem Felsen, was lebhaft an die Stein-
besprengung unserer Märchen erinnert. Dieser Mosesstab steht nach
Wünsche (S. 40) auch in Beziehung zum Lebensbaum des Paradieses. Adam
erhält den am Vorabend eines Sabbats geschaffenen Stab beim Verlassen
des Paradieses von Gott und durch Weitervererbung von Geschlecht zu
Geschlecht kommt er schließlich auf den ägyptischen Josef und nach dessen
Tode in Besitz des Pharao, der ihn in seinen Garten pflanzte, wo er
blühte, sproßte und Mandeln trug. Mit ihm prüfte er jeden, der eine
von seinen Töchtern heiraten wollte. Nach einem anderen Berichte
(Wünsche, S. 107) gelüstete es dem Jethro so sehr nach dem Stabe, den
er im Garten des Pharao sah, daß er ihn stahl, in seinen Garten pflanzte
und nun jeden Freier seiner Töchter prüfte, da der Stab alle, die sich ihm
nahten, verschlang (der Stab symbolisiert hier den väterlichen Phallus). Auch
Moses mußte, als er um Jethros Tochter Zippora warb, sich der Probe
unterziehen, die er bestand, indem er den Stab ruhig anfaßte und mit sich
nahm. Aus Zorn darüber soll ihn Jethro in eine Zisterne geworfen haben. —
Vor demselben Pharao, in dessen Garten der geheimnisvolle Stab früher
sproßte, verwandelt er sich dann auf Befehl des Moses in eine Schlange. —
Von Interesse ist schließlich noch in diesem Zusammenhang der Bericht,
wie Moses nach Tötung des ägyptischen Aufsehers nach Äthiopien entflieht
und dort die verwitwete Gattin des Königs heiratet. Da er sie aber niemals
ehelich berührte, sondern ein Schwert zwischen sich und sie legte, wurde
er auf ihren Antrieb des Thrones entsetzt (Bergel: Mythologie d. Hebräer).

Wie Else im Tontlawald aufgenommen wird, schickt man statt ihrer ein Abbild, „einen Prügelklotz", zu ihren Eltern. Dieses Abbild wird folgendermaßen erzeugt: Der alte Diener macht aus Lehm eine Puppe, legt in deren hohlen Leib drei gesalzene Strömlinge und ein Stückchen Brot, macht dann in der Brust der Puppe ein Loch und läßt eine große schwarze Schlange durch das Loch hineinkriechen. In dem zeitlosen Märchenlande kommt ferner täglich eine dreizehnte Schüssel auf den Tisch, die immer zugedeckt bleibt; die kleine Gefährtin Elses weiß nicht, was sie enthält und fühlt keine Neugier. Else aber ist neugierig und muß gewarnt werden: „Das ist die Schüssel verborgenen Segens; wir dürfen sie nicht anrühren, sonst würde es mit unserem glücklichen Leben zu Ende sein"[1].

Dieses Verbot der Sexualneugierde liegt auch den Blaubartmärchen zugrunde, deren sadistische Ausgestaltung nur eine Folge des unverstandenen Zerstückelungsmotivs zu sein scheint, das hier an eine unkenntliche Stelle gerückt ist. Die Frauen des grausamen Ritters, die trotz der angedrohten Strafen das verbotene Zimmer betreten und sich so eine masochistische Befriedigung verschaffen, finden dort die Gebeine ihrer Vorgängerinnen, was auf eine infantile Zeugungsphantasie des Menschen aus einzelnen Stücken hindeutet, deren Kenntnis eben als Geheimnis der Erwachsenen gehütet und als Ziel der kindlichen Sexualneugierde dargestellt wird.

In den infantilen und volklichen Sexualtheorien machen an Stelle des Genitales nicht nur der Mund und die exkrementellen Körperöffnungen ihre erogenen Ansprüche geltend, sondern auch alle anderen erogenen Zonen und Sekrete[2]. Hierher gehört die Geburt des Dionysos

---

[1] Eine deutlich sexualsymbolische Einkleidung zeigt das Motiv der verbotenen weiblichen Neugierde in einer spätjüdischen Paraphrase des Sündenfalles: „Aboth di R. Nathan: Adam glich einem Manne, der ein Weib in seinem Hause hatte. Er ging und holte ein Faß, in das er eine bestimmte Anzahl Feigen und Nüsse (Güter und Übel) legte. Auch fing er einen Skorpion (der also hier Somahüter ist) und setzte ihn an die Öffnung des Fasses. Darauf umgab er es mit einer gedrehten Schnur, stellte es in einen Winkel und sprach zu ihr: Meine Tochter! Alles was ich in dem Hause besitze, ist dir übergeben — außer diesem Faß, das du nicht einmal berühren darfst (verbotenes Gemach). Was tat das Weib? Als der Mann ausgegangen war, öffnete sie das Faß und steckte ihre Hand hinein. Da stach sie der Skorpion." (Nach Schultz, Memnon IV, 1910, S. 56.)

[2] Vgl. die von Stekel (Die Sprache des Traumes, Wiesbaden 1911) aufgestellte symbolische Gleichung: Sperma—Blut—Urin—Schweiß—Speichel,

aus dem Schenkel des Zeus; die germanische Mythologie berichtet von
dem zweigeschlechtigen Riesen Ymir, dessen Fuß einen Sohn mit
dem anderen Fuß erzeugte. Im selben Mythus tritt der Schweiß
als befruchtendes Naß auf, indem er unter des schlafenden Ymir
linkem Arm Mann und Weib hervorbringt, ähnlich wie bei dem
schlafenden Adam das Weib aus seiner Rippe ensteht. Wie hier der
Schweiß, so erscheint andere Male der Speichel befruchtend. In
der iranischen Überlieferung leckt die Urkuh Andhumla den ersten
Menschen aus dem Stein hervor und eine ähnliche, kaum mehr ursprüngliche Rolle spielt der verschluckte und wieder herausgegebene
Speichel in der nordischen Mythologie als Dichtermet. (Grimm:
Deutsche Mythologie II, 752). Dieser Dichtermet war ursprünglich
identisch mit dem Lebensmet Odrerir, den die Riesentochter Gunlöd
in einem Berge hütete. Odin bohrt sich in Schlangengestalt
durch und begattet Gunlöd; den Met schlürft er auf und bringt ihn
so zu den Göttern. Die Vorgeschichte des Metes wird folgendermaßen erzählt: Als die Asen und Vanen miteinander Frieden schlossen,
spuckten sie gemeinsam in ein Gefäß, und aus diesem Speichel
schufen sie den weisen Kvasir; als er getötet wurde, mischte
man sein Blut mit Honig zu jenem Met (Nach Mogk: Germanische Mythologie, Sammlung Göschen Nr. 15, S. 47). Über die viel umstrittene
Etymologie des Namens Kvasir sowie über die Beziehung dieser
Mythe zu der Urinzeugung des Orion handelt ein Artikel im Archiv
für nordische Philologie (Bd. 28, H. 2, S. 132). Zur Menschenerzeugung
aus Speichel vergleiche man die bereits angeführte Stelle aus den
ägyptischen Texten, wo es vom Gott Re heißt „er gedachte in
seinem Herzen, andere Wesen zu machen, und er begattete sich
selbst; und dann spie er es aus. Und was er ausspie, waren der Gott
Schu und die Göttin Tefnet". (Erman: Die ägyptische Religion, S. 28.)
      Eine in den infantilen Sexualtheorien häufig hervortretende
erogene Zone sind die Brüste, die das Kind bereits frühzeitig als
Lustquellen kennen gelernt hat und die das Weib so auffällig vom

---

die wir hier bestätigen können. Ähnlich bemerkt Ehrenreich (Die allgemeine Mythologie und ihre ethnologischen Grundlagen, Leipzig 1910)
bezüglich des Regens, daß er bei den Naturvölkern oft als Sekret (Harn,
Schweiß, Speichel) eines himmlischen Wesens gefaßt wird und daß die
durch ein solches Sekret bewirkte Empfängnis meist ein bildlicher Ausdruck
der Erdbefruchtung durch Regen sei.

Manne unterscheiden. Auch in mythischen Überlieferungen spielt der
weibliche Busen als Befruchtungsorgan eine Rolle. So ist der mexi-
kanische Gottheros Huitzlipochtli von einem Weibe geboren, das
einen vom Himmel herabfliegenden Federball in ihren Busen aufnahm (Waitz, Anthrop. d. Naturvölker, I, 464, Anm.). Die gleiche
Vorstellung findet sich im griechischen Mythos von Agdistis, der
außerdem eine ganze Sammlung von Befruchtungssymbolen enthält, die uns bereits bekannt sind[1], und dem gleichfalls wieder das
Inzestmotiv zugrunde liegt. Die Fabel erzählt Arnobius (adversus
gentes V, 5 sq.) folgendermaßen: Auf ödem Felsengebirge war aus
einem Stein Kybele entstanden, der Zeus vergeblich beizuwohnen
suchte. Sein Same floß auf den Fels und daraus entstand das
Zwitterwesen Agdistis, das von den Göttern entmannt wurde. Aus
dem Blut entsproß ein Granatbaum, von dessen Früchten
Nana, die Tochter des Flußgottes Sangarios, einige in ihren Busen
steckte; sie wurde davon schwanger und gebar den Attis, den Sangarios auszusetzen befahl. Das Kind wird jedoch gerettet und mit
Honig und Bockmilch aufgezogen, bis es zu einem schönen Jüngling
heranwächst, in den sich seine mütterlichen Vorfahren (Mutter imagines) Kybele und Agdistis verliebten; die eifersüchtige Agdistis versetzt ihn in Wahnsinn, so daß er sich unter einer Fichte selbst

---

[1] Beispiele wunderbarer Befruchtung finden sich noch bei Fro-
benius (Zeitalter des Sonnengottes): durch Urin (I, 252), durch Samen-
schlucken (254), durch Wind (S 25). — Ferner bei Ehrenreich (Allg.
Mythol. S. 237): wunderbare Befruchtung durch Essen, Berühren, Hauch. —
Das Ausschlüpfen durch den Anus bei Frobenius (S. 90) und durch den
Mund (S. 96 u. 98). Weiteres völkerpsychologisches Material findet sich bei
Edwin Sidney Hartland: Primitive Paternity. The myth of supernatural
birth in relation to the history of the family, vol I, London 1909 und
P. Saintyves: Les vièrges mères et les naissances miraculeuses. Essai de
mythologie comparée. Paris 1908. In psychoanalytischer Beleuchtung bei
Jones „Die Bedeutung des Salzes in Sitte und Brauch der Völker” (Imago
I, 1912; bes. S 459 vom Urin und S. 418 vom Speichel) und F. S. Krauß:
„Folkloristisches von der Mutterschaft”. (Aus „Mutterschaft”, hg. von Adele
Schreiber, Langen, München 1912.) — Psychoanalytisch ist es von höchstem
Interesse, daß die gleichen Vorstellungen in den Phantasien Epileptischer
und Dementia praecox-Kranker wiederkehren; vgl. Maeder (Jahrb. f. Psycho-
analyse I, 145 f.), Spielrein (Jahrb. III, 335 f.), Jung (Jahrb. I II, 1 65[1] 211
Mithras Felsengeburt), Nelken (Jahrb. IV, S. 510[2], 533[4] Urin = Samen, 513[5]
516 Samenschlucken, 537[3] Menschenerzeugung aus Erde und Blut etc.)

entmannt. Wie man sieht, stimmt nicht nur dieser letzte Zug,
sondern auch alle übrigen auffällig mit dem ägyptischen Märchen
überein. Es sei nur hervorgehoben, daß der Mythus in drei Generationen (Kybele, Agdistis, Nana) die gleichsinnige Befruchtungssymbolik
durchführt, die, wenn man aus dem Ausgang schließen darf, den
Inzest mit der eigenen Erzeugerin ermöglichen und verdecken sollte,
und für dessen ursprüngliche Ausführung die Entmannung die Strafe war.

Eine besondere Bevorzugung genießt in den infantilen Geburtstheorien der Nabel, dessen Bedeutung dem Kinde natürlich lange
unbekannt bleibt und den es recht bald mit der ihm ebenfalls unbekannten Herkunft der Kinder in Zusammenhang bringt, ohne jedoch
etwas von dem richtigen Kern dieser Auffassung zu ahnen[1]. Vielmehr glaubt das Kind, sobald es weiß, daß die Kleinen von der
Mutter zur Welt gebracht werden, daß dies durch Öffnung des Nabels
geschehe. Das Gegenstück dazu, die Befruchtung durch den Nabel,
findet man bei den Naturvölkern, bei denen nach Reitzenstein das
mangelnde Verständnis für den Kausalzusammenhang von Geschlechtsverkehr und Empfängnis zu einer Reihe abenteuerlicher Theorien
über die Herkunft der Kinder führt, wie sie Freud bei unseren
unter dem gleichen Unverständnis stehenden Kindern aufzeigen
konnte. Zentralasiatische Stämme denken sich die Befruchtung des
Weibes durch Pflanzengeister (vgl. unsere pflanzliche Symbolik der
Geschlechtsvorgänge: Samen, Frucht, befruchten etc.), die in Gestalt
eines Sandkornes durch den Nabel in die Mutter eingehen. In dem
Gebiete des Arandastammes glaubt man, daß in gewissen Steinen
Kindergeister stecken, die sowohl durch Zauber als durch eigene
Machtmittel in den Körper des Weibes eingehen, und zwar meist
durch den Nabel (Reitzenstein, S. 648). Den Austritt der reifen
Frucht durch den Nabel denkt sich das Kind meist so, daß sich
an dieser Stelle der Leib („Bauch") der Mutter weit öffne oder auf-
geschnitten werde (sadistische Auffassung), um dem Neugeborenen
Raum zu schaffen, von dessen Kleinheit sich das Kind selten eine
richtige Vorstellung macht. Die Wiederherstellung des früheren Zu-
standes denkt sich das Kind fast regelmäßig als ein Vernähen
dieser großen Wunde. Auch diese Vorstellung vom Öffnen oder Auf-

---

[1] Eine solche Phantasie der Nabelgeburt führt Nelken (l. c. S. 534[4])
von einem Schizophreniker an.

schneiden des Bauches bei der Geburt, an welcher das Kind sehr lange und besonders für die Tiere oft bis ins erwachsene Leben festhält, findet sich in den Überlieferungen des Volkes. Das bekannteste Beispiel ist wohl das Märchen vom „Rotkäppchen" (Grimmsche Sammlung Nr. 26)[1], das beim Besuch seiner Großmutter von dem im Bett (Schwangerschaft) liegenden Wolf empfangen wird, der bereits die Alte gefressen hat und nun auch das über die Geburtsvorgänge scheinbar noch nicht aufgeklärte Kind verschlingt. Da kommt der Jäger vorbei und freut sich des seltenen Fanges. „Nun wollte er seine Büchse anlegen, da fiel ihm ein, der Wolf könnte die Großmutter gefressen haben, und sie wäre noch zu retten: schoß nicht, sondern nahm eine Schere und fing an, dem schlafenden Wolf den Bauch aufzuschneiden. Wie er ein paar Schnitte getan hatte, da sah er das rote Käppchen leuchten, und noch ein paar Schnitte, da sprang das Mädchen heraus und rief: ‚Ach, wie war ich erschrocken, wie wars so dunkel in dem Wolf seinem Leib!' Und dann kam die alte Großmutter auch noch lebendig heraus und konnte kaum atmen[2]. Rotkäppchen aber holte geschwind große Steine, damit füllten sie dem Wolf den Leib, und wie er aufwachte, wollte er fortspringen, aber die Steine waren so schwer, daß er gleich niedersank und sich tot fiel." Daß hier das böse Tier erst später an die Stelle der menschlichen Schwangeren gesetzt ist, deutet das Märchen noch naiv in dem Zug an, daß sich der Wolf eben an die Stelle der Großmutter ins Bett legt und sogar noch ihre Kleider anzieht, in denen er dann auch der Operation unterworfen wird. Die ursprüngliche Beziehung auf den Menschen wird noch deutlicher in einem allerdings ganz in die Tierwelt herabgesunkenen Märchen, wo aber doch die Tiere, wie auch im Rotkäppchen, sprechen, was wieder auf ihre menschlichen Qualitäten hinweist. Dieses Märchen „Vom Wolf und den sieben jungen Geißlein" (Grimm Nr. 5) enthält nämlich noch das beim Rotkäppchen ausgefallene Motiv des Zu-

---

[1] Eine an das „Rotkäppchen" anklingende Geburtstheorie eines Kindes hat M. Wulff (Zentralbl. f. Psychoanalyse II, S. 13) mitgeteilt. — Diese Märchen sind übrigens nach Frobenius (Kap. 1) Varianten der Walfischmythen, deren unzweideutige Geburtsbedeutung die Psychoanalyse dargetan hat. (Vgl. die „Symbolschichtung" und Lorenz' Bemerkungen in „Imago" II, 1913, S. 24 f.)

[2] Man vgl. dazu die Asphyxie der Neugeborenen.

nähens, welch humane Fürsorge natürlich nur bei einem Menschen, um dessen Leben einem zu tun ist, einen Sinn hat, nicht aber bei dem bösen Raubtier, das ohnehin nach Herausgabe der Verschlungenen dem Tode überantwortet werden soll. In diesem Märchen warnt die alte Geiß ihre „unerfahrenen" Jungen vor dem bösen Wolf, dessen Listen sie aber doch zum Opfer fallen und der sie alle verschlingt, bis auf das jüngste, das sich im Uhrkasten verborgen hatte und der heimkehrenden Mutter verrät, wo seine Geschwister geblieben seien. Sie findet den Wolf schlafend unter einem Baume. „Sie betrachtete ihn von allen Seiten, und sah, daß in seinem angefüllten Bauch sich etwas regte und zappelte. ,Ach Gott', dachte sie, ,sollten meine armen Kinder, die er zum Abendbrot hinuntergewürgt hat, noch am Leben sein?' Da mußte das Geißlein nach Hause laufen und Schere, Nadel und Zwirn holen. Dann schnitt sie dem Ungetüm den Wanst auf, und kaum hatte sie einen Schnitt getan, so streckte schon ein Geißlein den Kopf heraus, und als sie weiter schnitt, so sprangen nacheinander alle sechse heraus, und waren noch alle am Leben, und hatten nicht einmal Schaden gelitten, denn das Ungetüm hatte sie in der Gier ganz hinuntergeschluckt ... Die Alte aber sagte: ,Jetzt geht und sucht Wackersteine, damit wollen wir dem gottlosen Tiere den Bauch füllen, so lange er noch im Schlafe liegt.' Da schleppten die sieben Geißerchen in aller Eile die Steine herbei und steckten sie ihm in den Bauch, so viel sie hineinbringen konnten. Dann nähte ihn die Alte in aller Geschwindigkeit wieder zu, daß er nichts merkte und sich nicht einmal regte." Der nach dieser Operation völlig lebensfähige und gesunde Wolf wird dann beim Saufen am Brunnen von den schweren Steinen in seinem Bauch in die Tiefe gezogen. — Ganz deutlich spricht endlich die ursprüngliche Beziehung auf den Menschen eine Version aus Pommern aus (Grimms Anmerkungen zu Nr. 5), wo das Märchen von einem Kinde erzählt wird, „das, als seine Mutter fortgegangen ist, von dem Kindergespenst, ähnlich dem Knecht Ruprecht, verschlungen wird. Aber die Steine, die er mitverschlingt, machen das Gespenst so schwer, daß es zur Erde fällt und das Kind unversehrt wieder herausspringt". Diese Fassung erinnert besonders deutlich an den Mythus von Kronos, der auch seine Kinder verschlingt und sie dann mittels eines verschluckten Steines wieder von sich geben muß. Ja, von den sieben Geißerchen rettet

sich das jüngste genau so in einem Versteck wie das jüngste von den
Kindern des Kronos, Zeus, durch die Mutter geborgen und dem
gierigen Ungeheuer dafür ein Stein in den Bauch befördert. wird.
Der Wolf entspräche also eigentlich dem bösen Vater der Geißlein [1]
und dem Ganzen läge die Phantasie von der Geburt durch den
Mann zugrunde (vgl. die Geburt der Eva aus der Rippe Adams).

Neben der eingehenden Beschäftigung mit der Herkunft und
der Entstehung der Menschen spielt das Problem des Geschlechtsunterschiedes, wie Freud (l. c. S. 161 ff.) ausführt, im kindlichen
Vorstellungsleben zunächst fast gar keine Rolle, wie ja die von den
erogenen Zonen ausgehenden infantilen Geburtstheorien durchaus
nicht an den weiblichen Organismus gebunden erscheinen und also
ebensogut der Mann Kinder (durch den Darm, den Mund, den Nabel)
zur Welt bringen kann. Ja, das Kind geht in der Negierung der
Geschlechtsunterschiede so weit, daß es allen anderen Kindern und
Menschen die gleichen Geschlechtsteile zuschreibt, die es von seinem
eigenen Körper kennt (vgl. Freuds Kinderanalyse im Jahrb. I) und
eine bessere Einsicht zunächst gar nicht akzeptieren kann. So kommt
der Knabe dazu, das Mädchen, dessen Geschlechtsteile er zu sehen
bekommt, mit dem Hinweis darauf zu trösten, daß „es" schon noch
(wie seines) wachsen werde oder damit zu verspotten, daß es ihm
abgeschnitten worden sei (Kastration). So kommt er aber auch
dazu, den Geschlechtsteil des Mädchens mit dem ähnlich aussehen-
den Anus zu vergleichen, was wieder eine Beziehung zu den analen
Geburts- und Zeugungstheorien bietet. Gelegentlich einer Traum-
analyse bei einem 5½jährigen Knaben notiert Dr. Hellmuth (Zentralbl. f. Psychoanalyse, II. Jahrg., H. 3, S. 124) eine derartige Vorstellung
des Kindes. Von einem 9jährigen Mädchen „erzählt er immer wieder,
daß er beim Schaukeln ihren ‚vorderen Popo' gesehen hätte, der
nicht ein solches ‚Zipferl' habe wie der seine, sondern eine ‚lange
Furche, aus der das Wischi kommt'." Diese Vorstellung verwendet
ein Scherz aus Westfalen in obszöner Weise: „Einige kleine Jungen
und ein kleines Mädchen spielen im Garten mit Lehm. Da kommen
die Kinder auf den Gedanken, sich die Arschlöcher mit Lehm zu-

---

[1] Vgl. Freud: Märchenstoffe in Träumen. Internat. Zeitschr. f. ärztl.
Psychoanalyse I, 1913, S. 147. Auch Sammlung Kl. Schr. z. Murosenlehre,
IV. Folge, 1919, Kap. XXXII.

zuschmieren. Als das Mädchen an die Reihe kommt, ruft der kleine
Bengel, der das Amt des Zuschmierens übernommen: „Gebt mir noch
ein Lehmer, Dorchen hat zwei Ärscher!" (Anthropophyteia IX, 399.
Eine ähnliche scherzhafte Verwechslung von Anus und Vagina zur
Darstellung der analen Geburtstheorie ebenda VIII, 445.) — Die
gleiche Vorstellung vom „vorderen Popo" findet sich in einer der
lustigen Geschichten des Ardschi-Bordschi-Chân unter dem Titel:
„Die verräterische Trompete" (Jülg, Mongolische Märchen,
Innsbruck 1868). Es wird darin von einem unerfahrenen, einfältigen
Mann erzählt, der mit seinem Weibe ganz zurückgezogen und außer
Kontakt mit der Welt lebt. Eines Tages schickt ihn die Frau Reis
verkaufen und er rastet unterwegs in der Nähe eines Lagers von
Kaufleuten. „Die hatten ihre Trompete aus Furcht vor den Räubern
über dem Eingang der Felsenhöhle niedergelegt. Weil nun der ein-
fältige Mensch, als er seine Mahlzeit verzehrte, sich gewaltig an-
gegessen hatte, und gegenüber seinem Hintern, der einen Wind
fahren ließ, gerade die Öffnung der Trompete zu liegen gekommen
war, so gab die Trompete einen mächtigen Schall von sich." Die
Kaufleute, die das Herannahen der Räuber befürchten, fliehen erschreckt und lassen ihre Waren im Stiche, die der Einfältige seiner
Frau mit dem Vorgeben nach Hause bringt, er habe sie nach hartem
Streit durch seine Tapferkeit gewonnen. Die Frau kennt ihn zu gut,
um ihm dies zu glauben, und beschließt, ihn auf die Probe zu
stellen. Als er einst auf die Jagd auszieht, warnt sie ihn vor einem
starken und gefährlichen Helden, den sie ihm genau beschreibt. Er
weist jede Furcht mit dem Hinweis auf seine tapfere Tat zurück.
Sobald er weg ist, legt die Frau Mannskleider an, gürtet sich
ein Schwert um, besteigt ein Roß und eilt ihrem Mann zuvor. Kaum
erblickt er sie, so ergreift er, indem er in ihr jenen gefürchteten
Helden vermutet, die Flucht. „Doch die Frau eilte ihm nach, erfaßte
ihn und, ohne einen Laut von sich zu geben, zog sie das Schwert,
holte damit aus und jagte ihm einen gewaltigen Schreck ein. Bogen
und Pfeile samt dem Roß, von welchem er abstieg, überreichte er
ihr. Die Frau kam von ihrem Pferde herabgestiegen, setzte sich
rittlings auf ihren Mann und begann, indem sie so auf ihm saß, ihn
wie ein Pferd anzutreiben. „Ach", flehte er wiederholt, „töte mich
nicht! Bogen und Pfeile samt Roß nimm hin." „Nun denn", sprach
sie, „so führe deinen Mund mir mitten zwischen die Schenkel,

dann will ich dich freilassen." „Deinem Worte werde ich nachkommen", sagte er, und nachdem die Frau die Beinkleider aufgenommen und die Scham sich hatte küssen lassen, ließ sie
ihn frei." Sie eilt nach Hause, wo sie ihn ungeduldig erwartet, und
wie er ohne Pferd und Waffen kommt, um sein Schicksal befragt.
„Du mußt mir ausführlich erzählen, wie ihr beide miteinander ge-
rungen habt." Als er sich satt gegessen, sprach er: „Ausgenommen,
daß er bartlos ist, sieht er deinem Vater gleich." Und als ihn die
Frau weiter fragte, fuhr er fort: „Dieser Sûrja-Bagatur (dies der
Name des gefürchteten Helden) ist ein Mensch mit zwei Hintern,
am übrigen Körper aber sieht er einem Weibe ähnlich." Da brach
die Frau in Lachen aus. — Bei diesen Worten der Erzählung rief
der mit Glück und Wohlstand gesegnete Chân: „So war also das
offenbar ein Mensch, der nicht einmal Mann und Weib voneinander
unterscheiden konnte"[1].

Bevor der Knabe dazu kommt, das weibliche Genitale zu sehen
und als vorderen oder zweiten Popo zu agnoszieren, schreibt er auch
den Mädchen den ihm von seinem eigenen Körper her bekannten
Geschlechtsteil zu. In Freuds Kinderanalyse setzt der noch nicht
dreijährige Hans bei seiner Mutter einen dem seinigen gleichen „Wiwimacher" voraus, und die gleiche infantile Vorstellung vom Weib
mit dem Penis kehrt in den nächtlichen Träumen des Erwachsenen
unter dem Verdrängungsabscheu wieder und spiegelt sich in einer
Reihe sonderbarer mythischer Überlieferungen. Mit besonderer Deutlichkeit erscheint diese Vorstellung in der Kosmogonie des Zend-
Avesta in die Kindheit der Menschheit verlegt. Ich zitiere die Stelle
nach Brodbeck (Zoroaster), der sie Kleukers Übersetzung des
Zend-Avesta entnimmt. Im Bun-Dehesch (d. h. dem von Urbeginn
Geschaffenen), einem Werk, dessen Aufzeichnung wohl aus dem
14. Jahrhundert n. Chr. stammt, das aber nach übereinstimmender

---

[1] Vgl. die täuschende Ähnlichkeit eines alten französischen Fabliaux,
auf welches Benfey (Pantschatandra I, p. XXV), aufmerksam macht. Es
findet sich nach Jülg ausführlich bei Barbazan: Fabliaux et contes des
poètes français de XI—XV siècles. Nouv. ed., augmenté et revue par Méon,
4 Vol. Paris 1808. IV. p. 287—295. Man vergleiche auch den Aufsatz von
F. Liebrecht in Benfeys „Orient und Occident" 1862, I, 116—121, sowie
Benfey, l. c. S. 136—138.

Feststellung der Forscher auf uralte zoroastrische Quellen zurück-
geht (ca. 1000 v. Chr.), heißt es vom ersten Menschenpaar Meschia
(Mann) und Meschiane (Weib): „Am Ende von 50 Jahren bekam
Meschia zuerst Zeugungslust, und danach Meschiane. Meschia
sprach zu Meschiane: ich möchte deine Schlange sehen, denn
die meinige erhebt sich mit Macht. Danach sagte Meschiane:
O Bruder Meschia, ich sehe deine große Schlange; sie fährt auf,
wie ein Leinentuch (das frei flattert[1]). Darauf sahen sie sich; und
sie machten es mit Ausschweifung, indem jedes bei sich selbst
dachte: schon seit 50 Jahren hätte ich das tun sollen — wozu ist
es nun noch gut? Nach neun Monaten wurden ihnen Zwillinge geboren, ein Knäblein und ein Mägdlein. Von diesen geliebten Kindern
pflegte die Mutter das eine und der Vater das andere." Wir finden
in diesem stark an die biblische Erzählung anklingenden Bericht[2]
nicht nur die infantile Vorstellung vom Weib mit dem Penis ganz
naiv ausgesprochen, sondern auch die verführerische Paradiesschlange
direkt auf das männliche Genitale reduziert. Erinnern wir uns ferner
daran, daß der gleiche biblische Bericht auch die Schöpfung des
ersten Menschen aus Erde, das Einblasen der Luft (Gen. 2, 7)[3], die
Befruchtung durch den Liebesapfel und endlich die Geburt aus dem

---

[1] Das im Bundehesch-Texte zur Bezeichnung des Genitales gebrauchte
Wort kereim oder kraêm wird von Anquetil mit serpent übersetzt. Am
nächsten anklingend ist nach Windischmann (Zoroastrische Studien) das
Sskr. krmi Wurm. „Das Verbum drpsit, welches Anquetil zu der, wie es
scheint, irrigen Bedeutung: comme un drapeau Veranlassung gab, ist vielmehr mit dem Sskr. drapsa tropfend zusammenzuhalten; oder sollte es zu
drfsiden in der Bedeutung ‚zittern' gehören?" (l. c.) — Auch in der mexikanischen Mythologie heißt das erste Weib „die Frau mit der Schlange"
oder die Frau von unserem Fleisch, und hat Zwillingssöhne; die Abbildung
stellt sie dar mit der Schlange redend, während die Zwillingssöhne im
Streit erscheinen (Jeremias: Das alte Testament im Lichte des alten Orients,
2. Aufl., S. 213).

[2] Die spätjüdische Überlieferung schildert die Paradiesschlange mit
Füßen und aufrechtstehend wie ein Rohr (Wünsche: Schöpfung, S. 31),
während ihr nach dem Sündenfall die Füße abgeschnitten werden und
sie im Staube kriechen muß.

[3] Im ersten Kapitel (27) ist dagegen schon Mann und Weib nach
Analogie der Tiere erschaffen. Es ist ein beschämendes Zeugnis für das
menschliche Denken, daß es einiger Jahrtausende zur Aufdeckung dieser
Widersprüche bedurft hat.

Leib (Seite) des Mannes enthält, so haben wir in diesen typischen Elementen alles beisammen, was wir zur Deutung des Sündenfalles als infantiler Zeugungsphantasie und Geburtstheorie brauchen[1]. Wir werden uns aber auch hier nicht mit der bloßen Tatsache zufrieden geben dürfen, daß das männliche Zeugungsorgan, wie bei Meschia durch die Schlange, die Befruchtung, wie so häufig durch das Apfelessen, und die Geburt, wie etwa bei Rotkäppchen, durch Öffnen des Leibes (beim Nabel oder der Rippe) erfolgt, sondern werden auch hier nach der Tendenz dieser symbolischen Einkleidung fragen müssen, die sich nicht aus dem infantilen Unverständnis oder aus der schamhaften Umschreibung dieser Vorgänge allein erklärt, die ja sonst in der Bibel offen genug besprochen werden. Zwei Momente weisen uns hier darauf hin, warum dieser Sexualakt als anstößig empfunden und darum durch mannigfache Entstellungen sowie symbolische Verhüllungen seiner ursprünglichen Bedeutung beraubt wurde. Erstens fanden wir die Befruchtungssymbolik fast regelmäßig im Dienste der Inzestverhüllung und zweitens zeigen fast alle anderen Anthropogonien und Kosmogonien ebenfalls inzestuöse Wurzeln, und zwar entsteht zumeist das Götter- und Menschengeschlecht durch einen Inzest der Urmutter mit dem von ihr erzeugten Sohn. Indem ich auf die psychologische Durchleuchtung dieses weitverzweigten Materials in meiner Arbeit über das Inzestmotiv (bes. Kap. IX) verweise, will ich hier ganz kursorisch einige Überlieferungen zum Beweis des Gesagten anführen. In dem für die Bibel vielfach vorbildlichen babylonischen Schöpfungsmythus entsteht die erste Welt, indem sich der Sohn Mummu zwischen seine Eltern drängt und mit seiner Mutter Tiamat eine neue Generation, d. h. Weltform, zeugt[2]. Ähnlich erzeugt nach der bekannten griechischen Kosmogonie Gäa (die Erde) aus sich selbst, „ohne die freund-

---

[1] Die Auffassung des Sündenfalls als „Befruchtungsmythus" ist von wissenschaftlicher Seite längst anerkannt. Zur Sexualsymbolik des Sündenfalls vergleiche die Ausführungen Riklins (S. 73), Abrahams (l. c. S. 20) und neuestens auch L. Levy: „Die Sexualsymbolik in der biblischen Paradiesgeschichte". „Imago" V, 1, 1917. In einer vorbereiteten Arbeit von Dr. Th. Reik wird neben der Bedeutung der Paradiessage als Befruchtungsmythus eine weitere Schichte der Sage gedeutet, welche ihren ursprünglichen Sinn nach einer anderen Richtung ergänzt. (Probleme der Religionspsychologie, II. Teil.)

[2] Winkler: Die babylonische Geisteskultur etc. Leipzig 1907.

liche Liebe" (Hesiod, Theog. v. 132) den Uranos (Himmel) und
mit diesem ihrem Sohne die Titanen. Es folgt auch hier das Eindrängen des Sohnes zwischen das Urelternpaar, indem Kronos den
Sexualakt seiner Eltern durch die Entmannung seines Vaters verhindert, sich aber hier nicht mehr folgerichtig mit seiner Mutter
verbindet, sondern mit seiner Schwester Rhea begnügt. Die Ergänzung dieser infantilen Theorien, in denen überall die Entmannung
des Vaters oder des Bruders der Abwehr der infantilen Kastrations-
angst entspricht, haben wir bereits in den Geburtsphantasien (Steine)
bei Kronos besprochen, der von seinem jüngsten Sohn Zeus nach
der orphischen Theogonie ebenfalls entmannt worden sein soll, so
daß sich dieses später nur als Befürchtung erhaltene Schicksal ursprünglich auch in der zweiten Generation wiederholt hätte, wie
ja auch Zeus seine Schwester Hera zur Gattin nimmt (Dublette).
Auch bei den Ägyptern heißt Amon der Gemahl seiner Mutter Neith,
wie noch Osiris als Gemahl und Sohn der Isis erscheint; bei
den Indern heißt Pûshan sowohl der Liebhaber seiner Schwester
als auch der Gemahl seiner Mutter, der Dâhana, und ebenso wird
dem Mithra ein Ehebund mit seiner Mutter zugeschrieben. Aber
nicht nur in der Kosmologie und Mythologie der bedeutendsten Kulturvölker, auch in den entsprechenden Überlieferungen der Naturvölker
kehrt die gleiche Anschauung, insbesondere in der sog. „Weltelternmythe", wieder, wo sich regelmäßig der Sohn zwischen die Eltern
drängt und mit seiner Mutter das neue Geschlecht erzeugt. Eine Anzahl
derartiger Überlieferungen verdanken wir der Forschungsarbeit von
Frobenius, dessen Buch: Das Zeitalter des Sonnengottes, die folgenden Berichte entnommen sind. In einer polynesischen Mythe
(l. c. S. 335) erfolgt die Trennung des Urelternpaares, wie in der
griechischen Sage, durch den jüngsten Sohn, wenngleich Entmannung
und Inzest hier nicht mehr berichtet werden. Dagegen ist der Mutterinzest noch voll erhalten in einer Erzählung (S. 268 ff.) aus Joruba
(Afrika), wo Sohn und Tochter des Weltelternpaares einander heiraten
und einen Sohn bekommen, der sich in seine Mutter verliebt. „Da
sie sich weigert, seiner Leidenschaft zu willfahren, verfolgt und ver-
gewaltigt er sie. Sie springt gleich darauf wieder auf die Füße und
rennt jammernd von dannen. Der Sohn verfolgt sie, um sie zu
beschwichtigen, und als er sie endlich fast erreicht hat, stürzt sie
rittlings zu Boden, ihr Körper beginnt zu schwellen, zwei Wasser-

ströme quillen aus ihren Brüsten und der Körper zerberstet. Ihrem zerklüfteten Leib entspringen 15 Götter . . ." Enthält diese Erzählung neben der Entstehung der ersten oder neuen Generation auch die Geburtsphantasie vom Öffnen des Leibes, so weist sie uns damit wieder auf den biblischen Bericht zurück, von dem wir auf Grund aller in dieser Arbeit angeführten Analogien vermuten müssen, daß seine ganze Symbolik der Inzestverhüllung und Durchsetzung dient.

Ist nun in der alttestamentlichen, zu sehr später Zeit und aus verschiedenen einander widersprechenden Bruchstücken zusammengekleisterten Genesis dieses Motiv gänzlich verloren gegangen oder hat es sich, wenn auch in entstellter Form, noch erhalten? Durch einen einfachen technischen Kunstgriff, dessen sich die modernen Mythologen unabhängig von der Psychoanalyse zu bedienen gewöhnt sind, dessen psychologische Berechtigung und Fruchtbarkeit aber erst die psychoanalytische Traumdeutung erwiesen hat, läßt sich dieser ursprüngliche Sinn der Überlieferung und damit die Lösung dieses Vexierbildes, das sich die Menschheit selbst aufgegeben hat, wieder herstellen. Die vom eigentlichen Geschlechtsunterschied absehende Vorstellung, daß beide Geschlechter gebären können, ermöglicht dem tendenziösen Mythus hier eine besondere Art der Entstellung. Man braucht nämlich nur die infantile Geburtstheorie, die sich bei Vernachlässigung des weiblichen Sexualapparates auf beide Geschlechter erstreckt, auf die nächsthöhere Erkenntnisstufe des kindlichen Wissens zu heben, die dem Weib allein die Fähigkeit zuschreibt, durch Öffnung ihres Leibes Kinder in die Welt zu setzen. Es stellt sich dann in Umkehrung der biblischen Erzählung der naturgetreuere Vorgang her, wonach Adam aus dem geöffneten Leib der Eva herauskommt. Dürfen wir dies nach Analogie anderer Überlieferungen für richtig halten, so ergibt sich, daß Adam mit seiner Mutter geschlechtlich verkehrt, und daß die Verhüllung dieses anstößigen Inzests zur Entstellung der Sage und zur symbolischen Einkleidung ihres Inhalts Anlaß gab. Das Inzestmotiv ist ja auch im vorliegenden Text noch angedeutet[1], indem Eva auch so ein

---

[1] In den Überlieferungen anderer Völker ist die Vorstellung des ersten Menschenpaares noch deutlicher mit der Inzestphantasie verknüpft. „Nach Mani im Fihrist geht Adam aus der Paarung des Archonton des Satans Sindîd mit einem Weibe hervor" . . . „Durch eine zweite Vereinigung Sindîds mit dem Weibe entsteht Chawwa (Eva)" . . . . . „dem unwissenden, in den

direkter Abkömmling des Adam ist, gleichsam sein eigenes Geschöpf, wie bei Prometheus, der gleichfalls die von ihm geschaffene Pandora zum Weibe hat. Nun läßt sich aber unsere Auffassung vom Sündenfall als Mutterinzest noch aus der speziellen Art der verwendeten Symbolik näher begründen. Ist auch die Schlange eines der gebräuchlichsten männlichen Sexualsymbole überhaupt, so erscheint sie doch im Mythus mit auffälliger Regelmäßigkeit dort, wo es sich um die Darstellung eines Inzestverhältnisses handelt. So im griechischen Mythos von Telephos, der unerkannt seine Mutter Auge heiratet, diese Tatsache aber noch unmittelbar vor Vollzug des Inzests entdeckt, da sich plötzlich eine von den Göttern geschickte Schlange zwischen ihm und seiner Mutter erhebt (vergleiche Bundehesch). Hier erweist sich, wie die Schlangen-Symbolik im Dienste der ursprünglich durchgeführten, später als anstößig empfundenen Inzestverbindung steht. Noch häufiger als dem Inzest zwischen Mutter und Sohn dient die Schlangensymbolik dem in zahlreichen mythischen Überlieferungen dargestellten Inzest zwischen Vater und Tochter, der regelmäßig zur Eßbefruchtung führt. Nach einer orphischen Überlieferung (Roschers Lexikon) soll Zeus seiner Tochter Persephone in Schlangengestalt beigewohnt haben, indem er sich zu der in einem Wolkenberge verborgenen Tochter durchbohrt. Die gleiche Symbolik findet sich in der germanischen Mythologie wieder, wo Odin in Gestalt einer Schlange zu der im Felsen eingeschlossenen Gunlöd dringt und drei Tage und drei Nächte in ihren Armen ruht. Der Inzest erscheint hier in einem anderen Zusammenhang, wo es von Odin heißt, er habe mit seiner Tochter Jord den Thor gezeugt. Daß die gleiche Symbolik auch die neurotischen Phantasien beherrscht, zeigt eine gelegentlich von Dr. Adler erzählte Vorstellung eines schwer

---

Banden der Sinnlichkeit schmachtenden Menschenpaar wird ein Lehrer und Erlöser gesendet. Er verbietet Adam vor allem den Umgang mit der sinnlichen Chawwa [seiner Schwester]. Dieser jedoch nähert sich ihr Erzeuger Sindîd, und sie gebiert ihm den rothaarigen Kain, mit dem [ihrem Sohne] sie wieder den lichten Abel und zwei Mädchen . . . erzeugt." (Wünsche, Paradies etc., S. 80.) — Auch Jones (Die Empfängnis der Jungfrau Maria, Jahrb. VI, 1914) faßt die weitgehende Ausschaltung des weiblichen Elementes in der biblischen Genesis als sekundäre Erscheinung auf. Über die seelischen Motive dieser Ausschaltung und die Urform der Sage handelt Th. Reik in seiner zitierten Arbeit.

hysterischen Mädchens, die behauptete, zwischen ihr und ihrem Vater
bestehe eine Verbindung von der Gestalt einer Schlange (zum Teil
auch eines Vogels). Die zeichnerische Darstellung dieser Verbindung
erwies sich als unverkennbare Wiedergabe des männlichen Gliedes.
Wie typisch die Schlangensymbolik speziell in der Inzestphantasie
zwischen Vater und Tochter ist, beweist die Arbeit von Abraham
im Zentralbl. f. Psychoanalyse II, 1912, S. 421 ff. und der Hinweis von Jones („Alptraum" etc., S. 31). Dürfen wir auf Grund
dieser Analogien auch in der Verbindung Evas mit der Schlange
eine Inzestphantasie sehen, so zeigen spätere, abweichende Berichte vom Sündenfall, daß die geschlechtliche Verbindung Evas
mit der Schlange selbst dem Sinn des Mythus nicht ferne lag[1].
Bergels Mythologie der Hebräer (Leipzig 1882) entnehme ich,
daß der Erzengel Samael, den das ungetrübte Glück Adams
und Evas mit Neid erfüllte, im Verein mit den Urengeln Asa
und Asael das Verderben der beiden ersten Menschen beschloß.
Auf seine Veranlassung wurde das schöne Weib, Eva genannt, durch
die glatten verführerischen Worte der damals noch schön gestalteten
Schlange nicht nur zum Ungehorsam gegen den ausdrücklichen
Befehl Jehovas, sondern zugleich zur natürlichen Umarmung
mit dem Verführer geleitet. Das haftete gleichsam als tierischer
Unrat an allen Nachkommen Adams und wurde erst bei der Gesetz-
gebung am Sinai für immer von den Juden entfernt.

Schließt sich so von allen Seiten die Beweiskette, daß es sich
ursprünglich um einen Inzest Adams mit seiner Mutter Eva handelte,
aus dem das Menschengeschlecht hervorgegangen gedacht wurde,
so läßt sich auch in dem erzürnten Jehova, der ja den Adam erzeugt
hat, unschwer der in der Weltelternmythe „geschädigte Dritte"
erkennen. Eva ist dann so gut sein Weib, wie sie als sein Geschöpf
seine Tochter ist, ein Verhältnis, das wir bereits bei Prometheus

---

[1] Nach Schultz (Zeitschrift für Rel. Psych. Bd. 5, 1911, Heft 3) „wußte
man auch (in gnostischer Lehre) zwischen der Jungfrau Eva und der Jungfrau Maria Beziehungen herzustellen. Die eine macht die Sünde gut, welche
die andere begangen hat und beider Gebärmutter sind von der Schlange
befruchtet, aber die der Eva von der bösen, die der Maria von der
guten Schlange . . . . . . Ein besonders merkwürdiger Zug ist es endlich,
daß Simon Magus nicht die Gebärmutter, sondern den Mund als das
eigentliche ‚Gefilde der Entstehung' bezeichnete. Die Zunge wurde wiederholt als Gegenstück zum Phallus aufgefaßt".

und dem ägyptischen Bata fanden, die auch ihre auf seltsame Weise erzeugten Töchter zur Gattin haben. Das Vergehen des Adam[1] besteht dann wie in den anderen Welteternmythen darin, daß er sich gegen das Gebot zwischen Jehova und Eva eingedrängt und mit seiner Mutter ein neues Geschlecht gezeugt hat[2]. Diese ursprüngliche Auffassung der Eva als Urmutter (Erde)[3] ist, allerdings in doppeltem Widerspruch zu ihren beiden anderen — einander selbst widersprechenden — Entstehungsarten[4] (Gen. I, 27 und II, 22), noch in dem uns vorliegenden Texte erhalten, wo es (III, 20) heißt: „Und Adam hieß sein Weib Heva, darum, daß sie eine Mutter ist aller Lebendigen." Als Urmutter Erde ist also Eva die Gattin des Himmelsgottes Jehova und Adam der revolutionäre Sohn beider, der mit seiner Mutter (in Schlangengestalt) verkehrt.

Aber auch von der ursprünglichen Strafe für dieses Vergehen, der Entmannung, sind Nachklänge in dem rationalistisch entstellten Genesisbericht erhalten. Einen Rest der Kastration erblicken wir im

---

[1] Dr. Abraham in Berlin macht mich darauf aufmerksam, daß seiner Auffassung nach im Sündenfall auch das Verbot, das mütterliche Genitale zu sehen, überschritten sei. „Der Baum der Erkenntnis wird verboten, der sehend macht. Nach dem Genuß des Apfels sieht Adam Evas — lies: der Mutter — Scham und wird dafür von Gott (Vater) vertrieben." (Nach einer brieflichen Mitteilung.) Zum Schauverbot vgl. „Die Nacktheit in Sage und Dichtung".

[2] Nach einer Überlieferung (Wünsche, S. 53) haben sich Adam und Eva hernach zur Buße 200 Jahre, gewöhnlich jedoch 130 Jahre, des geschlechtlichen Umgangs enthalten, was auffällig an die im mittelalterlichen Legenden ähnliche Buße für das Inzestvergehen erinnert; so wird z. B. der heilige Gregorius, der unerkannt seine Mutter geheiratet hatte, auf 17 Jahre auf einen einsamen Felsen ausgesetzt.

[3] Vgl. S. 89 den Hinweis auf die Erde als jungfräuliche Mutter Adams. Die Identifizierung von Eva und Erdenmutter ist ja schon darin angedeutet, daß nach dem Sündenfall beide zugleich in bezug auf ihre Fruchbarkeit verflucht werden. Dies im Zusammenhang mit der Nacktheit des Menschenpaares weist auf einen alten entstellten Befruchtungszauber hin, der so geübt wurde, daß ein nacktes Paar auf dem Acker den Beischlaf ausübte. Siehe den Abschnitt über die „Symbolik", S. 27.

[4] Die dreifache widerspruchsvolle Auffassung der Entstehung Evas (1. zugleich mit Adam von Gott erschaffen I, 27; — 2. aus Adams Rippe II, 22 — und 3. als Mutter aller Lebendigen III, 20) ließe sich gut mit den drei zur Herstellung unseres Bibeltexes verwendeten Quellen (Elohist, Jahwist und Priesterkodex) in Einklang bringen.

Ausschneiden der „Rippe"[1], was auch Ed. Stucken (Beitr. zur orientalischen Mythologie, 1904) vom mythologischen Gesichtspunkte aus als Entmannung durch Jahwe auffaßte (S. 472), indem er hinzusetzt: Aus Adams Rippe entsteht das erste Weib, wie aus dem abgeschnittenen Phallus des Kronos die Aphrodite (S. 224). Auch die spätjüdische Überlieferung schildert die Paradiesschlange mit Füßen und aufrechtstehend wie ein Rohr (Wünsche, Schöpfung, S. 31)[2], während ihr nach dem Sündenfall die Füße abgeschnitten (Entmannung) werden und sie im Staube kriechen muß. Auf Grund dieser Deutung kann man aber den Mythus auch so lesen, daß durch die Kastration des Mannes das Weib entstehe und dann entspricht er vollauf der infantilen Anschauung, daß das weibliche Genitale durch „Abschneiden" des männlichen (als Strafe) entstanden sei. Diese infantile Theorie hat auch im Folklore ihr Gegenstück. Ein Märchen der Zalamo (Deutsch-Ostafrika) lautet: „Vor langen Zeiten, sagt man, da gab es keine Weiber, es gab nur zwei Männer, die lebten vom Honig. Der eine Mann kletterte oben auf einen Baum (und in diesem Baum innen war Honig) mit seinem Beil, den Honig herauszunehmen. Die Klinge fiel herunter und traf seinen Gefährten, der unten war. Und dieser, sein Gefährte, lag unten im Schlummer auf dem Rücken. Die Klinge fiel und traf ihn am Schamhügel, sie schnitt eine Blutstelle nach Weiberart (eine weibliche Scham)[3]. Sein Gefährte stieg herunter und fragte ihn ,was ist das?' Der antwortete: ,die Axt hat mich so fertig zugeschnitten.' Da beschlief er sie, es wurde ein Mädchen geboren. Zum zweiten Mal beschlief er sie, es wurde ein Knabe geboren. Wohl, es wurden eine Menge Menschen, ihr Ursprung waren jene beiden Männer. Seit jenen Tagen müssen alle Weiber Blut verlieren, wie es der ersten geschah, ja, alle verlieren Blut am Gesäß." (Anthropophyteia IX, 396.)

---

[1] Anderseits stellt dieses gewaltsame Öffnen des Körpers zur Erzeugung eines Menschen die infantile Geburtstheorie dar. Man vgl. die an das Zunähen im Märchen gemahnende Genesisstelle: „Und nahm seiner Rippen eine und schloß die Stätte zu mit Fleisch", II, 21.

[2] Man vgl. dazu Miltons Schilderung von der aufrecht gehenden Schlange (Paradies Lost).

[3] Ähnlich erzählt Balzac in einer seiner „Contes drolatiques": „Bei der Schöpfung habe der Teufel mit seinen Krallen einen tiefen Riß in die Haut der Eva gemacht und den Adam solange vorn gezogen, bis ein Gebilde, seinem teuflischen Schweife ähnlich, entstand."

Neben diesem infantilen Mythus von der Entstehung des Weibes
durch Kastration des Mannes und dem bereits besprochenen Welt-
eltern-Mythus, der die Inzestphantasie des Sohnes mit der Urmutter
zum Inhalt hat, ist nach einem zweiten damit verbundenen Mythus
Eva als Geschöpf Jehovas seine Tochter (wie beim Menschenschöpfer
Prometheus), mit der er auf dem Wege der Schlangensymbolik geschlechtlich verkehrt. Aus unseren Analysen sind wir gewöhnt, eine
derartige Umkehrung, wie wir sie zur Aufklärung der entstellten
Überlieferung vorgenommen haben, nicht vereinzelt vorzufinden und
betrachten ihre mehrfache Anwendung im selben Zusammenhang
als willkommenen Beweis, daß wir richtig gearbeitet haben. Nun
haben wir längst schon gesehen, daß die Überreichung des befruchtenden Apfels durch die Frau ebenfalls dieser Umkehrungstendenz
zuzuschreiben ist, da in allen anderen Überlieferungen der Mann den
Apfel der Frau überreicht[1]. Es offenbart sich hier die rationalistische
Tendenz eines späteren Bearbeiters, der die Verführung des Mannes
von der Schlechtigkeit des Weibes herzuleiten bemüht ist, ganz wie
im griechischen Prometheus-Mythus auch ein später Weiberfeind die
Erschaffung der Pandora als Bestrafung der Menschen hinzustellen
suchte. Den Hinweis auf eine dritte Umkehrung im Sündenfall-
Bericht, die zu unserer Auffassung von einem Nachklang der Weltelternmythe und des Vater-Tochter-Inzests ausgezeichnet stimmen
würde, verdanke ich der Liebenswürdigkeit des Herrn Dr. Ferenczi
in Budapest, der mich auf eine Merkwürdigkeit in dem an den
Sündenfall anklingenden Hesperiden-Mythus aufmerksam macht, dessen
Bericht ich der Arbeit von Wünsche (Lebensbaum, S. 9) entnehme:
„Nach den mythologischen Vorstellungen der Griechen ist der Apfelbaum als Lebensbaum zu betrachten, der im Garten der Hesperiden
im äußersten Westen wuchs. Bei der Vermählung des Zeus mit der
Hera brachten alle Götter dem Brautpaare ihre Geschenke dar.
Gäa, die Erde, ließ einen Baum mit goldenen Äpfeln aus ihrem
Schoß sprossen und übertrug seine Bewachung den Hesperiden,
den Töchtern der Hespers, Gemahlin des Atlas. Da ihr Schutz sich aber
unzureichend erwies, indem sie selbst den Früchten des Baumes
fleißig zusprachen, setzte Gäa den hundertköpfigen, nie schlafenden

---

[1] Eine andere Umkehrung, nämlich die der „Schlangenbotschaft", glaubt
Frazer (The Folk lore in the Old Testament, I, 52) im Sündenfallmythus
feststellen zu können.

Drachen Ladon, den Sohn des Typhon und der Echidna, als Hüter
ein. Durch seine Entsetzen erregende Gestalt sowie durch sein furcht-
bares Gebrüll verscheuchte dieser alle, die sich dem Baume nähern
wollten." — Als Herakles vom Könige Eurystheus den Auftrag erhielt,
aus dem Garten der Hesperiden für ihn drei Äpfel zu holen, wandte
er sich an Atlas, den Vater der Hesperiden, mit der Bitte, ihm
die Äpfel zu verschaffen. Nach einer anderen Überlieferung holte
Herakles die Äpfel selbst, wobei er den Drachen erschlug. „Da die
Äpfel aber zur Lebensbedingung der Götter gehörten und es ohne
sie um ihre Fortexistenz geschehen gewesen wäre, so über-
brachte sie Herakles der Pallas Athene, die sie wieder in den Garten
zurücktrug." „Wie Diodor berichtet, befreite Herakles die Hesperiden
aus den Händen des Busiris, der sie geraubt hatte, für welche Tat
sie ihm freiwillig die Äpfel ihres Vaters überließen. Antike Bilder-
werke zeigen den Apfelbaum mit dem Drachen im Hesperidengarten
in den verschiedensten Beziehungen zu Herakles. Eine der merkwürdigsten Darstellungen ist ein Vasenbild in Neapels antiken Bild-
werken, das Gerhard und Panofka S. 353 beschreiben. Der Baum
ist von einer Schlange[1] umwunden, die von einer Hesperide
aus einer Schale getränkt wird, eine andere Hesperide pflückt
einen Apfel, eine dritte will einen pflücken. Herakles hat bereits einen
in der Hand. Zwei andere Figuren stellen Pan als Windgott und
Hermes als Seelenführer (Psychopompos) vor. Ferenczi bemerkt
dazu, daß hier im Gegensatz zum biblischen Bericht die Schlange als
Hüter der Frucht (eine Rolle, die nach dem biblischen Sündenfall
der Cherub mit dem bloßen Schwert inne hat) und nicht als ihr
Spender auftritt und bringt dies mit ihrer väterlichen Bedeutung,
die wir bereits angeführt haben, in Zusammenhang, indem er meint,
der Vater verbiete den Genuß dieser Frucht. Die gleiche Vorstellung von dem seine Töchter mit der Eifersucht eines Gatten

---

[1] Der Drache Ladon, der die Äpfel der Hesperiden bewacht, zeigt
direkt sexuelle Bedeutung in einer von Jeremias (l. c. S. 600, Anm. 2)
mitgeteilten Parallele zur Jonasmythe, wo der Drache Ladon den dem Osiris
abgeschnittenen Phallus verschlungen hat und ihn nach drei Monaten wieder
ausspeit, worauf das neue Leben entsteht. Im ägyptischen Mythus wird das
dem Osiris abgeschnittene Glied durch ein hölzernes vom Stamm der
Sykomoren ersetzt (Creuzer: Symbolik, S. 22), und in dem nachgebildeten
Märchen von Anepu wachsen statt des abgeschnittenen Phallus in einer
Nacht zwei riesige Sykomoren auf.

hütenden Vater finden wir in einer Reihe anderer Überlieferungen, wie beispielsweise in der Jethrosage, wo alle Freier der Tochter auf eine verderbliche Probe gestellt werden (der Schlangenstab), ferner in der Tobiaslegende, sowie in abschwächender Modifikation in der Thamar-Geschichte, wo der Vater den Tod seiner Söhne erhofft, um seine Schwiegertochter besitzen zu können. Die Deutung des Genesis-Berichtes auch in diesem Sinne fügt sich vollkommen unserer Auffassung von der Weltelternmythe an und ist neben der bereits erwiesenen verführerischen Bedeutung der Schlange im Inzest von Mutter und Sohn ein Ausdruck der dieser Verbindung entgegenstehenden des (Himmel-) Vaters mit der Mutter Erde (und Tochter), die ja nur ein Symbol der menschlichen Erdenmutter darstellt. — Nach Stucken (Astralmythen) wären übrigens alle Mythen im letzten Grunde Schöpfungsmythen, was sich psychoanalytisch auf die infantile Sexualneugierde und ihre aufs Universum projizierten Versuche zur Erkenntnis zu gelangen (Weltelternmythe: Gewaltsame Trennung der Urelltern durch den Sohn) reduzieren würde. Die bereits ethisch gefärbten Vorstellungen des Himmelsvaters und der Mutter Erde bilden dann späterhin den Ausgangspunkt der Religionen (Genesis).

Daß diese symbolisch eingekleideten Sexualtheorien von der Zeugung, Befruchtung und Geburt[1] mit ihrer Annahme eines notwendigerweise zum Inzest führenden ersten Menschenpaares (Welteltern) regelmäßig eine Rechtfertigung der kindlichen Inzestphantasie darstellen, wird uns nicht wundern, wenn wir wissen, daß dem Kinde diese Probleme eben an den Eltern zuerst aufgehen, und daß es nicht so sehr bemüht ist, sie theoretisch zu lösen, als vielmehr auf

---

[1] Es kann hier nur angedeutet werden, daß diese Vorstellungen von der Entstehung der Menschen in der Völkerphantasie innig mit dem Vergehen des Menschen verknüpft sind. So ist beispielsweise der Baum des Lebens zugleich der des Todes, mit dem Lebenswasser erscheint das Todeswasser eng verbunden, der belebende Hauch führt zur Vorstellung der zum Himmel entschwebenden Lebensseele, die befruchtenden Äpfel erscheinen in der nordischen Mythologie als todbringend (Todesäpfel des Hel. Wünsche, Lebensbaum, Anm. 3), wie ja das Apfelessen im Sündenfallmythus und noch im „Schneewittchen" todbringend ist. Als interessante Analogie zu dieser völkerpsychologischen Verknüpfung sei darauf hingewiesen, daß das Kind, wenn ihm die Sexualprobleme in ihrer realen Bedeutung vorzeitig nahetreten, darauf nicht selten mit Angst reagiert, die sich oft in die Angst vor dem Tode, dem Vergehen, kleidet.

dem Wege der eigenen Lustgewinnung wirklich kennen zu lernen. Wenn ihm aber infolge der kulturellen Hemmung dieser Tendenzen ihre Lösung nur in Form so wunderlicher und uns lächerlich erscheinenden „Theorien" gelingt, so wird uns bei all unserem Besserwissen doch die Einsicht vor jeder Überhebung schützen, daß uns die gleichen Probleme der Menschwerdung als biologische Fragen noch immer beschäftigen und wir nicht wissen, ob nicht unsere wissenschaftlichen Lösungen späteren Jahrtausenden ebenso unzulänglich erscheinen werden, wie dem Erwachsenen heute seine infantilen Sexualtheorien.

VII.

DIE SYMBOLSCHICHTUNG IM MYTHISCHEN DENKEN[1].

> „Manche Dichter geraten unter dem Malen
> schlechter Charaktere oft so ins Nachahmen der-
> selben hinein, wie Kinder, wenn sie träumen zu
> pissen, wirklich ihr Wasser lassen."
>
> Jean Paul.

Auf Grund der Forschungen Freuds gilt uns der Traum nicht
nur seinem latenten Inhalt nach als Wunscherfüllung (halluzinatorische
Befriedigung), sondern sozusagen auch „funktional"[2], indem in gewissem Sinne alle Träume als Bequemlichkeitsträume aufzufassen sind, die der Absicht dienen, den Schlaf fortzusetzen, anstatt
auf die Einwirkung eines, sei es äußeren, sei es somatischen oder
psychischen Reizes zu erwachen. „Der Wunsch zu schlafen, auf den
sich das bewußte Ich eingestellt hat und der nebst der Traum-
zensur dessen Beitrag zum Träumen darstellt, muß so als Motiv
der Traumbildung jedesmal eingerechnet werden und jeder gelungene
Traum ist eine Erfüllung desselben" (Traumdeutung, 3. Aufl., S. 170).
Es ist darum auch kein Zufall, daß gerade jene Träume, welche die
Bequemlichkeitsfunktion am deutlichsten wirksam zeigen, sich meist
auch inhaltlich ohneweiters als offenkundige Wunscherfüllungen verraten, wie z. B. die Durstreizträume. Sie können dies aber merkwürdigerweise nur dann offenbaren, wenn die Bequemlichkeitsfunktion
scheitert, also das Erwachen die Folge ist, wodurch die spezifische
Qualität des Reizes festgestellt werden kann, auf den der Traum
reagierte. Nun gibt es verschiedene Arten von Träumen, die fast

---

[1] Aus Jahrbuch, Band IV, 1912, S. 51 bis 115, woselbst auch die zugehörigen Traumbeispiele zu finden sind.

[2] Über den weiteren Geltungsbereich dieses Begriffes vgl. man die
Arbeiten H. Silberers.

immer zum Erwachen des Schläfers führen und die uns — jede in ihrer Art — direkte Einblicke in den Vorgang der Traumbildung und Traumfunktion sowie ihres gegenseitigen Verhältnisses gestatten, welche sonst nur auf mühseligen Umwegen zu erreichen oder gänzlich verwehrt sind. Es sind dies die Reizträume, von denen Freud in seiner umfassenden Darstellung der Gesetze des Traumlebens sagt, daß auch die während des Schlafes auftretenden (äußeren und somatischen) Reize, die zum Erwachen führen können, in eine Wunscherfüllung verarbeitet werden, deren andere Bestandteile die uns bekannten psychischen Tagesreste sind. „Die aktuelle Sensation wird in den Traum verflochten, um ihr die Realität zu rauben (S. 170)." Ist jedoch der (somatische) Reiz so groß, daß er nach realer Befriedigung verlangt, so kann der Traum seiner Funktion als Hüter des Schlafes nicht länger gerecht werden, der Träumer erwacht und vermag nun den Reiz abzustellen.

Im folgenden soll auf eine ganz spezielle und besonders wertvolle Eigentümlichkeit gewisser Weckträume hingewiesen werden. Sie verraten nicht bloß die Wunscherfüllungstendenz und den Bequemlichkeitscharakter ganz offen, sondern sehr häufig auch eine völlig durchsichtige Symbolik, da nicht selten ein Reiz zum Erwachen führt, dessen Befriedigung in symbolischer Einkleidung im Traume bereits vergeblich versucht worden war. Insbesondere ist dies bei jenen körperlichen Bedürfnissen der Fall, deren unzeitgemäße Befriedigung seit der Kindheitserziehung als anstößig gilt und auch so empfunden wird: also bei den exkrementellen und späterhin in ähnlicher Weise bei den sexuellen. Die letzten führen zu den Pollutionsträumen, die ja in der Regel mit einer unverhüllt sexuellen Situation und dem Erwachen enden. In wie schlagender Weise diese „Weckträume" am Schluß des Traumes den verursachenden Reiz unverhüllt darstellen, uns also direkte Einblicke in die Symbolbildung und Symbolbedeutung gewähren, habe ich an einzelnen Beispielen zu zeigen versucht[1]. Der eigentümliche Charakter der Pollutionsträume gestattet uns nicht nur gewisse, bereits als typisch erkannte, aber doch heftig bestrittene Sexualsymbole direkt durch die restlose

---

[1] Ein Traum, der sich selbst deutet. Jahrbuch, II. Bd., 1910. — Zum Thema der Zahnreizträume. Zentralblatt, I. Jahrg., S. 408 ff. — Ein Stiegentraum. Mitgeteilt bei Freud, Traumdeutung[3], S. 217 ff. — Aktuelle Sexualregungen als Traumanlässe. Zentralblatt, II. Jahrg., Heft 8.

Funktion des Traumes zu entlarven, sondern vermag uns auch zu
überzeugen, daß manche scheinbar harmlose Traumsituation nur das
symbolische Vorspiel einer grob sexuellen Szene ist, die jedoch meist
nur in den relativ doch seltenen Pollutionsträumen zu direkter Darstellung gelangt[1], während sie oft genug in einen Angsttraum um-
schlägt, der gleichfalls zum Erwachen führt. Das gleiche gilt nun
auch für die von den Reizungen des Darmausganges und der Blase
ausgelösten Träume. Denn auch diese meist ängstlichen Träume,
das Bett zu beschmutzen, sind den Pollutionsträumen analog zu
nehmende Entladungsträume, die wie diese undeutlich beginnen und
sich in dem Maße deutlicher fortsetzen, als der Trieb stärker wird.
Erweist sich so der Wecktraum für den Schläfer als unwillkommene
Störung, so ist er dem Psychoanalytiker ein willkommener Beweis
für die Anwendbarkeit der empirisch gefundenen Symbolbedeutungen
auch auf jene Traumgebilde, die nicht zum Erwachen führen und
also keinen direkten Einblick in die somatischen Quellen und psychischen
Vorgänge der Symbolbildung gestatten.

* * *

Als Paradigma für eine dieser Gruppen exkrementeller Traumsymbolik, die den von Freud im Unbewußten aufgedeckten und
völkerpsychologisch reichlich belegten Zusammenhang von Kot und
Gold[2] bestätigen, sei nachstehender Traum angeführt: Eine Frau
träumt zur Zeit, als sie wegen einer Darmstörung in ärztlicher
Behandlung steht, von einem Schatzgräber, der in der Nähe einer
kleinen Holzhütte, die wie ein ländlicher Abort aussieht, einen
Schatz vergräbt. Ein zweiter Teil des Traumes hat zum Inhalt, wie
sie ihrem Kinde, einem kleinen Mäderl, das sich beschmutzt hat,
den Hintern abwischt. Die mit dem wachsenden Reiz fortschrei-
tende Deutlichkeit des Traumes deckt hier eine Symbolisierung auf,
die in der mythischen Phantasie der Völker reichliche Parallelen findet.

Eduard Stucken, der in den „Astralmythen" (Leipzig 1896
bis 1907) mit seinen mythologischen Gleichungen (siehe z. B. S. 262 IV:
Exkremente = Rheingold = Sperma) den symbolischen Gleichungen
Stekels (Die Sprache des Traumes, 1911) vorausgeeilt ist, hat
(S. 266 ff.) einige derartige Überlieferungen zusammengestellt. So

---

[1] Vgl. dazu besonders den „Traum, der sich selbst deutet" (l. c.).
[2] „Charakter und Analerotik" (Kl. Schr., II., S. 132 ff.).

das deutsche Märchen vom Goldesel (Tischchen deck dich, Goldesel und Knüppel aus dem Sack, Grimm: Kinder- und Hausmärchen,
Nr. 36), der auf das Wort „Bricklebrit" anfängt, Gold zu speien
von hinten und vorne, daß es ordentlich auf die Erde herab-
regnet. — Deutlicher noch im Pentamerone (aus dem Neapolitanischen
übersetzt von F. Liebrecht, S. 18): „ . . . er war aber noch nicht
100 Schritte vorwärtsgekommen, als er auch schon von dem Grauen
abstieg und sogleich sagte: ,Are cacaurre'; und kaum hatte er den
Mund geöffnet, als auch schon Langohr anfing, Perlen, Rubine,
Smaragde, Saphire und Diamanten, alle so groß wie die Walnüsse,
von hinten von sich zu geben. Anton sperrte das Maul weit auf,
starrte die herrliche Ausleerung, den prächtigen Abgang und den
kostbaren Durchfall des Eseleins an und füllte mit großer Herzens-
lust seinen Quersack mit den Edelsteinen voll." — „Und wenn dem
König Midas", heißt es bei Stucken weiter, „welcher Eselsohren
hatte, jeder Bissen, den er aß, zu Gold wurde — er also Gold spie
,hinten und vorne', wie das deutsche Märchen sagt — so erklärt
sich das dadurch, daß er eine Eselsgottheit war, daß er eben Eselsohren hatte." Es ist in der Tat auffällig, daß Midas, dessen Eselsohren als Rest einer ursprünglichen theriomorphen Bildung aufzufassen
sind (v. Roschers Lexikon), nach Ovid (Metam. 11, 85 bis 193)
seine Gabe, alles durch Berührung mit seinem Körper in Gold zu
verwandeln, zunächst dem Wunsch entsprechend, an wertlosen
Dingen erprobt und daß ihm erst beim Essen (vgl. Tischchen deck
dich und Goldesel) das Törichte seines Wunsches klar wird. —
Stucken bringt in diesen Zusammenhang auch die Sage von Ehûd
(Richter 3, 12 bis 29), der den Moabiterkönig Eglon bei Überreichung
eines Geschenkes in der Sommerlaube mit dem Schwert durchbohrt,
„daß der Mist von ihm ging". Die Höflinge sind über das lange
Ausbleiben des Königs nicht erstaunt und schämen sich, nach ihm
zu sehen, da er in der kühlen Kammer zu sitzen pflegte, um seine
Notdurft zu verrichten, was Stucken mit seiner Goldeseleigenschaft
in Zusammenhang bringt. — Diese Beziehung scheint übrigens so
allgemein anerkannt gewesen zu sein, daß sie in einer sprichwört-
lichen Redensart ihren gemeinsamen Niederschlag gefunden hat.
Eisenmenger führt in seinem „Entdeckten Judentum" (I, S. 550)
folgendes hebräische Sprichwort an: „Der Kot der Maulesel Isaaks
ist besser als das Silber und Gold des Abimelech." Auch Shakespeare

ist dieses altüberlieferte und tiefwurzelnde Gleichnis geläufig, wenn
er im „Cymbeline" (III, 6) den Arviragus die beleidigende Bezahlung
von seiten Imogens mit den Worten zurückweisen läßt:

> „Eh' werde alles Gold und Silber Kot,
> Wie's denn auch ist und dem nur kostbar scheint,
> Der Kot als Gott verehrt."

Aus dem Alten Testamente ist hier noch zu erwähnen die
sonderbare Geschichte von den Philistern (1. Sam., 5 und 6), die
„groß und klein heimliche Plage an heimlichen Orten kriegten" (5, 9)
wegen Entführung der Bundeslade, und die Plage durch Opferung
goldener Ärsche (6, 4; 6, 17) abzuwenden suchen[1].

Aber nicht nur der Eselskot, sondern der tierische Mist überhaupt, ebenso wie auch gewisse Mineralien, meist Kohlen, werden
mit dem kostbarsten, was der Mensch kennen gelernt hat, in Verbindung gebracht (Gold = Edelsteine im Pentamerone). So wird
besonders der Pferdemist in den Sagen oft in Gold verwandelt
und daraus erklärt sich auch seine glückbringende Bedeutung, an
die schon die alten Völker glaubten. Dem Kyros begegnet in
dem Augenblick, da er den Entschluß faßt, von Astyages abzufallen,
ein persischer Sklave, Roßdünger in einem Korbe tragend, was dem
Kyros als gutes Vorzeichen ausgelegt wird, da Roßdünger Reichtum
und Macht bedeute (Nicol. Damasc. fr. 66 bei Müller III, 400). —
In einem Zigeunermärchen (Wlislocki Nr. 42) läßt der Teufel eine
Frau mit einem Ziegenbock niederkommen, der alles Gold im Hause
auffrißt und es an anderem Ort wieder von sich gibt. — Nach
Rochholz (Schweizer Sagen, 174) verwandelt sich ein vom Teufel
geschenkter goldener Becher in Pferdemist. Und ebenda (S. 334)
heißt es, daß Pferdemist oft bei Hexenmahlzeiten in der Gestalt von
Leckerbissen aufgetragen (Essen = Verlegung nach oben; vgl. Midas,
Tischlein deck dich) oder als Geschenk von Zwergen zu Gold um-
gekehrt wird. — Andere Male werden ekelhafte und schädliche Tiere
ganz in Gold verwandelt, wie z. B. bei Veckenstedt (Wendische
Sagen, Märchen und abergläubische Bräuche, Graz, 1880) derselbe
Drache, der aus Kot Gold macht, auch Läuse in Gold verwandelt

---

[1] Bei uns werden die Hämorrhoiden vom Volke als „goldene Ader"
bezeichnet. — Durch Auflegen von Menschenkot, das „vergolden Pflaster",
heilt man äußerliche Entzündungen in Oldenburg.

(S. 389). Daher die Traumregel (Nr. 14, S. 467): Wenn man von
Läusen träumt, so wird man viel Geld erhalten. — Geradezu auf
den Traum, von dem wir ausgingen, ist jedoch die Regel 8 anwendbar: Wenn man träumt, daß einem jemand einen Topf Unrat
über den Kopf ausgießt, so steht einem ein großes Glück bevor.
Grimm berichtet folgenden Zaubergebrauch: Wenn man das ganze
Jahr hindurch Gold im Hause haben will, so muß man am Neujahrs-
tag Linsen essen. Jung erklärt diesen Zusammenhang durch die
physiologische Schwerverdaulichkeit der Linsen, die in Form von
Münzen wieder zutage treten. So ist man ein Goldsch . . . . . . geworden (Jahrb. IV, 231[1]).

Direkt mit der Defäkation erscheint das Reichwerden verbunden
in einer von Grimm (Myth. I, 33) mitgeteilten Sage[1]: Drei Schicksals-
schwestern ziehen durchs Land und stoßen auf eine arme Bauern-
dirne, die sich nicht scheut, vor den Göttinnen auf dem Kreuzweg
ihre Notdurft zu verrichten und dabei in der einen Hand Heu, in
der anderen Brot hält. Zwei der Schwestern wenden sich entrüstet
ab von diesem Anblick, die dritte aber, die Domina, mahnt sie,
gerade diese arme Magd mit Glücksgütern zu überhäufen,
nachdem bereits zwei andere übergangen waren[2].

Die Ausscheidung des mühelos zu gewinnenden Goldes in Form
tierischen Unrats erscheint häufig im infantilen Sinne als Eierlegen gemildert. So in der Sage: Die Alrune und der Schneider (Rochholz, Nr. 267).
Der arme Schneider legt dem wunderlichen Tier den einzigen Spartaler
unter den Bauch und morgens liegen 100 neue Taler auf der Streu. Der
Schneider ist nun reich und braucht nicht abends erst Mist stehlen
zu gehen, um seinen kleinen Acker düngen zu können. Das Gold
gibt er gleich aus, vergißt aber, den erstgelegten Taler zu behalten;
die Zauberkraft versiegt, er wird ärmer als zuvor und stirbt Hungers
(Essen!). Hieher gehört auch die von Stucken angeführte indische
Legende: It is said that a certain king having caused a number of
wild birds that vomiked gold to take up their quarters in his own
house, afterwards killed them from temptation. — In der bei Roch-

---

[1] Entnommen dem Speculum stultorum des Nigellus Wireckere (um 1200).

[2] Auf eine Sage aus Uri, die den täuschenden Goldfund ebenfalls mit
der Defäkation in Verbindung bringt, hat Dattner in der „Internat. Zeitschr
f. Psychoanalyse" I, 1913, Heft 4, hingewiesen. — Weitere Beispiele bei
Jones: „Die Bedeutung des Salzes" (Imago I, 1912, S. 457 ff.).

holz (II, S. 34) mitgeteilten Sage vom Lädeligugger-Xaveri von Tägerig, der vom Teufel ein sonderbares Tier erhält, dem man alle Abende ein kleines Geldstückchen unterlegen mußte, wie man den Legehühnern immer ein Ei läßt, das dann über Nacht zu einem ganzen Haufen gleicher Münzen anwuchs, ist der ursprüngliche Zusammenhang in dem Namen des sonderbaren Tieres erhalten, das „Geldschießer” genannt wird. Bemerkenswert ist auch, daß der Mann dann an einem langwierigen und seltsamen Übel erkrankt „und ebenso eigentümlich und geldfressend waren die Mittel, die ihm die Ärzte dagegen verordneten. So mußte er z. B. täglich 10 Pfund Anken aufessen, also einen ganzen Marktkübel, und dazu eine Flasche Lebertran trinken”.

Endlich ist noch als typische Verbindung die von Gold und Kohlen zu erwähnen. Die Kohle eignet sich zum Ersatze des Kotes zunächst wegen ihrer dunklen Farbe und der als Gegensatzcharakter der Verhüllung dienenden Härte. Ebenso erleichterte diese Verknüpfung die Tatsache, daß die Kohle einmal als völlig wertlos und unverwendbar galt, während wir heute ein kostbares Gut in ihr erblicken. Eine Reihe solcher Sagen, in denen die Verwandlung von Kohlen in Gold erzählt wird, berichtet Zingerle in seiner Abhandlung: Kohlen und Schätze (Germania, Bd. VI, S. 411). Direkt an die Midassage erinnert eine von Vernalecken (Mythen und Bräuche des Volkes in Niederösterreich, Wien 1859) mitgeteilte Überlieferung, wonach ein Mädchen alle Kohlen, die es berührte, in Gold verwandelt (Kohlen in Gold auch bei Veckenstedt, S. 359). Daselbst findet sich auch der Hinweis, Gold von Schatzkohlen sei auch Griechen und Römern bekannt gewesen.

Auch im Witz, der ja durch die momentane Aufhebung der auf den koprophilen Neigungen lastenden Verdrängung reichlichen Lustgewinn bietet, erscheint häufig der Zusammenhang von Gold und Kot, der übrigens auch in manchen Redensarten, besonders der Geschäfts- und Börsensprache, Niederschlag gefunden hat. (Von einem Kapitalisten, der augenblicklich kein Geld „flüssig” hat, sagt der Fachmann: „er ist verstopft”.)

* * *

Im folgenden soll nun eine bestimmte Gruppe von Symbolen und ihrer Schichtung, die wir aus dem Harnreiz-Wecktraum erkannt haben, in ihrer Wiederkehr im mythischen Denken aufgezeigt

werden. Der sogenannte „Harnreiztraum" ist ein so allgemeines Erlebnis, daß er seit jeher die Aufmerksamkeit nicht nur der Traum-
forscher auf sich gelenkt hat. Auch ist seine in hohem Maße durchsichtige und stereotype Symbolik längst erkannt und ausführlich beschrieben, wenn man auch noch nicht dazu gelangt ist, die bereits
der Antike völlig geläufigen Tatsachen psychologisch zu verstehen
und in ihrer vollen Bedeutsamkeit für das Seelenleben des einzelnen
und der Völker würdigen zu können.

Schon Hippokrates vertrat die Auffassung, daß im Traume
eine Umwandlung innerer Sensationen in symbolische Vorgänge statt-
finden könne, und nach seiner Meinung bedeutet es eine Störung der
Blase, wenn man von Fontänen und Brunnen träumt[1]. Am ein-
gehendsten von allen Traumforschern hat sich R. A. Scherner in
seinem Buche: Das Leben des Traumes (Berlin 1861, S. 187 fg.) mit
der Symbolik des Harndrangtraumes beschäftigt. Und wenn er auch
in der ausschließlichen „Leibessymbolik" befangen den reichen psychischen Anteil am Traumleben und an der Symbolbildung übersieht, so scheinen uns seine Ausführungen doch gerade bei diesem
vom organischen Reiz beeinflußten Material als Vorstudie der ausführlichen Mitteilung wert, wobei wir die für die nachfolgenden Ausführungen bedeutsamsten Symbole hervorheben.

„Der Harnreiztraum ist eine der allergewöhnlichsten Traumbildungen der Nacht, begleitet stetig die Ansammlung des Harns
in der Harnblase und gibt die symbolischen Gebilde dafür. Frauen
liefern die ausgebildetsten Formen dieses Traumes, teils wegen ihrer
leicht aufregbaren Phantasie, teils wegen der Begünstigung der Harn-
sammlung in der weiblichen Blase. Die meisten Traumerzählungen
der Frauen sind voll symbolischer Schilderungen für diesen organischen Reiz, obwohl bei der bisherigen Unkunde über das Traumleben sie sich des natürlichen Grundes nicht bewußt sind."

„Das allgemeinste Symbol dieses Traumes ist das Wasser,
entsprechend der organischen Flüssigkeit der Harnblase. Weil aber die
Harnblase im Zustande größeren oder geringeren Dranges viel Harn

---

[1] Diese sowie eine Reihe anderer interessanter Angaben entlehne ich
Ellis': Die Welt der Träume, deutsche Ausgabe von Kurella, 1911 (S. 89 ff.
und S. 167). Zum Thema der „vesikalen" Träume vgl. man noch in desselben Autors: Geschlechtstrieb und Schamgefühl (3. Auflage, Würzburg,
1907) die Ausführungen S. 262 ff.)

enthält, so entspricht dem unmittelbar das allbekannte Bild von der
großen Menge des Wassers in Strömen, Flüssen, Teichen, bei Über-
schwemmungen u. dgl., wobei die Träumerin als Zuschauerin usw.
mit interessiert erscheint. Weil sich die Nerven, auf welche der Druck
des Wassers in der Harnblase wirkt, in Erregung befinden, sowie weil
sie die Neigung haben, den angesammelten Harn zum Ausströmen zu
bringen; so ist es zumeist das Bild des brausenden, Wellen schlagenden,
hochflutenden, die Ufer zu überschreiten suchenden Wassers, welches
die Träumerin zu sehen meint. Und weil endlich der starke Harndrang die entsprechenden Nerven in peinliche und widrige Aufregung
versetzt, so ist die Malerei des hochflutenden Wassers stetig von
Gefahrszenen begleitet, d. i. die Träumerin steht am Ufer des
Stromes oder auf einer Brücke und sieht darin Menschen und Tiere
mit den Wellen kämpfen, worüber ihr Gemüt die heftigste Angst
erfährt; oder irgend eine ihrer geliebten Personen fällt ins Wasser
hinein, bei den Müttern (stehende Form) das Kind."

„Sind die Träumerinnen nur Zuschauerinnen bei Gefahrszenen,
so zeigt dies geringeren Peindruck des Bedürfnisses, als wenn die Phantasie sie selbst als die in Gefahren Befindlichen malt; der stärkste Harn-
druck aber zeichnet sich durch den Untergang des in Wassergefahr
Schwebenden, sei es der Träumer selbst oder ein von ihm sehr ge-
liebtes Wesen, und steht offenbar in den Gefahrträumen der Mutter
das bedrohte Kind der Selbstgefahr der Mutter an Intensität gleich."

„Der gelindere Harndrang weckt nur gleich gelindere Bilder.
Man geht in starkem Regen, oder es gießt wie mit Kannen, man
ist dabei vor dem Regen geschützt oder nicht; man badet oder watet
in seichtem Wasser, gelangt dabei mit dem Körper nur so tief in
die Flut, als die Höhe der Blasenlage im menschlichen Körper ist . . ."

„Die Häufigkeit der Harnreizträume bewirkt es, daß die Phantasie
auf diesem Gebiete eine große Mannigfaltigkeit der Darstellung ent-
faltet. Oft sehen wir im Traume einen Hund über den Platz springen,
sein Anlauf von der Zaunecke zeigt deutlich seine symbolische Bedeutung;
oder der Junggeselle träumt (wörtlich nach der Traumtatsache), ihm
sei plötzlich ein kleines gewickeltes Kind gebracht worden, er lege
es zu allem andern unnützen Zubehör auf den Ofen; regelmäßig
kommt die Aufwärterin, um es zu nähren; sie tut es, inzwischen begegnet dem Säugling das Allernatürlichste, und der Strahl trifft den
Träumer, die Aufwärterin wirft das Glas mit der Milch um und sie

fließt heraus ... Auch die Aktion des Biertrinkens steht oft für
Harnreiz, inwiefern dem Biertrunke diese Bedürfnisverrichtung zu
folgen pflegt" (S. 196).

„... Oder es versetzt uns der Harnreiz mitten in einen fürst-
lichen Palasthof, worin der Springbrunnen und sein rundes Wasser-
bassin unser Augenmerk fesselt (rundes Bassin für Blase, springendes
Wasser bei Entleerung der Blase)."

„Bei den Männern schlägt der stärkere Harndrang stets in die
Reizung der Geschlechtssphäre und deren symbolische Gebilde
über; aber auch bei Frauen begegnet Ähnliches, wegen der unmittelbaren Verbindung von Harn- und Geschlechtsorganen wie beim
Manne so beim Weibe ... der Harnreiztraum ist oft der Repräsentant des Geschlechtstraumes zugleich" (S. 192).

Auf die Ähnlichkeit des Harnreiztraumes mit dem sexuellen
Reiztraum, die besonders bei einem Vergleich der Pollutionsträume
mit den von nächtlichen Bettnässen gefolgten Träumen auffällt, haben
dann Moll (Lib. Sex. I, S. 552) und besonders Ellis (Geschl. Trieb,
S. 262 f.) hingewiesen, der die Ähnlichkeiten und Unterschiede zwischen
sexuellen und vesikalen Träumen ausführlich bespricht. Tatsächlich
scheinen in vielen Fällen von der Pubertät an die Pollutionsträume
frühere enuretische Träume abzulösen[1] oder neben solchen einherzu-
gehen, was für die Freudsche Auffassung der Enuresis nocturna als
einem pollutionsartigen Vorgang spricht (Sexualtheorie, 1905, S. 43
unten). So teilt Alfred Adler, der in seiner „Studie über Minderwertigkeit von Organen" (1907) auf die spätere Symbolik (Schwimmen,
Baden, Bootfahren) der ursprünglich enuretischen Träume hingewiesen
hat (S. 79), unter seiner Kasuistik einzelne derartige Fälle mit; von
besonderem Interesse ist der eines 26jährigen Mannes (Fall 35, S. 88),
der in den nicht seltenen Pollutionsträumen vom Urinieren träumt.

Auf den Zusammenhang des Bettnässens mit späteren vesi-
kalen Träumen hat schon A. P. Buchan in seiner 1816 erschienenen
Schrift: Venus sine concubitu (p. 47) aufmerksam gemacht. Auch
Ries hat in einem Artikel über Enuresis nocturna (Monatschr. f.
Harnkrankheiten 1904) darauf hingewiesen. Nach Adler, der dem
Thema zuerst von psychoanalytischer Seite näher getreten ist, stellt
sich in der Kindheit der Traum des Enuretikers im Sinne Freuds

---

[1] Vgl. den Stiegentraum (Traumdeutung, 3. Auflage, S. 219).

als primitive Wunscherfüllung nach ungebundener Organbetätigung
dar (S. 79). Auch Ellis (Träume S. 90) anerkennt den vesikalen
Traum in seiner einfachsten Form als Freudschen Wunschtraum
von infantilem Typus. Charakteristisch ist, daß Träume dieser Art,
die meist mit Bettnässen enden, mit einem Schamgefühl verknüpft
sind, wie wir es sonst nur auf sexuellem Gebiete anzutreffen gewohnt sind. Es ist hier darauf hinzuweisen, daß bei einer großen
Anzahl von Menschen die exkrementellen Funktionen viel stärker
mit Schamgefühl besetzt sind als die genitalen, was offenbar mit
einer besonders lustvollen frühinfantilen Betätigung dieser erogenen
Zonen und der dadurch bedingten energischeren Verdrängungsarbeit
zusammenhängt. Wie frühzeitig und hervorragend stolz das Kind
dann auf deren Erfolg ist, zeigt der Ausspruch eines kaum drei-
jährigen Buben, der, wegen seines braven Verhaltens belobt, sogleich
spontan hinzusetzt, er habe auch das Bett nicht naß gemacht und
damit das Lob auf diese Leistung einzuschränken sucht, ein infantiler Stolz, der sich dann im erwachsenen Leben als besonders ausgeprägter Ehrgeiz äußern kann.

Entsprechend der infantilen Wurzel dieser Träume in der Enuresis nocturna wird immer auch ein Anteil vom infantilen Material
stammen, rezentes Material aber, wenn es sich darbietet, bereitwillig verwendet werden, weil es der Verleugnung des eigenen
Kinderfehlers und des unbequemen Bedürfnisses besonders gut
dient; in dieser Absicht wird sehr häufig das Bedürfnis und dessen
Verrichtung im Traume einer andern Person zugeschrieben, mit besonderer Vorliebe einem Kinde, was auf den eigenen Rückfall ins
Infantile hinweist. Die anscheinend rein aus dem Organreiz hervor-
gehenden Traumbildungen lassen bei entsprechender Vertiefung den
bedeutsamen psychischen Anteil des unbewußten Seelenlebens erkennen, das in den allermeisten Fällen auch hier die Triebkraft für
die Traumbildung liefert, während dem aktuellen Vorstellungs- und
Erinnerungsschatz, sowie den somatischen oder äußeren Reizen nur
das Material zum Aufbau der Traumgebilde entstammt. Ja, in manchen
Fällen, besonders wo es sich um kompliziertere Träume handelt,
sieht man oft deutlich, wie ein nach den Freudschen Mechanismen
des Unbewußten aufgebauter und deutbarer Traum durch einen in
der typischen Symbolik ausgedrückten Harnreiz unterbrochen und
nach der oft noch im Halbschlaf erfolgenden Abstellung des Reizes

VII. DIE SYMBOLSCHICHTUNG IM MYTHISCHEN DENKEN. 137

ruhig weiter geträumt wird. Die typische Harnsymbolik ist zwar
nicht gut denkbar ohne den zumindest in der Kindheit erfahrenen und
psychisch verknüpften und überlagerten Blasenreiz. Doch sind die
Fälle, in denen er aktuellerweise den Traum im Dienste der Bequemlichkeitstendenz hervorruft, zu unterscheiden von denen, wo er, im Verlaufe eines aus rein psychischen Quellen stammenden Wunschtraumes
hervorgerufen, durch sein Übermächtigwerden als Störer wirkt und
sich durch die halluzinatorische Befriedigung nicht abstellen läßt.

Die analytische Untersuchung dieser zweiten Gruppe von
Träumen ermöglicht es, die von den alten und neueren Traumforschern, besonders von Scherner, bereits gekannte Tatsache
typischer Harndrangsymbole nicht nur zu bestätigen, sondern auch
durch das Scheitern der Bequemlichkeitsfunktion vom Traum direkt
erweisen zu lassen. Die gebührende Beachtung des wesentlichen
psychischen Anteils an der Symbolbildung und der dabei verwendeten
Mechanismen gestattet aber auch, die allgemein menschliche Bedeutung dieser Symbolik breiter zu fundieren, und nötigt uns damit,
sie in den rein psychischen Gebilden der Einzel- und Volksseele,
wo sie gänzlich losgelöst vom organischen Faktor erscheint, im
selben Sinne anzuerkennen und so wieder ihre im Traumleben erkannte Bedeutung zu stützen und zu vertiefen.

Als besonderes Ergebnis dieser Untersuchung ist hier die auf
Grund der gleichen Symbolverwendung ziemlich weitgehende Ähnlichkeit der vesikalen und der sogenannten „Geburtsträume"
hervorzuheben, die doch wieder bis zu einem gewissen Grade scharf
differenzierbar sind[1]. Es wird dabei vollkommen deutlich, daß beispielsweise die Symbolik des „Naßwerdens" bald als Befürchtung
der Enuresis, bald als Befürchtung der Gravidität aufgefaßt ist[2].

---

[1] Scherner kennt infolge der Vernachlässigung des psychischen
Anteils an der Symbolbildung diese Differenzierung allerdings nicht und
nimmt also häufig auch exquisite Geburtsträume als „Harndrangträume".

[2] Diese beiden Bedeutungen zeigt auch ein und dasselbe Symbol in
dem von Freud gedeuteten Traum seiner Patientin Dora (Bruchstück einer
Hysterieanalyse, Kl. Schr., 2. Folge, 55 ff.).

Havelock Ellis glaubt ein sicheres Kriterium zur Bestimmung des
verursachenden Reizes im Organempfinden des Träumers beim Erwachen gefunden zu haben, übersieht aber gänzlich, daß sämtliche von ihm verwerteten
vesikalen Träume aus der Zeit der Gravidität seiner Versuchsperson
stammen (The Journal of abnormal Psychology, 1913).

Kennt man außerdem die von Freud aufgedeckte unbewußte Bedeutung des „Rettens" im Sinne des Kindermachens, so ergibt sich
die weitere Parallele, daß auch in der Rettung aus der Gefahr des
Ertrinkens, die nur für das Bettnässen zu gelten scheint, doch bereits
die sexuelle Bedeutung mitschwingt, die sich, losgelöst vom Organreiz, als solche offenbart. Ähnliches gilt für das vesikale Schwimmen
im Wasser oder auf einem Schiff, dessen Geburtsbedeutung uns
längst vertraut ist, während die vesikale Bedeutung in dem hier-
zulande gebräuchlichen Ausdruck „schiffen" für urinieren ihren
sprachsymbolischen Niederschlag gefunden hat, dessen unbewußte
Äußerung keineswegs an die sprachliche Brücke gebunden ist. Es
erscheint die ganze Skala der vesikalen Traumsymbolik, wie sie
von Scherner so erschöpfend geschildert wurde, in einer anderen
Schichte des Traumes sozusagen sexuell unterfüttert und im Sinne
einer erotischen Wunscherfüllung verwendet. Diese schichten-
förmige Parallelisierung und Differenzierung von vesikalen
und Geburtsträumen, die sich oft in weitgehendem Maße
der gleichen Symbolik bedienen, läßt sich auch in der
mythenbildenden Phantasietätigkeit aufzeigen und zum Verständnis einzelner mythischer Motive uud Erzählungen verwerten.
Wenn wir im folgenden diese beiden Bedeutungen der gleichen
Symbole in schematischer Sonderung wiedergeben, so soll damit nicht
gesagt sein, daß das Symbol entweder die eine oder die andere Bedeutung in einem speziellen Falle haben müsse, sondern daß dasselbe
Symbol gleichsam in zwei verschiedenen Schichten eines und desselben
Phantasieproduktes diesen beiden Bedeutungen entsprechen kann.

Die gleichen Symboldarstellungen, die im infantilen Sinne der
vesikalen Bedeutung entsprechen, erscheinen im rezenten Sinne in
exquisit sexueller Bedeutung: Wasser = Urin = Sperma = Geburtswasser[1]; urinieren = sexuelle Entleerung (Pollution); naß werden =
Enuresis = Koitus = Gravidität; schwimmen = Urinfülle = Aufenthalt
des Ungeborenen[2]; Regen = Urin = Befruchtungssymbol[3]. Schiff =

---

[1] Identisch mit einer von Stekel (Die Sprache des Traumes, 1911)
aufgestellten „symbolischen Gleichung".

[2] Das Geburtswasser ist in einer Reihe anderer mythischer Überlieferungen als Totenfluß (Styx) gebraucht. Vgl. Die Lohengrinsage.

[3] Folkloristisches Material zur Identifikation von Urin und Sperma
bringt Jones „Das Salz". Imago I, 1912, 473

„schiffen" (urinieren) = Fruchtbehälter (Kasten); Reisen (Fahren—
Aussteigen) = Aufstehen aus dem Bett = geschlechtlich verkehren
(„fahren", Hochzeitsreise). Diese entwicklungsmäßige psychische
Schichtung, die ein ursprünglich im infantilen Sinne gebrauchtes
Symbol späterhin mit der exquisit sexuellen Bedeutung verschmilzt
und überlagert, wird ermöglicht, weil das Unbewußte nur eine Art
von Lust kennt und die im Kindesalter erfahrene Exkretionslust im
weitesten Sinne (auch Enuresis usw.) einfach gleichsetzt der später
erfahrenen sexuellen Lust.

Die im Traumleben des Individuums aufgedeckte Symbolik ist
jedoch, wie wir bereits seit geraumer Zeit wissen und zu unserer
Überraschung, aber auch zur großen Befriedigung, erkannt haben,
keineswegs der Willkür des Träumers und seiner Psyche überlassen,
sondern kehrt in gesetzmäßiger Form und Bedeutung im unbewußten
Seelenleben der anderen Individuen gegenwärtiger und längst vergangener Zeiten wieder, so daß wir sie als völkerpsychologisches
Gebilde ansehen und würdigen dürfen. Es setzt sich aber diese
typische Ausdrucksweise des Unbewußten nicht nur über die Einzel-
seelen, Zeiten, Weltteile und Völker, sondern auch über die damit
aufs innigste verknüpfte Sprache hinweg, die einmal diesem psychischen Symbolbild auch lautlichen Ausdruck verleiht, ein andermal bloß bildlichen. So wird nun die Symbolik, ähnlich wie
man das von der Musik behauptet hat, zu einer weit auseinander
liegenden, Rassen, Gebiete und Kulturperioden verbindenden und
einander seltsam annähernden Zeichensprache. Es wird daher nicht
verwundern, wenn wir zu der kleinen Auslese aus dem völkerpsychologischen Beweismaterial für unsere Symbolik die dis-
paratesten psychischen Gebilde, wie Mythen, Märchen, Sagen der
Kulturvölker und die Überlieferungen der Naturvölker, ebenso
heranziehen wie Glaube, Brauch und Sprache, ja selbst den
unscheinbaren und geringgeschätzten Witz der Beachtung würdig
finden.

Aus dem reichen Schatz dieser dem unbewußten Seelenleben
eigentlich entstammenden psychischen Bildungen kann im folgenden
nur ein geringer Bruchteil in skizzenhafter Aneinanderreihung geboten werden, der nur einen Begriff von der weitreichenden und
allgemeingültigen Symbolik zu geben vermag, durch deren breite
Fundierung und psychologisches Verständnis es uns anderseits erst

möglich geworden ist, eine Reihe volkskundlicher Überlieferungen
von einer neuen, bisher wenig beachteten Seite würdigen und verstehen zu lernen.

Wenn wir den Reigen mit dem Witz eröffnen, so geschieht
es nicht nur deshalb, weil er das relativ einfachste und zugleich
offenkundigste Phänomen dieser Art ist, sondern auch, weil wir
erkannt zu haben glauben, daß die ungeheuere Zahl von exkrementellen Witzen uns Lust auf Kosten der seit der Kindheit
verdrängten kopro- und urophilen Neigungen auf dem Wege des
psychischen Ersatzes (Sublimierung) verschafft. Es kann sich ja
in diesem Zusammenhang nicht darum handeln, durch eine voll-
zählige Sammlung dieser zum großen Teil zotigen, manchmal aber
in recht ergötzlicher Weise menschliche Schwächen empfindlich
treffenden Geschichten den Leser abzustoßen oder zu belustigen.
Doch sei es gestattet, wenige charakteristische Beispiele anzuführen,
von denen jedes in seiner Art uns etwas sagt. Daß der Witz dabei,
ganz wie der Traum[1], die sprachliche Zweideutigkeit besonders be-
vorzugt, braucht wohl kaum ausdrücklich erwähnt zu werden. Das
erste Beispiel mag uns die typische Regensymbolik vorführen, die
überhaupt zu den verbreitetsten und durchgehendsten psychischen
Bildungen gehört. Ein Ausspruch, der einer in Wien bereits zur
mythischen Figur gewordenen Parvenüsgattin zugeschrieben wird:
Sie soll für ihr Pferdegespann verschiedene Geschirre haben; ein
elegantes für Nachmittagsspazierfahrten auf dem Ring oder in den
Prater und ein schlechteres für nächtliche Fahrten vom und zum
Theater oder Ball. Wie besorgt sie um das schöne Geschirr ist,
weiß die Anekdote darin anzudeuten, daß sie bei Beginn eines
Regens dem Kutscher zurufen läßt: „Johann, holen Sie das Nacht-
geschirr, es tröpfelt." Von derselben Trägerin einer ganzen Reihe
ähnlich anstößiger Anekdoten erzählt man noch eine andere gleich-
bedeutende Geschichte: Bei einer bis in die frühen Morgenstunden
dauernden Festlichkeit ist sie an einem Tische sitzend ein wenig
eingenickt und wird in zarter Weise von ihrem Nachbar durch
geräuschvolles Einschenken des Champagners in ihr Glas halb
geweckt. Sie glaubt sich bereits zu Hause in ihrem Bett und

---

[1] Vgl. Freud, Der Witz und seine Beziehung zum Unbewußten, 2., ver-
mehrte Auflage, Fr. Deuticke, 1912.

indem sie das Geräusch auf ihren sein erstes und dringendstes Morgengeschäft verrichtenden Gatten bezieht, fragt sie, seinen Namen flüsternd: Was, du stehst schon auf? — In dieser von einem boshaften Witzbold ausgeklügelten Situation wird das Ganze noch zum Überfluß in eine Art traumhafte Einkleidung gebracht. Daß die Entstehung dieser Witze aber nicht bloß auf eine gewisse Gesellschaftsschichte, Rasse oder Sprache beschränkt ist, mag der folgende englische Scherz zeigen, dessen Kenntnis ich einer gelegentlichen Mitteilung von Ernest Jones verdanke. Eine auf die frühere Königin von England bezügliche Scherzfrage, die sich wieder des Wortgleichklangs und der Zweideutigkeit bedient, lautet: When does the Queen reign (rain) over China? — Antwort: When she sits on her champer pot. — Auch Sokrates soll, als ihn Xantippe mit einem Nachttopf gekrönt hatte, den Spöttern zugerufen haben: Niemals ward dies als Wunder geacht', daß Regen folgt, hat der Donner gekracht. (Zitiert nach Jones: Alptraum etc., S. 84.) — Eine direkte Einkleidung des Enuretikertraumes findet sich in einem südslawischen Schwank mit dem Titel: „Vor Schrecken"[1]. „Der Pascha nächtigte beim Beg. Als der Morgen tagte, da lag noch der Beg und mochte nicht aufstehen. Fragt der Beg den Pascha: „Was hat dir geträumt?" — „Ich träumte, auf dem Minarett wäre noch ein Minarett gewesen." — „Uf, das wäre", wundert sich der Beg. „Und was hast du noch geträumt? — „Ich träumte," sagt er, „auf diesem Minarett stünde ein Kupferbecken, im Becken aber wäre Wasser. Der Wind weht, das Kupferbecken wiegt sich. Ja, was hättest du getan, wenn du dies geträumt hättest?" — „Ich hätte mich vor Schrecken sowohl bepißt als beschissen. „Und siehst du, ich habe mich bloß bepißt." — Die beiden übereinander getürmten Minarette sind als Symbol des männlichen Gliedes, das Becken als Glans sowie als Harnblase und das Wasser als Urin so deutlich in dem auf grobe Wirkungen berechneten Schwank ausgedrückt daß jeder weitere Kommentar unnötig ist.

Ehe wir uns von dem auf allgemeine Wirkung berechneten Witz dem weiteren in Sage und Mythus widergespiegelten Symbol-

---

[1] Mitgeteilt von F. S. Krauß (Anthropophyteia, Band V, S. 293, Nr. 697). Den Hinweis darauf verdanke ich Herrn Prof. Ernst Oppenheim in Wien.

material zuwenden, sei noch an ein paar kleinen unscheinbaren
Beobachtungen auf die auffällige Konstanz und immerwährende spontane Wiederkehr der wenigen primitiven Menschheitssymbole hingewiesen, die insbesondere die Identifizierung des Regens oder des
großen Wassers mit dem Urinieren betreffen. So wird mir von ver-
läßlicher Seite die Beobachtung an einem 1½jährigen, kaum der
Sprache mächtigen Kind mitgeteilt, welches beim Fenster gehalten
den Beginn eines Regens sieht und dazu bemerkt: Himmi wawa
(wawa war die ihm geläufige Bezeichnung für urinieren). Einer
freundlichen Mitteilung des Herrn Dr. Karl Weiß in Wien verdanke
ich die Beobachtung an einem 2½jährigen Mäderl, das beim ersten
Anblick eines Teiches verwundert fragt: „Wer hat das große Pisch-
pisch gemacht?" Ein 12jähriger Junge, der seine starken kopro- und
urophilen Neigungen zum Verdruß seiner Eltern und Erzieher in dem
häufigen und aufdringlichen Gebrauch der diesem Kreise angehörigen
obszönen Worte verrät, sagt, als er das Geräusch eines beginnenden
Platzregens hört: „Der Josef geht auf die kleine Seite." Josef ist
ihr Kutscher, ein kräftiger, riesenhafter Kerl, der ihm durch seine
übermenschlichen Organe und Leistungen riesig imponiert und dem
er darum auch diese Fülle und Kraft des Harnstrahles am ehesten
zutraut, wobei gewiß auch der Eindruck vom Strahlen der Pferde
mitgewirkt haben mag. Ein andermal findet er es in einem Briefe
an einen Kollegen mitteilenswert, daß unlängst zu seiner und seiner
jüngeren Brüder größten Erheiterung, eben als sie im Begriffe waren
zu einem gemeinsamen Urinieren in den Garten zu gehen, plötzlich
heftiger Regen einsetzte. Als er die Sage vom Raub der Proserpina
las, worin erzählt wird, daß Dis in der Nähe einer sizilianischen
Stadt in die Erde gefahren und an dieser Stelle plötzlich ein See
entstanden sei, legt er sich dieses Wunder ganz rationalistisch aus, indem er bemerkt, er werde halt dabei „gewischerlt" haben. In gleicher
Weise erklärt eine von F. Boas (Indianische Sagen, S. 174) mitgeteilte Sage der Tlatlasikoalaindianer die Entstehung der Seen und
Flüsse durch das Wasserabschlagen eines Menschen. In einer anderen
Sage (S. 238) entsteht beim Harnen einer Frau ein großer Fluß,
und ähnlich bewirkt in der „Edda" (übersetzt von Gering, S. 362)
Geiröds Tochter Gjalp das Anschwellen des Flusses Wimur. In den
kosmogonischen Mythen der Bewohner der Insel Kadiack wird berichtet, daß die erste Frau, „indem sie Wasser abschlug, die Meere

erschuf"[1]. Auch in Südafrika glaubt man, daß das Meer von einem Weib erschaffen wurde, zweifellos auf dieselbe Weise[2]. In dem australischen Schöpfungsmythus hingegen ist es ein Gott, Bundjil, der das Meer schuf, „indem er viele Tage lang auf die Erde urinierte"[3]. Auf Grund dieser Symbolik läßt sich vielleicht auch das über die ganze Erde verbreitete mythische „Motiv der magischen Flucht" verstehen, das ist die Verfolgung durch einen Feind, die durch übernatürliche Hindernisse verzögert zur schließlichen Errettung des angstvoll Flüchtenden führt. Seit Laistner (Das Rätsel der Sphinx, Berlin 1889) die Auffassung geltend gemacht hat, daß eine Reihe mythologischer Motive sich als Darstellungen unverstandener Alptraumerlebnisse verstehen ließen, ist die Ableitung dieser ängstlichen Verfolgungen aus dem Traumleben fast allgemein anerkannt[4]. So heißt es bei Wundt (Völkerpsychologie, II. Band, Teil 2, S. 109 fg.): „Bei allen diesen, sei es selbständig entstandenen, sei es zugewanderten Motiven der Bedrohung durch verfolgende Feinde und Ungeheuer und der wunderbaren Rettung spielt übrigens der Angsttraum und seine Lösung, dessen Bedeutung auch für die Darstellung von Ungeheuern bereits früher betont wurde, wiederum eine unverkennbare Rolle." Auf Grund unserer Kenntnis der allgemein-menschlichen Symbolik sind wir vielleicht imstande, wenigstens ein Detail dieser „magischen Flucht" zu verstehen und damit dem zugrunde liegenden Angsttraum einen speziellen Inhalt zuzuerkennen. Die magische Flucht wird gewöhnlich durch drei zauberkräftige Dinge bewirkt (die 15 verschiedenen über die ganze Erde verbreiteten Varianten hat Ed. Stucken in seinen „Astralmythen" S. 606 zusammengestellt; vgl. auch die dort beigegebene Tafel 3): durch einen Wetzstein oder Messer, das sich beim Zurückwerfen in einen steilen Berg verwandelt, den der Verfolger erst übersteigen muß, mittels eines Kammes, aus dem ein undurchdringlicher Wald wird, und vermöge eines Tropfens Fischöl, das zu einem unge-

---

[1] Lisiansky, Voyages round the World 1814.
[2] Lang. Myth, Ritual and Religion 1887. Vol. I. p. 91.
[3] Smyth: The Aborigines of Australia 1878, Vol. I. p. 429.
[4] Ehrenreich (l. c., S. 149): „Bei den Nordamerikanern bilden die Traummythen den integrierendsten Bestandteil der Mythologie . . . Bei den Pima und Yuma bilden die Träume nach ihrer eigenen Angabe sogar die einzige Quelle der Mythologie."

heuren See anwächst, der die weitere Verfolgung unmöglich macht
und so die Rettung bewirkt. Nun kennen wir den kleinen Tropfen,
der sich rasch in ein großes Wasser verwandelt, aus der Harn-
drangsymbolik und dürfen also diese bereits als Angsttraum aner-
kannte mythische Motivgestaltung als ängstlichen Wecktraum ansehen, der die Beschmutzung des Schlafenden glücklich verhütet.
Daß dieser Traum gern (wie z. B. bei Boas, S. 267 u. fg.) einem
weiblichen Wesen zugeschrieben wird, steht nicht nur in völliger Übereinstimmung mit der bereits von Scherner gemachten Beobachtung,
daß Frauen eher zu derartigen Träumen neigen, sondern weist uns
auch, wenn wir die Vorgeschichte dieser Flucht in Betracht ziehen,
auf das dem ganzen Traum zugrunde liegende erotische Motiv, dessen
Ablehnung die Frau meist zur Flucht veranlaßt (Abneigung gegen
einen bestimmten Mann). Unsere Auffassung von dem mit unheimlicher Schnelle anwachsenden Tropfen Fischöls als Urinsymbol (auch
in einem Fall Krafft-Ebings vertritt das Öl den Urin) wird aufs
Schlagendste bestätigt durch eine Version bei Boas, wo die Flucht
des Mädchens dem Manne durch den — Nachttopf angezeigt wird,
was sonst absolut keinen Sinn haben könnte. Durch diesen überraschenden Beweis ermutigt, dürfen wir mit Rücksicht auf die dem
Mythus zugrunde liegende sexuelle Verfolgung des Mädchens durch
den brünstigen Mann wohl die anderen „zauberkräftigen" Elemente
der magischen Flucht in sexualsymbolischem Sinn auffassen. Der
Wetzstein und das Messer sind typische Penissymbole, deren wunderbares und rasches Anwachsen uns aus zahlreichen einwandfreien
Analysen als Bilder der Erektion geläufig sind[1] und der „Wald"
kann in diesem Zusammenhange nichts anderes als die Schamhaare
symbolisieren. Ehe man diese Deutung als willkürlich und gesucht
zurückweist, beachte man noch, daß wieder auf Grund dieser Auffassung, und nur auf Grund derselben, ein sonst unverstandenes
Detail einen guten Sinn bekommt. Wie früher der Nachttopf als
Rudiment der ursprünglichen Bedeutung isoliert in der Sage steht,
so erklärt sich aus unserer Deutung, warum bei der zweiten Wunder-
handlung gerade ein Kamm zum Wald werden muß, wenn man

---

[1] Bei Beziehung der mythologischen Traumerzählung auf einen Mann
wäre man versucht, an die durch Harndrang hervorgerufenen Morgen-
erektionen zu denken.

diesen als symbolische Darstellung des Haarwaldes auffaßt. Diese Bedeutung des „Waldes" können wir aber nicht nur aus Traumanalysen (vgl. Freud: Bruchstück einer Hysterienanalyse, Kl. Schr. II, S. 88)[1], sondern auch direkt aus verwandten mythologischen und dichterischen Bildern (der „Liebesgarten" und alle ihm entsprechenden Bilder) als allgemein-menschliche bestätigen. Es sei nur eine finnische Überlieferung (Stucken, S. 335) erwähnt, wo Wipuns Behaarung grotesk-gigantisch als Bewaldung beschrieben wird, wie auch sonst in den Kosmologien, welche die Welt aus einem Menschen entstehen lassen, die Behaarung meist zur Bewaldung wird. Auch in Ovids Darstellung von der Verwandlung des Atlas in ein Gebirge entsteht aus den Haaren der Wald (Metam. 4, 657). Dem Motiv der „magischen Flucht" liegt also ein sexueller Angsttraum zugrunde (sexuelle Verfolgung), der regressiv zum vesikalen Wecktraum wird, analog wie in den analysierten individuellen Weckträumen, wobei die fortwährende Verzögerung der Verfolgung und damit des Erwachens der Bequemlichkeitstendenz entspricht. Unterstützend mag in diesen Fällen gewiß die psychologische Tatsache mitwirken, daß ängstliche Empfindungen leicht zu Harn- und Stuhldrang führen, obwohl es für den Traum noch zweifelhaft ist, ob in ihm die (sexuell bedingte) Angst den Harndrang weckt oder der Harndrang die ängstliche Empfindung (das Bett zu benässen) im Verlauf seines Anwachsens steigert.

In diesem Sinne hat Laistner (II, 232 u. fg.) eine Reihe von Überlieferungen aufgefaßt, indem er ausführt: „Schweiß ist nicht das einzige Naß, wodurch sich ein Angstzustand verrät oder das dem Alptraum gemäß wäre (vgl. I, 45); es ist der vom Alp geplagten Menschheit nicht zu verdenken, wenn sie aus Rache die eigenen Schwächen ihm aufbürdete und keine Verantwortung für die Spuren seines Besuches übernahm. Sie erfand sogar einen Zauber, ihn an seiner angeblichen Schwäche zu fassen (Wolf: Niederl. Sag., S. 346, Nr. 254; Lütolf, S. 118).... Offenbar sitzt in krankhaft veränderten Ausscheidungen der Alp selber oder wenigstens ein Stück von ihm; das nämliche Mittel, das ihn hindert, an jungen Ziegen zu saugen (oben S. 174 f.), wird

---

[1] Dazu auch Riklin, Wunscherfüllung und Symbolik im Märchen S. 37: „der Wald auf dem sogenannten Venusberg beim Weibe." Vgl. dazu den „Berg" bei der „magischen Flucht". Einige Überlieferungen, in denen ein zauberkräftiges Instrument dem Vater die Flucht der von ihm sexuell verfolgten Tochter anzeigt, hat Riklin (l. c. S. 80 f.) mitgeteilt.

deshalb in Mecklenburg angewandt, um Kindern die Unreinlichkeit abzugewöhnen (Wuttke: Der deutsche Volksaberglaube, § 540)." So erklärt sich die Vorstellung, daß „der Alp netzt" (vgl. I, 49): wo der Scherber steht, wird es naß am Boden: die Gongers auf Sylt hinterlassen ein Floß salzigen Wassers in der Stube; der griechische Kalikantsaros pißt in die Herdasche und in alle offenen Gefäße und wäscht sich mit dem darin vorgefundenen Wasser den Körper. Wenn nun der wilde Jäger sich gleichfalls wäscht und die wilde Jägerin zu eben diesem Zweck ihr eigenes Wasser nimmt (Jahn, S. 17, Nr. 19; Bartsch 1, 7. 19, Nr. 8. 23, 2; Kristensen, Jyske Folkeminder 4, 146, Nr. 210), so scheint dieser Zug, dem wir hier nicht weiter nachgehen können, mit dem von den netzenden Hunden in Zusammenhang zu stehen, und wiewohl die Auffassung, es habe eine naturmythische Zubildung zur Lursage vom wilden Jäger stattgefunden, durchaus zulässig wäre, müssen wir uns doch bedenken, sie einzuräumen. Völlig zu der unreinlichen Gewohnheit des Kalikantsaros stimmt das Betragen der Hunde in vogtländischen Sagen; es hat sich einer von der wilden Jagd in einen Graben versteckt, aber jeder der vorbeirasenden Hunde hält bei ihm an und hebt das Bein auf, so daß seine Kleider noch lange unbrauchbar waren (Eisel, S. 121, Nr. 313). Und ganz Übereinstimmendes wird aus Pommern gemeldet (Hofer in Pfeiffers Germ. 1, 103). Auch an eine schwäbische Sage ließe sich denken. Bei Ellwangen geht der Geist eines Jägers um; ein junger Bursche rief ihn einst bei seinem Spottnamen Hosenflecker und forderte zu trinken, er sei durstig, da erschien der Jäger im höchsten Zorn mit einem Fäßlein, aus dessen Spundloch ein feuriges Naß sich ergoß, und warf dann den Jungen mit solcher Wucht in den Graben, daß er in der Frühe übel zugerichtet nach Hause wankte (Birlinger 1, 13, Nr. 11).... Wenn Pferde krank und schweißtriefend im Stalle gefunden werden, so heißt es, der Alp habe sie geritten: aus der Erschöpfung, in welcher der Mensch vom Alptraum zu erwachen pflegt, wird auf ein Alperlebnis des erschöpften Tieres geschlossen; die Sage weiß dann vom Schaum des Schimmels, den der wilde Jäger reitet, zu berichten, er habe sich in Gold verwandelt (Jahn, S. 12, Nr. 12)....

*   *   *

Haben wir die für den Harndrang- und den ihm parallel geschichteten Geburtstraum charakteristische Symbolbildung als all-

gemein menschliche erkannt, so dürfen wir sie auch in einem
bedeutsamen und weitverbreiteten völkerpsychologischen Gebilde
wiedererkennen, das sich uns im Verlaufe unserer Untersuchung
wiederholt aufdrängen mußte. Der herabströmende Regen, das stete
Anschwellen des Wassers, die damit verbundene Gefahr, die Rettung
in einem der Größe des Wassers entsprechenden Schiff: all das
drängt zur Auffassung, daß auch die Flutsagen mit einer tiefreichenden Schichte ihrer Bedeutung in diesen psychischen Zusammenhang einzureihen sind. Es kann sich hier nicht um eine eingehende
Untersuchung all dieser durch Zeit und Raum so weit getrennten
Überlieferungen bei Kultur- und Naturvölkern handeln, welche dem
Gestaltungs- und Bedeutungswandel dieses zum Teil hochkomplizierten Mythus im einzelnen nachgeht. Wir kennen heute bereits
gegen 200 verschiedene Flutsagen, die rein stofflich schon eine
eigene Bearbeitung erfordern würden. Wir wollen uns hier damit
begnügen, das ungeheuere Material auf Grund der erkannten Symbolik schematisch zu sondern und von den ziemlich gut voneinander
zu lösenden Schichtungen zwei dem Unbewußten angehörige und
darum bis jetzt nicht beachtete besonders hervorzuheben. Wir be-
tonen aber dabei nachdrücklich, daß wir die anderen Bedeutungen
keineswegs zu leugnen oder in ihrer Geltung zu beeinträchtigen
suchen, sondern sie für diesmal nur als längst und allgemein bekannt
beiseite lassen. Dazu gehört z. B. die späte ethisch-religiöse Tendenz,
die dem ursprünglichen Mythus — wie manche Parallelen bei den
Naturvölkern zeigen — völlig abgeht und die sich charakteristisch
bis in die Rationalisierung des Namens erstreckt, die aus der Sintflut, d. h. der großen Flut (sint = groß, ungeheuer) eine „Sündflut"
als Strafe Gottes gemacht hat. Auch wollen wir die Berechtigung
der ethnographischen Deutung, welche die Sage als Erinnerung an
ein verheerendes Naturereignis auffaßt, hier nicht näher prüfen,
nur bemerken, daß dieser Standpunkt, den für die babylonisch-bi-
blische Sage noch Eduard Sueß (Das Antlitz der Erde, Bd. I, S. 25 ff.)
vertreten hat, von den Mythologen abgelehnt wird, welche diese Überlieferungen als echtes mythisches Gut betrachten. So hält auch
Wundt (l. c. S. 457) es für „wenig wahrscheinlich, daß bei irgend
einer dieser Sagen die geschichtliche Erinnerung an ein einzelnes
Naturereignis im Spiel gewesen sei, wie dies vielfach angenommen
worden ist". Wir stehen somit auf mythischem Boden, in dessen

10*

Bereich das symbolische Denken Geltung besitzt. Wenn wir nun
wirklich die Sagen von der großen, verheerenden Flut, aus der ein
Menschenpaar oder ein Mensch (eben der Träumer) durch Rettung
in einem schwimmenden Kasten (Schiff) heil hervorgeht, mit der
aus den Harndrangträumen erkannten Symbolik besser zu verstehen
glauben, so bestärkt uns in diesem anscheinend recht kühnen Unternehmen ein höchst beachtenswerter Umstand. Das gewaltige Material
der Flutsagen ist ein ziemlich disparates und ungleichwertiges: Neben
ganz einfachen schmuck- und tendenzlosen Berichten, wie sie sich
besonders bei Naturvölkern finden, kennen wir hochkomplizierte
Bildungen, wie beispielsweise den biblischen Bericht, die in eine ganze
Schöpfungsgeschichte eingekleidet sind. Dazu kommt noch eine
Reihe von anderen Überlieferungen, die nicht unter dem Namen der
Flutsagen gehen, aber von den Mythologen mit Recht der gleichen
Gruppe zugerechnet werden, weil sie die gleichen Elemente wie die
Flutsagen, wenn auch in anderer Einkleidung, enthalten. Solche Überlieferungen sind insbesondere: der Aussetzungsmythus (Wundt:
Truhenmärchen) und die Verschlingungssagen. Nun stimmt es
auffällig mit unseren Wecktraumanalysen überein, daß diese beiden
den Flutsagen analogen Mythengruppen sich als symbolische Darstellungen des Geburtsvorganges erwiesen haben. Für die Verschlingungsmythen wäre dieser Nachweis an Hand des reichhaltigen
von Frobenius (Das Zeitalter des Sonnengottes, Berlin 1904, Bd. 1)
gesammelten Materials leicht im Detail zu erbringen. Doch mag hier
eine schematische Inhaltsangabe und Deutung dieser meist als Wal-
fischsagen eingekleideten Überlieferungen hinreichen. Der Held wird
entweder als Knabe oder Erwachsener (manchmal auch mit seiner
Mutter, seinen Brüdern usw.) von einem ungeheueren Fisch verschlungen, ganz wie in der biblischen Jonassage, und schwimmt eine
Zeitlang im Fischbauch auf dem Meere. Zur Stillung des Hungers
beginnt er häufig das Herz des Fisches abzuschneiden, entzündet ein
Feuer in dessen Innern und wird endlich von dem Ungetüm ans
Land gespien oder gelangt durch Aufschlitzen des Bauches ins Freie.
Frobenius hat diese zahlreichen und mannigfach variierten Über-
lieferungen, besonders mit Rücksicht darauf, daß dem Helden meist
infolge der großen Hitze im Innern des Tieres das Haar (Strahlen)
ausfällt, als Sonnenuntergangs- respektive Aufgangssymbole betrachtet.
Diesen himmlischen Ursprung des Mythos hat jedoch bereits Wundt

(l. c. 244) abgewiesen, indem er den menschlichen Inhalt der Vorstellungen betonte (S. 262) und ihre Beziehungen zum Truhenmärchen
und zur Flutsage hervorhob. Auf Grund unserer Kenntnis der Traumsymbolik und der infantilen Sexualtheorien[1] kann uns die Bedeutung
dieses Verschlingungsmythos als infantile Auffassung der Schwangerschaft (Aufenthalt im Mutterleib) und des Geburtsvorganges kaum
zweifelhaft sein; manche der Überlieferungen symbolisieren den Geburtsvorgang mit aller detaillierten Deutlichkeit (vgl. Beispiel F.,
S. 66 bis 68, u. v. a. bei Frobenius) und meist spielt in der Geschichte überdies auch eine Schwangere eine Rolle. Der Aufenthalt
im „Bauch" und die Ernährung im Mutterleib kann wohl nicht deutlicher geschildert werden und nur die Verblendung allem gegenüber,
was mit der Sexualität in Verbindung steht, konnte diese Bedeutung
des Mythus bis jetzt übersehen. Der ursprünglich feindliche und dann
zum „Retter" gewordene Fisch ist in der Flutsage zum bergenden
Schiff (das lautlich merkwürdigerweise der Umkehrung von Fisch
entspricht) und im Aussetzungsmythus zum schützenden Kasten oder
Körbchen geworden, symbolisiert aber überall in gleicher Weise den
bergenden Mutterschoß[2]. In der indischen Flutsage ist es beispielsweise ein Wunderfisch, der die Arche Manus dem rettenden Berge
zuführt. Es ist übrigens kein Zufall, daß Manu, der einzige, der mit
Hilfe seines Fisches die Sintflut überstanden hat, mit seiner Tochter
Ilâ das neue Menschengeschlecht erzeugt (nach Jung, Jahrbuch IV,
S. 194[2]), wie Lot nach dem Sintbrand. Für den Aussetzungsmythus habe ich den Nachweis der Geburtsbedeutung im „Mythus
von der Geburt des Helden" erbracht, wo ich bereits andeutete
(S. 71 Anm.), daß die Flutsagen nichts anderes zu sein scheinen
als der universelle Ausdruck des Aussetzungsmythus[3], der die feind-

---

[1] Dazu gehören: Die Befruchtung durch Verschlucken, das Gebären
durch Aufschneiden des Bauches (Rotkäppchen), durch Ausspeien (Kronos)
und auf dem Wege eines Exkrementes (vgl. Frobenius, S. 90, 92, 125).
Siehe „Völkerpsychologische Parallelen zu den infantilen Sexualtheorien".

[2] Vgl. dazu auch die interessanten Geburtsphantasien einer Dementia-
praecox Kranken, die S. Spielrein im Jahrbuch f. Psychoanalyse, III,
S. 367 fg. analysiert hat; z. B. „Schiffsgefahr" = Abortus usw.

[3] Die Flutsagen werden auch aus rein mythologischen Gründen mit
den Aussetzungs- und Verschlingungsmythen in Parallele gesetzt, z. B. von
Wundt, Frobenius u. v. a., weil die Übereinstimmung in den einzelnen

liche Aussetzung (Geburt) des Helden meist durch den Vater im
Kästchen ins Wasser und seine wunderbare Rettung durch hilf-
reiche Tiere (vgl. den rettenden Fisch) oder gutherzige Menschen
zum Inhalt hat. In der Sintflutsage ist die ganze Menschheit in
einem ihrer besten Vertreter zum Helden geworden, der zürnende
Vater erscheint als der himmlische und auch hier erfolgt die Rettung
(i. e. Wiedererzeugung) des Menschengeschlechtes aus der großen
Gefahr. Ja, die biblische Aussetzungssage von Moses bietet insofern
das direkte Gegenstück zur biblischen Flutsage von Noah, als der
verpichte Kasten, in dem Noah auf dem Wasser schwimmt, im
Alten Testament mit demselben Worte (tebah) bezeichnet ist wie
das Gefäß, in dem der kleine Moses ausgesetzt wird (Jeremias:
Das Alte Testament im Lichte des alten Orients, 2. Aufl., Leipzig
1906, S. 250). Flutsage und Aussetzungsmythus bedienen sich also
ebenso der gleichen Symbolik wie der vesikale Harnreiz- und der
sexuelle Geburtstraum und die zwei Formen oder Bedeutungs-
schichten der Flutsagen entsprechen vollauf bis ins Detail der im
Wecktraum aufgedeckten Übereinanderlagerung von vesikaler und
sexueller Symbolik. Zum Unterschied von dem vorwiegend sexual-
symbolisch eingekleideten Verschlingungs- und Aussetzungsmythus,
der die Geburtsgeschichte und den Familienroman betont, ist in der
Flutsage der Hauptakzent auf die große stets anwachsende und
gefahrdrohende Wassermenge gelegt, was auf einen überwiegend
vesikalen Anteil bei dieser Sagengruppe zurückzuführen sein dürfte.
Unter den Flutsagen selbst gibt es dann, wie bereits erwähnt, wieder
solche, die fast nur den vesikalen Traum widerspiegeln (die einfachen und schmucklosen mancher Naturvölker), andere, die über
diese primitive (infantile) Schichte die spätere sexuelle gelagert zeigen
(wie der biblische Bericht), der ja eine vollständige Wiedergeburt
des Menschengeschlechtes enthält. Die ethisch-religiöse Tendenz wird
uns in diesem Bericht als dritte oberste Schichte verständlich, die
die sexuelle Bedeutung wieder zu verleugnen sucht und als Niederschlag ihrer Verdrängung anzusehen ist, indem die Strafe der Sintflut wegen der sexuellen Ausschweifungen und der damit verbundenen

---

Elementen, namentlich den symbolischen Details, zu auffällig ist. Wir suchen
diese Zusammengehörigkeit hier von der psychologischen Seite zu erweisen
und zugleich zu verstehen.

Vermehrung (Geburten) der Menschen verhängt wird[1], ähnlich wie in der biblischen Sintbrandsage[2], der Zerstörung Sodoms und Gomorrhas. Hier zweigt dann der Weg in eine andere psychische Schichte ab, die einen Hauptanteil der Triebkraft für die Mythenbildung liefert. Dieser anstößige und sträfliche Sexualverkehr erweist sich bei eingehender Untersuchung nicht nur, wie das Alte Testament deutlich zeigt, fast immer als ein inzestuöser (Lotsage) oder als sonst speziell verbotener und anstößiger, sondern auch dem Aussetzungsmythus liegt ja der gleiche zum Familienroman ausgebildete Komplex zugrunde. Und so werden wir uns nicht wundern, wenn die Sintflutsage, wie im biblischen Bericht, auf die völlige Vernichtung des „sündhaften" Menschengeschlechtes ausgeht und dann der oder die einzig übriggebliebenen Menschen das neue Geschlecht notwendigerweise durch Inzestverbindungen wieder erschaffen müssen, wie noch deutlich in der Sintbrandsage von Lot und seinen Töchtern und überhaupt in den meisten Flutsagen, besonders der Naturvölker[3]. Andere Male erscheint die Wiederkehr des verdrängten (bestraften) Inzests verdeckt oder symbolisch eingekleidet (vgl. Abschn. VI). Diese Wiederkehr des Inzests löst sich dann bei weiterer Analyse in eine einfache Rechtfertigung der Inzestphantasien durch Schaffung einer Situation, in der ihre Durchsetzung nicht nur erlaubt, sondern im Interesse der Erhaltung des Menschengeschlechtes geradezu gefordert wird. Diese ganze psychosexuelle Phantasiebildung von infantilen Zeugungstheorien (Inzest) und Geburtsauffassungen ist aber im Wecktraum wie in den ihm entsprechenden Mythenbildungen unterfüttert von der frühinfantilen und regressiv wiederbelebten Harnerotik, mit deren Verdrängung die psychische Schichtung einsetzt. Das ist aber individuell und entwicklungsgeschichtlich gegeben durch die Einschränkung der natürlichen Verrichtungen auf gewisse Zeiten und

---

[1] Genesis, Kapitel 6: „Da h aber die Menschen beginneten zu mehren auf Erden, und zeugten ihnen Töchter; da sahen die Kinder Gottes nach den Töchtern der Menschen, wie sie schön waren, und nahmen zu Weibern, welche sie wollten."

[2] Auch bei der Sintflut wird das verderbliche Naß warm gedacht. Die Sanhedrinstelle spricht von „heißem Wasser", wie die Sintflut im Koran. — Der Prophet des babylonischen Exils nennt die Sintflut mê Nô'ách, das Wasser Noahs. Bei der Sintflut fällt trüber Regen und Kot (vgl. Schultz. Einl. in d. popul. Wissensch., S. 46).

[3] Siehe Frazer: The Folk Lore in the Old Testament. London 1919, vol. I, bes. p. 195 ff.

unter Schamempfindung (vgl. noch unser „auf die Seite gehen"). Daher entsteht auch die große, verderbliche Flut, aus der dann das neue Menschengeschlecht hervorgeht, meist aus einem ungeheueren Regen, den wir als typisches Urinsymbol bereits kennen, und der in anderen Überlieferungen mit sexueller Symbolbedeutung als das die Mutter Erde befruchtende Naß, als Sperma, erscheint[1].

Dem Mythus, der Sage, dem Volksglauben und der Sprache ist die Analogisierung von Regen und Harn völlig vertraut. Ehrenreich (Die allgem. Mythologie, Leipzig 1910, S. 140) bemerkt bezüglich des Regens, daß er „auffallend häufig als Exkret (Harn, Schweiß, Speichel) eines himmlischen Wesens gefaßt" werde. So sehen beispielsweise die Antillenbewohner im Regen den Harn und Schweiß ihres Zemes (Ahnengottheiten), wie gleichfalls Ehrenreich (Die Mythen und Legenden der südamerikanischen Urvölker, 1905, S. 15) anführt. Daraus erklärt sich auch die häufige Anschauung, daß die himmlischen Lichtkörper urinieren (siehe Schwartz: Sonne, Mond und Sterne, S. 30 fg.). Nach A. v. Humboldt („Kosmos") nennen gewisse südamerikanische Indianer die Sternschnuppe „Harn der Sterne". Beweisend für die völkerpsychologische Grundlage der in den Träumen verwerteten Symbolisierung des Urinierens durch Regnen ist ein Hinweis Goldzihers (Der Mythos bei den Hebräern, S. 89) auf die etymologische Abkunft des arabischen Gewitter- und Regengottes, dessen Name, Kuzah, von der Bedeutung urinieren abgeleitet ist, welches (speziell in bezug auf Tiere) dem entsprechenden Verbum eigen ist. „Das Regnen ist hier im Mythos als ein Urinieren aufgefaßt, was Kennern der mythologischen Phraseologie nicht fremdartig klingen wird. Dieser Umstand regt dazu an, das hebräische Wort bûl = Regen, dann Regenmond, in Verbindung zu bringen mit arabisch bâla, jabûlu, was urinieren bedeutet."

---

[1] Hier mündet der im II. Abschnitt (S. 27) erwähnte Mythenkomplex von der Befruchtung der Erde unter dem Bilde der menschlichen Begattung in die Sintflutsagen ein. So verbindet sich Jasion als Gott des Himmels mit der Erdenmutter (Demeter) und befruchtet sie, wofür ihn Zeus mit dem Blitz erschlägt. Er selbst naht sich aber auch im Gewitter der Semele, weil der Gewitterregen die Fruchtbarkeit der Erde erhöht. Ähnlich vermählt sich (nach Ilias XIV, 347) Zeus mit seiner Schwester Hera, wobei unter ihrem Lager Blumen und Kräuter aller Art hervorsprossen, und durch die Hochzeit des Hermes mit der Hekate wird (nach Theog. 411) den Hirten und Ackerbauern reicher Segen zuteil.

Die Zurückführung der Flutsagen in einer ihrer tiefsten Schichtungen auf den vesikalen Traum ist jedoch nicht, wie böswillige Kritiker vielleicht meinen, eine mutwillige Erfindung der Psychoanalytiker, sondern drängt sich bei vorurteilsfreier Prüfung des Materials auch anderen Forschern auf. Und wenn auch erst psychoanalytische Ergebnisse und Methodik die breite allgemeinmenschliche Fundierung dieser Auffassung anzubahnen vermögen, so finden sich doch Andeutungen davon bereits bei einzelnen Mythologen. So bringt Stucken (l. c. S. 264 Anm.) auf Grund einer esthnischen Überlieferung die Flutsagen mit dem Urinieren in Verbindung und ähnlich spricht W. Schultz[1] mit Hinweis auf vereinzelte Überlieferungen von einem Ursprung der Sintflut aus dem cunnus.

Einer Verknüpfung, die sich mit typischer Wiederkehr in unseren nächtlichen Träumen, in Glaube, Sprachgebrauch und Witz, in Sagen- und Mythenbildung der Kultur- und Naturvölker, sowie in den seltsam ähnlichen Produktionen der Gemüts- und Geisteskranken in gleicher Weise findet, muß wohl ein sehr allgemeiner und allermenschlichster Inhalt zugrunde liegen. In wie disparaten psychischen Gebilden sich die gleichen Beziehungen immer wieder verraten, sei schließlich noch an der Gegenüberstellung dreier grundverschiedener Gestaltungen des gleichen Komplexzusammenhanges gezeigt.

In seiner Studie über „die Sexualität der Epileptiker" (Jahrbuch I) hat Maeder unter anderem den sehr interessanten Fall eines mit Koprophagie und Urolagnie behafteten Patienten mitgeteilt, der eine Reihe der typischen „infantilen Sexualtheorien" aufweist. So glaubt Patient, daß im Urin der Samen enthalten ist. (Zahlreiche Patientinnen sagen, sie dürfen weder Urin noch Milch trinken, sonst werden sie schwanger.) Der Urin ist für ihn der Anteil des Mannes an der Schöpfung eines neuen Lebewesens. Der „Brunzel" werde bei der Annäherung mit der Frau eingeführt, das „Brunzeln" selbst sei der wichtigste Akt. Am nächsten Tage ist der Boden der Zelle ganz naß: „ich habe mich hingelegt und laufen lassen; das verbreitet das Leben, eine Zeugung hat stattgefunden". In diesem Stadium erlebt er regelmäßig die Sintflut, die er selbst, als

---

[1] Das Geschlechtliche in gnostischer Lehre und Übung (Zeitschrift für Religionspsychologie, Band V, 1911, Heft 3, S. 85, Anmerkung 1).

Gott, durch Urinieren macht. Er betont gern: Sündflut, er hat
gesündigt. Eine. Jugendfreundin tritt regelmäßig als Eva auf. Die
Epilepsie sei auch eine Buße für die Sünde" (S. 146). Ein anderer
von Nelken beobachteter Schizophreniker, der gleichfalls koprophage
und ähnliche Phantasien (Samenschlucken) hatte, uriniert im kata-
tonischen Anfall auf den Zimmerboden und hält sein Glied krampf-
haft mit der Hand. „Er hatte auch den Eindruck, daß der ganzen
Welt eine Überschwemmung drohe; es kommen Mäuse und
Ratten und nagen an seinen Geschlechtsteilen." — Die Bedeutung
der Überschwemmung erklärt Patient selbst folgendermaßen: „Es
drohe der ganzen Welt eine Überschwemmung, wobei alle Menschen
ertrinken werden. Das Meer enthält ja Salzwasser, das Salz erzeugt
Hitze [Sintbrand]. Wenn man den Durst nicht löschen kann, dann
muß man furchtbare Folterqualen ausstehen und je mehr man trinkt,
desto größer wird der Durst." (Jahrbuch IV, S. 517.) Wir sehen
hier nicht nur, daß der Geisteskranke den vesikalen Traum, den
wir träumen, in Handlung umsetzt, ihn zu realisieren sucht, weil er
für ihn lustvoll ist, sondern wie er ihn, ganz wie in der oberen
Traumschichte, sexualisiert. Aber nicht nur die Zeugung symbolisiert
ihm der Akt, sondern direkt, in völliger Analogie zu der Traumsymbolik, auch den Geburtsvorgang. Einmal trifft man ihn nackt
auf dem Boden der Zelle, in seinem Urin badend, „es habe
eine Entbindung stattgefunden" (S. 145).

Diesem pathologischen Ausdruck der Symbolbedeutung und
dem von ethischer Tendenz durchdrungenen biblischen Bericht stellen
wir eine naive Sage der amerikanischen Naturvölker und schließlich
ein Detail aus einer hochwertigen mythischen Erzählung der Antike
gegenüber. Es klingt fast wie eine ironisierende Umkehrung der
biblischen Flutsage, wo die Arche „am siebenzehnten Tage des
siebenten Monats" sich auf dem Gebirge Ararat niederläßt, wenn in
einer Mythe aus Heiltsuk (Frobenius I, S. 299) Mann und Frau
auf dem Gipfel eines Berges ein Boot bauen. „Der junge Mann
wundert sich, wie dies wohl zum Meere hinabkommen würde. Die
Frau beruhigt ihn aber. Sie laden Nahrungsmittel in das Boot. Dann
setzen sie sich hinein — oben auf dem Berggipfel. Dann fing aber
die Frau an zu harnen und aus ihrem Harn entstand ein großer
Fluß. Auf dem Fluß begaben sie sich fort."

Endlich besitzen wir noch eine für unsere Beweisführung sehr

wertvolle Überlieferung der Antike, welche die aufgedeckten Beziehungen wie in einem Brennpunkt zusammenfaßt. In der bekannten
Herodotischen Version der Kyrossage (I, 107 u. ff.) wird ein
Traum des später von Kyros seiner Königswürde beraubten Astyages
berichtet, welcher seine Tochter Mandane betrifft. „Einst sah er
sie im Traum, wie so viel Wasser von ihr ging, daß seine
ganze Stadt davon erfüllt und ganz Asien überschwemmt
wurde." In der weniger bekannten Ktesianischen Version der Sage
wird dieser Traum psychologisch getreuer der mit dem zukünftigen
Kyros bereits schwangeren Mandane selbst zugeschrieben[1], die vielleicht in noch deutlicherer vesikaler Symbolik träumt, „es sei so
viel Wasser von ihr gegangen, daß es einem großen Strome gleich
geworden, ganz Asien überschwemmt habe und bis zum Meere ge-
flossen sei". Dieser so überraschend an die Flutsagen anklingende

---

[1] Daß der Traum bei Herodot dem Vater zugeschrieben wird, erscheint uns keineswegs als willkürliche Variante, denn in dem der Sage zugrunde liegenden Familienroman ist es regelmäßig der leibliche Vater des
noch ungeborenen Knaben, dem ein verhüllter Traum Gefahr und Verderben
vom Sohne prophezeit. Aus dem ganzen mythischen Material und dem psychologischen Zusammenhang ist dieser dem Astyages zugeschriebene Traum
als symbolisch eingekleideter Inzest mit der Tochter aufzufassen, die er wie
andere ähnlich gesinnte Väter keinem Manne gönnt und strenge bewachen
läßt. Das zur Welt gebrachte Kind wäre dann sein eigener Sohn wie
in den meisten verwandten Überlieferungen und seine Aussetzung erfolgte
dann, wie in einer Reihe anderer Sagen, um die eingetretenen Folgen des
Inzests zu vertuschen. Der Kreis der Beweisführung in diesem Sinne wird
geschlossen durch die einander ergänzenden und deutenden Berichte des
Herodot und Ktesias. Nach dem ersten ist Kyros ein Sohn von Astyages
Tochter, nach dem zweiten nimmt er aber nach Bezwingung des Astyages
dessen Tochter, also seine Herodotische Mutter, zur Frau und tötet ihren
Mann, der bei Herodot als sein Vater auftritt. Wie der Traum Cäsars vom
Geschlechtsverkehre mit der Mutter von den Magiern als Ankündigung von
der Besitzergreifung der Mutter Erde rationalistisch ausgelegt wird, so darf
man hier umgekehrt den Traum von dem durch eine ungeheure Flut be-
näßten cunnus der Tochter seinem latenten Inhalt nach als Geburtstraum
auffassen, dem speziell der Geschlechtsakt zwischen Vater und Tochter zugrunde liegt, der aber bereits auf die gleiche Besitzergreifung der Mutter
(ganz Asien, Mutter Erde) durch den Sohn hindeutet. Deswegen wird dieser
eben von dem eifersüchtigen Vater ausgesetzt, aber entgeht doch seinem für
ihn sieg- und ruhmreichen Schicksal nicht. (Vgl. dazu: Der Mythus von der
Geburt des Helden.)

Traum[1] ist seinem manifesten Inhalt nach ein unzweideutig vesikaler Traum, da ja das Wasser aus dem cunnus fließt. Und doch wird derselbe Traum im Zusammenhang der Sage seinem latenten, dem Träumer selbst unbewußten Gehalt nach als Geburtstraum gedeutet und aufgefaßt. Astyages legt nämlich diesen Traum den Traumdeutern unter den Magiern vor, die daraus schließen, daß die (bei Herodot noch unvermählte, bei Ktesias bereits schwangere) Tochter einen Sohn gebären werde, dessen Herrschaft sich — wie das Wasser — über ganz Asien erstrecken und dem König selbst Verderben bringen werde. Die mythische Überlieferung kennt also hier selbst noch die doppelsinnige Schichtung des Traumes, die wir in den individuellen Traumanalysen aufdecken konnten.

---

[1] Interessanterweise wird in der altbabylonischen Flutsage, wie sie Berosus überliefert, König Xisuthros durch einen göttlichen Traum gewarnt, daß alle Menschen in einer großen Flut umkommen, er selbst aber mit seiner Familie in einem Schiff gerettet werden würde.

VIII.

„NACHTRÄGLICHER GEHORSAM" ALS SAGENMOTIV [1].

I.

Die Brüder Grimm berichten in ihren „Deutschen Sagen" (Berlin 1816, Bd. I, S. 310) unter dem Titel: „Zum Stehen verwünscht" folgende merkwürdige Begebenheit:

„Im Jahre Christi 1545 begab sich's zu Freiberg in Meissen, daß Lorenz Richter, ein Weber seines Handwerks, in der Weingasse wohnend, seinem Sohn, einem Knaben von 14 Jahren, befahl, etwas eilend zu tun; der aber verweilte sich, blieb in der Stube stehen und ging nicht bald dem Worte nach. Deswegen der Vater entrüstet wurde und im Zorn ihm fluchte: „ei stehe, daß du nimmermehr könnst fortgehen!" Auf diese Verwünschung blieb der Knabe alsbald stehen, konnte von der Stelle nicht kommen und stand so fort drei ganzer Jahre an dem Ort, also daß er tiefe Gruben in die Dielen eindrückte, und ward ihm ein Pult untergesetzt, darauf er mit Haupt und Armen sich lehnen und ruhen konnte. Weil aber die Stelle, wo er stand, nicht weit von der Stubenthüre und auch nahe am Ofen war, und deshalb den Leuten, welche hineinkamen, sehr hinderlich, so haben die Geistlichen der Stadt auf vorhergehendes fleißiges Gebät ihn von selbem Ort erhoben und gegenüber in den anderen Winkel glücklich und ohne Schaden, wiewohl mit großer Mühe, fortgebracht. Denn wenn man ihn sonst forttragen wollen, ist er alsbald mit unsäglichen Schmerzen befallen und wie ganz rasend worden. An diesem Ort, nachdem er niedergesetzt worden, ist er ferner bis ins vierte Jahr gestanden und hat die Dielen noch tiefer durchgetreten. Man hatte nachgehends einen Umhang um ihn geschlagen, damit ihn die aus- und eingehenden nicht also sehen konnten, welches auf sein Bitten

---

[1] Aus „Zentralblatt", I. Jahrgang, 1911, S. 576 bis 580.

geschehen, weil er gern allein gewesen ist und vor steter Traurig-
keit nicht viel geredet. Endlich hat der gütige Gott die Strafe in
etwas gemildert, so daß er das letzte halbe Jahr sitzen und sich in
das Bett, das neben ihn gestellt worden, hat niederlegen können.
Fragte ihn jemand, was er mache, so gab er gemeiniglich zur Antwort,
er leide Gottes Züchtigung wegen seiner Sünden, setze alles in dessen
Willen und halte sich an das Verdienst seines Herrn Jesu Christi,
worauf er hoffe selig zu werden. Er hat sonst gar elend ausgesehen,
war blaß und bleich von Angesicht, am Leibe gar schmächtig und
abgezehrt, im Essen und Trinken mäßig, also daß es zur Speise oft
Nöthigens bedurfte. Nach Ausgang des siebten Jahrs ist er dieses
seines betrübten Zustands den elften September 1552 gnädig ent-
bunden worden, indem er eines vernünftigen und natürlichen Todes
in wahrer Bekenntnis und Glauben an Jesum Christum selig ent-
schlafen. Die Fußstapfen sieht man auf heutigen Tag in obgedachter
Gasse und Haus (dessen jetziger Zeit Severin Tränkner Besitzer ist),
in der oberen Stube, da sich diese Geschichte begeben, die erste
bei dem Ofen, die andere in der Kammer nächst dabei, weil nach-
gehender Zeit die Stuben unterschieden worden.”

    Mag nun dieser historisch glaubhaft geschilderte Fall von
hysterischer Lähmung eine bloße Erfindung wundersüchtiger Zeiten
sein oder mag er sich faktisch zugetragen haben und vielleicht nur
in moralisch-tendenziöser Weise ausgeschmückt worden sein, psychologisch bleibt er in jedem Falle gleich wahrhaftig, aber auch gleich
rätselhaft und unerklärlich, sowohl als individuelles psychoneurotisches
Symptom wie als universelle Schöpfung des gesunden Volksgeistes.
Die psychoanalytische Forschung hat jedoch im psychischen Mechanismus der Neurose einen Vorgang aufzeigen können, dessen Wirkungen dem in der Grimmschen Erzählung geschilderten Symptom
völlig gleichen. Freud hat diese Erscheinung als „nachträglichen
Gehorsam” bezeichnet und versteht darunter nachträgliche Wirkungen
von Geboten und Drohungen in der Kindheit, die sich erst viel später,
oft nach jahre- oder dezennienlangen Intervallen in der Determinierung
der späteren Krankheitssymptome äußern[1].

    Spielt nun auch in unserer mit dramatischer Eindringlichkeit

---

[1] Vgl. Jahrbuch für psychoanalytische und psychopathologische Forschungen, Bd. I, 1909, S. 23.

wiedergegebenen Krankengeschichte dieser Intervall keine Rolle und ist die Erscheinung also eher als „übertriebener” (neurotischer) Gehorsam zu bezeichnen, so weist sie doch mit erstaunlicher Übereinstimmung dieselbe Genese und die gleichen psychischen Mechanismen auf, wie sie sich aus der psychoanalytischen Erforschung derartiger Fälle ergeben haben. So ist es vor allem charakteristisch und ganz im Sinne der Freudschen Auffassung, daß es sich um ein Verbot des Vaters handelt, dessen überwiegende Bedeutung für die Entwicklung und Gestaltung einer späteren Neurose sich immer unzweifelhafter erweist[1]. Der mahnende, gebietende oder verbietende Elternteil taucht im Bild der Neurose unter den verschiedensten Formen immer wieder auf. So berichtet Ferenczi[2] einen Fall von nachträglichem Gehorsam bei einem 26jährigen Schneiderlein, das äußerst suggestibel war und Anästhesien, Lähmungen usw. ganz nach dem Willen des Arztes bekam. Er war jahrelang somnambul, stand bei Nacht auf, setzte sich zur Nähmaschine und arbeitete an einem halluzinierten Stoffe bis man ihn weckte[3]. „Auch seine jetzigen Anfälle beginnen mit Beschäftigungsdrang. Er glaubt eine innere Stimme zu vernehmen: ‚Steh auf!’, dann setzt er sich auf, zieht das Nachthemd aus, macht Nähbewegungen, die in generalisierte Krämpfe ausarten . . . Mit dem Rufe ‚steh auf’ hat ihn seinerzeit sein Vater allmorgentlich geweckt, und der Arme scheint noch immer Befehle auszuführen, die er als Kind vom Vater und als Lehrling vom Chef erhalten hat.” Solch mächtige psychische Nachwirkungen lassen sich jedoch nicht als einfache Folge akzidenteller Gebot- oder Verbottraumen verstehen, sondern erscheinen nur plausibel auf dem Boden der psychosexuellen Familienkonstellation, in der Freud den „Kernkomplex der Neurosen”[4] erblickt. Unter dieser psychoanalytisch gerechtfertigten Voraussetzung der oppositionellen Einstellung des Sohnes gegen den Vater erklärt sich auch der psychische Mechanismus

---

[1] Siehe Jung, Die Bedeutung des Vaters für das Schicksal des einzelnen. Ebenda.

[2] „Introjektion und Übertragung.” Ebenda, S. 447.

[3] Ähnliche Wahrnehmungen in phantastischer Einkleidung scheint das bekannte Märchen von den Wichtel- oder Heinzelmännchen (Grimm, Nr. 39) wiederzugeben, die als hilfsreiche Geister nächtlicherweile die Arbeit vollenden. Vgl. dazu R. Hennig: Die fleißigen Heinzelmännchen. Zur Psychologie der Traumhandlungen. Gartenlaube 1908, Nr. 49.

[4] Vgl. Jahrbuch I, S. 394 Anm.

dieses neurotischen Symptoms, das man mit Rücksicht auf den Anfall, den jeder Versuch einer Fortbewegung auslöst, vielleicht eher als Phobie zu bezeichnen hätte. Man versteht so schon die Zögerung des gegen die väterliche Autorität protestierenden Knaben in der Ausführung des Befehls, versteht aber auch den scheinbar unberechtigten Zornesausbruch des längst unwillig gewesenen Vaters[1] und versteht endlich den psychologischen Mechanismus der neurotischen Reaktion des Jungen, die mehrfachen Regungen zum Ausdruck dient. Das Auffälligste daran ist wohl die paradoxe Gegenüberstellung des übertriebenen Gehorsams beim zweiten Gebot (dem Fluch), den wir zunächst als Reaktion auf den unterlassenen Gehorsam dem eigentlichen Befehl gegenüber aufzufassen geneigt sein werden. Von dieser Seite erscheint das Symptom wirklich als Ausdruck der Reue wegen des Ungehorsams gegen den Vater, den nun der übertriebene Gehorsam wettmachen soll. Im eigentlichen Sinne ist jedoch das Symptom als ein Ausdruck des Trotzes gegen den Vater zu verstehen; denn seine Überkompensation wird dem Wunsche des Vaters ebensowenig gerecht wie die ursprüngliche Weigerung. Indem der Sohn den Akt des Gehorchens — ohne Rücksicht auf den Inhalt des Befohlenen — von der geforderten Funktion auf die hemmende verschiebt, weiß er seinen Trotz gegen den Vater in doppelter Weise zum Ausdruck zu bringen, zuerst indem er ihm einfach den Gehorsam verweigert und dieses trotzige Verhalten im Symptom gleichsam nachträglich mit seiner Bewegungsunfähigkeit motiviert, und dann in einer gleichsam höhnischen Form, indem er dem Vater sozusagen demonstriert, wie unheilvoll es für ihn wird, wenn er seinen Befehlen pünktlich nachkommt[2]. Endlich steckt noch in dem Symptom, wie in jeder neurotischen Produktion, eine intensive Selbstbestrafungstendenz, die den eigentlichen Hebel des ganzen hysterischen Mechanismus darstellt; denn ohne diese bliebe es bei der trotzigen Auflehnung gegen den Vater, deren Affektbesetzung sich nicht gegen die eigene

---

[1] Ähnlich verwünscht im Grimmschen Märchen von den sieben Raben (Nr. 25) der unwillige Vater seine sieben Söhne, „daß sie alle zu Raben würden" und der Fluch erfüllt sich auf der Stelle.

[2] In ähnlicher Weise stiftet auch Till Eulenspiegel, indem er die Befehle allzu wörtlich befolgt, nichts als Unheil. Was bei ihm Schelmerei ist und in anderen Märchen vom Dummling in aller Naivität gut gemeint ist, das wird in der Neurose zum trotzigen Ernst.

Person zurückwenden und dort das Leiden hervorrufen könnte, das der gläubige Junge fast im Sinne unserer Auffassung als „Züchtigung Gottes seiner Sünden wegen" ansieht[1].

II.

Eine etwas kompliziertere und minder durchsichtige Verwertung hat das Motiv des nachträglichen (übertriebenen) Gehorsams in einer der Sagen gefunden, die sich an die Entstehung des Männeken-Pis in Brüssel geheftet haben. Die von Wolf (Niederl. Sagen Nr. 375) mitgeteilte Sage berichtet: Als Brüssel noch ein Dorf war — vor tausend und noch mehr Jahren — wohnte dort ein Edelherr, der sehr glücklich war; sein einziger Kummer war, daß er kein Kind hatte. Auf Fürbitte eines frommen Bischofs genas seine Frau endlich eines Söhnleins und der Vater trug das Kind zur heiligen Jungfrau Gudula, um es von ihr taufen zu lassen. Dabei wurde er aber von Liebe zu ihr entzündet und wollte sie, als seine Anträge abgewiesen wurden, mit Gewalt nehmen. Sie flüchtete und lehnte sich endlich gegen eine Säule, die sich in der äußersten Not auf ihr Gebet öffnete und sie aufnahm, während der verfolgende Edelmann vor dem Wunder erschreckt innehielt. Die Heilige rief ihm noch aus der Säule heraus zu, diese Sünde werde sich an seinem Kinde rächen.

Das Kind wurde älter und älter, aber nicht größer und mit sieben Jahren war es noch keine zwei Fuß lang, mit 15 Jahren maß es eben drei Fuß. — Auch war es ein schlimmer und böser Junge. Einst stellte er sich vor die Türe einer Klause und pißte dieselbe von oben bis unten naß. Noch hatte er den schlimmen Streich nicht ganz geendet, als die Zelle sich öffnete, der Klausner den Kopf heraussteckte und ruhig sprach: Piß nur Freundchen, piß nur; sollst noch lange hier pissen, und als er das gesagt hatte, machte er die Türe wieder zu. Der Knabe aber blieb unbeweglich stehen und pißte fort Tag und Nacht.

Als der Junge nicht heimkommt, sucht ihn der besorgte Vater

---

[1] Als Gegenstück zur Gehhemmung sei die Sage von Ahasverus erwähnt, nach der ein Schuster in Jerusalem, der dem Herrn die Ruhe versagte, als er vor der Tür seines Hauses mit der Kreuzeslast zusammenbrach, von Christus mit den Worten verflucht wurde: „Ich will stehen und ruhen, du aber sollst gehen!" Seit dieser Zeit wandert Ahasverus ruhelos auf der Erde herum.

lange Zeit überall und findet ihn endlich in der geschilderten Situation: „wie versteinert und wie er ihn auch rütteln und schütteln mochte, und wie mit heißen Tränen er ihn auch benetzte, der Kleine blieb starr". Zu gleicher Zeit kam der Eremit, den der verzweifelte Vater bat, sein armes Kind doch zu erlösen. Doch der Klausner entgegnet ihm: „Kann dir nicht helfen; hat's an Sancta Gudula verdient. Dein Söhnlein pißt und wird pissen ewiglich; will dir jedoch einen guten Rat geben; bau ihm ein Häuschen, darin er vor Sturm und Wetter gesichert ist und ergib dich in Gottes Willen." Das tat der Vater und baute sich selbst ein Haus gegenüber, damit er sein Kind immer sehen könne. Der Knabe aber pißt noch heute fort und steht an der Ecke der Ofenstraße in Brüssel, wo jedermann es schauen kann.

Die Ähnlichkeit des hier verwerteten Motivs vom übertriebenen (neurotischen) Gehorsam mit dem psychischen Mechanismus, der den Knaben in der sicherlich selbständigen Grimmschen Sage stehen zu bleiben zwingt, ist so auffällig, daß eine ausführliche Parallelisierung überflüssig scheint. Dagegen gestattet die Natur des Stoffes hier, zu einem tieferen Verständnis der Sagenbildung und der daran beteiligten psychischen Triebkräfte zu gelangen, wenn wir unsere Kenntnis der symbolischen Ausdrucksweise des Unbewußten zu Hilfe nehmen. Stellen wir uns den im Anfang der Sage berichteten Verführungsversuch rein menschlich und alles wundersamen Schmuckes entkleidet vor, so besagt er, daß dem sexuell erregten Edelmann durch das plötzliche Verschwinden der Heiligen jede Möglichkeit der normalen Befriedigung seiner Geschlechtslust versagt ist und er mit erigiertem Gliede die Ejakulation zurückzuhalten gezwungen ist. Wissen wir ferner aus unseren Traumanalysen, daß „der Kleine" (Sohn) überaus häufig als Symbol des männlichen Gliedes verwendet wird (Stekel) und erinnern wir uns an den Wortlaut der Sage, der bei dem Befreiungsversuch des Vaters besagt: „der Kleine blieb starr", so wird es nahegelegt, die unbewegliche Starrheit des Kleinen als symbolischen Ausdruck der Erektion beim Vater aufzufassen, die ja durch keine Ejakulation aufgehoben wurde. Es wäre dann der Fluch, der den Kleinen trifft, als Talion für die frevelhafte Geschlechtslust aufzufassen und das kontinuierliche Pissen läßt sich dann leicht als Kompensationsersatz der unterbliebenen Ejakulation verstehen, wenn man weiß, wie typisch die Stellvertretung von Miktion und Ejakulation im kindlichen Sexualleben und im unbewußten (neurotischen) Denken

ist. Zur Penisbedeutung des „Kleinen" stimmt auffällig gut die
Bemerkung, daß er zwar älter, aber nicht größer wurde und die
Tatsache, daß als seine ausschließliche Funktion das Pissen hingestellt
ist, was außerhalb des psychoanalytisch aufgezeigten Zusammenhanges gänzlich sinnlos bleibt. In der tieferen (unbewußten) Schichte
der Sagenbedeutung erscheint so die Erfüllung des Fluches, der auch
hier eigentlich vom Vater dem Sohne auferlegt wird, nicht so sehr
als übertriebener Gehorsam, wie als Talion für einen unerlaubten
Sexualwunsch.

*　*　*

Bei dieser Gelegenheit sei noch kurz eine andere, für den Psychoanalytiker ebenfalls interessante Version von der Entstehung des
Männeken-Piß mitgeteilt (Wolf, Nr. 378). „Die Stadt Brüssel war
im 13. Jahrhundert einmal hart belagert und die Feinde hatten an
einer Ecke Feuer an die Stadt gelegt, damit sie dieselbe ganz ver-
brännten. Die Lunte sah aber ein kleiner Junge, und der machte
sich ein Späßchen daraus, darauf zu pissen und dieselbe also aus-
zulöschen. Als das bekannt wurde, ließ die Stadt zum Denkmal an
diese Rettung die Statue des kleinen Männchens errichten, welche
heute noch pißt."

Neben dem Zusammenhang von Zündeln und Pissen, den der
Psychoanalytiker häufig genug zu berücksichtigen hat, scheint sich
in dieser Version der Sage — worauf Professor Freud mich gütigst
aufmerksam machte — ein Stück ihrer wirklichen Entstehungsge-
schichte zu spiegeln, da alle derartigen obszönen Darstellungen schon
im Altertum apotropäische Bedeutung hatten und also die Statue
des Männeken-Piß sehr wohl als Abwehr-Talisman gegen die
Möglichkeit verheerender Feuersbrünste gelten konnte.

IX.

„UM STÄDTE WERBEN"[1].

„Die Städte, die der König eingenommen."
Kassander (zu einer Frau):
Es kann auch einen andern Sturm bedeuten
Und eine andere Ergebung auch!
Die Frau:
O man kann alles deuten wie man will!
Karl Federn, Philipps Frauen.

In dem wissenschaftlichen Streit, der seit der psychoanalytischen Aufdeckung der Traumsymbolik um die Existenz und den Geltungsbereich symbolischen Denkens in unserem eigenen Seelenleben geführt wird, erscheint es zweckmäßig und wertvoll, neben den uralten mythologischen Überlieferungen, die manchem das Vorkommen symbolischer Ausdrucksmittel nur für die längst vergangenen Zeiten zu bestätigen scheinen, auch die naiven Zeugnisse der uns näher stehenden Volksschöpfungen sprechen zu lassen.

In einer fleißigen und wertvollen Arbeit hat Reinhold Köhler (Kl. Schr. III, S. 371 u. ff.) unter obigem Titel das typische Bild einer als Braut aufgefaßten Stadt, welche ein Eroberer einzunehmen hofft, durch die „deutsche volkstümliche Poesie besonders des 17. Jahrhunderts" verfolgt.

Er weist zunächst darauf hin, daß schon dem Orient und den spanischen Arabern dieses Bild höchst geläufig war. Eine altspanische Volksromanze (aus der Sammlung von 1550) führt den König Juan vor, wie er angesichts von Granada sagt, er möchte die Stadt zum Ehegemahl nehmen. Sie erwidert, sie sei schon vermählt und ihr Gemahl, der Mohr, verteidige sie gut[2].

---

[1] Aus „Zeitschrift" I, Jahrg. 1913, S. 50 bis 58.

[2] V. Schack: Poesie und Kunst der Araber in Spanien und Sizilien. Berlin 1865, Bd. 2, S. 117.

Diese Vorstellung taucht dann, nach Köhlers chronologischer Darstellung, der wir zunächst folgen, plötzlich im 17. Jahrhundert zur Zeit des Dreißigjährigen Krieges in Deutschland allgemein auf. Das älteste hieher gehörige Gedicht bezieht sich auf die Belagerung Magdeburgs durch Wallenstein im Jahre 1629. Die bereits in der spanischen Romanze vorgebildete Dialogform ist hier voll durchgeführt. In dem Zwiegespräch spielt die Stadt Magdeburg auf die vergebliche Belagerung von Metz durch Karl V. im Jahre 1553 an. Damals entstand nach Soltau (Die deutschen historischen Volkslieder) der Reim;

> Die Metze und die Magd
> haben Kaiser Karl den Tanz versagt.

Dann folgt ein Lied, das die Werbung des Prinzen Heinrich von Oranien um die Stadt Hertzogenpusch schildert; es heißt da z. B. (Str. 5):

> So will ich gar lieblich tanzen
> vor der schönen Liebsten Tür,
> und du sollst alsbald die Schanzen
> deiner Treu ergeben mir.

Sie ist aber besorgt, was ihr Vater, König Philipp von Spanien, dazu sagen würde.

Es reiht sich an ein gereimtes Gespräch über die „Capitulatio Stetini" am 14. Dezember 1677, dessen 15 Strophen nach der Melodie des Liebesliedes: Amarillis sage mir, warum willst du dich nicht geben? gedichtet sind:

> Kurfürst: Sage mir nur mein Stettin,
>   warum willst du dich nicht geben?
>   Stehet doch nach dir mein Sinn,
>   daß ich nicht ohn' dich kann leben.
>
> Stettin: Sei doch nur davon ganz still!
>   Ich bin eine Jungfrau reine,
>   die sich nicht so geben will,
>   weil ich's treu mit Carol meine.

Unter den durch die Übergabe Straßburgs an Frankreich (1681) veranlaßten Dichtungen befindet sich auch ein ähnlicher Dialog zwischen Montclas und Straßburg in 14 Strophen. Dort sagt Straßburg unter anderm zu dem Feldherrn (Dithfurth: Histor. Volkslieder 1648 bis 1756):

> Ach ja, ich muß bekennen,
> Mein Kränzlein ist dahin;
> man wird mich fort nicht nennen
> eine zarte Jungfrau rein.
> Mein lieber Herr Monteclas
> du hast zur Beut' gewonnen
> die Jungfrau von Elsaß.

Am beliebtesten scheint wohl das Lied auf die Belagerung von Lille (1708) durch den Prinzen Eugen gewesen zu sein, da es nicht nur in drei verschiedenen Redaktionen vorliegt, von denen eine in „des Knaben Wunderhorn" aufgenommen ist, sondern bekanntlich schon einige Jahre später (1717) auf die Eroberung Belgrads durch Eugen umgedichtet wurde, wobei der Sultan als Gemahl Belgrads erscheint. In dem erstgenannten Gedicht spricht Eugenius die Stadt Lille so an:

> Lilge, du allerschönste Stadt,
> die du bist so fein und glatt,
> schaue meine Liebesflammen,
> ich liebe dich vor allen Damen,
> mein herzallerschönster Schatz.

Sie wehrt ab:
> Dennoch
> laßt euch schrecken meine Waffen
> nimmer will ich bei Euch schlafen
> ihr möcht sagen, was ihr wollt.

Endlich ergibt sie sich darein, ihren bisherigen Herrn Ludwig zu verlassen und Karl anzugehören:

> Ei wolan so laß es sein
> Carolus sei der Liebste mein
> denn der Ludewig veraltet
> und im Lieben ganz erkaltet
> Carolus ist ein junger Held.

Zu erwähnen ist hier ein Lied auf die Belagerung Danzigs durch die Kursachsen und Russen (1734), worin der Befehlshaber Graf Münnich um die Gunst der Madam Megunda wirbt; dann ein Lustspiel (1747) „der verlohrne Cranz der gewesenen Jungfer Berg op Zoom"[1]; endlich ein Gedicht auf die Einnahme Belgrads durch

---

[1] Hier sei an einen Schwank von S. Guitry „La prise de Berg op Zoom" erinnert, der mit großem Erfolg die Runde über unsere Lustspiel-

Laudon am 9. Oktober 1789, wo Laudon für Kaiser Joseph um die Stadt freit, die schließlich einwilligt.

Von größerem Interesse ist wieder ein Lied auf die Belagerung Breisachs durch Herzog Bernhard den Großen von Weimar (1683), welches kein bloßes Zwiegespräch, sondern zugleich erzählender Form ist und den Titel führt „Breisacher Buhlschaft"[1]; es heißt dort:

> „So werfet eure Liebesgunst
> auf meine blanken Waffen
> mein Herz bei seiner großen Brunst
> sich keine Ruh kann schaffen;
> von euch will ich nicht ziehen hin
> so wahr als ich ein Ritter bin,
> ich kann allein nicht schlafen.

Dann mischen sich andere Bewerber ein:

> Er täts den Buhlern zum Verdruß
> ließ seine Pfeifen krachen,
> er gab der Braut den Liebesschuß
> die Spielleut mußten machen
> den angenehmen Liebestanz,
> Der Bräut'gam zog sich in die Schanz'
> und ließ die Braut bewachen[2].

Die Stadt Luzern als umworbene und eroberte Dame stellt die „Allegorie einer unwerthen Buhlschaft eines wohlbewehrten und in der Kunst wohlerfahrenen jungen Müllers (Werthmüller) gegen eine hochgeborene Jungfrau im Schwitzerland" dar[3], wo es u. a. heißt:

> Eine reine Magd ihren Kranz noch tragt
> und prangt trutz allen Damen
> sie hat das prae am Zürcher See
> und gar einen großen Namen.
> Ein Müller kam, buhlt um die Dam,
> als d' Fastnacht angegangen,
> erweist ihr Ehr und was noch mehr
> hat sie gar umgefangen.

---

bühnen machte (unter dem Titel „Der Kampf um die Festung") und Einnahme und Fall einer nur schwach verschanzten unverstandenen jungen Frau schildert.

[1] Einen ähnlichen Titel führen zwei Lieder auf die Belagerung von Rapperschwyl im Jahre 1656.

[2] Curiositäten der Vor- und Mitwelt, Weimar 1816, Band V, S. 493 ff.

[3] Dithfurth: Historisch-politische Volkslieder des 30jährigen Krieges (Heidelberg 1882).

Vielbesungen ist die Belagerung Magdeburgs durch Tilly, die mit einer gewaltsamen Erstürmung und Zerstörung der Stadt endete, der gegenüber die Belagerung in den Hintergrund tritt. In den zahlreichen zeitgenössischen Dichtungen auf dieses Ereignis, in welchen die Stadt als Jungfrau erscheint, wird daher auch viel weniger der Brautwerbung als vielmehr der blutigen Hochzeit oder der gewaltsamen Schändung oder Raubung des Jungfernkranzes gedacht[1]. Interessant ist in diesem Zusammenhange, daß man an Tilly dreierlei gerühmt hatte: daß er nie ein Weib berührt, nie sich berauscht und nie eine Schlacht verloren habe; nun aber habe er die Magdeburgische Jungfrau geschändet, sich in Blut berauscht und sei geschlagen.

In einem Spottlied auf den bei Leipzig geschlagenen Tilly[2] heißt es, Tilly habe sich in Sachsen eine Braut auserlesen wollen, die sich aber lange gewehrt habe:

> Bis er sie endlich mit Feuer zwang
> und auszog ganz nacked und bloß.
> Da saß sie zwar in seinem Schoß,
> doch nichts als Unwillen war bei ihr,
> weil sie verloren all ihr Zier;

worauf er sie tröstet:

> Wir wollen uns wohl wider schmücken
> mit unserm Heer in Meißen rücken,
> umb Leipzig wollen wir uns kleiden
> und versehen mit vielen Geschmeiden.

Im Anschluß an die Frage, ob das die Belagerung Magdeburgs durch Wallenstein betreffende Lied das erste Beispiel dieser Gattung in Deutschland gewesen sei, weist Köhler zutreffend darauf hin, daß dieser Gedanke gerade da, wegen des Namens und Wappens der Stadt, das eine Jungfrau mit einem Kranz in der Rechten darstellt, besonders nahe lag, ebenso weil die Stadt noch niemals erobert, also gleich einer Jungfrau noch unberührt war. Er fügt jedoch hinzu, daß andere Städte, ganz ohne Rücksicht darauf, ob sie schon erobert

---

[1] In einem Schauspiel (1632) tritt Tilly als Freier Magdeburgs auf. — Auch dänische und schwedische Dichtungen verwerten dasselbe Motiv. — Die 1718 von Karl XII. belagerte Festung Friedrichshall erscheint als Jungfrau, von König Friedrich geliebt.

[2] **Waller**: Die Lieder des 30jährigen Krieges, S. 193 ff.

worden waren, für den einzelnen vorliegenden Belagerungsfall als Jungfrau gedacht werden.

Aus dem 18. Jahrhundert erwähnt Köhler noch die Unterredung zwischen dem König und der Stadt Breslau und den Österreichern, „so bey der letzten Übergabe den 19. Dezember 1758 (vielmehr 1757) geschehen"; aus dem XIX. Jahrhundert Rückerts „Brauttanz der Stadt Paris" (Poet. Werke 1868, 1, 208). In einer an Köhlers Materialsammlung sich anschließenden Arbeit[1] hat L. Frankel mit dem Hinweis darauf, daß das ganze Vaterland[2] die Stelle der einzelnen Stadt vertreten könne, die Zeit des deutsch-französischen Krieges als reichen Born für diese dichterische Auffassung erwiesen. Er erwähnt eine Stelle aus Uhlands „Konradin" (A. v. Keller: Uhland als Dramatiker, 1877, S. 325) und vermerkt, daß Scheffel die Stadt Heidelberg als Braut bezeichne. Ja selbst bis in unsere Tage sei diese Vorstellung lebendig geblieben, wie ein Willkomm an Kaiser Wilhelm zeige[3] (Neues Münchner Tageblatt 30. September 1868).

Es sei ergänzend bemerkt, daß auch die sogenannten Freiheitsdichter im Anfang des XIX. Jahrhunderts mit Vorliebe für das Kriegshandwerk Bilder aus dem Liebesleben gebrauchen. So nennt Arndt die Belagerung direkt eine Werbung und spricht, wie auch Th. Körner, von Brauttanz, Waffenspiel usw.[4].

---

[1] „Um Städte werben und Verwandtes" (Zeitschrift für deutsche Philologie, Band 22, 1890, S. 336 bis 354.)

[2] Daß auch die Erde als Weib aufgefaßt wird, ist bekannt. Zwei Beispiele seien hier nebenbei erwähnt. Die Bewältigung des schwierigen Zugangs zu ihrem Innern und die Besitzergreifung der dort verborgenen Schätze wird mit der Eroberung des Weibes verglichen. Die Erschließung eines Bergwerks mittels Bohrer, Axt und Sprengstoff schildert Ludwig Brinkmann in seinem Roman: „Die Erweckung der Maria Carmen." Wir verstehen in diesem Zusammenhang die vorwiegende Bezeichnung von Bergwerksschächten mit weiblichen Eigennamen und ihre Rolle im Traume. — Ein anderes Beispiel für diese Auffassung bietet der Berg Ossa im Böhmerwald, durch den die böhmisch-bayrische Grenze geht; seiner eigenartigen beiden Spitzen wegen nennen ihn die Böhmen „die Brüste der Mutter Gottes".

[3] Hieher gehöriges Material findet sich auch bei K. Janicke „Das deutsche Kaiserlied". Eine literarhistorische Studie (Berlin 1871). Vgl. R. F. Arnold „Drei Typen des historischen Volksliedes der Deutschen". (Monatsbl. des wissenschaftlichen Klubs in Wien, 4, 1901).

[4] In der meisterhaften Schilderung der Belagerung Moskaus durch Napoleon hat Tolstoy in seinem bekannten Roman „Krieg und Frieden"

In seiner Arbeit hat L. Frankel auch darauf hingewiesen, daß die Hymnenliteratur und kirchliche Liederdichtung der nachreformatorischen Jahrhunderte eine ganze Reihe von Stellen enthält, welche Christus als Bräutigam der Stadt Jerusalem bezeichnen, und zwar als friedlichen Eroberer im Sinne der religiösen Legende oder als schlachtgewaltigen kräftigen Fürsten im altgermanischen Stile des Heliand. (Auch führt er das alte Gleichnis von Christus als dem Verlobten der Kirche an.).

Jung[1] hat reichlich biblische Beispiele mitgeteilt, aus denen die Auffassung der Stadt als Weib, das die Bewohner wie Kinder in sich hegt, deutlich hervorgeht. Interessant, aber für den Psychoanalytiker nicht überraschend, ist es, daß neben der jungfräulichen Bedeutung[2] besonders die mütterliche und beiden gegenüber die Stadt als Hure betont wird. „Das alte Testament behandelt die Städte Jerusalem, Babel usw. wie Weiber ... Feste, nie bezwungene Städte sind Jungfrauen; Kolonien sind Söhne und Töchter einer Mutter. Städte sind auch Huren; Jesaja sagt von Tyros (23, 16): Wie geht das zu, daß die fromme Stadt zur Hure worden ist? ... Jesaja (47, 1 ff.) ruft aus: „Herunter Jungfrau, du Tochter Babel, setze dich in den Staub ... flicht deine Zöpfe aus, hebe die Schleppe, entblöße den Schenkel, wate durchs Wasser, daß deine Blöße aufgedeckt und deine Schande gesehen werde" (l. c. S. 251). An einer Stelle des Galaterbriefes heißt es: „Das obere Jerusalem aber ist frei (eine Freie, keine Sklavin), das ist unsere Mutter" ... „Die Symbolik der Stadt finden wir wohl entwickelt in der Apokalypse des Johannes, wo zwei Städte eine große Rolle spielen, die eine von ihm beschimpft und verflucht, die andere ersehnt. Wir lesen Apokalypse 17, 1 ff.: Komm, ich zeige dir das Gericht über die große Buhlerin, die an den großen Wassern saß (Babylon), mit der die Könige der Erde Unzucht getrieben ..." (l. c. S. 257). Und Apokalypse 21, 2 f. heißt es: „Und die heilige Stadt, das neue Jerusalem, sah ich herab-

---

(Ausgabe der Werke bei E. Diederich, Jena, III. Band, 2. Auflage, S. 525 f.) das Motiv der Liebeswerbung poetisch verwertet.

[1] Wandlungen und Symbole der Libido, II. Teil (Jahrbuch für Psychoanalyse, Band IV, 1912, S. 281 u. ff.).

[2] Biblische Beispiele für die „Festung als Symbol der Jungfrau" hat Dr. L. Levy in einem Artikel: „Die Sexualsymbolik der Bibel und des Talmuds" erbracht (Zeitschrift für Sexualwissenschaft, I. Band 1914).

kommen aus dem Himmel von Gott, bereitet wie eine für ihren Mann geschmückte Braut" (l. c. S. 260).

Für die Gefühlsgrundlage dieser ursprünglich ganz sinnlichen, durchaus nicht allegorischen Sexualisierung spricht neben den unten anzuführenden Beziehungen deutlich auch die Tatsache, daß sie als Gleichnis gewissermaßen real dargestellt wurde. Der älteste Fall dieser Darstellung, den unsere Gewährsmänner erwähnen, ist der beim Einzug Ludwigs XI. von Frankreich in Tournay (1463). Damals ging ihm die schönste Jungfrau der Stadt entgegen, entblößte ihr Gewand am Busen, so daß ein künstlicher Kranz sichtbar wurde, welchen sie überreichte mit den Worten: Sir, so wie ich eine Jungfrau bin, so auch diese Stadt; denn noch nie ist sie erobert worden. Diese Anschauung soll der Repräsentation nackter Jungfrauen beim Einzug Ludwigs XI. in Paris 1461 zugrunde liegen, von welcher F. Liebrecht (Germania 33, 249) spricht.

Es liegt nahe anzunehmen, daß diese „symbolische" Darstellung der Stadteinnahme an einer Jungfrau ursprünglich direkt durch Besitzergreifung derselben erfolgte, wie wir ja aus dem Altertum Beispiele genug dafür haben, daß die gewaltsame Besitzergreifung der königlichen Macht durch den Geschlechtsverkehr mit den Frauen des Vorgängers gewissermaßen sanktioniert wurde[1]. Wissen wir doch aus der Geschichte und sehen es leider auch noch bei den modernen Kulturvölkern, daß der Krieg nicht nur alle grausamen Regungen entfesselt, sondern auch die ausgesprochen sadistischen, und daß er vornehmlich die zwei Urleidenschaften primitiver Menschheit, Vergewaltigungs- und Kastrationslust (Angst), in den Vordergrund treten läßt.

Auf Grund der angedeuteten Beziehungen verstehen wir aber auch den umgekehrten Vorgang der eigentlichen Symbolisierung, der

---

[1] Daß dies nicht selten inzestuöse Liebesobjekte betraf, würde auch gut zu der von Jung hervorgehobenen mütterlichen Bedeutung der Stadt stimmen. (Vgl. Das Inzestmotiv, S. 307, Anmerkung 3). Die antike Auffassung von der mütterlichen Bedeutung der Stadt verrät unzweifelhaft der Traum, den Herodot (6, 107) den Hippias vor der Schlacht bei Marathon träumen läßt: „Es deuchte dem Hippias, er schliefe bei seiner eigenen Mutter. Aus diesem Traum schloß er nun, er würde heimkommen nach Athen und seine Herrschaft wieder erhalten und im Vaterlande sterben." Daß Hippias unmittelbar darauf einen Zahn aus dem Munde verliert und dies symbolisch mit der Nichteroberung des Landes in Beziehung bringt, wird jedem Psychoanalytiker verständlich sein.

als Gegenstück zur angeführten Sexualisierung gewissermaßen die
Probe auf das Exempel liefert, nämlich die Identifizierung der sexuellen Überwältigung des Weibes mit der Besitzergreifung einer Stadt
und die Symbolisierung einzelner weiblicher Körperteile durch Vorstellungen aus diesem Komplex. Belege für diese Auffassung finden
sich reichlich in der italienischen Novellenliteratur des 14. und
15. Jahrhunderts; wir entnehmen die wesentlichen gleichfalls einer
Arbeit Köhlers (Kl. Schr. II, 594 f.), in der er Parallelen zu einzelnen Erzählungen der Ausgabe von G. Sercambis „Novelle ine-
dite" durch d'Ancona (Firenze 1886) beibringt.

In der 5. dieser Novellen belauscht der junge Lamberto einen
Mönch Bellasta, wie er mit Madonna Merendina „den Einzug des
Sultans in Babylon darstellt", und spielt dazu die Orgel, so daß
das Liebespaar erschreckt entflieht und Kleider wie Speisen im Stiche
läßt. Die Redensart „mettere il Soldano in Babilonia[1]" bei Sercambi
entspricht der in der ersten Erzählung vom Liebhaber zur Geliebten
gebrauchten, sie sollte Pest und Ofen sein, so wollte er der Türk
sein und Pest und Ofen stürmen[2]; der in Nr. 2 „Nous mettrons le
Grand Turc dans Constantinople"; der in Nr. 3 „Madame, il vous
faut mettre le Grand Turc dans Constantinople"; der in Nr. 5 „Wenns
Ew. Gnaden gefällt, wollen wir Konstantinopel stürmen"; der in
Nr. 6 „nun wollen wir Konstantinopel stürmen" und endlich der in
Nr. 7 von der Dame an den Kadi gerichteten Worte: „que les prince
rouge marche a l'assaut de la forteresse blanche, suive so droit
chemin en force la porte et y pénètre en vainqueur." — So beliebt
auch das gestürmte und eingenommene Konstantinopel aus mancherlei
Gründen geworden sein mag, so ist doch, scheinbar auch aus dem
Grunde, weil Geistlichen so häufig das Kriegsglück bei Weibern zu-
geschrieben wird, auch Rom[3] mit Vorliebe genannt. In der 5. Novelle
des Masuccio di Salerno schickt der Priester sich an: „ponere lo
Papa a Roma" als der Schneider eben die Flöte zu spielen beginnt.
„Dieser Einzug darf nicht ohne Musik vor sich gehen." Ähnlich fragt

---

[1] Vgl. dazu Kryptadia 1, 158. 2, 128, 185, 191. 4, 222, 308. — Boccaccio Decam. 3, 10 heißt es „den Teufel in die Hölle schicken", bei Ban-
dello 2, 44 „den Sünder in die Hölle", bei Fortini „den Aal in den Teich".

[2] Eine Geschichte erzählt auch „wie Clawert zu Sturm bleset als Pest
und Ofen gestürmet ward".

[3] Vgl. dazu auch die Redensart: Nach Rom fahren = entbinden.

in der 66. Erz. des Morlini ein Geistlicher die Frau eines Anderen:
„Volumusne pontificem in urbem intromittere?" und der Mann bläst
die Flöte. Pröhle erzählt (Kinder- und Volksmärchen, Leipzig 1853,
n. 63, 1) von einem Tambour, der Sturm bläst, als er einen Mönch
und eine Wärterin „Sturm laufen" sieht[1]. Als interessante Parallele
zu den zuletzt angeführten Beispielen, wo der „Einzug" immer unter
Musikbegleitung erfolgt, sei darauf hingewiesen, daß dieselbe Vorstellung auch in den historischen Volksliedern sich findet, z. B.:

> er gab der Braut den Liebesschuß
> die Spielleut mußten machen
> den angenehmen Liebestanz.

In einem gewissen Gegensatz dazu stehen allerdings die erst-
angeführten Beispiele, die dadurch charakterisiert sind, daß in ihnen
das Liebespaar durch die Musik (meist des Gatten) in die Flucht
geschlagen wird.

Die Schilderung der wirklichen Liebeswerbung als Belagerung
findet sich in drastischer Form in einem von Köhler (l. c. S. 599)
mitgeteilten anonymen Meisterlied aus der Dresdner Handschrift (M.
5, S. 739), das — „in der Hagelweis Hültzings" abgefaßt — schildert,
wie ein Mühlknecht schweigend das Pferd des buhlenden Domherrn
stiehlt und von diesem zur Rede gestellt sagt, er habe diese Beute
erhalten, als Herzog Ernst Rauheneck erstürmte. Die zweite Strophe
erklärt diese Rechtfertigung und ihren überraschenden Erfolg:

> „Und als er sich nacket zog aus,
> Do sah er iren rauchen straus,
> Thet sie in schwenken fragen,
> Wie der strauch wer genandt.

> Sie sprach: ‚Darmit ich euch nicht schreck,
> Er ist genennet Rauheneck'.
> Auch thet sie zu ihm sagen,
> Wie sein ding hieß zu hand.

---

[1] Hier schließt sich der obszöne Witz von dem Vater an, der seinem
unerfahrenen Sohn den Rhythmus des Koitierens durch Trommelschläge bei-
bringen will, die er allmählich rascher aufeinander folgen läßt, bis ihn der
Junge durch den Ausruf „Vater schlag nen Wirbel!" vom Erfolg seiner
Methode überzeugt.

> Er sprach: ,Hertzog Ernst. Diser held
> Det nie vor keinem fliehen!'
> Sie sprach: ,Last den held auserweld
> Hin für Rauhen eck ziehen,
>
> Daß er gantz ploß
> Vor disem schloß ein sturme thu!'
> Mit seinem Zeug ruckt er hin zu
> Und det den sturm gewinnen;
> Het weder schwert noch gschoß."

Auch aus dem 16. Jahrhundert führt Frankel ein Lied an, das die Liebeswerbung als Belagerung schildert und die Brüste als zwei mächtige Basteien; er meint, daß diese Vorstellung vielleicht durch falsche Deutung von „Brustwehr" entstanden sein könnte. Doch würde dem widersprechen, daß dieser Vergleich sich auch in anderen Sprachen findet. So heißt es im Hohenlied Salomonis (8, 10): „Ich bin wie eine Mauer und meine Brüste sind wie Türme." Ebenso wird beispielsweise in Balzacs „Contes drolatiques" dieses Gleichnis mit Vorliebe verwendet: „Die beiden Vorposten im Wonnekampf, die hart waren wie Bastionen und manchen Sturm gut bestanden hatten, denn sie waren trotz aller kräftigen Angriffe noch nicht gefallen[1]." Und bei der Liebeswerbung um die Maitresse des Königs heißt es: „Er bestürmte von neuem den königlichen Grenzwall[1]." Wiederholt spricht Balzac vom Liebesspiel als von „Einnahme und Fall der Festung" (l. c. S. 105), einem „Lanzenstechen" und schildert die Stadt Tour, „die von der Loire bespült wird, einem hübschen Mädchen gleich, das im Wasser badet" (S. 94).

Eine ähnliche und wie der Dichter behauptet, von literarischen Vorbildern unbeeinflußte Parallelisierung von Frau und Stadt[2] deutet Max Mell in der auf sagenhafter Grundlage ruhenden Novelle „Lady Godiva" (Die drei Grazien des Traumes. Leipzig 1906) an.

Übrigens findet sich die Auffassung des jungfräulichen Weibes als einer unbezwungenen Festung nach Frankel auch in Schillers

---

[1] Übersetzt von Ph. Frey (Wiener Verlag, 1905, S. 238). — Über andere Symbolisierungen des Frauenleibes in der Dichtung handelt Reik (Internationale Zeitschrift für Psychoanalyse I, 1913, S. 59 bis 61).

[2] Beziehungen der (toten) Frau zur (toten) Stadt hat der feinsinnige Dichter George Rodenbach meisterhaft geschildert („Das tote Brügge").

„Maria Stuart" (II, 1), wo die keusche Festung der Schönheit durch 12 Ritter siegreich verteidigt wird[1].

Auf Grund des angeführten Materials, das sich, insbesondere aus der individuellen Dichtung, leicht vermehren ließe, geht zumindest mit Sicherheit zweierlei hervor: 1. daß der Liebesakt, offenbar aus dem sadistischen Bewältigungstrieb heraus, als Eroberung einer standhaften Festung aufgefaßt und symbolisch dargestellt wurde. Die in unserer heutigen Sprache erhaltenen Wendungen: eine Frau bestürmen (mit Liebesanträgen), sie erobern, zu Fall bringen (sie ergibt sich), einnehmen und besitzen (wie eine Festung), sind Nachklänge jener ursprünglich ganz real gefühlten und sinnfällig gefaßten Symbolik[2]. Das ergibt sich ohneweiters aus der angeführten Sexualisierung der belagerten und zu erobernden Stadt als Frau, eine Vorstellung, die zeigt, daß 2. die an die geschlechtliche Bewältigungssituation gemahnende Belagerung einer Stadt oder Festung nicht nur in der Phantasie sexualisiert, sondern auch realerweise mit Unterstützung libidinöser Energie ausgeführt wird. So wird es begreiflich, daß die Zielvorstellung der Belagerer, die weiblichen Einwohner der eroberten Stadt zu vergewaltigen[3], einerseits anspornend wirkt, anderseits zur realen Befriedigung des sexuellen Bewältigungstriebes führt. In die Genese dieser Symbolik führt es bereits, wenn wir schließlich noch darauf hinweisen, daß uns die aus der italienischen Novellenliteratur angeführten Beispiele (sowie der verwandte Sturm auf Rauheneck) direkt verraten, daß es sich ursprünglich um eine reine Genitalsymbolik handelte, wobei der mit Überwältigungslust eindringende Penis dem siegreichen König (Feldherrn), Sultan, Papst, Gott, also dem Vatersymbol, gleichgesetzt wird, während die bewältigte Stadt, worauf auch Jung hinweist, als Muttersymbol zu gelten scheint.

---

[1] Allerdings ist Düntzers Comm. (2. Auflage 1878, S. 130 ff). zu entnehmen, daß englische Historiker dem Dichter hiezu die Vorlage lieferten.

[2] In diesen Zusammenhang gehört es auch, wenn wir heute beispielsweise vom „Gürtel" einer Stadt sprechen.

[3] Wie enge die Vorstellung der Stadteroberung mit der sexuellen Vergewaltigung verknüpft ist, lehrt nicht nur in offenkundigster Weise jeder Krieg aufs neue, sondern läßt sich auch im Phantasieleben als typisch nachweisen. So beispielweise in den bei Krafft-Ebing (Psychopathologia sex. 9. Auflage, S. 72) mitgeteilten Phantasien eines Sadisten, der zur Erreichung der Befriedigung der Vorstellung einer gewaltsamen Stadteinnahme bedurfte.

Daraus, wie auch aus dem Belauschungsmotiv in den zuletzt angeführten Beispielen, ergäbe sich ein bedeutsamer Hinweis auf die zugrunde liegende „sadistische Auffassung", die das Kind nach Freuds
Beobachtung vom unverstandenen Geschlechtsverkehr der Eltern in
der Regel hat. Daß auch andere seelische Regungen und Trieb-
komponenten an der Bildung und Verwertung dieser Symbolik Anteil
haben, braucht wohl nur erwähnt werden.

X.

DIE NACKTHEIT IN SAGE UND DICHTUNG[1]

> Nie hat die Jungfrau euern Dienst versäumt,
> Und selten stieg mit ihrer Opferflamme
> Zugleich ein Wunsch zu euerm Sitz empor;
> Sie suchte jeden, der sich regen wollte,
> Mit Scham und Angst bis unter das Bewußtsein
> Hinabzudrücken, denn sie warb allein
> Um eure Gunst und nicht um eure Gaben.
>
> Hebbel (Gyges und sein Ring).

Die nachstehende Untersuchung prätendiert keineswegs eine auch nur irgendwie abgeschlossene Behandlung des schier unerschöpflichen Themas der menschlichen Nacktheit zu versuchen, hat sich auch keine umfassende Darstellung des weitreichenden und vielverzweigten Problems des Nackten in der Kunst zum Ziele gesetzt, ja, es nicht einmal als ihre Aufgabe betrachtet, der überaus häufigen Verwertung des Motivs der Nacktheit in Dichtung und Sage im einzelnen nachzugehen; sie wird sich vielmehr damit begnügen, einige besonders charakteristische und wie es scheint typische Gestaltungen dieses Motivs in Sage und Dichtung hervorzuheben und auf ihre psychologische Bedeutung sowie auf den Sinn ihrer verschiedenartigen Gestaltungsformen zu prüfen. Diese vorwiegend psychologische und weniger literarhistorische Tendenz der Abhandlung mag auch die eigenartige, von Gewohnheit und Erwartung in gleicher Weise abweichende Methodik rechtfertigen. Wir vermeiden es, die offenkundigen sagenhaften und literarischen Zeugnisse einfach zu sammeln, sehen unsere Aufgabe auch nicht in der Zusammenstellung und Ver-

---

[1] Auf Grund eines am III. Internationalen Kongreß für Psychoanalyse zu Weimar am 22. September 1911 gehaltenen Vortrags.

Abgedruckt in „Imago", II. Jahrgang 1913, 3. Heft (Juni)

gleichung einzelner solcher Gruppen erschöpft, sondern wollen an
bestimmten Punkten der Entwicklung, wo deren Linie etwa auffallende
Übergänge oder deutliche Sprünge zeigt, in die Tiefe zu dringen
versuchen. Unsere Untersuchung nimmt also die Richtung in die
psychologische Entwicklungsgeschichte der Motivgestaltung hinein,
anstatt sich längs der literarhistorischen Entwicklungsfläche zu verbreiten. Und wenn es uns dabei auch wie dem Geologen ergehen
mag, der von einem bestimmten Punkt der Erdoberfläche senkrecht
in die Tiefe gräbt und dabei auf ganz verschiedenartige, in Aufbau
und Struktur offenbar nicht zusammengehörige Schichtungen stößt, so
werden eben auch wir ein anscheinend ziemlich disparates Material
soweit es möglich ist in seinen Beziehungen zueinander und auf eine
gemeinsame Wurzel zu bestimmen haben. Denn die Methode, deren wir
uns zur Ermittlung der am Aufbau der Phantasieprodukte beteiligten
psychischen Triebkräfte bedienen, ist so eigenartig und subtil, daß sie
uns gestattet, oft auch dort noch Zusammenhänge zu sehen, wo sie
die Alltags- und Schulpsychologie kaum zu ahnen vermag. Mit ihrer
Hilfe ist es bereits gelungen, Sinn und Tendenz zahlreicher, bisher
völlig unverstandener psychopathologischer Erscheinungen aufzudecken und die so gewonnenen Ergebnisse erfolgreich zur Vertiefung
unserer Kenntnis des normalen Seelenlebens zu verwerten. Außer
verschiedenen Formen von Psychoneurose (Hysterie, Zwangsneurose)
und psychoseähnlichen Zuständen (Paranoia, Dementia praecox) hat
insbesondere das an Sonderbarkeiten und Rätseln so reiche Traumleben der Menschen die weitestgehende Aufklärung und das tiefste
Verständnis durch die Psychoanalyse gewonnen und heute wissen
wir bereits auf Grund eingehender Untersuchungen, daß auch die
künstlerische Produktion des einzelnen sowie ganzer Völker (Mythen,
Märchen, Sagen) im wesentlichen nach denselben psychologischen
Gesetzen des unbewußten Seelenlebens vor sich geht, wie wir sie
aus dem Studium des Traumlebens und der neurotischen Zustände
kennen. Wir befinden uns also auf völlig gesichertem und wissen-
schaftlich durchaus einwandfreiem Boden, wenn wir auch den Ent-
wicklungsgang und Gestaltungswandel des Motivs der Nacktheit in
Sage und Dichtung auf Grund unserer psychoanalytischen Einsichten
zu verfolgen und zu verstehen suchen. Was wir etwa durch die
Reihe der eingangs angeführten konzentrischen Einschränkungen
unsere Themass in der Breitendimension verlieren, das gewinnen wir

reichlich wieder durch unerwartete Einsichten in der Tiefendimension. Dieser einzigartige Vorzug der psychoanalytischen Methodik führt aber zu einer weiteren und vielleicht der paradoxesten Einschränkung, zu der sich unser Thema nötigen läßt. Denn es wird in den folgenden Ausführungen überhaupt weniger vom Motiv der Nacktheit als von gewissen psychischen Verkleidungen desselben die Rede sein, die dem Unkundigen zunächst außer Zusammenhang mit dem Thema der Nacktheit zu stehen scheinen. Es erklärt sich dies daraus, daß die erotische Nacktheit, die ja vorwiegend Gegenstand poetischer Behandlung geworden ist, im Verlaufe der Kulturentwicklung in den keuschen und schamhaften Regungen unseres Seelenlebens mächtige Widerstände gefunden hat, welche unverhüllte Äußerungen der Entblößungslust auch in rein psychischer Form nicht mehr dulden und oft ziemlich weitgehende Entstellungen dieser erotischen Gelüste durchzusetzen wissen. Findet diese oft bis zur Unkenntlichkeit getriebene Entstellung der bewußtseinsfähigen Phantasieprodukte ihr gut verstandenes psychologisches Gegenstück in der Unverständlichkeit unserer Traumgebilde, so zeigt anderseits das psychoanalytische Verständnis der neurotischen Symtombildung, daß die scheinbare Absurdität vieler psychopathischer Phänomene auch nur einem Übermaß solch verdrängender Tendenzen im Seelenleben zuzuschreiben ist, die gleichsam im Namen der Kultur jede allzu offene Äußerung primitiver Triebe, also vor allem der kraß eigensüchtigen und sexuellen, zu unterdrücken suchen, eine Absicht, deren Scheitern zur neurotischen Erkrankung führt.

Der psychoanalytischen Betrachtungsweise Rechnung tragend, wollen wir unser Interesse vorwiegend den mannigfaltigen Verdrängungsformen des Nacktheitsmotivs zuwenden, zu deren Verständnis wir die Ergebnisse der Traum- und Neurosenpsychologie um so reichlicher heranziehen dürfen, als gerade psychosexuelle Themata, wie das Motiv der erotischen Nacktheit, wegen ihrer Unverträglichkeit mit dem Kultur-Ich den häufigsten Anlaß zu energischer Verdrängung und damit zur Traum- und Symptombildung abgeben. Haben wir doch nicht nur den pathologischen Entblößungszwang Perverser als hemmungslosen Durchbruch der normalerweise unbewußten erotischen Entblößungsneigung verstehen gelernt, sondern auch die krankhaft übertriebene Schamhaftigkeit (Prüderie) gewisser Neurotiker als übermäßigen Erfolg des Unterdrückungsversuches intensiver exhibitionistischer Regungen entlarven können. Zwischen diesen beiden extremen Äußerungen der gleichen Urtendenz zur Nacktheit gibt es eine lange Reihe von Zwischen-, Übergangs- und Mischstufen, deren mehr oder minder scharfe Ausprägung sowie ihre Stellung im ganzen seelischen Geschehen den Grad der psychischen Normalität und Leistungsfähigkeit und zum guten Teil auch den Charakter des Menschen mitbestimmen.

Daß an der künstlerischen Veranlagung überhaupt und speziell an der praktischen Verwirklichung künstlerischer Bestrebungen ein gewisser Grad von Lust an Nacktheit und Entblößung Anteil hat — sei es mehr im körperlichen Sinne wie beim bildenden Künstler oder in seelischer Bedeutung wie etwa beim Dichter — ist nicht erst zu erweisen. Ebensowenig ist beabsichtigt, die bewußte Verwertung des Nacktheitsmotivs in Sage und Dichtung zu verfolgen. Es handelt sich vielmehr um seine unbewußten Gestaltungen, die in ent- sprechenden Traumsituationen ihr Vorbild und in der Neurotik ihr Gegenstück finden. Diese innigen Beziehungen gestatten uns, als Triebkraft für die eigenartige Ausprägung gewisser typischer Dichtungsmotive die den Parallelphänomenen zugrunde liegenden verdrängten exhibitionistischen Neigungen anzusehen.

Bei der entsprechenden, pathologisch geheißenen Perversion hat es sich als zweckmäßig herausgestellt, an dieser Neigung aktive und passive Formen zu unterscheiden; also das fürs reife Leben erhaltene, dem frühzeitigen Kindesalter aber normalerweise eigene „Vergnügen an der Entblößung des Körpers mit besonderer Hervorhebung der Geschlechtsteile" (Freud: Sexualtheorie), die Zeigelust, zu sondern von der erst in späteren Kinderjahren hinzutretenden und manchmal in der Perversion des Voyeurs festgehaltenen Neigung „Genitalien anderer Personen zu sehen", der Schaulust. Die gleiche Scheidung empfiehlt sich auch auf dem Gebiete der verwandten, sekundären Erscheinungsformen, also der Verdrängung, der Sublimierung, der Reaktionsbildung, aufrecht zu erhalten. Gestützt auf diese Ein- teilung lassen sich die mannigfachen Gestaltungen des Motivs der Nacktheit in zwei zunächst scharf gesonderten Hauptgruppen be- trachten:

I. Die Äußerungen der Zeigelust ⎫ und ihre Verdrängungs-
II. die Äußerungen der Schaulust ⎭   formen.

I.

„Mit dem Kleide zieht das Weib auch die
Scham aus."   Herodot.

Der eigentlichen exhibitionistischen Neigung, der Zeigelust
mit ihren Verdrängungsformen, entspringen selbst wieder zwei typische
Motivgruppen, die sich gesondert betrachten lassen. Die erste entspricht einer von Freud ausführlich geschilderten und aufgeklärten
Traumsituation, während die zweite nicht bloß infolge ihrer „organischen" Ausdrucksmittel, sondern auch der „hysterischen" Mechanismen wegen mehr den neurotischen Charakter zeigt.

1.

„So wirst du lächeln, daß mich hat ein Traum,
ein Traum verführt, der einem Wunsche glich."
                                    Goethe „Nausikaa".

Verweilen wir zunächst bei der den poetischen Einkleidungen näher stehenden Traumsituation und sparen uns die dem
Sagencharakter entsprechenden neurotisch angenäherten Motivgestaltungen auf.

In der „Traumdeutung" (3. Auflage, S. 175 ff.) hat Freud als
einen der typischen Träume der meisten Menschen den sogenannten
„Verlegenheitstraum der Nacktheit" beschrieben, in welchem
der entblößte Träumer entfliehen oder sich verbergen will und dabei
der eigentümlichen Hemmung unterliegt, daß er nicht von der
Stelle kann und sich unvermögend fühlt, die peinliche Situation
zu verändern, deren er sich aufs tiefste schämt, während die zahlreichen fremden Traumpersonen, die meist Zeugen seiner Entblößung
sind, nicht den geringsten Anstoß daran nehmen. Freud hat diese Nackt-
heitsträume als Exhibitionsträume aufgeklärt, als Reproduktionen
von Kindheitsszenen, die in eine Zeit zurückgehen, wo sich der
Mensch seiner Nacktheit noch nicht zu schämen pflegt und hat die
auffallende Kontrastierung der eigenen intensiven Scham zur Menge
fremder teilnahmsloser Zuschauer als Verdrängungsausdruck der
ursprünglichen Lustempfindung verständlich gemacht, mit der man
die Entblößung einer einzelnen wohlvertrauten Person bot.
Diese Träume, deren typischer Charakter die Mitteilung spezieller
Beispiele hier überflüssig macht, finden sich zwar nicht immer in so
reiner Form, verraten aber auch dann noch, daß die manifeste

Schamhaftigkeit im Traum wie im Leben eine heftige Reaktion auf ursprünglich stark exhibitionistische Regungen darstellt, die sich im Traumleben wenigstens teilweise noch in der unter Scham erfolgenden Entblößung durchsetzen können[1].

In Freuds „Traumdeutung" finden sich nun, abgesehen von den zur Aufklärung herangezogenen Traumbeispielen, auch zwei sehr lehrreiche Hinweise auf die Beziehung dieses typischen Traumes zu den Märchen und anderen Dichtungsstoffen. Der eine betrifft Andersens Märchen „Des Kaisers neue Kleider", welches von zwei Betrügern erzählt, die für den Kaiser ein kostbares Gewand weben, das aber nur den Guten und Treuen sichtbar sein soll. Der Kaiser geht mit diesem unsichtbaren Gewand bekleidet aus und durch die prüfsteinartige Kraft des Gewebes erschreckt, tun alle Leute, als ob sie die Nacktheit des Kaisers nicht merkten. Das entspricht aber der Situation des Nacktheitstraumes insoferne, als auch hier die Menge der Zuschauer — freilich mit rationalisierter Begründung — an der Nacktheit keinen Anstoß nimmt, die der Hauptperson selbst doch peinlich bewußt ist. Erscheint jedoch im Märchen bloß der eine auffallende Traumcharakter von der Teilnahmslosigkeit der zahlreichen Zuschauer in den Vordergrund gerückt und sinnreich gewendet, so objektiviert die im selben Zusammenhang von Freud erwähnte Nausikaa-Sage aus der „Odyssee" die eigentümliche Hemmung, welcher der Betroffene unterliegt, wenn auch in einer durch die Forderungen des Sagengefüges noch weiter entstellten Form. Dort (Od. VI, 135 u. ff.) ist es die schöne Nausikaa, welche beim Anblick des nackten Odysseus sich nicht von der Stelle zu rühren vermag, während die zur Situation gehörige Empfindung der Scham auf die sonst teilnahmslose Zuschauermenge, hier die Gespielinnen, übertragen ist, die entsetzt fliehen:

> Also ging der Held, in den Kreis schönlockiger Jungfrau'n
> Sich zu mischen, so nackend er war; ihn spornte die Not an.
> Furchtbar erschien er den Mädchen, vom Schlamm des Meeres besudelt;
> Hierhin und dorthin entflohn sie und bargen sich hinter die Hügel.
> Nur Nausikaa blieb. Ihr hatte Pallas Athene
> Mut in die Seele gehaucht, und die Furcht den Gliedern entnommen.

---

[1] Eine Anzahl solcher sehr instruktiver Träume hat Ferenczi auf Grund der Freudschen Traumdeutungslehre aufklären können (Die psychologische Analyse der Träume. Psychiatr.-Neurolog. Wochenschrift, Juni 1910).

Nun ist es doch auffällig, daß die als besonders schamhaftes Mädchen geschilderte Nausikaa, die davor zurückscheut, sich in Gesellschaft des Fremdlings blicken zu lassen (VI, 273 u. ff.), die sich schämt, dem Vater gegenüber die Möglichkeit ihrer Verheiratung zu erwähnen (v. 66), daß gerade sie von allen Mädchen dem nackten Manne gegenüber keine Scham empfindet, der selbst das Peinliche seiner Situation, ganz wie der Träumer, wohl fühlt:

> Brach mit der starken Faust sich aus dem dichten Gebüsche
> Einen laubichten Zweig, des Mannes Blöße zu decken (129)[1].

Ja, Odysseus selbst gesteht sein eigenes Schamgefühl direkt den Mädchen gegenüber ein:

> Aber ich bade mich nimmer vor euch, ich würde mich schämen,
> Nackend zu stehn, in Gegenwart schönlockiger Jungfrau'n (222)[1],

eine Äußerung, der gegenüber das gegenteilige Verhalten der sonst überaus schamhaften Königstochter noch auffälliger wird. Nun wollen wir aber doch festhalten, daß die vom Dichter der Odyssee eingeflochtene Nausikaa-Episode selbst kein Traum ist, auf den die Deutungsregeln der wissenschaftlichen Traumdeutung ohne weiteres anwendbar sein müßten, wenn auch merkwürdigerweise der Dichter in diese Episode einen Traum als deus ex machina eingeflochten hat, dessen Verständnis vielleicht doch einiges zur Aufklärung der hervorgehobenen Sonderbarkeiten beizutragen vermag.

Um die Auffindung des verschlagenen Odysseus durch Nausikaa und damit die Fortsetzung seiner Heimfahrt ins Werk zu setzen, gibt

---

[1] Mit völliger Beiseitesetzung jeder psychologischen Motivierungsmöglichkeit nimmt Marx (Rhein. Mus., Bd. 42, 1887, S. 251 bis 260) an, daß das Motiv der Schamhaftigkeit in v. 129 und 222 das späte Machwerk eines prüden, klügelnden Interpolators sei und versucht nachzuweisen, daß Odysseus den „laubichten Zweig" als Friedenszeichen und nicht zur Verhüllung seiner Geschlechtsteile benützt. Hiezu bemerkt Cauer (Grundfragen d. Homerkritik, 2. Aufl. S. 478): „Im ganzen aber ist das, was Marx zu beseitigen wünscht, mit dem Kern der Erzählung zu fest verbunden, als daß es ihm hätte gelingen können, durch Ausscheidung einzelner Stellen einen in seinem Sinne befriedigenden Verlauf herzustellen." Dasselbe meint auch Mülder (Die Phäakendichtung in der Od., N. Jahrb. 17, 1906, S. 16 bis 45), der aber doch das ganze Motiv der Nacktheit von einem Bearbeiter interpoliert glaubt, der das erotische Element hineinbringen wollte. Auch dagegen wendet sich Cauer (l. c.).

Pallas Athene der phäakischen Königstochter in einem nächtlichen
Traum ein, am nächsten Morgen ans Meer zu den Wäschespülen zu
fahren und ihre kostbaren Kleider zu reinigen, um für ihre bevorstehende Hochzeit gerüstet zu sein. Athene erscheint ihr im Traume
in der Gestalt ihrer liebsten Gespielin, die sie ermahnt:

> „Liebes Kind, was bist du mir doch ein lässiges Mädchen!
> Deine kostbaren Kleider, wie alles im Wuste herumliegt!
> Und die Hochzeit steht dir bevor! Da muß doch was Schönes
> Sein für dich selber und die, so dich zum Bräutigam führen!
> Denn durch schöne Kleider erlangt man ein gutes Gerüchte
> Bei den Leuten; auch freun sich dessen Vater und Mutter.
> Laß uns denn eilen und waschen, sobald der Morgen sich rötet!
> Ich will deine Gehilfin sein, damit du geschwinder
> Fertig werdest; denn Mädchen, du bleibst nicht lange mehr Jungfrau.
> Siehe, es werben ja schon die edelsten Jünglinge im Volke
> Aller Phäaken um dich; denn du stammst selber von Edeln.
> Auf! erinnere noch vor der Morgenröte den Vater,
> Daß er mit Mäulern dir den Wagen bespanne, worauf man
> Lade die schönen Gewande, die Gürtel und prächtigen Decken.
> Auch für dich ist es so bequemer, als wenn du zu Fuße
> Gehen wolltest; denn weit von der Stadt sind die Spülen entlegen."

Die in den wirklichen Verhältnissen durchaus nicht gerecht-
fertigte Begründung dieser Traummahnung durch das Motiv der
bevorstehenden Hochzeit verrät sich ohne weiteres als die dem Traumleben eigentümliche Wunscherfüllungstendenz, welche dem Mädchen
die Erfüllung ihres sehnsüchtigsten Wunsches als unmittelbar bevor-
stehend vortäuscht. Nun entspricht ein solcher Traumwunsch fast
immer einer, wenn auch uneingestandenen Tagesphantasie, welche
die schamhafte Nausikaa selbst vor dem Vater geheim hält (v. 66)
und deren Ausmalung bis in die intimsten Details man der phäakischen Königstochter so gut zutrauen darf wie unseren heutigen
Mädchen. Es ist also begreiflich, das dieser Hochzeitskomplex bei
einem gesitteten Mädchen auch Saiten anschlägt, die zunächst minder
angenehme Senationen, wie Furcht, Scham, ja in manchen Fällen
sogar Ekel erregen und wir werden bei der uns als besonders
schamhaft geschilderten Nausikaa am ehesten eine intensive Ablehnung der Entblößungsgelüste erwarten, die in der Hochzeitsnacht
auf ihre in der Regel seit der Kindheit entbehrte Befriedigung
rechnen dürfen. Aus dieser unbewußten Unterfütterung des Traumes
würde sich erst die Scheu erklären, die das Mädchen davon abhält,

gerade dieses Detail des Traumes, die Begründung der Wäsche mit
der bevorstehenden Hochzeit, dem Vater mitzuteilen, wie anderseits
das bald darauf in Gesellschaft ihrer Mädchen genommene Bad
(v. 96) den Entblößungswunsch teilweise befriedigt[1]. Nun ahnt uns
vielleicht, warum beim Anblick des nackten Odysseus gerade sie
festgebannt stehen bleibt, als wäre sie selbst der in seiner Nacktheit überraschte Träumer. Es sind eben in der Sage und im Märchen
(vgl. „Des Kaisers neue Kleider") aus Gründen des logischen Ge-
füges, wie übrigens aus psychischen Gründen in den entsprechenden Träumen selbst, die zwischen Lust und Scham schwankenden
Empfindungen des bloßgestellten Träumers auf verschiedene Personen derart verteilt, daß der ursprüngliche Zusammenhang zunächst nicht ersichtlich ist und erst auf dem Wege einer bald mehr
bald minder umständlichen Rekonstruktion wieder hergestellt werden
muß. Ist also die Empfindung der Nacktheit und das Gefühl der
Scham dem Odysseus als dem Helden der Erzählung zugeschrieben,
so verstehen wir die Sensation der Hemmung bei der von seinem
Anblick festgebannten Nausikaa als Ergänzung jenes Details der
Brautnachtphantasie[2], das sich in ihrem Traume nicht in Form der
eigentlich ersehnten Entblößung durchzusetzen vermochte. Sie träumt
also nicht direkt vom Nacktheitswunsch, der ihr erst mit der Erscheinung des Odysseus bewußt wird, sondern infolge der intensiven
Verdrängung zur Scham von seinem Gegensatz, von einer Menge
prächtiger und kostbarer Kleider, die zur möglichst weitgehenden
Verhüllung der Nacktheit dienen[3]: Und ihre schönen Gewänder, die

---

[1] Seither hat Dr. Alfred Winterstein „Die Nausikaa-Episode in der
Odyssee" in Ergänzung der obenstehenden Ausführungen in den allgemeineren Zusammenhang des Mythus von der Geburt des Helden einzureihen versucht. Auf die Beziehung des Nausikaa-Stoffes zum „Schwanelben-
mythus" kann hier nur verwiesen werden.

[2] Zum Beweise für deren Bestehen sei der Umstand angeführt, daß
Nausikaa sich den schönen Mann sogleich zum Gemahl wünscht:

„Würde mir doch ein Gemahl von solcher Bildung bescheret,
Unter den Fürsten des Volks; und gefiel es ihm selber zu bleiben!" (245),

ein Wunsch, den auch ihr Vater, „der alles merkte" (v. 67), dem Fremdling
gegenüber wiederholt (v. 311 u. ff.).

[3] Der bei unseren Hochzeiten obligate Brautschleier stellt sich unter
anderem auch als verschobener Rest einer vor der bevorstehenden erotischen
Entblößung gesteigerten Verhüllungstendenz dar.

in dem kurzen Traume nicht weniger als dreimal und keineswegs bloß im Sinne der vielmißbrauchten „epischen Breite" erwähnt werden[1], erinnern nicht bloß äußerlich an das kostbare Kaiserkleid der Nacktheit im Märchen, wie sie auch nicht die einzige Beziehung zu diesem darstellen. Denn wie es sich im Märchen angeblich um ein **unsichtbares Gewand** handelt, das nur gewissen Personen sichtbar sein soll[2], so spielt das **Motiv der Unsichtbarkeit**, auf das wir im zweiten Teil der Abhandlung ausführlich zurückkommen, auch in die Nausikaa-Sage hinein, wo Odysseus bei seinem Einzuge in die Phäakenstadt von seiner Schützerin Athene in undurchdringliches Dunkel gehüllt wird (VII, 15 u. 41) und von niemandem gesehen, doch selbst alles beobachten kann (**Motiv der Schaulust**).

Das **Motiv des Kleiderprunkes**, welches im Sinne des naiven Märchens als schamhafte Reaktion auf die verpönte Entblößungsneigung aufzufassen ist, muß als typischer Verdrängungsausdruck des Nacktheitswunsches hervorgehoben werden. Diese Verknüpfung offenbart sich ja auch darin, daß unsere hochkomplizierte und so vielerlei Modelaunen unterworfene Bekleidung nicht nur ein immer mannigfaltigerer Verdrängungsausdruck exhibitionistischer Gelüste[3], sondern pro-

---

[1] Vielleicht nur das vierte Mal, unmittelbar nach der Traumerzählung (v. 49), als „Epitheton ornans":
„Und der goldene Morgen erschien und weckte die Jungfrau
Mit den schönen Gewanden . . ."

[2] Hier sei auch eines weitverbreiteten mythischen und märchenhaft ausgeschmückten Motivs gedacht, welches sich dem unsichtbaren und doch sichtbaren Gewand anreiht. Es findet sich schon in der alten Ragnar Lodbrock-Sage (deutsch von Hagen, 1828, Kap. 4) in Form der Sigurds und Brynhilds Tochter, Aslaug, von Ragnar Lodbrock gestellten Aufgabe, nackt und zugleich bekleidet zu ihm zu kommen, welche Bedingung sie erfüllt, indem sie den Mantel ihrer langen goldenen Locken über ein Netzkleid fallen läßt und so seine Königin wird. Mit anderen ähnlichen Proben verbunden findet sich das gleiche Motiv und dieselbe Lösung (Fischgarn) in einer von Veckenstedt mitgeteilten Wendischen Sage (S. 230). Die parallelen Überlieferungen hat Reinh. Köhler (Schr. III, S. 513 f.) zusammengestellt. — Interessant ist in einer von Nelken (Jahrb. f. psychoanal. Forschungen, IV. Bd.) analysierten Phantasie eines Schizophrenen, „er sei im königlichen Gewand und doch nackt gewesen" (S. 526).

[3] Daß die primitive Kleidung, entgegen der biblischen Auffassung vom Sündenfall, zunächst anderen Motiven ihre Entstehung verdankt, sei hier nur angedeutet, obgleich der biblische Mythus selbst als völkerpsychologischer Niederschlag jener Regungen anzusehen ist, die im Nacktheits-

portional mit der gesteigerten Verdrängung zugleich ein immer raffi-
nierteres Reiz- und Befriedigungsmittel geworden ist, das der unverhüllten Nacktheit gegenüber dem Kulturmenschen ungleich höheren
Genuß bietet. In diesem Sinne darf der Dichter mit Recht sagen:
„Denn was uns reizt, das lieben wir verhüllt" (Gyges, II. Akt). Und
ganz im Sinne unserer Aufklärung des Nausikaatraumes sagt
Grillparzers eifersüchtige Sappho zu der schamhaften Melitta, die
nach dem Bade, in welchem sie sich unbelauscht wähnt, ihre präch-
tigsten Kleider anzieht: „So viele Hüllen deuten auf Verhülltes".
In diesem Zusammenhang läßt sich auch ein scheinbar belangloses
Detail in Maeterlincks „Monna Vanna" verstehen, welche Dichtung
sich ja mit ihrem aufdringlichen Nacktheitsmotiv unserer Betrachtung
darbietet. Am Schlusse des zweiten Aufzuges, als Prinzivalli nach
Verzicht auf die Befriedigung seines lüsternen Wunsches entschlossen
ist, Vanna in das feindliche Lager zu begleiten, erinnert er sich erst:
„Ach, ich vergaß, du bist fast bloß der Nacht und Kälte ausgesetzt;
und ich bin der Barbar, der das gewollt hat . . . Hier in den großen
Truhen liegt die Kriegsbeute für dich aufgesammelt . . . Hier sind
goldene Gewänder, Mantel von Brokat . . ." Vanna (ergreift
einen Schleier und hüllt sich darin ein): „Nein, dieser Schleier nur".
Wieder erscheint hier die Tendenz, das Weib, nach dessen nacktem
Anblick ihn gelüstete, gleichsam zur Buße für dieses frevelhaft erkannte Begehren nun mit kostbaren Kleidern zu überhäufen. Und
überaus fein weiß der Dichter in dem Umstand, daß Vanna von alle-

---

traum des einzelnen ihren Ausdruck finden. (Vgl. dazu den nackt ausgeführten
Befruchtungszauber, Abschn. II, S. 27). Interessant ist die Auffassung
einer arabisch-jüdischen Überlieferung: „Als sie aber von dem Baume gegessen hatten, da fielen ihnen ihre Haare ab, und sie blieben nackend
stehen." („Die Sagen der Juden." Frankfurt 1913, Bd. I, S. 343.) Noch deutlicher mit Beziehung auf das Nacktheitsmotiv wie es im Traum und Märchen
verwendet wird, in den „Sagen der Juden" (l. c. S. 95): „Was war Adams
Bekleidung? Eine Hornhaut bedeckte seinen Körper, und die Wolke des
Herrn umhüllte ihn stets. Wie er aber von den Früchten des Baumes
aß, ward ihm die Hornhaut abgezogen, und des Herrn Wolke wich von
ihm, und er sah sich nackend und bloß. Da versteckte er sich vor
dem Angesicht des Herrn."
     Zum Thema der menschlichen Bekleidung vergleiche man noch Walter
A. Müller: Nacktheit und Entblößung in der altorientalischen und älteren
griechischen Kunst. Leipzig 1906. — Neuestens auch Hörnes: „Ursprung
und älteste Form der menschlichen Bekleidung" (Scientia VI, 1912, Heft 1).

dem nur einen dünnen Schleier nimmt, anzudeuten, daß es sich
keineswegs um den Schutz gegen die Kälte, sondern lediglich
um eine psychologisch geforderte Reaktion auf die Entblößungsgelüste handelt. Ja, die Szenerie und damit die Stimmung des ganzen
Aufzuges scheint in dieses Licht getaucht, wenn das Zelt, in dem
die nackte Frau erwartet wird, folgendermaßen ausgestattet sein
soll: „Prunkhaftes Durcheinander. Waffen, Haufen von kostbaren Pelzen, große halboffene Koffer, die von Edelsteinen und
schimmernden Stoffen überquellen."

Von dieser poetisch gesteigerten Verwertung unserer normalen
erotischen Bekleidungslust ist nur ein Schritt zu gewissen pathologischen Ausgestaltungen des gleichen Komplexes. Es läßt sich nämlich
zeigen, wie die — wörtlich und bildlich — gleichsam verhüllte, intensiv
verdrängte Exhibitionsneigung zu gewissen auffälligen Eigenheiten, ja
pathologischen Übertriebenheiten in der Kleidung führen kann, die den
Eindruck erwecken, es liege so mancher unnötig überladenen oder ge-
zierten Toilette, sei es bei Frauen oder Männern (Gigerl- oder Stutzer-
tum), eine ähnliche unbewußte Reaktion gegen exhibitionistische Gelüste zugrunde. So findet sich in Krafft-Ebings „Psychopathia
sexualis" (9. Aufl., S. 357, Beob. 167) ein Fall, der uns den Zusammenhang des Stutzertums mit der exhibitionistischen Perversion erweist. Es
handelt sich um einen 37 jährigen ledigen Mann, der wegen Exhibi-
tionierens in einem öffentlichen Park verhaftet wurde und schon
zweimal wegen desselben Delikts vorbestraft war. Krafft-Ebing
berichtet von ihm: „Macht durch stutzerhafte Kleidung mani-
rierte Sprache und Bewegungen einen eigentümlichen Eindruck . . .
Er hielt sich immer für etwas Besseres als die anderen, legte
großen Wert auf elegante Kleidung und Pretiosen, und wenn
er Sonntags einherstolzierte, dünkte er sich in seiner Phantasie als
ein hoher Beamter." Aber auch eine der normalen Wurzeln für die
nicht selten übertriebene Pedanterie und Peinlichkeit, die bis in das
letzte Detail der Kleidung geht, dürfte hier entspringen, wie ja nach
einer Bemerkung Freuds in den Exhibitionsträumen die Entblößung
durch einen geringfügigen Defekt in der Kleidung ersetzt sein kann.
Nicht immer äußert sich jedoch diese Beziehung in so relativ harmloser oder durchsichtiger Weise. Weitere psychoanalytische Forschungen
Freuds haben es wahrscheinlich gemacht, daß auch der Perversion
des Kleiderfetischismus eine solche pathologische Verschiebung

und Fixierung des ursprünglich für den nackten Körper interessierten
Schautriebes auf dessen Bekleidung zugrunde liegen dürfte[1].

Nach Kenntnisnahme dieser Zusammenhänge wird man es wohl
kaum als Zufall auffassen können, daß gerade von An dersen, dem
Erzähler des Märchens von des Kaisers neuen Kleidern, einige auffällige Besonderheiten seiner Kleidung aus seinem Leben berichtet
werden[2]. „Er galt als der größte Modegeck in der Stadt und
legte seiner Kleidung eine besondere Bedeutung bei, was auch durch
seine eigenen Berichte bezeugt wird. Er hielt vor besonderen Anlässen Kostümproben ab und war immer besorgt, welchen Eindruck
seine Kleidung machen werde." Dieser nahezu paranoische, auf die
Kleidung bezügliche Beachtungswahn, den Freud ebenfalls als
Verdrängungserscheinung ursprünglich exhibitionistischer (gleich-
geschlechtlicher) Gelüste aufgeklärt hat[3], findet in der Figur des
Kaisers, durch dessen Kleidung man den nackten Körper hindurch-
sieht, der also eigentlich immer fürchtet, unbekleidet durch die
Straßen der Stadt zu gehen, einen treffenden poetischen Ausdruck[4].
Und das kleine Kind, das allein im Märchen die Nacktheit des Kaisers
naiv anerkennt, repräsentiert die infantile Begründung dieses Wahnes,
dessen normale Wurzel Freud in der Eigenüberschätzung (Narziß-

---

[1] Vgl. dazu den Ausspruch des Dichters Peter Hille: „Auch das
korrekteste Weib treibt Fetischismus, den Fetischismus mit sich selbst, die
Mode" (Reclams Universal-Bibl., Nr. 5191, S. 27).

[2] Die folgenden interessanten Details aus An der sens Lebensgeschichte
sind einer im „Jahrbuch für sexuelle Zwischenstufen" (III. Bd., 1901) erschienenen Arbeit entnommen, die sich mit den homosexuellen Neigungen
des Dichters beschäftigt.

[3] Traumdeutung, 2. Aufl., S. 172, und in der „Analyse eines Falles von
chronischer Paranoia" (Sammlung kl. Schr. z. Neurosenlehre aus den Jahren
1893 bis 1906, S. 123 u. ff.). Die Beziehung der abgewehrten Homosexualität
zur Paranoia hat Freud im Jahrbuch, Bd. III, 1911, dargelegt.

[4] Markus Landau hat („Bühne und Welt", I. Jahrg., 1898/99, S. 969)
„das Märchen vom Blendwerk und des Kaisers neuen Kleidern auf seiner
Wanderung durch die Weltliteratur" verfolgt und dabei Material herangezogen, an dem sich die von uns hervorgehobenen Motive der Schau- und
Zeigelust in ihrer gestaltenden Wirksamkeit nachweisen ließen. Nicht selten
findet sich die Nacktheit, wie auch häufig in Träumen, durch eine teilweise
Entblößung ersetzt, wie in der Geschichte der Königin von Saba, wo es sich
nur um ein Aufraffen des Kleides bis ans Knie handelt. (Vgl. auch das nackte
Bein in der Sage vom Staufenberger, die im II. Teil unserer Abhandlung
besprochen wird.)

mus) des Kindes wiedergefunden hat, das beim ersten Ausgang in seinem neuen Kleidchen meint, alle Leute müßten davon Notiz nehmen und entzückt sein. Nun findet sich die einem solchen Beachtungswahn zugrunde liegende Entblößungslust, wenn auch ihrer ursprünglichen Intensität und Ziele beraubt, im späteren Leben Andersens erhalten und läßt sich endlich auch auf Grund seiner Autobiographie „Das Märchen meines Lebens" in ihrer vollen infantilen Betonung — wenngleich nur mehr mit negativem Vorzeichen — aufzeigen. In einem Briefe aus Paris berichtet der Dichter, er habe auf der Promenade mit der Hand die Beinkleider etwas hoch gehoben, um seine schönen „seidenen Strümpfe doch ein bißchen sehen zu lassen". Anstatt der Hervorhebung des Weiblichen in diesem Zuge sei in diesem Zusammenhange die beiden Geschlechtern eigene Exhibitionsneigung betont, die darin unzweifelhaft Ausdruck findet und die auch einen Anteil an gewissen Formen der Verkleidungssucht zu haben scheint[1]. Als indirekten, aber darum nicht minder stichhaltigen Beweis für das Vorhandensein und die ursprüngliche Intensität der Entblößungsgelüste bei Andersen muß man die von ihm selbst berichteten frühzeitigen und besonders stark ausgeprägten Abwehrregungen dagegen ansehen. Er erzählt, er sei als Knabe wegen seines Aussehens und seiner übermäßigen Verschämtheit oft für ein Mädchen gehalten worden. Einst wollte sich ein Bursche aus einer Schar von Gesellen unzweifelhafte Gewißheit über das Geschlecht des Kindes verschaffen und ergriff es zu dem Zwecke. „Die anderen Gesellen", heißt es wörtlich weiter, „fanden diesen rohen Scherz amüsant und hielten mich an Armen und Beinen fest, ich heulte aus vollem Halse und schamhaft wie ein Mädchen stürzte ich aus dem Hause zu meiner Mutter." Auch an diesem Jugendtrauma möchten wir weniger die Tatsache der homosexuellen Empfindung[2] als die des ausgeprägten Schamgefühls hervorheben,

---

[1] Als Student spielte Andersen einmal eine groteske Colombine mit nackten Armen und wallenden Flachslocken. — Ähnliche Verkleidungsszenen im Zusammenhang mit Entblößungsgelüsten berichtet Grillparzer in seiner Selbstbiographie von seinem Bruder, der bei solchen Anlässen „halbnackt einherging". — Über die homosexuelle Komponente des Verkleidungstriebes vergleiche man die ausführliche Monographie von Dr. M. Hirschfeld: Die Transvestiten (Berlin 1910)

[2] Die zweifelsohne homosexuelle Gefühlsrichtung Andersens scheint sich auch darin zu verraten, daß die Entblößung im besprochenen Märchen

das sich aufs heftigste gegen die Entblößung der Genitalien sträubt, und zwar in einer verhältnismäßig frühen Zeit, wo unter normalen Umständen das Schamgefühl im eigentlichen Sinne noch fehlt oder sich eben zu entwickeln beginnt. Heben wir schließlich noch hervor, daß die in dieser Kindheitsszene geschilderte, unfreiwillig erduldete Entblößung, die durch Festhalten des Opfers erzwungen wird, auffällig an jene Sensation der Hemmung erinnert, die im Traume den Entblößten in der peinlichen Situation festhält, und behalten wir diese interessante Analogie für die folgenden Erörterungen im Auge.

Ist es uns für die Märchenerzählung Andersens geglückt, im Sinne des ihr zugrunde liegenden Traumerlebnisses die individuelle Wurzel im Seelenleben des Erzählers selbst aufzuzeigen, so ist ein ähnlicher Nachweis für die Nausikaa-Episode um so weniger zu erwarten, als nicht nur jede persönliche Nachricht vom Dichter der Odyssee fehlt, ja die moderne Homerkritik geradezu behauptet, daß das Epos in seiner gegenwärtigen Gestalt ein verhältnismäßig spätes Produkt sei, in das eine Reihe kleinerer selbständiger epischer Gesänge von verschiedenen Dichtern, die in der Regel alt überliefertes Mythenmaterial verwerteten, Eingang gefunden habe. Inwieweit die Nausikaa-Sage, die Freud als Objektivierung eines uralten Traummotivs erkannte, einem solchen ursprünglichen Mythenkern entstammt, ist schwer festzustellen, da sie in der endgültigen Gestaltung des Epos mit dem Fortschritt der Handlung aufs engste verknüpft und vom Ganzen untrennbar erscheint. Anders verhält es sich mit gewissen kleinen Episoden, die von der literarhistorischen Kritik, ja nicht selten auch vom naiven Leser ohne weiteres als mehr oder minder willkürliche oder überflüssige Einschiebsel betrachtet werden, die, ohne in den Gang der Handlung sichtlich einzugreifen, lediglich gewissen epischen Anforderungen der Breite und Ausschmückung zu dienen scheinen und nach allgemeiner Ansicht ohne Schaden für das Verständnis wegbleiben könnten. Als eine dieser freien dichterischen Zutaten gilt der philologischen Kritik die Demodokos-Einlage (Od. VIII, 266 bis 366)[1], die schildert, wie

einen Mann (zunächst die psychische Persönlichkeit des Dichters) betrifft, während in anderen Dichtungs- und Sagenstoffen die männliche Schaulust sich weibliche Befriedigungsobjekte schafft.

[1] „Das Tanzlied von der Buhlschaft des Ares mit Aphrodite ist ganz gegen den Geist des alten Epos. Sprachlich verrät sich der Jonier, man

anläßlich eines zu Ehren der Ankunft des Odysseus vom Phäaken-
könig veranstalteten Festmahles unter anderen Vergnügungen die
Gäste und insbesondere Odysseus (v. 368) durch die Kunst des
berühmten Sängers Demodokos erfreut werden, der in etwas frivoler
Weise die Liebe des Ares und der Aphrodite besingt. Gerade von
dieser scheinbar ganz äußerlich und beziehungslos eingeflochtenen
Erzählung läßt sich nun in unserem Zusammenhang zeigen, daß sie
mit der ihr unmittelbar vorausgehenden Nausikaa-Episode in der aller-
innigsten, tiefstreichenden Beziehung steht und es so die größte
innere Wahrscheinlichkeit gewinnt, daß diese beiden psychologisch
aufs engste verknüpften Partien der Odyssee aus der Seele desselben
Dichters oder — wie wir mit Rücksicht auf ihre unsichere (mythologische) Herkunft gen wollen — aus dem gleichen psychischen
Komplex entsprungen seien. Demodokos erzählt, wie der schöne Ares
mit der goldenen Aphrodite, der Gattin des mißgestalteten Hephaistos,
gebuhlt habe. Als der gekränkte Gatte von dem Allseher Helios die
sichere Kunde erhält, daß er die beiden in geheimer Umarmung gesehen
habe, ersinnt er eine feine Rache. Er schmiedet, um die beiden fest
und auf ewig zu binden, starke unauflösliche Ketten, dabei aber:

> Zart wie Spinnengewebe[1], die keiner zu sehen vermöchte,
> Selbst von den seligen Göttern: so wunderfein war die Arbeit!

Diese kunstvollen Fesseln habe er in seinem Hochzeitsgemach
im Bereiche des Ehebettes derart ausgebreitet, daß er damit die
beiden Verliebten im gemeinsamen Schlummer festbannen konnte
(v. 298);

> Und sie vermochten kein Glied zu bewegen oder zu heben.
> Aber sie merkten es erst, da ihnen die Flucht schon gehemmt war.

Zu diesem Schauspiel ruft nun Hephaistos alle Götter herbei,
„aber die Göttinnen bleiben vor Scham in ihren Gemächern” (v. 324),
und befreit die beiden Liebenden nicht früher aus ihrer peinlichen
Situation, bis er von dem einzigen ernst gebliebenen Poseidon die
Zusicherung der Genugtuung empfangen hat. Wir stoßen also hier

---

könnte vielleicht auf Kynaithos als Verfasser raten.” (Fick, Die Odyssee,
S. 315.)

[1] Vgl. dazu Aslaugs „Netzkleid” in der Ragnar-Lodbrock-Sage und
das entsprechende Fischgarn in der S. 186, Anmerkung 2, zitierten wen
dischen Sage.

wieder, wie in der Nausikaa-Sage, auf die poetische Einkleidung
der peinlichen Empfindung des Gehemmtseins, welche die offenbar
in ihrer Nacktheit zur Schau gestellten Liebenden der großen Götter-
versammlung gegenüber befällt, die den Vorfall zwar nicht teil-
nahmslos, aber immerhin mit einer für uns befremdlichen Heiterkeit
aufnimmt. Die Scham der beiden Bloßgestellten wird als selbstverständlich nicht näher beschrieben; es wird nur erwähnt, daß sie im
Augenblicke der „Lösung" hurtig davon sprangen und daß Aphrodite sich beeilte, möglichst bald wieder nach Kypros zu ihren
Charitinnen zu kommen, die sie „mit schönen und wundervollen
Gewanden schmückten" (v. 366).

Auf Grund dieser Analogien wird man wohl kaum daran
zweifeln können, daß diese der Traumsituation entsprechende Szene
dem gleichen seelischen Komplex entstammt wie die Nausikaa-Episode
und es kann auch weder ihre Aufeinanderfolge im Epos noch ihre
Einfügung gerade an der Stelle zufällig erscheinen, wo der als
nackter Fremdling angekommene Odysseus beim Gastmahl unterhalten und an die Familie des Königs Alkinoos gefesselt werden
soll. Neben den auffälligen Übereinstimmungen beider Schilderungen
muß jedoch eine charakteristische Abweichung in der Demodokos-
Erzählung besonders hervorgehoben werden, weil sie in ihren schärferen
Ausprägungen uns zu einer neuen Motivgestaltung der Hemmungsempfindung hinleitet. Während in der Traumsituation wie in der
Nausikaa-Szene die Hemmung als rein psychische Sensation empfunden
und dargestellt wird, ist sie in der göttlichen Liebesgeschichte —
aus welchen Gründen bleibe hier unerörtert — als Fesselung
versinnlicht, objektiviert, und diese gewissermaßen rationalisierte
Form der Motivgestaltung tritt uns bei weitem öfter entgegen als
die rein psychologische. Mag nun dieser Projektion der seelischen
Empfindung nach außen das Bedürfnis einer logischen Erklärung für
die unverstandene Sensation zugrunde liegen oder mögen andere uns
noch unbekannte Motive an dieser Veräußerlichung Anteil haben,
immerhin macht es gerade das Demodokoslied unzweifelhaft, daß das
Motiv der Fesselung als Objektivierung der rein subjektiven
Traumhemmung aufzufassen ist. Nicht so sehr, weil das Gefühl der
Hemmung die beiden Buhlenden im Schlafe (Traum) befällt, als
deswegen, weil ja die Fesseln hier ausdrücklich als unsichtbare
Bande geschildert werden, was einem getreuen sprachlichen Abbild

der unerklärlichen Traumhemmung entspricht. Wir greifen also hier
gleichsam mit Händen den Übergang von der rein innerlichen
Empfindung der Hemmung (im Traume) zum äußerlichen Motiv
der Fesselung, wie wir es im folgenden sagengeschichtlich belegen
werden und überraschen so gleichsam das Hervorwachsen dieser
Motivgestaltung aus der primitiven unverstandenen Traumsituation
in statu nascendi. Besonders die mittelalterliche Sagenbildung,
die so viele aus dem Altertum rein menschlich überlieferte
mythische Stoffe und Motive zu entstellen und zu rationalisieren wußte, hat diese Veräußerlichung der Hemmungsempfindung
des entblößten Träumers in extremer Weise ausgestaltet. Hieher gehört der vielen deutschen Sagen geläufige Zug, daß die
nachts den Mann plagende Mahre als Strohhalm, Kornähre, Katze
oder ähnliches in den Schraubstock gespannt oder festgeklemmt
wird und morgens dann als nacktes Frauenzimmer dasteht, die
ohne den Willen des Besiegers nicht von der Stelle kann. Ludwig
Laistner hat dieses Motiv, das er auf den Alptraum zurückführt,
durch die ganze deutsche Sagengeschichte verfolgt und auch dessen
Ähnlichkeit mit der homerischen Erzählung hervorgehoben („Das
Rätsel der Sphinx", Berlin 1889, I. Band, S. 177). Als Beispiel sei
eine Überlieferung erwähnt, die vom Besitzer einer wunderbaren
Ente berichtet, er hätte drei Frauenzimmer, die ihn des Nachts seines
Schatzes berauben wollten, durch ein Zaubersprüchlein festgebannt,
so daß sie „nackt, wie sie waren, die ganze Nacht hindurch
stehen bleiben mußten" (I. Band, S. 176). Das entspricht ganz
der Situation des gefangenen Strohhalms, der in den Schraubstock
geklemmt wird und morgens als nacktes Mädchen dasteht. Nur
nähert es sich insoferne mehr der ursprünglich zugrunde liegenden
Traumsituation, als das äußerlich sichtbare Mittel der Fesselung
(Laistners „Lurod") nicht eingeführt wird und der Zauber lediglich
an einem Spruche hängt, der in anderen Überlieferungen (vgl.
Laistner, I. Band, S. 176) dazu dient, ein verliebtes Paar festzu-
bannen, wie in der Demodokos-Episode. Direkt mit der im Schlaf-
zustand (Traum) erfolgenden Entblößung erscheint die Sensation der
Hemmung in Zusammenhang gebracht in einer gleichfalls von
Laistner (I. Band, S. 45) mitgeteilten Erzählung des Cäsarius von
Heisterbach von einem Klosterbruder, den im Schlafe der Teufel in
Gestalt einer Nonne umarmt und geküßt hatte und der dann wie

der trunkene Noah (i. e. entblößt) gefunden ward. Als es Zeit
zum Aufstehen war, konnte er sich jedoch nicht erheben und
starb nach drei Tagen. Ebenso wie diese Sage, in der uns die
Hemmung noch direkt als Folge der Nacktheitsempfindung verständlich ist, faßt Laistner (I. Band, S. 175) auch eine andere
der homerischen Erzählung verwandte Volksüberlieferung, die wir
infolge Wegfalls des Nacktheitsmotivs nicht mehr als hieher gehörig
agnoszieren können, als Umgestaltung einer Alptraumsituation auf.
Nämlich den von der schwedischen Volkssage skogtagen (walderfaßt)
genannten Zustand, der Menschen mitunter im Walde draußen erfaßt,
so daß sie sich von einem unsichtbaren aber dichten, undurch-
dringlichen Netze festgehalten glauben, das ihnen keinerlei Bewegung gestattet. Das wäre etwa ein letzter Ausläufer des uralten,
aus der widerspruchsvollen Traumsituation hervorgewachsenen Motivs
der Bewegungshemmung, welcher der nackte Träumer trotz seiner
gegenteiligen Intention erliegt. Es muß jedoch hier besonders betont
werden, daß sich in der auf Grund der Verdrängung peinlich wahrgenommenen Hemmungsempfindung doch nur der ursprüngliche
Wunsch manifestiert, die Entblößung den Blicken der Umgebung
darzubieten. Ja man muß sogar — das Motiv von der Wunschtendenz
aus betrachtet — die infolge der Hemmungsempfindung fortdauernde
Entblößung als übertriebene Wunscherfüllung auffassen [1], die dadurch
eben peinlich empfunden wird und so der schamhaften Verdrängungstendenz allein zu dienen scheint, auf Grund deren der Träumer sich
dem Anblick der Umgebung vergeblich zu entziehen sucht. Im Hinblick
auf die typische (masochistisch gefärbte) Phantasie von erzwungener
Entblößung, die in dem Motiv der Fesselung ihren poetischen Ausdruck gefunden hat und von Andersen als Erlebnis berichtet wurde,
darf man vielleicht ein Urbild dieser Rechtfertigung der primären
Zeigelust durch die Hemmungsempfindung in einer sehr frühen Zeit
der Kindheit wiederfinden, wo es dem Säugling infolge seiner organischen Unzulänglichkeit de facto unmöglich ist, sich den bewun-
dernden Blicken der entzückten Beschauer zu entziehen, selbst wenn
er es wollte.

Das Motiv der wider Willen erzwungenen Exhibition ist wie
kein anderes geeignet, den Widerstreit zwischen Trieb und Ver-

---

[1] Vgl. dazu den im Abschnitt VIII behandelten übertriebenen Gehorsam, der gleichfalls mit der Hemmung verknüpft ist.

drängung, den wir uns beim Dichter besonders intensiv denken
müssen, aufs deutlichste zu veranschaulichen. In diesem Sinne hat
es denn auch in den Werken eines mit Recht hochgeschätzten mittelalterlichen Dichters, ich möchte sagen, klassischen und in mehrfacher
Hinsicht interessanten Ausdruck gefunden. Hartmann von Aue,
der um 1200 lebte, hat unter anderem die Legende vom heiligen
Gregorius auf dem Stein nach einem französischen Gedicht poetisch
bearbeitet. Der Stoff stellt sich als eine der zahlreichen und im
Mittelalter sehr beliebten Variationen der antiken Oedipussage dar[1],
die allerdings durch Häufung der Versündigung sowie Maßlosigkeit
der Buße und Vergebung den modernen Geschmack abstößt. Gregor,
das Kind aus einem blutschänderischen Verhältnis zwischen Bruder
und Schwester, heiratet später unwissend seine eigene Mutter und
verbringt zur Sühnung dieses Vergehens siebzehn Jahre angefesselt
auf einem inmitten des Meeres aufragenden Stein, wo ihn schließlich
Gesandte aus Rom aufsuchen, um den durch diese Buße gereinigten
Sünder zum Papst zu machen. Die ausführliche Schilderung dieser
Auffindung Gregors enthält nun gleichfalls das Motiv der schamvoll
empfundenen Nacktheit in Verbindung mit dem der Motilitäts-
hemmung durch die Fesseln. Es heißt bei Hartmann[2]:

> Da ward der Gut' und Reine
> Bald ihres Kommens inne
> Und sann, wie er entrinne.
> Denn seine Scham, die war zu groß,
> Dieweil er war ganz nackt und bloß,
> Doch konnte er nicht laufen flink,
> Weil eine Eisenfessel hing
> An jedem Bein, die hemmt' die Glieder.
> Er stürzte auf den Felsen nieder
> Und wollt sich so verbergen da.
> Er brach, als er sie kommen sah,
> Sich Blätter, daß die Scham sie hehlten.
> So fanden sie den Gotterwählten . . .

Diese vom Dichter in scheinbar freier Ausschmückung des
überlieferten Stoffes und ohne Anlehnung an die Odyssee einge-

---

[1] Vgl. Rank: Das Inzest-Motiv in Dichtung und Sage (Wien und
Leipzig 1912), Kap. X.
[2] Nach der Übersetzung von Pannier (Reclams Universal-Bibliothek,
Nr. 1787, S. 112).

flochtene Situation der erzwungenen Entblößung vor mehreren Zuschauern gewinnt noch dadurch an Interesse, daß sich im gleichen
Gedicht Hartmanns auch ihr Gegenstück, die lustvolle Entblößung
einer einzelnen geliebten Person, findet. In der sehr detaillierten
Schilderung der Verführung der Schwester durch den Bruder ver-
weilt der Dichter mit besonderem Behagen bei der allmählich fortgesetzten Entblößung des schlafenden Mädchens durch den liebes-
gierigen Bruder und variiert das Thema (l. c., S. 18) mit der gleichen
epischen Breite, die uns schon an der gleichbedeutenden mehrfachen
Hervorhebung der Kleider im Traum der Nausikaa auffällig gewesen ist:

> Er schlich sich leise hin zu ihr,
> Bis er in ihrem Bett sie fand.
> **Er hob das hüllende Gewand**
> Vom keuschen Leib so sanft und sacht,
> Daß sie davon nicht eh'r erwacht
> **Als bis er ganz darunter drang**
> **Und seine Arme um sie schlang**
> — — — — — — — — — —
> **Das letzte trennende Gewand**
> **Schob noch hinweg des Bruders Hand**
> **Und beide ruhten Leib an Leib.**

Diese im „Gregorius" auf zwei Personen und zeitlich weit
auseinanderliegende Szenen verteilten Ausdrucksformen der Exhi-
bitionsregung in ihrer positiven Ausprägung und in ihrer Abwehrform finden sich in desselben Dichters Bearbeitung der Sage vom
Armen Heinrich in einer einzigen Situation vereinigt, die es außer
Zweifel stellt, das dieses in Hartmanns Schaffen typische Motiv
tief wurzelnden persönlichen Seelenregungen des Dichters Ausdruck
verleiht[1]. Der vom Aussatz befallene Ritter Heinrich kann nach
dem Glauben seiner Zeit, den auch der berühmte Salerner Arzt
teilt, nur durch das Herzblut einer reinen, sich freiwillig opfernden

---

[1] Die Situation des an Händen und Füßen gefesselten, aller Kleidung
entblößten Mannes, der „nackt wie eine Hand" von seinen Feinden mit
Geißelruten gezüchtigt wird, findet sich schon in Hartmanns Erstlings-
werk: „Erec" (XV, v. 5400 u. ff.) und eine ähnliche Szene wird auch in
seinem letzten Gedicht: „Iwein" nicht vermißt (v. 4937 ff.). Interessant ist
hier (v. 3234) auch der fast identische Ausdruck des Abreißens der Kleider
vom Leibe wie bei dem Opfer des Armen Heinrich. Die Besprechung anderer
hiehergehöriger Züge aus dem „Iwein" folgt oben im Text.

Jungfrau von seinem Leiden geheilt werden. Das elfjährige Mädchen des Pächters, in dessen Haus sich der sieche Ritter zurückgezogen hat, entschließt sich in ihrer Einfalt und Liebe zu dem Leidenden zu diesem Opfer und weiß die Erlaubnis dazu auch bei ihren tief-betrübten Eltern wie bei dem anfangs ablehnenden Ritter schließlich durchzusetzen. Der Arzt sucht das unerfahrene Ding durch Schilderung des ihr bevorstehenden Leidens von ihrem Vorhaben abzubringen:

> Ich muß dich ausziehn nackt und bloß;
> Ist das nicht Not genug, so groß,
> Daß du mit Recht vor Scham vergehst,
> Wenn du so nackend vor mir stehst?
> An Beinen bind ich dich und Armen,
> Fühlst du mit deinem Leib Erbarmen,
> Bedenke, Mädchen, diese Schmerzen!
> Ich schneide dich bis tief zum Herzen
> Und brech es, wenn du lebst, aus dir[1].

Aber das Kind fürchtet nur, daß den Arzt im entscheidenden Moment der Mut verlassen werde, sie selbst gehe zur Operation „wie zum Tanze". Und auch die vollständige Entblößung, deren Not-wendigkeit allerdings nicht aus der Art der Operation folgt, ist, weit entfernt, ihr peinliche Gefühle zu verursachen, vielmehr im Sinne der ursprünglichen Exhibitionsneigung eine Quelle der Lust für sie:

> Er hieß die Jungfrau allsogleich
> Vom Leibe ihre Kleider tun.
> Wie war sie froh der Arbeit nun!
> Sie riß sie in der Naht entzwei;
> Bald stund sie aller Kleider frei,
> Entblößte ihre Schönheit gern
> Und sonder Scham für ihren Herrn.

Das entscheidende Moment, wodurch sich diese Szene von der analogen Entblößung Gregors abhebt, ist das Fehlen jeder Abwehr-bestrebung und Schamempfindung, welche die vorbildliche Traum-situation kennzeichnen. Die Entblößung tritt hier mit infantiler Naivität in der ursprünglich lustvollen Betonung auf und die Fesselung des Opfers erscheint nicht so sehr im Sinne einer Objektivierung der Hemmungsempfindung, die ja nicht betont wird, wie vielmehr

---

[1] Nach Wolzogens Übersetzung (Reclams Universal-Bibliothek, Nr. 456, S. 39).

als sadistisch-masochistische Verankerung des Motivs, die vermutlich
in der Wehrlosigkeit des kleinen Kindes ihr Vorbild haben dürfte[1].
Die Überkompensation der Exhibitionsneigung durch die charak-
teristisch-typische Kleiderfülle und -pracht ist in einen anderen Zusammenhang versprengt und scheint auch nur durch die Forderung
poetischer Ausschmückung gestaltet. Vor der Fahrt nach Salern
stattet Heinrich das arme Kind geziemend aus und schenkt ihr

> Ein schönes Roß und Kleider reich,
> Wie nie vor dieser Zeit sie trug,
> Von Hermelin und Samt genug
> Und bestem Zobel, den man fand:
> Das war der holden Maid Gewand.

Aber nicht bloß in den bedeutungsvollen Hauptszenen der Handlung, wo die Ausführlichkeit des Dichters sich noch als Forderung
der epischen Technik rechtfertigen ließe, sondern auch in einzelnen
Details seiner Dichtungen, ja selbst in Gleichnissen kommt der Nackt-
heitskomplex zum Durchbruch und verrät sich so als entscheidendes
Motiv der unbewußten dichterischen Gestaltung und nicht bloß als
ein poetisches Requisit. So illustriert der Dichter in der Einleitung
zu dem eigentlichen Thema des „Gregorius" die unermeßliche Gnade
Gottes, die sich ja auch an Gregor bewähren sollte, an dem Gleichnis
eines Mannes, den Mörder berauben und schwer verwundet liegen
lassen, dessen sich aber Gott zu seinem Heile erbarmt (S. 10):

> Sie hatten ihn gar frevelhaft
> Dahingestreckt und ihm entrafft
> Die Kleider alle, die er trug,
> Und hatten Wunden, schwer genug,
> Geschlagen ihm mit frevler Hand.
> — — — — — — — — — — — —
> Allein ihn ließ der höchste Gott,
> Nicht ohne sein gewohnt Erbarmen:
> Er lieh in Güte noch dem Armen
> Hoffnung und Furcht zum Kleide,
> Die er gewirket beide
> Zum Schutze allen Sündern.

---

[1] Die Beziehung der masochistischen Fesselungsphantasie auf die
Wehrlosigkeit des Säuglings hat seither J. Sadger an Krankengeschichten
zeigen können (Jahrbuch für psychoanalytische Forschungen, IV. Bd., 1912).

Dieses aus Furcht und Hoffnung gewebte Kleid erinnert wohl nicht ganz zufällig an das prächtige Gewand von Autorität, das die Nacktheit des Kaisers im Märchen verhüllen soll[1].

Auch die Verschiebung des ursprünglich den Genitalien geltenden Exhibitionsgelüstes auf indifferente Körperteile, insbesondere auf Beine und Arme, wie bei Andersen, findet sich im Gregorius. In ähnlicher Weise wird das erotische Wohlgefallen an der schönen, glatten, weißen Haut angedeutet (S. 97). Der arme Fischer, bei dem der ehemalige Fürst als Büßer Unterkunft sucht, hält den Mann, dessen wohlgestalteten und gepflegten Körper Lumpen decken, für einen Betrüger:

> Es sah wohl schwerlich Mann und Weib
> Je einen stattlicheren Leib.
>
> — — — — — — — — — — — — —
>
> Du bist gemästet guter Art,
> Die Schenkel glatt, die Füße zart,
> Die Zehen wohlgestreckt und lang,
> Die Nägel schön gepflegt und blank
>
> — — — — — — — — — — — — —
>
> Auch seh ich deinen Schenkeln an
> Nicht einen Fall, nicht einen Stoß,
> Du trägst sie noch nicht lange bloß.
> Wie sie so wohl bewahret sind,
> Daß weder Frost noch rauher Wind
> Sie je einmal berühret hat.
> Gar nicht zerzaust und prächtig glatt
> Dein Haar ist und so weich die Haut,
> Wie man sie nur bei Schlemmern schaut.
> Die Arme und die Hände dein,
> Die müssen ohne Tadel sein,
> Und sind so glatt und sind so weiß:
> Du pflegtest sie mit anderm Fleiß
> In aller Heimlichkeit und Stille,
> Als jetzt zu zeigen ist dein Wille.

Auch das Gegenstück zu dieser wohlgefälligen Ausmalung der körperlichen Schönheit, nämlich die Schilderung des durch

---

[1] Kleidungsstücke allegorisch zu deuten war zwar im Mittelalter allgemein beliebt (Reinh. Köhler, Schriften, II., S. 122 ff.). — Man vgl. auch in Tennysons Dichtung von der „Lady Godiva", die wir im zweiten Teil unserer Arbeit ausführlich besprechen, die auf die nackte Frau bezügliche Wendung: „So ritt sie aus und Keuschheit war ihr Kleid."

die übermenschliche Buße entstellten Leibes wird im Epos mit liebe-
voller Ausführlichkeit dargestellt. Vor der Auffindung des nackten
Büßers malt der Dichter, offenbar von dem Streben nach bewußter
poetischer Kontrastwirkung geleitet, im Detail aus, wie Gregor
in seiner früheren Schönheit aufgefunden werde und hebt dabei
seine mit der tatsächlichen Nacktheit scharf kontrastierende prächtige Bekleidung hervor (S. 111), ein Zug, der uns bereits als
Reaktion auf die Entblößung verständlich geworden ist. Darauf
folgt (S. 112 u. f.) nach der Entdeckung des gänzlich Unbekleideten,
die langatmige Beschreibung seiner körperlichen Entstellung, die ihn
nicht, wie früher, zu einem wohlgefälligen Anblick geeignet macht:

> Der arme Dulder dorten war
> Bewachsen ganz und gar mit Haar;
> Es war gar struppig ihm behaart
> Die Haut und struppig Haupt und Bart
>
> Erst voll an seinen Gliedern allen
> Das Fleisch, nun aber abgefallen,
> Daß es kaum deckte das Gebein;
> Schwach war er wie ein Kindelein
> An Beinen und an Armen,
> Es möchte Gott erbarmen.

Diese scheinbar unwesentlichen und äußerlich nur der dichterischen Ausschmückung dienenden Details haben wir so ausführlich mitgeteilt, weil sie im Zusammenhalt mit anderen Dichtungen Hartmanns an innerer Bedeutung gewinnen und uns zu
einer weiteren typischen Verdrängungsform des Nacktheitsmotivs
führen. Die gleiche Gegenüberstellung des nackten, körperlich entstellten Mannes und der erwünschten Wohlgestalt und reichlichen
Bekleidung, wie sie die zuletzt angeführten Stellen zeigen, findet
sich neben einer Reihe bereits genannter typischer Gestaltungsformen des Nacktheitsmotivs in dem ~~Erstlings~~werk Hartmanns,
im „Iwein". Der Held, der sich eines unsichtbar machenden
Ringes seinen wie blind zustechenden Verfolgern entzieht[1], irrt
später im Wahnsinn nackt durch die Wälder, wo ihn Frau von

---

[1] Der innige Zusammenhang auch dieses Motivs mit der Verdrängung
der Nacktheitslust wird im zweiten Teil unserer Abhandlung ersichtlich
werden.

Narison schlafend findet. Sie legt eine Fülle prächtiger Kleider
neben ihn und bestreicht seine wettergebräunte Haut mit einer
heilenden Salbe, ohne ihn jedoch zu wecken:

> „Weil sie das wohl erkannte,
> Wie sehr erröten und Schande
> Einem edeln Manne wehe tut.
> Drum barg sie sich in höfischem Mut,
> Daß sie ihn sah und er sie nicht.
> Sie gedachte, wenn das geschicht,
> Daß er erwacht und kommt zu Sinnen,
> Und wird hienach deß innen,
> Daß ich ihn also nackt gesehn,
> So ist viel übel mir geschehn,
> Denn das beschämt ihn so sehr,
> Daß er mich nimmermehr
> Mit Willen hernach ansieht."
>
> (V. 3489 u. ff. übersetzt von Wolf
> Grafen Baudissin, Berlin 1845.)

Auf diese vom intensiven Schamgefühl des Dichters abge-
schwächte Wunschphantasie nach ungestrafter Entblößung vor
einem weiblichen Zuschauer folgt die bereits angekündigte Kontrast-
schilderung, die uns dadurch noch interessanter wird, daß dem
nackten und verunstalteten Helden die gewünschte Wohlgestaltung
und prächtige Kleidung zunächst im Traume erfüllt scheint[1]:

> „Aufrichtet er sich alsbald,
> Und als er schaut seine eigne Gestalt,
> Und sich so schwarz und schrecklich sah,
> Zu sich selber sprach er da:
> Bist Du's Iwein? oder Wer?
> Hab ich geschlafen bisher?
> Weh', o weh' mir, und ach!
> Wär ich lieber doch nicht wach!

---

[1] Wie dem Dichter seit jeher, so gilt auch Hartmann der Traum,
allerdings seinem manifesten Inhalt nach, als Wunscherfüller:

> „Traum, wie so wunderlich du bist!
> Reichtum schaffst du in kurzer Frist
> Einem, der also ärmlich lebt . . ." („Iwein").

Besonders im Minnesang ist dieses Motiv häufig verwertet. Vgl. Wal-
thers von der Vogelweide Gedichte: „Traumdeutung", „Süßer Traum" u. a.,
auf die bereits Riklin in seiner Arbeit: „Wunscherfüllung und Symbolik im
Märchen" (1908) hingewiesen hat.

Denn im Traum ward mir gegeben
Ein viel reiches Heldenleben.

——————————————————————————

Ich war schön von Gestalt und reich
Und diesem Leibe viel ungleich."

Der körperlich entstellt und nackt Daliegende träumt aber nicht nur in typischer Wunscherfüllungsform von seinem in voller Schönheit erstrahlenden Körper, sondern auch — ähnlich wie Nausikaa — von dem entsprechenden Verdrängungsgegensatz der Kleiderüberhäufung:

„Als er die frischen Kleider
Zur einen Seite ihm liegen sach
Wundert' ihn das und er sprach:
Dies sind Kleider wie ich genug
Sie oft in meinem Traume trug."

Zu besonderer Bedeutung gelangt dieses Gegenstück zum Nausikaa-Traum durch eine Studie Osterwalds (Halle 1853), der den Stoff des „Iwein"[1] auf Grund naturmythologischer Vergleichung in engste Beziehung zur Odysseussage bringt. Aus der bis in Einzelheiten durchgeführten Parallele seien nur zwei hieher gehörige Punkte hervorgehoben: „Den langen und tiefen Schlaf, in den Iwein gefallen ist, als die Frau von Narison mit ihren Begleiterinnen durch den Wald reitet, vergleiche ich mit dem Schlafe des Odysseus unter dem Ölbaume auf Scheria" (S. 53), bevor er, von dem Geschrei der spielenden Mädchen geweckt, nackt hervortritt[2]. Ebenso vergleicht Osterwald (S. 51) die durch den Zauberring erlangte Unsichtbarkeit Iweins auch mit dem bergenden Nebel, den Athena auf Scheria um ihren Schützling Odysseus ausgießt. Wahrscheinlicher als Osterwalds Annahme von einer nur durch Entlehnung oder Wanderung des Stoffes erklärlichen mythologischen Verwandtschaft der beiden Sagengebilde erscheint uns ihre psychologische Identität, die in

---

[1] Vgl. auch C. Rauch, Die walische, französische und deutsche Bearbeitung der Iwein-Sage (Dissertation, Göttingen 1869).

[2] Auch im mittelhochdeutschen Spielmannslied von Orendel ist der Held völlig entblößt und muß sich wie Odysseus vor Nausikaa mit Baumlaub bedecken als die in Samt und Seide prangende Frau des Fischers Eise auf den Zinnen des Palastes erscheint.

der gleichen allgemein menschlichen Traumsituation wurzelt und
in den typischen Verdrängungsformen der erotischen Entblößungslust dargestellt ist.   Als eine dieser Formen ist uns andeutungs-
weise bereits im heiligen Gregorius und deutlicher im „Iwein"
Hartmanns das Motiv der körperlichen Entstellung entgegengetreten, das übrigens auch in der Nausikaa-Szene vorgebildet
ist, wo der vom Schlamm des Meeres besudelte Körper des nackten
Odysseus den Mädchen besonders schreckenerregend erscheinen
muß (VI, 137). Dieses Motiv der Verunstaltung wird als ein fast
neurotischer Abwehrausdruck der Entblößungsgelüste verständlich,
die ja nur dem wohlgestalteten und erotisch reizenden Körper
gelten.   Während jedoch in den bisher angeführten Gestaltungen
dieses Motivs die körperliche Entstellung nur allgemein als solche
dargestellt, im einzelnen Falle jedoch sehr verschieden war und
durchaus nichts Bezeichnendes an sich hatte, findet sich das Motiv
der Nacktheit auffällig oft mit einem ganz bestimmten, überaus
charakteristischen körperlichen Makel verknüpft, dessen Besonderheit eine eigene Besprechung erfordert.

2.

> „Die Betrachtung einer nackten Frau
> läßt mich von ihrem Skelett träumen."
> Flaubert (Corresp.).

Dieses Gebrechen, das die betroffene Person veranlaßt, jede
Entblößung ängstlich zu vermeiden und anderseits dem Beschauer
ihren Anblick nicht lustvoll, sondern ekelerregend macht, trifft
nicht einen einzelnen Körperteil, vielmehr die dem Beschauer
darzubietende ganze Körperoberfläche, die Haut, die regelmäßig
durch die Krankheit des Aussatzes verunreinigt und eklig anzusehen ist. Nun wird es wohl kaum als Zufall gelten können, daß auch
dieses Verdrängungsmotiv in der Dichtung Hartmanns klassischen
Ausdruck gefunden hat, und zwar im „Armen Heinrich", wo
wir die Entblößungssucht bei dem Mädchen in ihrer ursprünglich
lustvollen, von masochistischen Regungen verstärkten Betonung
bereits aufzeigen konnten. Die fast neurotische Abwehr der Entblößungslust ist hier auf den sonst aktiven Partner, den armen
Heinrich, übertragen, der, früher ein in Pracht und Glanz mächtiger
Fürst, nun vom Aussatz befallen, zum Ärmsten der Armen wird:

> Doch da man wahr die Schwären nahm,
> Die Schand an seinem Leibe,
> Da ward er Mann und Weibe
> So sehr verhaßt, als ehedem
> Er allen Menschen war genehm
> Und lieb der ganzen Welt gewesen.
> Nun war der Schmach er auserlesen,
> Daß niemand mehr ihn gerne sah.

Er zieht sich von den Freuden der Welt zurück in die Einsamkeit — er will von niemandem mehr gesehen werden — und
findet dort in dem unschuldigen Töchterlein des Pächters, die ihm
nach damaliger Meinung mit ihrem Herzblut Heilung zu verschaffen
glaubt, seine Retterin. Er zieht mit dem Mädchen, das fast noch
ein Kind ist, zu dem berühmten Wunderarzt, der dieser Blutkur
kundig sein soll, und wird dort wirklich vom Aussatz gereinigt;
aber nicht durch den Opfertod des Mädchens, den sein Gewissen
im letzten Augenblick zu verhindern weiß, sondern auf eine weit
wunderbarere Weise als es selbst die gelungene Operation des
Salerner Künstlers gewesen wäre. Durch das Schärfen des Ope-
rationsmessers am Wetzstein wird der vor der Türe wartende
arme Heinrich daran gemahnt, daß das Leben des Mädchens nur
mehr nach Minuten zähle und er versucht durch ein kleines Löchlein in der Wand, sie zum letztenmal zu sehen:

> Da sah er denn die Süße bald
> Nackt und gebunden durch den Spalt.
> Ihr Leib war, ach, so wonniglich;
> Er sah sie an und sah auf sich
> Und faßte einen neuen Mut.

Er dringt in das Gemach ein und bewegt den Arzt, das
Opfer loszubinden:

> Dies Kind ist also schön und rein;
> Nimmer wird mir's möglich sein,
> Ihren blut'gen Tod zu sehn;

Und nun setzt spontan die Heilung des Aussatzes ein, die
Gott nur zur Erprobung der Standhaftigkeit der beiden Liebenden
so lange verzögert hatte:

> Und machte ihn von dieser Stund'
> Wieder rein und ganz gesund.

Hinter dieser seltsamen Heilung, die auch durch den gött-

lichen Anteil nicht verständlicher wird, scheint sich als ursprünglicher Kern die Auffassung zu verbergen, daß der aussätzige
Heinrich durch den unverhüllten Anblick des reinen Mädchenleibes
plötzlich genest. Nun erklärt aber auch die Herstellung dieses der
Sagenüberlieferung anscheinend verloren gegangenen Zusammenhanges nicht den Kausalnexus zwischen dem Anblick des nackten
Mädchens und der Heilung des Aussatzes; wir müßten uns denn
zur Annahme versteigen, die Krankheit Heinrichs im Sinne einer
durch die mißglückte Verdrängung exhibitionistischer Gelüste auf
organischer Grundlage entstandenen hysterischen Symptoms aufzufassen, das in der psychoanalytischen Kur durch die Befreiung
dieser verdrängten Regungen und ihre entsprechende Sublimierung
in ähnlich überraschender Weise zum Schwinden gebracht werden
kann wie es in der auf reale Anschaulichkeit angewiesenen Sagengestaltung durch restlose Befriedigung des Gelüstes erreicht wird.
Wir könnten uns kaum entschließen, diese medizinische Auffassung
für das Verständnis der poetischen Gestaltung der Sage durch
Hartmann geltend zu machen, wenn uns nicht ein moderner
Dichter die psychologische Möglichkeit einer solchen Betrachtungsweise nahegelegt hätte. In seiner Dramatisierung der Heinrich-
sage[1] hat Gerhart Hauptmann sowohl den Anteil des Gemüts-
lebens an der Erkrankung Heinrichs als auch das Agens seiner
Heilung mit richtiger psychologischer Empfindung hervorgehoben.
Er läßt den Helden, der seinem Freunde den Verlauf der Kur
erzählt, den Anblick des nackten Mädchens als das entscheidende
Heilmittel rühmen (S. 158 der Buchausgabe von S. Fischer,
Berlin 1902):

> „da schloß er sich mit ihr in seine Kammer. — —
> Ich aber ... nun, ich weiß nicht, was geschah ...
> ich hörte ein Brausen, Glanz umzuckte mich
> und schnitt mit Brand und Marter in mein Herze.
> Ich sah nichts! Einer Türe Splitter flogen,
> Blut troff von meinen beiden Fäusten, und
> ich schritt — mir schien es — mitten durch die Wand! —
> Und nun, ihr Männer, lag sie vor mir, lag,
> wie Eva, nackt ... lag fest ans Holz gebunden!
> das Wunder war vollbracht, ich war genesen!"

---

[1] Zur literarischen Orientierung vergleiche man H. Tardel: Der arme
Heinrich in der neueren Dichtung. Berlin 1905.

Nun wird eine rein ästhetisch-formale Betrachtungsweise, wie sie derartigen Problemen gegenüber üblich und zweifelsohne auch bis zu einer gewissen Grenze berechtigt ist, in dem hervorgehobenen Moment nur die glänzende Technik des Dramatikers sehen wollen, der durch Simplifizierung und Reduzierung der Zusammenhänge zu wirksamen dramatischen Steigerungen und Höhepunkten zu gelangen sucht, ohne Rücksicht darauf, ob er damit ein urpsrüngliches Motiv oder eine tiefe psychologische Verknüpfung wieder herstellt oder verwischt. Auch wir möchten nun dem Dichter, ohne ihn selbst befragt zu haben, derartige Absichten bewußterweise nicht zuschreiben. Aber es läßt sich doch zeigen, daß er — gewollt oder unbeabsichtigt, das gelte uns jetzt gleich[1] — in dieser staunenswerten Heilung eines organischen Leidens auf psychischem Wege ein, wie es scheint, uraltes und mythisch beglaubigtes Motiv wieder belebt hat. Die späteren rabbinischen, zum Teil auf alte Überlieferung zurückgreifenden Ausgestaltungen biblischer Sagenmotive lassen Bitiah, die Tochter des Pharao, von einer Hautkrankheit befallen sein, die sie nötigt, im Wasser des Nilflusses Heilung zu suchen. Als sie dort baden will, bemerkt sie den im Schilfe ausgesetzten Moses und soll bei der Berührung, nach einzelnen Berichten schon beim Anblick des nackten weinenden Knäbleins sogleich von dem bösen Ausschlag befreit worden sein. Diese wunderbare Heilung habe sie bewogen, sich des verlassenen Kindes anzunehmen (Bergel, Mythologie der Hebräer, Leipzig 1882). Auch hier finden wir also den Aussatz und seine Heilung im Sinne unserer Auffasung zu der Befriedigung der auf den nackten Körper gerichteten Schaulust in Beziehung gebracht.

Haben wir so die Entblößungs- und Schaulust in verschiedenen Verdrängungsformen als eine der bedeutsamsten unbewußten Triebkräfte im dichterischen Schaffen Hartmanns aufzeigen können, so erkennen wir leicht, wieso gerade er befähigt war, die

---

[1] Auch eine Andeutung der direkten Entblößungslust findet sich bei Hauptmanns armem Heinrich, der dem opferfreudigen Mädchen gegenüber tut, als wäre sie für ihn nicht da:

„ . . . Denn ich lachte, pfiff,
als wäre sie ein Baum am Waldrand dorten;
trieb alles so, als sei ich nicht belauscht,
jedwede Notdurft ihr vor Augen . . .“

rohe Überlieferung von der Heilung des Aussatzes durch Menschen-
blut, die weit verbreitet in der mittelalterlichen Dichtung ist, in
der Weise zu verinnerlichen und zu veredeln, wie ihm mit Recht
nachgerühmt wird (z. B. in den scharfsinnigen Ausführungen
Wackernagels: „Der arme Heinrich", Basel 1855, S. 214). Hat er
doch in dem, einem blutrünstigen Aberglauben entstammenden
Stoff das verborgene Motiv der Erotik, das nach ihm Gerhart
Hauptmann in seiner vollen Wirksamkeit bloßgelegt hat, nur
herauszufühlen vermocht, weil er ihm eine Gestalt geben konnte,
die der vorherrschenden Komponente seines Sexualbetriebes, ihrer
Verdrängungsstufe und Sublimierungshöhe entsprach.

Ähnlich wie Hauptmann im „Armen Heinrich", nur mit
Ausschaltung des therapeutischen Effektes, hat ein anderer moderner
Dramatiker die scheinbar äußerliche Kontrastierung von Nacktheit
und Aussatz zu einer gewagten Szene benützt, die in ihrer traum-
haften Gestaltung die besprochenen psychologischen Zusammenhänge andeutet. In dem Drama: „Tantris der Narr" (Leipzig
1907) hat Ernst Hardt das Ende der Liebe von Tristan und
Isolde mit poetischer Anlehnung an die alte Überlieferung auf die
Bühne gebracht. In der vierten Szene des dritten Aktes wird die
schöne Isolde, weil sie ehebrecherischer Beziehungen zu Tristan
verdächtig ist, von ihrem rasenden Gemahl König Marke den
Siechen von Lubin als Geschenk überlassen, die sich, auf diese
seltene Beute gierig, im Hof der Königsburg versammelt haben.
Sie wird vom Henker herausgeführt, der ihr den Mantel abnimmt
und „steht nun von ihrem blonden Haar umflossen, nackt mit
geschlossenen Augen regungslos da" (S. 69), der Schar
von Aussätzigen gegenüber, die sich bereits anschicken, von ihr
Besitz zu ergreifen, als Tristan, der sich in der Maske eines Siechen
unter sie gemengt hatte, plötzlich hervorbricht und die Rotte mit
Schlägen auseinanderjagt. Während dieser ganzen Szene „steht
Isolde regungslos mit geschlossenen Augen da" (S. 73), was im
Zusammenhang mit der Schar fremder Zuschauer an die Traum-
situation der Hemmung erinnert, von der wir ausgegangen sind.
An diese tiefe Beziehung rührt der Dichter, wenn er die durch
Tristans Eingreifen in ihrer Reinheit unversehrte Isolde nach
ihrer Versöhnung mit König Marke zu dessen Gästen sagen läßt
(S. 94):

Ihr Herrn . . . ich bitt Euch . . . denkt, es war ein Traum . . .
Wir möchten sonst Gefühl und rechte Worte
Nicht finden vor einander — Ihr und ich —
Aus Scheu vor jenem gräßlichen Erleben.

Und wie das ursprüngliche Vorbild jener Traumsituation erscheint die unmittelbar auf die Vertreibung der Siechen folgende Szene, wo die nackte Isolde noch immer regungslos dem verkleideten Tristan gegenübersteht, dem Manne, dem sie einst in lustvollem Genießen sich so dargeboten hatte[1] und den sie jetzt hinter seiner Maske nicht erkennt. Vergleicht man diese dramatische Gestaltung der Fabel mit den ihr zugrunde liegenden Sagenmotiven, so zeigt sich auch hier wieder, daß der moderne Dichter, aus den ewig sprudelnden Quellen der Menschenseele schöpfend, ursprüngliche Zusammenhänge wieder herzustellen vermag, die im Laufe bloß äußerlicher Überlieferung verwischt und unkenntlich geworden sind. Im alten Tristan-Roman[2] wird Isolde wohl den Siechen ausgeliefert und von Tristan befreit, aber die höfische Form der späteren Tristan-Sage hat diese Szene als zu anstößig und roh ausgeschaltet; und wenn ein Kritiker[3] lediglich in dem Streben nach sensationellen Effekten das Motiv für ihre Wiederbelebung durch den Dichter sehen will, so dürfen wir das in diesem Zusammenhang als oberflächlich zurückweisen.

Im Motiv der Bewegungshemmung (Fesselung) des Nackten fanden wir neben dem Wunsch nach Darbietung der Entblößung auch dessen Abwehr im Moment des Zwanges ausgeprägt; im Motiv des verunstaltenden Aussatzes, der den Anblick des Körpers ekelhaft erscheinen läßt, tritt das Moment der Abwehr noch stärker

---

[1] Als Verdrängungsgegensatz findet sich auch hier das Motiv der Kleiderpracht angedeutet:

Isolde: „Der Seiden Knittern, Goldgewirk der Kleider,
Der Edelsteine Prunk und Pelze, Bänder,
Goldgürteln, Nadeln, Schnallen . . . solche Dinge
Zu schauen und prüfend mit der Hand zu streichen,
Belustigt mich, mag es auch kindisch sein.”

[2] Vgl. die dichterische Nachbildung eines verlorenen ältesten Tristan-Romans durch Bédier: Le Roman de Tristan et Iseut (Deutsch von Zeitler, 1901). Der Kern dieser Szene ist auch im „Deutschen Volksbuch von Tristan und Isolde” enthalten.

[3] W. Golther, „Bühne und Welt”, 1909, S. 458.

hervor, wenn auch in gewissen Ausprägungen dieses Motivs die ursprünglich verdrängte Entblößungslust wieder durchzubrechen beginnt. Es darf uns diese Doppelseitigkeit der Sagenmotive, einerseits als Abwehrausdruck der Verdrängung, in dem doch anderseits wieder das ursprünglich zu Verdrängende durchbricht, nicht befremden, da wir Ähnliches in den psychoneurotischen Symptomen und den analog aufgebauten Träumen regelmäßig zu finden gewöhnt sind. So stellte mir Dr. Alfred Adler gelegentlich meines Vortrags dieses Themas einen für die vorliegende Motivenstudie interessanten Traum einer Patientin zur Verfügung, die an der Unterdrückung intensiv exhibitionistischer Regungen erkrankt war. Sie träumte im Verlaufe der psychoanalytischen Kur, daß sich ihre Freundin (oder Cousine) vor ihr entblößt; diese Freundin hat im Traume ein Geschwür an der Brust. Dieser Traum verrät ohne weiteres den offenen Durchbruch der unterdrückten Entblößungs- beziehungsweise Beschauungslust, zugleich aber den Abwehrkampf gegen diese Neigung in dem durch ein Geschwür entstellten Körper. Die gleiche Motivgestaltung und Verwertung finden wir in Maeterlincks „Monna Vanna". Auf dem Wege in das Lager des Prinzivalli wird die nur mit dem Mantel bekleidete Frau durch den Schuß eines Wachpostens an der Brust leicht verwundet. Prinzivalli, der nicht mehr darauf besteht, seinen lüsternen Wunsch nach ihrem nackten Anblick zu befriedigen, benützt doch die durch die Verwundung gebotene Gelegenheit, sie zur teilweisen Entblößung aufzufordern und auch ihr ist diese harmlose Gelegenheit zur Befriedigung der bewußterweise verpönten Zeigelust nicht unwillkommen:

Prinzivalli: Zeigt mir die Wunde.
Vanna (ihren Mantel oben öffnend): Hier . . .

Daß aber der Dichter und mit ihm seine Gestalten diese partielle und scheinbar unerotische Entblößung im Sinne unserer Auffassung verstehen wollen, zeigt das Gegenstück dieser Szene am Schluß desselben Aktes, wo Prinzivalli und Vanna einander in Liebe gefunden haben und er ihr in die Stadt folgen will:

Prinzivalli: Aber deine Wunde . . . es ist als ob das Blut . . . (er sucht den Mantel mit der Hand fortzuschieben).
Vanna (ihm in den Arm fallend und sich noch enger in den Mantel hüllend): Nein . . . nein, Gianello . . . wir sind jetzt nicht mehr Feinde . . . Mich friert . . .

Und nun folgt als Reaktion auf die beiderseitigen verbotenen Gelüste die bereits angeführte symbolische Bekleidung mit dem kostbaren Schleier. Hier empfindet sie also dieselbe Entblößung im Sinne einer erotischen Preisgabe, die sie dem mächtigen Feinde gewähren, aber dem zarten Freunde schamhaft weigern muß. So weiß sich also im Abwehrausdruck der körperlichen Entstellung (Wunde, Ausschlag etc.) der ursprüngliche Wunsch nach Entblößung noch Geltung zu verschaffen. Diese bei der Analyse nicht selten ermittelte Bedeutung der Exantheme in Traum und Neurose geht nach einem Hinweis Freuds auf den Umstand zurück, daß Ausschläge in der Kindheit dem von der Erziehung zur Schamhaftigkeit angehaltenen Kinde die beste Gelegenheit zu ungestraften Entblößungen vor seiner Umgebung und zur Selbstbeschauung bieten. Auf Grund einer solchen infantilen Einstellung erklärt sich dann sehr gut der neurotische Charakter so mancher Ausschläge, insbesondere das rätselhafte Auftreten gewisser Anfälle von Urtikaria, die wohl Stekel[1] als „sexuelle Hautkrankheit par excellence" bezeichnet hat, jedoch ohne sie als Verdrängungsausdruck ursprünglich intensiver Entblößungsgelüste zu spezialisieren. Auf Grund der dargelegten tiefreichenden Zusammenhänge dürfen wir die neurotische Urtikaria als Verdrängungserscheinung einer intensiven Entblößungslust auffassen, die einerseits den Wunsch nach der verbotenen Entblößung bestrafen, seine Realisierung aber nicht nur verhüten, sondern zugleich vorwurfslos ermöglichen soll. Im Zusammenhang unserer dem dichterischen Seelenleben geltenden Untersuchung wird es besonders reizvoll, anstatt einzelner Fälle aus der ärztlichen Praxis[2], ein weniger

---

[1] Nervöse Angstzustände, Berlin 1908, S. 111.

[2] Der Liebenswürdigkeit des Herrn Dr. Ed. Hitschmann verdanke ich die Kenntnis eines Falles, der vom 18. bis zum 25. Lebensjahr an Urtikaria nach Erregung litt. Eine seiner ersten Kindheitserinnerungen ist eine Szene, wo er als Halbbekleideter oder Nackter einer Gesellschaft von Bekleideten vorgeführt wird, was ihn sehr verlegen macht. Die Nacktheit seiner Frau stößt ihn immer sehr ab, während sie ihm in seinen Träumen oft nackt erscheint. Die Mutter war auffallend prüde.

Auf die rein medizinische Seite dieses Gegenstandes kann natürlich hier nicht eingegangen werden. Es sei bloß verwiesen auf Max Marcuse: „Hautkrankheiten und Sexualität" (Urban u. Schwarzenberg, 1907), sowie auf Oskar Scheuer: „Hautkrankheiten sexuellen Ursprungs bei Frauen" (ebenda 1911).

durch seine Beweiskraft als durch die Person des Patienten wertvolles Beispiel heranzuziehen. Bekanntlich hat Goethes Schwester
Kornelia an einer zeitweilig scheinbar unmotiviert auftretenden
Urtikaria gelitten, zu deren Verständnis uns zwar nur wenig, aber
auf der breiten Basis der entwickelten Zusammenhänge vielleicht doch
hinreichendes Material zu Gebote steht. Außer der Bemerkung
Goethes, seine Schwester sei ganz ohne Sinnlichkeit und von Abneigung gegen den Geschlechtsverkehr erfüllt gewesen, was jedenfalls für intensive Sexualverdrängung im allgemeinen spricht, scheint
uns der von Moebius (Goethe, Leipzig 1898) angführte Umstand
bemerkenswert, daß ihr Ausschlag besonders dann auftrat, wenn sie
einen Ball besuchen sollte. Es läge ganz im Sinne unserer Auffassung,
wenn die bevorstehende Zurschaustellung der körperlichen Reize
durch den Abwehrausdruck des Ausschlages verhindert würde,
während der Ausschlag anderseits gewiß Gelegenheit zu intimerer
Entblößung vor dem Arzt oder teilnehmenden Verwandten bietet.
Als indirekte, sozusagen familiäre Bestätigung für die besondere
Betonung dieser Komponente darf man vielleicht darauf hinweisen,
daß ihrem ruhmreichen Bruder zwar die volle künstlerische Sublimierung seines Schautriebes in besonders hohem Maße geglückt
ist, daß er aber in bezug auf die Reversseite dieses Komplexes
eine gewisse Schwäche verrät. In dieser Hinsicht ist seine oft ge-
nannte ungerechtfertigte (Wackernagel, S. 211) Reaktion auf die
Lektüre des „Armen Heinrich” (in Büschings Ausgabe, Zürich 1810)
als bemerkenswertes Gegenstück zu der Hautneurose seiner Schwester
hervorzuheben. In den Tag- und Jahresheften von 1811 hat er sich
darüber mit einem fast krankhaften Widerwillen geäußert:

> „Ebenso brachte mir Büschings armer Heinrich, ein an und für sich
> betrachtet höchst schätzenswertes Gedicht, physisch-ästhetischen
> Schmerz. Den Ekel gegen einen aussätzigen Herrn, für den sich das
> wackere Mädchen aufopfert, wird man schwerlich los; wie denn durchaus
> ein Jahrhundert, wo die widerwärtigste Krankheit in einem fort Motive
> zu leidenschaftlichen Liebes- und Rittertaten reichen muß, uns mit Ab-
> scheu erfüllt. Die dort einem Heroismus zugrunde liegende schreckliche
> Krankheit wirkt wenigstens auf mich so gewaltsam, daß ich mich vom
> bloßen Berühren eines solchen Buches schon angesteckt
> glaube!”

Im Sinne der tieferen Bedeutung dieser Idiosynkrasie ist
vielleicht die Tatsache erwähnenswert, daß Goethe den Plan zu

einer Tragödie „Nausikaa" entworfen hat (Weimarer Ausgabe,
I. Band, S. 10), deren Ausführung leider unterblieben ist[1]; es
scheinen diesen Komponenten seines Trieblebens zu mächtige Hemmungen entgegengewirkt zu haben, die wohl auch durch die
besondere persönliche Art der Behandlung des geplanten Stoffes
verstärkt wurden, da sich sonst in den Dichtungen Goethes unverhüllte Äußerungen der Schau- und Entblößungslust reichlich
finden[2]. Besondere Hervorhebung wegen der zarten und reichen
Ausbildung des Nacktheitsmotivs verdient eine Stelle aus dem
„Faust" (zweiter Teil), wo der eben erzeugte Homunkulus eine
exhibitionistische Phantasie mit besonderer Betonung der Schaulust entwickelt:

---

[1] Goethes Entwurf beginnt mit einem Monolog des gestrandeten
Ulysseus, der nackt und hilflos auftritt. Der Dichter schreibt am 22. Oktober 1786 aus Italien an Frau v. Stein: „Sagt ich dir schon, daß ich einen
Plan zu einem Trauerspiel Ulysseus auf Phaea gemacht habe? — — — ein
sonderbarer Gedanke, der vielleicht glücken könnte." — Hermann Schreyer
hat in freier Ausführung des Goetheschen Entwurfs und mit Verwendung
der wenigen Verse Goethes ein Trauerspiel Nausikaa verfaßt (Halle a. S.
1884), nebst einem Anhang: Nausikaa bei Homer, Sophokles und Goethe.
— Goethes Tragödie sollte darin wurzeln, daß Odysseus sich Nausikaa
gegenüber, die bei ihm den Namen ihrer Mutter Arete führt, als unver-
heiratet ausgibt.

[2] Vgl. u. a. Goethes Gedicht „Belauschung des nackten Mädchens",
das von Heinses Nacktheitsschilderung in „Ardinghello" (1787) beeinflußt
ist, und im „Wilhelm Meister" (Buch III, Kap. 18) das Entzücken an der
nackten männlichen Gestalt des aus dem Wasser geretteten Felix. Dieselbe
gleichgeschlechtlich-narzißtische Bewunderung des männlichen Körpers findet
sich im ersten Teil der „Briefe aus der Schweiz", wo der Schreiber seinen
Freund Ferdinand veranlaßt, im See zu baden: „Wie herrlich ist mein junger
Freund gebildet! Welch ein Ebenmaß aller Teile! Welch eine Fülle der
Form, welch ein Glanz der Jugend! . . . Nun bevölkere ich Wälder, Wiesen
und Höhen mit so schönen Gestalten; ihn seh' ich als Adonis dem Eber
folgen; ihn als Narziß sich in der Quelle bespiegeln . . . Ich nahm mir fest
vor, es koste was es wolle, ein Mädchen in dem Naturzustande zu sehen,
wie ich meinen Freund gesehen hatte". — Dann heißt es in der Schilderung
der Entkleidungsszene: „Sie fing an, sich auszukleiden; welch eine wunderliche
Empfindung, da ein Stück nach dem anderen herabfiel, und die Natur, von
der fremden Hülle entkleidet, mir als fremd erschien und, beinahe möcht
ich sagen, mir einen schauerlichen Eindruck machte . . . Reizend war
sie, indem sie sich entkleidete, schön, herrlich schön, als das letzte
Gewand fiel."

„Klar Gewässer
Im dichten Haine! Fraun, die sich entkleiden,
Die allerliebsten! — Das wird immer besser.
Doch eine läßt sich glänzend unterscheiden,
Aus höchstem Helden-, wohl aus Götterstamme.
Sie setzt den Fuß in das durchsichtige Helle;
Des edlen Körpers holde Lebensflamme
Kühlt sich im schmiegsamen Krystall der Welle.
Doch welch Getöse rasch bewegter Flügel,
Welch Sausen, Plätschern wühlt im glatten Spiegel?
Die Mädchen flieh'n verschüchtert; doch allein
Die Königin, sie blickt gelassen drein,
Und sieht mit stolzem, weiblichem Vergnügen
Der Schwäne Fürsten ihrem Knie sich schmiegen,
Zudringlich zahm. Er scheint sich zu gewöhnen.
Auf einmal aber steigt ein Dunst empor,
Und deckt mit dichtgewebtem Flor
Die lieblichste von allen Szenen."

Auch hier findet sich wieder bei der Königin das ruhige
Stehenbleiben, während die Mädchen im Gegensatz dazu — wie
die Gespielinnen der Nausikaa — fliehen, und am Schluß das
Motiv der Unsichtbarkeit. Zu Mephistopheles, der nichts von alle-
dem zu sehen behauptet, sagt Homunkulus:

Waldquellen, Schwäne, nackte Schönen,
Das war sein ahnungsvoller Traum.

Die Verwertung des ursprünglich als Talion der Entblößungslust gestalteten Motivs des Aussatzes im Sinne der infantil lustvollen Befriedigung der Entblößungsneigung zeigt eine Sage, die
Multatuli in seinen „Minnebriefen"[1] nach einer alten Chronik
mitteilt („Kölnische Chronik", Fol. 225):

„In seinen letzten Jahren lebte Herzog Reinald II. fern von seiner
Gemahlin, die ihre meiste Zeit zu Rozendal verbrachte, welches Haus
durch sie vergrößert und merklich verschönert wurde, so daß man ihr,
obgleich fälschlicherweise, dessen Stiftung zugeschrieben hat. Viel war sie
auch zu Nymwegen. Diese Entfernung war die Ursache eines ergreifenden
und seltsamen Schauspiels, das sich nicht lange vor des Herzogs Tode
ereignete. Eleonore war feurig (vollblütig) und stark, so daß man sie des
Aussätzigseins beschuldigte, welche Krankheit der Herzog als Vor-

---

[1] Deutsch von Ruben. Hendels Bibl. d. Gesamtliteratur, Nr. 1653 bis
1655, S. 70 ff.

wand benützte, sich von Tisch und Bett scheiden zu lassen. Eines Tages, als Reinald mit einer illustren Gesellschaft zu Nymwegen zu Tisch saß, kam Eleonore, kein anderes Gewand als ein fein seidenes Hemd und einen Mantel darüber anhabend, an jeder Hand einen ihrer Söhne, Reinald und Edouard, haltend, in den Saal hineingeschritten. Sie warf auf einmal den Mantel ab und entblößte den ganzen Oberkörper", um auf diese Weise den beschämten Herzog und die Edeln des Landes von ihrer Reinheit zu überzeugen.

Erscheint in der vorstehenden Sage die bloße Beschuldigung des Aussatzes in kindlich naiver Weise als willkommener Anlaß zur Entblößung vor einer großen Zuschauermenge verwendet, so zeigt die krasse Ausgestaltung desselben in einem Sagenzusammenhang überlieferten Motivs durch einen modernen Romancier dieses Moment in pathologischer Übertreibung, als Befriedigung eines im doppelten Sinne perversen Gelüstes. Gustave Flaubert hat in einer meisterhaften Novelle, die der Tantrisdichter Ernst Hardt in deutscher Sprache reproduziert hat (Leipzig, Insel-Verlag), die mittelalterliche Legende vom heiligen Julianus dem Gastfreien modernisiert und psychologisch vertieft. Der grausame Julian, der trotz der Warnung eines Orakels seine beiden Eltern tötet und dafür Buße tut, indem er in einem Hospiz die Kranken pflegt, wird bei Flaubert[1] auf folgende Weise erlöst und entsündigt. Er wird Fährmann und eines Nachts kommt in seine Hütte ein Aussätziger, der um Unterkunft bittet:

> „Julian half ihm behutsam, sich ins Bett zu schleppen und breitete sogar, um ihn zu bedecken, die Leinwand seines Bootes über ihn aus.
> Der Aussätzige ächzte. Seine Mundwinkel legten die Zähne bloß, ein fliegendes Röcheln schüttelte seine Brust und sein Bauch höhlte sich bei jedem Atemzuge bis auf die Wirbelknochen. Dann schloß er die Augen.
> ,Wie Eis liegt es in meinem Gebein! Komm neben mich!' Und Julian hob die Leinwand und legte sich auf die trockenen Blätter neben ihn, Seite an Seite.
> Der Aussätzige wandte den Kopf.
> ,Entkleide dich, auf daß ich die Wärme deines Körpers habe!'

---

[1] In der mittelalterlichen Überlieferung heißt es nur, daß der heilige Julian einen erfrorenen Aussätzigen, da er ihn am Feuer nicht erwärmen konnte, in sein eigenes Bett legte; dieser aber eröffnete sich als ein gottgesandter Engel (Legenda aurea 30; Passional, p. 155; Gesta Rom. 18). Die ganze Ausgestaltung der Szene im Sinne unserer Darlegungen ist also als Flauberts Werk anzusehen.

Julian tat seine Kleider ab, dann legte er sich, nackt wie
am Tage seiner Geburt, in das Bett zurück, und er fühlte an seinen
Schenkeln die Haut des Aussätzigen, die kälter als eine Schlange und
rauh wie eine Raspel war.

Er versuchte ihm Mut einzusprechen und der andere antwortete
keuchend:

,Ah, ich werde sterben! . . . Komm näher, wärme mich! Nicht mit
den Händen! Nein! Dein ganzer Leib!'

Und Julian breitete sich vollständig über ihn, Mund an Mund,
Brust an Brust. Da umschlang ihn der Aussätzige[1] und seine
Augen erfüllten sich plötzlich mit Sternenklarheit, seine Haare verlängerten
sich wie Sonnenstrahlen, der Hauch seiner Nüstern bekam die Süßigkeit
von Rosen, eine Weihrauchwolke erhob sich vom Herd und die Wellen
draußen sangen. Währenddessen drang ein Strom von Wonnen,
eine überirdische Glückseligkeit wie schwellende Flut in die
Seele des entzückten Julian und der, dessen Arme ihn noch immer
umschlangen, wuchs und wuchs, bis daß sein Haupt und seine Füße die
beiden Wände der Hütte berührten. Das Dach verschwand, die Himmels-
wölbung breitete sich über ihnen — — — — — und Julian schwebte in
die blauen Räume hinauf von Angesicht zu Angesicht mit unserem Herrn
Jesus Christus, der ihn in den Himmel trug."

Daß die Aufnahme und krasse Ausgestaltung dieses Motivs im
Sinne der abscheuerregenden und zugleich die höchsten Wollust-
gefühle gewährenden Entblößung bei Flaubert wieder nicht bloß
ein Hilfsmittel der poetischen, auf Steigerungen hinzielenden Technik,
sondern ein tiefer Ausdruck seelischer Komplexe und Beziehungen
ist, ließe sich aus einer entsprechenden Analyse seiner Schöpfungen
zeigen, die jedoch den Rahmen dieser Ausführungen sprengen
würde[2]. Es sei nur auf einzelne Stellen aus des Dichters Briefen
und Tagebuchblättern hingewiesen, die zeigen, daß Flaubert nicht
nur an der Entblößung des Körpers besonderes Interesse und Vergnügen fand, sondern daß er auch Ekstasen, wie jene, die den
heiligen Julian entrückt, aus innerster Empfindung und eigenstem
Erleben heraus geschöpft hat. Mit 19 Jahren (1849) verzeichnet der

---

[1] Von der heiligen Odilia erzählt die Legende, daß sie einen Aussätzigen, vor dem alle flohen, in ihre Arme genommen und freundlich ge-
wärmt habe, wovon er augenblicklich gesund worden sei. — Auch das bloße
Anrühren durch Heilige vertreibt die unheilbare Krankheit. Jesus heilt einen
Aussätzigen durch Handauflegen (Grimm, „Armer Heinrich").

[2] Vgl. Dr. Theodor Reiks Analyse Flauberts und seiner „Versuchung
des heiligen Antonius" (J. C. Bruns, Minden i. W. 1912).

spätere Dichter in seinem Tagebuch[1] den Eindruck, den ein Besuch
in den unterirdischen Räumen des Glockenturmes der St. Michaels-
Kirche zu Bordeaux auf ihn machte. Dort werden mumifizierte
Leichname, die daselbst begraben liegen, den Besuchern gezeigt.
Flaubert spricht in seinen Aufzeichnungen von ihrem Körper und
ihrer sonderbaren, pergamentenen Haut und fährt dann fort:
„Ich muß sagen, daß ich das Schicksal der schönen mumifizierten
Leichen, die sich vollständig nackt zeigen, weil der Tod
keine Scham kennt, beneide"[2]. Und in einem seiner Briefe[3] aus
späterer Zeit gesteht er direkt, sich in den bei den Leichen benei-
denswert gefundenen Zustand versetzt zu haben. Er schreibt: „Ich
arbeite wie ein Ochse am Heiligen Antonius. Die Hitze regt mich
an und ich bin seit langem nicht mehr so lustig gewesen. Ich ver-
bringe meine Nachmittage bei geschlossenen Läden, gezogenen Vor-
hängen, ohne Hemd, im Zimmermannskostüm. Ich schreie! Ich
schwitze! Es ist prachtvoll. Es gibt Momente, in denen es entschieden mehr ist als Delirium!"

Die Reihe der mannigfachen Verwertungen des Aussatzmotivs
sei endlich mit einer besonders im Märchen häufigen Verknüpfung
abgeschlossen, die den Übergang zur zweiten großen Verdrängungs-
gruppe des Nacktheitsmotivs bietet, deren eingehender Betrachtung
wir uns im folgenden Abschnitt zuwenden wollen. Es erscheint in
diesen Überlieferungen neben dem typischen Verdrängungsmotiv der
Entblößungslust, dem Aussatze, auch ein typisches Talionsmotiv der
erotischen Schaulust: die Blendung. Hieher gehört die (nach
Köhler, Kleine Schriften, I. Band, S. 282 ff.) fast über ganz Europa
verbreitete Märchenerzählung, in der ein armer Geselle durch die
Bosheit seines Freundes geblendet wird[4], dann aber durch Zufall

---

[1] Auszüge sind im Novemberheft 1910 der „Revue" mitgeteilt.

[2] Ähnlich Hauptmann im „Armen Heinrich": „ . . . Sei Kaiser,
Sultan, Papst! in Grabeslinien gewickelt bist du und ein nackter Leib."

[3] Flauberts Briefe, übersetzt von Greve, S. 154.

[4] Auf die für Mythus und Märchen typische und im Unbewußten nachweisbare Bedeutung der Blendung als Kastration kann hier nur nebenbei verwiesen werden. Die entsprechenden Belege zur Augensymbolik finden
sich zusammengestellt in der „Internat. Zeitschr. f. ärztl. Psychoanalyse",
I. Bd., Heft 2, 1913. Daß diese Beziehung heute noch im Unbewußten
lebendig ist, zeigt eine im März 1913 von der berühmten Kinodarstellerin
Asta Nielsen aufgeführte Pantomime „Prinz Harlekins Tod" von Urban

ein Geheimnis erfährt, wodurch er sein Augenlicht wieder erlangen, die Stadt von Wassermangel befreien und die kranke Tochter des Königs heilen kann, die er dann mitsamt dem Königreich erhält. Charakteristischerweise ist diese Krankheit der Prinzessin fast immer der Aussatz, was uns im Zusammenhang mit dem Motiv der Blendung nicht zufällig erscheinen kann und als Gegenstück der ähnlich sonderbaren Heilungen der ägyptischen Prinzessin und des armen Heinrich Hervorhebung verdient. So in einem böhmischen Märchen (Gerle, Volksmärchen der Böhmen, I. Band, Nr. VII, Prag 1819): St. Walpurgis-Traum oder die drei Gesellen, wo der von seinen Genossen geblendete Geselle in der Walpurgisnacht das Heilmittel erfährt, mit dem er seine Augen und die aussätzige Königstochter heilt, die er dann heiratet. Ähnlich in einem serbischen Märchen (bei Wuk Stephanowitsch Karadschitsch: Volksmärchen der Serben, Nr. 16): Ein Königssohn sticht einem anderen infolge einer Wette die Augen aus und verläßt ihn in der Nähe einer Quelle unter einer Tanne. Nachts baden Wilen (Waldfrauen) in der Quelle und der Blinde hört, wie sie davon sprechen, daß des Königs aussätzige Tochter nur durch das Wasser dieser Quelle, welche auch Stumme, Blinde und Lahme heile, genesen könne. Am Morgen wäscht er sich in der Quelle, wird wieder sehend, heilt die Prinzessin und erhält sie zur Frau. Finden wir im ersten Märchen die Motivverknüpfung von Blendung und Aussatz kaum mehr angedeutet[1], so bringt das serbische Märchen wenigstens ein Stück des ursprünglichen Zusammenhanges in dem Bad (Nacktheit) der Waldfrauen, das der Geselle belauscht, wofür er jedenfalls erst mit Blindheit bestraft

---

Gad, worin der eifersüchtige Pierrot den von seiner koketten Frau Kolombine begünstigten Prinzen Harlekin blendet. — Die sexualsymbolische Bedeutung der Blendung wird noch bei Besprechung der Polyphem-Sage, am Schlusse des zweiten Abschnittes, Erwähnung finden.

[1] Ebenso läßt das Grimmsche Märchen (Nr. 107) „Die beiden Wanderer" eine Beziehung auf das Nacktheitsmotiv vermissen, während es die Blendung des Schneiderleins mit den „Nähaugen" und seine Heilung ausführlich schildert. — In Paulis „Schimpf und Ernst" (ed. Oesterley, Kap. 489) heilt der Blinde eine ebenfalls blinde Königstochter. Zusammenstellungen ähnlicher Motivgestaltungen finden sich bei Aug. Reuß: Blindenheilungen in der Literatur („Der Stein der Weisen", XI, 1906) und Anna Pötsch: Der Blinde im modernen Drama („Münchener Abhandlungen", LXI. Bd., Berlin 1908),

wird. Während jedoch die entstellte Märchenfassung diese Beziehung umkehrt und, gleichsam zur Sicherung vor dem Vergehen, die Strafe schon vorher setzt, hat eine Reihe von Sagen die psychologisch folgerichtige Verknüpfung dieser beiden Motive noch erhalten. Es handelt sich in allen diesen Geschichten immer um die „Belauschung lurischer Wesen durch Sterbliche, die dann zur Strafe das Augenlicht einbüßten, es aber wieder erlangten, als sie übers Jahr sich am nämlichen Orte einfanden" (Laistner, II. Band, S. 56). Über die seltsame Heilwirkung heißt es bei Grimm (K. H. M. III, S. 203): „Der frischgefallene Tau, der das Gesicht wiedergibt, ist das Reine, das alles heilt, der Speichel, womit der Herr dem Blinden das Gesicht wiedergibt und das unschuldige Kinder- und Jungfrauenblut, wodurch Mieselsüchtige genesen." Damit wären wir wieder beim „Armen Heinrich" angelangt, dessen Name selbst bedeutungsvoll ein Stück vom verborgenen Inhalt der Sage zu enthalten scheint. Die Brüder Grimm haben in ihrer Abhandlung über den „Armen Heinrich" darauf hingewiesen, daß das Wort „Heinrich" einen viel allgemeineren mythischen Sinn zu haben scheint (vgl. z.B. den eisernen „Heinrich" im Märchen), der die Sage unserer Auffassung noch näher rückte. Abgesehen davon, daß im Deutschen der Tod (Bruder oder) „Freund Hein" genannt wird, ist es für uns von Interesse, daß im Altschottischen „blind Harry" allgemein für „blinder Mann" steht[1] (Grimm, 213), so daß auch eine leise Spur dieses typischen Strafmotivs der Schaulust hier nicht fehlen würde. Halten wir dazu Cassels[2] Bemerkung über die Bedeutung von „arm" als „misellus", so enthielte der erste Bestandteil des Namens einen Hinweis auf die Mieselsucht, den Aussatz, wie der zweite möglicherweise einen solchen auf die Blindheit enthalten könnte.

II.

„Die Götter sind gerecht: aus unsern Lüsten
schaffen sie das Werkzeug, uns zu geißeln."
Shakespeare („Lear", V, 8).

Wir wenden uns nunmehr der zweiten, der Zeigelust komplementären Triebregung, nämlich der Schaulust, zu, die sich auf den Anblick des Nackten richtet. Auch hier lassen sich wieder zwei

---

[1] Über den „blinden Billy" vgl. Laistner, II. Bd., S. 267 ff.
[2] Das Blut in Glaube und Brauch des Mittelalters, S. 222 ff.

Motivgestaltungen in gesonderter Gruppierung behandeln, obwohl
sich nicht selten beide beisammenfinden oder ineinander übergehen.
Und wieder entspricht die 1. vorwiegend sagenhafte mit ihren
organischen Ausdrucksmitteln und neurotischen Mechanismen einem
scharf umschriebenen pathologischen Krankheitsbilde, ganz wie das
Motiv des Aussatzes den neurotischen Ausschlägen, während die 2.
dichterische rein auf dem psychischen Gebiete der Phantasie ver-
bleibt und sich dadurch — ganz wie die schamhafte Hemmung —
dem Traumcharakter annähert.

1.

> „Nun beim Himmel! dir wäre besser
> Du rissest dir die Augen aus, als daß sie
> Der Zunge anvertrauten, was sie sahn.
> **Kleist** („Käthchen").

Auch über die typische Verdrängungsform der erotisch betonten
Schaulust sind wir durch eine Arbeit Freuds[1] unterrichtet, in welcher
darauf hingewiesen wird, daß gewissen neurotischen Sehstörungen
die Idee der Talion zugrunde liege, d. h. eine von den Hemmungen
gegen die Schaulust gleichsam geforderte Bestrafung der Organe,
die durch den Anblick von etwas Verbotenem (Nacktem) oder dem
bloßen Wunsche danach gesündigt haben[2]. Dieser psychische Mechanismus wird nach Freuds grundlegender und in gleicher Weise für
die Erogenität der Haut (Ausschlag) geltenden Auffassung dadurch
ermöglicht, daß unsere Sinnesorgane nicht nur den reinen Interessen
des Ich, sondern auch den oft genug damit unverträglichen sexuellen
Regungen zu dienen haben und daß diese Doppelfunktion nicht selten
zu Konflikten Anlaß gibt, die zu (neurotischen) Störungen in der
normalen Ichfunktion des Organes führen. Das Organ, dem die
sexuelle Befriedigung (Schaulust) versagt wird, versagt dann seiner-

---

[1] Die psychogene Sehstörung in psychoanalytischer Auffassung („Ärztliche Standeszeitung" 1910, Nr. 9), abgedruckt in „Sammlung kleiner Schr.
z. Neurosenlehre", III. Folge, S. 314 ff.

[2] „Dafür, daß Ham mit seinen Augen die Blöße seines Vaters schaute,
wurden seine Augen rot, dafür, daß er mit seinen Lippen darüber sprach,
wurden seine Lippen schief . . ., dafür, daß er seines Vaters Blöße nicht
zugedeckt hatte, sollte er selber nackend herumgehen mit bloßer Scham;
denn dies ist des Herrn Gesetz: Maß für Maß." („Die Sagen der Juden",
Frankfurt 1913, S. 229).

seits gleichsam den normalen Ichdienst[1]. Zugleich aber straft es durch die Funktionsuntüchtigkeit sich selbst für die verbotenen Gelüste. Eine Ahnung dieser unbewußten Verknüpfung liegt dem allgemein bekannten und Kindern so oft vorgehaltenen Sprichwort zugrunde, daß man durch den Anblick sonst schamhaft verhüllter Dinge und Verrichtungen blind werde.

Freud hat nicht versäumt in seiner Arbeit hervorzuheben, daß die Einsicht in diesen Zusammenhang auch den Schlüssel zum Verständnis eines weitverbreiteten mythischen Motivs darbiete. Als klassisches Beispiel führt er eine auch von Tennyson[2] poetisch verwertete englische Sage an, die erzählt, daß Lady Godiva am hellichten Tage nackt durch die Straßen von Coventry geritten sei, um durch Erfüllung dieser von ihrem eigenen Gatten gestellten Bedingung die Stadt von den schweren Abgaben zu befreien. Um ihr diese Aufgabe zu erleichtern, gelobten alle Einwohner der Stadt, sich hinter ihren verschlossenen Fenstern verborgen zu halten. Ein Mann nur schaut durch die Fensterläden nach der entblößten Schönheit und wird dafür gestraft, indem er erblindet. Überaus treffend deutet der intuitiv schaffende Dichter die Bestrafung des sündigen Organs auf Grund seiner Doppelfunktion an, wenn er sagt:

„Noch eh' die Augen ihre Lust gehabt,
Verschrumpften sie und fielen aus den Höhlen;
Blind stand er da. So hatten jene Mächte,
Die edle Taten schützen, einen Sinn
Zerstört, den er mißbraucht."

Und nur wie eine poetisch idealisierte Umschreibung desselben Gedankens klingt es, wenn ein anderer von Tennysons Fassung

---

[1] Diese Vorstellung scheint sich deutlich in dem Volksglauben auszusprechen, der den Grafen von Habsburg die Fähigkeit zuschrieb, Stammelnde durch einen Kuß zu heilen (Brüder Grimm: Der arme Heinrich, Berlin 1815, S. 200 Anm.) Es scheint sich darin die Idee auszudrücken, daß die verweigerte Ichfunktion des Mundes (Sprechen, Stottern) durch Befreiung seiner erotischen Funktion (küssen) wieder hergestellt werden könne, ein Grundsatz, dessen sich die psychoanalytische Therapie mit dem gleichen Erfolg — wenn auch mit völlig verschiedenen Mitteln — zu bedienen gewohnt ist. Man vgl. dazu die analoge Heilung des Aussatzes durch den Anblick des Nackten.

[2] Dritte Gedichtsammlung, 1842 (Vgl. Tennysons ausgewählte Dichtungen, übersetzt von Strodtmann, Leipzig 1870). „Godiva", eine Legende, deutsch von Feldmann in Engels Gesch. d. engl. Lit., S. 512 ff.

unabhängiger dichterischer Bearbeiter des Stoffes, Max Mell[1], den zur Strafe erblindeten Dichter sagen läßt:

> „Glaubt doch nicht, daß ich zur Strafe erblindet bin. Aus Ehrfurcht bin ich erblindet, denn meine Augen sagten: Wir wollen nach dieser Schönheit nichts mehr zu uns lassen, denn das könnte den Besitz solcher Köstlichkeit antasten: die anderen Glieder mögen dem täglichen Leben dienen, wir aber wollen uns davor abschließen als Schatzhalter des Edelsten, das zu gewinnen war."

Andere dichterische Bearbeitungen der Godivasage sind mir nicht bekannt geworden[2] und die von einzelnen Autoren etwa genannten Parallelen lassen zumeist den entscheidenden Zusammenhang des Motivs der Nacktheit mit dem der strafweisen Blendung vermissen, wie z. B. der Hinweis von G. W. Cox[3], aber auch die mir auf Grund einer Arbeit von Helene Richter[4] bekannt gewordene Nachricht über die Godivasage, die sich bei einem englischen Chronisten des 14. Jahrhunderts findet[5].

Kennt auch diese literarhistorisch ältere Überlieferung das psychologisch geforderte Motiv der Blendung nicht und ist also die Motiventwicklung hier nicht historisch bis zu ihrem Ursprung zurückzuverfolgen, so läßt sich doch aus weit verbreiteten anderen

---

[1] Die drei Grazien des Traumes. Leipzig 1906, Nr. 2: Lady Godiva.

Der feinsinnige Dichter läßt die nackte Frau ihre eigenen Augen selbst schamhaft schließen: „als sie sich ausgekleidet hatte, bestieg sie das Pferd, das eine ihrer Dienerinnen führte, und schloß die Augen und faltete die Hände in ihrem Schoß und kauerte sich zusammen auf dem edlen Tiere."

[2] Seither ist ein Godivadrama von Viktor Hardung (bei Bachmann-Gruner, Zürich) erschienen. Auch Mascagnis letzte Oper „Isabeau" behandelt den Godivastoff.

[3] The Mythology of the Aryan Nations. London 1870, Vol. I, p. 121.

Über die Godivalegende handelt auch die mir nicht zugängliche Arbeit von W. Zuidema: Naaktheid als toovermiddel (Volkskunde 15, Nr. 5, 6).

[4] Das Urbild der Monna Vanna. „Neue Freie Presse" vom 29. April 1904.

[5] Polychronicon Ranulphi Higden Monachi Cestrensis together with the english translations of John Trevisa and of an unknown writer of the fifteenth Century. ed. by Churchill Babington, London 1865 (In: Rerum Britannicarum Medii Aevi Scriptores or Chronicles and Memorials of Great Britain and Ireland during the middle ages. Vol. VII, p. 198). Die erste erhaltene Aufzeichnung der Legende, in der Godiva, bewacht von zwei Soldaten und umhüllt von ihrem langen Haar, durch das menschenleere Coventry reitet, findet sich in den „Flores historiarum" des Roger of Wendoren, der selbst wieder aus einer älteren Quelle schöpfte.

Überlieferungen verwandten Inhalts der Nachweis erbringen, daß das Motiv der Blendung als Strafe für das Schauen nach Verbotenem, insbesondere der erotischen Nacktheit, uraltes mythisches Vorstellungsgut ist, das die geschilderten psychologischen Zusammenhänge getreulich widerspiegelt. So erzählt eine alte griechische Sage, daß Aphrodite den Sohn Apollons, Erimanthos, blendete, weil er sie nach ihrer Liebesvereinigung mit Adonis im Bade erblickt hatte. Apollon rächt sich dadurch, daß er als Eber den Adonis tötet. Gruppe (Griech. Myth., S. 198) meint, daß „dieser nur in einem Bericht überlieferten Sage ein freilich sehr entstellter alter Kern zugrunde liegen möge". Welchen ursprünglichen Zusammenhang diese Entstellung vielleicht betroffen haben mag, könnten uns Parallelen dieser Sage lehren. Ein durch sein hohes Alter sowie durch den Hinweis auf die besonderen Umstände des verbotenen Schauens gleich interessantes Beispiel ist uns ebenfalls in der griechischen Mythologie überliefert. Die Blindheit des aus der Oedipussage bekannten Sehers Tireisias wird mythologisch damit erklärt, daß Tireisias als Jüngling die Göttin Athene nackt bei seiner Mutter überraschte und da er gesehen hatte, was er nicht schauen sollte, von der Göttin mit Blindheit geschlagen worden sei. Seine Mutter Chariklo hatte zwar dann ihre Freundin flehentlich gebeten, ihm das Gesicht wieder zu geben, aber Athene vermochte das nicht. Doch erbarmte sie sich seiner und reinigte ihm das Gehör, so daß er älle Stimmen der Vögel verstand und gab ihm einen Stab, an dem er sicher ging. Seither war er der Vogeldeuter der Stadt Theben und wurde als solcher von König Oedipus um Rat gegen die verderbliche Pest befragt. Seine Auskunft wird zum Anlaß, daß dem König, der seine Mutter geheiratet hatte, dies traurige Verhängnis offenbar wird und er sich selbst blendet zur Strafe, „weil seine Augen all das Böse, das er erlitten und getan, nicht gesehen hatten, so sollten sie nun diejenige auch nicht mehr sehen, die er auf solche Weise nie hätte sehen dürfen und die er wünschte nicht mehr zu erkennen". (Sophokles: König Oedipus, v. 1270 ff.) Also auch hier wird als Strafe für den unerlaubten Anblick sonst sorgsam verhüllter Dinge die Strafe des Nicht-mehr-sehen-könnens als ausdrückliche Talion verhängt, und zwar gilt hier, wenn auch nicht im Texte der sophokleischen Tragrödie, so doch im tiefsten Grunde des mythischen Zusammenhangs, die Strafe der Blendung direkt dem Anblick der

mütterlichen Blößen wie in etwas abgeschwächter Form auch bei
Tiresias. Diese Spezialisierung des Nacktheitsverbotes auf die Mutter
ist als eine der tiefsten Wurzeln für die Mythenbildungen dieser
Gruppe anzusehen[1] und in vielen Fällen, wo sie sich nicht mehr im
manifesten Inhalt findet, noch durch vergleichendes Material und
eine vertiefte Deutung zu rekonstruieren. Noch deutlich, wenn auch
bereits in etwas entstellter Form (Pseudoinzest), erscheint diese
Beziehung in der Sage von Phoinix (Ilias IX, 447 ff.), den sein Vater
Amyntor blendete (Gruppe, S. 952), weil er den Bitten seiner
Mutter folgend, des Vaters Kebsweib beschlafen hatte. Eine
ähnliche Anspielung des Nacktheits-Blendungsmotivs auf inzestuöse
Verhältnisse, speziell den Inzest mit der Mutter, bietet die Orionsage, deren gangbarste Version berichtet, daß Orion, ein Sohn des
Apollon und der Merope, die Tochter des Oinopion geschändet habe
und dafür von dem erzürnten Vater geblendet worden sei; später soll
ihn allerdings der Sonnengott wieder geheilt haben. Nach Gruppe
(l. c.) steht jedoch „der Phönixsage ganz nahe eine fast verschollene
Form der Orionsage. Ursprünglich scheint nämlich Oinopion der
Vater Orions gewesen zu sein und dieser nicht die Tochter, sondern
das Weib des Oinopion verführt zu haben". Nach dieser Version
wäre also Orion von seinem Vater wegen Verführung seiner Mutter
geblendet worden, also indirekt wegen des verbotenen Anblicks
ihrer Blößen (vgl. Ödipus). Nach anderem Bericht erfolgt seine
Tötung durch die neidischen Götter, vor denen er sich seiner Treff-
sicherheit gerühmt hatte, der kein Tier entgehen könne. In diesen
Überlieferungen (Ödipus, Phönix, Orion) steht die Blendung direkt
an Stelle der Kastration als Strafe[2] für den Mutterinzest. Daß aber
in diesen und einer Reihe anderer Überlieferungen auch das Motiv
der inzestuösen Nacktheit dem Blendungsthema innerlich zugehört,
gestatten unsere psychoanalytischen Erkenntnisse zu bekräftigen,
die uns unter anderem daran gemahnen, daß ja gerade die Eltern

---

[1] Persönliche und briefliche Mitteilungen von Dr. Abraham in Berlin
haben mich in dieser Auffassung bestärkt, die Abraham auch auf andere
mythische Überlieferungen ausgedehnt wissen will. Man vgl. seine inzwischen (Jahrb. VI, 1914) erschienene Abhandlung „Über Einschränkungen
und Umwandlungen der Schaulust bei den Psychoneurotikern nebst Bemerkungen über verwandte Erscheinungen in der Völkerpsychologie".

[2] Zur Kastrationsbedeutung der Blendung vgl. den Hinweis im I. Abschnitt dieser Arbeit, S. 217.

es sind, an denen die Schaulust und sexuelle Neugierde des Kindes gewöhnlich ihre erste Befriedigung, zugleich aber auch die mächtigsten Erziehungswiderstände findet, und daß es ja tatsächlich zumeist die Mutter ist, die dem Kinde seine der naiven Entblößungslust entsprechend unverhohlene Schaubegierde mit der Drohung des Blindwerdens abzugewöhnen sucht[1].

Wie die reicher ausgebildete Sagenentwicklung in der Modifikation und Kombination der wenigen mythisch überlieferten Urmotive freier schaltet, mag die folgende Sage von der schönen Melusine zeigen, die uns nicht nur als Beispiel für die Wandlungsfähigkeit der Motivgestaltung, sondern auch als Knotenpunkt für die Abzweigung verwandter Gruppen wertvoll ist. Die auch in das deutsche Volksbuch[2] übergegangene ursprünglich französische Sage von der schönen Melusine, der Herrin von Lusignan, erzählt mit breiter Weitschweifigkeit und abenteuerlicher Ausschmückung die im folgenden kurz wiedergegebene Fabel.

Reimund, ein Sohn des Grafen von Forst, tötet nach vorhergegangener Weissagung einst auf der Jagd durch unglücklichen Zufall seinen Vetter. Verzweifelt irrt er im Walde umher und kommt zu dem Durstbrunnen, wo er die schöne Melusine trifft. Sie tröstet ihn und er schwört ihr auf ihr Verlangen, sie zu heiraten, aber an keinem Samstag nach ihr zu fragen oder sie sehen zu wollen; hält er das Versprechen nicht, so verliert er sie für immer und seine Kinder werden unglücklich.

Die Hochzeit findet statt und die reichlich mit Kindern gesegnete Ehe währt viele glückliche Jahre. Da kommt eines Tages Reimunds Bruder zu Besuch und wünscht auch Melusine zu sehen. Reimund verweigert es, da Samstag ist. Der Bruder weiß jedoch um die Gerüchte, die Melusine der ehelichen Untreue verdächtigen und hält sie Reimund vor. „Da nahm dieser sein Schwert und lief in eine Kammer, darein er niemals gekommen war, weil er selbe zu ihrer Heimlichkeit gebaut hatte, kam an eine eiserne Türe, allwo er stand und sich bedachte. Da fielen ihm die Worte seines Bruders ein, daß sie vielleicht Schande triebe. Er machte also mit seinem Schwerte ein Loch durch die Türe. Wie Reimund durch das Loch hindurchsah[3], so sah er, daß seine Gemahlin im Bade nackend

[1] Vgl. auch unsere Redensart: „Von ihrer Schönheit geblendet."

[2] Die deutschen Volksbücher, herausgegeben von Simrock. VI. B., Frankfurt 1847.

[3] In der mit Stichen geschmückten Ausgabe der Volksbücher weist die bildliche Darstellung dieser Szene eine auffällige Ähnlichkeit mit jener auf, wo der arme Heinrich durch das Loch in der Wand nach dem entblößten Mädchen schaut.

saß, oberhalb dem Nabel ein schönes Weib, von Leib und Angesicht gar schön, aber vom Nabel hinunter ein großer langer Drachenschwanz, so blau als Lazur und weiße Silberfarben tropfenweise darunter gesprengt, wie eine Schlange gestaltet ist." Reimund erschrickt und ist tief betrübt. Er vermacht das Löchlein wieder mit Wachs in der Meinung, seine Gattin habe nichts gemerkt. Sein Bruder, dem er den Tod androht, entflieht und er selbst jammert, daß er sie nun verlieren werde. Am nächsten Tag, einem Sonntag, kommt Melusine, der sein Vergehen bekannt ist, zu ihm in die Kammer, zieht sich ganz nackt aus, legt sich zu ihm ins Bett und umfängt ihn. Er aber bleibt kalt und da sie fragt, was ihm fehle, ist ihm der festen Überzeugung, sie wisse nicht um sein Vergehen und ward wieder froh. — Da erhebt sich eines Tages einer seiner Söhne gegen seinen Bruder und erschlägt ihn. Reimund wütet und droht, den Brudermörder zu töten. Als aber Melusine versucht, ihn zu beruhigen, wirft er ihr öffentlich vor, daß sie ein Ungeheuer wäre. Da erhob sich Melusine und flog durch das Fenster in die Lüfte hinaus; und ward in einem Augenblick unter dem Gürtel wieder ein feindlicher Wurm. Aus der Luft herab rief sie Reimund noch zu, er müsse seinen jüngsten Sohn töten, wenn er Unglück verhüten wolle. „Wenn man mich in der Luft über dem Schloß wird schweben sehen, so bekommt es einen neuen Herrn." Des Nachts aber kam Melusine oft wieder, um nach ihrem Säugling zu sehen.

Daß in dieser späten und vielfach ausgeschmückten, überarbeiteten Fassung das Verbot des Samstagbesuches nur eine, vermutlich durch kirchliche Einflüsse[1] erfolgte Rationalisierung des ursprünglichen Nacktheitsmotivs ist, zeigt die einfachere ursprüngliche Version, welche das Verbot in diesem Sinne noch voll kennt und auch die Strafe (Verlust der Frau) sogleich der Übertretung folgen läßt, ohne erst eine vorläufige Vertuschung und die öffentliche Wiederholung des Vergehens einzuschalten. Diese ursprüngliche Gestalt der Melusinen-Sage findet sich bei Gervasius von Tilbury in seinen um 1211 verfaßten „Otia imperialia", I, 15 (ed. Felix Liebrecht, S. 4 ff.). Reimund, Herr von Russet bei Trets unweit Aix in der Provence, trifft, als er einst ohne Begleitung ausreitet, am Ufer des den Burgberg bespülenden Flusses eine herrlich gekleidete Jungfrau (Motiv der Kleiderpracht) auf kostbar ge-

---

[1] Diesen Einfluß zeigt eine in Wolfs Zeitschr. f. deutsche Mythol. (1859, IV. B., S. 164 ff.) mitgeteilte Sage von einem Grafen auf Gamburg, dem es gelingt, ein wunderschönes Grasmädchen, dessen Unterleib sich jeden Freitag in einen Fischschwanz verwandelt, bei einem solchen Bade zu überraschen und durch den Raub ihrer Schürze an sich zu fesseln. Im Auftrage der eifersüchtigen Gräfin wird aber die „heidnische" Wasserfrau durch priesterliche Zeremonie vertrieben.

schmücktem Zelter und beredet sie, seine Frau zu werden. Sie warnt
aber, sein Glück werde nur so lange währen, als er sie nicht
nackt sehe. Er hält die Bedingung für leicht erfüllbar. Nach vielen
Jahren glücklicher Ehe verletzt der neugierige Gatte doch das Gebot
und stürmt in das Badegemach seiner Frau. „In dem Augenblick,
da er das verhüllende Laken von der Wanne reißt, in welcher seine
Frau badet, verwandelt sie sich in eine Schlange, taucht unters
Wasser und verschwindet. Ab und zu bei Nacht kehrte sie wieder,
nach ihren Kindern zu sehen." Daß die Verwandlung der nackten
Frau in ein tierisches Ungeheuer hier erst im Moment ihres Anblicks
erfolgt, ist psychologisch höchst bedeutungsvoll und wird uns später
noch beschäftigen. Daneben weist uns diese Fassung deutlich auf
das Thema der Nacktheit hin; aber im Gegensatz zu den bisher
betrachteten Motivgestaltungen, in denen der verbotene Anblick mit
der Blendung bestraft wird, ist hier die Triebverdrängung bereits
soweit fortgeschritten, daß die Befriedigung der Schaulust zunächst
schon vor dem eindringlichen Verbot Halt macht.

Dieses ursprünglich der hemmungslosen Schaulust des Kindes
geltende Verbot findet sich in ungeahnter Verbreitung und mannigfacher Ausbildung in mythischen und sagenhaften Überlieferungen, wo
es uns nicht selten, losgelöst von dem Vergehen, dem es ursprünglich
galt, nur mehr auf dem Wege der psychologischen Sagendeutung
verständlich wird[1]. Es scheint in diesen Überlieferungen der elterliche

---

[1] Zum Frageverbot vgl. meine Abhandlung über „Die Lohengrinsage".
Wien und Leipzig 1911.

Das Motiv der Schaulust nebst dem dazugehörigen Verbot verrät in
charakteristischer Ausprägung eine interessante Variante der Melusinen-
Sage, die Kreutzwald (Esthnische Märchen, Nr. 16) mitteilt. Die „Meermaid" wohnt hier in einem Schloß im Meer mit zwölf Gemächern. Ihre
Dienerinnen, zwölf schöne Jungfrauen, sitzen — nicht wie man erwarten
sollte jede in einem der Gemächer, sondern — alle in einem aus Glas
gegossenen Schlafgemach (Schaulust). In einer dreizehnten Kammer
hält sich die Meermaid an jedem Donnerstag bis zum dritten Hahnenschrei
verborgen. Dieses Zimmer war immer verschlossen und die Fenster durch
doppelte Vorhänge so dicht verhüllt, daß nirgends eine Öffnung, wenn auch
nur von der Breite eines Nadelöhrs blieb, durch welche ein Sonnenstrahl,
geschweige ein menschliches Auge, hätte eindringen können. Es hatte keinen
Fußboden, sondern sah aus wie ein großer viereckiger Kübel, der viele Fuß
hoch mit Wasser gefüllt war. Einmal gelang es aber dem Schlaftönnis, den
die Meermaid zu ihrem Gemahl gemacht hatte, obwohl es ihm verboten war,

Imperativ, der den Anblick des Nackten verbietet, als Verbot bis
in die Ehe des Erwachsenen fortgesetzt, der nun seine Frau ebensowenig nackt sehen darf wie einst die Mutter, von der die Verdrängung des Schautriebes ihren Ausgang nahm. Es kann uns daher
nicht zufällig erscheinen, wenn neben der Abschwächung der Schau-
lustbefriedigung durch das dominierende Verbot auch das entsprechende Strafmotiv der Blendung nur noch als verschobener und
entstellter Rest in die späte Bearbeitung unseres Volksbuches hinein-
ragt. Wie diese Fassung das Verbot des nackten Anblicks eigentlich nicht mehr kennt, so wird auch der Mann für den verbotenen
Anblick der entblößten Gattin nicht mehr mit Blindheit gestraft,
wohl aber haben — nach Art einer ins zweite Geschlecht fortgesetzten Talion — die meisten von seinen zehn Söhnen auffällige
Augenanomalien aufzuweisen[1]. Vom ältesten Sohn, Uriens, heißt
es im Volksbuch: „Sein Angesicht war nicht schön, sondern von
seltsamer Gestalt, denn es war kurz und breit, und flach unter den
Augen, das eine Auge sah rot, und das andere grün. Er hatte
auch einen großen breiten Mund und lange hängende Ohren. Sonst hingegen war er wohlgestaltet." Dem dritten Sohn, Guiot, stand das
eine Auge um ein kleines höher als das andere. Der fünfte
Sohn Reinhart „hatte nur ein Auge, das stand ihm mitten in
der Stirne; doch sah er mit dem einen viel mehr als hätte
er zwei gehabt". Der achte Sohn endlich, Horribel, hatte drei
Augen, deren eines ihm an der Stirne stand.

Konnten wir auf Grund der Überlieferung selbst an Stelle des
verbotenen Samstagbesuches das Nacktheitsverbot wieder einsetzen
und dürfen wir im Hinblick auf andere Überlieferungen die Augen-

---

an jenem Donnerstag, ihrem „Festtag", in ihre Nähe zu kommen, doch, durch
eine kleine Stelle, wo sich die Vorhänge verschoben hatten, in das geheimnisvolle Gemach hineinzuschauen. Da sah er seine Frau, wie sie als Fischweib
im Wasser herumschwamm. Allein nachdem er sie am anderen Morgen noch
einmal gesehen, in schwarzen Trauerkleidern, das Gesicht mit einem dünnen
Seidentuch verhüllt, verließ sie ihn auf immer. (Zit. nach Böcklen: Die Un-
glückszahl 13, S. 44). Eine chinesische „Melusinengeschichte" („Das Land im
Meer") erzählt Martin Buber in „Chinesische Geister- und Liebesgeschichten"
(Frankfurt a. M. 1912).

[1] Ein Gesichtspunkt zur biologischen Begründung dieser Auffassung
findet sich in Alfred Adlers „Studie über die Minderwertigkeit von Organen"
(Berlin 1907).

anomalien der Söhne als Strafe für die Schaulust des Vaters auffassen, so erscheint die Komplikation des Nacktheitsmotivs mit der Schlangenverwandlung einer besonderen Erklärung bedürftig. Nun erinnert aber diese dem Manne Schrecken und Abscheu einflößende Mißgestalt der Frau zunächst an das als Verdrängungsausdruck der Entblößungslust uns bereits bekannte Motiv der körperlichen Entstellung, das jedoch hier charakteristischerweise bloß den Unterleib betrifft, dessen Entblößung und nackter Anblick tatsächlich besonders von der Verdrängung betroffen erscheint, während im Gegensatz dazu der Oberkörper idealisiert wird, wie in der Melusinenformel: ange par la figure et serpent par le reste[1].

In krasser Ausprägung erscheint dieser dauernde oder zeitweilige Abscheu vor den Genitalien des anderen Geschlechts, die das normale Individuum in so hohem Grade anziehen und reizen, bei den Neurotikern beiderlei Geschlechts, welche diese ursprünglichen Objekte ihrer Schaulust nach eingetretener übertriebener Verdrängung häßlich, ekelhaft und tierisch-widerwärtig finden. In diesem Sinne versteigt sich doch sogar Shakespeares Lear zu dem Ausruf:

> „Vom Gürtel nieder sind's Centauren,
> Wenn Weiber auch von oben.
> Nur bis zum Gürtel eignen sie den Göttern,
> Alles darunter ist des Teufels Reich,
> Dort ist die Hölle, dort die Finsternis,
> Dort ist der Schwefelpfuhl, Brennen, Sieden, Pechgeruch,
> Verwesung — pfui, pfui, pfui!" — .... (IV/6).

Aber auch beim normalen Mann vermag sich dieser Verdrängungsabscheu gegen das weibliche Genitale[2] noch zu gewissen Zeiten

---

[1] Vgl. Keightley, Mythologie der Feen und Elfen. Deutsch von O. L. B. Wolff, II, S. 338.

Auch die altjüdische Dämonenfürstin Lilith „gleicht vom Kopf bis zum Nabel einem schönen Weibe, vom Nabel abwärts aber ist sie eitel Feuer und Flamme" (Sagen d. Juden, I, S. 327).

[2] In welcher Weise eine derartige Einstellung bereits im kindlichen Leben sich vorbereiten kann, möge folgendes, von einem unbefangenen Beobachter authentisch berichtete Vorkommnis illustrieren:

Ein vierjähriger aufgeweckter Knabe sieht zum erstenmal, wie sein kleines Schwesterchen aus den Windeln gewickelt wird. Wie er ihr Genitale erblickt, ruft er aus: „Schau, Mutti, was die Wester da hat! Pfui Deibel! Schmeiß sie doch weg!" Dann lief er eilig über die Stiege in eine tiefer geltend zu machen, wo dieses Organ, zum Sexualgenuß unfähig, seinen ernüchterten Sinnen bloß abstoßend und häßlich erscheinen mag, wie zur Zeit der Menstruation oder Geburt. Daß nun der Melusinen-Sage auch diese Auffassung nicht fremd ist, mag die Mitteilung ihrer Vorgeschichte zeigen.

Als König Elinas von Albanien sich einst auf der Jagd über den Tod seiner Gattin zu trösten suchte, hörte er an einem Quell die Stimme der schönen Fee Pressine, die ihn unter der Bedingung heiratet, daß er sie nie im Wochenbett besuchen dürfe. Sie gebar Drillingstöchter und der erfreute Vater stürzte gegen sein Versprechen in das Zimmer seiner Frau, wo er eintrat, als sie gerade ihre Tochter badete. Zur Strafe verschwindet sie mit ihren Töchtern Melusine, Melior und Palathine. Als diese fünfzehn Jahre alt sind, erzählt ihnen die Mutter von des Vaters Wortbruch und Melusine, durch die Mutter in Zauberkünsten unterrichtet, unternahm es, sie am Vater zu rächen, indem sie ihn in einen Felsen einschloß. Dafür wird sie von der Mutter verwünscht, an jedem Sonnabend in eine Schlange verwandelt zu werden. Das sollte so lange dauern, bis sie einen Gemahl fände, der ihr verspräche, sie während ihrer Verwandlung nie mit seiner Gegenwart zu behelligen; zugleich wurde ihr verordnet, an diesen Tagen ein Bad zu nehmen, wodurch sie endlich von ihrer Schmach befreit würde[1].

---

gelegene Wohnung, wo seine etwa gleichaltrige Spielkameradin wohnte, teilte ihr seine Entdeckung mit und veranlaßte sie, mit ihm hinaufzugehen, wo er noch wiederholt ausrief: „Pfui Deibel! Pfui Deibel."

[1] All dies scheint ebenso auf die Menstruationszeit wie auf das Wochenbett zu deuten. Aus einer während der Korrektur erschienenen Abhandlung über „das rituelle Tauchbad der jüdischen Frauen" von Dr. W. Hanauer (Sexual-Probleme, Juli 1913) seien folgende kultische Analogien zu den angeführten Sagenüberlieferungen genannt. Das Tauchbad, das etwa 12 Tage nach Eintritt der Periode genommen werden muß, hat durchaus nicht rein hygienische Bedeutung, da ihm ein gewöhnliches Reinigungsbad vorausgehen muß, sondern erweist sich als religiös-kultische, symbolische Handlung, nach deren Vollzug erst der Zustand der „Unreinheit" von der Frau gewichen ist. „Während sie unrein ist, muß der Mann nicht nur jeden geschlechtlichen Verkehr mit ihr meiden, sondern sie auch auf keine andere Weise berühren, selbst die Hand darf er ihr nicht reichen, den Platz nicht berühren, auf dem sie gestanden hat, die Sachen nicht anfassen, die auf diesem Platze gelegen sind, sonst wird er selbst für unrein erklärt" (Tabu). Auf den Frauen „haftet ein Fluch solange, als sie es unterlassen", das streng gebotene Tauchbad zu nehmen. „Erst nachdem die Frau ein Bad genommen hat, gilt die Kohabitation wieder als erlaubt." Das Bad muß in „lebendigem" Quellwasser genommen werden, welches die Erde noch nicht verlassen hat und der Wasserspiegel soll „einer erwachsenen Person min-

Es kann hier nicht das allgemeine Prinzip der Sagenbildung
weitläufig erörtert werden, das darauf hinausläuft, ein einfaches
Schema durch Doublierung einzelner Motive und Szenen vielfältig
auszuspinnen[1]. Doch wird es wohl kaum auf Schwierigkeiten stoßen
anzuerkennen, daß diese Vorgeschichte nichts anderes als eine wenig
modifizierte Doublette der Melusinen-Sage selbst ist. In beiden Fällen
ein über den Tod eines Nahestehenden verzweifelter Mann im
Walde umher, beidemal stößt er bei einem Brunnen auf eine hilf-
reiche Fee, die ihn unter einer bestimmten Bedingung heiratet (Verbot),
die er beidemal übertritt und dadurch die Frau verliert. Die Deckung
der Doubletten zeigt wieder deutlich, daß Verbot und Übertretung
innig mit der infantilen Sexualneugierde (Schaulust) zusammenhängen,
da ja das Verbot, die Frau im Wochenbett zu sehen, zunächst wohl
nur dem wißbegierigen Kinde gilt, das forschen möchte, woher seine
Geschwister gekommen sind. Für den erwachsenen Mann kommt als
Motiv der Fernhaltung die in primitiven Regungen wurzelnde Abneigung gegen das Neugeborene hinzu, das so vor der Brutalität
des Vaters bewahrt werden soll, die in Hauptmanns Behandlung
des Griseldastoffes wieder hervortritt. Vielleicht erklärt sich daraus
auch der Zug, daß Melusine bei ihrem Verschwinden dem Gatten rät,
seinen jüngsten Sohn zu töten, um weiteres Unglück zu verhüten.
Diese allgemein menschlichen Bedeutungen werden auch nahegelegt
durch die Tatsache, daß sich das Motiv selbst in gänzlich unabhängigen Überlieferungen wiederfindet. So zeigt eine von Frobenius
(Das Zeitalter des Sonnengottes, S. 325) angeführte Mythe aus Japan
für den Mann das gleiche Verbot, der Entbindung seiner Frau beizuwohnen, wie die Vorgeschichte der Melusinensage.

„Als Hohodemi wieder in die Oberwelt übersiedelte, begleitete ihn
seine Gattin nicht. Toyotamahime sagte ihm aber, daß sie ihm bald nachkommen werde. Ich werde dir bald einen Sohn schenken, sprach sie,
und zur Zeit seiner Geburt will ich in einer stürmischen Nacht hinauf

destens ungefähr eine Spanne über den Nabel" reichen. „In sexual-
hygienischer Beziehung äußert sich die Wirkung der Mikwe dahin, daß eine
gewisse Beschränkung im Geschlechtsverkehr dem Manne auferlegt wird."
Die Urbilder dieser Tabus hat Frazer („The golden Bough" II, Chapt. IV,
§ 3: Women tabood at Menstruation and Childbirth) bei den Primitiven
aufgezeigt.

[1] Vgl. dazu Rank: Der Mythus von der Geburt des Helden. 1909 und
die im allgemeinen I. Abschnitt gegebenen Hinweise.

und zu dir ans Land kommen. Ferner bat sie ihn, hart am Strande ein Haus für sie zu bauen, in dem sie wohnen wolle. Nun geschah es aber, daß Hohodemi bei der allzu großen Sorgfalt, die er auf das Dach ver-wandte, noch nicht damit fertig war, als Toyotamahime unter Sturm und Regen im Wogengebraus anlangte. Hohodemi führte seine Gemahlin in das Haus und zeigte ihr, daß das Dach noch nicht ganz fertig sei und an der einen Seite noch eine große Lücke habe; er bat sie, noch ein paar Tage bei ihm zu wohnen. Toyotamahime wies jedoch diese Bitte zurück. Sie sagte, daß keine Zeit mehr dazu sei, und daß schon in der nächsten Nacht ihr Sohn geboren würde. So blieb denn nichts übrig, als daß Toyotamahime ihren Wohnsitz in dem unfertigen Hause aufschlug, und als Hohodemi, von ihr gedrängt, sie allein ließ, mußte er ihr fest und bündig versprechen, ja keinen Versuch zu machen, sie zu sehen. „Bleibe im Hause", sagte sie, „bis ich dich rufen lasse, und ver-such es unter keiner Bedingung, mich vorher zu sehen!" (Verbot.) Hoho-demi versprach, ihre Bitte zu erfüllen; allein die Neugier ließ ihm keine Ruhe, und so schlich er sich leise herzu und sah seine Frau (Verbotsbruch) in Gestalt eines Drachen sich hin- und her-winden. Erschrocken trat er zurück, doch als ihn Toyotamahime später rufen ließ, sah sie sogleich, daß er ihr Geheimnis, das sie vor allen Menschen zu verbergen gedachte, ungeachtet seines Versprechens erspäht hatte. Und hierüber war sie so erzürnt, daß sie mit heiligen Eiden ge-lobte, zu ihrem Vater zurückzukehren und nie wieder auf die Erde zu kommen usw. Mit diesen feierlichen, harten Gelöbnissen legte sie das Söhnlein, das in der Nacht, wie sie vorhergesagt, geboren war (Kinder-segen), am Strande nieder. Sie trat darauf ans Wasser und verschwand vor seinen Augen (Abschied)."

Also auch hier erscheint die Frau bei der Entbindung, als „Mutter", dem Manne abstoßend und schreckenerregend. Aber nicht nur in den Zeiten, wo die Frau zum Sexualakt unfähig ist (Schwanger-schaft, Menstruation[1], Alter), erscheint sie dem in der Sagenbildung vorwiegend libidinös gedachten Manne häßlich und aller menschlichen Werte entkleidet; auch wenn sie selbst in Sinnenlust rasend den kühleren Mann mit sich fortzureißen sucht, vermag ihn ihre unheim-liche Sinnlichkeit als tierisch abzustoßen. In beiden Fällen handelt es sich jedoch nicht um eine berechtigte Reaktion auf entsprechende Tatsachen, sondern darum, daß die vorhandene oder mangelnde Geschlechtslust des Mannes, die hier die Hauptrolle spielt, bei der Frau auf die gegenteilige Stimmung stößt, wodurch sie ihm in dem

---

[1] Dazu würde die häufige Vorstellung einer periodisch wieder-kehrenden Tierverwandlung stimmen, die J. Kohler (Der Ursprung der Melusinen-Sage, Leipzig 1895) anführt.

einen oder dem anderen Sinne tierisch abstoßend erscheint. Die Sage rechtfertigt nun diese Gefühlswandlung des Mannes, indem sie sie mittels des Mechanismus der Projektion[1] im Gestaltwandel der Frau objektiviert.

Neben der tierischen Symbolisierung des abstoßenden Genitales und der Projektion der entsprechenden männlichen Gefühle hat aber die Schlangenverwandlung in der Melusinen-Sage, wenn wir sie vom Standpunkt der Frau betrachten, noch einen weiteren Sinn, den wir aus dem individuellen Traumleben erschlossen und dann in verwandten Überlieferungen der Sage wiedererkannt haben. Daß der folgende interessante Traum, der wie eine Variante der Melusinen-Sage klingt, von einer mit unserer Sagenüberlieferung völlig unbekannten Träumerin stammt, kann seine Beweiskraft nur erhöhen.

Traum:

„Ich bin auf einen großen Ringplatz gekommen (wo weiß ich nicht), wild gelaufen, mit offenen Haaren, als wollte ich vor jemand davonlaufen oder so ähnlich. Auf diesem Platz waren riesig viel Pferde, die mir immer entgegengelaufen sind. Ich suchte einen Ausweg zu gewinnen, die Pferde aber haben mir immer den Weg verstellt und Männer, die mich auch fangen wollten, haben die Pferde dazu angetrieben. Da kommt ein alter Mann nach Art eines Dieners (im Altwiener Kostüm), der hat mich gefangen und wie mit mir gerauft. Ich wollte mich wehren, er hat mich aber beim Arm gepackt und in seinen Stall gezogen. Er ist dann hinausgegangen, hat mich allein gelassen und ich war sehr unglücklich. Ich dachte mir, wer weiß, was jetzt mit mir geschehen wird, er wird mich gewiß vergewaltigen oder umbringen wollen. Nach einer Weile kommt er herein und bringt mir ein weißes Gewand, eine Art Heiligenhemd, und einen roten Gürtel und hat gesagt, ich muß es anziehen. Ich habe mich geschämt, mich vor ihm nackt auszuziehen und habe gesagt, er soll hinausgehen! er aber hat gedrängt, ich muß es vor ihm anziehen. Da hatte ich Angst und zog es an und dann wollte er mich mißbrauchen. Ich habe geschrien, und auf einmal geht die Stalltüre auf, die er verschlossen hatte, und es kommt ein junger Mann herein, mit einem Schwert und hohen Stiefeln, sonst ähnlich wie Lohengrin gekleidet, ohne Kopfbedeckung, mit langem Haar. Er gefiel mir sehr gut und ich habe geglaubt, daß ich an diesen verkauft (verkuppelt) bin, daß mich der Alte

---

[1] Vgl. Riklin, Wunscherfüllung und Symbolik im Märchen. 1907. Ähnlich deutet Heine („Die Elementargeister") den Sinn solcher Motive: Sobald du deinen Widerwillen gegen das Häßliche überwindest, verwandelt es sich in etwas Schönes. Keine Verwünschung widersteht der Liebe, die ja selbst der stärkste Zauber ist.

für den eingefangen hat. Weil er mir aber besser gefallen hat, bin ich
lieber mit ihm gegangen. Vor dem Stalle waren ähnliche Barrieren wie
beim Rennen aufgestellt, da mußten wir hinüberklettern und sind dann
erst zu einem Wasser gekommen, das wie ein See aussah. Dort hat er
mir, weil ich Angst hatte, gesagt, ich soll mich nicht fürchten, er hat
mich vor diesem Mann gerettet. Dann hat er mich aufgefordert, ich
soll mich erst ausziehen und nackt ans Ufer hinlegen: die Kleider
soll ich nebenan legen. Da habe ich mich ausgezogen und mich hingelegt.
Dann mußte ich irgend eine Rolle spielen (Nachtrag: Er hat gesagt: Sie
spielen mit mir die Rolle ‚Raub der Sabinerinnen‘) oder irgendwelche
Bewegungen machen (so wie schwingende) und er hat mit dem Schwert
eine ähnliche Bewegung ausgeführt, so wie eine Art Zauber. Nach diesem
war ich gleich halb Fisch und halb Weib. Ich bin gekrümmt gelegen
und sah, daß ich auf einmal eine Flosse rückwärts habe. Ich bin so
gelegen und drehe den Kopf und sehe plötzlich, daß ich schon ganz verwandelt bin. Ich habe mir gar nichts daraus gemacht, war darüber wie
freudig. Währenddem ist er fortgegangen über eine Brücke über den See
und holt Zuschauer. Plötzlich habe ich viele Leute gesehen, es war wie
eine Bühne, ein Vorhang wurde in die Höhe gezogen (wie ein Bild, wie
ein Zauber.) Dann sah ich Herrn K. ganz nackt am Strande hergelaufen
kommen (mit einem weißen Schurz, der den Geschlechtsteil verdeckte); er
sagte, ich muß mit ihm mitgehen. Ich hatte ihn schon vergessen, es war
schon lange Zeit her, daß ich ihn gesehen hatte. Dann kommt er plötzlich
und sagt, ich muß schnell von da weg, als ob es hier mein Unglück wäre.
Ich habe ihm gesagt, er soll mich jetzt gehen lassen, ich gehöre
nicht mehr unter die Menschen, weil ich halb Fisch bin. Er soll
mich lassen, weil ich dem andern Dank schuldig bin (das habe ich mir
vielleicht nur gedacht). Dann kommt der junge Mann auf einmal wieder her,
wie K. gerade auf mir sitzt. Denn da ich nicht mitgehen wollte, hatte sich
K. auf mich gesetzt, damit ich nicht fort kann. Er saß rittlings auf meinem
Rücken (nur auf meinem menschlichen Teil). Da will der Ritter das
Schwert ziehen und K. niederschlagen, mit dem ich dann doch davon bin.
Ich war dann wieder verwandelt, aber wie, weiß ich nicht, und bin wieder
die Strecke gelaufen wie früher, auf einem ähnlichen Platz. Es waren aber
keine Pferde mehr da und so konnte ich den Ausweg erreichen, den
ich früher vergeblich erstrebt hatte. Die Kleider hatte ich am Ufer liegen
lassen und bin also nackt mit K., der mich um die Taille gefaßt hielt,
entkommen.‘‘

Dieser interessante Traum, dessen vollständige Deutung hier
viel zu weit führen würde, zeigt uns das Mädchen in ablehnendem
Verhalten gegen die Entblößung vor dem Manne und gegen den
Geschlechtsverkehr, den sie durch Verwandlung ihres Unterleibs in
einen Fischschwanz unmöglich zu machen sucht. Die vielen wilden
Pferde, die sie verfolgen, symbolisieren (neben ihren eigenen Leiden-

schaften) die zahlreichen zudringlichen Männer, die sich um ihre Gunst bewerben (ein alter und zwei junge) und der nackte K., dem die Ablehnung insbesondere zu gelten scheint, versucht vergeblich, sich in infantiler Weise an ihrem menschlich gebliebenen Oberkörper zu befriedigen. Der Traum läßt uns also den Gestaltwandel der Frau im Sinne ihrer Gefühlswandlung dem Manne gegenüber als Verhinderungsmittel des Sexualaktes erkennen, wodurch das Verbotmotiv wieder die spezielle Bedeutung erhält, daß der Mann der Frau nicht zur Unzeit in sexueller Begierde nahen darf. Diese Bedeutung des Verbots- respektive Trennungsmotivs in symbolischer Einkleidung zeigt eine in sexueller Hinsicht freimütige Sage der Ainos, die J. Kohler (Der Ursprung der Melusinen-Sage, Leipzig 1895) mitteilt. Ein Fürst, der eine Seelöwin (Tierverwandlung) mit dem Speer durchbohrt hat, kommt zu dem Frauenland, wo die verwundete Seelöwin ein schönes Weib ist. Im Herbst vermählt sie sich mit ihm, aber im Frühling muß sich die Ehe lösen (Trennungsmotiv), weil zu dieser Zeit mulieri dentes crescunt in vagina[1] (nach Chamberlain, Aino Folktales, S. 37 ff.).

Eine direkte Hindeutung auf den dem Manne zu bestimmten Zeiten verbotenen Sexualakt findet sich in einer indischen Überlieferung der alten Fabel von Urvaçî und Purûravas, die in einem Lied des Rigveda erzählt wird (vgl. L. v. Schröder, Griechische Götter und Heroen I., Berlin 1887, S. 24 ff.).

„Urvaçî, eine Apsaras (Wasserjungfrau), liebte Purûravas, den Sohn der Idâ. Sie suchte ihn auf und sagte zu ihm: Dreimal des Tages sollst du mich mit dem Rohrstabe (d. i. mit dem männlichen Gliede) stoßen, wenn ich nicht will, sollst du dich aber nicht zu mir legen. Auch darf ich dich nicht nackend sehen; das paßt sich nicht für Weiber. Und sie verweilte lange bei ihm. Sie ward auch schwanger von ihm, so lange verweilte sie bei ihm." (Schröder l. c.) Die Gandharven aber, denen die Apsaras verbunden sind (vgl. E. H. Meyer, Gandharven), wollten sie wieder haben und raubten die an ihr Bett angebundenen jungen Widder (Söhne?). Entrüstet hierüber springt Purûravas auf und nimmt sich nicht die Zeit, einen Mantel umzuhängen. Da blitzt es und „sie sah ihn ganz nackt wie am Tage. Da verschwand sie (mit den Worten: Ich komme zurück)". Die weitere, nach Schröders Ansicht jüngere Aus-

---

[1] Die mit Zähnen versehene Vagina ist eine in Schwänken und Zoten beliebte Darstellung der Angst vor dem weiblichen Genitale, das dabei dem Munde gleichgesetzt wird.

schmückung der Geschichte berichtet dann, wie der Gatte sie endlich als
Wasservogel wiederfindet und unter großen Schwierigkeiten (geheimnisvolles Anzünden einer Feder) wiedergewinnt.

Auf Grund einer Vergleichung dieser Fabel mit zahlreichen
germanischen und romanischen Parallelen kommt Schröder zu dem
wohlberechtigten Schluß, daß dieses Zusammentreffen mit der in
einen Vogel (Schwan) verwandelten Frau ursprünglich wohl an erster
Stelle gestanden haben dürfte und daß die alte Sage offenbar nur
ein Zusammenleben und eine Trennung kannte (S. 28). Schröder
(S. 31) faßt also den Mythus als Liebesgeschichte eines Sterblichen
mit einer Schwanenjungfrau, welche nach einem zeitweiligen glücklichen Zusammenleben wieder entflieht, wie ähnliches auch bei anderen
indogermanischen Völkern erzählt wird. Das Schema dieser Geschichten
ist folgendes: Gewöhnlich erscheinen drei Schwanenjungfrauen in
Vogelgestalt an einem See, und legen, um in Menschengestalt zu
baden, das Schwanengewand ab. Sie werden von einem sterblichen
Mann überrascht, welcher der jüngsten und schönsten von ihnen das
Schwanenkleid raubt und sie dadurch in seine Gewalt bekommt. Sie
schenkt ihm ihre Liebe und lebt mit ihm vermählt, bis ein Zufall
oder Fehler des Mannes sie wieder in Besitz des Vogelkleides gelangen läßt, mit welchem sie dann wieder dorthin entflieht, woher
sie gekommen ist, auf Nimmerwiedersehen. In all diesen, durch die
Fesselung der Frau an den Mann den Mahrten-Sagen nahestehenden
Überlieferungen ist jedoch die Frau das elbische Wesen, welches
nicht nackt gesehen werden darf, was ja auch der, wie es scheint,
zunächst einsinnigen Mythenschöpfung und Sagengestaltung besser
entspricht, und was auch Schröder für das Altertümlichere hält.
Er erblickt den Grund des Verbotes darin, daß die Elbin nicht
menschliche, sondern halb oder ganz tierische Gestalt hatte und vermutet wohl richtig, daß darum ursprünglich Urvaçî es war, die nicht
gesehen werden durfte, weil sie Schafs- oder Vogelgestalt hatte.
Damit wären wir wieder bei der Tierverwandlung der Frau, die in
der Urvaçî-Fabel mit dem Verbot des unzeitigen Geschlechtsaktes
verbunden erscheint wie in dem biblischen Bericht vom Sündenfall
(Schlange)[1].

---

[1] Vgl. „Völkerpsychologische Parallelen zu den infantilen Sexualtheorien". — Nehmen wir mit Schröder an, daß das Verbot des nackten
Anblicks ursprünglich von Urvaçî galt und auf Grund ihrer zeitweiligen

In diesem Zusammenhang gewinnt auch das dem Gatten der
Melusine gestellte Verbot, seiner Frau an gewissen Tagen nicht zu
nahen, den Sinn, daß er an diesem Tage den geschlechtlichen Verkehr zu vermeiden habe, was sie — ähnlich wie unsere Träumerin
durch die Fischgestalt — durch Offenbarung ihrer tierisch abstoßenden
Natur zu bewirken sucht. In all diesen Sagen, welche dem Manne
zu häufige und darum unzeitige Geschlechtsbegierde vorwerfen, scheint
sich also auch die Forderung der Frau nach zeitweiliger sexueller
Schonung in Form des Sexual- oder Nacktheitsverbotes durchzusetzen.

Diesen Sagengestaltungen stehen andere gegenüber, in denen
ein ähnliches Verbot vom Manne auszugehen und die weibliche Sexualneugierde zu betreffen scheint. Die geheimnisvoll faszinierende, bald
anziehende, bald abstoßende Wirkung des männlichen Genitales auf
die Frau zeigt die bekannte Fabel von Amor und Psyche, wie sie
uns der römische Dichter Apulejus überliefert hat (deutsch in Reclams
Univ.-Bibl. Nr. 486)[1]. Auch hier darf das halb göttliche, halb dämo-
nische Wesen des Eros von dem sterblichen Auge der Psyche nicht
erblickt werden (wie in der indischen Sage von Purûravas), und nicht
so sehr die Sticheleien ihrer neidischen Schwestern als vielmehr ihre
eigene zwischen Anbetung und Abscheu schwankende Einstellung zu
dem geheimnisvollen nächtlichen Besucher führen sie dazu, gegen
sein ausdrückliches Verbot eines Nachts Licht in das Schlafgemach
zu bringen[2]. Da erblickt sie nun den Geliebten, dessen unsichtbare
Umarmung sie bisher genossen hatte[3], zum ersten Male schlafend in

---

„Tiergestalt" erfolge, so kann ihr Verschwinden nicht mehr durch das
sonderbare Selbstverbot, ihren Mann nackt zu sehen, begründet werden,
sondern muß umgekehrt der Bestrafung des Mannes dienen, der dem Verbot
des unzeitigen Sexualaktes zuwiderhandelt.

[1] Die häufige Verarbeitung der Psyche-Fabel mag man aus den
Arbeiten von H. Blümner, Das Märchen von Amor und Psyche in der
deutschen Dichtkunst (Neue Jahrb. f. d. klass. Altertum, Gesch. u. deutsch.
Lit. 1900, 1903, 1905) und F. Weidling, Drei deutsche Psychedichtungen
(Leipzig 1903) ersehen.

[2] In anderen Überlieferungen, wie beispielsweise der griechischen
Periander-Sage, erscheint die gleiche Bedingung im Sinne der Inzestphantasie
verwertet, indem der Sohn in dunkler Nacht unerkannt die Mutter umarmt.
Vgl. Rank: Das Inzestmotiv in Dichtung und Sage, S. 421, Anm. 1 u.
S. 446, Anm. 1.

[3] Auf die Ähnlichkeit mit den Halluzinationen Psychotischer hat Riklin
in seiner Deutung der Psyche-Fabel hingewiesen (l. c. S. 92 ff. u. 54).

seiner vollen göttlichen Gestalt und ist darüber erfreut, aber auch
beschämt und bestürzt über ihr Vergehen. Hatte doch das Orakel
den künftigen Gatten der Psyche als ein schlangenartiges Ungetüm bezeichnet und eben dieser von den Schwestern immer wieder
angespielte Umstand hatte ihr eigenes unbezähmbares Verlangen gesteigert, sich über die wahre Gestalt des Geliebten Aufschluß zu
verschaffen. Wir sehen in dieser orakelhaften Andeutung von der
Schlangen- oder Drachengestalt des Eros den Nachklang der in der
Melusinen-Sage noch voll erhaltenen Verwandlung, d. h. also der
Tatsache, daß der Mann der Geliebten zeitweilig als abstoßendes
Untier erscheint. In der uns erhaltenen, offenbar stark entstellten
und rationalisierten Sage kommt dieser Gedanke noch ganz offen
zum Ausdruck, wenn es heißt (l. c. S. 24): „Und was das Übelste
ist, in demselben Wesen haßt sie das Untier und liebt sie
den Gemahl." Daß es aber in dem früher angedeuteten Sinne gewisse Momente sexueller Erregung sind, in denen ihr der Geliebte
grauenhaft erscheint, ergibt sich nicht nur aus seiner exquisit sexuellen Rolle, der auch die durchsichtige Genitalsymbolik (Schlangengestalt) entspricht, sondern noch aus einem zweiten sexualsymbolischen Detail, der Feuerentzündung, die in anderen Überlieferungen in deutlich geschlechtlichem Sinne verwendet erscheint.
So finden wir das Verbot, die Geliebte anzublicken, in ähnlicher Verbindung mit dem unzeitigen Lichtmachen in einer japanischen Sage.

„Die beiden Urgötter Izanagi und Izanami repräsentieren Himmel
und Erde. Izanami bringt alle Gottheiten der Erdoberfläche hervor, zuletzt
gebiert sie den Sohn des Feuers. Darauf verschied sie göttlich. Izanagi
rief jetzt aus: ‚Die Erde, meine vortreffliche jüngere Schwester, ist für
ein einziges Kind hingegeben worden!' Er geht dann in die Unterwelt,
um sie zurückzuholen, da ihr Reich noch nicht vollendet ist. Sie muß sich
vorher mit den Göttern der Unterwelt besprechen: ‚Mögest du nicht
auf mich blicken, o Geehrter, mein älterer Bruder!' (Orpheus-Motiv).
Nachdem sie dies gesagt hatte, ging sie in die Hütte zurück. Da sehr
viel Zeit verging, konnte der Gatte nicht warten. Er nahm daher einen
männlichen Balken des in seinen linken Haarknoten gesteckten
Kammes der hundert Nägel, zündete ein Licht damit an, trat ein
und blickte auf die Göttin. Da wanden sich auf ihr angesammelte Larven
und auf ihrem Haupte befand sich der große Donner, auf ihrer Brust
befand sich der Feuerdonner usw. Izanagi fürchtete sich und wandte sich
zur Flucht. Seine jüngere Schwester Izanami sprach jetzt: ‚Du hast
mich beschämt!' Mit diesen Worten ließ sie ihn durch die häßlichen
Weiber der Unterwelt verfolgen" (Frobenius, S. 836 f.).

Hier erscheint das auch in der Urvaçî-Mythe und Psyche-Fabel
bedeutsam hervortretende Motiv des Lichtmachens, der Feuerentzündung direkter mit dem männlichen Sexualorgan in Verbindung gebracht als im Mythus von Urvaçî, die beim Strahle eines
Blitzes den nackten Gatten sieht, der selbst eine Feder in geheimnisvoller Weise anzünden muß, um die Gattin (aus der Unterwelt?)
wieder zu gewinnen. Unter dem rätselhaften „männlichen Balken"
des Kammes in der Izanagi-Sage haben wir nach Frobenius (S. 343)
das stehende Holz der Feuerentzündung zu verstehen, das nach
Kuhns Darlegungen (die Herabkunft des Feuers etc.) identisch ist
mit dem männlichen Gliede. Der indische Opferbrauch der Erzeugung
des Feuers durch Reibhölzer, von denen das männliche Purûravas,
das weibliche Urvaçî heißt und wobei das aus der Verbindung beider
entspringende Feuer als ihr Sohn bezeichnet wird, ist als symbolischer
Sexualakt aufgefaßt[1]. Es liegt also auch den Sagen vom Verbot des
nackten Anblicks des Liebesobjekts und seiner Übertretung durch
die unzeitige „Feuererzeugung" ursprünglich ein sexuelles Vergehen zugrunde, und zwar des Mannes, der seiner Frau zur Unzeit in geschlechtlicher Begierde naht, oder der ablehnend eingestellten
Frau den erregten männlichen Genitalien gegenüber, die ihr in diesem
Zustand abstoßend und furchtbar (Schlange, Drache) erscheinen müssen,
wie in den Erzählungen von Urvaçî und Psyche, während in den
sprechenden Überlieferungen von Melusine, Toyotamahime und
Izanami das Verbot dem Manne gilt, auf den der Anblick des weiblichen Genitales zu gewissen Zeiten ebenso abstoßend wirkt (Tierverwandlung). Es scheint aber in der Mehrzahl der Sagenbildungen
das Verbot ursprünglich dem Manne zu gelten und sich auf den Anblick der nackten Frau zu beziehen, deren Genitale auf Grund des
infantilen Schauverbotes und der dadurch gesteigerten Verdrängung
der Schaulust, sei es überhaupt wie beim Neurotiker, sei es zu
gewissen Zeiten abstoßend, ekelhaft oder furchterregend erscheint.

Die neurotische Abscheu und Enttäuschung beim Anblick des
weiblichen Genitales findet eine ihrer tiefsten Wurzeln in der infantilen, manchmal bis in die Jahre der Reife bewußt erhaltenen Vorstellung, daß auch das Weib einen Penis habe, wie ihn der Knabe
vom eigenen Körper kennt (Freud, Über infantile Sexualtheorien,

---

[1] Vgl. auch Abraham, Traum und Mythus, 1909.

Kl. Schr., II., 165). In Freuds „Analyse der Phobie eines fünfjährigen
Knaben" (Jahrb. f. Psychoanalyse, I.) schreibt der kleine, noch nicht
dreijährige Hans seiner Mutter einen „Wiwimacher" zu und die gleiche
Vorstellung kehrt in den Träumen Erwachsener aus der Verdrängung
wieder, wo sie den erregten Träumer in gleicher Weise wie den
Helden der Sagenüberlieferung abstößt. Die Schlange vertritt als
Genitalsymbol ausschließlich das männliche Geschlecht (als Sexual-
symbol personifiziert sie oft genug das Weib), und die Frau der
Sage, die anstatt ihres Genitales eine Schlange hat, dürfen wir als
Imago der vom ersten Objekt der kindlichen Sexualneugierde, der
Mutter, herstammenden Vorstellung vom Weib mit dem Penis ansehen. In diesem Sinne müßte man die in den angeführten Über-
lieferungen vorkommenden Frauen als Mutterimagines auffassen, was
z. B. die japanische Mythe von Izanami noch in dem zum Geschwister-
Inzest abgeschwächten Verhältnis verrät. Man verstünde dann das
Verbot des Sexualakts als Inzestablehnung und den Aufenthalt in
der Unterwelt (Izanagi, Hohodemi) als Symbol einer Mutterleibs-
phantasie[1].

Die aus der Kindheit des einzelnen auf psychoanalytischem
Wege eruierte Vorstellung vom Weib mit dem Penis verlegt die
Kosmogonie des Zend-Avesta in die Kindheit der Menschheit und
belegt zugleich damit sowohl die Genitalbedeutung der Schlange wie
auch die Vorstellung vom Weib mit dem Penis als völkerspycho-
logisches Gemeingut. Im Bun-Dehesch (dem von Urbeginn Geschaffenen),
einem Werk, das wohl aus dem vierzehnten Jahrhundert n. Chr.
stammt, aber — wie von den Forschern festgestellt wurde — nach
uralten zoroastrischen Quellen (zirka 1000 v. Ch.) gearbeitet ist,
wird der Ausdruck Schlange synonym für männliches Glied gebraucht.
Es heißt dort vom ersten Menschenpaar Meschia (Mann) und Meschiane (Weib):

„Am Ende von fünfzig Jahren bekam Meschia zuerst Zeugungslust,
und danach Meschiane. Meschia sprach zu Meschiane: ich möchte deine
Schlange sehen, denn die meinige erhebt sich mit Macht. Danach sagt Meschiane: O Bruder Meschia, ich sehe deine große
Schlange; sie fährt auf, wie ein Leinentuch (das frei flattert). Darauf

---

[1] Seither hat Jung diesen Vorstellungen eine eingehende Untersuchung
gewidmet und den Wunsch nach Wiedergeburt aus der Mutter darin aufgezeigt („Wandlungen und Symbole der Libido", Jahrb. IV., 1912).

sahen sie sich; und sie machten es mit Ausschweifung, indem jedes bei sich selbst dachte: schon seit fünfzig Jahren hätte ich das tun sollen — wozu ist es nun noch gut? Nach neun Monaten wurden ihnen Zwillinge geboren, ein Knäblein und ein Mägdlein. Von diesen geliebten Kindern pflegte die Mutter das eine und der Vater das andere." (Aus Brodbeck, Zoroaster, der die Stelle nach Kleukers Übersetzung des Zend-Avesta anführt.)

Daß der biblische Bericht vom Sündenfall der weitgehenden Entstellung und Rationalisierung einer ähnlich sexualsymbolischen Darstellung des Zeugungsaktes seine widerspruchsvolle Gestaltung verdankt, vermag nicht nur eine psychologische Mythendeutung[1], sondern auch eine von Bergel (Mythologie der Hebräer 1882) mit- geteilte Version zu lehren, die allerdings in der Überlieferung als spätrabbinische Spekulation erscheint, aber ebenso wie der Avesta- Text altes und unverfälschteres mythologisches Gut bewahrt hat. Danach soll Adams Weib, Eva, durch die glatten verführerischen Worte der damals noch schön gestalteten Schlange nicht nur zum Ungehorsam gegen den ausdrücklichen Befehl Jehovas, sondern zugleich zur natürlichen Umarmung mit dem Verführer, der Schlange, geleitet worden sein, ganz wie Meschiane vor der Schlange Meschias. Aus dieser infantilen Vorstellung, die zunächst der Mutter, dann der Frau überhaupt einen Penis zuschreibt, würde sich — als Ergebnis der später notwendig gewordenen Verdrängung dieser Phantasie — sowohl das Entsetzen und der Abscheu unserer Sagenhelden (z. B. Reimund) erklären, als auch die Tatsache, daß zur Symbolisierung des abstoßenden weiblichen Genitales vorwiegend männliche Genitalsymbole verwendet werden (Schlange[2], Drache,

---

[1] Vgl. „Völkerpsychologische Parallelen zu den infantilen Sexual- theorien". Im Sündenfallmythus ist die Strafe für den Anblick des Ver- botenen der Tod wie in den Schwanelbenmythen das Verschwinden für immer, das als mythischer Ausdruck des Todes häufig ist, wie es auch dessen infantiler Vorstellung entspricht.

[2] Erst in späteren Versionen und Bearbeitungen der Melusinen-Sagen ist die ursprüngliche Verwandlung der Elbin in eine Schlange durch die Mischgestalt aus Mensch und Fisch ersetzt. (Vgl. Dunlop-Liebrecht: Gesch. d. Prosaromans, 406, 544 Anm., 475, Nachtr. 544. Auch Liebrecht, Zeitschr. f. vgl. Sprachforschung, XVIII, 56 bis 66.) Zur Melusinen-Sage vgl. man noch: Histoire de Melusine, tirée des chroniques de Poitou, Paris 1689. Zur Literatur: Gervinus, Gesch. d. deutsch. Dichtung, II, 353 und Marie Novack, Die Melusinen-Sage, ihr mythischer Hintergrund, ihre Verwandt- schaft mit anderen Sagenkreisen und ihre Stellung in der deutschen Lite- ratur (Diss., Zürich 1886).

Fisch, Vogel etc.), deren sich die neurotische Sexualablehnung in
Symptomen und Träumen in gleicher Weise bedient wie die Sagenbildung[1].

Zu unserer Vermutung, daß das Verbot des nackten Anblicks
ursprünglicher dem Manne gilt und vielleicht erst sekundär auf die
Frau übertragen ist, würde in der uns überlieferten Gestaltung der
Urvaçî-Fabel ein von Weber (Indische Studien, I, 197)ʼ erwähnter
Zug in der Gestalt der Urvaçî treffend passen. Sie besitzt nämlich
einen Schleier, tiras karinî, der unsichtbar machende (Urvaçî,
ed. Menz, S. 22), mit dem sie sich den Blicken des Purûravas verhüllt. Die ältere Sage weiß zwar davon nichts, aber auch in den
deutschen Sagen zeigt er sich, wenn auch vorzugsweise bei den
weißen Frauen, die Wolf (Beitr. II, 240) mit in den Zusammenhang
dieser Sagen zieht, so doch auch bei den Mahren (Bechstein, Thür.
Sag., II, 116. bis 178: „da saß das Alp sichtbar auf seinem Bette,
konnte nicht von dannen, hatte einen feinen weißen Schleier
um und war ein sehr schönes Frauenzimmer"). (Kuhn, Herabkunft
des Feuers, S. 91.) Diese Fähigkeit der Urvaçî, sich den Blicken
ihres Gatten unsichtbar zu machen, spricht sehr dafür, daß sich das
Verbot des nackten Anblicks ursprünglich auf sie bezog und ihrem
Manne galt.

Das Motiv der Unsichtbarkeit, dessen Bedeutungswandel
wir im folgenden nachgehen wollen, hat uns aber unversehens in die
Bahnen unserer Untersuchung zurückgeleitet. Denn wir merken, daß
es denselben Effekt ergibt, ob der Mann zur Strafe für den Anblick
der Nacktheit erblindet, oder ob die Frau unsichtbar wird, d. h.
verschwindet[2]. Und da ihre Unsichtbarkeit offenbar mit dem An- und

---

[1] So berichtet Plutarch in seiner Alexander-Biographie, daß König
Philipp das Auge verloren habe, alsʼer durch die Türspalte die Vereini-
gung seiner Gattin mit dem ihr in Schlangengestalt genahten höheren
Wesen beobachtete. In diesem Sinne dürfen wir auch eine von Vekenstedt
(Wendische Sagen, S. 393, Nr. 27) mitgeteilte Überlieferung auffassen, die
als Strafe für den verbotenen Anblick des „Drachen" den Verlust der Augen
im Sinne der Talion kennt. Die Sage erzählt, wie ein Mädchen durchs
Schlüsselloch lugte, als der Drache zu ihrer Mutter kam, dieser es
merkte und ihr die Augen auskratzte. In dieser Strafe findet auch der
Wunsch des Mädchens nach dem der Mutter zugedachten Koitus in symbolischer Form Ausdruck (Drache = Phallus, Auge = Vagina).

[2] So berichtet Thorpe (Northern Mithology II, 170) die Geschichte
einer Frau, die unsichtbar auf einem Pferde reitet, was wir nur als

Ablegen des Zaubergewandes in Zusammenhang steht, so muß die Nacktheit der Frau natürlich verschwinden (unsichtbar werden), sobald sie ihr Gewand wieder erlangt, wie sie anderseits durch seinen Raub, also durch den Anblick ihrer wahren unverhüllten Gestalt, an die Erde und den Mann gefesselt wurde und ihn nicht verlassen kann, was wieder an die Festbannung der nackten Mahre und an ihre psychische Wurzel in der Hemmungsempfindung des Nacktheitstraumes erinnert, von dem wir im ersten Teil unserer Untersuchung ausgegangen waren.

2.

„So bist du plötzlich unsichtbar und schreitest
Wie Götter in der Wolke durch die Welt.“
Hebbel (Gyges und sein Ring).

Ehe wir uns den eigentlichen, aus dem kindlichen Phantasieleben stammenden und vom erwachsenen Tagträumer gerne festgehaltenen Gestaltungen des Motivs der Unsichtbarkeit im Sinne einer weitgehenden und ungehemmten Befriedigung der Schaulust zuwenden, sei erst eine Reihe von Übergangsgestaltungen angeführt, welche diese Motivverwertung im Sinne der Triebbefriedigung mit jener verbindet, die wir im Zusammenhang mit dem Verbot des nackten Anblicks und der Bestrafung seiner Übertretung durch das Verschwinden (Unsichtbarwerden) bereits kennen gelernt haben.

In der japanischen Sage von Izanagi, der seine Gattin aus der Unterwelt nur wiedergewinnen kann, wenn er sie nicht ansieht, wird man leicht das populäre Orpheus-Motiv wiedererkennen, das insbesondere bei den Völkern Amerikas weit verbreitet ist (Frobenius, S. 344 ff.): Die Bedingung, daß der Mann, der seine verstorbene Gattin aus der Unterwelt wieder gewinnen will, sie nicht ansehen, anrühren oder ansprechen, oder das Gefäß, in dem sie enthalten ist, öffnen darf. Der Mann kann aber seiner Begierde nicht widerstehen, öffnet die Büchse oder spricht die Gattin an oder drückt sie an sich, und sie ist wieder in das Totenreich zurückgeeilt. Das Sehen bringt also die Trennung als zwingende Folge mit sich,

---

Gegenstück zur Godiva-Sage verstehen können; denn auch die Lady ist ja eigentlich objektiv unsichtbar — wie die Nacktheit des Königs im Märchen —, da alle Einwohner hinter ihren geschlossenen Laden bleiben und sie wird es für den einen, der das Gebot übertritt, in der subjektiven Strafform seiner Blendung.

16*

oder wie wir auch sagen können: bei Übertretung des Schauverbotes wird die Frau für den Mann unsichtbar, sie verschwindet, sie
stirbt. Die Zurückholung der Verstorbenen durch den Mann motiviert die Sage mit seiner übergroßen Sehnsucht nach der geliebten
Gattin. Daß jedoch diese Sehnsucht direkt als Sexualbedürfnis aufzufassen ist, lehren verwandte Überlieferungen, wie beispielsweise
die griechische von Periander, der seiner früh hingemordeten Gattin
Melissa noch nach ihrem Tode in geschlechtlicher Begierde genaht
war. Die historisch eingekleidete Sage kann natürlich nicht mehr berichten, daß er sie aus der Unterwelt habe zurückholen wollen, aber
sie erzählt doch, daß er zur Beantwortung einer ihn quälenden
Frage den Schatten der geliebten Gattin heraufbeschworen habe.
Auch der babylonische Mythus von Ištars Aufenthalt im Totenreich
läßt die erwähnte Beziehung erkennen; seitdem die Göttin in der
Unterwelt weilt, hat auf Erden alle Zeugung aufgehört:

> „Nachdem Ištar, die Herrin, zum Land ohne Wiederkehr
>   hinabgestiegen war,
> beugte sich der Stier nicht mehr über die Kuh, der Esel be-
>   gattete nicht mehr die Eselin,
> nicht begattete der Mann mehr das Weib auf der Straße,
> es schlief der Mann auf seinem Lager
> und es schlief das Weib abseits vom Gatten"[1].

Auch die Unterweltgöttin sagt beim Anblick der ankommen-
den Ištar:

> „Ich will weinen über die Männer, die ihre Gattinnen ver-
>   lassen werden,
> ich will weinen über die Weiber, die sich den Umarmungen
>   der Gatten entziehen werden."

Bemerkenswert ist auch, daß es dem auf Bitte der Götter vom
weisen Ea eigens zu diesem Zweck geschaffenen Eunuchen nicht
gelingt, Ištar aus der Unterwelt zu befreien, sondern erst ihrem
trauernden Gattensohn Tammuz (Inzest), der sich geschmückt
hinunterbegibt und durch sein Flötenspiel (Orpheus) die Rückgabe
der mit dem Lebenswasser besprengten Gattin erzwingt. Auch das
Motiv der Nacktheit scheint angedeutet, wenn Ištar beim Eintritt
in die Unterwelt sieben Tore durchschreiten muß und ihr der Pförtner
vor jedem ein Schmuckstück abnimmt, endlich auch „den Gürtel

---

[1] Übers. des Textes von H. Figulla (Memnon, VI, H. 2 bis 3, S. 182).

mit den Gebärsteinen von den Hüften" und zum Schluß „das Schamtuch ihres Leibes"[1]. Beim Austritt aus der Unterwelt erhält sie diese Dinge wieder in der umgekehrten Reihenfolge. Der so häufigen Verknüpfung des Todes (Unterwelt) mit der Nacktheit scheint die Tatsache als Stütze zu dienen, daß der Tote „alle irdischen Hüllen" ablegt[2].

Entfernter reihen sich Überlieferungen an, als deren Repräsentant die Sage vom Staufenberger genannt sei, um den stets eine wunderschöne Frau unsichtbar ist, die er mittels eines Ringes jederzeit nach seinem Wunsche herbeirufen, d. h. also sichtbar machen kann. Drückt dieser Sagenzug den von uns bereits herangezogenen Gedanken aus, daß das Weib dem Manne hier nur als Geschlechtswesen gilt und sonst für ihn nicht existiert, so besagt die etwas anders gewendete Motivgestaltung in der verwandten Lanvâl-Sage direkt, daß der Mann die unsichtbare Fee nur zum Zwecke des Sexualgenusses herbeiwünscht[3].

> „Wenn Euer Herz verlanget mein,
> So wird kein Ort auf Erden sein,
> Auf dem man mag mit Ehren
> Nach seinem Lieb' begehren,
> Wo ich nicht alsbald Euch erscheine
> Und Euch in Minne mich vereine.
> Kein Mensch hört meiner Stimme Laut
> Und nur von Euch werd ich erschaut"[4].

Zu diesem Sagenzug, der das geliebte Weib nur auf den Wunsch des liebesbedürftigen Mannes erscheinen läßt, findet Wolf

---

[1] Eine ähnliche Entkleidung findet sich im Talia-Märchen des Pentamerone.

[2] Auch Jung hebt (l. c. S. 392) im Motiv der Unsichtbarkeit mit Recht die Bedeutung des Totseins hervor.

[3] Dieses wunschgemäße Phantasieobjekt deutet im Zusammenhang mit dem der Lanvâl-Sage eigenen Gebot der Geheimhaltung, sowie der Wertung des Weibes als bloßes Sexualorgan auf den autoerotischen Befriedigungsakt hin. Diese Auffassung hat zuerst R. Wagner für die Lanvâl-Sage geltend gemacht (Zentralbl. f. Psychoanalyse, I. Jahrgang, H. 10/11). In Brentanos Märchen von dem „Myrthenfräulein" genießt der Prinz mit der unsichtbaren aber nicht unfühlbaren Fee, die bei Tag in einem Baum wohnt bei Nacht, die derbsten sinnlichen Freuden.

[4] Die Lais de Marie de France. Übers v. W. Hertz, Stuttgart 1862. Vgl. auch A. Kolls, Zur Lanvâl-Sage (Diss., Kiel 1886).

(Beitr. z. deutsch. Mythol. II, 220) ein interessantes und für das Orpheus-Motiv aufschlußreiches Gegenstück in der Sage, die von Karl dem Großen berichtet, er habe seine Geliebte Fastrada auch nach ihrem Tode noch in Liebe begehrt und nicht gestatten wollen, daß sie beerdigt werde. Man konnte sich diese Leidenschaft Karls nur so erklären, daß das Weib ihn durch irgend einen geheimnisvollen Zauber an sich feßle, und die Sage berichtet, daß dieser Zauber gewichen sei, als der Bischof der Leiche einen unter der Zunge verborgenen Ring weggenommen und in den See geworfen hatte. So lange. sie ihn besaß, blieb die Leiche frisch und unverwest und gewann jedesmal neues Leben, so oft der sinnlich erregte Mann ihr in Liebe nahte. In diesem Sinne möchten wir auch das Orpheus-Motiv, das Zurückholen der verstorbenen Gattin, deren Verlust der Mann nicht verschmerzen kann, als mythischen (symbolischen) Ausdruck seines ungeschwächt fortdauernden sexuellen Verlangens nach ihrem unverhüllten Anblick und ihrer Umarmung auffassen. Mit ihrem Unsichtbarwerden (Verschwinden in die Unterwelt) würde dann der Mann für seine unzeitige Geschlechtslust gestraft, die hier der toten Gattin (in der Wiedergeburtsbedeutung = der Mutter) gilt, wie in den früher erwähnten Überlieferungen der sonst irgendwie sexualunfähigen. In der Izanagi-Mythe sieht ja der Mann, der seiner Gattin in die Unterwelt folgt, als er gegen das Verbot, also zur Unzeit, auf sie blickt, mit Abscheu, daß sich auf ihr angesammelte Larven bewegen, geradeso wie Karls Geliebte ihm plötzlich verwest erscheint, als der sexuelle Zauber gewichen ist. Es erscheint hier das Todesmotiv, das den Mann für seine unzeitige Begierde straft, nur als ein anderer Ausdruck der Tierverwandlung und in diesem Sinne wäre auch die Doublierung in den Sagen aufzufassen, die nach dem ersten Vergehen des Mannes und dem Verschwinden der Frau ihre Wiederfindung (in der Unterwelt?) einführen, dann aber nicht selten den endgültigen Verlust durch einen befriedigenderen Ausgang ersetzen[1]. Ein solches verdoppeltes

---

[1] Nach diesem Schema ist auch die Sage von Partenopeus gebaut, dem sich Melior in ihrem Schlosse nächtlich hingibt, unter der Bedingung, daß er sie nicht sehen dürfe, bis sie ihn offen vor ihren Baronen zum Gatten nehmen werde. Mißtrauisch gemacht, übertritt er das Verbot, wodurch sie ihre Zauberkraft verliert und ihn verstößt (Trennung). Schließlich gelingt.es ihm doch, ihre Gunst wieder zu erlangen. (Zur Stoffgeschichte

Vergehen und Wiedergewinnen der Frau, wie es dem Orpheus-Motiv
entspricht, fanden wir in der Melusinen-Sage wie in der Urvaçî-Mythe,
und auch in der Psyche-Fabel hat sich ein versprengtes Bruchstück
des Orpheusverbots in der Strafaufgabe der Psyche erhalten, die der
erzürnten Venus eine Büchse voll von der Schönheit der Proserpina
aus der Unterwelt holen muß[1]. Aber auch dieser (doublierten)
Erprobung ihrer Neugierde (Schaulust) hält sie nicht stand und
wäre von dem der geöffneten Büchse entströmenden Schlaf tödlich
betäubt (in der Unterwelt zurückgehalten) worden, wenn nicht Amor,
von seiner Liebe zu ihr getrieben, ihr zu Hilfe geeilt wäre.

In den beiden letztgenannten Sagen vom Staufenberger ·und
von Lanvâl sahen wir deutlicher als in der Urvaçî-Fabel, daß das
Verschwinden (Sterben) der Geliebten, als Strafe für den Verbotsbruch, ihrer sonstigen Fähigkeit entspricht, sich den Blicken des
Partners unsichtbar zu machen, respektive nur auf seinen Wunsch
zu erscheinen (sichtbar zu werden). Der deutlichen Ausprägung dieser
Motivbeziehung steht jedoch in beiden Sagen eine modifizierte Form
des Verbotsmotivs gegenüber, das sich nicht auf den Anblick der
nackten Frau bezieht, sondern in der Staufenberger-Sage auf die
Heirat und in der Lanvâl-Sage auf den Verrat des geheimen Liebes-
bundes. Es erklärt sich dies daraus, daß das Motiv der unsichtbaren
Geliebten hier im Sinne der autoerotischen Phantasiebefriedigung
verwendet ist, die natürlich eine Heirat oder den Verrat dieser
geheimen Lustquelle verbieten muß. Dennoch ragt in beide Sagen
ein Rest des Nacktheitsmotivs hinein, das sich in verwandten Überlieferungen voll erhalten hat. Dem Staufenberger erscheint bei der
verbotenen Hochzeit plötzlich ein wunderschönes nacktes Bein
bis ans Knie aus der Decke des Saales hervortretend; er erkennt es und zugleich sein bevorstehendes Ende. Bringt hier das
nackte Bein dem durch das ideale Phantasieobjekt verwöhnten
Ritter seine Unfähigkeit zur Ehe in deutlicher Symbolisierung vor

---

vgl. man E. Kölbling, Über die versch. Gestaltungen der P.-Sage, Germ.
Stud. II, 55 ff., Wien 1875 und Beitr. z. vgl. Gesch. d. rom. Poesie u. Prosa
im M. A., Breslau 1876, S. 80 ff., sowie Spezialuntersuchungen). .

[1] Über den Anteil des Unterwelt-Motivs an der Psyche-Fabel, der hier
nicht weiter verfolgt werden kann, findet sich einiges bei A. Zinzow:
„Psyche und Eros" (Halle 1881). Die psychologische Aufkläruug verdanken
wir Freud („Das Motiv der Kästchenwahl". Imago, II, H. 3).

Augen[1], so erscheint in der Lanvâl-Sage nicht nur die die Phantasie des Ritters reizende Entblößung des weiblichen Körpers in wollüstigen Farben gemalt, sondern es offenbart sich im Schluß der Sage deutlich der Zusammenhang des Unsichtbarkeitsmotivs mit dem der Nacktheit.

Ritter Lanvâl wird im Walde von zwei Botinnen aufgesucht und zu der schönen Fee geführt, die in Liebe zu ihm entbrannt ist:

> „Darauf die holde Jungfrau liegt
> Allein vom leichten Hemd umschmiegt,
> So ruht ihr Leib nur halb bedeckt
> In ihres Mantels Pracht versteckt.
> Hervor aus Purpur und Hermin
> Enthüllt die volle Hüfte schien,
> Und bloß war Antlitz, Hals und Brust,
> Die war so zart wie Weißdornblust".

Einst sieht jedoch die Königin Lanvâl und bietet ihm ihre Liebe an. Er weist sie zurück, die Erzürnte wirft ihm Knabenliebe vor und verdächtigt ihn beim König. Da verrät Lanvâl gegen das Gebot seine heimliche Liebe und das Gericht entscheidet, daß er zum Beweis die gerühmte Geliebte zur Stelle schaffen solle; sie erscheint aber nicht mehr auf seinen Wunsch und schon soll er verurteilt werden, als zwei Damen von solcher Schönheit auftreten, daß alle glauben, eine von ihnen müsse die Fee sein. Lanvâl weiß, daß es nur ihre Dienerinnen sind; ebenso geht es mit zwei anderen Damen. Endlich kommt sie selbst, den Geliebten zu retten:

> „Ein Hemde trug das schöne Weib,
> Durch seine Falten schien ihr Leib;
> Gewoben war's von feinen Stoffen,
> An beiden Seiten war es offen.
> Die Glieder glänzten zart und blank,
> Die Brust war voll, die Hüfte schlank,
> Ihr weißer Nacken überschimmert
> Den Schnee . . . . . ."
> „Sie stieg vom Roß vor Artus Throne,
> Den Mantel ließ sie niederwehn
> Und allen sichtbar blieb sie stehn."

Hier bedeutet also die Sichtbarkeit der Frau direkt ihren nackten Anblick, der durch Ablegen eines geheimnisvollen Kleidungsstückes (Mantel, Hemd) bewirkt wird, ebenso wie die Schwanen-

---

[1] Kohler führt (Melusinen-Sage, S. 11) eine verwandte Sage an, wo das Weib zur Schlange wird (Tierverwandlung) und nicht ihr Fuß, sondern der Schlangenschweif an der Decke erscheint.

jungfrauen nach Ablegen ihres Zauberkleides in ihrer wahren
menschlichen Nacktheit erscheinen und mit seinem Anlegen dem
Manne entschwinden (unsichtbar werden), oder wie Urvaçî sich
durch Anlegen ihres Schleiers den Blicken des Purûravas entzieht.
Den Raub des Schwanenhemdes durch den Mann, ein Symbol der
Überwältigung des Weibes, faßt auch Wundt als Umschreibung
des nackten und bekleideten Körpers auf[1].

Wir erkannten bisher das Motiv der Unsichtbarkeit des Weibes,
als dem Objekt der männlichen Schaulust, einerseits als Projektion
der Sexualbegierde des Mannes, dem das Liebesobjekt nur erscheinen
soll, wenn er es wünscht, andererseits als Bestrafung seiner unzeitigen
Neigungen durch Verschwinden (Unsichtbarwerden) der Frau. Die
folgenden Überlieferungen bieten den Übergang zu der positiven und
psychologisch ursprünglicheren Verwertung des Unsichtbarkeitsmotivs
im Dienste der männlichen Schaulust selbst. Der Mann ist hier im
Besitze eines dem weiblichen Schleier, Hemd oder Mantel entsprechenden Zaubermittels (Kappe, Ring, Gewand)[2], mit dessen Hilfe

---

[1] In der verwandten Sage von Graelent, die Köhler in seinen Anmerkungen zu den Lais der Marie de France anführt, findet der Held seine
ideale Geliebte in einer Quelle badend (nackt) und sie verspricht ihm, jederzeit so lange zu erscheinen, als er ihre Liebe nicht verrate oder sich ihrer
rühme. Einst läßt aber der König seine Gemahlin ohne Mantel (nackt) den
versammelten Baronen vorführen, um ihre unübertroffene Schönheit rühmen
zu hören. Alles ist des Lobes voll, nur Graelent vergißt sich und stellt seine
Geliebte höher. Sie entzieht sich nun dauernd seinem Anblick und erscheint
erst im letzten Moment, um seine Worte zu bewahrheiten.
   Ähnlich verläuft auch die hieher gehörige italienische Volksdichtung
von Liombruno (Jahrb. f. rom. und engl. Lit., VII, 147 ff.), der die geheimnisvolle Geliebte gegen ihr Gebot durch einen Zauberring zu seinen Eltern
herbeiwünscht, i. e. sie sichtbar macht (vgl. dazu das im folgenden angeführte Märchen).
   [2] Eine besondere, hier nicht weiter zu verfolgende Rolle spielt nach
uraltem Volksglauben die Schwalbe, der nach Gruppe (S. 1297) schon
die Alten zauberhafte Wirkung auf die Augen zuschrieben, was zunächst
damit zusammenhängt, daß nach einer Sage der weißen Schwalbe mit Hilfe
eines Krautes die Augen wieder wachsen. Das Haupt einer auf solche Weise
wieder sehend gewordenen Schwalbe sollte gegen Augenleiden helfen,
wozu im auffälligen Gegensatz der Glaube steht, daß Schwalbenkot
blind mache. Dem Tobias (2, 11) schickt Gott Blindheit durch eine
Schwalbe (vgl. auch Ch. Felix Weises Komödie von Tobias und der
Schwalbe; dazu die literarhistorische Abhandlung von A. Wick, Tobias in

er sich unsichtbar machen und alles, wonach ihn gelüstet, schauen kann, wie er es einst als Kind so heiß gewünscht hatte. Als Übergang von den früher behandelten Sagengruppen zu dieser Motivgestaltung empfiehlt sich die Sage, welche die Ehe Friedrichs von Schwaben mit Angelburg erzählt:

> Friedrich von Schwaben verliert die mit übernatürlichen Gaben ausgestattete Geliebte dadurch, daß er gegen ihr Gebot Licht in das Gemach bringt. Unter dem Namen Wieland[1] zieht er dann aus, sie zu suchen und findet an einem See drei Tauben, die sich in Mädchen verwandeln und baden. Mit Hilfe einer unsichtbar machenden Wurzel gelingt es ihm, ihnen die Gewänder zu rauben, die er nur unter der Bedingung herausgibt, daß eines der Mädchen, eben seine geliebte Angelburg, sein eigen werde. (W. Grimm, Die deutsche Heldensage, 2. Ausg., Berlin 1867, S. 279.)

Wenn wir auch hier die naheliegende Umgestaltung vornehmen und das Motiv vom Raub des Zaubergewandes voranstellen, so daß die Sage konsequent mit dem Verschwinden der Geliebten endet, so ergibt sich eine überraschende Übereinstimmung mit der Urvaçî-Fabel, die insbesondere das auch bei Amor und Psyche zentrale Motiv des verbotenen „Lichtentzündens" betrifft. Hier gilt jedoch das Verbot dem Manne, der seine Geliebte offenbar nicht nackt

---

d. dramat. Lit., Diss., Heidelberg 1899.) Endlich gehört hieher besonders die Vorstellung vom unsichtbar machenden Schwalbennest, die in Grimelshausens Roman: Das wunderliche Vogelnest (1672) Verwendung gefunden hat, das die Eigenschaft besitzt, unsichtbar zu machen, so daß man die Menschen beobachten kann, ohne selbst gesehen zu werden. Ähnliches in Rosts Schäfergedicht: Das Zeisignest. — Einen verwandten Aberglauben aus Frankreich berichtet Köhler (Schr. I, 114): „On croit qu'il existe un oiseau nommé houppe, qui pond dans son nid une pierre aux couleurs brillantes. Si on pouvait trouver cette pierre, on serrait invisible en la portant sur ces vêtements (vgl. auch Wuttke, Der deutsche Volksaberglauben der Gegenwart, S. 298 f.). Das alte Motiv vom unsichtbar machenden Stein findet sich unter anderem auch in den englischen Pickelheringsstücken des siebzehnten Jahrhunderts. In ganz naiver Weite ist der Unsichtbarkeitswunsch in Traumform realisiert in Hans Müllers Novelle „Cassians Abenteuer". Eine ähnliche, psychologisch interessante Gestaltung hat das Motiv vom unsichtbar machenden Ring in Otto Flakes modernem Roman „Horns Ring" (S. Fischer, Berlin) gefunden, dessen psychologische Bedeutung ich in „Imago" IV, 1915/16, H. 6, gewürdigt habe.

[1] „Man erkennt sogleich die Sage von Wieland (dem Schmied) und dessen zwei Brüdern, welche drei Schwanenjungfrauen überraschen, die am Strande ihr Gewand abgelegt haben" (Grimm l. c.).

sehen darf, was er aber dann doch mit Hilfe seines unsichtbar machenden Zaubermittels durchzusetzen und dann das Weib durch Raub ihrer Kleider an sich zu fesseln vermag. Auch im Märchen findet sich dieses Motiv der unsichtbaren Befriedigung der Schaulust, wenn auch nicht mehr so rein und vollständig ausgeprägt, da ja die Märchen überhaupt sekundäre, vielfach überarbeitete und kompilierte Gebilde sind. Ziemlich deutlich, wenn auch nicht als Kern der Erzählung, erscheint es im Märchen: Der König vom goldenen Berg (Grimm, Nr. 92), dessen ersten Teil, die typische Aussetzungsgeschichte, wir hier übergehen.

Der ausgesetzte Knabe erlöst im zweiten — scheinbar selbständigen — Teil eine zur Schlange verwünschte Jungfrau durch Bestehen schwieriger Proben, heiratet sie und wird König vom goldenen Berge. Nun beginnt die der Liombruno-Erzählung verwandte Fabel. Nach achtjähriger, glücklicher, mit einem Knaben gesegneter Ehe sehnt sich der König nach seinem Vater und wünscht ihn zu besuchen. Die Königin wollte ihn anfangs nicht fortlassen, da sie Unglück ahnte, willigte aber endlich doch in seine Bitten. „Beim Abschied gab sie ihm noch einen Wunschring und sprach: nimm diesen Ring und steck ihn an deinen Finger, so wirst du alsbald dahin versetzt, wo du dich hinwünschest, nur mußt du mir versprechen, daß du ihn nicht gebrauchst, mich von hier weg zu' deinem Vater zu wünschen. Er versprach ihr das, steckte den Ring an seinen Finger und wünschte sich heim vor die Stadt, wo sein Vater lebte." Die Eltern wollen ihn erst nicht als ihren Sohn anerkennen — ein Motiv, das noch dem Aussetzungsmythus[1] angehört — dann ihm nicht glauben, daß er König vom goldenen Berge geworden sei. Da dreht er im Zorne, ohne an sein Versprechen zu denken, den Ring herum und wünscht seine Gemahlin samt ihrem Kinde zu sich. In dem Augenblicke waren sie auch da, aber die Königin weinte ·und klagte, er hätte sie durch seinen Wortbruch unglücklich gemacht. In einem unbewachten Augenblick, während der Mann schläft, zieht sie ihm den Ring vom Finger und wünscht sich wieder in ihr Königreich zurück. Als der Mann erwacht und seine Frau nicht mehr findet, beschließt er, sie in ihrem Königreich zu suchen, obwohl er den Weg dahin nicht kennt.

Bis hieher scheint das Märchen in die typische Lorinnen-Sage verwoben, die von der seltsamen Gewinnung und dem geheimnisvollen Verschwinden der Frau bei Übertretung des Verbotes erzählt. Nur ist statt des „Schwanenkleides", dessen Besitz dem Manne Macht über die Lorin verleiht und mit dessen Wiedererlangung sie verschwindet, der Zauberring eingeführt. Nicht zufällig scheint aber

---

[1] Vgl. Rank, Der Mythus von der Geburt des Helden, 1909.

damit eine andere, ebenfalls in sich abgeschlossene Erzählung verbunden, die in dem Motiv der Erbschaftsteilung das unsichtbar
machende Gewand in das Märchen verflicht.

   Auf der Suche nach Gattin und Königreich trifft der Mann nämlich
auf drei Riesen, die untereinander stritten, weil sie nicht wußten, wie sie
ihres Vaters Erbe teilen sollten, das aus einem wunderbaren Degen, einem
zauberhaften Mantel und einem Paar seltsamer Stiefel bestand. Der
Degen gehorchte dem Befehl: Köpf alle runter, nur meinen nicht, der
Mantel machte seinen Träger unsichtbar und mit den Stiefeln an
den Beinen konnte man sich an jeden beliebigen Ort wünschen. Sie rufen
ihn zum Schiedsrichter an und unter dem Vorgeben, den Wert der Dinge
erst erproben zu müssen, bringt er sie darum, indem er sich vermittels
der Zauberstiefel zu seiner Frau wünscht. Er kommt im Schlosse gerade
an, als sie Hochzeit feiert, gelangt mit Hilfe seines Mantels ungesehen
in den Festsaal, wo er der Königin die Speisen vom Teller nimmt und
sie dadurch beschämt. Dann gibt er sich ihr zu erkennen, räumt mit
Hilfe seines Wunderdegens die auf ihn eindringende Gesellschaft beiseite
und ist wieder der König vom goldenen Berg.

Das Märchen ist, wie man sieht, aus einer Anzahl selbständiger
und wie es scheint unabhängiger Motivgruppen kombiniert, deren
Reduktion auf ihre einfache psychologische Wurzel hier zu weit ab-
lenken würde (vgl. dazu Rank, Die Lohengrin-Sage, Anmkg. 22,
S. 163). Doch zeigt schon ein wenig Vertrautheit mit der Märchen-
produktion, daß beispielsweise die Zauberstiefel, mit denen man sich
an jeden beliebigen Ort wünschen kann, nur eine Doublette des
gleichwirkenden Wunschringes sind und daß eigentlich auch der
Ring, ganz wie der Mantel, nichts anderes bewirkt, als seinen
Träger je nach Bedarf sichtbar oder unsichtbar zu machen; die
Frau macht er sichtbar, sobald der Mann gegen das Gebot nach
ihr verlangt und den Mann macht er unsichtbar, wenn er die Frau
bei der zweiten Hochzeit ungesehen belauschen will. Erwähnt sei
auch, daß es in einer bei Grimm (III, S. 180) angeführten, etwas ab-
weichenden Erzählung heißt, der Jüngling habe die verwunschene
Königstochter aus ihrer Schlangengestalt erlöst und nach der dritten
Probe steht eine nackte Jungfrau neben ihm, die ihn zum Manne
nimmt. Hier sehen wir das ursprüngliche Motiv der Nacktheit, das
dem Verbot und der Unsichtbarkeit zugrunde liegt, noch mit einem
schwachen Rest seiner ehemaligen Bedeutung in die entstellte und
rationalisierte Märchenform hineinragen und mit dem Motiv der Tierverwandlung (Schlange) verknüpft. Auch in der folgenden Erzählung:

„Die Schwester der Feenkönigin", welche Hagen in 1001 Nacht
aus Jonathans Ergänzung verdeutscht hat (Bd. X, Breslauer Übers.,
S. 269), findet sich neben dem unsichtbar machenden Zaubergewand
auch eine Spur der Nacktheit im Bademotiv.

Asem, ein junger liebenswürdiger Färber zu Balsora, belauscht,
nach mancherlei an Aladin erinnernden Wundergeschichten, die badenden
Schönen in einem Gartenteiche, und von seinen Herrinnen, zwei
Schwestern, belehrt, es seien Schwestern der Geisterkönigin und ihre Kraft
sei an ihre Gewänder und Gürtel gebunden, bemächtigt er sich des Ge-
wandes der schönsten, zwingt sie zu bleiben und gewinnt sie endlich
auch so, daß sie seine Gattin wird und mit ihm nach Balsora heimkehrt.
Beide haben schon zwei Kinder, als sie, während er verreist ist, im Bade
die Bewunderung ihrer Schönheit erregt, von welcher auch Zobeide, die
bekannte schöne Sultanin des Kalifen Harun Alraschid, sich überzeugt,
und dadurch veranlaßt, daß die Mutter Asems, welche das Zaubergewand in Verwahrung hat, es hergibt, die Schwiegertochter noch schöner
zu schmücken, worauf diese aber, mit ihren Kindern im Arme, sich in
die Lüfte schwingt und heimfliegt. Asem folgt ihr, und nach vielen
Abenteuern, darunter auch die Erbteilung der drei Wunderkleinode
(namentlich die unsichtbar machende Kappe), welche er für sich behält, gelangt Asem zu den fliegenden oder schwebenden Inseln, deren
sämtlich weibliche Geister nur zuweilen von männlichen Geistern besucht
werden und ihnen die männlichen Kinder zusenden (wie noch die Zaporoger
Kosaken leben), und wo auf Bäumen Mädchen anstatt der Früchte
wachsen (wie noch in Sachsen). Die Zauberkleinode und die Amme seiner
Gattin, die ihn wahrhaft liebt und von ihrer Schwester, der Feenkönigin,
deshab hart gefangen und zum Tode verurteilt ist, helfen ihm sie befreien
und glücklich heimführen. (Nach Hagen, Schwanen-Sage, S. 544.)

Auch in dieser anscheinend sehr entstellten Fassung dürfte
wohl die Belauschung der badenden Schönen und ihre erste Gewinnung ursprünglich nur mit Hilfe des unsichtbar machenden Mantels möglich gewesen sein, wie es in der uns vorliegenden ausgeschmückten Fabel bei der zweiten (Wieder-) Gewinnung der Fall
ist, die wir ja überhaupt als sekundäres Wunschgebilde auffassen
mußten. Von besonderem Interesse ist die Ähnlichkeit dieser Märchenmotive mit einzelnen Partien der Nibelungen-Sage, auf die
Grimm (III, S. 183) hingewiesen hat. Der unsichtbare Mantel entspricht der Tarnkappe des Nibelungenhorts, die Siegfried dazu
verwendet, um seinem Blutsbruder Gunther die starke Brunhild
zu erwerben. In der Brautnacht aber vermag sich die wehrhafte
Maid ihres Gatten Gunther zu erwehren und bindet ihm Hände und

Füße. Sigurd muß ihm versprechen, am nächsten Tag die Braut zu
bändigen. In der Tarnkappe kommt er — ganz wie der erste Gatte
des Märchens am Tage der Hochzeit mit dem zweiten Gatten
(Gunther) — die nächste Nacht ins Brautgemach, ringt gewaltig mit
Brunhild und bezwingt sie dem König. Einen Ring, den er ihr
heimlich vom Finger abgezogen und den Gürtel, der ihr die über-
gewaltige Stärke zur Verteidigung ihres Magdtums verliehen, nimmt
er zu sich. Dieser Ring (Nibelungenring) erinnert auffällig an den
Wunschring des Märchens und auch die Teilung des Schatzes
(Hortes) durch den Schiedsmann kennt das Nibelungenlied (88 bis 96),
wobei das herrliche Schwert Balmung den Wunderdegen vertritt.

In einzelnen dieser Überlieferungen bezieht sich das Verbot nicht
auf den Anblick der nackten Frau, sondern darauf, daß der Mann sich
ihrer Schönheit oder ihres Besitzes nicht rühmen dürfe. Hier ist es
dann der von exhibitionistischen Gelüsten aufgestachelte Ehrgeiz des
Mannes, mit seinem köstlichsten Besitz vor aller Welt zu prunken,
wie der König in der Lanvâl- und Graelent-Sage, wo der Held mit
dem Verlust der Frau (Verschwinden, Unsichtbarkeit) bestraft wird[1].
Dieses Motiv der männlichen exhibitionistischen Prahlsucht findet sich
in deutlichster Verknüpfung mit dem Motiv der Nacktheit in der
bekannten Erzählung von Gyges, die Herodot (I, 8 bis 12) berichtet und die Hebbel[2] in seiner Tragödie „Gyges und sein Ring"
psychologisch vertieft hat. Bei Herodot ist jedoch von dem Ring
noch nicht die Rede, sondern alles ist rein menschlich aufgefaßt:

„Dieser Kandaules nun war sehr verliebt in seine Frau und in
seiner Liebe meinte er, er hätte bei weitem die schönste Frau
von der Welt (vgl. den König in der Lanvâl- und Graelent-Sage). Also
meinte er, und nun war unter den Lanzenträgern ein gewisser Gyges,
Daskylos Sohn, der bei ihm in großen Gnaden stand. Diesem Gyges ver-
traute Kandaules die wichtigsten Dinge und so auch seiner Frau Schönheit, die er ihm über die Maßen pries. Nicht lange nachher, denn es

---

[1] Das Rühmen der Schönheit, der körperlichen Reize oder der Will-
fährigkeit der Frau wird im Sinne ihrer körperlichen Entblößung vor unbe-
rufenen Augen aufgefaßt und dementsprechend in manchen Sagen auch mit
Blindheit gestraft. So ist Anchises nach einer Version (Gruppe, 690) ein-
äugig infolge eines Blitzstrahles, der ihn getroffen, weil er sich der Liebe
der Göttin Aphrodite gerühmt hatte.

[2] Der Dichter hat Theophile Gautiers Novelle: Le Roi Candaul nicht
gekannt (vgl. Reuschel, Stud. z. vgl. Lit.-Gesch., I, 43 ff.), ebensowenig die
entsprechenden Gedichte von Lafontaine und Hans Sachs.

sollte nun einmal dem Kandaules übel ergehen, sprach er also zu Gyges: ,Gyges, ich sehe schon, du glaubst mir doch nicht, was ich dir von meiner Frau Schönheit sage, weil die Ohren der Leute ungläubiger sind als ihre Augen: mache aber, daß du sie nackt siehst.' Gyges aber schrie laut auf und sprach: ,Herr, was sprichst du da für ein unziemliches Wort, daß ich meine Herrin soll nackt sehen? Mit dem Kleide zieht das Weib auch die Scham aus. Schon seit alter Zeit haben die Menschen aufgefunden, was sich schickt, daraus man lernen soll. Und eins davon ist, daß ein jeglicher beschaue, was sein ist. Ich glaube es ja recht gern, daß sie die schönste aller Frauen ist, und bitte dich, daß du nichts Ungebührliches von mir verlangst.' Also sprach er und lehnte es ab, aus Furcht, es möchte ihm ein Unglück daraus erwachsen. Kandaules aber antwortete und sprach: ,Fasse Mut, Gyges, und fürchte dich nicht, weder vor mir, als wollte ich dich durch diese Rede in Versuchung führen, noch vor meiner Frau, daß dir ein Leid von ihr widerfahre. Denn ich will es schon gleich so einrichten, daß sie gar nicht merkt, daß du sie gesehen. Ich will dich nämlich in dem Gemach, in welchem sie schläft, hinter die offene Türe stellen. Gleich nach mir wird auch meine Frau kommen und zu Bett gehen. Und dicht neben dem Eingang steht ein Sessel, darauf wird sie ihre Kleider legen, eines nach dem anderen, so wie sie sich auszieht, und da kannst du sie dir mit aller Bequemlichkeit ansehen. Wenn sie aber von dem Sessel nach dem Bett zu geht und dir also den Rücken zuwendet, dann mußt du machen, daß du aus der Türe kommst, ohne daß sie dich bemerkt.'

Da er nun gar nicht ausweichen konnte, war er bereit. Als aber Kandules glaubte, es wäre Zeit zum Schlafengehen, führte er den Gyges in das Gemach und bald darauf war auch die Frau da. Und Gyges sah sie recht an, als sie hereinkam und ihre Kleider ablegte. Und als die Frau ihm den Rücken zuwandte und nach dem Bett zu ging, schlich er sich hinaus und davon. Und die Frau sah ihn hinausgehen. Sie merkte aber, daß ihr Mann dies angestiftet, und schrie nicht auf, denn sie schämte sich, und tat auch gar nicht, als ob sie es gemerkt (wie Melusine), nahm sich aber vor, Rache darum an Kandaules zu nehmen. Denn bei den Lydern, und fast bei allen anderen Barbaren, schämt selbst ein Mann sich sehr, wenn man ihn nackt sieht.

Damals also war sie ganz ruhig und ließ sich nichts merken. Aber sobald es Tag ward, hielt sie die Diener bereit, die ihr am ergebensten waren, und ließ den Gyges rufen. Er dachte, sie wüßte nichts von der Geschichte, und kam sogleich. Denn auch vordem war er gewohnt zu kommen, wenn ihn die Frau rufen ließ. Und als Gyges erschienen, sprach die Königin also: ,Hier sind zwei Wege, Gyges, und ich lasse dir deine Wahl, welchen du gehen willst. Entweder tötest du den Kandaules und nimmst mich samt dem Königreich der Lyder oder du bist hier gleich auf der Stelle des Todes, damit du nicht dem Kandaules in allem zu Willen bist und in Zukunft siehst, was du nicht sehen sollst.

Also entweder er muß sterben, der solches angegeben, oder du, der du mich nackt gesehen, und getan hast, was sich nicht ziemt.' Anfangs war Gyges ganz außer sich vor Verwunderung über diese Worte, dann aber bat er flehentlich, sie möchte ihn doch nicht zwingen, eine solche Wahl zu treffen. Allein es half nicht, und da er sah, daß es wirklich durchaus nicht anders ging, er mußte entweder seinen Herrn umbringen oder selber durch anderer Hand sterben, wollte er lieber doch selbst sein Leben behalten. Und er fragte und sprach: ,Weil du mich denn zwingst, meinen Herrn umzubringen, so ungern ich es tue, wohlan, so laß hören, auf welche Art wir Hand an ihn legen'. Sie aber antwortete und sprach: ,Von demselben Ort her soll der Anfall kommen, von wo er mich nackt hat sehen lassen, und wenn er schläft, sollst du Hand an ihn legen.' Als sie nun den Anschlag wohl vorbereitet, und die Nacht heran kam — denn Gyges kam nicht los und er hatte keinen anderen Ausweg, entweder er oder Kandaules mußte sterben — folgte er der Frau in das Gemach. Und sie gab ihm einen Dolch und verbarg ihn hinter dieselbe Tür, und als Kandaules eingeschlafen war, schlich Gyges hervor, tötete ihn und nahm seine Frau samt dem Königreich." (Dasselbe erzählt auch Archilochos von Paros, der zu derselben Zeit lebte, in einem dreigemessenen Jambus.) (Übersetzt von Fr. Lange, Reclam, Nr. 2201 bis 2203.)

Die Fabel von dem unsichtbar machenden Ring[1], mit dessen Hilfe Gyges die Königin nackt sah, findet sich zuerst bei Plato (de republ. 2), dann Cicero (de offic. III.) und berichtet, wie Gyges, ein Hirte, einst eine Öffnung in der Erde, darin ein ehernes Pferd mit einer Türe an der Seite, in diesem einen Leichnam und an dessen Finger einen Ring fand, der, einwärts gedreht, unsichtbar machte. An verfolgenden Räubern erprobt er zuerst die geheimnisvolle Kraft des Ringes, mit dessen Hilfe er dann den Weg zum Herzen und zum Schlafgemach der Königin fand und nach Ermordung des Königs deren Gemahl und König wurde. Zeigt diese fabelhafte Einkleidung der typischen Knabenphantasie, sich den Anblick der seit der Kindheit verbotenen weiblichen Nacktheit und ehelichen Intimitäten durch die Unsichtbarkeit der eigenen Person zu verschaffen, folgerichtig den Besitzer des Ringes selbst

---

[1] Ein ähnlich geheimnisvoller Ring, der seinem Besitzer zwar nicht direkt den Anblick der unverhüllten Weiblichkeit verschafft, aber die bei weitem unverschämtere Wirkung hat, das Kleinod, le bijou, jeder Frau, auf die sein Stein hingewendet wird, zu einem unerwünschten Bekenntnis aller seiner Erlebnisse zu veranlassen, ist das Agens in Diderots frechem Roman: Les bijoux indiscrets (1748).

als aktiv handelnde Person, die nicht erst vom König zu dem Vergehen genötigt und von der beleidigten Königin zur Ermordung des
Gatten gezwungen werden muß, so macht sie uns damit darauf aufmerksam, daß in der Herodotschen Version, die doch den Ring
nicht kennt, eine entstellte, novellistische Fassung vorliegt. Insbesondere erweckt der mehrfach und nachdrücklich betonte Umstand, daß Gyges sich so sehr geweigert hätte, seinen König zu
töten und es nur tat, weil sein eigenes Leben sonst verfallen wäre,
den Verdacht, daß ein königstreuer Erzähler, dem die offenkundige
Ermordung nicht behagte, durch übertriebene Reaktion auf eine ursprünglichere Fassung zur Umgestaltung der ganzen Fabel im Sinne
der doppelten Anstiftung des Helden kam. Wissen wir doch aus den
Blendungsmythen, daß das Urbild der verbotenen Nacktheit in der
Regel die Mutter ist, die dem Kind als die schönste und begehrens-
werteste Frau gilt („in seiner Liebe meinte er, er hätte bei weitem
die schönste Frau von der Welt"), und daß der um ihren Besitz
beneidete Vater gewöhnlich in der Gestalt eines mächtigen Königs
symbolisiert wird; und so scheint eine ursprüngliche Gestaltung der
Sage durchzublicken, wonach der Sohn die Phantasie bildet, daß er
vermittels eines unsichtbar machenden Zaubers die ehelichen Intimitäten der Eltern belauscht[1] und dabei von der Schönheit seiner Mutter
so entzückt wird, daß er den Vater zu beseitigen und von der
Mutter Besitz zu ergreifen sucht. Der im Sinne des Ödipus-Motivs

---

[1] Daß Hebbel selbst ursprünglich ein Lauscher gewesen sein mag,
verrät uns eine fast zwei Jahrzehnte vor dem „Gyges" niedergeschriebene
Stelle seines Tagebuches (20. Januar 1839): „Ich pflege (heute abend bemerke
ich's zum erstenmal) immer unbewußterweise zu husten oder mich zu räuspern,
wenn ich mich irgendwo befinde, wo meine Mithausbewohner mich nicht
vermuten." Dieses Verhalten legt er dann (1856) der belauschten Rhodope
in den Mund:

> „So hattest du gelauscht? Das glaub' ich nicht.
> Wenn ich wo bin, wo man mich nicht erwartet,
> So mach' ich ein Geräusch damit man's merkt,
> Und ja nicht spricht, was ich nicht hören soll."

Auf exhibitionistische Schaugelüste Hebbels weist auch seine Behandlung der Fabel von Aktäon, der bekanntlich Diana im Bade überrascht. An einer Stelle des Fragmentes heißt es:

> Die Jungfrau ließ den letzten Schleier fallen
> Und leuchtend treten ihre weißen Glieder
> Hervor aus den verhüllenden Gewanden.

erfolgreiche Totschlag des königlichen Vaters, der hier im ehelichen
Schlafgemach erfolgt, sowie die Heirat der verwitweten Königin und
Besitzergreifung der königlichen väterlichen Macht erscheinen jedoch
hier in der Form der Rechtfertigung dieser verpönten Kinderwünsche,
indem der König den sonst verbotenen Anblick seiner nackten Frau
direkt befiehlt und diese wieder den Totschlag des geliebten Gatten
erzwingt[1]. In der fabelhaften Einkleidung jedoch ersetzt der unsichtbar machende Ring diese das Schuldgefühl entlastenden Anstiftungen
der historischen Sage, indem der König und die Königin durch das
Zaubermittel betrogen und so die Wunschphantasie des Helden aktiv
durchgesetzt wird[2].

Das Motiv des Zauberringes, der bald die Sichtbarkeit einer
geliebten Person durch plötzlichen Ortswechsel, bald die eigene Unsichtbarkeit zum Zwecke der Befriedigung der Schaulust bewirkt,
findet ein psychologisches Gegenstück (Verdrängungsausdruck) in
dem **Zauberring, der das Versteck eines unsichtbaren
Menschen verrät** und ihn so der Strafe überantwortet. Die Kette
der mannigfaltigen Motivgestaltungen schließt sich damit, indem das
Motiv des verderblichen Ringes häufig mit dem der strafweisen
Blendung verknüpft erscheint, von dem dieser Teil unserer Betrach-
tungen ausgegangen war.

Als Typus dieser Sagengruppe diene die bekannte Fabel von
Polyphem, wie sie uns **Homer** überliefert (Od., IX, 216 bis 565).
Es wird darin erzählt, wie der erfindungsreiche Odysseus mit zwölf
Gefährten auf der Kykloapeninsel in der Höhle des einäugigen Riesen
Polyphemos gefangen wird, wie er, um sich und seine Gefährten zu
retten, den Menschenfresser mit einem glühenden Pfahl **blendet**
und dann am Bauch der Schafe festgebunden den Ausgang der
Höhle passiert, der von dem wütenden Ungeheuer bewacht wird[3].
Da der kluge Held vorher die List gebraucht hatte, sich „Niemand"

---

[1] Der zugrunde liegende Komplex, sowie seine Einkleidung entsprechen völlig dem Shakespeareschen Hamlet.

[2] Auf den inzestuösen Einschlag in der verwandten Lanvâlsage hat
bereits R. Wagner (l. c.) hingewiesen und auch in der Graelentsage befiehlt
der König dem Helden, die Schönheit der Königin rückhaltlos anzuerkennen.

[3] Der Riese, der die kleinen Menschlein nicht aus der Höhle heraus-
lassen, sondern verzehren will, entspricht dem Uranos, der seine Kinder in den
Leib der Mutter Gäa zurückdrängt (oder wie Kronos verschlingt); seine Blendung entspricht vollauf der Kastration des Uranos durch seinen Sohn Kronos.

zu nennen, gelingt es Polyphemos auch nicht, seine Genossen zur
Hilfe herbeizurufen, denn auf ihre Frage, was ihm widerfahren sei,
antwortete er, „Niemand" habe ihm Gewalt angetan. So entkommt
Odysseus mit seinen Gefährten auf das Schiff; als er sich schon
weit genug vom Strande entfernt und in Sicherheit glaubt, höhnt
er den Geblendeten, doch der Klang der Stimme verrät dem Riesen
den Standort des Schiffes. Er wirft einen mächtigen Felsblock, der
knapp hinter dem Schiffe ins Meer fällt und so ungeheure Wogen
wirft, daß das Schiff wieder an den Strand geschleudert wird und
so fast wieder in die Gewalt des Feindes gelangt. Es gelingt ihnen,
neuerdings abzustoßen und als sie nun doppelt so weit von der
Insel entfernt sind, kann sich Odysseus trotz der Abmahnungen
seiner Gefährten wieder nicht enthalten, den Kyklopen nochmals
zu höhnen; dieser schleudert einen noch größeren Felsblock, der
aber diesseits des Schiffes niederfällt und so das Fahrzeug von der
verderblichen Küste abtreibt.

Trotz des hohen Alters dieser homerischen Erzählung müssen
wir doch auf Grund der Ergebnisse der vergleichenden Sagenkunde
anerkennen, daß sie keineswegs den vollständigen und ursprünglichen
Mythus enthält, sondern bei ihrer Verflechtung in die Abenteuer
der Odyssee manche Modifikation und Verstümmelung erfahren hat.
W. Grimm hat in den Abhandlungen der Berliner Akademie der
Wissenschaften (1857, phil.-hist. Kl., S. 1 bis 30) die Parallelen der
Polyphem-Sage zusammengestellt und hervorgehoben, daß in den
meisten neben den Motiven der Blendung, der Namensverheimlichung
(Niemand oder Selb, Selbtan) und der Felltäuschung noch ein viertes
in der Polyphem-Sage fehlendes Motiv bedeutsam hervortritt, das
uns auch den Anschluß dieser Sagengruppe an unsere Untersuchung
gestattet. Es spielt nämlich ein Zauberring eine große Rolle, den
der Riese dem Helden gibt und der ihn zwingt, sich selbst zu
verraten oder sich zur Rettung den Finger, von dem sich der Ring
nicht mehr lösen läßt, abzubeißen oder abzuschneiden. Gewöhnlich
geschieht es auf die Weise, daß der geblendete Riese dem Sieger
einen zauberkräftigen Ring zum Andenken oder zur Belohnung seiner
Tapferkeit überreicht; sobald der Held diesen angesteckt hat, verrät
er durch einen Ruf den Aufenthalt seines Trägers, der, um sich zu
retten, den Finger opfern muß. So in einer Erzählung aus dem Dolopathes (Grimm, l. c., Nr. 2), wo der Ring von dem Augenblick,

wo er angesteckt ist, unaufhörlich ruft: Hier bin ich, hier bin ich!
und dem Träger nichts übrig bleibt, als sich den Finger mit den
Zähnen abzubeißen. In einer anderen Erzählung „Conall Cra Bhuide"[1]
ruft der Ring „Hier!" und verrät so dem Blinden den Aufenthalt
der Person, die sich zur Rettung den Finger abschneiden muß.
Ähnlich in einer rumänischen Sage aus Siebenbürgen (Ausland IXXX,
717), wo der jüngste von drei Brüdern den Riesen, der bereits die
beiden Brüder aufgefressen hat, blendet und unter dem Schaf entkommt, dann aber den ihm zugeworfenen Ring ansteckt, der ruft:
Hieher Blinder, hieher! Er wirft den abgeschlagenen Finger ins
Wasser, der Riese folgt dem Ruf und ersäuft so[2]. Köhler (Gesam.
Schr., I., 183) macht darauf aufmerksam, daß im Französischen
(Dolopathes bei Krek, 698) und Deutschen nicht der Ring selbst
ruft, sondern den Mann zu rufen zwingt. Dies macht es wahrscheinlich, daß auch in der ursprünglichen Polyphem-Sage Odysseus
durch einen Zauber genötigt war zu rufen und so dem Riesen seinen
Aufenthalt zu verraten. Bei Homer, der den Zauberring nicht erwähnt, erscheint denn auch sein Rufen ziemlich unmotiviert, ja
seine Wiederholung trotz Abratens der Freunde und angesichts
der bereits erlebten Gefahr direkt widersinnig[3], wenn wir nicht einen

---

[1] Campbell, Populair tales of the West Highlands, 1860, Nr. 5.

[2] Ein Seitenstück zum Polyphem-Mythos findet sich bei Wlislocki,
Märchen und Sagen der Bukowinaer und Siebenbürger Armenier (1891),
Nr. 45: Der Blinde und seine Kameraden.

[3] Über diese Stelle der Kyklopie sagt Nutzhorn S. 113: Odysseus
rudert (Od. 9, 473) so weit vom Lande des Kyklopen weg, als seine Stimme
gehört werden kann (ὅσσον τε γέγωνε βοήσας). Als sein Schiff darauf von
dem Felsblock gegen die Küste zurückgetrieben wird, rudert er doppelt so
weit hinaus (ἀλλ'ὅτε δὴ δὶς τόσσον ἀπῆμεν 491) und ruft wieder. Das merk-
würdigste dabei ist nicht sowohl, daß Odysseus töricht genug ist, seine Stimme
so unnütz anzustrengen, wohl aber daß der Kyklop alles, was jener ru
hören kann, ungeachtet er doppelt so weit entfernt ist, als die Stimme reici
Viele Homerkritiker haben darum auch die erste Rede als Interpolation ge-
strichen, ohne ihren mythischen Zusammenhang zu ahnen. — Noch radikaler
ist Mülder („Das Kyklopengedicht", Hermes 38, 1903, S. 414 ff.) mit der Annahme, daß das Ganze ursprünglich eine viel einfachere und rohere Gestalt
gehabt habe, in der es weder ein Volk der Kyklopen gab neben dem einen
Unhold, noch die Beziehung zu Poseidon, noch den Scherz mit οὖτις; diese
Elemente stammen nach seiner Auffassung aus einem besonderen Gedicht, in
dem eine viel menschlichere Vorstellung von Polyphem herrschte und das

zauberhaften Zwang aus anderen Überlieferungen einsetzen. Eine
viel jüngere siebenbürgische Fassung (Laistner, II., 134), die das
Ringmotiv auch in der Odysseus-Sage kennt, stellt die Sache darum
auch so dar: Sobald Odysseus den Ring angesteckt hat, fühlt er
sich an die Stelle gebannt und ruft: Ach! so daß der Riese merkt,
wo er steht und auf ihn zukommt. Odysseus aber schneidet sich
den Finger ab und lockt damit den Riesen ins Wasser (vgl. auch
Krek, 703). Das Motiv der Festbannung, zu dessen psychologischem Verständnis wir die Hemmungsempfindung des entblößten
Träumers herangezogen haben, muß uns hier als Herstellung einer
tiefen psychologischen Beziehung erscheinen; denn in der Nausikaa-
Episode tritt ja Odysseus als Nackter auf — nur ist dort das Motiv
der Hemmung auf die schamhafte Königstochter übertragen — und
wie hier der Ring dem Geblendeten den Aufenthalt des Helden
verrät, so verhüllt diesen selbst in der Phäakenstadt der Nebel der
Athena allen Blicken. Das Motiv der Festbannung findet sich
übrigens in mehrfachen Varianten dieser Sagengruppe in verschiedener
Form; in einer auch in Verbindung mit dem Motiv der Unsichtbarkeit, das anderseits wieder innig zur Blendung gehört. Der
römische Occhiaro (Laistner, II., 133) wirft dem Geretteten einen
Ring zu unter der Vorspiegelung, er könne sich damit unsichtbar
machen; kaum hat der Fremde den Ring am Finger, so ruft der
Riese sein: Halt fest! und jener muß sich den Finger abschneiden,
um den Bann zu brechen, der ihn nicht von der Stelle läßt
(Krek, S. 710)[1]. Wir merken hier, daß all diese Motive, so grundverschieden sie auch äußerlich sein mögen, doch psychologisch innig
zusammengehören, wenn auch manchmal bei ihrer Verwendung rücksichtslos die verbindenden Fäden durchschnitten wurden. Entspricht
doch der Zauberring, der dem Blinden den Aufenthalt des Feindes
verrät, ihn gleichsam „sichtbar" macht, voll und ganz dem Wunschring des Märchens, mit dem man sich an jeden beliebigen Ort ver-

erst vom Schlußredaktor der Odyssee mit dem alten Kyklopenmärchen
verschmolzen wurde.

[1] In einer Pisaner Version (Laistner, II., 134) wird der Finger, sobald der verhängnisvolle Ring angesteckt ist, augenblicklich zu Stein und
der Mann kann sich nicht vom Platze rühren (Comparetti, Novelline S. 194,
Nr. 44; Krek[2] 712). In einem serbischen (Grimm, l. c. Nr. 5) und in einem
polnischen (Krek, Einl. in die slaw. Lit.-Gesch., 2. Aufl., 1887, S. 687)
Märchen ist es ein fesselnder Stab, an dem der Finger haften bleibt.

setzen, also plötzlich sichtbar werden kann. Und wie ein letzter
Ausläufer des Unsichtbarkeitsmotivs klingt es, wenn der Held sich
„Niemand" nennt und der Geblendete auf die Frage nach seinem
Gegner antworten muß: Niemand ist da, weil er ja doch blind und
der Feind unsichtbar ist. Und wenn ihn der Ring dann wieder
„sichtbar" macht und er, um neuerdings unsichtbar zu werden, sich
den Finger, an dem der Ring steckt, abschneiden muß, so dürfen
wir darin vielleicht, ebenso wie in der Blendung, eine Strafe (Talion)
für die frevelhafte Benützung des Zauberringes sehen, der ja eigentlich dazu dient, mit Hilfe der eigenen Unsichtbarkeit der Schaulust
zu fröhnen[1]. Ist nun auch von diesem vermutlichen Zusammenhang
in der Polyphem-Sage selbst keine Spur[2], so zeigt doch eine Sage
weit entfernten Ursprungs aber enger inhaltlicher Verwandtschaft
das Motiv der Nacktheit in der Vorgeschichte, was uns an die
Motivzerreißung in der Melusinen-Sage gemahnt, wo auch das Motiv
und sein Gegenstück (Verdrängungsausdruck) auf zwei Generationen
verteilt erschien. In seiner Arbeit über Polyphem teilt Grimm (l. c.)
eine verwandte Sage von den Oghuziern mit, die gleichfalls das
Motiv der Blendung des einäugigen Riesen mit dem des verräterischen
Ringes verbindet. Depé Ghöz, d. h. Scheitelauge, ist der Sohn eines
halbgöttischen Wesens, den Schwanenjungfrauen der deutschen Mythe
vergleichbar, das ein oghuzischer Hirte an einer Quelle, wie es

---

[1] Die Bedeutung der Polyphemblendung als Kastration (des Vaters)
kann hier nicht verfolgt werden; es sei nur darauf hingewiesen, daß der
Verlust des Fingers sich als entsprechende Talion erweist. Aber noch eine
interessante Beziehung ergibt sich, wenn man vom Decknamen des Helden
ausgeht. Dieser nennt sich „Niemand" oder „Selbst". W. Schultz hat in einer
sehr interessanten Arbeit (Memnon, IV, 1910) vermutet, daß dieser Namen-
zweiheit die Verwechslung von οὔτις und αὐτός zugrunde liege und der
Held in den Parallelmythen „Selbst" heiße, während der Geblendete der
„Niemand" sei. Es würde zu weit führen, das ganze Material zu zitieren,
aus dem sich ergibt, daß sowohl der „Niemand" wie auch der „Selbst"
phallische Bedeutung haben (vgl. l. c., S. 51, 52, 62 Anmerkung). Der Ruf
des Polyphemos würde also die erlittene Kastration als Selbstbestrafung
bezeichnen (Selb tan). Schultz zitiert auch die ägyptische Überlieferung
von Gott Re, der sich selbst begattete „und dann spie er es aus" (Mastur-
bation). Auch das indische Lingam (der Phallus) wird „Gott Selbst" genannt
(Silberer, Jahrb., II, S. 587).

[2] Daß das homerische Epos die Polyphem-Sage mit dem Motiv der
Nacktheit, der Festbannung in der Nausikaa-Sage und mit der Demodokos-
Episode verknüpft, ist immerhin auffällig genug.

scheint im Bade, überrascht und bewältigt hat. Die Erzeugung des
Depé Ghöz bringt, wie die Jungfrau beim Wegfliegen verkündet,
den Oghuziern Verderben. Er kommt unter seltsamen und wider-
natürlichen Umständen ins Leben. Von seiner Mutter hat er einen
Ring, durch den kein Pfeil und Schwert ihm schaden kann und
diesen Ring gibt er dann seinem Besieger, damit er ihm dessen
Aufenthalt verrate, wie er einst wohl bei der Überraschung der
nackten Nymphe einen ähnlichen Dienst zu leisten hatte.

* * *

Wir haben nun die verschiedenen Verdrängungsformen des
Nacktheitsmotivs von der schamhaften und zugleich zeigelustigen
Hemmungsempfindung des entblößten Träumers und ihrer Rationalisierung im Motiv der Fesselung über die kompensatorische
Kleiderpracht und -fülle bis zur abstoßenden und doch wieder
zur Entblößung veranlassenden körperlichen Entstellung verfolgt,
die in den neurotischen Hautkrankheiten ihr pathologisches Gegenstück findet. Dieses Abwehrmotiv der Zeigelust fanden wir verknüpft
mit einem Abwehrmotiv der ihr entsprechenden positiven Regung,
der Schaulust, in ihrer neurotischen Strafform im Motiv der
Blendung, das wir verfolgten über die im Verschwinden des
Liebesobjektes objektivierte Bestrafung bis zur positiven Befriedigung
der Schaulust mittels der eigenen Unsichtbarkeit, die ihre Bestrafung endlich wieder im Verrat des verborgenen Aufenthaltes
findet und sich mit dem Motiv der Hemmung verknüpft zeigt,
von dem wir ausgegangen waren.

Somit wären wir zu dem, unserem Ausgangspunkt entsprechenden Pol gelangt mit der Erkenntnis, daß die Gestaltungen des Nacktheitsmotivs in Dichtung und Sage ihre Triebkraft der kindlichen
Entblößungs- und Schaulust, allgemeiner gesagt, seiner Sexualneugierde verdanken und daß sich diese insbesondere auf den verbotenen
Anblick der elterlichen Sexualfunktionen und -organe (vornehmlich
der Mutter) beziehen. Dabei finden die Regungen, welche eine Befriedigung der verbotenen Gelüste anstreben, in gleicher Weise ihren
Ausdruck wie die hemmenden, verdrängenden Strebungen des kulturell
eingestellten Ich, wenn auch bald die eine, bald die andere Tendenz
in dem Phantasieprodukt vorherrscht.

Die Befriedigungsphantasie der Schaulust fanden wir objektiviert in dem unsichtbar machenden Wunschring, der anderseits in der Strafphantasie den Aufenthalt des verborgenen Lauschers verrät, dessen Augen in anderen Überlieferungen zur Strafe für den Anblick des Verbotenen geblendet werden. Diesem subjektiven Moment der Blendung entspricht die denselben Effekt bewirkende objektive Unsichtbarkeit, nicht der eigenen Person, wie in der Befriedigungsphantasie, sondern der angeblickten Person, die durch ihr Verschwinden dem Anblick des Lüsternen ebenso entzogen wird wie durch dessen eigene Blendung. So ist eigentlich das Motiv der Unsichtbarkeit das zentrale Thema für das Problem der Schaulust und ihrer Verdrängungsformen geworden, in dem alle Fäden dieser Motivgestaltungen zusammenlaufen, ähnlich wie alle Ausdrucksformen der verdrängten Zeigelust charakteristischerweise doch immer dem Motiv der Sichtbarmachung in irgendeiner Form dienen (Hemmung, Fesselung, Kleidung, Ausschlag), während sie doch gerade von den Gegenregungen gestaltet wurden. Wir finden jedoch darin keinen Widerspruch, sehen vielmehr gerade in dieser scheinbar widerspruchsvollen Motivgestaltung, die nicht nur innerhalb eines Motivs für entgegengesetzte seelische Regungen Platz hat, sondern auch diesen Reigen der Motivübergänge gestattet, den Ausdruck der psychoanalytisch erwiesenen Tatsache, daß im Verdrängten auch das zu Verdrängende sich immer wieder in irgendeiner Form durchzusetzen weiß, mit anderen Worten, daß die Verdrängung ein kontinuierlicher, niemals abgeschlossener und abzuschließender seelischer Prozeß ist, der je nach seinem Stand stets zu neuen Gestaltungen und Modifikationen der sublimierten Triebregungen in ihrem Befriedigungsstreben und kulturell gebotenen Hemmungszwang führt.

Versuchen wir am Schlusse unserer Ausführungen noch eine übersichtliche Zusammenfassung und schematische Gruppierung der mannigfachen Gestaltungen des Motivs der Nacktheit und seiner Verdrängungsformen unter den einheitlichen Gesichtspunkten der Schau- und Zeigelust, so ergibt sich etwa das folgende Schema:

I. Die Schaulust erscheint:

A. In der typischen Verdrängungsform (Talion) als Unfähigkeit zu sehen, und zwar:

    1. subjektiv symbolisiert im neurotischen Abwehrausdruck der · Blendung und

2. objektiviert in dem Motiv des Verschwindens der Geliebten (ihrer Unsichtbarkeit).

B. In der typischen Befriedigungsform als straflose Durchsetzung der Schaulust (Wiederkehr des Verdrängten), und zwar:

1. mittels der eigenen Unsichtbarkeit (subjektiv),
2. mittels der Fähigkeit, das Liebesobjekt jederzeit sichtbar zu machen.

II. Die Zeigelust erscheint:

A. In der typischen Verdrängungsform als Unfähigkeit sich entblößt zu zeigen, und zwar:

1. infolge des subjektiven Gefühls der Scham, das den Nackten zur Flucht nötigt (während die Zeigelust die gegenteilige Sensation der Hemmung im Traume hervorbringt);
2. infolge einer Verhüllungstendenz, die zur Überhäufung des Körpers mit prächtigen Kleidern führt (welche wieder die Aufmerksamkeit auf deren Träger lenken).

B. In der typischen Befriedigungsform als straflose Durchsetzung der Zeigelust, und zwar:

1. auf dem Wege körperlicher Entstellung (Häßlichkeit, Aussatz), die zur Entblößung Anlaß gibt und so der Wiederkehr des ursprünglich Verdrängten dient;
2. in dem masochistisch betonten Motiv der Fesselung, welche die zwangsweise Hemmung und damit auch die Zurschaustellung bewirkt, also die Scham gewaltsam überwindet.

Wir sehen also, wie der rein psychologische Ausdruck der Verdrängung von Schau- und Zeigelust einerseits einfach und direkt dargestellt wird (Blendung, Hemmungsempfindung, Scham), anderseits die gleichen Motive sozusagen nach außen geworfen, materialisiert, versinnlicht werden (Verschwinden, Fesselung, Aussatz). So erscheint das Verschwinden des Objektes als eine Art objektivierter Blendung, die Fesselung direkt als eine Materialisierung der Hemmungsempfindung und der von der Entblößung abhaltende Aussatz gleichsam als eine Art objektivierten Schamgefühls. Während die dem Phantasieleben entstammende individuelle Dichtung mit Vorliebe die rein psychologischen Motivgestaltungen zu bevorzugen scheint, verwendet die der Realität auch sonst näher stehende Sage die materiellen Gestaltungen des Nacktheitsmotivs. Die Sage strebte somit nach einer Versinnlichung, Veräußerlichung der Traumsituation, während die Dichtung ihre Verinnerlichung darzustellen suchte. Wir können also in den verschiedenen Motivgestaltungen keine willkürlichen Schöpfungen der Volks- oder Einzelphantasie sehen, sondern gesetzmäßige Entwicklungsvorgänge auf Grund der „säkularen Verdrängung" (Freud). Diese Entwicklung bewegt sich von der ursprünglich rein subjektiven Traumsituation und ihrer dichterischen Reproduktion zur vergröberten, veräußerlichten Sagenform mit ihren fast neurotischen Motivgestaltungen, welche die intensivste Abwehr widerspiegeln (Aussatz). Die Motivgestaltung ist aber nicht nur formal durch den jeweiligen Grad der Verdrängung bestimmt, sondern scheint auch der Richtung vom Traum zur Neurose zu folgen.

XI.

DER DOPPELGÄNGER[1].

Partout où j'ai voulu dormir,
Partout où j'ai voulu mourir,
Partout où j'ai touché la terre,
Sur ma route est venu s'asseoir
Un malheureux vêtu de noir,
Qui me ressemblait comme un frère
Musset.

I.

Die Psychoanalyse, die auf Grund ihrer Methodik gewohnt ist, jeweils von der aktuellen psychischen Oberfläche ausgehend, tieferliegendes und bedeutsames seelisches Erleben aufzudecken, hat am wenigsten Anlaß, einen zufälligen und banalen Ausgangspunkt zur Aufrollung weiterreichender psychologischer Probleme zu scheuen. Es soll uns also nicht weiter stören, wenn wir die Entwicklungs- und Bedeutungsgeschichte einer altüberlieferten Volksvorstellung, die phantasievolle und grüblerische Dichter auch zur Darstellung reizte, von einem „romantischen Drama" zurück verfolgen, welches vor kurzem die Runde durch unsere Kinotheater gemacht hat. Das literarische Gewissen mag sich damit beruhigen, daß auch der Verfasser dieses rasch populär gewordenen Stückes „Der Student von Prag" ein Dichter von Ruf ist und daß er sich an hervorragende, in der Wirkung bewährte Vorbilder gehalten hat; andere Bedenken gegen den innerlichen Gehalt eines so sehr auf äußerliche Wirkungen angewiesenen Schaustückes wollen wir so lange beiseite schieben, bis sich gezeigt hat, in welchem Sinne ein auf uralter Volksüberlieferung basierter Stoff von eminent psychologischem Gehalt durch die Anforderungen neuer Darstellungsmittel verändert wird. Vielleicht ergibt sich, daß die in mehrfacher Hinsicht an die

---

[1] Aus „Imago", III. Jahrgang 1914, 2. Heft (Juni).

Traumtechnik gemahnende Kinodarstellung auch gewisse psychologische Tatbestände und Beziehungen, die der Dichter oft nicht in klare Worte fassen kann, in einer deutlichen und sinnfälligen Bildersprache zum Ausdruck bringt und uns dadurch den Zugang zu ihrem Verständnis erleichtert. Zumal wir aus ähnlichen Untersuchungen erfahren haben, daß es oft einem modernen Bearbeiter gelingt, dem eigentlichen Sinn eines uralten und im Laufe der Überlieferung unverständlich gewordenen oder mißverstandenen Stoffes auf intuitivem Wege wieder näherzukommen.

Versuchen wir zunächst, die schattenhaft flüchtigen, aber eindrucksvollen Bilder des von Hans Heinz Ewers stammenden Filmdramas festzuhalten:

Balduin, Prags flottester Student und bester Fechter, hat sein ganzes Geld vertan und ist seines wüsten Treibens überdrüssig. Mißmutig wendet er sich von seinen Kumpanen und ihren Vergnügungen mit der Tänzerin Lyduschka ab. Da naht sich ihm ein unheimlicher Alter und bietet ihm Hilfe an. Im Gespräch mit diesem sonderbaren Abenteurer, Scapinelli, durch den Wald lustwandelnd, wird Balduin Zeuge eines Jagdunfalles der jungen Komtesse von Schwarzenberg, die er aus dem Wasser rettet. Er wird aufs Schloß eingeladen und trifft dort mit dem Bräutigam und Vetter der Komtesse, Baron Waldis-Schwarzenberg zusammen. Obwohl er sich unbeholfen benimmt und beschämt abziehen muß, hat er auf die Komtesse solchen Eindruck gemacht, daß sie ihren Verlobten von da an kühl zurückweist.

Auf seiner Bude übt Balduin vor dem großen Spiegel Fechterstellungen; dann versinkt er in trübes Nachdenken über seine mißliche Lage. Da erscheint Scapinelli und bietet ihm ein Vermögen an gegen Unterzeichnung eines Kontraktes, der ihm gestatte, aus Balduins Zimmer mitzunehmen, was ihm beliebe. Balduin weist lachend auf die kahlen Wände und die primitive Einrichtung und unterzeichnet fröhlich den Schein. Scapinelli sieht sich suchend im Zimmer um und findet anscheinend nichts was ihm entspricht, bis er endlich auf Balduins Spiegelbild weist. Dieser geht willig auf den vermeintlichen Scherz ein, erstarrt aber vor Staunen beim Anblick seines zweiten Selbst, das sich vom Spiegel loslöst und dem Alten durch die Türe und auf die Straße hinaus folgt.

Als vornehmer Herr hat der ehemalige arme Student Zutritt in Kreise erlangt, wo er die verehrte Komtesse wiedersieht. Bei einem Ball hat er Gelegenheit, ihr auf der Schloßterrasse seine Liebe zu gestehen. Das Mondscheinidyll wird aber durch Dazwischentreten des Bräutigams gestört und von Lyduschka belauscht, die Balduin bald als Blumenmädchen in den Weg tritt, bald ihm auf halsbrecherischen Wegen unablässig folgt. Aus den süßen Gedanken an den ersten Erfolg seiner Liebeswerbung wird Balduin jäh durch die Erscheinung seines Spiegelbildes gerissen, das an eine Säule gelehnt auf der Brüstung der Veranda auftaucht. Er glaubt seinen Augen nicht zu

trauen und wird erst durch die herannahenden Freunde aus seinem Dämmer-
zustand gerissen. Bei der Abfahrt steckt Balduin der Komtesse in ihrem
— vorhin fallen gelassenen — Taschentuch einen Zettel zu, auf dem er
sie bittet, in der nächsten Nacht auf den Judenfriedhof zu kommen. Lyduschka schleicht der Komtesse bis in ihr Zimmer nach, um den Inhalt des
Zettels zu erfahren, findet aber nur das Taschentuch und Balduins Kra-
wattennadel, die ihm als Briefverschluß gedient hatte.

Am nächsten Abend eilt die Prinzessin zum Stelldichein; Lyduschka,
die sie zufällig erblickt, folgt ihr wie ein Schatten. Auf dem einsamen
Friedhof wandeln die Liebenden in herrlicher Mondnacht. Auf einer kleinen
Anhöhe machen sie Halt und eben ist Balduin im Begriffe, die Geliebte
zum erstenmal zu küssen, als er entsetzt innehält und auf seinen Doppelgänger starrt, der sich plötzlich hinter einem der Grabsteine gezeigt hat.
Während Komtesse Margit, von der unheimlichen Erscheinung erschreckt,
die Flucht ergreift, sucht Balduin vergebens, seines ebenso plötzlich ver-
schwundenen Ebenbildes habhaft zu werden.

Inzwischen hat Lyduschka das Taschentuch Margits mit Balduins
Busennadel dem Verlobten der Komtesse überbracht, der beschließt, Balduin
auf Säbel zu fordern. Da er aller Warnungen vor Balduins Fechtkunst
nicht achtet, entschließt sich der alte Graf Schwarzenberg, der Balduin schon
für die Rettung seiner Tochter verpflichtet ist, um Schonung seines künftigen
Schwiegersohnes und einzigen Erben zu bitten. Nach einigem Widerstreben
läßt sich Balduin das Wort abnehmen, seinen Gegner nicht zu töten. Auf
dem Wege zum Duell kommt ihm aber im Wald sein früheres Ich mit dem
blutigen Schläger entgegen und wischt ihn blank. Ehe Balduin noch an den
Ort des Duells kommt, sieht er von Ferne, daß sein anderes Ich den Gegner
bereits getötet hat.

Seine Verzweiflung wächst noch, als er von da an im Hause des Grafen
nicht mehr vorgelassen wird. Vergebens sucht er seine Liebe beim Wein
zu vergessen; beim Kartenspiel sieht er sich seinem Doppelgänger gegenüber; Lyduschka lockt ihn ohne Erfolg. Er muß die Geliebte wiedersehen
und schleicht bei Nacht — auf demselben Wege wie früher schon
Lyduschka — in das Zimmer Margits, die ihn noch nicht vergessen hat.
Er wirft sich ihr schluchzend zu Füßen, sie vergibt ihm und ihre Lippen
finden sich zum ersten Kuß. Da bemerkt sie bei einer zufälligen Bewegung,
daß neben ihrem Bild im Spiegel das seinige fehle; erschreckt fragt sie ihn
nach der Ursache, da verhüllt er beschämt sein Haupt und grinsend erscheint in der Tür sein Spiegelbild. Margit fällt bei dessen Anblick in Ohnmacht und Balduin entweicht entsetzt, nunmehr auf Schritt und Tritt
von dem grausigen Schatten gefolgt. Er flieht gehetzt durch Gassen und
Straßen, über Wall und Graben, durch Wiese und Wald; endlich begegnet
er einem Wagen, wirft sich hinein und spornt den Kutscher zur höchsten
Eile an. Nach einer längeren Fahrt in rasendem Tempo glaubt er sich geborgen, steigt aus und will den Kutscher entlohnen — da erkennt er in ihm
sein Spiegelbild. Rasend stürzt er weiter; an allen Ecken sieht er die

Spukgestalt, an ihr vorbei muß er in sein Haus stürmen. Türen und Fenster verschließt er sicher. Er will seinem Leben ein Ende machen, legt die geladene Pistole bereit und schickt sich an, seinen letzten Willen aufzusetzen. Da steht der Doppelgänger wieder grinsend vor ihm; seiner Sinne nicht mächtig, greift Balduin zur Waffe und schießt nach dem Phantom, das mit einem Schlage verschwunden ist. Befreit lacht er auf und glaubt sich von aller Qual erlöst. Rasch enthüllt er den sonst dicht verhängten Handspiegel und sieht sich zum erstenmal seit langer Zeit wieder darin. Im selben Moment verspürt er einen heftigen Schmerz an der linken Brustseite, fühlt sein Hemd voll Blut und merkt, daß er angeschossen ist. Im nächsten Augenblick stürzt er tot zu Boden und Scapinelli erscheint schmunzelnd, um den Kontrakt über der Leiche zu zerreißen.

Das letzte Bild zeigt Balduins Grab an einem Wasser, überschattet von einer mächtigen Trauerweide. Auf dem Grabhügel sitzt sein Doppelgänger mit dem schwarzen unheimlichen Vogel, dem ständigen Begleiter Scapinellis. Zur Erläuterung dienen die schönen Verse Mussets (La nuit de décembre):

> Où tu vas, j'y serais toujours,
> Jusques au dernier de tes jour,
> Où j'irai m'asseoir sur ta pierre.

Über Sinn und Bedeutung dieser unheimlichen Begebenheiten will das Programm nicht lange im Zweifel lassen. Die „Grundidee" soll die sein, daß die Vergangenheit eines Menschen ihm unentrinnbar anhaftet und ihm zum Verhängnis wird, sobald er versucht, sich ihrer zu entledigen; diese Vergangenheit soll sich in Balduins Spiegelbild selbst verkörpern, aber auch in der rätselhaften Gestalt der Lyduschka, die ihn aus seinem früheren Studentenleben her verfolgt. Es mag sein, daß dieser Erklärungsversuch — um einen solchen handelt es sich, nicht um das Herausheben der in der Sache selbst liegenden Grundidee — in gewisser Beziehung genügen könnte, sicher aber vermag diese allegorisierende Deutung weder den Gehalt des Stückes zu erschöpfen, noch den lebhaften Eindruck der Handlung voll zu rechtfertigen. Es bleiben noch genug auffällige Züge, die eine Erklärung fordern. Vor allem die Tatsache, daß der unheimliche Doppelgänger gerade nur „alle Stunden süßen Beisammenseins" mit der Geliebten stören muß und auch nur für sie — und den Helden selbst — sichtbar wird. Und zwar tritt er um so erschreckender dazwischen, je inniger die Liebe zu werden sucht: beim ersten Geständnis auf der Terrasse erscheint das Spiegelbild gewissermaßen als ruhiger Mahner, bei der nächtlichen Liebesszene auf dem Friedhof stört es die intime Annäherung, indem es den ersten

Kuß hindert, und bei der entscheidenden Versöhnung endlich, die mit Kuß und Umarmung besiegelt wird, trennt es die Liebenden gewaltsam für immer. So erweist sich der Held eigentlich als unfähig zur Liebe, die in der rätselhaften Gestalt der charakteristischerweise von ihm nicht beachteten Lyduschka verkörpert scheint. Von seinem eigenen verkörperten Ich wird Balduin an der Liebe zum Weibe gehindert und wie ihm sein Spiegelbild zur Geliebten folgt, so folgt Lyduschka der Komtesse wie ein Schatten: und beide Doppelgänger stellen sich zwischen das Heldenpaar, um es zu entzweien. Außer diesen bei Anwendung des allegorischen Schlüssels unerklärlichen Zügen ist vor allem nicht einzusehen, was den Dichter — oder seine literarischen Vorgänger — dazu bewogen haben sollte, die Vergangenheit gerade in der Gestalt des selbständig gewordenen Spiegelbildes darzustellen; auch begreift man mit dem rationellen Denken allein nicht die schweren seelischen Folgen, die sich an dessen Verlust knüpfen und am allerwenigsten den sonderbaren Tod des Helden. Ein dunkles, aber unabweisbares Gefühl, das den Zuschauer gepackt hält, scheint uns zu verraten, daß hier tiefe menschliche Probleme berührt werden und die Besonderheit der Kinotechnik, seelisches Geschehen bildlich zu veranschaulichen, macht uns mit übertriebener Deutlichkeit darauf aufmerksam, daß es das interessante und bedeutsame Problem des Verhältnisses des Menschen zu seinem Ich ist, welches uns in seiner Störung als Schicksal des Individuums versinnbildlicht wird.

Um die Bedeutung dieses Grundproblems für das Verständnis des Stückes würdigen zu können, müssen wir die verwandten Motivgestaltungen in den literarischen Vorbildern und Parallelen verfolgen und mit den entsprechenden folkloristischen, ethnographischen und mythischen Überlieferungen vergleichen; es soll daran deutlich werden, wie alle diese in die Urgeschichte der Menschheit, auf primitive Vorstellungen zurückgehenden Motive in einzelnen besonders disponierten Dichtern eine poetische Gestalt gewinnen, die sich in hohem Grade mit ihrem ursprünglichen, später verwischten Sinne deckt und in letzter Linie auf das Urproblem des Ich zurückführt, das der moderne Bearbeiter, unterstützt oder genötigt durch die neue Darstellungstechnik, so aufdringlich in den Vordergrund gerückt hat und eine so anschauliche Bildersprache sprechen läßt.

II.

> „Ich denke mir mein Ich durch ein Ver-
> vielfältigungsglas; alle Gestalten, die sich
> um mich bewegen, sind Ichs und ich
> ärgere mich über ihr Tun und Lassen."
>
> E. Th. A. Hoffmann.

Es ist kaum zweifelhaft, daß Ewers, der moderne E. Th. A.
Hoffmann, wie man ihn nennt, zu seiner Filmidee hauptsächlich
von seinem literarischen Ahn und Meister inspiriert wurde, wenngleich noch andere Quellen und Einflüsse wirksam gewesen sind [1].
Hoffmann ist der klassische Gestalter des Doppelgängertums, das
in der romantischen Dichtung zu den beliebtesten Motiven zählte.
Fast keines seiner zahlreichen Werke ist völlig frei von Anspielungen
auf dieses Thema, in vielen bedeutsamen Dichtungen von ihm dominiert es. Das nächste Vorbild der Ewersschen Gestaltung findet
sich im Abschnitt III („Die Abenteuer der Sylvesternacht") des
zweiten Teils der „Phantasiestücke" und ist überschrieben: „Die Geschichte vom verlornen Spiegelbilde." (I, S. 265 bis 279.) [2] Sie erzählt
in seltsamer Verknüpfung mit dem Phantasie- und Traumleben des
„reisenden Enthusiasten" wie Erasmus Spikher, ein ehrsamer deutscher Ehemann und Familienvater, bei einem Aufenthalt in Florenz
in das Liebesnetz der dämonischen Giulietta gerät und bei seiner
Flucht wegen Totschlages eines Nebenbuhlers der Heißgeliebten auf
ihre Bitten sein Spiegelbild zurückläßt. Sie standen gerade vor dem
Spiegel, „der ihn und Giulietta in süßer Liebesumarmung zurück-
warf"; sie „streckte sehnsuchtsvoll die Arme aus nach dem Spiegel.
Erasmus sah, wie sein Bild unabhängig von seinen Bewegungen her-
vortrat, wie es in Giuliettas Arme glitt, wie es mit ihr im seltsamen
Duft verschwand." (I, S. 271). Schon auf der Heimreise wird Erasmus

---

[1] Selbstverständlich soll damit die eigene dichterische Initiative, als
die Haupttriebkraft der poetischen Produktion, nicht im mindesten unter-
schätzt werden. Daß Ewers den absonderlichen und okkulten Phänomenen
des Seelenlebens seit jeher besonderes Interesse entgegengebracht hat,
braucht Kennern seiner Werke nicht erst gesagt zu werden. Zu verweisen
wäre nur auf sein letztes Drama „Das Wundermädchen von Berlin" (1912),
das einzelne leise Beziehungen zu dem späteren „Student von Prag" verrät.

[2] Sämtliche Hinweise auf Hoffmanns Werke beziehen sich auf die fünf-
zehnbändige Ausgabe von Griesebach in Hesses Klassikern. — Inzwischen
ist ein neuer Meßterfilm „Der Mann im Spiegel", nach E. Th. A. Hoffmann
bearbeitet von Robert Wiene, mit Erna Morena in der Hauptrolle erschienen.

wegen seines zufällig entdeckten Mangels zum Gespött der Leute. Darum „ließ er überall, wo er hinkam, unter dem Vorwand eines natürlichen Abscheus gegen jede Abspiegelung, alle Spiegel schnell verhängen und man nannte ihn daher spottweise den General Suwarow, der ein gleiches that" (S. 274). Zu Hause stößt ihn seine Frau von sich, während sein Sohn ihn verhöhnt. In seiner Verzweiflung naht sich ihm der geheimnisvolle Begleiter Giuliettas, der Doktor Dapertutto und verspricht ihm Wiedererlangung ihrer Liebe und seines Spiegelbildes, wenn er sich entschlösse, Weib und Kind dafür aufzuopfern. Die Erscheinung Giuliettas bringt ihn in neue Liebesraserei; sie zeigt ihm, wie getreu sie das Spiegelbild bewahrte, indem sie das Tuch vom Spiegel zieht. „Erasmus sah mit Entzücken sein Bild der Giulietta sich anschmiegend; unabhängig von ihm selbst warf es aber keine seiner Bewegungen zurück" (S. 277). Er ist nahe daran, den höllischen Pakt abzuschließen, der ihn selbst und die Seinen den fremden Mächten überliefern soll, als er durch die plötzliche Erscheinung seiner Frau gewarnt, die Höllengeister hinweg zu beschwören vermag. Er zieht dann auf den Rat seiner Frau in die weite Welt, sein Spiegelbild zu suchen, und trifft mit dem schattenlosen Peter Schlemihl zusammen, der bereits in der Einleitung zu der „Geschichte" vorgekommen war („Die Gesellschaft im Keller", I, S. 257 bis 261) und darauf hinweist, daß Hoffmann mit seiner phantastischen Erzählung ein Gegenstück zu der berühmten „wundersamen Geschichte" von Chamisso geben wollte, deren Inhalt wohl als bekannt vorausgesetzt werden kann.

Des Zusammenhanges wegen seien nur die wesentlichen Übereinstimmungen und Parallelen kurz hervorgehoben. Wie bei Balduin und Spikher handelt es sich auch bei Schlemihls Schattenverkauf um eine Seelenverschreibung (Teufelspakt) und auch hier bekommt der Held Spott und Verachtung der Welt zu spüren. Als Analogie zur Bewunderung des Spiegelbildes ist die sonderbare Bewunderung des Schattens durch den grauen Mann hervorzuheben[1], wie überhaupt

---

[1] „Während der kurzen Zeit, wo ich das Glück genoß, mich in Ihrer Nähe zu befinden, hab' ich, mein Herr, einige Male — erlauben Sie, daß ich es Ihnen sage — wirklich mit unaussprechlicher Bewunderung den schönen, schönen Schatten betrachten können, den Sie in der Sonne, und gleichsam mit einer gewissen edeln Verachtung, ohne selbst darauf zu merken, von sich werfen, den herrlichen Schatten da zu Ihren Füßen."

die Eitelkeit einer der hervorstechendsten Charakterzüge- Schlemihls
ist ("das ist im Menschen, wo der Anker am zuverlässigsten Grund
faßt"). Die Katastrophe wird auch hier — wie in den bisher betrachteten Fällen — durch die Beziehung zum Weib herbeigeführt.
Schon die schöne „Fanny" ist von der Schattenlosigkeit Schlemihls
entsetzt und derselbe Mangel läßt ihn auch sein Lebensglück bei
der liebevollen Mina verscherzen. Der bei Balduin offen hervortretende
Wahnsinn im Gefolge der Katastrophe ist bei Spikher und Schlemihl,
die sich schließlich beide dem Bösen noch zu entwinden vermögen,
nur vorübergehend angedeutet. Nach dem Bruch mit Mina durch-
schweift Schlemihl „in irrem Lauf Wälder und Fluren. Angstschweiß
troff von meiner Stirne, ein dumpfes Stöhnen entrang sich meiner
Brust, in mir tobte Wahnsinn".

Schon aus dieser Parallele ergibt sich die später von anderer
Seite zu stützende Gleichwertigkeit des Spiegel- und des Schatten-
bildes, die beide als selbständig gewordene Ebenbilder dem Ich ent-
gegentreten. Von den zahlreichen Nachahmungen des Peter Schlemihl[1] sei hier nur das feine Andersensche Märchen „Der Schatten"
erwähnt, das von dem Gelehrten erzählt, dessen Schatten sich in
den Ländern der heißen Zone von seinem Besitzer freimacht und
ihm einige Jahre später als Mensch wieder begegnet. Zunächst hatte
der Schattenverlust für den Mann keinerlei üble Folgen — nach
Art von Schlemihls Schicksal — gehabt, denn es wuchs ihm ein
neuer, wenn auch bescheidener Schatten nach. Aber dem ersten sehr
vermögend und ansehnlich gewordenen Schatten gelingt es allmählich,
seinen ursprünglichen Besitzer sich dienstbar zu machen. Zuerst
fordert er von ihm Stillschweigen über sein früheres Schattendasein
da er beabsichtigt, sich zu verloben. Bald treibt er jedoch die Kühn-
heit so weit, seinen ehemaligen Herrn wie seinen Schatten zu behandeln. Er erregt dadurch die Aufmerksamkeit einer Königstochter,
die ihn schließlich zum Manne begehrt. Der Schatten sucht endlich
seinen früheren Herrn gegen ein hohes Gehalt dazu zu bewegen,
die Rolle des Schattens vor aller Welt zu spielen. Dagegen lehnt
sich aber alles in ihm auf und er trifft Anstalten, den Usurpator
seiner menschlichen Rechte zu verraten. Dieser aber kommt ihm zuvor und läßt ihn ins Gefängnis sperren; da er seiner Braut ver-

---

[1] Vgl. Goedecke, Grundriß der deutschen Dichtung VI, 149 f.

sichert, sein „Schatten" wäre verrückt geworden und halte sich für einen Menschen, wird es ihm leicht, noch am Abend der Hochzeit die heimliche Beseitigung des seiner Liebe gefährlichen Mannes zu bewirken und so sein Liebesglück zu sichern.

Diese in einem bewußten Gegensatz zur Geschichte Peter Schlemihls gestaltete Erzählung verbindet die Fabel von den schweren Folgen der Schattenlosigkeit mit der Gestaltung des Motivs, wie sie beim Studenten von Prag vorliegt. Denn auch im Märchen Andersens handelt es sich nicht bloß um einen Mangel wie bei Chamisso, sondern um die Verfolgung durch den selbständig gewordenen Doppelgänger, der seinem Ich immer und überall — mit katastrophaler Wirkung aber wieder in der Liebe — hindernd in den Weg tritt.

Deutlicher ist wieder die Schattenlosigkeit betont in Lenaus Gedicht „Anna", dem die schwedische Sage[1] von einem hübschen Mädchen zugrunde liegt, welches den Verlust seiner Schönheit durch Kindersegen fürchtet. Ihr Wunsch, immer so jung und schön zu bleiben, treibt sie vor der Hochzeit zu einer geheimnisvollen Alten, die sie durch Zauber von den sieben ihr zugedachten Kindern befreit. In unwandelbarer Schönheit verlebt sie sieben Ehejahre, bis einst ihr Gatte im Mondenschein bemerkt, daß sie keinen Schatten wirft. Zur Rede gestellt, bekennt sie ihre Schuld und wird verstoßen. Nach weiteren sieben Jahren harter Buße und schweren Jammers, die ihre tiefen Spuren hinterlassen haben, wird Anna durch einen Einsiedler entsühnt und stirbt mit Gott versöhnt, nachdem ihr vorher in einer Kapelle die Schatten ihrer sieben ungeborenen Kinder erschienen waren.

Von entfernteren dichterischen Darstellungen des Schattenmotivs seien noch kurz genannt: In Goethes „Märchen" die Schilderung des Riesen, der am Flußufer wohnt und dessen Schatten mittags unvermögend und schwach ist, um so mächtiger aber bei Sonnenauf- und untergang. Setzt man sich da auf den Nacken seines Schattens, so wird man, während er sich bewegt, zugleich mit über den Fluß gehoben. Um sich von dieser Be-

---

[1] Dieselbe Sage hat Frankl in der Ballade „Die Kinderlose" (Ges. Werke 2, 116, 1880) und Hans Müller von der Leppe in seinem Kronberger Liederbuch (Frankfurt 1895, S. 62) unter dem Titel „Fluch der Eitelkeit" behandelt. — Vgl. die auch über die verschiedenen Fassungen der Sage orientierende Arbeit von J. Bolte: „Lenaus Gedicht Anna" (Euphorion IV, 1897, S. 323).

förderungsart unabhängig zu machen, baut man an dieser Stelle eine Brücke. Aber wenn der Riese sich nun morgens die Augen rieb, so fuhr der Schatten seiner Fäuste so mächtig unter Menschen und Tiere, daß alle zusammenstürzten. — Ferner Mörikes Gedicht „Der Schatten": Ein Graf, der ins Heilige Land zieht, läßt sich von seinem Weib Treue schwören. Der Eid ist falsch, denn die Frau vergnügt sich mit ihrem Buhlen und sendet dem Mann einen Gifttrank nach, an dem er stirbt. Zur selben Stunde stirbt aber auch das treulose Weib, nur ihr Schatten bleibt unauslöschlich im Saal bestehen. — Endlich noch ein kleines Gedicht von Richard Dehmel „Der Schatten", nach R. L. Stevenson[1], das sehr hübsch die Rätselhaftigkeit des Schattens für das Kind schildert, das nicht weiß, wozu es seinen kleinen Schatten hat:

„Das Sonderbarste an ihm ist, wie er sich anders macht;
Gar nicht wie artige Kinder tun, hübsch alles mit Bedacht.
Und manchmal springt er schneller hoch als mein Gummimann;
Und manchmal macht er sich so klein, daß Keiner ihn finden kann."
(Deutsche Chansons, Brettlieder, Leipzig 1911, S. 64.)

Von den bisher betrachteten Gestaltungen des Stoffes, in denen der unheimliche Doppelgänger deutlich eine selbständig und sichtbar gewordene Abspaltung des Ichs ist (Schatten, Spiegelbild), unterscheiden sich jene eigentlichen Doppelgängerfiguren, die einander als reale und leibhaftige Personen von ungewöhnlicher äußerer Ähnlichkeit gegenüberstehen und die Wege kreuzen. Hoffmanns erster Roman „Die Elixiere des Teufels" (1814) basiert auf einer zu den sonderbarsten Verwechslungen führenden Ähnlichkeit zwischen dem Mönche Medardus und dem Grafen Viktorin, die — ohne es zu wissen — vom selben Vater stammen. Ihre merkwürdigen Schicksale sind nur auf Grund dieser mystischen Voraussetzung möglich und verständlich. Beide erkranken, vom Vater erblich belastet, an seelischen Störungen, deren meisterhafte Schilderung den Hauptinhalt des Romanes bildet[2]. Der durch einen Sturz wahnsinnig gewordene Viktorin hält sich in seiner Krankheit für Medardus und gibt sich für ihn aus. Seine Identifizierung mit Medardus geht — allerdings nur unter Berücksichtigung der poetischen Lizenz — so weit, daß er dessen eigene Gedanken ausspricht, so daß Medardus glaubt, sich selbst sprechen zu hören, sein innerstes Denken als Stimme von

---

[1] Stevenson hat übrigens das Problem der Doppelexistenz in seiner Erzählung „Der seltsame Fall des Doktor Jekyll und des Herrn Hyde" behandelt (vgl. S. 348 Anm.).

[2] Vgl. O. Klinke, Hoffmanns Leben und Werke vom Standpunkt eines Irrenarztes. Halle (1902), 2. Aufl. 1908.

außen zu vernehmen[1]. Dieses paranoische Bild wird ergänzt durch die Beachtungs- und Verfolgungsideen, denen er im Kloster ausgesetzt ist, durch die Erotomanie, die sich an das nur flüchtig geschaute Bild der Geliebten knüpft, sowie das krankhaft gesteigerte Mißtrauen und Selbstgefühl. Auch wird er von der quälenden Idee beherrscht, einen kranken Doppelgänger zu haben, worin ihn die Erscheinung des geistesgestörten Kapuziners bestärkt. — In deutlicher Verknüpfung mit der Rivalität um das geliebte Weib erscheint das Hauptmotiv dieses Romans herausgearbeitet in der späteren Erzählung „Die Doppeltgänger" (XIV, S. 5 bis 52). Wieder handelt es sich um zwei, äußerlich zum Verwechseln ähnliche und durch geheimnisvolle Familienbeziehungen einander nahestehende Jünglinge, die infolge dieses seltsamen Schicksals und durch ihre Liebe zu demselben Mädchen in die unverständlichsten Abenteuer geraten, welche ihre Lösung erst finden, als sich die beiden Nebenbuhler vor der Geliebten gegenüberstehen und freiwillig auf ihren Besitz verzichten. Die gleiche äußere Ähnlichkeit verbindet in den „Lebensansichten des Katers Murr" das Schicksal des zur Geisteskrankheit disponierten Kreisler mit dem des wahnsinnigen Malers Ettlinger, dem Kreisler nach dem Ausspruch der Prinzessin Hedwiga so ähnlich sieht, als wäre er sein Bruder (X, 139). Dies geht so weit, daß Kreisler sein im Wasser geschautes Spiegelbild für den wahnsinnigen Maler hält und ihn ausschilt, während er unmittelbar darauf glaubt, sein eigenes Ich und Ebenbild neben sich einherschreiten zu sehen

---

[1] Eine psychologische Einsicht in diese Gestaltung des Doppelgängers verrät Dostojewskis Roman „Die Brüder Karamasow". Bevor Iwan Karamasow wahnsinnig wird, erscheint ihm der Teufel und bekennt sich als sein Doppelgänger. Als Iwan eines Abends spät nach Hause kommt, tritt ein unheimlicher Herr ein und erzählt ihm Dinge, von denen sich herausstellt, daß Iwan sie selbst einmal in seiner Jugend ausgedacht, aber wieder vergessen hatte. Er sträubt sich dagegen, die Wirklichkeit der Erscheinung anzuerkennen: „Nicht eine Minute akzeptiere ich dich als reale Wahrheit. Eine Lüge bist du, eine Krankheit bist du, ein Trugbild. Nur weiß ich nicht, womit ich dich vernichten kann. — Du bist meine Halluzination. Du bist die Verkörperung meiner selbst, übrigens nur einer Seite von mir . . . meiner Gedanken und Gefühle, aber nur der allerscheußlichsten und dümmsten. — Alles, . . . was sich schon längst überlebt hat, worüber ich schon längst zu einer anderen Ansicht gekommen bin . . . schleppst du mir heran, als wären es Neuigkeiten. Du bist ich selbst, nur mit einer anderen Fratze, du sprichst gerade das, was ich denke . . ."

(X, 146 f.). Von tiefstem Entsetzen erfaßt, stürzt er ins Zimmer zu
Meister Abraham und fordert ihn auf, den lästigen Verfolger mit
einem Dolchstoß niederzustoßen, ein Impuls, dessen Ausführung der
Student von Prag mit seinem Leben bezahlen muß.

Hoffmann, der das Doppelgängerproblem noch in anderen
Werken behandelte („Prinzessin Brambilla", „Das steinerne Herz",
„Die Brautwahl", „Der Sandmann", u. a.) hat zweifellos starke
persönliche Antriebe dazu gehabt; dennoch ist der Einfluß nicht zu
unterschätzen, den der damals auf der Höhe seines Ruhmes stehende
Jean Paul übte, der das Doppelgängermotiv in die Romantik eingeführt hatte[1]. Auch im Schaffen J. Pauls dominiert dieses Thema
in allen seinen psychologischen Varianten. Wirkliche Doppelgänger
sind Leibgeber und sein Freund Siebenkäs, der ihm aufs Haar ähnlich sieht und sogar den Namen mit ihm tauscht. Im „Siebenkäs"
steht die ständige Verwechslung der beiden — ein Motiv, das auch
sonst bei Jean Paul häufig ist (z. B. in „Katzenbergers Badereise") —
im Mittelpunkt des Interesses, im „Titan" kommt sie noch episodisch
vor. Neben diesem leibhaftigen Doppelgängertum, welches sich bei
Jean Paul auch in der Form findet, daß jemand in der Gestalt des
Geliebten dessen Geliebte zu verführen versucht (Amphytrionmotiv),
hat der Dichter, wie kein zweiter vor- und nachher, das Problem
der Spaltung und Vervielfachung des Ich in krasser Ausprägung
immer wieder behandelt. „Im ,Hesperus' läßt er das Ich bereits als
unheimliches Gespenst vor sich erstehen" (Schneider). Viktor wird
schon in der Kindheit von solchen Geschichten besonders gepackt, in
denen Leute sich selbst sehen. „Oft besieht er abends vor dem
Einschlafen seinen Körper so lange, daß er ihn von sich abtrennt
und als eine fremde Gestalt neben seinem Ich stehen und gestiku-
lieren sieht. Darauf legt er sich mit dieser fremden Gestalt schlafen"
(Czerny). Auch hatte Viktor eine heftige Abneigung gegen Wachsfiguren, die er mit Ottomar („Die unsichtbare Loge") teilt, welcher
als Scheintoter sein Ich in den Lüften sieht. Dieser Schauder vor
Wachsfiguren wird verständlich im „Titan", wo Albano in ohn-
mächtiger Wut seine eigene Wachsbüste zerquetscht; aber es ist

---

[1] Vgl. dazu und zum folgenden F. J. Schneider: Jean Pauls Jugend
und sein Auftreten in der Literatur, Berlin 1905 (bes. S. 316 bis 320) sowie
J. Czerny: Jean Pauls Beziehungen zu Hoffmann. Gymn. Progr. Mies
1906/07 und 1907/08.

ihm dabei „wie Selbstmord und Betasten des Ichs". Schoppe und Albano sind von dem zerstörenden Wahn eines sie verfolgenden Doppelgängers besessen. Aus dem Traumtempel, wohin sich Albano verirrt hat, wird er durch die mitlaufenden Spiegelichs verscheucht. „Auch Leibgeber im ,Siebenkäs' sieht sich von einem Heer von Ichs umgeben, indem er sein Ich, sein und Firmians, seines Doppelgängers Spiegelbild, also drei Ich mit Firmian selbst, dem vierten, in Vergleich zieht . . . . Firmian tritt zum Spiegel und drückt mit dem Finger den Augapfel seitwärts, so daß er im Glase sein Bild doppelt sehen mußte, und wendet sich mitleidig an seinen Freund mit den Worten: aber du kannst freilich die dritte Person darin nicht sehen" (Schneider). Die im Namen Leibgeber angedeutete Entpersönlichungstendenz finden wir im „Titan" wieder. Roquairol, der als grenzenloser Egoist geschildert ist, sehnt sich doch einmal nach einer Freundschaft und schreibt an Albano: „Da sah ich Dich und wollte Dein Du werden — aber es geht nicht, denn ich kann nicht zurück, aber Du vorwärts, Du wirst mein Ich einmal[1]." „Spielend seine eigene Tragödie, nachäffend sein eigenes Ich gibt er sich den Tod" (Schneider). „Zur entsetzlichsten Pein steigert die Vorstellung, vom Ich verfolgt zu werden, bei Schoppe. Er denkt sich die Seligkeit in einer ewigen Befreiung vom Ich. Fällt sein Blick nur zufällig einmal auf seine Hände oder Beine, so fährt schon über ihn die kalte Furcht, er könne sich erscheinen und den Ich sehen. Der Spiegel muß verhangen werden, denn er bebt vor seinem Spiegelurangutang" (Schneider). Auch finden sich verjüngende und altmachende Spiegel (ähnlich auch Bilder, die ihre richtigen Züge nur unter einer bestimmten Lupe erkennen lassen), was auf Spikher übergegangen zu

---

[1] Die gleiche Tendenz hat Richard Dehmel, der Nachdichter des erwähnten Schattengedichtes von Stevenson, in dem schönen Gedicht „Masken" ausgedrückt, welches schildert, wie der Dichter auf einem Maskenball in verschiedenen Masken vergebens sein Ich sucht und jede Strophe mit den Worten beschließt: „Du bist es nicht — doch Ich bin Du", bis er zuletzt das findet, was er sucht.

> Und Du, bist du's: du Domino im Spiegel,
> In dessen Blick die Farben meerhaft schwanken,
> Du maskenlos Gesicht: zeig her das Siegel,
> Das mir ausdrückt den Grund deiner Gedanken:
> Bist du es selbst? Ausdruck — du nickst mir zu:
> Grundsiegel — Maske — Bist Ich Du?

sein scheint, dem auch einmal sein Gesicht veraltet und verzerrt entgegengrinst. Wir erinnern uns hier daran, daß Spikher auch — wie Balduin — alle Spiegel verhängen läßt: „aber aus dem entgegengesetzten Grunde, weil sie sein Ich nicht mehr wiedergeben" (Czerny). Bei Schoppe geht diese Angst sogar so weit, daß er die gehaßten Spiegel zerschlägt, da ihm aus ihnen sein Ich entgegentritt. Und wie Kreisler und Balduin den Doppelgänger töten wollen, so sendet Schoppe an Albano seinen Stockdegen mit der Aufforderung, die unheimliche Erscheinung in Rattos Keller zu töten. „Schoppe stirbt schließlich an seiner Wahnidee mit dem Satz der Identität auf den Lippen" (Schneider). Es ist bekannt, daß Jean Paul im „Titan" Stellung nahm zur Fichteschen Philosophie und zeigen wollte, wohin der transzendentale Idealismus bei äußerster Konsequenz führen müsse. Man hat darüber gestritten, ob der Dichter dem Philosophen bloß seine Anschauungen gegenüberstellen oder ob er ihn ad absurdum führen wollte; wie dem auch sei, scheint es jedenfalls deutlich, daß beide auf ihre eigene Art versuchten, sich mit dem ihnen persönlich nahe gehenden Problem des Ich auseinander zu setzen.

Einzelne originelle Gestaltungen leiten von den leibhaftigen Doppelgängerfiguren zu den Darstellungen über, welche die subjektive Bedingtheit und Bedeutung der sonderbaren Einstellung wieder erkennen lassen. Eine davon ist Ferdinand Raimunds romantisch-komisches Märchen „Der Alpenkönig und der Menschenfeind", wo der Doppelgänger des reichen Rappelkopf von dem mit echt Raimundscher Naivität objektivierten Alpengeist dargestellt wird. Dem in der Verkleidung seines Schwagers auftretenden Rappelkopf spielt der Alpenkönig Astragalus in der Rolle des Rappelkopf selbst dessen lächerliche Fehler und Schwächen vor. Die Handlung führt des Helden Heilung von seiner hypochondrischen Menschenfeindlichkeit und seinem paranoischen Mißtrauen herbei, indem der Dichter ihn sein eigenes Ich wie in einem „Seelenspiegel" erblicken läßt; er lernt dadurch sich selbst hassen und seine früher so verhaßte Umgebung lieben. Bemerkenswert ist, daß einige typische Motive des Doppelgängertums hier aus ihrer unbewußten Tragik in die Erkenntnissphäre des Humors gehoben erscheinen. In den Seelentausch fügt sich der halsstarrige Rappelkopf schließlich wie in einen Scherz und die Gegenüberstellung der beiden Doppelgänger in den Hauptszenen des Stückes führt zu mehrfachen Verwechslungen und Verwicklungen, so daß

der Held schließlich nicht weiß, wo er sein Ich suchen soll und
bemerkt: „Ich fürcht' mich vor mir selber." Die „verdammte Doppel-
gängerei" führt endlich zu gegenseitigen Beleidigungen und zum
Duell. Der Impuls, sich von dem unheimlichen Gegenspieler auf
gewaltsame Weise zu befreien, gehört, wie wir sahen, zu den wesentlichen Zügen des Motivs und wo dem Impuls nachgegeben wird,
wie beispielsweise im Studenten von Prag und anderen noch zu besprechenden Gestaltungen, da zeigt es sich deutlich, daß das Leben
des Doppelgängers mit dem der Person selbst aufs engste verknüpft
ist. Diese geheimnisvolle Grundlage des Problems wird bei Raimund
zur bewußten Voraussetzung der Probe. Im letzten Moment vor dem
Duell erinnert sich Rappelkopf dieser Bedingung: „Wir haben alle
zwei nur ein Leben. Wenn ich ihn erschieße, so schieß ich mich
selber tot." Er wird dadurch vom Banne gelöst, daß Astralagus
sich ins Wasser stürzt und Rappelkopf, der in ihm zu ertrinken
fürchtet, in eine Ohnmacht fällt, aus der er dann geheilt erwacht.
Besonders interessant ist uns ein Rest des Spiegelmotivs, das auf
die innerliche Bedeutung des Doppelgängers hinweist. Auf dem Höhepunkt des Wahnes, kurz vor der Flucht von Haus und Familie,
erblickt sich Rappelkopf in dem hohen Wandspiegel seines Zimmers;
er verträgt den Anblick seines Gesichtes nicht und „zerschlägt den
Spiegel mit geballter Faust". In einem hohen Wandspiegel in Rappelkopfs Hause wird aber dann der Alpenkönig sichtbar, der später
als Doppelgänger erscheint.

In anderer Form hat Raimund dasselbe Thema im „Verschwender" behandelt. Der Bettler, der Flottwell ein Jahr lang
überall hin folgt, stellt sich zwanzig Jahre später als sein Doppelgänger heraus, der ihn — nach Art eines Schutzgeistes, wie auch
der Alpenkönig einer ist — vor gänzlichem Ruin bewahrte. Tatsächlich glaubt Flottwell in ihm den Geist seines Vaters zu erblicken,
bis er, durch sein hartes Schicksal belehrt, in der warnenden Erscheinung sich selbst in seinem fünfzigsten Lebensjahr erkennt. Auch
hier versucht der Verfolgte den lästigen Begleiter zu töten, aber er
vermag ihm nichts anzuhaben. Die Beziehung dieses Doppelgängers
zu dem im Alpenkönig auftretenden ist in einem gemeinsamen Motiv
angedeutet, dessen psychologische Erörterung in einen anderen Zusammenhang gehört. Wie nämlich der Bettler von Flottwell Schätze
erbettelt, um sie dann dem gänzlich Verarmten zurückzustellen („ich

hab' für dich bei dir gebettelt"), so wendet Rappelkopf, der gleichfalls ein scheinbar Verarmter und schließlich wieder reich Gewordener
ist, dieses Motiv der „gemeinsamen Kasse" ins Komische, indem er
das von seinem Doppelgänger weggeworfene Geld mit dem Bemerken aufhebt, daß diese Gemeinsamkeit des Besitzes eine weit
bequemere Einrichtung wäre, als die unerwünschte Gemeinschaft
mit Gesundheit und Leben des anderen. Steht auch das Thema des
Altwerdens mit dem hier unberücksichtigt gebliebenen Geldkomplex
in einem interessanten Zusammenhang, so lassen sich doch einzelne
Verbindungsfäden auch zum Doppelgängerproblem verfolgen. Daß
der Bettler in der Gestalt des um zwanzig Jahre gealterten Flottwell erscheint, erinnert an den auf den Alpenkönig bezüglichen
Mädchenglauben, daß sein Anblick um vierzig Jahre älter mache.
Und wie der Alpenkönig im Spiegel erscheint, schließt Lieschen die
Augen, aus Furcht, ihre Schönheit einzubüßen. Dieser Zug stellt
wieder die Verbindung zu den altmachenden und verjüngenden
Spiegeln bei Jean Paul sowie den Zerrspiegeln bei Hoffmann und
anderen her.

Diese Furcht vor dem Altwerden wird als eines der tiefsten
Probleme des Ich behandelt in Oscar Wildes Roman „Das Bildnis
des Dorian Gray" (1890). Der schöne und jugendfrische Dorian
äußert beim Anblick seines wohlgetroffenen Porträts den vermessenen
Wunsch, immer so jung und schön zu bleiben und die Spuren des
Alters und der Sünde auf das Bild übertragen zu können. Dieser
Wunsch sollte ihm unheimlicherweise in Erfüllung gehen. Zum erstenmal bemerkt er eine Änderung an dem Bilde, als er die ihn über
alles liebende Sibyl grausam und kalt von sich stößt, ähnlich wie
die meisten seiner Schicksalsgenossen in der Liebe zum Weibe am
eigenen Ich irre werden. Von da an bleibt das stets alternde und
die Spuren der Sünde verratende Bild das sichtbare Gewissen
Dorians. An ihm lernt er, der sich selbst über die Maßen liebt,
seine eigene Seele verabscheuen und er verhüllt und verschließt
das ihm Furcht und Entsetzen einflößende Bild, um es nur in besonderen Momenten seines Lebens zu betrachten und mit seinem
eigenen ewig unveränderten Spiegelbild zu vergleichen. Das frühere
Entzücken an seiner Schönheit macht allmählich einem Abscheu vor
dem eigenen Ich Platz. Schließlich „verfluchte er die eigene Schönheit, und indem er den Spiegel auf den Boden schleuderte, zertrat

er ihn mit dem Absatz in tausend Splitter". Eine ausgesprochen
neurotische Spiegelphobie ist mit feiner künstlerischer Wirkung als
Inhalt eines vom Helden geschätzten Romans erzählt, dessen Held
im vollen Gegensatz zu Dorian seine außerordentliche Schönheit in
früher Jugend verloren hatte. Seither blieb ihm eine „groteske Furcht
vor Spiegeln, polierten Metallplatten und stehendem Wasser". Nachdem Dorian den Maler des verhängnisvollen Bildes ermordet und
Sibyl in den Tod getrieben hat, findet er keine Ruhe mehr: „es
wurde ihm zur Gewißheit, daß er verfolgt, umgarnt und schließlich
zu Tode gehetzt würde." Er beschließt ein Ende zu machen und
das Bild zu vernichten, um sich auf diese Weise von der unerträglichen Vergangenheit zu befreien. Er durchsticht das Bild und fällt
im selben Augenblick gealtert und entstellt mit dem Messer im
Herzen tot zu Boden, während das Bild ihn unversehrt in jugend-
licher Schönheit zeigt[1].

Von anderen Romantikern, die das Doppelgängermotiv behandelten
— und in irgend einer Form hat es fast bei jedem Verwendung gefunden[2]
— sei hier nur Heine noch kurz erwähnt, weil bei ihm der Doppelgänger,
der nach literarhistorischem Urteil zu seinen Urmotiven gehört[3], auch nicht
als leibhaftiger Gegenspieler, sondern in einer mehr verinnerlichten Form
auftritt. „Im ‚Ratcliff' will er das Schicksal zweier Menschen gestalten, deren
Leben durch den Zwang einer Doppelexistenz von Sinnlosigkeit erfüllt ist,
die sich morden müssen, obwohl sie sich lieben. Ihre Alltagsexistenz wird
fort durchkreuzt von dem Leben ihrer Ahnen, das sie noch einmal zu leben
gezwungen sind. Dieser Zwang bedingt die Spaltung der Persönlichkeit."
Ratcliff gehorcht einer inneren Stimme, die ihn ermahnt, jeden zu morden,
der sich Marien naht. In anderer Form findet sich das Motiv in den „floren-
tinischen Nächten": das Doppelsein der Madame Laurencer, deren heiteres
Tagesleben mit nächtlichen Tanzekstasen wechselt, von denen sie am Tage
ruhig wie von etwas längst Vergangenem spricht. Verwandt ist die Ge-

---

[1] Das Motiv des plötzlichen Altwerdens hat Claude Farrère meisterhaft behandelt im „Geheimnis der Lebenden"; verflacht erscheint es in
dem 1917 erschienenen „Mangobaumwunder" von Perutz und Frank.

[2] Bei Tieck, Arnim, Brentano vorwiegend in der äußerlichen Form
der Verwechslung oder der Lösung verwickelter Handlungen durch Identifizierung verschiedener Personen; bei Novalis u. a. in einer mystischen
Verschwommenheit; bei Fouqué („Der Zauberring" II, 13), Kerner („Die
Reiseschatten") u. a. nur episodisch.

[3] Herrmann Helene: Studien zu Heines Romanzero. Berlin 1906. —
Vgl. auch W. Siebert: Heines Beziehungen zu Hoffmann (Beitr. z. deutsch.
lit. Wiss. Bd. VII). Marburg 1908.

schichte des toten Laskaro im „Atta Troll", „dem die Mutterliebe nächtlich
mit der stärksten Salbe ein verzaubert Leben einreibt". In „Deutschland.
Ein Wintermärchen" (Kap. VI) erscheint dem Dichter immer ein sonderbarer Geselle, wenn er nachts am Schreibtisch sitzt; gefragt, gibt er sich zu
erkennen: „ich bin die Tat von deinen Gedanken". Auch in manche Gedichte Heines spielt Ähnliches hinein (das durch Schuberts Vertonung ist
am bekanntesten) und in der berühmten Vision der wilden Jagd träumt er
selbst ein Doppelleben.

Wie man sieht, nähern sich diese Gestaltungen des Motivs
einem Extrem, das mit unserem Thema nur in loserem Zusammenhang steht. Hat es sich bisher entweder um einen leibhaftigen
Doppelgänger gehandelt, der wieder in die entferntere Verwechs-
lungskomödie ausmündet[1], oder um ein vom Ich losgelöstes und
selbständig gewordenes Ebenbild (Schatten, Spiegelbild, Porträt), so
stoßen wir hier auf die darstellerisch entgegengesetzte Ausdrucksform
der gleichen seelischen Konstellation: es werden nämlich zwei verschiedene, durch Amnesie getrennte Existenzen von ein und derselben
Person dargestellt. Diese Fälle von Doppelbewußtsein, die auch
klinisch zur Beobachtung gelangt sind[2], haben in der neueren Literatur
vielfach Darstellung gefunden[3], können jedoch für unsere weitere
Untersuchung außer Betracht bleiben[4].

---

[1] Der unsterbliche Lustspielstoff, der von Plantus' „Menaechmi" bis
zu Fuldas „Zwillingsschwester" seiner Wirkung sicher war; als bekannte
Typen seien genannt: Shakespeare „Comedy of the errors", Lecoque
„Giroflé-Giroflá, Nestroy „Der Färber und sein Zwillingsbruder".

[2] Vgl. die orientierende Schrift von Max Dessoir: „Das Doppel-Ich."
2. Aufl. Leipzig 1896.

[3] So in dem berühmten, später auch dramatisierten Roman von George
du Maurier „Trilby", ferner Hugh Conway „Called back", Dick-May
„L'affaire Allard" („Unheimliche Geschichten"), Paul Lindaus neuerdings
auch verfilmtes Drama „Der Andere", Georg Hirschfeld „Das zweite
Leben" u. a. m.

[4] Gänzlich außer acht lassen wir die okkulte Auffassung des Doppelgängertums, wie sie als gleichzeitige Existenz desselben Individuums an
zwei verschiedenen Orten interpretiert wird. Als typischen Vertreter dieser
Lehre vergleiche man Strindberg: „Inferno. Legenden" (Sämtl. Schr., deutsch
v. Schering, IV, 4, Verlag Müller, München), S. 50 f. 285 etc. — In vielen
Dichtungen Strindbergs ist die Spaltung der Persönlichkeit bis zum
Extrem geführt (vgl. bes. den Roman „Am offenen Meere"). Über Strindbergs Paranoia vgl. man die Pathographie von S. Rahmer (Grenzfragen
d. Lit. u. Mediz., Heft 6, 1907).

Wir wenden uns von diesen Grenzfällen aus wieder jenen für unsere Analyse ergiebigeren Stoffen zu, in denen es zu einer mehr oder minder deutlichen Gestaltung einer Doppelgängerfigur kommt, die jedoch zugleich als spontane subjektive Schöpfung krankhafter Phantasietätigkeit erscheint. An die beiseite gelassenen Fälle von Doppelbewußtsein, die psychologisch als Grundlage und darstellerisch gewissermaßen als Vorstufe des voll ausgeprägten Doppelgängerwahns erscheinen, schließt sich unmittelbar als Übergang zu der uns interessierenden Gruppe Maupassants eindrucksvolle Erzählung „Le Horla" (1887). Der Held der Geschichte, dessen Tagebuchaufzeichnungen uns der Dichter vorlegt, erkrankt an Angstzuständen, die ihn insbesondere nachts quälen, ihn bis in seine Träume verfolgen und keinem Mittel dauernd weichen wollen. Eines nachts entdeckt er zu seinem Entsetzen, daß die Wasserflasche, die abends gefüllt war, völlig geleert dastand, obwohl niemand in das versperrte Zimmer eindringen konnte. Von diesem Augenblick an konzentriert sich sein ganzes Interesse auf jenen unsichtbaren Geist — den Horla —, der in ihm oder neben ihm lebt. Er stellt Versuche an und sucht ihm auf jede Weise zu entgehen. Vergebens: er wird nur immer mehr von der selbständigen Existenz des Geheimnisvollen überzeugt. Überall fühlt er sich belauert, betrachtet, durchdrungen, beherrscht, verfolgt von ihm. Oft wendet er sich blitzschnell um, damit er ihn endlich zu sehen und fassen bekäme. Oft stürzt er sich in das leere Dunkel seines Zimmers, wo er den Horla wähnt, um „ihn zu packen, ihn zu erwürgen und zu töten". Schließlich gewinnt dieser Gedanke der Befreiung von dem unsichtbaren Tyrannen die Oberhand. Er läßt Fenster und Türen seines Zimmers mit fest verschließbaren eisernen Laden versehen und schleicht sich eines Abends vorsichtig heraus, um den Horla unentrinnbar einzuschließen. Dann steckt er das Haus in Brand und sieht von Ferne zu, wie es mit allem, was darin lebt, zugrunde geht. Aber zuletzt kommen ihm doch Zweifel, ob der Horla, dem das Ganze galt, vernichtet werden könne und er sieht als einzig sicheren Weg zur Befreiung den eigenen Selbstmord[1]. Auch hier trifft also wieder der dem doppelgängerischen Ich zugedachte Tod die eigene

---

[1] In einer ähnlichen Schilderung von Poritzky („Geistergeschichten") ist „der Unbekannte" der Tod, der dem Betreffenden gleichfalls unablässig und unsichtbar folgt.

Person. Wie weit die Spaltung in ihr geht, zeigt eine vor der entscheidenden Katastrophe sich abspielende Spiegelphantasie. Der Held hat sein Zimmer hell erleuchtet, um dem Horla aufzulauern. „Hinter mir steht ein hoher Spiegelschrank, der mir täglich dazu gedient hat, mich zu rasieren, mich anzuziehen und in dem ich mich jedesmal, wenn ich vorüberging, von Kopf bis zu Fuß betrachtete. Ich tat also, als schriebe ich, um ihn zu täuschen, denn auch er spähte nach mir. Und plötzlich fühlte ich, ich war meiner Sache ganz sicher, daß er über meiner Schulter gebeugt las, daß er da war und mein Ohr streifte. Ich stand auf, streckte die Hände aus und drehte mich so schnell um, daß ich beinahe gefallen wäre. Und nun? Man sah hier so gut wie am hellen Tage, und ich sah mich nicht in meinem Spiegel. Das Glas war leer, klar, tief, hell erleuchtet, aber mein Bild war nicht darin, und ich stand doch davor, ich sah die große, klare Spiegelscheibe von oben bis unten und sah das mit entsetzten Augen an! Ich wagte nicht mehr, vorwärts zu gehen, ich wagte keine Bewegung zu machen, ich fühlte, daß er da war, aber daß er mir wieder entwischen würde, er, dessen undurchdringlicher Körper hinderte, daß ich mich selbst spiegeln konnte. Und Entsetzen! — plötzlich sah ich mich selbst in einem Nebel mitten im Spiegel, in einem Schleier, wie durch Wasser hindurch und mir war es, als ob dieses Wasser von links nach rechts glitte, ganz langsam, so daß von Sekunde zu Sekunde mein Bild in schärferen Linien erschien . . . Endlich konnte ich mich vollkommen erkennen, wie täglich, wenn ich in den Spiegel blicke. Ich hatte ihn gesehen und das Entsetzen blieb mir in den Gliedern, daß ich jetzt noch zittere"[1].

In einer kleinen Skizze „Lui"[2], die sich wie ein Entwurf zum „Horla" ausnimmt, hat Maupassant einzelne für uns interessante Züge deutlicher hervortreten lassen. So die Beziehung zum Weib, denn die ganze Erzählung von dem geheimnisvollen „Er", der dem Helden die grauenhafte Furcht vor sich selbst einflößt, erscheint als das Geständnis eines Mannes, der sich gegen seine bessere Einsicht verheiraten will, verheiraten muß, einfach aus dem Grunde, weil er es nicht mehr erträgt, nachts allein zu sein, seit er einmal beim Nachhausekommen „Ihn" im Lehnsessel am Kamin den Platz ein-

---

[1] Maupassants gesammelte Werke, übersetzt von G. v. Ompteda. Bd. VII.

[2] Deutsch von Moeller-Bruck, Reclam-Bibl. Nr. 4315, S. 10 ff.

nehmen sah, den er selbst innezuhaben pflegte[1]. „Er verfolgt mich unaufhörlich. Das ist Wahnsinn! Doch es ist so. Wer, Er? Ich weiß sehr wohl, daß er nicht existiert, daß er nicht wirklich ist. Er lebt bloß in meiner Ahnung, in meiner Furcht, in meiner Angst! — — Wenn wir jedoch zu zwei sein werden, fühle ich deutlich, ja ganz deutlich, wird er nicht mehr da sein. Denn er ist nur da, weil ich allein bin, einzig weil ich allein bin!"

Die gleiche Stimmung hat, zu melancholischer Resignation abgetönt, ergreifenden Ausdruck in Mussets „La nuit de décembre" (1835) gefunden. In einem Zwiegespräch mit der „Vision" erzählt der Dichter, daß ihm seit der Kindheit immer und überall ein schattenhafter Doppelgänger folge, der ihm wie ein Bruder gleiche. In den entscheidenden Momenten seines Lebens erscheint ihm der schwarzgekleidete Begleiter, dem er nicht entrinnen kann, so weit er auch vor ihm flieht und dessen Natur er nicht zu erkennen vermag. Und wie er einst als verliebter Jüngling mit seinem Doppelgänger allein war[2], so ist er nun viele Jahre später eines Nachts in süße Erinnerungen an die Zeit der Liebe versunken, als die Erscheinung sich wieder zeigt. Der Dichter sucht ihr Wesen zu ergründen, er spricht sie als böses Geschick, als guten Engel und schließlich, als die Erinnerungen an die Liebe sich nicht verscheuchen lassen, als sein eigenes Spiegelbild an:

> Mais tout à coup j'ai vu dans la nuit sombre
> Une forme glisser sans bruit.
> Sur mon rideau j'ai vu passer une ombre;
> Elle vient s'asseoir sur mon lit.
> Qui donc es-tu, morne et pâle visage,
> Sombre portrait vêtu de noir?
> Que me veux-tu, triste oiseau de passage?
> Est-ce un vain rêve? est-ce ma propre image
> Que j'aperçois dans ce miroir?

---

[1] Ähnlich in Kiplings „The Knife and the Naked Chalk" (Rewards and Fairies): Hummil, der sich selbst schon an der Tafel sitzen sieht als er zu Tisch kommt, während die Erscheinung wegeilt. „Except that it cast no shadow it was in all respects real".

[2]
> A l'âge où l'on croit à l'amour,
> J'étais seul dans ma chambre un jour,
> Pleurant ma première misère.
> Au coin de mon feu vint s'asseoir
> Un étranger vêtu de noir,
> Qui me ressemblait comme un frère.

Schließlich gibt sich die Erscheinung als „Einsamkeit" zu er-kennen. — Mag es auch auf den ersten Blick sonderbar erscheinen, daß die Einsamkeit, ähnlich wie bei Maupassant, als lästige Ge-sellschaft eines Zweiten empfunden und dargestellt wird, so liegt doch der Akzent — was auch Nietzsche aussprach — auf der Ge-selligkeit mit dem eigenen Ich, das sich als Doppelgänger objektiviert. Ein ähnliches Selbstgespräch mit dem eigenen personifizierten Ich liegt Jean Pauls „Beichte des Teufels bei einem großen Staats-bediensteten" zugrunde [1]. In interessanter psychologischer Einkleidung findet sich das gleiche Motiv in der „Eines Nachts" betitelten Er-zählung von J. E. Poritzky [2]. Dem in der Blüte der Jahre stehen-den Helden der feinen Skizze scheint sich eines Nachts „ein Faust an Alter und Weisheit" anzuschließen zu tiefsinnigem, erinnerungs-reichem Zwiegespräch. Der Alte erzählt von einer tags zuvor erlebten Mitternachtsstunde, in der ihn vor dem Spiegel eine Erinnerung aus der Kinderzeit überkam, welche die abergläubische Furcht, um Mitter-nacht in den Spiegel zu schauen, zum Inhalt hatte. „Ich lächelte in Erinnerung daran und trat vor den Spiegel hin, als wollte ich heute noch die Legenden der Jugend Lüge strafen und verhöhnen. Ich

---

[1] Ähnliches findet sich bei Coleridge (Poems) und Baudelaire (Fleurs du Mal). Vom ersten sei das Gedicht „Verwandlung" (in der Nach-dichtung von Hugo v. Hoffmannsthal) erwähnt, das ähnlich wie Mussets Verse ein Zwiegespräch zwischen dem Freund und dem Dichter darstellt, dem sein eigenes wahres Ich erscheint:

> „Bann es in eines Augenblickes Räume,
> So ist's ein bröckelnd Nichts vom Land der Träume.
> Nimm, Jahre haben dunkel dir gewirkt,
> Du siehst, was jedes Leben in sich birgt."

Von Baudelaire stehe hier als Beispiel eine Strophe aus „Le jeu" (übersetzt von Wolf v. Kalckreuth):

> „Das ist das schwarze Bild, das ich im bösen Traume
> Mit allzuklarem Blick erspäht in nächt'ger Zeit.
> Ich selber schaute in dem grauenhaften Raume
> Mich aufgestützt, stumm und von tiefem Neid."

Die Unmöglichkeit, von der Vorstellung des eigenen Ich loszukommen, hat Wedekind in dem Gedicht „Der Gefangene" geschildert. ·

[2] „Gespenstergeschichten." Georg Müller, Verlag, München 1913. In der im selben Bande befindlichen Erzählung „Im Reiche der Geister" erscheint dem Studenten Orest Najaddin in geheimnisvoller Weise sein Doppelgänger (S. 84).

blickte hinein, aber da meine Vorstellung ganz von meinen Knaben-
jahren erfüllt war, und ich mich im Geiste so schaute, wie ich als
Knabe ausgesehen hatte, da ich gewissermaßen ganz mein gegen-
wärtiges Sein vergessen hatte, blickte ich mit stierem Befremden in
das durchfurchte Greisenantlitz, das mir aus dem Spiegel entgegen-
blickte." Diese Entrückung geht so weit, daß die Gestalt vor dem
Spiegel mit ihrer ehemaligen Knabenstimme um Hilfe ruft und der
Greis die Erscheinung schützen will, die plötzlich verschwunden ist.
Er sucht sich Rechenschaft von dem Erlebnis zu geben: „Ich kenne
die Spaltung unseres Bewußtseins sehr wohl; mehr oder minder
stark hat sie jeder schon empfunden: Jene Spaltung, in der man
seine eigene Person in allen bereits durchlaufenen Verwandlungen
schattenhaft am Auge vorüberziehen sieht [1] ... Aber es liegt auch
die Möglichkeit in uns, zuweilen unsere zukünftigen Lebensformen
zu erblicken ... dieses Schauen des zukünftigen Selbst ist manchmal
so stark, daß wir glauben, fremde Menschen zu sehen, die sich
körperlich leibhaftig von uns ablösen, wie ein Kind vom Mutterleibe.
Und dann begegnet man diesen von unserem Ich heraufbeschworenen
Erscheinungen der Zukunft und nickt ihnen zu. Das ist meine geheimnisvolle Entdeckung [2]. Dem französischen Psychologen Ribot
verdankt man einige sehr seltsame Beispiele seelischer Spaltung, die
sich nicht schlechtweg als Halluzinationon erklären lassen. Ein sehr
intelligenter Mann besaß die Fähigkeit, seinen Doppelgänger vor sich
hin zu bannen. Er lachte stets laut über die Vision und der Doppelgänger antwortete mit dem gleichen Lachen. Lange Zeit hindurch
belustigte ihn das gefährliche Spiel; schließlich nahm es aber ein
böses Ende. Er kam allmählich zu der Überzeugung, daß er von
sich selbst verfolgt wurde, und da das andere Ich ihn unaus-
gesetzt plagte, neckte und ärgerte, beschloß er eines Tages diesem
traurigen Dasein ein Ende zu machen." Nach Anführung eines
weiteren Beispiels fragt der Greis den Begleiter, ob er sich noch

---

[1] Wie in Mussets Versen.

[2] Man vgl. dazu den in Hebbels Tagebüchern (3. VI. 1847) mitgeteilten Traum seiner Frau, wo sie in einem Spiegel ihr ganzes zu-
künftiges Leben sieht; zuerst sieht sie ihr Gesicht ganz jugendlich, dann
immer älter werdend und am Schluß wendet sie sich ab in der Furcht, ihr
Gerippe werde nun kommen. Siehe auch Hebbels Eintragung vom 15. Dezember 1846: „Jemand, der sich selbst im Spiegel sieht, und um Hilfe schreit,
weil er einen Fremden zu sehen glaubt; man hat ihn nämlich angemalt."

nie alt fühlte, trotz seiner fünfunddreißig Jahre, und als dieser ver-
neint, verabschiedet er sich. Der Jüngere will die Hand ergreifen,
faßt aber zu seinem Erstaunen ins Leere; weit und breit ist kein
Mensch zu sehen. „Ich war allein und mir gegenüber stand ein
Spiegel, dessen Gefangener ich war, und erst jetzt, als er meine
Augen freigegeben hatte, sah ich, daß die Kerze tief herabgebrannt
war . . . Hatte ich mit mir gesprochen? Hatte ich meinen Körper
verlassen, und war ich erst jetzt in ihn zurückgekehrt? Wer weiß
. . . Oder hatte ich mich, wie Narziß, gegen mich selber gekehrt und war dann den künftigen Gestalten meines eigenen Ich
begegnet und habe ihnen zugenickt? Wer weiß . . .”

Eine für manche späteren Bearbeiter vorbildliche Gestaltung
hat Edgar Allan-Poe dem Doppelgängerstoff in seiner Novelle
„William Wilson” gegeben. Der Held der in der ersten Person
erzählten Geschichte, der sich William Wilson nennt, begegnet schon
in seiner Kindheit auf der Schule einem Doppelgänger, der mit ihm
Namen, Geburtstag, aber auch Gestalt, Sprache, Benehmen und
Gang so sehr teilt, daß sie für Brüder, ja sogar für Zwillinge gelten.
Bald wird der sonderbare Namensvetter, der den Helden in allem
und jedem nachahmt, zum treuen Kameraden, unzertrennlichen Gefährten, schließlich aber zum gefürchtetsten Rivalen. Nur durch seine
Stimme, die sich über den Flüsterton nicht erheben kann, unterscheidet sich der Doppelgänger noch von seinem Vorbild; aber auch
diese ist in Tonfall und Aussprache identisch, so daß „sein eigen-
artiges Flüstern zum vollkommenen Echo meiner eigenen Stimme
wurde”[1]. Trotz dieser unheimlichen Nachäffung ist der Held nicht
fähig, sein Gegenstück zu hassen und vermag auch nicht, sich den
von ihm „heimlich angedeuteten Ratschlägen”, denen er nur mit
Widerwillen gehorcht, zu entziehen. Diese Toleranz wird einigermaßen
dadurch gerechtfertigt, daß die Imitation anscheinend nur vom Helden
selbst wahrgenommen wird, seinen Kameraden aber nicht weiter auffällt. Ein Umstand war einzig geeignet, den Helden in Ärger zu versetzen und das war die Nennung seines Namens. „Sein Klang war
meinen Ohren abstoßend, und als ich am Tage meines Schulantrittes

---

[1] Übersetzt von Gisela Etzel (Poe: Das Feuerpferd u. a. Novellen.
Mit 15 Bildbeigaben von Alfred Kubin. Verlag Georg Müller, München 1910).
Es sei darauf hingewiesen, daß Poe auch eine Parabel „Shadow” geschrieben
hat (vgl. den Novellenband in Everyman's Library, S. 109).

erfuhr, daß gleichzeitig ein zweiter William Wilson eintrete, war ich auf diesen zornig, weil er den verhaßten Namen trug, und dem Namen doppelt feind, weil auch noch ein Fremder ihn führte, der nun schuld war, daß ich ihn doppelt so oft hören mußte." Eines Nachts schleicht der Held in die Schlafkammer seines Doppelgängers und muß sich dort überzeugen, daß die Züge des Schlafenden nicht das Resultat einer bloßen spöttischen Nachahmungssucht sein können.

Entsetzt flieht er aus der Schule und kommt nach einigen Monaten eines Aufenthalts zu Hause als Student nach Eton. Dort beginnt er ein lockeres Leben zu führen und hat an die unheimliche Episode in der Schule längst vergessen, als ihm eines Nachts bei einem Zechgelage sein Doppelgänger, in der gleichen modernen Kleidung, nur mit undeutlichen Gesichtszügen, erscheint. Er flüstert nur warnend die Worte „William Wilson" und verschwindet. Alle Nachforschungen nach seinem Wesen und seinem Verbleib sind erfolglos. Es stellt sich nur heraus, daß er am selben Tage aus der Schule verschwunden war wie sein Vorbild.

Bald danach geht der Held nach Oxford, wo er sein äußerst luxuriöses Leben fortsetzt, aber moralisch immer tiefer sinkt und auch vor den Kniffen des Falschspiels nicht zurückschreckt. Eines Abends, als er in Gesellschaft eben hohe Summen auf diese Weise gewonnen hatte, tritt der Doppelgänger plötzlich ein und enthüllt sein Gebaren. Beschämt und geächtet muß sich Wilson zurückziehen und verläßt am nächsten Morgen Oxford, um — ähnlich wie Mussets Dichter — durch ganz Europa ruhelos von Ort zu Ort zu fliehen. Aber überall durchkreuzt der Doppelgänger seine Unternehmungen, allerdings immer in einer Unheil verhütenden Weise. Endlich kommt es, nachdem Wilson beschlossen hatte, sich der drückenden Tyrannei des Unbekannten um jeden Preis zu entziehen, in Rom auf einem Maskenball zur Katastrophe. Eben versucht Wilson, sich der reizenden Gattin seines alternden Gastgebers zu nahen, als ihn eine Hand an der Schulter faßt. Er erkennt in der Maske, die genau wie er ge-kleidet ist, seinen Doppelgänger und zieht ihn in einen Nebenraum, wo er ihn zum Duell herausfordert. Nach kurzem Zweikampf stößt er dem Doppelgänger den Degen ins Herz. Da rüttelt jemand an der Türe, Wilson wendet sich für einen Augenblick ab, aber im nächsten Moment hat sich die Situation in überraschender Weise geändert. „Ein großer Spiegel — so schien es mir zuerst in meiner Verwirrung — stand jetzt da, wo vorher keiner gewesen war; und

als ich im höchsten Entsetzen zu ihm hinschritt, näherten sich mir
aus seiner Fläche meine eigenen Züge — bleich und blutbesudelt —
meine eigene Gestalt, ermatteten Schrittes. So schien es, sage ich,
doch war es nicht so. Es war mein Gegner — es war Wilson, der
da im Todeskampfe vor mir stand. Seine Maske und sein Mantel
lagen auf dem Boden, da, wo er sie hingeworfen. Kein Faden an
seinem Anzug — keine Linie in den ausgeprägten und eigenartigen
Zügen seines Antlitzes, die nicht bis zur vollkommenen Identität
mein eigen gewesen wären! Es war Wilson; aber seine Sprache war
kein Flüsterton mehr, und ich hätte mir einbilden können, ich selber
sei es, der da sagte: ‚Du hast gesiegt, und ich unterliege. Dennoch,
von nun an bist auch du tot — tot für die Welt, den Himmel und
die Hoffnung! In mir lebtest du — und nun ich sterbe, sieh hier im
Bilde, das dein eigenes ist, wie du dich selbst ermordet hast'."

Wohl die erschütterndste und psychologisch tiefste Darstellung
hat unser Thema in Dostojewskis Jugendroman „Der Doppelgänger" (1846) gefunden. Er schildert den Ausbruch einer geistigen
Störung bei einem Menschen, der sich dessen — bei fehlender Krank-
heitseinsicht — nicht bewußt ist und der alle seine peinlichen Erlebnisse in paranoischer Auslegung als Verfolgungen seiner Feinde
ansieht. Das allmähliche Hineingleiten in den Wahn und dessen
Vermengung mit der Realität — eigentlich der ganze Inhalt der an
äußerer Handlung armen Erzählung — ist mit unübertrefflicher Meister-
schaft geschildert. Die hohe künstlerische Leistung ist gekenn-
zeichnet durch die vollkommene Objektivität der Schilderung, die
nicht nur keinen Zug des paranoischen Krankheitsbildes übersieht,
sondern die Wahnbildung vom Standpunkt ihres Opfers selbst auf
die Umgebung wirken läßt. Die in wenige Tage zusammengedrängte
Entwicklung bis zur Katastrophe ließe sich kaum anders als durch
Abdruck der ganzen Erzählung wiedergeben[1]. Hier können nur kurz
die einzelnen Etappen bezeichnet werden.

Der unglückliche Held der Geschichte, Titularrat Goljädkin,
kleidet sich eines Morgens, anstatt ins Amt zu gehen, mit besonderer
Sorgfalt und Eleganz an, um zu einem Diner beim Staatsrat Berendejeff
zu fahren, seinem „Wohltäter seit undenklichen Zeiten, der mir in

---

[1] Dostojewskis sämtliche Werke, herausgegeben von Mereschkowski
und Moeller van der Bruck. Bd. XIV, S. 237 bis 500. — Deutsch von
E. K. Rahsin.

gewissem Sinne den Vater ersetzt hat". Doch schon auf dem Wege passiert ihm allerlei, was ihn zunächst zu einer Änderung seiner Absicht bestimmt. Aus dem Wagen bemerkt er zwei junge Kollegen des Amtes, von denen ihm schien, als hätte der eine mit dem Finger nach ihm gewiesen, während der andere laut seinen Namen gerufen habe. Im Ärger über „diese dummen Jungen" wird er von einem neuen, noch peinlicheren Erlebnis gestört. An seinem Wagen rollt die elegante Equipage seines Abteilungschefs, Andrej Philippowitsch, vorbei, der sich offenbar wundert, seinen Unterbeamten unter solchen Umständen zu sehen. Goljädkin fragt sich „in unbeschreiblich qualvoller Beklemmung": „Soll ich ihn erkennen oder soll ich tun, als wäre ich gar nicht ich, sondern irgend ein anderer, der mir zum Verwechseln ähnlich sieht?" „Jawohl, ich bin einfach nicht ich . . . ganz einfach, bin ein ganz anderer — und nichts weiter." Und er grüßt den Vorgesetzten nicht. Im reuevollen Nachdenken über diese begangene Dummheit und die Bosheit seiner Feinde, die ihn dazu genötigt hatte, empfand Herr Goljädkin „das dringende Bedürfnis, zu seiner eigenen Beruhigung etwas sehr Wichtiges seinem Arzt Krestjan Iwanowitsch mitzuteilen", obwohl er ihn erst seit wenigen Tagen kannte. Dem Doktor, dem er in äußerster Verlegenheit gegenübersteht, vertraut er in umständlicher Erzählung und mit der charakteristischen Unbestimmtheit der Paranoischen, daß ihn Feinde verfolgen, „gehässige Feinde, die sich verschworen haben, mich zugrunde zu richten". Er wirft nebenbei hin, daß man auch vor Gift nicht zurückscheuen würde, daß es aber vorwiegend auf seinen moralischen Tod abgesehen sei, bei dem die geheimnisvoll angedeutete Beziehung zu einer Frau die Hauptrolle spiele. Diese, eine deutsche Köchin, mit der man ihn in verleumderische Beziehungen bringt und Klara Olssuphjewna, die Tochter seines alten Protektors, zu dem er eben am Beginn der Geschichte fahren will, beherrschen seine überaus fein und charakteristisch dargelegten erotomanischen Phantasien. In der Überzeugung, daß „im Nest dieser abscheulichen Deutschen sich die ganze Macht der bösen Kräfte verbirgt", gesteht er dem Arzt unter Scham, daß sein Abteilungschef und dessen eben avancierter Neffe, der sich um Klara bewirbt, über ihn Klatschgeschichten verbreiten: er habe der Köchin, bei der er früher wohnte, an Stelle seiner Schuld für das Essen ein schriftliches Heiratsversprechen geben müssen, sei also „bereits der Bräutigam einer anderen".

Beim Staatsrat, wo er etwas zu früh erscheint, wird ihm bedeutet, daß man ihn nicht empfange; er muß beschämt abziehen
und sehen, wie die anderen Gäste, darunter sein Abteilungschef und
dessen Neffe, vorgelassen werden. Später schleicht er sich unter be-
schämenden Umständen doch zu der Feierlichkeit ein, die zu Ehren
von Klaras Geburtstag stattfindet. Er benimmt sich bei der Gratu-
lation höchst ungeschickt und erregt allgemein Anstoß. Als er dann
noch beim Tanz mit Klara stolpert, entfernt man ihn gewaltsam aus
der Gesellschaft.

Um Mitternacht eilt er, „um sich vor seinen Feinden zu retten",
in einem fürchterlichen Wetter ziellos durch die menschenleeren
Straßen Petersburgs. Er sah aus, „als wolle er sich vor sich selbst
verstecken, als wolle er am liebsten vor sich selbst fortlaufen". Erschöpft und in namenloser Verzweiflung bleibt er endlich am Kanal
stehen, auf das Geländer gestützt. Plötzlich „schien es ihm, daß im
Augenblick jemand neben ihm, dicht neben ihm gestanden hatte,
gleichfalls auf das Geländer gestützt, und — seltsam! — es war,
als habe der Betreffende ihm sogar etwas gesagt, schnell und kurz
und nicht ganz deutlich, aber irgend etwas ihm Naheliegendes, etwas,
das ihn persönlich anging". Er sucht sich über diese sonderbare
Erscheinung zu beruhigen, aber beim Weitergehen kommt ihm ein
Mann entgegen, den er für die Hauptperson der gegen ihn gerichteten Intrige hält und der ihm in der Nähe Entsetzen einflößt durch
die auffällige äußere Übereinstimmung: „Er ging gleichfalls sehr
eilig, war gleichfalls ganz vermummt ... und ging wie er, Herr
Goljädkin, mit kleinen, schnellen, trippelnden Schritten" ... Noch ein
drittes Mal begegnet ihm zu seiner maßlosen Überraschung derselbe
Unbekannte; Goljädkin läuft ihm nach, ruft ihn an, entschuldigt
aber dann im Scheine der nächsten Laterne seinen Irrtum. Trotzdem
zweifelte er nicht daran, den Mann genau zu kennen, „er wußte
sogar wie er hieß, mit dem Familiennamen und mit dem Ruf- und
Vatersnamen. Und doch hätte er ihn selbst für alle Schätze der
Welt nicht mit Namen genannt". Im Verlaufe der weiteren Überlegungen begann er, die unheimliche Begegnung, die ihm nunmehr
unvermeidlich schien, je schneller desto lieber herbeizuwünschen und
tatsächlich ging der Unbekannte bald darauf in kurzer Entfernung
vor ihm her. Unser Held befand sich jetzt auf dem Nachhause-
wege, den der unverkennbare Doppelgänger vollkommen genau zu

kennen schien; er trat in Herrn Goljädkins Haus ein, eilte behende
die halsbrecherische Treppe hinauf und trat schließlich in die Wohnung ein, die der Diener bereitwillig öffnete. Als Herr Goljädkin
atemlos in sein Zimmer trat, saß „der Unbekannte vor ihm auf
seinem Bett, gleichfalls im Hut und Mantel"; unfähig seinen Empfindungen irgendwie Luft zu machen, setzt er „sich starr vor Schreck
neben den anderen hin ... Herr Goljädkin erkannte sofort seinen
nächtlichen Freund. Dieser nächtliche Freund aber war niemand
anders als er selbst — ja: Herr Goljädkin selbst, ein anderer Herr
Goljädkin und doch Herr Goljädkin selbst — mit einem Wort und
in jeder Beziehung war er das, was man einen Doppelgänger
nennt".

Der mächtige Eindruck dieses Erlebnisses vom Schluß des
vergangenen Tages macht sich am nächsten Morgen durch Verstärkung der Verfolgungsideen bemerkbar, die nun immer deutlicher
von dem Doppelgänger auszugehen scheinen, der bald leibhaftige
Gestalt annimmt und nicht mehr aus dem Mittelpunkt der Wahn-
gebilde verschwindet. Im Bureau, wo er „einen Verweis wegen
Vernachlässigung des Dienstes" befürchten muß, findet der Held an
seinem Nebenplatz einen neuen Beamten, der niemand anderer ist
als der zweite Herr Goljädkin. Dabei aber „ein anderer Herr Goljädkin, ein vollkommen anderer, und zugleich doch einer, der vollkommen ähnlich dem ersten war. Von gleichem Wuchs, derselben
Gestalt und Haltung, ebenso gekleidet, ebenso kahlköpfig — kurz,
es war nichts, aber auch nichts zur vollkommenen Ähnlichkeit vergessen worden, so daß, wenn man die beiden nebeneinander aufgestellt hätte, niemand, aber auch wirklich niemand hätte sagen
können, wer der wirkliche Herr Goljädkin und wer der nachgemachte
sei, wer der alte und wer der neue, wer das Original und wer die
Kopie". Und doch ist dieses getreue „Spiegelbild", das sogar dieselben Vornamen hat und aus derselben Stadt gebürtig ist, so daß
die beiden für Zwillinge gelten, in seinen Charaktereigenschaften
gewissermaßen ein Gegenstück seines Vorbildes: er ist ein Drauf-
gänger, Heuchler, Schmeichler und Streber, der sich überall beliebt
zu machen weiß und so seinen unbeholfenen, schüchternen, pathologisch aufrichtigen Konkurrenten bald ausgestochen hat[1].

---

[1] Einzelne Züge seiner Karriere erinnern auffällig an das Hauptmotiv in E. T. A. Hoffmanns Märchen „Klein Zaches".

Das sich nunmehr entwickelnde Verhältnis des Herrn Goljädkin zu seinem Doppelgänger, dessen Darstellung den Hauptinhalt des Romans bildet, kann hier nur in seinen wichtigsten Phasen fixiert werden. Anfangs kommt es zu einer äußerst intimen Freundschaft, ja sogar zu einem Bündnis gegen die Feinde des Helden, der seinem neuen Freunde die wichtigsten Geheimnisse mitteilt: „Ich liebe, ich liebe dich, liebe dich brüderlich, sage ich dir. Aber zusammen Sascha, da wollen wir ihnen einen Streich spielen." Aber bald wittert Goljädkin in seinem Ebenbilde den Hauptfeind und sucht sich gegen ihn zu schützen: sowohl im Amt, wo der Doppelgänger ihm die Gunst der Kollegen und Vorgesetzten abspenstig macht, als auch im Privatleben, wo er bei Klara zu reussieren scheint. Der widerwärtige Kerl verfolgt den Helden bis in seine Träume, in denen er, auf der Flucht vor dem Doppelgänger, sich von einer großen Schar von Ebenbildern umgeben sieht, denen er nicht entkommen kann (S. 411)[1]. Aber auch im Wachen quält ihn dieses unheimliche Verhältnis derart, daß er schließlich den Gegner zum Duell auf Pistolen herausfordert. Neben diesem typischen Motiv fehlen auch hier nicht die Spiegelszenen, für deren Bedeutsamkeit es zu sprechen scheint, daß die Erzählung mit einer solchen beginnt. „Kaum war er nun aus dem Bett gesprungen, so war das erste, was es tat, daß er zu dem runden Spiegelchen stürzte, das auf der Kommode stand. Und obwohl das verschlafene Gesicht mit den kurzsichtigen Augen und dem ziemlich gelichteten Haupthaar, das ihm aus dem Spiegel entgegenschaute, von so unbedeutender Art war, daß es ganz entschieden sonst keines Menschen Aufmerksamkeit hätte fesseln können, schien der Besitzer desselben doch mit dem Erlebten sehr zufrieden zu sein." Im Stadium der höchsten Verfolgung durch den Doppelgänger, als Goljädkin am Büfett eines Restaurants ein Pastetchen zu sich nimmt, fordert man von ihm für das Zehnfache Bezahlung, mit dem bestimmten Hinweis, er habe so viel gegessen. Sein sprachloses Erstaunen weicht einem Verständnis, da er aufblickt und in der gegenüberliegenden Türe, „die unser Held vorhin als Spiegelglas angesehen", den anderen Herrn Goljädkin erkennt, mit dem man ihn verwechselte und der es in dieser Weise gewagt hatte, ihn bloßzustellen. Einer ähnlichen Täuschung unterliegt der Held, als er in

---

[1] Ein ähnlicher Angsttraum von zahlreichen Ebenbildern des eigenen Ich bei Jerome K. Jerome „Roman-Studien" (Engelhorn-Bibl. XII, 19, S. 38).

größter Verzweiflung seinen höchsten Vorgesetzten aufsucht, um sich
seinem „väterlichen" Schutz anzuvertrauen. Sein unbeholfenes Gespräch mit Ihrer Exzellenz unterbricht plötzlich „ein sonderbarer Gast.
In der Tür, die unser Held bis jetzt für einen Spiegel angesehen
hatte, wie es ihm schon einmal passiert war — erschien er — wir
wissen ja schon wer: der Bekannte und Freund Herrn Goljädkins".
 Durch sein sonderbares Benehmen gegen Kollegen und Vor-
gesetzte bringt es Goljädkin zur Entlassung aus dem Dienste. Aber
die eigentliche Katastrophe knüpft sich, wie die aller anderen Doppelgängerhelden an ein Weib, an Klara Olssuphjewna. In Korrespon-
denzen mit seinem Doppelgänger und mit Wachramejeff, einem der
„Verteidiger" der „deutschen Köchin", verwickelt, erhält Goljädkin
einen Brief zugesteckt, der seine erotomanischen Phantasien aufs
neue entfacht. In diesem Briefe bittet Klara Olssuphjewna, sie vor
einer ihr wider Willen aufgezwungenen Verheiratung zu schützen
und mit ihr, die bereits der Arglist eines Nichtswürdigen zum
Opfer gefallen sei und sich nun ihrem edlen Retter anvertraut, zu
entfliehen. Nach vielfachen Bedenken und Überlegungen beschließt
der mißtrauische Goljädkin dem Rufe doch Folge zu leisten und
Klara, wie angegeben, um 9 Uhr abends im Wagen vor ihrem
Hause zu erwarten. Aber auf dem Wege zum Stelldichein unternimmt er noch einen letzten Versuch, alles in Ordnung zu bringen.
Er will sich Seiner Exzellenz als einem Vater zu Füßen werfen
und von ihm Rettung vor dem schändlichen Doppelgänger erflehen.
Er würde sagen: „Er ist ein anderer Mensch, Ew. Exzellenz, und
auch ich bin ein anderer Mensch! Er ist einer für sich und ich bin
einer für mich, wirklich, ich bin ganz für mich." Doch wie er vor
dem hohen Herrn steht, wird er verlegen, beginnt zu stottern und
zu fabeln, so daß die Exzellenz und ihre Gäste bedenklich werden.
Besonders der anwesende Doktor, derselbe, den Goljädkin konsultiert
hatte, beobachtet ihn scharf, und natürlich ist auch wieder sein bei
Exzellenz in Gunst stehender Doppelgänger da, der ihn schließlich
hinauswirft.
 Nachdem Goljädkin lange Zeit im Hofe von Klaras Hause
verborgen gewartet und dabei alles Für und Wider seines Vorhabens
nochmals erwogen hatte, wird er plötzlich von den hell erleuchteten
Fenstern der Wohnung aus entdeckt und — natürlich von seinem
Doppelgänger — in der liebenswürdigsten Weise ins Haus eingeladen.

Er glaubt seinen Plan entdeckt und ist auf das Ärgste vorbereitet; statt dessen geschieht nichts dergleichen, im Gegenteil wird er von allen liebenswürdig und zuvorkommend empfangen. Eine glückliche Stimmung überkommt ihn und er fühlt sich voll Liebe, nicht nur zu Olssuph Iwanowitsch, sondern zu allen Gästen, sogar zu seinem gefährlichen Doppelgänger, der durchaus nicht mehr böse, der gar nicht mehr der Doppelgänger zu sein schien, sondern ein ganz gleichgültiger und liebenswürdiger Mensch." Dennoch hat der Held von den Gästen den Eindruck, daß sich etwas Besonderes vorbereiten müsse; er glaubt, es handle sich um eine Versöhnung mit seinem Doppelgänger und reicht ihm die Wange zum Kusse; doch schien es ihm, „als tauchte etwas Böses in dem unedlen Gesicht Herrn Goljädkins des Jüngeren auf — die Grimasse des Judaskusses . . . Im Kopfe Herrn Goljädkins dröhnte es und vor seinen Augen wurde es dunkel: ihm schien eine endlose Reihe Goljädkinscher Ebenbilder mit großem Geräusch durch die Tür ins Zimmer zu stürmen". In Wirklichkeit tritt dort unerwartet ein Mann ein, bei dessen Anblick unseren Helden Entsetzen faßt, obwohl er „schon früher alles gewußt und ähnliches geahnt" hatte. Es ist der Doktor, wie der triumphierende Doppelgänger ihm boshaft zuflüstert. Der Doktor nimmt den bedauernswerten Goljädkin, der sich vor den Anwesenden zu rechtfertigen sucht, mit sich fort und besteigt mit ihm einen Wagen, der sich sogleich in Bewegung setzt. „Gellende, ganz unbändige Schreie seiner Feinde folgten ihm als Abschiedsgrüße auf den Weg. Eine Zeitlang hielten noch mehrere Gestalten mit dem Gefährt gleichen Schritt und sahen in den Wagen hinein. Allmählich jedoch wurden ihrer immer weniger, bis sie schließlich verschwanden und nur noch der schamlose Doppelgänger Herrn Goljädkins übrig blieb", der bald links, bald rechts neben dem Wagen herlaufend, zum Abschied Kußhände warf. Schließlich verschwindet auch er und Goljädkin verfällt in Bewußtlosigkeit, aus der er im Dunkel der Nacht neben seinem Begleiter erwacht uud von ihm erfährt, daß er von Staats wegen freie Station erhalte: „Unser Held stieß einen Schrei aus und griff sich an den Kopf. Das war es: und das hatte er schon lange geahnt!"

Alle diese Erzählungen weisen, abgesehen von den in Form verschiedener Typen gestalteten Doppelgängerfigur, eine Reihe so, auffällig übereinstimmender Motive auf, daß es kaum nötig scheint

sie noch besonders hervorzuheben. Immer handelt es sich um ein
dem Helden bis auf die kleinsten Züge, wie Namen, Stimme, Kleidung
ähnliches Ebenbild, das wie „aus dem Spiegel gestohlen" (Hoffmann) dem Helden auch meist im Spiegel erscheint; immer auch
tritt dieser Doppelgänger seinem Vorbild hindernd in den Weg und
in der Regel kommt es beim Verhältnis zum Weib zur Katastrophe,
meist in Selbstmord — auf dem Umweg des dem lästigen Ver-
.jer zugedachten Todes — endet. In einer Anzahl von Fällen ist
dies verquickt mit einem regelrechten Verfolgungswahn oder gar
ersetzt durch einen solchen, der dann zu einem vollkommenen paranoischen Wahnsystem ausgestaltet erscheint.

Die Aufzeigung dieser gemeinsamen typischen Züge bei einer
Reihe von Autoren soll nicht so sehr deren literarische Abhängigkeit
beweisen, die in einigen Fällen ebenso sicher wie in anderen unmöglich ist, als vielmehr auf die identische seelische Struktur dieser
Dichter aufmerksam machen, die wir nun etwas näher betrachten
wollen.

III.

> „Dichter sind doch immer Narzisse."
> W. Schlegel.
>
> „Selbstliebe ist der Anfang zu einem
> lebenwährenden Roman."
> Wilde.
>
> „Liebe zu sich selbst ist immer der
> Anfang eines romanhaften Lebens . . .
> denn nur wo das Ich eine Aufgabe
> ist, hat es einen Sinn zu schreiben."
> Thomas Mann.

Es kann nicht unsere Absicht sein, Leben und Schaffen der
hier in Betracht kommenden Dichter pathographisch oder gar analytisch zu durchforschen; nur ein Querschnitt durch eine bestimmte
Schichte ihrer seelischen Konstitution soll die weitgehenden Übereinstimmungen in gewissen Grundzügen erweisen, aus denen dann
die gleichen psychischen Reaktionen folgen.

Als oberste Gemeinsamkeit fällt auf, daß die uns hier interessierenden — wie einige gleichgeartete [1] — Dichter ausgesprochen

---

[1] Nahe stehen etwa noch: Villiers de l'Isle-Adam, Baudelaire,
Strindberg, Kleist, Günther, Lenz, Grabbe, Hölderlin.

pathologische Persönlichkeiten waren, die das sonst dem Künstler
zugestandene Maß von Neurotik nach mehr als einer Richtung überschritten. Sie litten nämlich nicht nur offenkundig an psychischen
Störungen oder Nerven- und Geisteskrankheiten, sondern bewiesen
auch im Leben ein ausgesprochen exzentrisches Tun und Treiben,
sei es daß sie im Trinken, im Gebrauch von Opiaten, in Sexualibus
— mit besonderer Betonung des Abnormen — exzedierten.

Von Hoffmann, der von einer hysterischen Mutter stammt
ist bekannt, daß er nervös, exzentrisch und Stimmungen stark unterworfen war, ja daß er an Halluzinationen, Wahnideen und Zwangs-
vorstellungen litt, die er in seinen Dichtungen darzustellen liebte[1].
Er hatte Angst, wahnsinnig zu werden und „glaubte manchmal sein
leibhaftiges Spiegelbild, seinen Doppelgänger und andere spukhafte
Gestalten in Vermummung vor sich zu sehen" (Klinke). Die Doppelgänger und Schauergestalten sah er, wenn er sie beschrieb, wirklich
um sich und weckte deshalb bei nächtlicher Arbeit oft in Angst
seine Frau, um ihr die Gestalten zu zeigen[2]. Nach einem Gelage
schrieb er ins Tagebuch: „Anwandlung von Todesgedanken: Doppeltgänger" (Hitzig I, 174, 275). Er ging mit 47 Jahren an einer Nervenkrankheit zugrunde, die Klinke als Chorea diagnostiziert, die aber
auch als Paralyse aufgefaßt wurde und die jedenfalls auf seine neu-
ropathische Konstitution schließen läßt, die er mit den meisten seiner
noch zu besprechenden Schicksalsgenossen teilt.

So mit Jean Paul, der gleichfalls an Angst vor dem Wahnsinn
litt und mit schweren seelischen Erschütterungen zu kämpfen hatte,
um sich zum Schaffen durchzuringen. Im Mittelpunkt seiner Seelen-
kämpfe steht das Verhältnis zum Ich, dessen Bedeutung für die

---

[1] Vgl. dazu Klinke (l. c.), Schaukal: Hoffmann („Die Dichtung",
Bd. XII, Berlin 1904) sowie die dort zitierten Quellen, namentlich Hitzigs
Erinnerungen „Aus Hoffmanns Leben". 2 Teile, Berlin 1823.

Hoffmann, der die psychiatrische und okkulte Literatur gut kannte,
hat auch von dort her Anregung für seine Stoffe geschöpft. Insbesondere
Schuberts damals stark gelesenen Büchern soll Hoffmann viel verdanken.
In der 1814 erschienenen „Symbolik" heißt es, daß das Gefühl „einer
doppelten Persönlichkeit vom Nachtwandler und auch nach langen Krankheiten empfunden wird und sie ist bei Wahnsinn mit leichten Intervallen
und im Traume wirklich vorhanden" (S. 151).

[2] In Maupassants „Lui" nimmt sich der Held eine Frau, um vor
solchen Anwandlungen geschützt zu sein.

psychischen Störungen und die dichterischen Gestalten Jean Pauls sein Biograph Schneider eingehend würdigt. „Als eine der merkwürdigsten Erinnerungen aus seiner Kindheit erzählt Jean Paul, daß ihm einst als Knaben das innere Gesicht, ‚ich bin ein Ich' wie ein Blitzstrahl vom Himmel kam und seitdem leuchtend vor ihm stehen blieb . . . In der Leipziger Zeit drängt sich ihm jene mächtige Empfindung des eigenen Selbst wie ein schreckendes Gespenst auf" (l. c.). „Vorher die Geschichte", schreibt der Dichter 1819 in sein Vitabuch, „wie ich einmal Nachts in Leipzig nach ernstem Gespräche Oerthel ansehe und er mich, und uns beiden vor unserem Ich schaudert." . . . „Im ‚Hesperus' läßt er das Ich bereits als unheimliches Gespenst vor sich erstehen, das wie mit einem Basiliskenblick auf den Beschauer wirkt. Schon sehen wir den Dichter an der künstlerischen Ausgestaltung seiner Wahnidee. Er kann sie nicht mehr los werden, er verliert sich immer und immer wieder, wenn er einsam ist, in der Betrachtung seines eigenen Ich . . . Aus dem Ich, dem ursprünglich empfundenen Absoluten im wirbelnden Wechsel der Relationen („Unsichtbare Loge"), ist allmählich „der Ich" geworden, welcher bald als Traumgestalt durchsichtig und zitternd neben dem eigenen Ich steht, bald als Spiegelbild sich drohend emporreckt, gegen das Glas sich bewegt und heraustreten will. Immer weiter treibt es Jean Paul mit seiner furchtbaren Idee" (Schneider l. c.), deren künstlerische Ausgestaltung wir bereits verfolgt haben.

In einem Atem mit Hoffmann ist man gewohnt Edgar Allan-Poe zu nennen, dessen Leben ebenso exzentrisch war wie sein Dichten[1]. Wie bei Hoffmann und Jean Paul finden sich auch hier ungünstige Verhältnisse im Elternhaus. Poe verlor seine Eltern mit zwei Jahren und wurde bei Verwandten erzogen. Schon in der Pubertät trat eine schwere Melancholie auf, als die Mutter eines Kameraden, die er sehr verehrte, starb. Um diese Zeit begann er auch schon mit dem Alkoholgenuß und verfiel später in Trunksucht, bis er, etwa in den letzten zehn Jahren seines Lebens, zum Opium griff. Mit 27 Jahren heiratete er seine kaum vierzehnjährige Cousine, die einige Jahre später an Schwindsucht starb, an der auch seine Eltern zugrunde gegangen waren. Bald nach dem Tode seiner Frau

---

[1] Hanns Heinz Ewers: Poe. Berlin 1905. — H. Probst: Poe (Grenzfragen der Lit. und Mediz., hg. von S. Rahmer, H. VIII). München 1908

hatte er den ersten Anfall von Delirium tremens. Eine zweite Ehe
kam nicht zustande, weil er am Tage vor der Hochzeit unmäßig
Alkohol genossen hatte und exzedierte[1]. Im Jahre seines Todes
knüpfte er noch Beziehungen mit einer inzwischen verwitweten Jugend-
geliebten an. Er starb, nur 37 Jahre alt, angeblich an Delirium
tremens. Neben den typisch alkoholistischen und epileptischen Charakterzügen weist Poe Angstvorstellungen (besonders vor dem Lebendigbegrabenwerden) und zwangsneurotische Grübelsucht auf (man vergleiche die Novellen: „Berenice", „The tell-tale Heart" etc.). Sein
Pathograph Probst nennt ihn feminin und betont die Asexualität
seiner Phantasien: „es fehlt ihm die Geschlechtsliebe", was er als
Folge des Alkohol- und Opiumgenusses ansieht. Außerdem schildert
er ihn als egozentrisch: „all sein Denken dreht sich nur um sein
Ich" (l. c. S. 25). Die Novelle „William Wilson" gilt allgemein als
Selbstbekenntnis Poes und er schildert ja darin auch einen Menschen,
der durch Spiel und Trunksucht immer mehr herabkommt, um sich
schließlich gegen sein besseres Selbst zugrunde zu richten.

Ähnlich, wenn auch von ergreifenderer Tragik, ist das Leben und
Leiden Maupassants[2]. Auch er stammt, wie Hoffmann, von einer
ausgesprochen hysterischen Mutter, und war zweifellos zu seiner
durch einen äußeren Anlaß verursachten geistigen Erkrankung stark
prädisponiert[3]. Wie Poe im Alkohol, so exzedierte Maupassant
in der Liebe. Zola sagt von ihm: „Er war ein gefürchteter Mädchen-
jäger, der von seinen Streifzügen immer die erstaunlichsten Frauen-
zimmergeschichten mitbrachte, allerlei unmögliche Liebesabenteuer,
bei deren Erzählung unserem guten Freunde Flaubert vor Lachen
die Tränen in die Augen traten." Als sich Maupassant mit etwa
28 Jahren bei Flaubert beklagt, daß er den Weibern keinen Geschmack mehr abgewinnen könne, schreibt ihm dieser: „Immer die
Weiber, Schweinchen." — „Zu viel Huren, zu viel Ruderei, zu viel

---

[1] Baudelaire erklärt in seinem feinen Essai über Poe diese Tatsache
psychologisch daraus, daß der Dichter seiner ersten Frau treu bleiben wollte
und darum die Entlobung provozierte (Baudelaires Werke, deutsch von
Max Bruns, Bd. III).

[2] Paul Mahn, Maupassant, Berlin 1908.

Gaston Vorberg, Maupassants Krankheit (Grenzfragen des Nerven-
und Seelenlebens, herausgegeben von L. Löwenfeld, Heft 60). Wiesbaden 1908.

[3] Für entsprechende Disposition spricht der Umstand, daß auch sein
jüngerer Bruder Hervé an Paralyse zugrunde ging.

Körperbewegung . . ." (Vorberg, S. 4). Doch war er um diese Zeit
ein kräftiger, gesunder, abenteuerlustiger Mensch von einer geradezu
fabelhaften Arbeitskraft[1]. Aber schon im 30. Lebensjahre machten
sich die ersten Anzeichen der progressiven Paralyse bemerkbar, der
der Dichter im 43. Jahre erlegen ist. Seine ursprünglich anekdoten-
haften und ergötzlichen, oft von derber Sinnenlust strotzenden Geschichten machen allmählich düsteren Selbstbekenntnissen Platz, in
denen die schwere Verstimmung dominiert. Sein Buch „Sur l'Eau"
(1888) schildert diese Zustände in Tagebuchform. Nach und nach
nahm Maupassant zu allerhand narkotischen Mitteln seine Zuflucht
und scheint sich auch zeitweise mit ihrer Hilfe aufrecht erhalten zu
haben. Ja, manche seiner Werke sollen nach seiner eigenen Angabe
unter der Einwirkung solcher Mittel geschrieben sein, was man auch
von Poe, Hoffmann, Baudelaire u. a. behauptet hat. Wie diese
Dichter, litt auch Maupassant, wenngleich aus anderer Ursache,
an Halluzinationen und Illusionen, die er auch oft in seinen Werken
geschildert hat. Später produzierte er eine Reihe interessanter Wahn-
gebilde, hatte Größen- und Verfolgungsideen und unternahm auch
einen Selbstmordversuch. Lange vorher schon kämpfte er gegen den
„inneren Feind", den er in „Horla" so großartig dargestellt hat. Auch
diese Novelle ist, ebenso wie „Lui" und vieles andere, nichts als eine er-
greifende Selbstschilderung. Die innere Spaltung in sich hat er schon früh
deutlich erkannt: „Weil ich in mir jenes Doppelleben trage, das die Kraft
und zugleich das Elend des Schriftstellers ist. Ich schreibe, weil ich
empfinde, und ich leide an allem, was ist, weil ich es nur zu gut
kenne und vor allem, weil ich, ohne es kosten zu können, es in
mir selbst, in dem Spiegel meiner Gedanken sehe." (Sur l'Eau,
10. April.) Ähnlich wie Poe ist auch Maupassant stark egozentrisch eingestellt („Mich ermüdet sehr rasch alles, was sich nicht
in mir selbst vollzieht"), und trotz seines intensiven Sexuallebens
hat er doch niemals das richtige Verhältnis zum Weib gefunden,
die Liebe, „ein Glück, das ich nicht kannte und das ich in stiller
Ahnung für das Höchste auf Erden hielt". (Sur l'Eau.) Gerade die
Frauen lassen ihn deutlich seine Unfähigkeit zu wirklicher Hingabe
fühlen: „Am meisten lassen mich die Frauen empfinden, daß ich allein

---

[1] „Von 1880 bis 1890 schrieb er außer zahlreichen Zeitungsartikeln
sechzehn Bände Novellen, sechs Romane und drei Bände Reiseschilderungen"
(Vorberg, S. 5).

bin ... Nach jedem Kuß, nach jeder Umarmung wird das Verein-
samungsgefühl größer ... Ja, sogar in jenen Augenblicken, wo
scheinbar ein geheimnisvolles Einverständnis besteht, wo sich Wunsch
und Sehnsucht verschmelzen und man in die Tiefe ihrer Seele hin-
abzutauchen glaubt, läßt ein Wort, ein einziges Wort, uns unseren
Irrtum erkennen und zeigt uns, wie ein Blitzstrahl in der Gewitter-
nacht, den Abgrund zwischen uns beiden" („Solitude"). Wie er hier
von seinem Ich nicht zum Weibe loskommt, so flüchtet er in „Lui"
von diesem unheimlichen und grauenhaften Ich zum Weib. Daß sich
ihm die innerliche seelische Spaltung auch direkt in der Doppel-
gängerphantasie objektivierte, zeigt eine von Sollier[1] berichtete
Halluzination Maupassants, die der Dichter „eines Nachmittags im
Jahre 1889 hatte und noch am Abend desselben Tages einem vertrauten Freunde erzählte. Er saß in seinem Arbeitszimmer am
Schreibtisch. Der Diener hatte strengen Befehl, niemals einzutreten,
während sein Herr arbeitete. Plötzlich kam es Maupassant vor,
als wenn die Türe geöffnet würde. Er dreht sich um und zu seinem
größten Erstaunen sieht er, wie seine eigene Person eintritt
und ihm gegenüber Platz nimmt, den Kopf in der Hand haltend.
Alles, was er schreibt, wird ihm diktiert. Als der Schriftsteller mit
der Arbeit fertig war und aufstand, verschwand die Halluzination"
(Vorberg, S. 16).

Ähnliche Selbsterscheinungen hatten übrigens auch andere Dichter.
Am bekanntesten ist wohl die von Goethe (am Schluß des elften Buches
vom III. Teil seiner Selbstbiographie „Dichtung und Wahrheit") berichtete
Episode in Sesenheim, wo er von Friederike Abschied nahm und auf dem
Fußpfad gegen Drusenheim fortritt. „Da überfiel mich eine der sonderbarsten
Ahnungen. Ich sah nämlich, nicht mit den Augen des Leibes, sondern des
Geistes, mich mir selbst, denselben Weg, zu Pferde wieder entgegenkommen,
und zwar in einem Kleide, wie ich es nie getragen: es war hechtgrau mit
etwas Gold. Sobald ich mich aus diesem Traum aufschüttelte, war die
Gestalt ganz hinweg. Sonderbar ist es jedoch, daß ich nach acht Jahren in
dem Kleide, das mir geträumt hatte und das ich nicht aus Wahl, sondern
aus Zufall gerade trug, mich auf demselben Wege fand, um Friederiken
noch einmal zu besuchen. Es mag sich übrigens mit diesen Dingen wie es
will verhalten, das wunderliche Trugbild gab mir in jenen Augenblicken des
Scheidens einige Beruhigung. Der Schmerz, das herrliche Elsaß, mit allem,
was ich darin erworben, auf immer zu verlassen, war gemildert . . ." Ist
hier der Wunsch, die Geliebte nicht verlassen zu müssen, zweifellos der

---

[1] Paul Sollier, „Les phénomènes d'autoscopie". Paris 1913, Felix Alcan.

Antrieb zu dieser sich in entgegengesetzter Richtung bewegenden Selbst-
erscheinung[1], so werden ähnliche Halluzinationen in verschiedenen anderen
Situationen von Shelley berichtet[2].

Es ist nun bemerkenswert, daß auch Chamisso, der Dichter
des „Peter Schlemihl", ein ähnliches Doppeltsehen künstlerisch verarbeitet hat: in dem Gedicht „Die Erscheinung". Er schildert dort,
wie er nach einem Gelage um Mitternacht nach Hause kommt und
sein Zimmer vom Doppelgänger besetzt findet, wie Maupassant in
„Lui", Dostojewski im „Doppelgänger", Kipling u. a. m.[3].

> Da ward mir ein Gesicht gar schreckenreich, —
> Ich sah mich selbst an meinem Pulte stehen.
> Ich rief: „Wer bist Du, Spuk?" — Er rief zugleich:
> „Wer stört mich auf in später Geisterstunde?"
> Und sah mich an und ward, wie ich, auch bleich.

Es entspinnt sich nun zwischen beiden ein Streit darum, wer
der Rechte sei[4].

> „Es soll mein echtes Ich sich offenbaren,
> Zu Nichts zerfließen dessen leerer Schein!"

Der Dichter weist sich als einer aus, der stets nach dem Schönen,
Guten, Wahren getrachtet habe, während sein Doppelgänger sich
rühmt, feig, heuchlerisch und eigennützig gewesen zu sein, worauf
der Dichter ihm als dem echten Selbst beschämt das Feld räumt.

Wie die meisten der besprochenen Dichtungen wird auch Chamissos
Peter Schlemihl allgemein als ausgesprochen autobiographisches Werk anerkannt: „Peter Schlemihl ist Chamisso selbst: ‚dem ich vielmehr in dem Leibe

---

[1] Freud faßt, nach einer mündlichen Mitteilung, die Erscheinung
Goethes im seltsamen Kleide als rechtfertigende Entschuldigung der Treulosigkeit auf, die es ihm ermöglichte, andere Ziele zu erreichen (Staatskleid).

[2] Downey; Literary Self-Projection. Psychol. Rev. XIX. 1912, S. 299.

[3] Auch in „Wilhelm Meister" glaubt der Graf seinen Doppelgänger
an seinem Schreibtisch sitzen zu sehen und wird davon so tief erschüttert
daß sein ganzes Wesen sich ändert: er wird melancholisch und hat nur noch
Todesgedanken.

[4] Man vgl. die Anmaßung des Schattens in Andersens Märchen. Die
ethisierende Gegenüberstellung der Doppelgängerfigur als Personifikation
der eigenen bösen Regungen findet sich besonders deutlich in den Fällen von
Doppelbewußtsein (Stevenson „Dr. Jekyll"), aber auch bei Dostojewskis
Goljädkin, und ist auch im „Studenten von Prag" angedeutet, während in
„William Wilson" von Poe der Doppelgänger die Rolle eines Schutzengels
oder Warners zu spielen sucht.

stecke', sagt er in einem Briefe an Hitzig"[1]. Dafür spricht nicht nur die
äußere Erscheinung Schlemihls und manches in seinem Wesen, sondern auch
die anderen Personen, die unverkennbare Vorbilder in des Dichters Leben
haben. Bendel hieß sein eigener Diener; die kokette, eitle und genußsüchtige
Fanny hat ihr Urbild in Ceres Duvernay, der schönen, aber egoistischen[2]
Landsmännin des Dichters, „durch die er jahrelang glücklich und unglücklich ward"[1]; und die hingebungsvolle schwärmerische Mina erinnert an Chamissos kurzes Liebesidyll mit der Dichterin Helmina v. Chezy. Auf die
persönlichen Wurzeln der Dichtung wirft auch die Anekdote Licht, die Chamisso als Anlaß erwähnt. „Ich hatte", heißt es in einem Briefe, „auf einer
Reise Hut, Mantelsack, Handschuhe, Schnupftuch und mein ganzes beweg-
liches Gut verloren. Fouqué frug, ob ich nicht auch meinen Schatten verloren habe? und wir malten uns das Unglück aus"[3]. Diese Szene zeigt deutlich, daß der unbeholfene und schüchterne Chamisso selbst in den Kreisen
seiner Freunde als „Schlemihl" galt[4].

---

[1] Chamisso von Ludw. Geiger (Dichter-Biographien, Bd. XIV, Reclam-
Bibliothek).

Geiger, Aus Chamissos Frühzeit. Ungedruckte Briefe und Studien.
Berlin 1905.

Fr. Chabozy, Über das Jugendleben Chamissos zur Beurteilung
seiner Dichtung Peter Schlemihl. Diss. München 1879.

[2] Chamisso macht ihr darüber Vorwürfe in einem Briefe: Tu es
dans ton triste égoisme et dans ton faux orgueil, ma chère soeur, un vice
que j'ai quelquefois repris avec véhémence et qu'il faut que je gourmande
encore parce qu'il m'alarme et que c'est moi qu'il peut offencer (Chabozy,
Anmerkung S. 7).

[3] Ein andermal ging der Dichter, nach dem Bericht eines Freundes,
mit Fouqué in der Sonne spazieren, so daß der kleine Fouqué nach seinem
Schatten fast so groß aussah wie der hochgewachsene Chamisso. Dieser soll
nun den Freund mit der Drohung geneckt haben, ihm seinen Schatten auf-
zurollen.

[4] Über den Namen „Schlemihl" schreibt Chamisso am 27. März
1821 an seinen Bruder Hippolyt: „Schlemihl oder besser Schlemiel ist ein
hebräischer Name und bedeutet Gottlieb, Theophil oder aimé de dieu. Dies ist
in der gewöhnlichen Sprache der Juden die Benennung von ungeschickten
und unglücklichen Leuten, denen nichts in der Welt gelingt. Ein Schlemihl
bricht sich den Finger in der Westentasche ab, er fällt auf den Rücken
und bricht· sich das Nasenbein, er kommt immer zur Unzeit. Schlemihl,
dessen Name sprichwörtlich geworden ist, ist eine Person, von der der Talmud
folgende Geschichte erzählt: Er hatte Umgang mit der Frau eines Rabbi,
läßt sich dabei ertappen und wird getötet. Die Erläuterung stellt das Unglück dieses Schlemihls ins Licht, der so teuer das, was jedem anderen hin-
geht, bezahlen muß."

Nach Heine (Romanzero, drittes Buch, viertes Gedicht: Jehuda ben
Halevy) stellt sich dieses letzte Unglück noch drastischer dar: Pinchas wollte

Daß er sich selbst als solchen gefühlt hat, geht aus einzelnen Gedichten deutlich hervor: so „Pech" und „Geduld", beide aus dem Jahre 1828 (mit fast 50 Jahren), worin er sein „Unglück" schon in der Kindheit beginnen läßt. Aus dem Jahre seiner Heirat (1819) stammt das Gedicht „Adelbert an seine Braut", das den hohen Trost zeigt, den der Dichter für seine vielen Entsagungen endlich in der Liebe gefunden hatte. Auch in einem Brief vom Juni desselben Jahres preist er sich glücklich, eine liebevolle Braut gefunden zu haben und kein „Schlemihl" geworden zu sein. Er bringt also selbst diese Eigenschaft mit der mangelhaften Fähigkeit zur Liebe in Verbindung, wie ja auch die übrigen, in selbstgefälliger Eigenliebe befangenen Helden zur Geschlechtsliebe unfähig sind. — Auch die entsprechende Eitelkeit wird man einem Schlemihl nicht absprechen, der seinen Bericht an den Dichter mit dem Rat beschließt: „Willst du unter den Menschen leben, so lerne verehren zuvorderst den Schatten und dann das Geld. Willst du nur dir und deinem besseren Selbst leben, oh, so brauchst du keinen Rat." Und auch Walzel (l. c. LVIII) hebt als Moral der Geschichte hervor, der Mensch solle sich rechtzeitig zur Erkenntnis durchringen, „daß er nur sich allein braucht, um glücklich zu sein".

Es muß auffallen, daß so viele von den hier in Betracht kommenden Dichtern an schweren Nerven- oder Geisteskrankheiten zugrunde gingen, wie Hoffmann, Poe, Maupassant, fernerhin Lenau, Heine und Dostojewski. Wenn wir diese Tatsache, zunächst nur im Sinne einer besonderen dispositionellen Anlage betrachten, darf doch nicht übersehen werden, daß diese sich eben oft schon vor dem Ausbruch des zerstörenden Leidens und auch in anderer Form zu äußern pflegt. So war Lenau unstät, lebensüberdrüssig, melancholisch und trübsinnig[1] und auch Heine litt unter Stimmungen und neurotischen Zuständen, ehe ihn die schwere Nervenkrankheit, an deren paralytischem Charakter neuerdings wieder gezweifelt wurde, niederwarf. Charakteristisch für den tief gewurzelten Dualismus im Fühlen und Denken ist dessen frühzeitiges Erkennen, wie es uns bei Jean Paul gelegentlich seines ersten Icherlebnisses in der Kindheit entgegengetreten ist und wie es auch Heine,

---

den mit einem Weib buhlenden Simri erstechen, traf aber den ganz unschuldigen Schelumiel (Schlemiehl). — Andere leiten den Namen von „schlimm mazzel" = unglückliches Schicksal ab (vgl. Jewish Encyclopedia). Nach Anton (Wb. d. Gauner- und Diebssprache, Magdeburg 1843, S. 61) wäre der Name aus dem Jenischen und bedeutete Pechvogel. (Bekanntlich enthält die Gaunersprache viele jüdische Elemente.)

[1] Vgl. die psychographische Studie von J. Sadger (Schriften z. angew. Seelenkunde, herausgegeben von Freud, Heft VI, 1910).

Musset und andere von sich berichten. In seinen Memoiren spricht
Heine davon, daß er als Knabe selbst eine Art altération de la
personnalité erlitten und das Leben seines Großoheims zu führen
geglaubt habe[1]. Und Musset hat von sich erzählt, daß sich schon
von seiner Knabenzeit an ein scharfer Dualismus durch sein Seelenleben gezogen habe[2]. Welch deutliche Gestalt dieser mit der Zeit
gewonnen hat, zeigt das besprochene Gedicht, in welchem bei allen
bedeutungsvollen Anlässen der Doppelgänger erscheint. In seiner
„Confession d'un enfant du siècle" schildert der Dichter seine Verstimmungen wie auch seine Anfälle (accès de colère), deren ersten
er im Alter von neunzehn Jahren aus Eifersucht auf seine Geliebte
erlitten hatte[3]. Diese Eifersuchtsanfälle wiederholten sich später,
besonders im Verhältnis mit der älteren George Sand, welches die
beiden selbst als „inzestuös" charakterisierten. Nach dem Bruch dieses
Liebesverhältnisses ergab sich der auch früher schon leichtsinnige
Musset dem Trunke und sexuellen Ausschweifungen und ging früh
seelisch und körperlich zugrunde.

Die Reihe der pathologischen Dichtergestalten beschließen zwei
mit ausgesprochen schweren neurotischen Symptomen. Auch bei
Ferdinand Raimund spielt zweifellos die ungünstige Disposition
ebenso ihre Rolle[4] wie bei den geistesgestörten Dichtern, obwohl
er vorwiegend an schweren Verstimmungen, Melancholie und hypochondrischen Befürchtungen litt, die ihn schließlich zum Selbstmord
trieben. Schon von seinen Jünglingsjahren an zeigte er abnorme Züge,
— Reizbarkeit, Jähzorn, Mißtrauen etc., auch Selbstmordimpulse und
-versuche — die sich im Laufe der Jahre zu einem schweren Ge-
mütsleiden entwickelten. In der selbstbiographischen Skizze schreibt
Raimund: „Durch die fortwährende geistige und physische An-
strengung und Kränkungen im Leben verfiel ich im Jahre 1824
in eine bedeutende Nervenkrankheit, welche mich der Auszehrung

---

[1] „Es gibt nichts Unheimlicheres, als wenn man bei Mondschein das
eigene Gesicht zufällig im Spiegel sieht." Heine (Harzreise).

[2] Vgl. die Biographie des Dichters von seinem Bruder Paul. — Ferner
Paul Lindau, A. de Musset, 2. Aufl. Berlin 1877.

[3] In seinem ersten Gedichtband, den er mit achtzehn Jahren ver-
öffentlichte, behandelte Musset fast ausschließlich das Thema des Ehebruchs
und der Untreue mit Duell der Rivalen, von denen immer einer fällt.

[4] Vgl. J. Sadger, F. Raimund, eine pathologische Studie. Wage,
I. Halbjahr (1898). Heft 23 bis 25.

nahe brachte." Er glaubte sich von falschen Freunden hintergangen, Wutausbrüche wechselten mit tief melancholischer Resignation und Schlaflosigkeit stellte sich ein. Dazu hatte wahrscheinlich auch seine unglückliche, bald getrennte Ehe beigetragen, die als Endpunkt einer Reihe unglücklicher Liebesgeschichten erscheint; immer wieder verfiel der Dichter dieser für ihn unseligen Leidenschaft, die ihn, wie er selbst sagte, am heftigsten beherrschte. Auch seine letzte, große Liebe zu Toni war nicht ganz glücklich, aber er fühlte selbst, daß die Schuld an ihm lag, daß er im tiefsten Grunde unfähig zur Liebe war[1], und dies mag eine Hauptursache für die Ausführung des Selbstmordimpulses gewesen sein, der in ihm schlummerte und sich des äußeren Anlasses (Furcht vor Tollwut) nur zur Rationalisierung bediente. Denn schon Jahre vor dem gewaltsamen Ende sind deutliche Anzeichen einer tiefen Störung bemerkbar. 1831 sagte der Dichter selbst zu dem Romanschriftsteller Spindler: „In mir sitzt es tief und böse, was mich untergräbt, und ich versichere Sie, daß meine komischen Erfolge nur zu oft eine gründliche Desperation zur Mutter haben. Man sollte mirs oft nicht ansehen, welch ein trauriger Spaßmacher ich bin[2]. Der Dichter wird immer ungenügsamer, mißtrauischer, melancholischer; zu seinen früheren Befürchtungen gesellt sich noch die, seine ohnehin schwache Stimme zu verlieren. Sein Zustand war damals — vier Jahre vor dem Tode — bereits derart, daß Costenoble in sein Tagebuch schrieb: „Der wird noch toll oder bringt sich um." Im Todesjahr steigerten sich die hypochondrischen und ängstlichen Befürchtungen zur Unerträglichkeit. „So schloß er schon um halb acht Uhr abends alle Türen und Fensterladen fest zu, und selbst der Briefbote, der ihm eine wichtige Nachricht zu übermitteln hatte, vermochte nicht, ihn zum Öffnen der Tür zu bewegen. Seit dieser Zeit ging er auch nie mehr ohne Pistole außer Haus" (Börner,

---

[1] „Einsam bin ich selber in der Menge, Streb' ich gleich zu sein, wo Menschen weilen, Einsam selbst im wildesten Gedränge, Wer soll Lust, wer Freuden mit mir teilen? Fremd sind die bekanntesten Gestalten Mir geworden, und seit du mir fern, Schmerz allein und Grab und Trübsinn walten, Weil ich stets sie pflege, bei mir gern. Sie umschmeicheln mich, doch ach! sie haben Meine Ruh' auf immer untergraben: Schlaue Diener, zwingen sie den Herrn" (Stammbuchblatt 1834).

[2] Raimunds Werke, hg. von Castle (Hesses Klassiker-Ausgabe), S. CIX. — Vgl. zu anderen biographischen Details Wilh. Börner, F. Raimund (Dichter-Biogr. Bd. XI, Reclam Bibl.).

S. 91). „Von Furcht und Bangigkeit übermannt, schloß er sich in den letzten Wochen oft ein und wollte nicht einmal die Freundin sehen" (Castle, S. CXI). Als ihn in dieser Zeit zufällig sein Hund gebissen hatte[1], befiel ihn die bereits zehn Jahre früher geäußerte Wahnvorstellung wieder, an Tollwut erkrankt zu sein und er machte seinem Leben ein Ende.

Diese pathologischen Züge lassen es begreiflich erscheinen, daß man in „Alpenkönig und Menschenfeind" das deutlichste Selbstporträt des Dichters erblickte. Schon Grillparzer, auf dessen Rat Raimund das Thema nochmals behandeln wollte[2], hat hervorgehoben, daß der Dichter „in der wunderlichen Hauptperson ein wenig sich selbst habe kopieren können". Entschiedener meint Sauer[3]: „Hier konnte sich Raimund selbst spielen, selbst in Szene setzen; zu seinem Rappelkopf hat sich Raimund selbst Modell gesessen; er suchte sich durch diese poetische Kopie von eigenen krankhaften Stimmungen zu befreien." Dafür spricht auch die „Abdankung" nach der ersten Aufführung des Stückes (17. Oktober 1828), in der es unter anderem von der Rolle heißt:

> „Denn alles Üble, was ich schwer empfunden,
> Ist mit ihr leicht aus dem Gemüt entschwunden.
> Verachtung, Zorn mißtrauisches Erbeben, .
> Der Rache Wut, die Unlust zu dem Leben,
> Beschämung, Reu', kurz Leiden unermessen . . ."[4]

---

[1] Vielleicht könnte sich von der Wirkung des Bisses eine Beziehung zu dem von Castle (XL) angeführten Faktum ergeben, daß der Dichter bei einem Streit unmittelbar vor der Trauung von seiner später von ihm geschiedenen Frau in den Finger gebissen worden war.

[2] Statt des Gestaltentausches wollte er einen Wesenaustausch zur Darstellung bringen. Das Stück, das den Titel „Eine Nacht am Himalaja" führen sollte, kam nicht zustande (Börner, S. 71).

[3] Raimund, Eine Charakteristik. Allgemeine Deutsche Biographie. Bd. XXVII, S. 736 bis 754.

[4] Außer Rappelkopf und dem bereits angeführten Verschwender hat Raimund auch die Persönlichkeit Wurzels („Der Bauer als Millionär") gespalten und dem Manne den Jüngling und Greis gegenübergestellt. Dieses Motiv des Alterns wird uns noch beschäftigen. — Als charakteristisch sei noch aus Raimunds Knabenzeit erwähnt, daß der künftige Schauspieler „stundenlang vor dem Spiegel stand, Grimassen schnitt und sich bemühte, seinen Mund auszudehnen, um auch darin seinem Vorbild zu ähneln" (Börner, S. 9).

Auch Dostojewskis schwere seelische Krankheit kann keinem
Zweifel unterliegen, wenn auch die Frage der Diagnose (Epilepsie)
strittig ist. Er war schon frühzeitig ein Sonderling, lebte scheu und
zurückgezogen auf sich selbst. Wie Raimund war er äußerst mißtrauisch und erblickte in allem, was man ihm gegenüber tat, eine
Beleidigung und die Absicht, ihn zu kränken und zu ärgern[1]. Als
Jüngling in der Ingenieurschule soll er eingestandenermaßen schon
leichte Anfälle (epileptischer Art) gehabt haben, — die er mit Poe
teilt, gleichwie die Furcht vor dem Lebendigbegrabenwerden —
so daß jedenfalls die Behauptung, die Krankheit sei erst in der
Verbannung ausgebrochen, unhaltbar scheint[2]. Im Gegenteil sagt
Dostojewski selbst, daß von dem Moment der Verhaftung seine
Krankheit geschwunden sei und daß er während der ganzen Dauer
der Strafe keinen einzigen Anfall erlitten habe. Seine Frau schreibt
in ihr Notizbuch, daß er, nach seinen eigenen Worten, wahnsinnig
geworden wäre, wenn nicht die Katastrophe eingetreten wäre. Dieser
psychologisch leicht begreifliche Umstand scheint aber doch eher
für ein hysterisches Leiden (mit pseudoepileptischen Anfällen) zu
sprechen. Diese Anfälle traten später nach des Dichters Rückkehr
ins Leben mit großer Häufigkeit und Intensität auf und er hat sie
auch in seinen Werken vielfach meisterhaft geschildert[3]. Von seinen

---

[1] „Dostojewskis Krankheit" von Dr. Tim Segaloff (Grenzfragen d.
Lit. u. Mediz., hg. v. Rahmer, Heft 5), München 1907.

[2] Mereschkowski („Tolstoi und Dostojewski", Leipzig 1903, S. 77 f.)
macht eine für den infantilen Ursprung der Krankheit bedeutsame Bemerkung:
„In jedem Falle ist es sehr wahrscheinlich, daß die Sittenstrenge des
Vaters, sein mürrisches, aufbrausendes Wesen und sein tiefes Mißtrauen
einen tiefen Einfluß auf Fedor Michailowitsch ausgeübt haben ... Nur einer
von Dostojewskis Biographen lüftet den Vorhang, der dieses Familien-
geheimnis bedeckt, ein wenig, läßt ihn aber sofort wieder fallen. Indem er
auf den Ursprung der Fallsucht bei Dostojewski zu sprechen kommt,
bemerkt er sehr zurückhaltend und dunkel: ‚Es gibt noch eine ganz
besondere Überlieferung über die Krankheit Fedor Michailowitsch', die sie
auf ein tragisches Ereignis aus seiner frühesten Kindheit, das sich
innerhalb seiner Familie abspielte, zurückführt; aber obgleich ich es von
einem Fedor Michailowitsch sehr nahestehenden Menschen gehört, so habe
ich doch nirgends eine Bestätigung dieses Gerüchtes erhalten und ent-
schließe mich daher nicht, es ausführlich und genau darzulegen.'"

[3] Vgl. Mereschkowski, S. 241, 243, sowie N. Hoffmann: „Th.
M. Dostojewski." Eine biogr. Studie. Berlin 1899, S. 225.

Anfällen sagt Dostojewski selbst: „Einige Augenblicke empfinde ich ein solches Glück, wie es im gewöhnlichen Zustande unmöglich ist und von dem andere Menschen keinen Begriff haben können ... Diese Empfindung ist so stark und so süß, daß man für die Seligkeit einiger solcher Sekunden zehn Jahre seines Lebens oder auch das ganze hingeben könnte." Nach dem Anfall jedoch war sein seelischer Zustand sehr bedrückt; er fühlte sich als Verbrecher und ihm schien, als ob eine unbekannte Schuld auf ihm lastete[1]. — „Jeden zehnten Tag habe ich einen Anfall", schreibt er in den letzten Tagen seines Petersburger Aufenthalts, „und dann komme ich in fünf Tagen nicht zu mir, ich bin ein verlorener Mensch." — „Der Verstand litt wirklich, das ist Wahrheit. Ich fühle es; denn die Nervenzerrüttung brachte mich zuweilen dem Wahnsinn nahe"[2].

In seinem Verhalten war er exzentrisch nach jeder Richtung, „beim Kartenspiel, bei wollüstigen Ausschweifungen, beim Aufsuchen mystischer Schrecken" (l. c. S. 84). „Überall und immer", schreibt er von sich, „bin ich bis zur letzten Grenze gegangen, in meinem ganzen Leben habe ich immer die Linie überschritten."

Zu seiner Charakteristik ist noch zu ergänzen, daß er — exzentrisch wie Poe — auch von hoher Selbstachtung und Selbstschätzung erfüllt war; er selbst schreibt in seinen Jünglingsjahren (um die Zeit der Vollendung des Doppelgängers) an den Bruder: „Ich habe ein schreckliches Laster, eine grenzenlose Eigenliebe und Ehrgeiz" und sein Pathograph sagt, er sei das Gemisch aller Arten von Eigenliebe. Eitelkeit und Eigenliebe kennzeichnen auch viele seiner Figuren, wie den Paranoiker Goljädkin, dem der Dichter, als einer seiner frühesten Schöpfungen, viele für sein späteres Schaffen bezeichnende Züge der eigenen Persönlichkeit verliehen hatte und den er selbst wiederholt als „Bekenntnis" bezeichnete (Hoffmann l. c., S. 49).

Nach Mereschkowskis Darlegungen (S. 273, 274) wäre das Doppelgängermotiv bei Dostojewski ein zentrales Problem: „So entpuppen sich bei Dostojewski alle tragischen, kämpfenden Paare, der allerlebendigsten, realsten Menschen, die sich selbst und anderen als einige, ganze Wesen erscheinen, tatsächlich nur als zwei Hälften eines dritten gespaltenen Wesens, als Hälften, die sich gegenseitig

---

[1] Mereschkowski, S. 92.
[2] l. c. S. 113.

wie Doppelgänger suchen und verfolgen." — Und über Dostojewskis Krankhaftigkeit als Künstler sagt er: „Tatsächlich — was
ist das für ein sonderbarer Künstler, der mit unersättlicher Neugierde nur in den Krankheiten, nur in den schrecklichsten und
schmählichsten Geschwüren der menschlichen Seele herumstochert ...
Und was für sonderbare Helden sind diese „Glückseligen", diese
Besessenen, Narren, Idioten, Geistesgestörten? Vielleicht ist er nicht
so sehr Künstler, denn ein Arzt seelischer Krankheiten, dabei ein
Arzt, zu dem man sagen müßte: „Arzt, heile dich erst selbst!" (237).

Die enge Verwandtschaft der skizzierten Dichterpersönlichkeiten
ist so deutlich, daß zur Rekapitulation gewissermaßen die Hervorhebung des Grundgerüstes genügt.

Die pathologische Disposition zu geistigen und seelischen Störungen bedingt ein hohes Maß von Spaltung der Persönlichkeit, mit
besonderer Hervorkehrung des Ichkomplexes, dem ein abnorm starkes
Interesse an der eigenen Person und ihren seelischen Zuständen und
Schicksalen entspricht. Diese Einstellung führt zu der geschilderten
charakteristischen Beziehung zur Welt, dem Leben und insbesondere
dem Liebesobjekt, zu dem kein harmonisches Verhältnis gefunden
wird: direkte Unfähigkeit zur Liebe oder eine — zum gleichen Effekt
führende — übermäßig hochgespannte Liebessehnsucht kennzeichnen
die beiden Pole dieser krassen Einstellung zum eigenen Ich. Diese
auffälligen und weitgehenden Übereinstimmungen im Wesen und in
einzelnen Charakterzügen des geschilderten Typus machen die bis
auf geringfügige Details ähnlichen Gestaltungen des behandelten
Themas wie die Vorliebe für dafür über die literarische Abhängigkeit und Vorbildlichkeit hinaus psychologisch begreiflich.

Aber die typisch wiederkehrenden wesentlichen Formen, in die
sich diese Gestaltungen kleiden, werden aus der individuellen Dichter-
persönlichkeit nicht verständlich, ja scheinen dieser in gewissem Grade
fremd, unangemessen und ihrer sonstigen Weltanschauung wider-
sprechend. Es sind dies die sonderbaren Darstellungen des Doppelgängers als Schatten, Spiegelbild oder Porträt, deren bedeutsame
Einschätzung wir nicht recht verstehen, wenn wir ihr auch gefühls-
mäßig folgen können. Es scheint hier beim Dichter wie bei seinem
Leser ein überindividuelles Moment unbewußt mitzuschwingen und
diesen Motiven eine geheimnisvolle seelische Resonanz zu verleihen.

Diesen völkerpsychologischen Anteil aus den ethnographischen, folkloristischen und mythologischen Überlieferungen aufzuzeigen und mit den individuell wiederbelebten gleichsinnigen Zügen in Beziehung zu bringen ist die Absicht des folgenden Abschnittes, der uns zugleich auf die gemeinsame psychologische Grundlage der abergläubischen und der künstlerischen Darstellung dieser Regungen vorbereiten soll.

IV.

> „Ich dachte, der menschliche Schatten
> sei seine Eitelkeit."   Nietzsche.

Wir gehen von den an den Schatten geknüpften abergläubischen Vorstellungen aus, die noch heute unter uns lebendig sind und an welche sich Dichter, wie beispielsweise Chamisso, Andersen, Goethe bewußtermaßen anlehnen konnten.

Allbekannt ist eine in Österreich, ganz Deutschland, aber auch bei den Südslawen am Silvester- oder heiligen Abend geübte Probe: Wer beim Lichtanzünden an die Zimmerwand keinen Schatten wirft oder wessen Schatten ohne Kopf ist, der muß binnen Jahresfrist sterben[1]. Ähnliches gibt es bei den Juden, die in der siebenten Nacht des Pfingstfestes in den Mondschein gehen: wessen Schatten keinen Kopf zeigt, der stirbt im selben Jahr[2]. In deutschen Landen heißt es, wenn man in seinen eigenen Schatten tritt, muß man sterben[3]. In Widerspruch zu dem Glauben, daß, wer keinen Schatten wirft, sterben müsse, steht ein deutscher Glaube: Wer in den Zwölfnächten seinen Schatten doppelt sieht, der muß sterben[4]. Zur Erklärung dieser Anschauung sind verschiedene, darunter auch recht

---

[1] Vernaleken, Mythen und Bräuche des Volkes in Österreich, S. 341; Reinsberg-Düringsfeld, Das festliche Jahr, S. 401; Wuttke, Der deutsche Volksaberglaube[2], 207, § 314.

[2] Rochholz: Ohne Schatten, ohne Seele. Der Mythus vom Körperschatten und vom Schattengeist (Germania V, 1860). Enthalten in „Deutscher Glaube und Brauch" I, 1867, S. 59 bis 130 (Zitate danach). Über jüdische Schattenüberlieferungen speziell vgl. Gaster, Germania 26, 1881, 210.

[3] Wuttke, S. 388; in Schlesien und Italien heißt es, daß man in solchen Fällen nicht mehr wachse. Pradel, Der Schatten im Volksglauben. Mitt. d. Schles. Ges. f. Volksk. 12, S. 1 bis 36.

[4] Wuttke l. c. Dasselbe gilt bei den Slowaken für den heiligen Abend. Negelein: Bild, Spiegel und Schatten im Volksglauben. Arch. f. Rel.-Wiss. V, S. 1 bis 17.

komplizierte Theorien aufgestellt worden, von denen wir die auf den Glauben an einen Schutzgeist bezügliche hervorheben wollen[1]. Aus dem Schattenaberglauben hat sich nämlich, nach Ansicht einzelner Forscher[2], der Schutzgeistglaube entwickelt, der wieder mit dem Doppelgängertum in inniger Beziehung steht. Als den ursprünglichen Inhalt der Geschichten vom zweiten Gesicht, vom Sichselbstsehen, vom Schatten im Lehnsessel, vom Doppelgänger, vom Bettgespenst in der Schlafkammer bezeichnet Rochholz (l. c.) den seinem Körper folgenden Schatten[3]. Nach und nach war der Schatten, der über das Grab hinaus fortlebte, zum Doppelgänger geworden, der mit jedem Kind geboren wird[4]. Den Glauben an die verderbliche Wirkung des Doppelschattens erklärt demnach Pradel (l. c.) damit, daß in der Todesstunde dem Menschen sein Genius erscheine und neben den Schatten trete[5]. Darin wurzelt die für unser Thema bedeutsame Vorstellung, daß der Doppelgänger, der sich selbst sieht, in Jahresfrist sterben muß[6]. Rochholz, der sich besonders mit dem Schutzgeistglauben beschäftigt hat, meint, daß die wohltätige (Schutzgeist-) Bedeutung die ursprüngliche war und daß sich daraus erst allmählich, mit der Verstärkung des Jenseitsglaubens, die schädigende (Todes-) Bedeutung entwickelt habe[7]: „So muß sich des Menschen Schatten,

---

[1] Pradel l. c., Rochholz l. c.

[2] Z. B. E. H. Meyer: Germ. Myth., 62, 66 ff. — Im Neugriechischen wird Schatten direkt im Sinne von Schutzgeist gebraucht. Vgl. Bernh. Schmidt, Volksleben der Neugr. I, 181, 229, 244, 169, 199.

[3] Gegen diese von manchen als zu einseitig empfundene Erklärung wandte sich zuerst Pfannenschmied (Germ. Opferfeste, 447).

[4] Negelein l. c.

[5] Hieher gehört das Grimmsche Märchen Nr. 44 vom „Gevatter Tod", dem der Held erfolgreich entkommt, indem er sich im Bett umgekehrt legt (vgl. dazu auch die Anm. Grimms im III. Band).

[6] Bastian, Elemente, S. 87, Wuttke, l. c. 212, Rochholz l. c. 103, Henne am Rhyn, Kultur der Vergangenheit, Gegenwart und Zukunft. 1892, I. 193. — Nach Wuttke (S. 49) hatte der Ausdruck „Zweites Gesicht" ursprünglich die Bedeutung des Sehens eines Doppelgängers; wenn der Mensch aber sich selbst sieht, muß er im Laufe eines Jahres sterben. — Vgl. Villiers de l'Isle-Adam: „Das zweite Gesicht" (übers. v. Oppeln-Bronikowski; Bücher des deutschen Hauses IV. 84).

[7] Rochholz, l. c. 128 ff. — Später ist nach ihm Schatten = Schaden, d. h. synonym genommen mit: schwarz, links, falsch, unfrei, schädlich, verdammt.

der einst hilfreicher Gefolgsgeist im Leben war[1], in ein erschreckendes
und verfolgungssüchtiges Gespenst verkümmern, das seinen Schützling
peinigt und zu Tode jagt" (Rochholz l. c.)[2]. In wie weitreichendem
Ausmaß dies zutrifft, wird bei der psychologischen Erörterung des
ganzen Themas deutlich werden.

Diese auf den Schatten bezüglichen abergläubischen Vorstellungen und Befürchtungen der heutigen Kulturvölker finden ihr
Gegenstück in zahlreichen weitverbreiteten Verboten (Tabus) der
Wilden, die sich auf den Schatten beziehen. Aus der reichen Materialsammlung bei Frazer[3] ersieht man, daß unser „Aberglaube"
in dem „Glauben" der Wilden ein reales Gegenstück findet. Jede
dem Schatten zugefügte Verletzung trifft seinen Träger, wie eine
große Anzahl primitiver Völker glaubt (l. c. S. 78). Damit ist natürlich dem Zauber und der Magie ein weites Feld geöffnet. Bemerkenswert ist, daß in einigen der mitgeteilten dichterischen Darstellungen ein Nachklang der magischen Beeinflussung in dem Tod
des Helden bei Verwundung seines Spiegelbildes, Porträts oder
Doppelgängers zu erkennen ist[4]. „Weit verbreitet und schon aus dem

---

[1] Rochholz unterscheidet für das deutsche Altertum dreierlei Arten
des Schutzgeistes, die den drei Lebensaltern des Menschen und den drei
Tageszeiten — verkörpert im jeweiligen Schattenwurf — entsprechen und
irgendwelche Beziehungen zu den Nornen zu haben scheinen. An den
nordischen Glauben: Wer seine Fylgja schaut, den verläßt sie und der
verliert damit sein Leben, knüpft Rochholz interessante Hinweise auf die
Sagen vom Staufenberger, von Melusine, der weißen Frau, Orpheus etc. —
Die Buhlschaft dieser Fylgja mit ihrem Körper führt zu anderen Problemen,
wie der mystischen Seelenbräutigamschaft u. ä. — Über den Schutzgeistglauben vgl. man noch „Sreća, Glück und Schicksal im Glauben der Südslawen" von F. S. Krauß, Wien 1888.

[2] Eine verbreitete Redensart: seinen Schatten fürchten, findet sich
vielfach bei Dichtern illustriert. Vgl. dazu die peinvolle Angst von
Maeterlincks „Princesse Maleine" beim Anblick eines Schattens. Ferner
in R. Stratz' „Törichte Jungfrau" (S. 307): Vor dir selber hast du Angst
und läufst vor dir davon wie der Mann, der sich mit seinem Schatten ge-
zankt hat"; wozu Pradel, dem diese Hinweise entnommen sind, aus Platon
(Apol. 118 D, Republ. 520) den Ausdruck σκιαμαχεῖν zitiert. In Strindbergs
„Inferno. Legenden" heißt es: „Ich glaube, ihr fürchtet euch vor eurem
eigenen Schatten, lachte der Arzt verächtlich" (S. 228).

[3] The golden bough: Taboo and the Perils of the Soul. 3. ed. S. 77
bis 100: „The Soul as a Shadow and a Reflexion."

[4] Diese Beziehung klingt auch im germanischen Rechtsbrauch der
sogenannten „Schattenbuße" nach, wonach z. B. ein von einem Freien

Altertum bekannt, ist — nach Negelein — der Versuch, Menschen durch Verletzung ihres Doppelgängers zu vernichten." Auch nach indischem Glauben vernichtet man einen Feind, indem man dessen Bild oder Schatten ins Herz sticht (Oldenburg, Veda, S. 508)[1]. Die Primitiven haben eine Unmenge von speziellen, den Schatten betreffende Tabus: sie hüten sich, ihren Schatten auf gewisse Dinge (besonders Speisen) fallen zu lassen, fürchten anderseits selbst den Schatten anderer Menschen (besonders schwangerer Frauen; der Schwieger- mutter etc. Frazer, l. c. S. 83 ff.) und achten darauf, daß niemand in ihren Schatten trete. Auf den Salomoninseln, östlich von Neu-Guinea, wird jeder Eingeborne, der auf den Schatten des Königs tritt, mit dem Tode bestraft (Rochholz, S. 114), ebenso in Neu-Georgien (Pradel, S. 21) und bei den Kaffern (Frazer, l. c. S. 83). Beson- ders achten die Primitiven auch darauf, daß ihr Schatten nicht auf einen Toten oder dessen Grab, respektive Sarg falle, weswegen die Leichenbegängnisse vielfach bei Nacht stattfanden (Frazer, l. c. S. 80).

Abgeschwächt erscheint die Todesbedeutung all dieser Ereignisse als Furcht vor Krankheit oder sonstiger Schädigung. Wer keinen Schatten wirft, der stirbt; wer einen kleinen oder schwachen Schatten hat, ist krank, während ein scharfer Schatten auf Genesung hinweist (Pradel). Derartige Gesundheitsproben wurden wirklich veranstaltet und manche Völker tragen ihre Kranken auch heute noch in die

beleidigter Unfreier an dessen Schatten Rache nimmt. (Lit. bei Rochholz, S. 119, vgl. auch Grimm D. R. 677 ff.) Noch unter Kaiser Maximilian war die Strafe des mit einem Spaten „abgestochenen" Schattens, eine scharfe. Darauf bezieht sich eine Stelle in Luthers Tischreden (nach Pradel, S. 24 ff.) und eine Erzählung von Hermann Kurtz (Erz. Bd. I. Stuttg. 1858). Diese hier in vollster Ernsthaftigkeit gemeinte Schattenbuße erscheint in einzelnen orientalischen (von Pradel, S. 23 angeführten) Überlieferungen mit ironischer Betonung ihrer Nichtigkeit. Im Bahar Danush (Benfey, Pantschatantra I, 127) soll auf die Klage eines Mädchens, dessen Spiegelbild ein Jüngling geküßt hat, des Jünglings Schatten durchgepeitscht werden. — Auf König Bok- choris von Ägypten, den weisesten Richter seiner Zeit, führte man den berühmten Urteilsspruch zurück, nach dem eine Hetäre, die ein Liebhaber im Traume genossen hatte, mit ihrer Klage auf Entschädigung auf den Schatten oder das Spiegelbild der zu zahlenden Summe verwiesen wurde (Plutarch, Demetr. 27). Rohde (Gr. Rom. 370, 1) sieht darin das Urbild für den Prozeß um des Esels Schatten (vgl. dazu Wielands „Abderiten" und Rob. Reinick: Märchen, Lieder u. Gesch.).

[1] Auf den Schatten bezügliche Begrüßungen und Verwünschungen, ebenda S. 526[4].

Sonne, um mit ihrem Schatten die entschwindende Seele wieder herbei-
zulocken. In der entgegengesetzten Absicht verlassen die Bewohner
von Amboyna und Uliase, zweier Inseln am Äquator, ihre Häuser
niemals um die Mittagszeit, weil dann in diesen Gegenden der
Schatten verschwindet und sie fürchten, damit auch ihre Seele zu
verlieren (Frazer, S. 87). Hier spielen die Vorstellungen vom kurzen
und langen, vom kleinen und anwachsenden Schatten hinein, auf
denen Goethes[1] und Andersens Märchen wie das Gedicht von
Stevenson-Dehmel beruhen. Der Glaube, daß eines Menschen
Gesundheit und Kraft mit der Länge seines Schattens zunehme
(Frazer, S. 86f.)[2] gehört ebenso hieher wie die Unterscheidung der
Zulus zwischen dem langen Schatten eines Menschen, der zum
Ahnengeist wird und dem kurzen, welcher bei dem Verstorbenen
bleibt. Daran schließt sich ein anderer Aberglaube, der mit der Wiedergeburt des Vaters im Sohne[3] zusammenhängt. Die Wilden, die
glauben, daß die Seele des Vaters oder Großvaters im Kinde wiedergeboren wird[4], fürchten nämlich nach Frazer (l. c. S. 88) eine zu
große Ähnlichkeit des Kindes mit den Eltern. Wenn ein Kind
seinem Vater auffällig gleicht, so muß dieser bald sterben, da das
Kind sein Abbild oder Schattenbild an sich gezogen hat. Ähnliches
gilt für den Namen, in dem der Primitive ein wesentliches Stück
der Persönlichkeit sieht; noch in der europäischen Kultur hat sich
der Glaube erhalten, daß von zwei Kindern derselben Familie, die
den gleichen Namen tragen, eines sterben muß[5]. Wir erinnern uns
dabei an dieselbe „Namenphobie" in Poes „William Wilson" und

---

[1] Dem Schattenmotiv im Goetheschen Märchen auffallend ähnlich
ist eine von Frazer (l. c. S. 87) erzählte Geschichte aus Südamerika: „The
Mangaians tell of a mighty warrior, Tukaitawa, whose strength waxed and
waned with the length of his shadow. — Endlich entdeckt ein Held das
Geheimnis Tukaitawas Kraft. (Simson-Motiv) und erschlägt ihn am Mittag,
wo sein Schatten den geringsten Grad erreicht.

[2] So glauben die Baganda Zentralafrikas und die Kaffern in Süd-
afrika. — In Solothurn galt die mehr oder minder starke Färbung des
Schattens als Gesundheitskriterium (nach Walzel, Einl. zu Chamissos
Werken, Deutsche Nat. Lit. Bd. 149).

[3] Negelein, Ein Beitrag zum indischen Seelenwanderungsglauben.
Arch. f. Rel.-Wiss. 1901.

[4] Frazer: The Belief in Immortality and the Worship of the Dead.
Vol. I: Among the Aborigines of Australia etc., London 1913, S. 92, 315, 417.

[5] Henne am Rhyn, l. c. S. 187.

verstehen auf Grund der „Namenmagie" auch die Geisterbeschwörung durch Namensnennung[1].

Wie alle tabuierten Dinge nach Freud den Charakter der Ambivalenz zeigen, so fehlen auch beim Schatten und dem sich daran knüpfenden Glauben solche Andeutungen nicht. Die eben besprochenen Wiedergeburtsideen des väterlichen Schattens im Kind führen zu den bereits erwähnten Vorstellungen vom Schatten als Schutzgeist, der mit dem Kind zugleich geboren wird. Direkt entgegengesetzt den Todesvorstellungen im Schattenaberglauben sind die wenn auch bei weitem weniger verbreiteten Ideen vom befruchtenden Schatten, die Pràdel (S. 25 f.) mitteilt. Der Redensart vom Schatten des Todes, der den Menschen umnachtet, steht der biblische Ausdruck in der Verkündigung gegenüber, der Maria einen Sohn verheißt, obwohl sie mit keinem Manne zu tun hatte; denn δύναμις ὑψίστου ἐπισκιάσει σοι (die Kraft des Höchsten wird dich überschatten; Luc. I, 15). Bemerkenswert ist, daß Augustinus und andere Kirchenväter in dem Ausdruck ἐπισκιάσει den Begriff der Kühle als Gegensatz wollüstiger Erzeugung finden. Pradel (l. c.) zitiert dazu die Redensart: „Schweig nur, du bist auch nicht vom Heiligen Geist überschattet"[2], und führt einen Mythus von Tahiti an, demzufolge die Göttin Hina dadurch schwanger wird, daß der Schatten eines Brotfruchtlaubes, das ihr Vater Taaroa schüttelte, auf sie fiel[3]. Der Verhinderung solcher inzestuösen Schattenbefruchtung dienen offenbar die auf den Schatten der Schwiegermutter- bezüglichen Tabus, die Frazer anführt[4]. So ist es z. B. bei den Ein-

---

[1] Zur Verhinderung magischer Bräuche war den Juden auch die Nennung des Namens Jehova verboten. Giesebrecht („Über die alttest. Schätzung des Götternamens", Königsberg 1901) zeigt, daß Name, Schatten und Seele im Volksglauben identisch sind (S. 79) und führt aus, daß der Name zu einem bedrohlichen Doppelgänger des Menschen wird (S. 94). Über das Namentabu vgl. Freuds Abhandlung. Imago I, S. 317 ff. und über dessen Reste in unserem Seelenleben „Psychopathologie des Alltagslebens".

[2] Nach Rehsener in d. Zeitschr. d. Vereins f. Volksk. VIII, 128.

[3] Nach Waitz („Anthropol. d. Naturvölker" VI, 624 f.), der darin den Rest des alten tahitischen Glaubens sieht, daß sich der — brotfruchtähnliche — Mond während des Neumondes begatte.

[4] l. c. S. 83 ff. Frazer glaubt übrigens selbst, daß die „Vermeidungen" im Verhältnis von Schwiegermutter und Schwiegersohn der Inzestfurcht entstammen dürften (S. 85[6]). Die psychoanalytische Begründung und Vertiefung dieser Auffassung hat Freud gegeben (Totem und Tabu, 1913, I).

gebornen Südostaustraliens ein Grund zur Scheidung, wenn der
Schatten des Mannes zufällig auf seine Schwiegermutter fällt. In
Zentralindien ist diese Furcht vor der Schattenbefruchtung allgemein
und die schwangeren Frauen vermeiden es, in den Schatten eines
Mannes zu gehen, weil sonst das Kind ihm nachgeraten könnte
(l. c. S. 93). Halten wir diese Vorstellungen mit denen des zu- und
abnehmenden Schattens (s. S. 275 f.) und der entsprechend variablen
Manneskraft zusammen (Simson-Motiv), so ergibt sich seine symbolische
Stellvertretung für die männliche Potenz, die ihrerseits mit dem
eigenen Wiederaufleben in den Nachkommen und so mit der Fruchtbarkeit zusammenhängt.

Ähnlich wie in Lenaus Ballade „Anna" (s. S. 275) liegt die
Fruchtbarkeitsbedeutung des Schattens dem aus orientalischer Quelle
stammenden Stoff von Richard Strauß' Oper „Die Frau ohne
Schatten" zugrunde, deren Text von Hoffmannsthal stammt.
Im Mittelpunkte der Handlung steht eine orientalische Prinzessin,
deren Vater eine furchtbare Schuld auf sein Haupt geladen hat.
Die Schuld des Vaters könne nur gesühnt werden, so wird der
Prinzessin am Hochzeitstage von einem roten Falken geweissagt,
wenn in längstens drei Jahren dieser Ehe Aussicht auf Kinderglück
beschieden sei. Jahr um Jahr verstreicht, aber dem Wunsch der
Prinzessin wird keine Erfüllung. Sie ist eine Frau ohne Schatten...
Am Ende des dritten Jahres erscheint der rote Falke wieder und
gewährt noch eine Gnadenfrist von fünf Tagen. In dieser Not greift
die Amme zu einer List. Sie findet einen jungen Färber, der sich
nach Kindersegen sehnt. Doch versagt sich ihm seine zänkische
Frau. Entsprechend einem in den Sagen des Ostens weitverbreiteten
Glauben will nun die Amme von dieser Frau gegen einen schnell
aus einem Strohwisch phantomhaft gezauberten Liebhaber und gegen
köstliche Schätze den Schatten, d. i. die Fruchtbarkeit kaufen.
Warnend klagen aus dem Herdfeuer die Stimmen der ungeborenen
Kinder, die von der Amme in Gestalt von kleinen Fischchen durch
das Fenster in die Bratpfanne gezaubert worden sind. (Übrigens
ein Anklang an ein Grimmsches Märchen.) In der Kaiserin regt
sich tiefes, menschliches Mitleid mit der Armen, die sie nicht einer
Schicksalsfrage berauben will, die den Inbegriff weiblichen Ent-
zückens bedeutet. In diesem Augenblick der seelischen Läuterung
umstrahlt sie ein wundervolles Licht, und die Sehnsucht ihres

Herzens wird zur Wirklichkeit. Sie, die Frau ohne Schatten, die bisher durchsichtig wie Kristall war, wirft plötzlich einen Schatten, und aus höheren Sphären läßt Richard Strauß den mystischen Chor der ungeborenen Kinder erklingen.

Wie fast alle Glückssymbole ursprünglich Fruchtbarkeitssymbole waren, so hat auch der Schatten von dieser Seite her Glücksbedeutung erhalten. Hieher gehört nicht nur die heilkräftige Wirkung des Schattens gewisser Bäume (besonders in der Bibel), sondern vor allem die Rolle des Schattens als Schatzhüter (vgl. Pradel l. c.), ja sogar Schatzmehrer (auch praktisch galt der Schatten als Eigentumsabgrenzer). Im indischen Märchen von des Holzhauers Tochter spricht der Geist, der um das arme Mädchen freit, zu ihrem Vater: Gib mir deine Tochter, dann soll euer Schatten wachsen, eure Schätze sollen groß werden (Rochholz nach der Märchensammlung des Somadeva Bhatta, übersetzt v. Brockhaus, II, 193). Man wird hier an Peter Schlemihl, den Studenten Balduin und andere erinnert, die für den Schattenverlust durch Reichtum entschädigt werden, den sie zur Eroberung des geliebten Mädchens benützen wollen, dabei aber kläglich scheitern.

Nicht besser ergeht es den Helden ähnlicher dichterischer Schöpfungen, in denen das Doppelgängerproblem in Form des Gestalttausches (Amphytrion-Motiv) dargestellt ist. So in Theophile Gautiers Novelle „Der Seelentausch" (deutsch, Weimar 1918, Liebhaber-Bibl. Bd. 49), die dadurch besonders interessant ist, daß sie den Verjüngungswunsch in den Vordergrund rückt: Octave, der an der unerwiderten Liebe zu der Frau eines anderen krankt und dahinsiecht, erhält von seinem greisen Arzt die Seele seines störenden Rivalen, um so bei dessen Frau Gehör zu finden. Die Frau bleibt jedoch ihm gegenüber kühl, da sie die Täuschung erkennt und der Mann fordert Octave zum Duell. Octave tötet ihn, sucht aber dann in Gewissensqualen neuerlich den alten Arzt auf, der nun seine eigene Seele in den Körper des jungen Mannes transponiert, dessen Seele wiederum, im altersgebrechlichen Körper des Arztes, entschwebt. In besonders drastischer Weise treten diese Motive in Jule Renards groteskem Roman „Doktor Lerne" hervor, dessen Held darauf ausgeht, das Problem auf anatomisch-chirurgische Weise zu lösen, indem er die Persönlichkeit durch Vertauschung der Gehirne intervertiert. Der alte und von Emma, der verkörperten Sexualität, abgelehnte Lerne nimmt sich den jungen Körper seines Neffen, um von Emma so geliebt zu werden, wie der kräftige Jüngling, was ihm allerdings ebensowenig gelingt wie dem Helden der Gautierschen Novelle. Das Duell mit dem Doppelgänger erscheint hier in der Form, daß der in einen Stierkörper gebannte „Neffe" sein körperliches Ich (mit einem anderen Gehirn) in dem Moment aus Eifersucht fast tötet, da es das Sexualwesen Emma in Liebe umfängt. Das Äußerste wird nur dadurch verhütet, daß der Onkel im kritischen Moment den merkwürdigen Zweikampf zwischen dem tierischen und menschlichen Ich mit dem Ausruf unterbricht: „Lieber Freund, damit bringst du dich ja selbst um!"

In diesen sowie in manchen anderen Ausgestaltungen des Doppelgängermotivs fällt ein besonderer Akzent auf das Thema der Impotenz, die vielfach direkt als Motivierung für den Gestalten-tausch — und die damit verbundene Verjüngung — angeführt wird, in anderen Fällen diese Tendenz leicht verrät, wie etwa in Schnitzlers Novelle „Casanovas Heimkehr", wo der alternde Held sich eine Liebesnacht bei der spröden Schönen von ihrem jugendlichen Liebhaber erkauft, der äußerlich dem jungen Casa-nova gleicht.

In psychoanalytischen Kreisen ist schon früh die Idee aufge-taucht, die Schattenlosigkeit Schlemihls [1] als Impotenz aufzufassen

---

[1] Über die Bedeutung von Schlemihls Schatten ist viel gestritten worden und die Literatur darüber ist ziemlich groß (vgl. Julius Schapler, Chamissostudien, 1909). Man wollte im Schatten eine allegorische Darstellung des Vaterlandes, der Lebensstellung, der Familie, der Heimat, der Konfession, von Orden und Titeln, der Achtung der Menschen, gesellschaftlichen Talents etc. sehen und dementsprechend im Schattenverlust den Mangel an diesen Dingen. Noch bei Lebzeiten des Dichters, der sich gegen alle diese Aus-legung skeptisch verhielt, soll mit seiner Zustimmung der Schatten als äußere Ehre des Menschen gedeutet worden sein (Simrock, Deutsche Mythol., 4. Aufl., S. 482). Das würde aber durchaus nicht hindern, daß er andere (auch unbewußte) Bedeutungen hätte, wie Chamisso selbst deren mehrere angegeben hat. Interessant, weil sie an den Volksaberglauben erinnert, ist folgende Äußerung des Dichters, die er wenige Wochen vor seinem Tode einem Freunde gegenüber gemacht haben soll: „Die Leute haben so oft gefragt, was der Schatten sei; ja wollten sie fragen, was jetzt mein Schatten sei, so würde ich sagen, es sei die fehlende Gesundheit, meine Schatten-losigkeit bestehe in meiner Krankheit. (Kern Franz, Zu deutschen Dichtern, Berlin 1895, S. 115.)

(Stekel)[1], worauf auch eine Stelle in Hamerlings „Homunculus"
(V. Buch) anzuspielen scheint: „. . . Peter Schlemihl; der bekannte
‚Mann' (der ärmste!) ohne Schatten . . ." — Zur Kastrationsbedeutung des Schattenverlustes würde Wildes Märchen „Der junge
Fischer und seine Seele" (Das Granatapfelhaus) passen, wo der Held
seine Seele, die zwischen ihm und seinem geliebten Meermädchen
steht, loswerden will und sich den Schatten mit einem Messer vom
Leibe schneidet; er endet schließlich, wie Dorian Gray, durch Selbstmord.

Von solchen vereinzelten individuellen Bedeutungen des Doppel-
gänger- und Schattenmotivs in ausgesprochen sexualsymbolischem
Sinne wenden wir uns dem umfassenderen Problem des vom Schutzgeist zum verfolgenden und peinigenden Gewissen gewordenen Ebenbildes zu, das in den folkloristischen Überlieferungen breit fundiert
erscheint. Überall erweist sich, wie die Folkloristen übereinstimmend
hervorheben, der Schatten als gleichbedeutend mit der Seele des
Menschen und daraus erklärt sich sowohl seine besondere Schätzung
sowie alle darauf bezüglichen Tabus und abergläubischen Todesbefürchtungen bei ihrer Übertretung, da Verletzung, Schädigung oder
Verlust der Seele den Tod nach sich ziehen muß. Über die Identifizierung des Schattens mit der Seele bei den Naturvölkern, die bis
zu den am ·tiefsten stehenden Eingebornen Tasmaniens reicht, sagt
Tylor[2]:

„So gebrauchte der Tasmanier sein Wort für Schatten zugleich
für den Geist; die Algonkin-Indianer nennen die Seele eines Men-
schen ‚seinen Schatten'; in der Quichésprache dient nahib für
‚Schatten, Seele'; das arawakische neja bedeutet ‚Schatten, Seele,
Bild'; die Abiponer hatten nur ein Wort loákal für ‚Schatten,
Seele, Echo, Bild' . . . Die Basutos nennen nicht nur den nach dem
Tode übrigbleibenden Geist den seriti oder ‚Schatten', sondern sie
meinen, wenn ein Mensch am Flußufer einhergehe, so könne ein
Krokodil seinen Schatten im Wasser ergreifen und hineinziehen;

---

[1] Inwieweit sich diese und andere (von Sadger: „Psychiatrisch-Neurologisches in psychoanalyt. Beleuchtung", Zentralblatt f. d. Gesamtgeb. d.
Medizin, 1908, Nr. 7 u. 8 angeführte) sexualsymbolische Deutungen einem
umfassenderen psychologischen Verständnis einordnen, kann erst im Schluß-
abschnitt ersichtlich werden.

[2] Primitive Culture I, S. 423 ff.

und in Alt-Calabar findet sich dieselbe Identifizierung des Geistes mit dem ‚Schatten', dessen Verlust für den Menschen sehr gefährlich ist[1]".

Nach Frazer[2] wird bei gewissen Eingebornen Australiens neben einer im Herzen lokalisierten Seele (ngai) auch eine mit dem Schatten in engster Beziehung stehende (choi) angenommen. Bei den Massim in Britisch-Neu-Guinea heißt der Geist oder die Seele eines Verstorbenen arugo, was gleichbedeutend ist mit Schatten oder Spiegelbild[3]. Die Kai in Deutsch-Neu-Guinea sehen im Spiegelbild und im Schatten ihre Seele oder Teile davon[4] und hüten sich darum, auf den Schatten zu treten. In Nord-Melanesien bezeichnet das Wort nio oder niono Schatten und Seele[5]. Bei den Fidschi-Insulanern ist die Bezeichnung für den Schatten, yaloyalo, eine Reduplikation des Wortes für Seele „yalo"[6]. Gelegentlich einer Bemerkung, daß bei den Eingebornen der Inseln der Torres-Straße das Wort für Geist, mari, zugleich Schatten oder Spiegelbild bezeichnet, meint Frazer, viele wilde Völker hätten ihre Bezeichnung für die menschliche Seele von der Beobachtung des Schattens oder der Spiegelung des Körpers im Wasser abgeleitet[7].

Daß der primitive Mensch seinen geheimnisvollen Doppelgänger, den Schatten, als Seelenwesen real nimmt, ist durch eine Reihe weiterer folkloristischer Erhebungen außer Zweifel gestellt: „Jener Kamerunmann meinte natürlich den Schatten, wenn er sagte, ‚ich kann meine Seele jeden Tag sehen, ich stelle mich einfach gegen die Sonne' (Mansfeld). So berichtet Spieth von den Eweleuten: ‚In seinem Schatten ist die Seele des Menschen zu sehen'; J. Warnek von den Batak: ‚Den persönlich gedachten . . . Seelenstoff glaubt man verkörpert im Schatten'; Klamroth von den Saramo: ‚Der Schatten, den der lebendige Mensch warf, wird durch Vereinigung mit der Seele des Verstorbenen zum kungu (Geist)'. ‚Denn die Seele (mayo auch = anatomisch Herz) verwest, aber der Schatten

---

[1] Bastian, Vorst. v. d. Seele, S. 9 f.
[2] The Belief in Immortality etc. S. 129.
[3] l. c. S. 207.
[4] l. c. S. 267.
[5] l. c. S. 395.
[6] l. c. S. 412.
[7] l. c. S. 173.

verwest nicht'; Guttmann von den Dschagganegern: ‚Was von den
Gestorbenen bleibt und in das Totenreich hinabsteigt, das ist sein
Schatten: kirische. Dies ist nicht etwa nur ein Bild für die durch
den Tod körperlos gewordene Persönlichkeit, sondern es bezeichnet
rein wörtlich den Schatten des Menschen, wie er sich im Sonnen-
lichte auf die Erde zeichnet. Dieselbe Vorstellung bei den Salisch
und Déné im fernen Westen Kanadas'[1].‘ Die Fidschi-Insulaner
glauben, daß jeder Mensch zwei Seelen habe: eine dunkle Seele,
die in seinem Schatten besteht und zum Hades geht und eine lichte,
in seinem Spiegelbild an der Wasseroberfläche oder im Glase,
welche in der Nähe seines Sterbeplatzes bleibt[2]. Aus dieser Bedeutung des Schattens erklären sich hinlänglich die zahlreichen Vorsichten und Verbote (Tabus), die sich auf ihn beziehen.

Fragt man, wie die Menschen dazu kamen, im Schatten
ihre Seele zu sehen, so belehren einen die Anschauungen der primitiven Natur- wie der antiken Kulturvölker darüber, daß die ursprünglichste Seelenvorstellung, wie Negelein (l. c.) sich ausdrückt, ein „primitiver Monismus" war, wobei die Seele ein Ana-
logon zum Bild des Körpers darstellte. So wird der vom Menschen unzertrennliche Schatten zu einer der ersten „Verkörperungen"
der menschlichen Seele, „lange bevor der erste Mensch sein Bild im
Spiegel sah" (Negelein). Der bei den Naturvölkern der ganzen
Erde verbreitete Glaube von der Seele des Menschen als einem
genauen, zunächst im Schatten wahrgenommenen Abbild des Körpers[3]
ist auch der ursprüngliche Seelenglaube der antiken Kulturvölker
gewesen. Rohde, wohl der feinsinnigste Bearbeiter des griechi-

---

[1] Zitiert nach G. Heinzelmann, „Animismus und Religion", 1913,
S. 18 f.

[2] Frazer, Belief etc. S. 411; ähnliche Anschauungen von zwei Seelen
bei den Grönländern und Algonkin berichtet Radestock, Schlaf und Traum,
Leipzig 1878, S. 252 (Anm. 11). Auch die Tami in Deutsch-Neu-Guinea
unterscheiden zwischen einer langen, beweglichen, mit dem Schatten identi-
fizierten Seele und einer kurzen, welche den Körper nur mit dem Tode
verläßt (Frazer, l. c. S. 291).

[3] Die ziemlich tief stehenden Nord-Melanesier, bei denen die Bezeichnungen für Seele und Schatten v   lerselben Wortwurzel gebildet sind
(s. oben), „think that the soul is lik   ...e man himself" (Frazer, l. c. 395),
und „the Fijisan pictured to themselves the human soul as a miniature
of the man himself" (l. c. S. 412).

schen Seelenglaubens und Seelenkultes, sagt darüber[1]: „Der Glaube
an die Psyche war die älteste Urhypothese, durch die man die Erscheinungen des Traumes, der Ohnmacht, der ekstatischen Vision
vermittels der Annahme eines besonderen körperhaften Akteurs in
diesen dunklen Handlungen erklärte. Homer liegt schon auf dem
Wege, bei dessen Verfolgung sich die Psyche zu einer bloßen Ab-
straktion verflüchtigt." — „Der Mensch ist nach homerischer Auffassung zweimal da, in seiner wahrnehmbaren Erscheinung und in
seinem unsichtbaren Abbild, welches frei wird erst im Tode. Dies
und nichts anderes ist seine Psyche[2]. In dem lebendigen, voll be-
seelten Menschen wohnt, wie ein fremder Gast, ein schwächerer
Doppelgänger, sein anderes Ich als seine Psyche, ... dessen Reich
ist die Traumwelt. Wenn das andere Ich, seiner selbst unbewußt,
im Schlafe liegt, wirkt und wacht der Doppelgänger". — „Ein solches
das sichtbare Ich wiederholende εἴδωλον und zweites Ich ist in
seiner ursprünglichen Bedeutung der Genius der Römer, die Fravauli
der Perser, das Ka der Ägypter." Auch im Ägyptischen war die
älteste Form der Seele der Schatten (Negelein nach Maspero) und
nach Moret[3] wechselten die Bezeichnungen für Seele, Doppelgänger (Ka), Abbild, Schatten und Name[4]. Den Glauben der Wilden
an die Fortdauer einer schattenhaften Seele nach dem Tode stützt
auch Spieß (l. c. S. 172) durch den Hinweis auf eine reiche

---

[1] Psyche, Seelendeutung, Unsterblichkeitsglaube der Griechen, 3. Aufl.
1903, I. Bd., S. 6 ff. u. 46. — Ähnliches von den Grönländern und anderen
Völkern bei Radestock, l. c. Kap. I und den Anmerkungen dazu.

[2] Man vgl. die homerische Auffassung der Seele als Schatten
(εἴδωλον) des einst lebenden Menschen (Ilias XXIII, 104; Od. X, 495; XI,
207). Achilles, dem der erschlagene Patroklus im Traume erscheint, ruft
aus: „Ihr Götter, so bleibt denn wirklich auch in des Hades Behausung
eine Psyche und ein Schattenbild des Menschen!" Nach Spieß (Ent-
wicklungsgesch. d. Vorstellungen vom Zustande nach dem Tode, Jena 1877,
S. 283) wird nach dem Tode die ψυχή, die Seele, die identisch ist mit dem
Geiste, zum εἴδωλον, d. i. zu einem Schatten, zu einem Traumbild (Od.
XI, 222).

[3] Annales du Musée Guimet T. XIV, S. 33.

[4] Auch der besonders bei den Ägyptern (aber auch anderwärts:
Spieß 182 f., 87; Frazer, Belief, S. 144 ff.) geübte Gebrauch des Ein-
balsamierens der Toten, sowie der von vielen Völkern geübte Brauch der
Grabbeigaben (Essen und Feuer für die Seelen) weist darauf hin, daß man
sich die Seele ursprünglich sehr materiell und dem Körper gleich dachte.

Literatur. Nach ihm bezeichnet auch der hebräische Ausdruck „Rephaim” für das, was im Tode vom Menschen übrig bleibt, „die Matten oder die Kraftlosen, d. i. die Schatten, die Bewohner des Totenreiches, ein der griechischen Bezeichnung analoger Name” (S. 422).

Der ursprünglichste Seelenglaube selbst knüpft also, wie Spieß namentlich für die Kulturvölker, insbesondere aber Frazer (Belief etc.) für die primitivsten Wilden gezeigt hat, an den Tod an: die erste und für die ganze Entwicklung der Menschheitsgeschichte bedeutsame Seelenvorstellung der Primitiven ist die der Geister der Verstorbenen, die in den meisten Fällen als Schatten gedacht werden, wie wir ja auch heute noch vom „Schattenreich” der Abgeschiedenen sprechen.

Da die Seelen der Verstorbenen Schatten sind, so werfen sie selbst keinen Schatten, wie beispielsweise die Perser von den wieder zum Leben Erweckten direkt behaupteten[1]. Ja, nach manchen Autoren[2] soll die Beobachtung, daß der tote (liegende) Körper keinen Schatten mehr wirft, zur Annahme der im Schatten entflohenen Seele beigetragen haben. So hat man auch den heiligen Bezirk der Arkader, das Lykaion, innerhalb dessen vollkommene Schattenlosigkeit herrscht, als das Reich der Totgeweihten aufgefaßt[3]. Nach Pausanias (VIII, 38, 6) war der Eintritt in diesen Bezirk den Menschen untersagt; wer das Gesetz übertrat, mußte notwendig binnen Jahresfrist sterben. Die Schattenlosigkeit deutet also hier, wie in fast allen angeführten abergläubischen Vorstellungen, auf den bevorstehenden Tod, dessen Schattenlosigkeit vorweggenommen wird, und so weicht nach Roch-

---

[1] Spieß, l. c. S. 266. — In Dantes Fegefeuer werfen die „Schatten” auch keinen Schatten. — Rohde sagt von der Unsterblichkeit dieser Seelen: „Sie leben ja kaum mehr als das Bild des Lebenden im Spiegel.”

[2] Negelein l. c., Spencer, Prinzipien der Soziologie, deutsch von Vetter, II, S. 426.

[3] Welker, Kl. Schr. 3, S. 161, der sich auf den Glauben der Pythagoräer beruft, welche die Redensart von dem „Schattenloswerden” gemäß ihrer Anschauung, daß die Seele des Verstorbenen keinen Schatten mache, wörtlich nahmen, während man in Arkadien damit zuerst den Tod euphemistisch bezeichnete (unser „umschatten”) und erst später diese Redensart buchstäblich nahm. Über die verschiedenen Auffassungen dieser kultischen Schattenlosigkeit vgl. man W. H. Roscher „Die Schattenlosigkeit des Zeus Abatons auf dem Lykaion” (Fleckeisens Jahrb. f. klass. Altert. Bd. 145, 1892), sowie die daselbst angeführte Literatur; bes. K. O. Müller, Dorier I, S. 308.

holz (l. c. S. 19) im lykaiischen abaton „der schützende Dämon
von der Person des gottgeweihten Eindringlings und überläßt ihn
den Schrecken des Todes"[1]. Aber nicht nur die Seelen, sondern
auch die ihnen nahestehenden Geister, Elfen[2], Dämonen, Gespenster
und Zauberer[3] sind schattenlos, weil sie ursprünglich selbst Schatten,
d. i. Seelen sind. Die nach der Vorstellung der Neuseeländer schattenlosen Geister und Elfen nehmen darum von dargebotenen Dingen
nichts mit als den Schatten[4]. Das Burg- oder Mittagsfräulein
erkennt man daran, daß es keinen Schatten wirft, weil es ein Geist
ist. Auch der Teufel hat als böser Dämon nach russischem Glauben
(Gaster l. c.) keinen Schatten und darum ist er so begierig nach den
Schatten der Menschen (vgl. den Pakt von Schlemihl, Balduin u. a.).
Wer dem Teufel verfallen ist, zeigt darum keinen Schatten (Pradel
l. c.). Die zahlreichen Sagen, in denen der Teufel um seinen Lohn
geprellt wird, indem er statt der ihm verfallenen Seele „nur" den
Schatten erhält[5], scheinen schon eine Reaktion auf den zu bedeut-
sam genommenen Schattenverlust darzustellen und ursprünglich
dürfte — wie ja noch Schlemihl und seine Nachfahren lehren — der
Mensch in diesem Falle der Betrogene gewesen sein, da er den
Schatten gering schätzte, dessen Wert der Teufel noch kannte[6].

* * *

[1] Über die im lykaiischen Heiligtum abgehaltenen Menschenopfer
siehe Negelein l. c.

[2] Germania V, 75.

[3] Negelein l. c.

[4] Waitz l. c. 297, 300.

[5] Siehe Grimm, D. Mythol.[4], 2, S. 855, 976 und Note S. 302; Müllenhoff, Schlesw.-Holst. Sagen, S. 554 f. Über die spanische Sage des Teufels
von Salamanca, die Th. Körner in einer Romanze behandelt hat, vgl. die
Quellen bei Rochholz, l. c. S. 119. Das Gedicht selbst in „Deutsche Nat.-
Lit." Bd. 152, S. 200. Der Teufel unterhielt in Salamanca sieben Schüler,
deren letzter mit seiner Seele bezahlen mußte. Einst zeigte dieser aber auf
seinen Schatten mit dem Bemerken, der sei der letzte, der das Zimmer
verlasse. Der Teufel nahm den Schatten, der Schüler blieb sein Leben lang
schattenlos und unglücklich.

[6] Dies zeigen die Überlieferungen, in denen der Teufel sich direkt den
Schatten als Lohn für seine Hilfe ausbedingt (z. B. Konrad Maurers Isl. Sag.,
S. 121), oder in denen ein Mensch, der den Teufel irgendwie geprellt hat, dann
zeitlebens ohne Schatten gehen muß (Müllenhoff, l. c. S. 454f., Grimm, D.
Myth., S. 976). — Interessant ist die von Rochholz (S. 119) angeführte

Daß „die vom Spiegelbild ausgehenden abergläubischen Anschauungen und Gebräuche den vom Schattenbild hervorgerufenen
in allen Hauptpunkten gleichen", hat Negelein an reichem folkloristischen Material der Kulturvölker gezeigt. Auch hier stehen die
Todes- und Unheilsbefürchtungen in erster Reihe. In deutschen Landen
gilt das Verbot, die Leiche vor einen Spiegel zu stellen oder im
Spiegel zu betrachten, denn sonst erscheinen dort zwei Leichen und
die zweite verkündet einen zweiten Todesfall[1]. Nach dalmatinischem
Aberglauben, der sich auch in Oldenburg findet, stirbt derjenige,
der sich in einen Spiegel sieht, während eine Leiche im Hause ist[2].
Die allgemeine Geltung dieser Befürchtung ersieht man aus der
weiten Verbreitung der darauf bezüglichen Gegenmaßregel, welche
gebietet, bei einem Todesfall die Spiegel zu verhängen, damit die
Seele des Toten nicht im Hause bleibe. Diese Sitte wird noch heute
in Deutschland, Frankreich, bei den Juden, Litauern u. a. geübt[3].
Da die Seele des Verstorbenen im Spiegel gedacht wird, kann sie
dort unter gewissen Umständen sichtbar werden. In Schlesien heißt
es, daß in der Neujahrsmitternacht, wenn man mit zwei brennenden
Lichtern vor den Spiegel tritt und den Namen eines Verstorbenen
ruft, dieser im Spiegel erscheine[4]. In Frankreich soll man sich selbst
wie in der Todesstunde im Spiegel erblicken, wenn man in der Drei-
königsnacht eine bestimmte Zeremonie davor ausführt[5]. An diese

Überlieferung, wonach ein Graf Villano (= Schufterle), der dem Teufel
seinen Schatten überlassen hatte, von diesem die Kunst erlernte, alte Leute
zu verjüngen (Verjüngungsmotiv) und diese an sich selbst anwenden wollte.
Er ließ sich also im Alter töten, zerstückeln, die einzelnen Teile in ein Glas
tun und dieses in Pferdemist vergraben. Dies wurde aber vorzeitig entdeckt
und das noch nicht voll entwickelte Kind verbrannt. (Vgl. über dieses Thema
Silberers Abhandlung „Homunculus", Imago III, 1914.)

[1] Wuttke, S. 435 ff.

[2] Haberland Karl, Der Spiegel im Glauben und Brauch der Völker.
Zeitschr. f. Völkerpsychol. 1882, Bd. XIII, S. 324 bis 347. — Vgl. auch
Rieß, Rhein. Mus. 1894, LIX, S. 185.

[3] Haberland, S. 344. — Nach Frazer, l. c. S. 95 auch in Belgien,
England, Schottland, Madagaskar und bei den Juden der Krim; ebenso bei
den Mohammedanern auf Bombay: Mit der Begründung, daß die im Spiegel
reflektierte Seele der Überlebenden von dem im Hause weilenden Geist
des Verstorbenen mit sich weggenommen werden könnte.

[4] Haberland l. c.

[5] l. c.

Vorstellungen knüpfen die Verbote an, sich überhaupt nachts in den
Spiegel zu schauen: wenn man das tut, verliert man sein eigenes
Spiegelbild[1], d. h. die Seele, woraus der Tod notwendig folgt. In
Ostpreußen gibt man dafür die Begründung, daß in solchen Fällen
hinter einem das Bild des Teufels auftaucht. Bemerkt überhaupt
jemand im Spiegel neben seinem Gesicht noch ein anderes, so wird
er bald sterben[2]. Aus ähnlichen Gründen ist kranken und schwachen
Personen ihr Spiegelbild unheilvoll[3], insbesondere nach böhmischem
Glauben[4]. — Das Herabfallen oder Zerbrechen des Spiegels gilt als
Todeszeichen in ganz Deutschland[5], obwohl daneben sieben Jahre
Ungemach als euphemistischer Ersatz steht[6]. Auch wer zum letztenmal in einen zersprungenen Spiegel gesehen hat, muß sterben[7] oder
leidet sieben Jahre Not[8]. Sitzen Dreizehn beisammen, so muß der
sterben, der dem Spiegel gegenüber sitzt[9]. Um sich vor den geheimnisvollen Kräften des Spiegels zu schützen, läßt man in gewissen
Gegenden in einen neuen Spiegel eine Katze sehen[10]. Auch hütet
man sich, kleine Kinder überhaupt in den Spiegel sehen zu lassen
aus Furcht vor dem eigenen Spiegelbild, das den Doppelgänger
allen Schädigungen preisgibt[11], und mit der Begründung, das Kind
werde sonst stolz und leichtsinnig oder krank werden und sterben[12].
Auf dem Glauben an den Doppelgänger beruht nach Negelein die
Überzeugung, daß der Spiegel verborgene Dinge anzeigt. Hieher
gehört vor allem die magische Verwendung des Spiegels zur Er-
gründung der Zukunft. So heißt es z. B. in Oldenburg, daß man

---

[1] l. c. S. 341 ff. nach Grimms Mythol. Anh., Deutscher Abergl. Nr. 104;
Panzer, Beitr. z. d. Myth. 2, 298; Strackerjan, Abergl. aus Oldenburg,
1, 262; Wolff-Mannhardt 1, 243; 4, 147; Alpenburg, Mythen u. Sagen
Tirols 252, Wuttke, l. c. § 205.

[2] Wuttke, S. 230.

[3] Negelein l. c.

[4] Haberland l. c., Frazer, l. c. S. 95.

[5] Haberland l.

[6] Wuttke, S. 19o.

[7] Wuttke, S. 404.

[8] Wuttke, S. 198.

[9] Haberland l. c.

[10] Negelein l. c.

[11] Negelein l. c.

[12] Wuttke, S. 368 f. — Auch Webers Demokritos IV, 46.

seine Zukunft im Spiegel sehe, wenn man um Mitternacht mit zwei
brennenden Lichtern vor ihn trete und aufmerksam hineinschaue,
während man dreimal den eigenen Namen rufe. Im Zusammenhang mit den angeführten Bräuchen ist klar, daß hier unter der
„Zukunft" nicht das Was, sondern das Ob zu verstehen ist, d. h.
daß den Menschen von allem Zukünftigen am meisten seine eigene
Lebensdauer interessiert. Demgegenüber tritt die Bedeutung des
Spiegels als Liebesprophet zurück, obwohl das Mädchen bei Ausübung
ähnlicher Bräuche meist „den Zukünftigen" (für sie gleichbedeutend
mit „das Zukünftige") im Spiegel sieht[1]. Eitle Mädchen aber sehen
nachts im Spiegel das Gesicht des Teufels[2] und wenn sie einen Spiegel
zerschlagen, glauben sie 7 Jahre lang keinen Mann zu bekommen.

Die magischen und mantischen Verwendungen des Spiegels
(auch Wasserspiegels), von denen Negelein und Haberland berichten, übergehen wir hier[3], um uns direkt ihrem Ursprung bei
den Primitiven zuzuwenden. Wie im Schatten so sehen die Wilden
auch in dem im Glas, Wasser oder Porträt wiedergegebenen Ebenbild
die Seele verkörpert[4], und darauf beziehen sich die vielfachen Tabus,
die an diesen Dingen ebenso wie am Schatten haften[5]. Bei einem
Stamm in Niederländisch-Indien dürfen halb erwachsene Kinder nicht
in den Spiegel sehen, weil sie meinen, er nehme ihre Schönheit hinweg und lasse sie häßlich zurück[6]. Die Zulus schauen nicht in

---

[1] Wuttke, S. 229 f. 234; Haberland l. c. — Diesen Volksglauben
hat auch E. Th. A. Hoffmann in seinen Dichtungen mehrfach verwendet.
Vgl. K. Olbrich, Hoffmann und der deutsche Volksaberglaube. Mitt. d.
Ges. f. Schlesische Volksk. 1900. — Über den an die „Andreasnächte"
geknüpften Spiegelaberglauben handelt F. S. Krauß im „Urquell".

[2] Negelein l. c.

[3] Man vgl. die mit reichem folkloristischen Material belegte Abhandlung über „Spiegelzauber" von G. Róheim (Imago, V. Jahrg. 1917/18)
und das in der Internat. psychoanalytischen Bibliothek erschienene Buch mit
dem gleichen Titel.

[4] Thomas Williams, der unter den Fidschi-Insulanern lebte, erzählt
folgende für die Seelenbedeutung des Spiegelbildes bezeichnende Geschichte:
„I once placed a good-looking native suddenly before a mirror. He stood
delighted. ‚Now', said he, softly, ‚I can see into the world of spirits'."
(Nach Frazer, Belief etc., S. 412).

[5] Frazer, l. c. S. 92 ff.

[6] l. c. S. 93. Die psychologische Grundlage dieses Aberglaubens gibt
Kleist, der das Doppelgängerproblem im „Amphytrion" behandelt, in seinen

einen schmutzigen Sumpf, weil er ihr Spiegelbild nicht zurückwirft,
und sie meinen, ein darin hausendes Untier habe es weggenommen,
so daß sie sterben müssen. Wenn bei den Basutos jemand plötzlich,
ohne ersichtliche Todesursache stirbt, so glauben sie, ein Krokodil
habe das Schattenbild von der Wasseroberfläche hinabgezogen.

Die ähnlich begründete Scheu vor dem Porträt oder der Photo-
graphie der eigenen Person ist nach Frazer[1] über die ganze Erde
verbreitet. Sie findet sich ebenso bei den Eskimos wie bei den Indianern Amerikas, bei den zentralafrikanischen Stämmen, in Asien,
Ostindien und — in Europa. Da sie im Abbild des Menschen seine
Seele sehen, so fürchten sie, daß der fremde Besitzer des Ebenbildes
schädlichen oder tödlichen Einfluß auf sie üben könnte. Manche
Primitive glauben direkt, daß sie sterben müßten, wenn ihr Bild an-
gefertigt werde oder sich in fremden Händen befinde. Ergötzlich
Geschichten von der Angst der Wilden vor dem Photographieren
erzählt Frazer (l. c.) und neuestens der Missionär Leuschner von
den Jautz in Südchina[2]. Diese Furcht vor dem eigenen Ebenbild
greift auf Grund des Seelenglaubens auf jede bildliche Darstellung
über. So erzählt Meinhof (l. c.): „Ein plastisches Abbild des Menschen kann den Afrikaner in die größte Unruhe versetzen, und es
ist vorgekommen, daß das Kunstwerk vernichtet werden mußte, um
die aufgeregten Menschen zu beruhigen." Von den Waschamba
berichtet Warneck[3], daß sie mit den menschlichen Photographien,
welche die Missionäre in ihrem Zimmer aufgehängt hatten, nicht
allein sein wollten; sie fürchteten, die Bilder könnten lebendig
werden und auf sie zukommen.

Bemerkungen „über das Marionettentheater". Er erzählt dort von einem
schönen und wohlgebildeten Jüngling, der, um die Stellung des „Dornaus-
ziehers" nachzuahmen, anfing, „tagelang vor dem Spiegel zu stehen; und
immer ein Reiz nach dem andern verließ ihn .... und als ein Jahr verflossen
war, war keine Spur mehr von der Lieblichkeit in ihm zu entdecken". Man
vgl. dazu die Sage von Entelidas (unten S. 334) und den Lieblingsroman-
helden von Dorian Gray (oben S. 283).

[1] l. c. S. 96 bis 100.

[2] Mitt. d. Geogr. Ges. zu Jena, 1913. Über Ähnliches auf dem ma-
layischen Archipel vgl. man Ztsch. f. Ethnol. 22, S. 494 f. — Nach Meinhof
(Afrik. Rel. 1912) begegnet die Aufnahme der Stimme im Phonographen
gelegentlich ähnlichen Schwierigkeiten.

[3] „Lebenskräfte des Evangeliums", 1908, S. 30, Anmerkung 3.

Nach deutschem Aberglauben darf man sich nicht malen lassen [1], weil man sonst stirbt [2]. Auch in Griechenland, Rußland [3] und Albanien weist Frazer denselben Glauben nach [4] und zeigt Spuren davon im heutigen England und Schottland auf.

Auch bei den antiken Kulturvölkern finden sich die den angeführten abergläubischen Vorstellungen entsprechenden Ideen. So bei den alten Indern und Griechen die Regel, nicht nach seinem Spiegelbild im Wasser zu sehen [5], da dies den baldigen Tod zur Folge hätte [6]. „Kann einer sein eigenes εἴδωλον im Spiegel nicht mehr sehen, so ist das ein Todeszeichen [7]." Auch galt es bei den Griechen als Todesvorzeichen, wenn man im Traum sein Wasserspiegelbild erblickte [8]. Der germanische Glaube legte gleichfalls dem Wasserbild Todesbedeutung bei; wenn jedoch das gleiche im Traum andere Male als Anzeichen langen Lebens aufgefaßt wurde [9], so verstehen wir dies nicht nur als Wunschgegensatz, sondern werden es auch mit der Geburtsbedeutung der Wasserträume in Zusammenhang bringen dürfen.

Hier fügen sich zwanglos die interessanten mythologischen Überlieferungen an, welche den Glauben an die befruchtende Wirkung, die dem Schatten zugeschrieben wird, auch beim Spiegelaberglauben zeigen [10]. Hauptsächlich kommt dafür der Dionysosmythos und die daran knüpfenden Mysterien in Betracht. Schon seine Mutter Persephone hatte sich, ehe sie den Zagreus gebar, in einem Spiegel

---

[1] Wuttke, S. 289.

[2] Köhler, Volksbrauch, Aberglauben etc. im Voigtlande. Leipzig 1867, S. 423.

[3] Nach russischem Aberglauben steht das Spiegelbild eines Menschen in Verbindung mit seinem inneren Wesen (Spencer, l. c. S. 426).

[4] S. 100.

[5] Frazer, S. 94.

[6] Preller, Griech. Mythol. I, S. 598.

[7] Oldenburg, Rel. d. Veda S. 527.

[8] Frazer, S. 94.

[9] Haberland l. c.

[10] Das Folgende nach Haberland, l. c. S. 328 f. — Nur nebenbei sei hier der antike von Aristoteles und Plinius berichtete Glaube angeführt, daß ein Spiegel, in den eine menstruierende Frau hineinschaue, fleckig werde. — In Mecklenburg und Schlesien werden die Spiegel wie bei einem Todesfall auch dann verhängt, wenn eine Wöchnerin im Hause ist, offenbar um das Kind im Mutterleibe vor Bezauberung zu schützen.

betrachtet[1], was Negelein (l. c.) als eine „Zeugung durch Zusammenwirken von Persönlichkeit und Doppelgänger" auffaßt. Bekanntlich wurde dann Zagreus bei seiner Wiedergeburt als Dionysos,
gewissermaßen als Ausgleich seiner ursprünglich rein weiblichen
Zeugung, von Zeus allein in seinem Schenkel ausgetragen. Auch
in dieser Wiedergeburtsgeschichte spielt ein Spiegel eine Rolle. Der
vielgestaltige Zagreus betrachtete sich gerade als Stier in einem von
Hephaistos verfertigten Spiegel, als die von der feindlichen Hera
gesandten Titanen kamen und ihn trotz seiner Verwandlung in Stücke
rissen; einzig das Herz wurde gerettet, aus dem dann mittels der
Semele Dionysos in der erwähnten Weise geboren wurde[2]. Aber
noch einen bedeutungsvollen Schöpfungsmythos berichtet Proklus von
Dionysos: Er soll sich selbst in dem von Hephaistos geschmiedeten
Spiegel betrachtet, und von diesem Bild verführt, danach alle
Dinge geschaffen haben[3]. Diese spätgriechische Auffassung von der
Schöpfung der materiellen Welt findet ihr Urbild in der indischen
Kosmogonie, welche die Selbstbespiegelung des Urwesens als Grund
der materiellen Welt kannte, und setzt sich in die neuplatonischen
und gnostischen Lehren fort. So behaupteten die Gnostiker, Adam
habe dadurch, daß er sich in einem Spiegel beschaute und sich in
sein eigenes Bild verliebte, seine himmlische Natur verloren[4].

Die vom Anblick des Spiegelbildes ausgehende schädigende Wirkung stellt deutlich die von Plutarch[5] berichtete Sage des Entelidas
dar, der von seinem Anblick im Wasser entzückt, durch den eigenen bösen
Blick erkrankte und mit seinem Wohlbefinden die Schönheit verlor.

Beide Seiten des Glaubens, die verderbliche und die erotische,
vereinigt in einzigartiger Synthese die bekannte Fabel von Narkissos in der späten Form, in der sie auf uns gekommen ist. Ovid
erzählt[6], daß bei der Geburt des Narkissos der Seher Tiresias
befragt wurde, ob dem Kinde ein langes Leben beschieden sei, und
er habe geantwortet: wenn er sich nicht sehen würde. Einst erblickt
jedoch der gegen Jünglinge und Mädchen gleich spröde Narkissos

[1] Creuzer, Symbolik 4, S. 196.
[2] W. Menzel, Die vorchristliche Unsterblichkeitslehre. Leipzig 1870, II, 66.
[3] Menzel l. c., Creuzer, l. c. 4, S. 129.
[4] Menzel, l. c. S. 68.
[5] Moralia, quest. conv. V, 7, 3.
[6] Metamorph. III, 342 ff.

im Wasser sein Spiegelbild und verliebt sich dermaßen in den schönen ihm daraus entgegenstrahlenden Knaben, daß er aus Sehnsucht zu ihm dahinsiecht. Nach späterer Sage entleibt sich Narkissos selbst, nachdem er sich in sein Spiegelbild verliebt hatte. Noch in der Unterwelt schaut er im Styx sein Bild. Nach einer noch späteren rationalistischen Auffassung bei Pausanias[1] ist Narkissos nach dem Tod seiner ihm an Kleidung und Aussehen völlig gleichen Zwillingsschwester untröstlich, bis er sein Spiegelbild erblickt und, obwohl er weiß, daß er nur seinen Schatten sieht, doch eine gewisse Erleichterung seines Liebeskummers empfindet[2]. Weiß man nun auch, daß die Befragung des Tiresias und anderes[3] als spätere dichterische Zutat der ursprünglichen Sage nicht angehört, so scheint es doch nicht ausgemacht, daß die Fabel ursprünglich, wie Frazer[4] meint, nur in poetischer Einkleidung des Aberglaubens besagte, daß der Jüngling starb, nachdem er sein Spiegelbild (seinen Doppelgänger) im Wasser erblickt hatte, und daß die Verliebtheit in das eigene Ebenbild, die ja das Wesentliche der Narzißsage ausmacht, erst später zur Erklärung herangezogen wurde, als man diesen ursprünglichen Sinn nicht mehr kannte.

V.

„Es ist das Phantom unseres eigenen Ichs, dessen innige Verwandtschaft und dessen tiefe Einwirkung auf unser Gemüt uns in die Hölle wirft, oder in den Himmel verzückt." E. Th. A. Hoffmann.

Die Psychoanalyse kann es keinesfalls als bloßen Zufall betrachten, daß die Todesbedeutung des Doppelgängers mit der narzißtischen — wie in der griechischen Sage so auch anderwärts —

---

[1] 9, 31, 6.

[2] Ein komisches Seitenstück dazu bietet die kamtschadalische Erzählung von dem einfältigen Gotte Kutka, dem die Maus einen Streich spielt, indem sie ihm im Schlafe das Gesicht wie einer Frau anmalt; als er dies im Wasser erblickt, verliebt er sich in sich selbst (Tylor, l. c. S. 104). Vgl. die ähnliche Idee Hebbels, oben S. 289, Anmerkung 2.

[3] So die Verbindung des Narkissos mit der Echo, die, von dem Spröden unerhört, sich in Gram verzehrt, bis nur mehr „vox tantum atque ossa supersunt". Als Bestrafung für diese verschmähte Liebe läßt der Dichter den Jüngling in quälerische Selbstliebe verfallen.

[4] l. c. S. 94.

eng verbunden erscheint. Zudem ergibt sich der Anlaß, es nicht bei der
Frazerschen Erklärung bewenden lassen, daraus, daß seine Zurückführung der Narzißfabel das Problem nur auf die Frage nach Herkunft
und Bedeutung der zugrunde liegenden abergläubischen Vorstellungen
verschiebt. Sucht man aber doch zunächst auf Grund der Frazerschen
Annahme nach einer Erklärung dafür, warum die an den Anblick des
Doppelgängers geknüpfte Todesvorstellung[1] in der Narzißsage gerade
durch das Motiv der Selbstliebe[1] verdeckt worden sein sollte, so wird
man zunächst an die allgemein wirksame Tendenz denken müssen,
welche die besonders der Eigenliebe überaus peinliche Vorstellung des
Todes mit besonderer Hartnäckigkeit aus dem Bewußtsein ausschließen will. Dieser Tendenz entsprechen ja die häufigen euphe-
mistischen Ersatzvorstellungen, die im Aberglauben allmählich die
ursprüngliche Todesbedeutung überlagern. Daß diese Tendenz aus
einem begreiflichen Kompensationsbestreben trachtet, ein möglichst
entferntes und angenehmes Äquivalent einzusetzen, hat Freud am
Parzenmythos gezeigt[2], in dessen verwandelten Gestaltungen an
Stelle der Todesgöttin die Liebesgöttin tritt. Diese Entwicklung des
Motivs ist aber keine willkürliche, sondern greift nur auf eine alte,
ursprüngliche Identität dieser beiden Gestalten zurück, die bewußterweise auf der Überwindung des Todes durch eine neue Zeugung
beruht und ihre unbewußte Grundlage im Mutterkomplex findet. Daß
die Todesbedeutung des Doppelgängers gleichfalls zur Ersetzung
durch die Liebesbedeutung neigt, ersieht man aus den offenbar späten,
sekundären und vereinzelten Überlieferungen, nach denen Mädchen
unter denselben Bedingungen ihren Liebsten im Spiegel sehen können,
unter denen sonst Tod oder Unheil sich ankündigen[3]. Und in der
Ausnahmsregel, daß dies für eitle Mädchen nicht zutreffe, dürfen wir
einen Hinweis auf den die Liebeswahl störenden Narzißmus erkennen.
Ähnlich ist es ja auch in der Narzißsage, von der eine zwar späte,

---

[1] Wieseler (Narkissos, Göttingen 1856) faßt Narziß als Todesdämon
(S. 76 ff.), bezieht den Mythus aber auch auf die kalte Selbstliebe (S. 3', 74).

[2] Das Motiv der Kästchenwahl. Imago II, 1913.

[3] Auch dort, wo die Todesbedeutung, wie wir gesehen haben, zur
Zukunftsandeutung im allgemeinen sich verflüchtigt hat, ist der Übergang
zur Glücksbedeutung (Liebe, Reichtum) leicht gegeben, indem an Stelle der
unausweichlichen düsteren Zukunft die Wunschvorstellungen einer ver-
heißungsvollen Erwartung treten.

aber psychologisch gleichwertige Version berichtet, der schöne Jüngling habe im Wasserspiegel die geliebte Zwillingsschwester (die Liebste) zu erblicken geglaubt. Nur steht hier neben dieser deutlich narzißtischen Verliebtheit auch die Todesbedeutung noch so weit in Geltung, daß die enge Verknüpfung und tiefe Beziehung beider Komplexe außer Zweifel gestellt wird.

Daß dem Doppelgängermotiv, welches in dem folkloristischen Material die Seelen- und Todesbedeutung hervorkehrt, auch der narzißtische Sinn von Natur aus nicht fremd ist, zeigen außer den angeführten mythologischen Überlieferungen von der Schöpfung durch Selbstbespiegelung vor allem die dichterischen Bearbeitungen, welche neben dem Todesproblem, sei es direkt, sei es in pathologischer Verzerrung, das narzißtische Thema in den Vordergrund treten lassen.

Neben Furcht und Haß dem Doppelgänger gegenüber erscheint die narzißtische Verliebtheit in das eigene Ebenbild und Ich am deutlichsten ausgeprägt bei Oskar Wildes „Dorian Gray". „Die eigene Schönheit offenbart sich ihm" beim ersten Anblick seines Porträts, als er „das Abbild seiner eigenen Herrlichkeit sah" (l. c. 39)[1]. Und zugleich befällt ihn die Furcht, er könnte jemals alt und anders werden als jetzt, die eng mit der Todesvorstellung verknüpft ist: „wenn ich bemerke, daß ich alt werde, werde ich mich töten" (l. c.). Dorian, der direkt als Narziß bezeichnet wird (S. 13)[2], liebt sein eigenes Bild und in diesem seinen eigenen Körper: „Einmal hatte er wie ein knabenhaft ausgelassener Narzissus die gemalten Lippen geküßt, die ihn jetzt so grausam anlächelten. Morgen für Morgen hatte er vor dem Bilde gesessen und seine Schönheit bewundert, oftmals war er darüber in Verzückung geraten" (l. c. 129). Oft . . . schlich er zu dem verschlossenen Zimmer hinauf und stand dann mit einem Spiegel in der Hand vor dem Bilde . . . Bald sah er auf das häßliche und alternde Antlitz auf der Leinwand, bald auf das schöne jugendliche Gesicht, das ihm aus dem blanken Spiegel entgegenlachte. Er verliebte sich immer mehr in seine eigene Schönheit" (154). Mit dieser narzißtischen Einstellung hängt sein imposanter

---

[1] Übersetzt v. M. Preiß, Reclam Bibl.

[2] Hallward hatte ihn vorher auch so gemalt: „Du hast dich über den einsamen Weiher in einer griechischen Waldung gebeugt und in dem silbernen Wasserspiegel das Wunder der eigenen Schönheit geschaut" (l. c. S. 139).

Egoismus, seine Unfähigkeit zur Liebe und sein abnormes Sexualleben zusammen. Die intimen Freundschaften mit jungen Männern,
die ihm Hallward vorwirft (l. c. S. 179), suchen die erotische Verliebtheit in das eigene jugendliche Ebenbild zu realisieren[1] und den
Frauen vermag er nur die gröbsten sinnlichen Genüsse abzugewinnen,
ohne einer seelischen Beziehung fähig zu sein. Diese mangelnde
Liebesfähigkeit teilt Dorian mit fast allen Doppelgängerhelden[2] und

---

[1] Über die Bedeutung des Narzißmus für die homosexuelle Einstellung
und Liebeswahl vgl. meinen „Beitrag zum Narzissismus" (Jahrb. f. Psychoanalyse, III, 1911), sowie die Arbeiten von Freud, Sadger u. a., auf die er sich
stützt. — Auf die Beziehung des Doppelgängertums zum Narzißmus und
zu verschiedenen Sexualphantasien hat Sadger bereits aufmerksam gemacht
(Psychiatrisch-Neurologisches etc., l. c.). — In der interessanten Selbst-
beobachtung eines Mannes, der mit seinem zweiten Ich gerne und viel
spricht, findet sich ein pathologisch ausgeprägter Narzißmus; „Besonders
abends nehme ich einen Stuhl und Spiegel her und betrachte nahezu eine
Stunde lang mein Gesicht . . . Dann lege ich mich ins Bett, nehme den
Spiegel vor und lächle mich an und denke mir: Es ist ja jammerschade,
daß dich jetzt niemand sieht . . . ein ganzes Mädchen (bist du). Dann
küsse ich mich im Spiegel, d. h. ich ziehe den Spiegel, mich darin besehend,
langsam an meine Lippen. Ich küsse also derart mein zweites Ich, und
bewundere sein gutes Aussehen." Auch nennt er das zweite Ich einen
„schlechten Kerl" (Zentralbl. f. Psychoanalyse 1914, IV, S. 415).

[2] Als ein feiner dichterischer Zug muß es erscheinen, daß Lenau
der schwedischen Sage vom Zusammenhang des Schattenverlustes mit der
Unfruchtbarkeit eine narzißtische Begründung gibt:

Anna steht in sich versunken,
Blicket in den See hinein,
Weidet eigner Schönheit trunk
Sich an ihrem Widerschein.

Nach dem Bilde niederhangend,
Starrt sie zweifelnd und beglückt,
Und das Bild, ihr nachverlangend,
Starrt bewundernd und entzückt.

Sie beginnt hinab zu reden:
Wunderholde Jungfrau, sprich,
Schönstes Bild im Lande Schweden,
Bin ich du? und bist du ich?

In den seligen Gebärden,
Die das Bild ihr abgelauscht,
Sieht sich Anna schöner werden,
Und die Jungfrau steht berauscht.

Anna neigt vom grünen Strande
Sich in ihres Bildes Näh',
Streift vom Busen die Gewande,
Läßt ihn leuchten in den See.

„Wenn so schön ich immer bliebe!
Muß dies Bild denn auch vergehn?"
Ruft sie, eitler Eigenliebe,
Horch! die Winde sausend wehn!

Rauschend wird ihr Bild zertrümmert
Im empörten Wellenschaum;
Und das Mädchen sieht bekümmert
Sich darin vergehn wie Traum.

er spricht es selbst an einer bedeutsamen Stelle deutlich aus, daß
sie aus der narzißtischen Fixierung an das eigene Ich stammt: „Ich
wünschte, ich könnte lieben", sagte Dorian Gray, eine tiefe Bewegung
in seiner Stimme verratend. „Aber es scheint, daß ich die Leidenschaft verloren und den Wunsch vergessen habe. Ich habe mich
zu stark auf mich selbst konzentriert. Die eigene Persönlichkeit ist mir eine Last geworden. Ich möchte entfliehen, weggehen,
vergessen" (S. 240). In besonders deutlicher Abwehrform zeigt dann
der „Student von Prag", wie sich das gefürchtete Ich der Liebe
zum Weib hindernd in den Weg stellt und in Wildes Roman wird
eben klar, daß Furcht und Haß dem doppelgängerischen Ich gegenüber mit der narzißtischen Liebe zu ihm und deren Abwehr in engem
Zusammenhang steht. Je mehr Dorian sein alt und häßlich werdendes
Ebenbild verabscheut, desto intensiver wird seine Selbstliebe: „Der
sich von Tag zu Tag steigende Kontrast erfüllte ihn mit lebhafter
Freude. Er verliebte sich immer mehr in seine eigene Schönheit . . .
(S. 154).

Diese erotische Einstellung zum eigenen Ich ist aber nur möglich, weil daneben die abwehrenden Gefühle sich an dem gehaßten
und gefürchteten Doppelgänger entladen können. Der Narziß steht
seinem Ich ambivalent gegenüber, etwas in ihm scheint sich gegen
die ausschließliche Selbstliebe zu sträuben und die Abwehrform gegen
den Narzißmus äußert sich zunächst in zweierlei Weise[1]: In Furcht

---

Da erscheint die Alte und warnt sie vor der Gefahr des Kindersegens für ihre Schönheit:

> „O dann frage deinen Schatten:
> Wangen, seid ihr mein, so bleich?
> Augen mein, ihr hohlen, matten?
> Weinen wirst du in den Teich."

Sie verlangt von der Alten, daß ihre Schönheit nie vergehen möge
und erfreut sich auch sieben volle Jahre dieser Gunst:

> Oftmals bei verschloss'nem Riegel
> Ist sie unbelauscht allein,
> Stürzt ihr Aug' sich in den Spiegel,
> Schwelgt in ihrem Widerschein.

[1] Welche Formen die abwehrende Einstellung gegen das Spiegelich
annehmen kann, zeigt ein im Jahre 1913 in London verhandelter Prozeß, aus
dessen Bericht in einer Tageszeitung (vom 9. Dezember 1913) folgendes angeführt sei. Ein junger Lord hatte seine schöne ungetreue Geliebte zur

und Abscheu vor dem eigenen Spiegelbild, wie es Dorians fiktiver
Romanheld und die meisten Gestalten Jean Pauls zeigen oder, wie
in der Mehrzahl der Fälle, im Verlust des Schatten-, respektive
Spiegelbildes, der aber, wie die Verfolgungen zeigen, gar kein Verlust ist, sondern im Gegenteil eine Verstärkung, Verselbständigung,
ein Übermächtigwerden, das eben wieder nur das überstarke Interesse am eigenen Ich erweist. So erklärt sich der scheinbare Widerspruch, daß der Verlust des Schatten- oder Spiegelbildes als Verfolgung durch dasselbe dargestellt werden kann, als Darstellung
durchs Gegenteil auf der Basis der Wiederkehr des Verdängten im
Verdrängenden (siehe unten Schlußabsatz).

Denselben Mechanismus zeigt der mit der Verfolgung durch
den Doppelgänger, das eigene Ich, so häufig verknüpfte Ausgang

---

Buße für acht Tage in ein Zimmer gesperrt, dessen Wände aus Spiegel-
scheiben bestanden, welche den Zweck hatten, „der jungen Dame fort-
während ihr Antlitz vorzuhalten, damit sie es betrachte und sich im eigenen
Angesicht Besserung gelobe. Im Laufe der Tage und Nächte, die das junge
Mädchen zum Teil wachend zubrachte, bekam es vor dem ewig wieder-
kehrenden Bilde des eigenen Gesichtes ein solches Grausen, daß sich der
Verstand zu verwirren begann. Immer versuchte sie, dem Spiegelbild aus-
zuweichen, und von allen Seiten grinste und lächelte ihr ihr eigenes Bild
entgegen. Da wurde eines Morgens die alte Dienerin durch ein fürchterliches
Poltern herbeigerufen. Miß R. schlug mit beiden Fäusten in die Spiegel-
wände, die Scherben flogen herum, flogen ihr in das Gesicht, sie achtete
nicht darauf, sie schlug hinein, nur um nicht mehr das Bild zu sehen, vor
dem sie ein solches Grausen bekommen hatte. Der sofort herbeigerufene
Arzt konstatierte, daß Tobsucht ausgebrochen, die wahrscheinlich unheilbar
geworden sei. Die Ursache führte er auf die Einsamkeit im Zimmer zurück,
in dem das junge Mädchen nichts zu sehen bekommen hatte wie ihr eigenes
Spiegelbild". — Die furchtbare Wirkung dieser Strafe weist darauf hin,
wie sehr sie psychologisch getroffen hatte. Daß die der Liebe geweihten Orte
verschwenderisch mit Spiegeln ausgestattet wurden, berichtet Fuchs im Erg.-
Bd. z. galanten Zeit seiner „Illustr. Sittengesch.", indem er sich auch auf
das Zeugnis Casanovas beruft. Als Gegensatz zum obigen sei folgende Stelle
zitiert: „Sie war überrascht von dem Wunder, daß sie, ohne sich zu rühren,
ihre reizende Person in tausendfach verschiedener Art sah. Ihr Abbild, das
von den Spiegeln, dank einer sinnreichen Anordnung der Kerzen, verviel-
fältigt wurde, bot ihr ein neues Schauspiel, von dem sie ihre Blicke nicht
abwenden konnte" (l. c. S. 16). — In einer Variante des Schneewittchen-
Märchens aus dem rumänischen Siebenbürgen wird die Pflegemutter am
Schluß zur Strafe (für ihre Eitelkeit) in ein Zimmer gesperrt, dessen Wände
aus lauter Spiegeln bestehen (Böklen, Sneewittchen-Studien, S. 51).

in Wahnsinn, der fast regelmäßig zum Selbstmord führt. Auch wo die Gestaltung nicht an Dostojewskis unübertreffliche klinische Exaktheit heranreicht, wird doch deutlich, daß es sich um paranoiische Verfolgungs- und Beeinträchtigungsideen handelt, denen der Held von Seite seines Doppelgängers ausgesetzt ist. Nun wissen wir seit Freuds psychoanalytischer Aufklärung der Paranoia[1], daß dieser Erkrankung „eine Fixierung im Narzißmus'' zugrunde liegt, welcher der typische Größenwahn, die Sexualüberschätzung des eigenen Ich entspricht. Die Entwicklungsstufe, von der die Paranoiker auf den ursprünglichen Narzißmus regredieren, ist die sublimierte Homosexualität, gegen deren unverhüllten Durchbruch sie sich mit dem charakteristischen paranoischen Mechanismus der Projektion zur Wehre setzen. Auf Grund dieser Einsicht läßt sich leicht zeigen, daß die Verfolgung des Kranken regelmäßig von den ursprünglich geliebten Personen (oder deren Ersatzfiguren) ausgeht. Nun bestätigen die dichterischen Darstellungen des Doppelgängermotivs, die den Verfolgungswahn schildern, nicht nur die Freudsche Auffassung von der narzißtischen Disposition zur Paranoia, sondern sie reduzieren auch in einer von den Geisteskranken relativ selten erreichten Anschaulichkeit den Hauptverfolger auf das eigene Ich, die ehemals geliebteste Person, gegen die sich nun die Abwehr richtet[2]. Diese Auffassung erscheint keineswegs als Widerspruch gegen die homosexuelle Ätiologie der Paranoia, denn wir wissen, wie bereits erwähnt, daß das gleichgeschlechtliche Liebesobjekt ursprünglich in narzißtischer Einstellung nach dem eigenen Ebenbilde gewählt wurde.

In Zusammenhang mit der paranoischen Verfolgung steht ein

---

[1] Psychoanalytische Bemerkungen über einen autobiographisch beschriebenen Fall von Paranoia (Dementia paranoides). Jahrb. f. Psychoanalyse, III, 1911, S. 64.

[2] Die Bedeutung eines eventuell andersgeschlechtlichen Verfolgers im Bild der Paranoia kann hier nicht erörtert werden; doch scheint sie sich der von Freud entwickelten Gesamtauffassung ganz ausgezeichnet einzufügen. — Ein Gegenstück der paranoischen Erkrankung im Gefolge der Abwehr des Narzißmus bildet die von Raimund dargestellte Heilung des Rappelkopf von seinem paranoischen Wahn durch bewußte Vorführung des Doppelgängers. Auch Rappelkopfs Beeinträchtigungsideen gehen zunächst von der eigenen Frau aus, von der er sich verfolgt glaubt und vor der er flüchtet, um sich mit der Einsamkeit „zärtlich zu beweiben''. Aber hier gelingt es, die Projektion rückgängig zu machen: anstatt sich zu lieben und andere zu hassen, lernt der Held andere lieben und sich hassen.

anderes Thema, das noch Hervorhebung verdient. Wir wissen, daß
die Person des Verfolgers häu   den Vater oder dessen Ersatz
(Bruder, Lehrer etc.) vertritt und finden auch in unserem Material
den Doppelgänger oft mit dem Bruder identifiziert. Am deutlichsten
bei Musset, aber auch bei Hoffmann (Elixiere des Teufels, Die
Doppelgänger), Poe, Dostojewski und anderen, meist sogar als
Zwilling, was noch in der Sage vom weibischen Narziß nachklingt,
der in seinem Ebenbild die ihm in allem ähnliche Zwillingsschwester
zu erblicken glaubt. Daß die Dichter, welche das Doppelgängermotiv bevorzugen, auch mit dem Bruderkomplex zu kämpfen
hatten, ergibt sich aus der nicht seltenen Behandlung der Bruder-
rivalität in anderen Werken von ihnen. So hat Jean Paul in dem
berühmten Roman „Flegeljahre" das Motiv der miteinander rivali-
sierenden Zwillingsbrüder behandelt, ebenso Maupassant in „Pierre
et Jean" und dem unvollendeten Roman „L'Angélus", Dostojewski in „Die Brüder Karamasow" etc.[1]. Tatsächlich ist der Doppelgänger, von außen betrachtet, der Rivale seines Urbildes in allem
und jedem, in erster Linie aber in der Liebe zum Weibe, und diesen
Zug dürfte er zum Teil auch der Identifizierung mit dem Bruder
verdanken. Über dieses Verhältnis äußerte ein Autor in anderem
Zusammenhange[2]: „Der jüngere Bruder pflegt auch im gewöhnlichen Leben bereits äußerlich dem älteren irgendwie ähnlich zu
sein. Er ist gleichsam das lebendig gewordene Spiegelbild des brüderlichen ‚Ichs' und darum auch ein Nebenbuhler in allem und jedem,
was jener sieht, fühlt und denkt." Wie diese Identifizierung mit der
narzißtischen Einstellung zusammenhängen könnte, mag aus einer
anderen Äußerung desselben Autors hervorgehen. „Das Verhältnis
des älteren zum jüngeren Bruder ist analog dem des Autoerotikers
zu sich selbst."

Aus dieser brüderlichen Rivalitätseinstellung gegen den gehaßten

---

[1] Nebenbei seien genannt: die beiden Dramen „Die Brüder" von
Poritzki (1907), dem Verfasser mehrerer Doppelgängergeschichten und das
gleichnamige Stück von Paul Lindau (nach dem Roman desselben Autors),
der dem Thema des Doppelgängers gleichfalls besonderes Interesse schenkte.
Die auf dem Motiv der Zwillingsgeschwister beruhende Verwechslungs-
komödie (s. oben S. 284) gestattet die humoristische Auflösung der tragischen Brüderrivalität.

[2] J. B. Schneider, Das Geschwisterproblem. Geschl. u. Gesellsch. VIII,
1913, S. 381.

Nebenbuhler in der Liebe wird auch der Todeswunsch und der Mordimpuls gegen den Doppelgänger ein Stück weit verständlich[1], wenngleich die Bruderbedeutun_ _ diesem Falle das Verständnis nicht erschöpft. Das Brüdermo___ ist eben nicht die Wurzel des Doppelgängerglaubens, sondern nur eine — allerdings wohldeterminierte — Interpretation der zunächst unzweifelhaft rein subjektiven Bedeutung des Doppelgängers. Allerdings genügt zu deren Aufdeckung nicht die psychologische Konstatierung, daß „der seelische Zwiespalt den Doppelgänger schafft", der einer „Projektion der inneren Zerrissenheit" entspricht und dessen Gestaltung eine innere Befreiung, eine Entlastung mit sich bringt, wenn auch um den Preis der „Angst vor Begegnung". So „gestaltet die Furcht aus dem Ichkomplex das Schreckgespenst des Doppelgängers", der „die geheimen und stets unterdrückten Wünsche seiner Seele wahrmacht"[2]. Jenseits der Feststellung dieser formalen Bedeutung des Doppelgängers erheben sich erst die eigentlichen Probleme, die auf ein Verständnis der psychologischen Situation und der Einstellung zielen, welche eine solche innere Spaltung und Projektion schaffen.

Als auffälligstes Symptom dieser Gestaltungen erscheint ein mächtiges Schuldbewußtsein, das den Helden nötigt, für gewisse Handlungen seines Ich die Verantwortung nicht mehr auf sich zu nehmen, sondern einem anderen Ich, einem Doppelgänger, aufzubürden, der entweder im Teufel selbst personifiziert ist[3] oder durch die Teufelsverschreibung geschaffen wird. Diese abgespaltene Personifikation der einmal als verwerflich empfundenen Triebe und Neigungen, denen auf diesem Umweg doch verantwortungslos gefrönt werden kann, tritt in anderen Gestaltungen des Themas als wohltuender Warner („William Wilson") auf, der direkt als das „Gewissen"

---

[1] Natürlich ebenso die Sympathie, die aus dem Rivalen eine Art Schutzgeist (William Wilson) macht oder gar eine Person, die sich für das Wohl ihres Doppelgängers opfert, wie beispielsweise in Dickens' „Tale of Two Cities", wo die Doppelgänger dasselbe Mädchen lieben (Rivalität) und der eine sich für den anderen hinrichten läßt, was den ursprünglichen Todeswunsch, wenn auch in veränderter Form, doch realisiert, indem der Nebenbuhler bei Seite geschafft wird.

[2] Emil Lucka, Dostojewski und der Teufel (Lit. Echo XVI, 6, 15. Dezember 1913).

[3] Dostojewskis „Brüder Karamosow", Jean Pauls „Beichte" oder in den von Sadger l. c. zitierten „Memoiren des Satans".

des Menschen angesprochen wird (z. B. „Dorian Gray" u. a. m.). Dieses
Schuldbewußtsein, das verschiedene Quellen hat, mißt, wie Freud
dargelegt hat[1], einerseits die Distanz zwischen dem Ichideal und der
erreichten Wirklichkeit, anderseits wird es aus einer mächtigen Todesfurcht gespeist und schafft heftige Selbstbestrafungstendenzen, die
auch den Selbstmord mitbedingen.

Nachdem wir die narzißtische Bedeutung des Doppelgängers
in ihrem positiven Sinne wie auch in den verschiedenen Abwehr-
formen hervorgehoben haben, erübrigt uns noch, die im Material
breit vertretene Todesbedeutung unserem Verständnis näherzubringen
und ihre Beziehung zu dem bereits ermittelten Sinn aufzuzeigen.
Was uns die folkloristischen und manche der dichterischen Darstellungen ohne weiteres verraten, ist eine ungeheure Todesfurcht,
die sich insofern mit den bisher besprochenen Abwehrsymptomen
berührt, als auch in diesen die Angst (vor dem Ebenbild, vor dessen
Verlust oder Verfolgung) das hervorstechendste Merkmal bildete.

Ein Motiv, welches einen gewissen Zusammenhang der Todesangst mit der narzißtischen Einstellung verrät, ist der Wunsch,
immer jung zu bleiben[2], der einerseits die libidinöse Fixierung des
Individuums an ein bestimmtes Entwicklungsstadium des Ich darstellt,
anderseits aber der Furcht vor dem Altwerden Ausdruck gibt,
hinter der letzten Endes die Todesfurcht steckt. So sagt Wildes
Dorian: „Wenn ich bemerke, daß ich alt werde, werde ich mich
töten" (S. 39). Damit sind wir bei dem bedeutsamen Thema des
Selbstmords, mit dem eine ganze Reihe der von ihrem Doppelgänger verfolgten Helden enden. Von diesem der behaupteten Todesfurcht scheinbar so sehr widersprechenden Motiv läßt sich nun gerade
aus seiner besonderen Verwendung in diesem Zusammenhang zeigen,
daß es mit dem Thema der Todesfurcht, aber auch mit dem Narzißmus in enger Beziehung steht. Denn nicht den Tod fürchten diese
Helden und ihre Dichter — soweit sie Selbstmord versucht oder
verübt haben (Raimund, Maupassant) —, sondern die Erwartung des unvermeidlichen Todesschicksals ist ihnen unerträglich oder
wie Dorian Gray es ausdrückt: „Ich habe keine Furcht vor dem

---

[1] Freud: Zur Einführung des Narzißmus. Jahrbuch der Psychoanalyse,
VI. Bd., 1914.

[2] Man vgl. die in bezug auf die Liebe zum Weibe interessante Darstellung dieses Motivs in Wilbrandts „Meister von Palmyra".

Tode. Nur das Nahen des Todes beängstigt mich" (S. 239). Der normalerweise unbewußte Gedanke von der bevorstehenden Vernichtung des Ich, das allgemeinste Beispiel der Verdrängung eines unerträglichen Wissens, peinigt diese Unglücklichen mit der bewußten Vorstellung ihres ewigen, ewigen Nichtmehrwiederkommens, von der die Erlösung einzig im Tode möglich ist. So kommt es zu der sonderbaren Paradoxie, daß der Selbstmörder, um sich von der unerträglichen Todesangst zu befreien, den Tod freiwillig sucht.

Man könnte nun einwenden, daß die Todesfurcht einfach Äußerung eines überstarken Selbsterhaltungstriebes sei, der auf seine Durchsetzung nicht verzichten will, und gewiß hat die nur zu berechtigte Furcht vor dem Tode, der ja als eines der Grundübel der Menschheit angesehen wird, ihre Hauptwurzel in der durch den Tod aufs stärkste bedrohten Selbsterhaltung. Aber für die pathologische Todesangst, die unter Umständen direkt zum Selbstmord führt, reicht diese Motivierung nicht hin. In dieser neurotischen Konstellation, in der das zu Verdrängende, gegen das sich das Individuum wehrt, schließlich wirklich realisiert wird, handelt es sich um einen komplizierten Konflikt, an dem neben den der Selbsterhaltung dienenden Ichtrieben auch die libidinösen Regungen beteiligt sind, die sich in den bewußten Furchtvorstellungen bloß rationalisieren. Ihr unbewußter Anteil erklärt uns erst voll die hier zustande kommende pathologische Angst, hinter der wir ein Stück verdrängter Libido erwarten müssen. Dieses glauben wir nun — neben anderen bereits bekannten Faktoren[1] — in dem Stück Narzißmus gefunden zu haben, das sich von der Todesvorstellung ebenso intensiv bedroht fühlt wie die reinen Ichtriebe und das darauf mit der pathologischen Todesangst und ihren eventuellen Konsequenzen reagiert. Zum Beweise dafür, daß die reinen Ichinteressen der Selbsterhaltung die pathologische Todesangst auch für andere Beobachter nicht befriedigend zu erklären vermögen, führen wir das Zeugnis eines psychologisch gänzlich un-

---

[1] Aus libidinösen Quellen (Eifersucht) entspringende Todeswünsche gegen nahestende Konkurrenten (z. B. Bruder) und deren Abwehr in Form der Hinwendung gegen das eigene Ich (Selbstbestrafung). In einem Falle mit schweren Todesangstanfällen ließ sich die Zwischenstufe der gegen Nahestehende gerichteten Todeswünsche leicht aufzeigen. Pat. gibt nämlich an, daß die schweren Todesbefürchtungen sich anfangs auf seine nächste Familie (Mutter, Bruder) bezogen, ehe sie sich auf ihn selbst warfen.

voreingenommenen Forschers an. Spieß, aus dessen Werk wir
manchen Beleg entnommen haben, gibt der Ansicht Ausdruck, daß
„der Schauder des Menschen vor dem Tode nicht bloß aus der
natürlichen Liebe zum Leben entspringt" und führt dies mit folgenden
Worten aus (S. 115): „Es ist das aber nicht eine Anhänglichkeit
an das Erdendasein; denn das haßt der Mensch oft . . . Nein, es ist
die Liebe zu seiner ihm eignen, im bewußten Besitz befindlichen
Persönlichkeit, die Liebe zu seinem Selbst, zu dem zentralen
Ich seiner Individualität, die ihn ans Leben fesselt. Diese Selbstliebe ist ein unzertrennliches Element seines Wesens; in ihr ist
der Instinkt der Selbsterhaltung gewurzelt und gegründet, und daraus
entspringt ihm die tiefe und gewaltige Sehnsucht, dem Tod, dem
Versinken in das Nichts zu entrinnnen [1], und die Hoffnung, zu einem

---

[1] Es sei hier an die Furcht vor dem Lebendigbegrabenwerden erinnert,
die Poe, Dostojewski und andere Dichter verraten. Diese pathologische
Angst vor dem Tode hat Mereschkowski (l. c.) als wichtigsten Faktor
zum Verständnis von Tolstois Wandlung und Persönlichkeit aufgezeigt
(S. 27 f.). Ende der Siebzigerjahre hat ihn ein solcher „Anfall von Todesfurcht" nach Mereschkowskis Worten „fast zum Selbstmord getrieben"
(S. 30). Die Grundlage für diese übermächtige Todesangst findet Mereschkowski folgerichtig in ihrer Kehrseite — einer starken Liebe zum Leben,
die sich in Form einer grenzenlosen Liebe zum eigenen Körper manifestiert.
Mereschkowski wird nicht müde, diese Liebe zum eigenen Ich als den
wesentlichsten Charakterzug Tolstois hervorzuheben. Schon von der dunklen
Erinnerung an die früheste Kindheit an, wo Tolstoi, drei bis vier Jahre
alt, als einen seiner glücklichsten Eindrücke ein Bad erwähnt: „Zum
erstenmal erblickte ich meinen kleinen Körper mit den mir sichtbaren
Rippen auf der Brust und gewann ihn lieb." Mereschkowski weist nun
nach, daß von diesem Augenblicke an ihn diese Einstellung zu seinem
Körper sein ganzes Leben lang nicht mehr verlassen habe (S. 52 f.). Von
Tolstois Tätigkeit als Lehrer sagt Mereschkowski (S. 15): „Er erfreute
sich — ein ewiger Narziß — an der Abspiegelung seines Ichs in den
kindlichen Seelen . . . Er liebte auch in den Kindern . . . nur sich selbst,
sich allein." Als Gegenstück zu der bei Jean Paul ausgeprägten Furcht
vor dem Anblick der eigenen Gliedmaßen sei, als ein Beispiel für mehrere,
auf die Stelle in „Anna Karenina" hingewiesen, wo Wronski selbstgefällig
seine „elastische Wade" betrachtet, die er sich kurz vorher verletzt hat:
„Auch früher hatte er das freudige Bewußtsein seines körperlichen Lebens
empfunden, aber noch niemals vorher hatte er sich — seinen Körper so
geliebt" (l. c. S. 53). „Die Liebe zu sich selbst, damit beginnt und endet
alles. Liebe oder Haß zu sich selbst, nur zu sich selbst, das sind die haupt-
sächlichsten, einzigen, bald offen liegenden, bald verdeckten Achsen, um

neuen Leben und einer anderen Ära der Fortentwicklung wieder
zu erwachen. Der Gedanke, sich selbst zu verlieren, ist dem Menschen
so unerträglich, und dieser Gedanke ist es, der ihm den Tod so
fürchterlich macht ... Man schelte dieses hoffende Verlangen immerhin kindische Eitelkeit, lächerlichen Größenwahn; es lebt einmal
in der Brust, es beeinflußt und regiert unser Dichten und Trachten."
Dieser Zusammenhang liegt nun mit aller wünschenswerten Deutlichkeit, ja geradezu plastisch in dem dichterischen Material zutage,
in dem ja überhaupt die narzißtische, Selbstbehauptung und Selbst-
überschätzung vorherrscht. Die häufige Tötung des Doppelgängers,
durch die sich der Held vor den Verfolgungen durch sein
Ich endgültig zu schützen sucht, ist eigentlich ein Selbstmord —
und zwar in der schmerzlosen Form der Tötung eines anderen Ichs:
eine unbewußte Illusion von Abspaltung eines bösen, strafwürdigen
Ich, welche übrigens die Vorbedingung jedes Selbstmordes zu sein
scheint. Der Selbstmörder ist nicht imstande, die aus der Bedrohung
seines Narzißmus folgende Todesangst durch direkte Selbstvernichtung
zu beseitigen; er greift zwar zur einzig möglichen Befreiung, zum
Selbstmord, ist aber unfähig, diesen anders als an dem Phantom
des gefürchteten und gehaßten Doppelgängers auszuführen, weil er
sein Ich zu sehr liebt und schätzt, um ihm Schmerz zuzufügen oder
die Idee seiner Vernichtung in die Tat umzusetzen[1]. Der Doppelgänger erweist sich in dieser subjektiven Bedeutung als ein funk-

die sich alles in den ersten, vielleicht aufrichtigsten Werken L. Tolstois
dreht und bewegt" (l. c. S. 12).

[1] Das narzißtische Moment der Schonung im Doppelgänger-Selbst-
mord zeigt sehr hübsch Gautier in der Duellszene der bereits erwähnten
Novelle „Der Seelentausch" (S. 136). „In der Tat hatte jeder seinen eigenen
Körper vor sich und mußte den Stahl in ein Fleisch senken, das noch zwei
Tage vorher ihm gehört hatte. Der Zweikampf komplizierte sich zu einer
Art unvorhergesehenem Selbstmord und obgleich Octave und der Graf beide
tapfer waren, empfanden sie ein instinktives Entsetzen, als sie sich mit
dem Degen in der Hand ihrem eigenen Selbst gegenüberfanden, bereit,
aufeinander loszugehen." Angedeutet auch in Schnitzlers Novelle „Casanovas Heimkehr", wo der von der erkauften Liebesnacht im Morgengrauen
wegschleichende Casanova von seinem jungen Ebenbild und Rivalen gefordert
wird, der ihm vom ersten Augenblick rätselhaft sympathisch ist. Casanova
hat nichts als einen Mantel um seinen bloßen Körper geworfen und damit
er sich nicht seinem Gegner gegenüber im Nachteil befinde, zieht auch
dieser sich nackt aus. „Lorenzi stand ihm gegenüber, herrlich in seiner

tionaler Ausdruck der psychologischen Tatsache, daß das derart
eingestellte Individuum von einer bestimmten Phase seiner narzißtisch geliebten Ichentwicklung nicht loskommen kann, die ihm immer
und überall wieder entgegentritt und seine Aktionen in einer bestimmten Richtung hemmt. Hier bekommt die allegorische Deutung
des Doppelgängers als eines Stückes unabstreifbarer Vergangenheit
ihren psychologischen Sinn und es wird deutlich, was den Menschen
an die Vergangenheit fesselt und warum diese die Gestalt des
Doppelgängers annimmt[1].

Nacktheit wie ein junger Gott. Wenn ich meinen Degen hinwürfe? dachte
Casanova. Wenn ich ihn umarmte?"
    Ähnlich schafft sich der Dichter selbst im Helden einen Doppelgänger,
den er für sich sterben läßt. In primitiver Form in den bekannten Geschichten
vom Doppelleben ein und derselben Person, wie beispielsweise in Stevensons
„Fall des Dr. Jekyll", Wells' „Geschichte des Mr. Elvesham" oder Kiplings
„At the end of the passage", Wiedmann „Ein Doppelleben". — Daran
schließen sich die verwandten Darstellungen von Vestenhofs „Mann mit
den drei Augen" (Doppelexistenz in einem Körper) und des älteren Rosny
letztes Buch „L'Enigme de Givreuse", das die Verdoppelung einer Person
(auf wissenschaftlichem Wege) behandelt und mit der Rivalität der beiden
Doppelgänger um ein Mädchen verbindet. — Neuestens ist das Doppel-
gängerthema wieder auf die Bühne gebracht worden in Georg Kaisers
symbolischem Drama „Die Koralle", wo der Milliardär in die Seele seines
Doppelgängers, seines Sekretärs, flieht, um dessen glückseliger Kindheit
und Schuldlosigkeit teilhaft zu werden. Er ermordet den Sekretär, gibt sich
aber doch für ihn aus, obwohl er dann für den Mörder des Milliardärs gilt
und nur durch die Koralle seine Identität mit sich selbst nachweisen kann.
    [1] Mickiewicz hat in seiner fragmentarischen Dichtung „Totenfeier"
(„Dziady") das Doppelgängerproblem in der Form behandelt, daß der
Selbstmörder Gustav im Moment seines Todes zu einem neuen zweiten
Leben erwacht, in welchem er eigentlich sein erstes Leben bis zum selben
Punkte wiederlebt, da er über diese bestimmte Phase nicht hinauskommen
kann (frdl. Mitteilung von Dr. Federn). Diesen psychologischen Mechanismus finden wir im Sinne unserer Auffassung verbildlicht in dem Lied
vom versteinerten Jüngling, das ein Kind als Einlage singt. Der Ritter
von Twardow erstürmt einst ein altes Schloß und findet in einem verschlossenen Gewölbe in Ketten vor einem Spiegel einen Jüngling stehend,
der durch einen Zauber Stückchen um Stückchen zu Stein verwächst. Im
Verlauf von zwei Jahrhunderten ist er schon bis zur Brust versteinert, doch
sein Gesicht ist noch frisch und lebensvoll! Der des Zaubers kundige Ritter
will den Spiegel zerschlagen und den Jüngling dadurch befreien, dieser
aber verlangt den Spiegel, um sich selbst vom Banne zu erlösen:

Schließlich steht auch die Bedeutung des Doppelgängers als Verkörperung der Seele, wie sie der primitive Glaube darstellt, der in unserem Aberglauben fortlebt, mit den bisher erörterten Momenten in engem Zusammenhang. Es scheint nämlich, daß die Entwicklung des primitiven Seelenglaubens den hier am pathologischen Material dargelegten psychologischen Verhältnissen in weitem Maße analog ist, was die „Übereinstimmung im Seelenleben der Wilden und der Neurotiker" aufs neue zu bestätigen geeignet wäre. Dieser Umstand würde es auch erklärlich machen, daß die primitiven Verhältnisse in den späteren mythischen und künstlerischen Darstellungen des Themas sich wiederholen, und zwar mit besonderer Betonung der in der Urgeschichte noch nicht so deutlich hervortretenden libidinösen Faktoren, die jedoch einen Rückschluß auf die undurchsichtigeren Urphänomene gestattete.

Daß wir uns den primitiven Menschen — ebenso wie das Kind[1] — exquisit narzißtisch eingestellt denken müssen, hat Freud[2] an der auf der Allmacht der Gedanken beruhenden animistischen Weltauffassung wahrscheinlich gemacht und die angeführten narzißtischen Weltschöpfungstheorien weisen, ähnlich wie die späteren auf

---

„Nahm ihn und seufzte, — erbleichend blickt er
Und tränenden Auges hinein:
Und einen Kuß auf den Spiegel drückt er —
Und wurde ganz zu Stein."
(Totenfeier, übers. von Siegfr. Lipiner, Leipzig 1887, S. 9.)

[1] Sehr hübsch schildert das Erwachen des kindlichen Ichbewußtseins und dessen Zusammenhang mit der Selbstliebe Fritz Wittels: „Als ich noch ein kleiner Knabe war, erwachte ich eines Tages mit der überwältigenden Erkenntnis, daß ich ein Ich sei, daß ich zwar äußerlich aussähe, wie andere Kinder, aber dennoch grundverschieden sei und um ein Ungeheures wichtiger. Ich stellte mich vor den Spiegel, betrachtete mich aufmerksam und sprach mein Spiegelbild oftmals hintereinander mit meinem Vornamen an, womit ich offenbar bezweckte, von dem Bild in der Außenwelt zu mir eine Brücke zu schlagen, über die ich in mein unergründliches Ich eindringen könnte. Ich weiß nicht, ob ich mein Spiegelbild geküßt habe, aber ich habe gesehen, daß andere Kinder das Spiegelbild küssen. Sie finden sich mit ihrem Ich damit ab, daß sie es lieben." („Das Ich des Kindes." — In „Die sexuelle Not", Wien 1909, S. 109.) — Während der Korrektur kommt mir zufällig das letzte Buch. desselben Autors zu Gesicht („Über den Tod" etc., Wien, M. Perles, 1914), welches das Problem des Todes auf das der Todesangst reduziert.

[2] Animismus, Magie und Allmacht der Gedanken, Imago II, 1913.

dem Ich basierenden philosophischen Systeme (z. B. Fichte), darauf
hin, daß der Mensch die ihn umgebende Realität zunächst nur als
Widerspiel oder Teil seines Ich zu apperzipieren vermag[1]. Ebenso
hat Freud (a. a. O.) darauf hingewiesen, daß der Tod, die uner-
bittliche Ananke, es ist, die sich dem Narzißmus des Primitiven
widersetzt und ihn nötigt, einen Teil seiner Allmacht an die Geister
abzugeben. An diese dem Menschen aufgedrängte Tatsache des
Todes, die er ständig von sich abzuleugnen sucht, knüpfen aber die
ersten Seelenvorstellungen an, wie sich für die Natur- wie die
Kulturvölker nachweisen läßt. Zu den allerersten und primitivsten
Seelenvorstellungen gehört nun der Schatten, der ein getreues Ebenbild des Körpers und dabei doch von einer leichteren Substanz
scheint. Wundt[2] bestreitet zwar, daß der Schatten ein ursprüngliches Motiv zur Seelenvorstellung abgegeben habe; er glaubt, daß
die von der Körperseele verschiedene „Schattenseele", das alter Ego,
„allem Anschein nach im Traum und Vision die einzige Quelle hat"[3].
Doch haben andere Forscher, wie beispielsweise Tylor[4] an reichem
Material gezeigt, daß bei den Naturvölkern die Bild- oder Schatten-
bezeichnungen überwiegen und noch Heinzelmann, der sich auf die
neuesten Ergebnisse stützt, nimmt in diesem Punkte gegen Wundt
Stellung, indem er an einer Fülle von Beispielen nachweist, „daß es
sich aber auch hier um ganz beständige und weithin wiederkehrende
Anschauungen handelt" (l. c. S. 19). Der Primitive betrachtet, ähnlich
wie Spencer mit Recht für das Kind behauptet[5], den Schatten als
etwas Reales, als ein dem Menschen angehängtes Wesen und wird
in seiner Auffassung als Seele bestärkt durch die Tatsache, daß der
Tote (Liegende) eben keinen Schatten mehr wirft[6]. Den Beweis für
den Glauben, daß das bewegliche Ich auch nach dem Tode noch

---

[1] Vgl. Frazer, Belief etc. S. 19. — „Er ist grenzenloser Egoist",
sagt Heinzelmann (l. c. S. 14) nach H. Visscher, Religion und soziales
Leben bei den Naturvölkern, Bonn 1911, I, S. 117; II, S. 243 ff.

[2] Völkerpsychologie, Bd. II, Teil 2.

[3] Den Traum als die Hauptquelle für den Glauben an das Fortleben
der Seele nach dem Tode betont auch Frazer, Belief etc., S. 57, 140, 214;
und Radestock, l. c. S. 251. — Nicht zu vergessen ist, daß man sich im
Traume selbst sieht. —

[4] Anf. d. Kultur, I, S. 423 ff.

[5] Vgl. auch das oben angeführte Gedicht von Stevenson-Dehmel.

[6] Spencer l. c., Negelein l. c.

existiere, mag der Mensch aus der Traumerfahrung geschöpft haben;
aber daß er auch schon bei Lebzeiten einen geheimnisvollen Doppelgänger habe, kann ihm nur der Schatten und das Spiegelbild nahege-
gebracht haben. Die verschiedenen Tabus, Vorsichten und Vermeidungen, mit denen der Wilde den Schatten bedenkt, weisen in
gleich hohem Grade auf die narzißtische Schätzung des Ich wie auf
die ungeheure Angst vor seiner Bedrohung hin. Es spricht nun
sehr deutlich dafür, daß es der primitive Narzißmus ist, welcher
sich vorwiegend durch die unausweichliche Vernichtung des Ich bedroht fühlt, wenn als die ursprünglichste Seelenvorstellung ein dem
körperlichen Ich möglichst ähnliches Ebenbild, also ein wahrhaftiger
Doppelgänger, angeführt, wenn also die Todesvorstellung durch eine
Verdoppelung des Ich, die sich im Schatten oder Spiegelbild verkörpert, dementiert wird. Wir haben gesehen, daß den wilden
Völkern die Bezeichnungen für Schatten, Spiegelbild und ähnliche
Begriffe auch für die Vorstellung „Seele" dienen und daß die ursprünglichste Seelenvorstellung der Griechen, Ägypter und anderer
hochstehender Kulturvölker sich mit der eines dem Körper wesens-
gleichen Doppelgängers deckt[1]; und auch die Auffassung der Seele
als Spiegelbild setzt voraus, daß sie einem genauen Abbild des Körpers
gleiche. Ja, Negelein spricht direkt von einem „primitiven Monismus
von Leib und Seele", womit er meint, daß sich ursprünglich die Vorstellung der Seele mit der eines zweiten Leibes völlig deckte; und
er führt zum Beweise dafür an, daß man bei den Ägyptern Abbilder
der Toten herstellte[2], um diese vor ewigem Untergang zu schützen.
Einen so materiellen Ursprung hat die Seelenvorstellung, die sich
später mit zunehmender Realerfahrung des Menschen, der doch den
Tod als ewige Vernichtung nicht anerkennen will, wenigstens zum

---

[1] Nach Rohde führt die ursprüngliche Seelenvorstellung zur Verdoppelung der Person, zur Bildung eines zweiten Ich. — „Die mit dem Tod
entschwundene Seele ist das genaue Abbild des hier unten körperlich
lebenden Menschen" (Heinzelmann, l. c. S. 20). Noch nach Abschluß der
Korrektur kann ich diese Belege mit einem Hinweis auf das eben erschienene
Buch von Rudolf Kleinpaul (Volkspsychologie, Berlin 1914, Göschenscher
Verlag) vermehren, der gleichfalls als die ursprünglichste Seelenvorstellung
einen Doppelgänger aufzeigt (S. 5 f., 131, 171).

[2] Man vgl. auch die Spiegel als Grabbeigaben in den ältesten
griechischen Zeiten (Creuzer 4, S. 196) und bei den Mohammedanern
(Haberland l. c.).

immateriellen Begriff verflüchtigen mußte. Ursprünglich handelt es sich allerdings noch nicht um einen Unsterblichkeitsglauben, sondern dem primitiven Narzißmus, wie er sich auch noch beim Kinde äußert, entspringt die vollständige Unkenntnis der Todesvorstellung: für den Primitiven ist es — wie für das Kind — selbstverständlich, daß er ewig so weiterleben werde[1] und der Tod wird als ein unnatürliches, durch Zauberei bewirktes Ereignis aufgefaßt[2]. Erst bei der Apperzeption der Todesvorstellung und der aus dem bedrohten Narzißmus folgenden Todesangst taucht der Unsterblichkeitswunsch als solcher auf, der eigentlich den ursprünglichen naiven Glauben an die ewige Fortexistenz in einer teilweisen Akkommodation an die inzwischen apperzipierte Todeserfahrung wiederbringt. So ist also der primitive Seelenglaube ursprünglich nichts anderes als eine Art des Unsterblichkeitsglaubens[3], der die Macht des Todes energisch dementiert, und auch heute noch ist ja der wesentliche Inhalt des Seelenglaubens, wie er in Religion, Aberglauben und modernem Kultus[4] enthalten ist, nichts anderes und nicht viel mehr geworden.

---

[1] Frazer, Belief etc., S. 33, 35, 53 etc. Bezeichnend für diese naive Einstellung ist die Bemerkung des Anthropologen K. von den Steinen, der einem Bakairi-Indianer den Satz: „Alle Menschen müssen sterben" zur Übersetzung in dessen Sprache vorsagte. Zu seinem großen Erstaunen zeigte sich, daß der Mann nicht imstande war, den Sinn dieses Satzes zu erfassen, da er von der Notwendigkeit des Todes keine Ahnung hatte. („Unter den Naturvölkern Zentral-Brasiliens", Berlin 1894, S. 344, 348; nach Frazer Belief etc., S. 35.)

[2] l. c. S. 84 ff.

[3] Tatsächlich kennt der Primitive keinen Unsterblichkeitsglauben in unserem Sinne; auch das schattenhafte Leben der Seele denken sich manche Naturvölker allmählich erblassend, bezeichnenderweise oft zugleich mit der Verwesung des Körpers (Frazer, l. c. S. 165, 286), oder sie haben die Anschauung, der Mensch sterbe in der Unterwelt noch mehrere Male, bis er endlich definitiv tot sei. Diese Vorstellung deckt sich in hohem Maße mit der infantilen, der auch der Begriff des Totseins in unserem Sinne fehlt und die ihn für graduell abstufbar hält (vgl. die entsprechenden Mitteilungen in der Rubrik „Kinderseele" von „Imago").

[4] Das zeigt am besten der heutige Spiritismus, der ja eine Wiederkehr der Seelen Verstorbener in ihrer menschlichen Gestalt (Geist) behauptet, und ebenso der okkulte Sinn des Doppelgängers, wonach die Seele den Körper verläßt und sich in eine materielle Gestalt kleidet, die unter günstigen Umständen sichtbar wird (Exteriorisation der Seele). Ferner zeigt sich, daß die Seele ursprünglich mit dem im Tode verlöschenden Selbst-

Der Todesgedanke ist erträglich gemacht dadurch, daß man sich nach diesem Leben eines zweiten in einem Doppelgänger versichert. Wie bei der Bedrohung des Narzißmus durch die Geschlechtsliebe[1], so kehrt auch bei der Todesbedrohung die ursprünglich mit dem Doppelgänger abgewehrte Todesvorstellung in ihm selbst wieder, der ja nach allgemeinem Aberglauben den Tod ankündigt oder dessen Verletzung das Individuum schädigt.

So sehen wir also den primitiven Narzißmus, in dem die libidinösen und die der Selbsterhaltung dienenden Interessen in gleichmäßiger Intensität auf das Ich konzentriert sind, sich in gleicher Weise gegen eine Reihe von Bedrohungen schützen durch Reaktionen, die gegen die gänzliche Vernichtung des Ich oder seine Schädigung und Beeinträchtigung gerichtet sind. Daß diese Reaktionen nicht bloß der realen Furcht entspringen, die man sehr gut mit Visscher (1. c.) als die defensive Form eines überstarken Selbsterhaltungstriebes bezeichnen kann, geht daraus hervor, daß der Primitive diese sozusagen normale Furcht mit dem Neurotiker zur pathologischen Angst gesteigert zeigt, die aus den „wirklichen Erlebnissen des Schreckens nicht zu erklären" ist[2]. Den libidinösen Anteil, der hier mitwirkt, haben wir aus der gleich intensiv emp-

bewußtsein identifiziert wurde und auch von dieser Vorstellung hat sich unsere heutige wissenschaftliche Weltanschauung noch nicht frei gemacht, wie der affektive Widerstand gegen die Annahme eines unbewußten Seelenlebens lehrt. Diese hier bloß gestreiften Probleme hat der belgische Dichter M. Maeterlinck in einem tiefsinnigen Buche „Vom Tode" bis an die äußersten Grenzen ihrer Denkmöglichkeit verfolgt (Übers. von F. v. Oppeln-Bronikowski, Verlag E. Diederichs, Jena 1913.)

[1] Turgeniew schreibt an einen Freund: „Die Liebe ist eine von den Leidenschaften, die unser eigenes ‚Ich' vernichten" (Nach Mereschkowski, S. 65). Wie sich der Narzißmus des Mannes damit abzufinden sucht, zeigt eine für Strindbergs ganze Einstellung zum Weib typische Stelle aus „Legenden" (S. 293): „Wir beginnen ein Weib zu lieben, indem wir bei ihr Stück für Stück unserer Seele niederlegen. Wir verdoppeln unsere Persönlichkeit und die Geliebte, die bisher gleichgültig, neutral war, beginnt sich in unser anderes Ich zu kleiden und sie wird unser Doppelgänger." In Villiers de l'Isle-Adams Novelle „Vera" genügt es dem Manne, seine junge verstorbene Frau zu halluzinieren, gleichsam in seiner eigenen Person auch sie zu verkörpern und er fühlt sich in diesem Doppelleben glücklich. — Narzißtische Phantasien und Spiegelphantasien in desselben Autors Novelle „Sei ein Mann".

[1] Heinzelmann, 1. c. S. 60.

fundenen Bedrohung des Narzißmus abgeleitet, der sich gegen die
gänzliche Vernichtung des Ich ebenso sträubt wie gegen sein Aufgehen in der Geschlechtsliebe. Daß es tatsächlich der primitive
Narzißmus ist, der sich gegen die Bedrohungen sträubt, zeigen mit
aller Deutlichkeit die Reaktionen, in denen wir den bedrohten Narzißmus mit verstärkter Intensität sich behaupten sehen: sei es in
der Form der pathologischen Selbstliebe wie in der griechischen
Sage oder bei Oscar Wilde, dem Vertreter des modernsten Ästheten-
tums, sei es in der Abwehrform der pathologischen, oft bis zum
paranoischen Wahnsinn führenden Angst vor dem eigenen Ich, das
im verfolgenden Schatten, Spiegelbild oder Doppelgänger personifiziert
erscheint. Auf der anderen Seite kehrt aber in denselben Phänomenen
der Abwehr auch die Bedrohung wieder, vor der sich das Individuum
schützen und behaupten will, und so kommt es, daß der die narzißtische Selbstliebe verkörpernde Doppelgänger gerade zum Rivalen
in der Geschlechtsliebe werden muß oder daß er, ursprünglich als
Wunschabwehr des gefürchteten ewigen Unterganges geschaffen, im
Aberglauben als Todesbote wiederkehrt[1].

---

[1] Dieser Grundzug des Doppelgängerproblems findet weitere Aufklärung in Freuds Aufsatz über das Unheimliche (Imago, V, 5, 1919).

XII.

DAS BRÜDERMÄRCHEN.

Der Roman der zwei Brüder erscheint bei verschiedenen
Völkern alter und neuer Zeit in mannigfacher Gestaltung. Wir
wollen aus einer der kompliziertesten Fassungen, im Grimmschen
Märchen (Nr. 60), den Kern der Erzählung herausschälen, um ihn
auf die zugrunde liegenden psychischen Urmotive zurückzuführen.
*Dabei werden sich durch Vergleichung mit einfacheren, minder
entstellten oder anders eingekleideten Fassungen der Geschichte*
unmittelbare Einblicke in den psychologischen Mechanismus der
Mythenbildung eröffnen und die Resultate der psychoanalytischen
Deutungsarbeit durch die Ergebnisse vergleichender Märchenforschung
vom mythologischen Standpunkt erhärten lassen.

Das Grimmsche Märchen lautet in gekürzter Fassung:

Von zwei Brüdern, einem reichen bösen und einem armen
redlichen, hat dieser zwei Kinder, „das waren Zwillingsbrüder und
sich so ähnlich wie ein Tropfen Wasser dem andern". Ihr Vater
hat einst das Glück, auf einen Goldvogel zu stoßen, dessen Federn
und Eier der reiche Bruder gut bezahlt und durch den Genuß
von dessen Herz und Leber er die Eigenschaft des „Goldlegens"
erlangen will. Die kostbaren Bissen werden aber nichtsahnend von
den beiden hungrigen Zwillingsbrüdern verspeist, von denen nun
jeder morgens ein Goldstück unter dem Kopfkissen findet. — Auf
Anstiften des neidischen Oheims werden darum die Knaben von
ihrem Vater im Walde ausgesetzt.

Dort findet sie ein Jäger, der sie aufzieht, sie im Weidwerk
unterrichtet und, als sie herangewachsen sind, reichlich ausgestattet
in die Welt schickt. Er begleitet sie ein Stück Weges, gibt ihnen
beim Abschied noch ein blankes Messer und spricht: „Wann ihr

euch einmal trennt, so stoßt dies Messer am Scheideweg in einen
Baum, daran kann einer, wenn er zurückkommt, sehen, wie es seinem
abwesenden Bruder ergangen ist, denn die Seite, nach welcher dieser
ausgezogen ist, rostet, wann er stirbt; so lange er aber lebt, bleibt
sie blank." — Die Brüder kommen in einen großen Wald, wo sie,
vom Hunger zur Jagd genötigt, sich durch Schonung des mitleid-
heischenden Wildes einige Paare hilfreicher Tiere erwerben. —
Schließlich müssen sie sich aber trennen, „versprachen sich brüderliche Liebe bis in den Tod und stießen das Messer, das ihnen ihr
Pflegevater mitgegeben, in einen Baum; worauf der eine nach Osten,
der andere nach Westen zog".

„Der jüngste[1]) aber kam mit seinen Tieren in eine Stadt, die
war ganz mit schwarzem Flor überzogen." Als Grund erfährt er von
seinem Wirt, daß alljährlich einem vor der Stadt hausenden Drachen
eine reine Jungfrau geopfert werden müsse und es sei niemand
mehr übrig als die Königstochter, die am nächsten Tage dem
schmählichen Schicksal entgegengehe. Viele Ritter hätten schon
versucht, dem Drachen beizukommen, aber alle hätten ihr Leben
eingebüßt und der König habe dem, der den Drachen besiege, seine
Tochter zur Frau und das Reich als Erbe versprochen. Am anderen
Morgen besteigt der Jüngling den Drachenberg, findet dort in einer
Kapelle den kräftigen Trank, der ihn befähigt, das an der Schwelle
vergrabene mächtige Schwert zu schwingen, und erwartet so die
Ankunft des Untiers. Da kommt die Jungfrau mit großem Gefolge.
„Sie sah von weitem den Jäger oben auf dem Drachenberg und
meinte, der Drache stände da und erwartete sie, und wollte nicht
hinaufgehen." Endlich aber muß sie den schweren Gang antreten.
Der König und die Hofleute kehren heim und nur der Marschall soll
von Ferne alles mit ansehen. Der Jäger empfängt sie freundlich,
tröstet sie, verspricht sie zu retten und verschließt sie in der Kirche.
Bald darauf kommt der siebenköpfige Drache daher gefahren und
stellt den Jäger zur Rede. Es entspinnt sich ein Kampf, in dem
der Jüngling dem feuerspeienden Ungeheuer mit zwei Hieben sechs
Köpfe abschlägt (Hydren-Motiv). „Das Untier war matt und sank
nieder, und wollte doch wieder auf den Jäger los, aber er schlug
ihm mit der letzten Kraft den Schweif ab, und weil er nicht mehr

---

[1] Wörtlich, trotzdem es sich um Zwillingsbrüder handelt!

kämpfen konnte, rief er seine Tiere herbei, die zerrissen es in Stücke. Als der Kampf zu Ende war, schloß der Jäger die Kirche auf, und fand die Königstochter auf der Erde liegen, weil ihr die Sinne vor Angst und Schrecken während des Streites vergangen waren" (Todesschlaf). Als sie zu sich kam, sagte er ihr, daß sie nun erlöst wäre. Sie freute sich und sprach: „Nun wirst du mein liebster Gemahl werden." Ihr Korallenhalsband verteilte sie zur Belohnung unter die Tiere, „ihr Taschentuch aber, in dem ihr Name stand, schenkte sie dem Jäger, der ging hin und schnitt aus den sieben Drachenköpfen die Zungen aus, wickelte sie in das Tuch und verwahrte sie wohl."

Der vom Kampf ermattete Ritter legte sich nun mit der Jungfrau zur Ruhe; aber auch die Tiere schliefen bald alle ein, nachdem eines dem anderen den Wachedienst übertragen hatte. Als der Marschall, nachdem er eine Zeitlang gewartet hatte, nachsehen kam und alle in tiefem Schlaf fand, hieb er dem Jäger das Haupt ab, trug die Jungfrau auf seinen Armen den Berg hinab und zwang ihr das Versprechen ab, ihn als den Drachentöter auszugeben. Sie bedang sich aber von ihrem Vater die Gunst aus, daß erst über Jahr und Tag die Hochzeit gefeiert werde; „denn sie dachte in der Zeit etwas von ihrem lieben Jäger zu hören". Auf dem Drachenberg waren inzwischen die Tiere erwacht, sahen, daß die Jungfrau fort und ihr Herr tot war, und schoben einander die Schuld zu, die endlich am Hasen haften blieb. Dieser entzog sich der Strafe, indem er binnen 24 Stunden eine Wurzel herbeischaffte, die den Herrn wieder lebendig machte. Doch wurde ihm in der Eile der Kopf verkehrt aufgesetzt, „er aber merkte es nicht bei seinen traurigen Gedanken an die Königstochter; erst zu Mittag, als er etwas essen wollte, da sah er, daß ihm der Kopf nach dem Rücken zu stand, konnte es nicht begreifen und fragte die Tiere, was ihm im Schlafe widerfahren wäre?" — Sie müssen nun alles gestehen, der Kopf wird wieder richtig aufgesetzt, und der Jäger zieht mit seinen Tieren traurig in die Welt.

Nach Ablauf eines Jahres kommt er in dieselbe Stadt, die aber diesmal, zur Hochzeitsfeier der Königstochter, mit rotem Scharlach ausgehängt war. Der Jäger läßt der Braut durch seine Tiere Botschaft sagen, worüber verwundert der König deren Besitzer selbst holen läßt. Er tritt gerade ein, als die sieben Drachenköpfe zur Schau gestellt werden, und bringt den angeblichen Drachentöter mit

der Frage nach den fehlenden Zungen in Verlegenheit; auf dessen
Ausflüchte erweist er sich selbst durch Vorweisung dieser Sieges-
trophäen sowie des Taschentuches und des Korallenhalsbandes als
Anwärter auf die Hand der Prinzessin. Der ungetreue Marschall
wird geviertailt, die Königstochter aber dem Jäger zur Frau gegeben
und dieser zum Statthalter des Reiches ernannt. „Der junge König
ließ seinen Vater und Pflegevater holen und überhäufte sie mit
Schätzen. Den Wirt vergaß er auch nicht[1]."

Der junge König lebt mit seiner Gemahlin vergnügt und zieht
oft in Begleitung seiner Tiere auf die Jagd. Einst jagt er in einem
nahen Zauberwald einer weißen Hirschkuh nach, verliert seine Begleitung, schließlich auch das Wild und den Weg und muß im
Walde übernachten. Es naht ihm eine Hexe, die unter dem Vorwand,
sich vor seinen Tieren zu fürchten, ihm eine Rute zuwirft, durch
deren Berührung die Tiere und dann auch der König selbst in Stein
verwandelt werden (Todesschlaf).

Zu dieser Zeit kommt zufällig der andere Bruder, der bis
dahin mit seinen Tieren ohne Dienst umhergezogen war, in das
Königreich, sieht nach dem Messer im Baumstamm und erkennt
daran, daß seinem Bruder ein großes Unglück widerfahren, er aber
doch noch zu retten sei. In der Stadt wird er wegen der großen
Ähnlichkeit für den vermißten König gehalten und von der besorgten
Königin freudig als der vermißte Gemahl empfangen. Er spielt die
Rolle in der Hoffnung, den Bruder dadurch am ehesten retten zu
können; nur abends, als er in das königliche Bett gebracht wird,
legt er ein zweischneidiges Schwert zwischen sich und die junge
Königin, die sich nicht getraut, nach der Bedeutung dieser unge-
wohnten Zeremonie zu fragen (Enthaltungsmotiv).

Nach einigen Tagen macht er sich in den Zauberwald auf, es
widerfährt ihm dasselbe wie dem Bruder, nur weiß er der Alten richtig
zu begegnen und zwingt sie, den Bruder samt seinen Tieren wieder
zu beleben (Wiederbelebung). Die Zwillingsbrüder verbrennen
hierauf die Hexe, umarmen einander freudig und erzählen ihre
Schicksale. Als aber der eine erfährt, daß der Bruder an der
Seite der Königin geschlafen habe, schlägt er ihm in einer
eifersüchtigen Regung den Kopf ab, bedauert aber sogleich,

---

[1] Auffälligerweise aber den Bruder gänzlich.

seinen Retter so belohnt zu haben. Wieder bringt der Hase die Lebenswurzel, mit deren Hilfe der Tote belebt und die Wunde geheilt wird.

Hierauf trennen sich die Brüder neuerdings, beschließen aber zur selben Zeit von verschiedenen Seiten in die Stadt einzuziehen. Der alte König fragt seine Tochter nach dem richtigen Gemahl, aber sie vermag ihn zunächst nicht zu erkennen; erst das Korallenhalsband, das sie seinen Tieren gegeben hatte, bringt sie auf die richtige Spur. Abends, als der junge König zu Bett geht, fragt ihn seine Frau, warum er in den vorigen Nächten immer ein zweischneidiges Schwert ins Bett gelegt habe. „Da erkannte er, wie treu sein Bruder gewesen war."

Wird an den naiven Hörer die Frage nach dem Sinn dieses Märchens gestellt, so wird er ohne viel Bedenken die Darstellung der edeln, aufopferungsvollen Bruderliebe als Tendenz der Erzählung erkennen. Es kann ihm aber nicht entgehen, daß dieser Hauptinhalt mit einer Reihe von Abenteuern verknüpft ist, die in mehr oder weniger losem Zusammenhang damit stehen, daß ferner die simple Moral der Geschichte mit einem unverhältnismäßig komplizierten Apparat in Szene gesetzt ist und daß endlich die ziemlich dick aufgetragene moralische Schichte selbst an mehr als einer Stelle von einer ethischen Skrupellosigkeit durchbrochen wird, wie sie auch sonst das Märchen als urzeitlich-infantiles Produkt charakterisiert. Mag man nun auch einige dieser Eigentümlichkeiten, wie die Ausschmückung mit wunderlichen Zügen, die mehrmalige Wiederholung einzelner Details, die Verquickung verschiedener Motive u. a. als bedeutungsloses Ergebnis jener tagträumerischen Lust zum Fabulieren ansehen wollen, die an der Weiterbildung der Märchenstoffe gewiß Anteil hat, so bleibt doch immer eine Reihe typischer Grundmotive, die nachweislich aus mythischer Zeit stammen, wo die Erzählung oft genug einen ganz anderen Sinn und eine uns befremdliche Tendenz hatte. Das Märchen ist in seiner heutigen Gestalt nichts Ursprüngliches, aber auch nichts Einheitliches, weshalb es auch niemals in seiner Gänze gedeutet, gleichsam Satz für Satz auf den unbewußten Sinn zurückgeführt werden kann; es ist vielmehr notwendigerweise so geworden, wie es uns vorliegt, und die Rückverfolgung seines Entwicklungsganges wird uns am ehesten auch Aufschluß über seine eigentliche Bedeutung und den Grund des Bedeutungswandels liefern,

dem es im Laufe der Zeiten unterworfen war. Wegen dieser vielfachen Kompliziertheit der uns überlieferten mythischen Gebilde
können wir immer nur eine Deutung nach einzelnen Motiven
unternehmen und müssen daher das vorliegende Produkt, ähnlich
wie einen zur Deutung bestimmten Traum, in einzelne, zunächst
selbständig zu behandelnde Elemente zerlegen, zu denen uns die vergleichende Forschung quasi die Einfälle liefert, welche die mythenbildende Gesamtheit zu den einzelnen Themen im Laufe ihre Ausgestaltung beigesteuert hat.

An dem vorliegenden Märchen unterscheidet man leicht eine
in den Mittelpunkt gerückte Erzählung: die Befreiung und Heirat
einer zum Opfer für ein Ungetüm bestimmten Jungfrau durch einen
kühnen Jüngling (Rettungsmotiv), von einer Vorgeschichte und
einem mit ihr in Zusammenhang stehenden Abschluß, welche beiden
Rahmenteile das eigentliche Brüdermotiv enthalten.

Die Vorgeschichte der beiden von ihrem Vater ausgesetzten
Zwillingsbrüder (Aussetzungsmotiv) hat selbst wieder eine Einleitung in einem Bericht von zwei durchaus verschiedenen Brüdern
der vorigen Generation, in denen man zunächst die einer ausschmücken-
den Tendenz zuliebe eingeführten Doublettierungen der eigentlichen
Zwillingshelden sehen darf. Tiefere Analyse erkennt aber ·in ihnen,
nach dem bekannten Schema des Mythus von der Geburt des Helden,
Abspaltungen der Vaterimago, von denen der „böse Vater" für die
Aussetzung verantwortlich gemacht wird, während der „gute Vater"
sie, wenn auch ungern, zuläßt[1] und im Verlauf der Erzählung als
hilfreicher Jäger wieder erscheint, der die Knaben liebevoll aufzieht,
sie aber dann gleichfalls in die Welt hinausschickt (Aussetzungsmotiv). Der Eingang des Märchens würde also in direkter und un-
verhüllter Darstellung besagen, daß ein Vater seine Kinder, nachdem
er sie liebevoll aufgezogen und für die Welt vorbereitet hatte, im
erwachsenen Alter aus dem Vaterhause stößt[2].

[1] Mit dem zur Begründung der Aussetzung aus einem fremden
Zusammenhang eingeführten Motiv des „Goldlegens" haben wir uns hier
nicht weiter zu beschäftigen. In einem gewissen naheliegenden Sinne
repräsentiert der geldspendende Vogel auch den Vater und die Eigenschaft
des Goldlegens bei den Söhnen ihre materielle Selbständigkeit. Über das
Motiv der materiellen Not im Märchen sehe man den folgenden Abschnitt.

[2] Im Anfang des Märchens hat dieses urzeitliche Motiv in der Aussetzung der Kinder durch ihren Vater noch direkte Darstellung gefunden;

Mit dieser aktuellen Aussetzung[1] der Söhne in die rauhe Wirklichkeit des Lebens beginnt die eigentliche Vorgeschichte des Heldenabenteuers: nämlich die notwendige Trennung der Brüder (Trennungsmotiv)
und das gegenseitige Treuegelübde am Zeichen des blanken Messers,
welche Motive erst später in ihrer Bedeutung klar werden können.

Es folgt nun eine besondere Ausgestaltung des mit dem Brüdermotiv verknüpften Motivs vom Drachenkampf und der Befreiung einer Jungfrau, das wir als typischen Bestandteil in den
Mythologien verschiedener Völker kennen[2]. Wir dürfen daher die

---

im Verhältnis zu ihrem gütigen Pflegevater erscheint es bereits ins Gegenteil verkehrt, da die beiden Brüder selbst die Annahme von Speise und
Trank verweigern, bis ihnen der Jäger den Auszug in die Welt gestattet:
Da sprach der Alte mit Freuden, „was ihr begehrt, ist mein eigner
Wunsch gewesen". Auch zu dieser Umkehrungstendenz vgl. man die Ausführungen im folgenden Abschnitt beim Märchen vom Lebenswasser.

[1] Den geheimen Sinn der Aussetzung können wir hier, wo die
Geburtsgeschichte des Helden nicht weiter verfolgt werden soll, außer acht
lassen, verweisen aber darauf, daß andere Fassungen dieses weit verbreiteten
Märchens die typische Aussetzung der durch den Trank aus einer Wunderquelle empfangenen Knaben in Kästchen und Wasser enthalten, sowie
darauf, daß auch die hilfreichen Tiere des Heldenmythus in unserem
Märchen wiederkehren und hier wie dort bedeutsame Repräsentanten für
die hilfreichen Eltern-Imagines darstellen, die vom Kind in pietätvoller
Weise geschont werden, nachdem sie je zwei Junge (Zwillingsmotiv) den
Helden zur Verfügung gestellt haben. Auf die „Wassergeburt" weisen die
Namen der Knaben hin, die bald Wasserpeter und Wasserpaul, Johannes
und Kaspar Wassersprung, Wattuman und Wattusin, bald Brunnenstark
und Brunnenhold heißen. Als Nachklang davon ist in unserem Märchen
möglicherweise der Hinweis anzusehen, daß die beiden namenlosen Knaben
einander glichen „wie ein Tropfen Wasser dem anderen".

[2] Die gleichen Motive finden sich in dem chinesischen Märchen vom
neunköpfigen Vogel, der eine Prinzessin in seine Höhle entführt, so
daß ihr Vater sie dem Befreier zur Frau verspricht. Ein Jüngling steigt
in die Berghöhle, wo er sich auf den Rat der Prinzessin versteckt, bis alle
neun Köpfe des Vogels eingeschlafen waren. — (Den zehnten Kopf hatte
ihm der Himmelshund abgebissen und diese Wunde pflegte eben die
Prinzessin.) Der Jüngling hieb nun dem Vogel alle Köpfe ab. Sein Helfer
entführt aber die Königstochter und läßt ihn hilflos auf der Höhe zurück.
Dort entzaubert er durch Berührung einen in einen Fisch verwandelten
Jüngling, mit dem er Brüderschaft fürs Leben schließt. Ein Drache, der sich
später als Vater des befreiten Jünglings entpuppt, bringt ihn dann zur
Erde und erklärt ihn als seinen Sohn. Später erweist er sich durch Zeichen
als der rechte Befreier der Prinzessin und verhindert noch rechtzeitig deren

Rettungsepisode zunächst ohne Rücksicht auf das Brüdermotiv betrachten — um so eher, als der Bruder darin gar nicht vorkommt —,
um uns daran über einige Eigentümlichkeiten der Märchenbildung
Rechenschaft zu geben. Liest man die ausführliche Schilderung des jungfräulichen Opfers im Märchen mit einer gewissen Ge-
neigtheit zum psychologischen Verständnis, so ist es schwer, den
rein menschlichen Inhalt zu verkennen. Die Ausschmückung der
Stadt, der feierliche Zug, der die reine Jungfrau zur Kapelle begleitet
und sie dort ihrem unvermeidlichen Schicksal überläßt, all das mutet
so an, als bezöge es sich im Geheimen auf die Hochzeit der Prinzessin,
die sich in jungfräulicher Scheu vor ihrem künftigen Gatten ängstigt
und in ihm, in Erwartung der bevorstehenden geheimnisvollen Ereignisse, nur ein Untier sieht, das es auf ihre Vernichtung abgesehen
hat. Daß diese Auffassung dem Märchen selbst noch nicht ganz
fremd geworden ist, verrät die Stelle, wo die Prinzessin, als sie „von
weitem den Jäger oben auf dem Drachenberg sah, meinte, der
Drache stände da und erwartete sie, und sie wollte nicht hinaufgehen". Sie identifiziert also direkt den Drachen mit ihrem späteren
Bräutigam und Gemahl, allerdings nur in flüchtiger und irrtümlicher
Weise, aus der wir aber den leisen Nachklang einer tieferen psychologischen Bedeutung des Motivs vernehmen. Wir können diese Auffassung aber auch direkt aus parallelen Überlieferungen belegen,
die dasselbe Motiv im Sinne unserer Deutung verwerten. In dem
alten und volkstümlichen milesischen Märchen, das uns der römische
Dichter Apulejus unter dem Titel „Amor und Psyche" überliefert
hat, befiehlt das Orakel dem königlichen Vater der Psyche seine
Tochter mit vollem Hochzeitsschmuck und in feierlichem Zug
auf die Spitze des Berges zu führen und dort dem „aus Drachen-
geschlecht entsprossenen Eidam" zu überlassen; so „wohnt Psyche
unter Tränen nicht ihrer Hochzeit, sondern ihrem Leichenbegängnisse
bei" (auch in unserem Märchen ist die Stadt zuerst schwarz aus-
geschlagen)[1]. Aber auch hier fällt die Jungfrau nicht dem erwarteten

---

Hochzeit mit seinem Nebenbuhler. (Chines. Märchen, hg. v. R. Wilhelm,
Die Märchen der Weltliteratur. Diederichs, Jena 1914).

[1] Das hier angeschlagene Todesmotiv hat natürlich auch seine
eigene Bedeutung, die jedoch in diesem Zusammenhang übergangen werden
muß. Teilweise Erklärung findet es in dem später zu besprechenden
Motiv der Wiederbelebung.

schrecklichen Drachen anheim, der sich gar nicht zeigt, sondern
wird die Gemahlin Amors, des Liebesgottes selbst, der sie jede
Nacht als unsichtbarer Gatte besucht, bis die neugierige und von
ihren Schwestern aufgestachelte Psyche sich eines Nachts gegen
das Gebot des Geliebten davon überzeugt, daß statt des vermeintlichen Scheusals ein herrlicher Jüngling an ihrer Seite ruht, der sich
ihr nun zur Strafe entzieht. Dieses Märchen zeigt mit aller erwünschten Deutlichkeit, daß es sich bei der Auslieferung der un-
berührten Jungfrau an den abscheulichen Drachen zunächst um eine
Hochzeit handelt[1], die von der ängstlichen Jungfrau in unverkennbar neurotischer Weise als gefürchtete Überwältigung durch
ein abstoßendes Untier halluziniert wird. Repräsentiert also der
Drache in einer Schichte der Deutung die gefürchtete und verab-
scheute tierische Seite des künftigen Gatten, so kann kein Zweifel
daran aufkommen, daß es die geschlechtliche Seite des Mannes ist,
welche im Drachensymbol zunächst Ausdruck gefunden hat. Daß
diesem Drachen, hier wie in anderen Mythen, im Laufe der Zeit
alle reinen Jungfrauen des Landes geopfert werden müssen, macht
uns an seiner phallischen Bedeutung gerade nicht irre; daß er
daneben noch andere Bedeutungen hat, ja haben muß, da diese eine
nur ein Stück weit den Sinn des Märchens enthüllt, werden wir in
anderen Schichten der Deutung zu zeigen haben, heben jedoch schon
hier hervor, daß diese verschiedenen Bedeutungen einander (und
auch andere Bedeutungen) nicht im geringsten ausschließen, ja vielmehr bis zu einem gewissen Grade nach einem Punkte konvergieren.
Wie sehr jedoch die virginale Angst vor dem Vollzug des Sexual-
verkehrs die Drachenepisode in dieser Deutungsebene beherrscht,
zeigt auch der Abschluß der Szene, die nicht, wie man erwarten
sollte, mit der wirklichen Hochzeit endigt, sondern mit einer einjährigen Abstinenz, die sich die Braut ausbedingt, oder die der Held
in manchen Überlieferungen freiwillig auf sich nimmt (Motiv der
Enthaltung). Erst nach Ablauf dieser Zeit erfolgt die Hochzeit,
die logischerweise, wie im Märchen von Amor und Psyche, unmittelbar folgen sollte, so daß es den Anschein gewinnt, als wären die
lust- und unlustbetonten Einstellungen dem Sexualakt gegenüber

---

[1] Die von Frazer angeführten Bräuche vieler primitiven Völker,
alljährlich eine Jungfrau wirklich zu opfern, werden regelmäßig in Form
einer Hochzeit vollzogen.

hier miteinander so unverträglich, daß sie in zwei auch zeitlich gesonderte Szenen auseinandergelegt werden müßten, die sonst verbunden erscheinen. Die tiefere Bedeutung dieses Zuges, sowie der
ganzen zu seiner Begründung eingeführten Episode vom ungetreuen
Marschall, kann erst verständlich werden, wenn wir das eigentliche
Brüdermotiv, dessen Analyse wir uns nunmehr zuwenden wollen,
auf seine unbewußten Grundlagen zurückgeführt haben werden.

Der letzte, besonders widerspruchsvolle Teil des Märchens mit
dem der Tendenz der Erzählung so kraß opponierenden Brudermord bedarf am meisten der Aufklärung, verspricht aber auch am
tiefsten in das zugrunde liegende seelische Gefüge einzuführen. Ehe wir
daran gehen, dies durch Vergleichung mit weniger entstellten Fassungen
desselben Motivs zu erweisen, wollen wir versuchen, inwieweit die
Anwendung psychoanalytischer Grundsätze auf das vorliegende
Material selbst uns dem Sinn der Erzählung näher bringt. In der
ehelichen Stellvertretung des einen Bruders durch den andern sowie
in der darauffolgenden eifersüchtigen Ermordung des brüderlichen
Nebenbuhlers erkennen wir, trotz der sentimentalen Abschwächung,
die diese Motive hier erfahren haben, primitive Züge urzeitlichen
Liebes- und Seelenlebens, deren Kraßheit durch das „gute Ende"
der Geschichte künstlich verdeckt wird. Der üble Lohn, der dem
Retter für die Erlösung des Bruders zuteil wird, läßt vermuten, daß
es sich ursprünglich um ein durchaus feindseliges Verhältnis
der beiden Brüder und um eine begründetere Eifersucht gehandelt
haben muß[1]. Scheuen wir aber nicht davor zurück, diese mächtigen
Affekte des eifersüchtigen Bruderhasses und den notwendigen Verzicht auf ihre Erledigung in der Realität als eine der Triebkräfte
für die Märchenbildung anzuerkennen, so wird mit einem Male sowohl
der Drachenkampf wie auch die anschließende Episode vom ungetreuen Marschall als noch weiter entstellte Doublettierung derselben Urmotive klar, die in der Schlußepisode in sentimentaler Abschwächung zum Durchbruch gelangen. In allen drei Szenen handelt
es sich ja um die Beseitigung eines Gegners, der den siegreichen
Bruder des Lebens und der Braut zu berauben sucht, um dann

---

[1] In der rumänischen Fassung wird der aus Eifersucht erschlagene
Bruder nicht wiederbelebt und der Brudermörder endet reuevoll sein
Leben (siehe die Neuausgabe der Anmerkungen zu den Grimmschen
Märchen von Bolte und Polifka, Bd. I, zu Nr. 60).

dessen Stelle im Ehebett einnehmen zu können. Stellt aber der
böse Drache wie auch der böse Marschall eine Personifikation der
gehaßten Bruder-Imago dar, welche die sexuelle Eifersucht erregt,
so verstehen wir auch, warum sich die geliebte Bruder-Imago vor
dem Drachenkampf vom brüderlichen Gefährten trennt (Trennungsmotiv) und in den beiden folgenden Episoden nicht vorkommt: sie
ist nämlich durch die beiden Ersatzfiguren des Drachens und Mar-
schalls vertreten, mit deren Tötung ja auch der Bruder beseitigt
ist. Deswegen läßt der junge König in seinem neuen Glück alle
seine Verwandten, sogar den Wirt kommen und belohnt sie, während
der getötete „Bruder" folgerichtig nicht erwähnt wird. Daß der
ungetreue Marschall die gehaßte Seite des „getreuen" Bruders personifiziert, ist auch darin angedeutet, daß beide Personen dem
erfolgreichen Bruder gegenüber in dieselben Situationen gebracht
werden, wie z. B. in der doublettierten Erkennungsszene, wo sich
der Held als Besitzer des Halsbandes sowohl dem Marschall wie
auch dem Bruder gegenüber als der richtige Gatte erweist. Daß
auch der Drache den zu bekämpfenden Bruder vertreten soll, hat
nichts Sonderbares. Wir kennen ein ähnliches Verhältnis beispielsweise aus der Siegfriedsage, wo der Held auf Anstiften seines
Ziehvaters Regin dessen Bruder, der in Drachengestalt den Hort
bewacht, tötet und im weiteren Verlaufe gleichfalls die Jungfrau für sich
gewinnt. Andere Beziehungen der Siegfriedsage zu unserem Märchen
sollen später erwähnt werden. — Auffällig ist nur die dreimalige Wiederholung ein und derselben Grundsituation, die — wie in manchen
Träumen — in immer deutlicherer Darstellung des Gegners (Drache,
Marschall Bruder) das Motiv der Rivalität mit dem Bruder um den
Besitz derselben Frau und die Beseitigung des Nebenbuhlers variiert.

Wie sehr dieses Motiv ursprünglich im Mittelpunkt der Erzählung stand, zeigt deutlich eine andere, in manchen Punkten weniger
entstellte Fassung desselben Märchens, die uns auch das Verständnis
für einige bisher ungedeutete Motive eröffnen wird. Es ist dies das
sogenannte älteste Märchen der Weltliteratur, die vor etwa 2000
Jahren literarisch fixierte ägyptische Geschichte der Brüder
Aupu und Bata[1]. „Anup nun besaß ein Haus und hatte eine Frau,

---

[1] Diese aus dem XIII. Jahrhundert v. Chr. stammende Fassung des
Brüdermärchens aus dem Papyrus d'Orbiney findet sich bei A. Wiedemann,
Altägypt. Sagen und Märchen.

während sein jüngerer Bruder bei ihm wie ein Sohn lebte." Eines
Tages versucht die Frau des älteren, den jungen Schwager zu verführen. Dieser aber weist sie entrüstet zurück, ohne seinem Bruder
davon zu sagen. Sie verleumdet nun Bata, daß er ihr Gewalt getan
habe. „Da wurde der ältere Bruder wütend, wie ein Panther, er
schliff sein Messer und nahm es in die Hand", um den jüngeren
Bruder meuchlings zu töten, wenn er abends nach Hause käme.
Dieser aber wird von den Tieren seiner Herde gewarnt (Motiv der
hilfreichen Tiere[1]) und flieht. „Sein älterer Bruder lief hinter ihm
her mit dem Messer in der Hand." Der jüngere Bruder ruft Re
an; der Gott erhört ihn und läßt ein großes Wasser zwischen den
beiden entstehen[2], an dessen Ufern sie getrennt die Nacht ver-
bringen. Als die Sonne aufgeht, verteidigt sich Bata vor ihrem Angesicht, erzählt Anup die niederträchtigen Anträge seiner Frau,
beschwört seine Unschuld und entmannt sich zum Zeichen seiner
Reinheit. „Er zog hierauf ein scharfes Messer hervor, schnitt
seinen Phallus ab und schleuderte ihn in den Fluß, wo er von einem
Fisch verschlungen ward." Als Anup nun reuevoll zu weinen anfängt,
bittet Bata um eine Gunst. „Ich werde mein Herz nehmen und es
auf die Blume der Zeder legen und wenn man dir einen Krug Bier
geben wird und er schäumt, das geht dich an, dann komm und
suche mein Herz!" (Motiv des Treuegelübdes). Anup geht heim,
tötet sein Weib und wirft ihre Leiche den Hunden vor; dann sitzt
er, Staub auf dem Haupt, und trauert um seinen Bruder.

Dieser lebt inzwischen im Zederntal. Die Götter loben seine
Keuschheit und gewähren ihm einen Wunsch. Er bittet um ein Mädchen,
und sie schaffen gemeinsam eins für ihn. Er lebt mit ihr und vertraut
ihr sein Geheimnis von dem Herzen in der Zedernblüte an. Aber ihr
leichter Sinn, ihre Neugier und Lüsternheit lassen sie dem einzigen
Verbot ihres Mannes zuwiderhandeln: sie kommt dem Meer zu nahe,
die Wogen entreißen ihr eine Locke, die zu den Wäschern des
Königs von Ägypten treibt. Der König läßt die Besitzerin suchen,
macht sie schließlich zu seinem Weib und läßt, um sie Batas Rache
zu entziehen, auf ihren Wunsch die Zeder fällen.

---

[1] Die Kuh, die ihn zuerst warnt, vertritt die reuige Frau selbst, wie
überhaupt die meisten Tiere des Märchens, in der Gestalt hilfreicher oder
verderblicher Wesen, nahestehende Menschen vertreten.

[2] Motiv der „magischen Flut". Vgl. „Die Symbolschichtung im
mythischen Denken".

Bata fällt tot nieder (Todesschlaf). Sein Bruder merkt das Unglück, wie ihm vorausgesagt war, am Schäumen seines Bieres und eilt ins Zederntal. Drei Jahre sucht er das Herz; im vierten findet er es endlich und gibt es dem toten Bata zu trinken. Da erwacht dieser und umarmt seinen Bruder (Wiederbelebung). Dann verwandelt sich Bata in einen Apisstier und läßt sich von seinem Bruder an den Hof des Königs von Ägypten treiben. Der Stier gibt sich der Königin als Bata zu erkennen. Die Königin erschrickt und erreicht in einer Liebesstunde, daß der König den Stier töten läßt. Zwei Blutstropfen fallen am Tor des Palastes zur Erde; zwei riesige Sykomoren schießen in einer Nacht auf (Hydren-Motiv). Wieder gibt sich in ihnen Bata zu erkennen, wieder bewirkt die Königin, daß die Bäume gefällt werden. Dabei fliegt ihr ein Splitter in den Mund, sie wird schwanger und gebiert Bata als ihren Sohn (Wiedergeburts-Motiv). Der König stirbt, Bata wird sein Erbe und läßt die Königin hinrichten. Nach dreißigjähriger Herrschaft hinterläßt er sterbend seinem Bruder Anup die Krone.

Ehe wir die einzelnen Motive auf ihre Verwandtschaft mit dem deutschen Brüdermärchen untersuchen, wollen wir zunächst den ganzen Inhalt und Aufbau dieser merkwürdigen Geschichte zu verstehen suchen, von der H. Schneider[1] sagt: „Sieht man ganz von einem historischen oder mythologischen Kern ab und betrachtet die Geschichte ganz isoliert und für sich allein, so kann man zunächst versucht sein, nichts als eine äußerliche Verbindung heterogener Elemente, ein ideenflüchtiges Phantasiespiel in ihr zu sehen. Jede Einheit und Logik scheint zu fehlen . . . Die Gestalten wechseln wie im Traum . . . der Schauplatz ist ebenso unklar . . . Trotzdem werde ich der Dichtung gegenüber nirgends die Empfindung vollkommenster innerer Einheitlichkeit, vollkommenster künstlerischer Beherrschung, vollkommenster logischer Entwicklung los. Nur liegen Einheit und Notwendigkeit nicht im bunten Bilderreigen an sich, sondern dahinter." Versuchen wir mit den Mitteln unserer psychoanalytischen Grundauffassung diesen verborgenen Sinn der Erzählung herzustellen, so erkennen wir zunächst in den verschiedenen Episoden der ägyptischen Erzählung gleichfalls Doubletten der einen Grundsituation, deren minder verhüllte Darstellung hier, zum Unterschied vom deutschen Märchen, vorangeht,

---

[1] „Kultur und Denken der alten Ägypter", 2. Ausg., Leipzig 1909, S. 257.

während die entstellten Variationen im zweiten Teil folgen, um in
immer erneuerten Versuchen endlich die ersehnte Befriedigung des
ver#pönten Wunsches doch durchzusetzen. So erweist sich der König
des zweiten Teiles als sozial erhöhte Doublette des älteren Bruders
und die böse Königin ist eine so deutliche Doublette der bösen Frau
Anups, daß Schneider zu dem Schluß kommt: „Diese beiden Frauen
sind geradezu eine Person" (S. 260). Und wie im deutschen Märchen
der gehaßte Bruder in immer neuer Gestalt, als Drache, Marschall
und schließlich in seiner wirklichen Rolle auftritt, so erscheint auch
Bata als Stier, Baum und schließlich in menschlicher Gestalt als
Wiedergeburt seiner selbst, indem er sich aus der Mutter als sein
eigener Sohn erzeugt. Sein nomineller Vater wäre dann der König,
in dem wir eine Doublette des älteren Bruders erkannt haben, der
ja nach dem Wortlaut des Märchens wirklich an ihm Vaterstelle
vertritt. Bata strebte also von Anfang an danach, die „Mutter" zu verführen, die er ja im zweiten Teil in symbolischer Einkleidung immer-
fort verfolgt, was deutlich verrät, daß die Verleumdung durch sie
am Anfang der Erzählung nur als eine Projektion seines Inzestwunsches aufzufassen ist. Enthüllt uns so der ägyptische Bericht
den Grund der erbitterten Rivalität der Brüder als Neigung zu dem
einzigen unersetzlichen Inzestobjekt[1], so kennt er auch noch die
entsprechende Strafe für die verbotene Realisierung dieser Neigung:
die Entmannung. Daß diese ursprünglich durch den eifersüchtigen
Nebenbuhler (Bruder, Vater) — und nicht in einer Art Geständnis
des verbotenen Wunsches durch eigene Hand — erfolgte, zeigt uns
nicht nur die vergleichende Mythengeschichte, sondern das ägyptische
Märchen selbst, wenn auch nur in verhüllter und gemilderter Form.
Dem in einen Apisstier, dem Symbol der männlichen Kraft, verwandelten Bata wird auf Befehl des Königs der Kopf abgeschlagen

---

[1] In einem albanesischen Märchen, das die Befreiung der einem Ungeheuer (Lubia) geopferten Königstochter (entsprechend dem Drachenkampf
des deutschen Märchens) behandelt, stellt sich heraus, daß der Held seine
eigene Mutter gerettet (Rettungsphantasie) und zum Weibe genommen
hat, während er den König, ihren Vater (= Ungeheuer) zufällig tötet
und dessen Erbe antritt (Hahn, Griech. u. alb. Märchen, Leipzig 1864,
Nr. 98). — Hier sei darauf hingewiesen, daß die Heroen der griechischen
Sage: Perseus, Apollo, Bellerophon u. a. immer ein Ungeheuer (Gorgon,
Minotaurus etc.) töten, wie der Sphynxtöter Ödipus seinen Vater (siehe den
folgenden Abschnitt).

und die aus den Blutstropfen aufsprießenden, mit wunderbarem Wachstum begabten Sykomoren, deren Splitter die Fähigkeit menschlicher Befruchtung haben, werden gleichfalls unerbittlich gefällt. In beiden Motiven müssen wir auf Grund zahlreicher individualpsychologischer Erfahrungen und mythologischer Parallelen symbolische Darstellungen der bereits im ersten Teil vorgenommenen Kastration erblicken, welche die ursprüngliche Rache des eifersüchtigen Nebenbuhlers ist. Inbesondere das Abschlagen des Kopfes, das uns hier zunächst interessiert, ist schon an einem äußerlichen Detail als Ersatz für die Kastration kenntlich, nämlich an den fruchtbaren Blutstropfen, die sonst folgerichtig dem abgeschnittenen Phallus entspringen[1]. Ist aber das Köpfen des Apisstieres durch den König ein symbolischer (verkleideter) Ausdruck der am Nebenbuhler vorgenommenen Kastration, so dürfen wir diese Bedeutung auch in das deutsche Märchen eintragen und finden es nun entsprechend, daß der junge König dem Bruder den „Kopf" abschlägt, als er von dessen Stellvertretung in seinem Ehebett Kenntnis erhält. Die Wiederbelebung im deutschen Märchen entspricht der Wiedergeburt im ägyptischen. Aber auch die vorhergehende Köpfung des Bruders durch den Marschall werden wir im gleichen Sinne als Kastration des unerwünschten Nebenbuhlers fassen, wie anderseits das Abschlagen der Drachenköpfe[2], und noch

---

[1] Bei der Entmannung des Uranos entsteht so Aphrodite — ähnlich wie Batas „künstliches" Göttermädchen. Deutlichere Anklänge an das ägyptische Märchen zeigt die Erzählung von dem Zwitterwesen Agdistis, bei dessen Entmannung aus dem Blut ein Granatbaum (= neuer Phallus) entsteht; seine Früchte (in der Zagreus-Mythe die Hoden eines Widders) steckt Nana (Deo) in ihren Busen, wovon sie schwanger wird und den Attis gebiert, der sich später von seiner eifersüchtigen Mutter in Wahnsinn versetzt, unter einer Fichte selbst entmannt (wie Bata). Aus dem Blut entsprossen Veilchen. — An den Frühlingsfesten der Göttermutter wurde als Symbol der Kastration eine mächtige Fichte gefällt, wie im ägyptischen Märchen die aus dem Blut entsprossenen Sykomoren. — Agdistis selbst entsteht dadurch, daß des Zeus Same von der sich gegen die Gewalt sträubenden Kybele zur Erde floß; ebenso entsteht Erichthonios und andere Wesen aus verspritztem Samen, dem andere Male das Blut entspricht.

[2] Psyche, von der es charakteristisch heißt: „in demselben Wesen haßt sie das Untier und liebt sie den Gemahl", wird von den Schwestern eröffnet, „daß ein schrecklicher, in vielen Knoten sich windender Drache mit giftgeschwollenem, blutrünstigem Halse und scheußlichem Kropfe heimlich des Nachts bei dir ruht", den sie köpfen solle.

deutlicher das Ausschneiden der Drachenzungen[1], auf die Revanche
hinweist. In diesem Zusammenhange glauben wir auch das Motiv
des Treuegelöbnisses bei dem in den Baum gestoßenen Messer als
letzten, bereits ethisch umgewerteten Rest des alten Kastrations-
motivs zu erkennen. Das Messer entspricht demjenigen, mit dem
Anup seinen Bruder verfolgt, aber auch dem zweischneidigen Schwert,
das der Eindringling später zwischen sich und die Frau seines Bruders
legt. Das Hineinstoßen in den Stamm erscheint so als letzter Nachklang der Baumfällung (Kastration) und es wird so leicht begreiflich,
wie jeder der beiden an diesem Instrument wunschgemäß erkennen
kann, daß der Bruder gestorben ist.

Wie im ägyptischen Märchen, so unterschieden wir auch im
deutschen eine Reihe von aufeinanderfolgenden Szenen, die immer
wieder in verschieden deutlicher Einkleidung die Rivalität mit dem
Bruder um das gemeinsame inzestuöse Liebesobjekt und die Kastration
des gehaßten Nebenbuhlers darstellen.

In wie aufdringlicher Weise diese Urmotive den Märchenstoff
ursprünglich beherrschen, zeigt in manchen Punkten noch deutlicher
als das ägyptische Märchen die diesem zugrunde liegende Mythe
von Isis und Osiris, an deren Hauptzügen wir uns orientieren
wollen, ohne im einzelnen auf die ihr selbst anhaftenden Entstellungen
und Komplikationen Rücksicht zu nehmen.

Der Erdgott Keb und die Himmelsgöttin Nut haben vier Kinder:
zwei Söhne, Osiris und Set, und zwei Töchter, Isis und Nephthys.
Isis ward das Weib ihres Bruders Osiris, Nephthys das des Set;
Osiris aber beherrschte die Erde als König und wurde von seinem
Bruder Set tödlich gehaßt, der ihn durch List in eine Kiste
lockte und diese in den Nil warf. Plutarchs Bericht begründet diese
Feindschaft des Set gegen Osiris damit, daß dieser der Gattin des
Set, seiner eigenen Schwester Nephthys also, unwissentlich bei-
gewohnt hatte. Isis macht sich auf die Suche nach dem Leichnam
des Gatten, findet ihn endlich und verbirgt ihn im Walde. Set ent-
deckt das Versteck und zerstückelt den Leichnam des Bruders.
Isis sammelt die verstreuten Teile und setzt sie wieder zusammen

---

[1] Die Kastrationsbedeutung wird aus der von Stucken (Astralmythen,
S. 144) aufgestellten Parallele mit der David-Sage evident, wo der Held die
abgeschnittenen Vorhäute der Philister dem König bringt, damit er dessen
Eidam werde.

nur· der Phallus fehlte, er war ins Meer getragen und von einem
Fisch verschlungen worden (wie bei Bata). Sie ersetzt dieses fehlende
Glied des Toten durch ein nachgebildetes aus dem Holz des Syko-
morus (Baumphallus) und stiftet zum Andenken das Phallusidol. Mit
Hilfe ihres Sohnes Horus, der nach späterer Überlieferung erst nach
Osiris' Tode von diesem erzeugt worden war, rächt Isis die Ermordung
ihres Gatten und Bruders. Zwischen Horus und Set, die ursprünglich
selbst Brüder waren, entspinnt sich ein erbitterter Kampf, wobei
die Gegner einander gewisse Teile als kraftspendende Amulette
entreißen; Set schlägt dem Gegner ein Auge aus und verschlingt
es, verliert aber dabei die eigenen Genitalien (Kastration), die —
nach einer Bemerkung Schneiders — ursprünglich gewiß auch von
Horus verschlungen worden waren. Schließlich wird Set gezwungen,
das Auge wieder von sich zu geben, das Horus dem toten Osiris
eingibt und ihn damit wiederbelebt, so daß er als Herrscher ins
Totenreich eingehen kann.

Der Osiris-Mythus, auf dessen Deutung wir hier nicht eingehen
können, zeigt deutlich, daß der Nebenbuhler den Platz im Ehebett
des Bruders ursprünglich wirklich ausgefüllt hat und daß seine
Kastration durch den eifersüchtigen Bruder erfolgt. Ferner bestätigt
sich hier die phallische Bedeutung der Sykomoren sowie die Auffassung ihrer Fällung als Entmannung, denn Isis läßt an Stelle des
fehlenden Gliedes, welches wie das des Bata von einem Fisch verschlungen worden war, ein nachgebildetes aus Sykomorenholz an-
fertigen. Aber auch in symbolischer Einkleidung findet sich dieses
Motiv in der Osiris-Sage. An der Stelle, wo die sterblichen Reste
des Osiris ruhen, sprießt (nach Plutarch c. 15 squ.) eine Tamariske
empor, die der König zu fällen befiehlt, um eine Säule daraus an-
fertigen zu lassen. Isis, die am Hofe dient, fordert die Säule und
belebt den zerstückelten Leichnam des Osiris mit ihren Küssen, so
daß er wieder Zeugungskraft erhält; sie wird Mutter eines Kindes
mit schiefen und kraftlosen Beinen (Symbol der Kastration), einer
Neuinkarnation des Osiris. Wir finden also auch hier die inzestuöse
Wiedergeburt aus der eigenen Mutter, wie bei Bata, Attis und
vielen anderen Helden, als wichtiges Motiv und verstehen auf Grund
dessen auch das Motiv der Wiederbelebung im Märchen. Ist das
Kopfabschlagen ein Symbol der „nach oben verlegten" Kastration,
so bedeutet sein Wiederaufsetzen den Ersatz des Phallus, wie

in der Osiris-Sage; erfolgt die Wiederbelebung im deutschen
Märchen durch Essen einer Wurzel, im ägyptischen durch Eingeben
des auf dem Zedernbaum liegenden Herzens und in der Osiris-Sage
durch Verschlingen des ausgerissenen Auges, so verrät uns ein Rest
des ursprünglichen Motivs im Horus-Set-Kampf, daß es sich eigentlich um die Einverleibung, das Wiedererlangen der verlorenen Genitalien handelt, welche die Wiedergeburt aus der eigenen Mutter und
damit die Überwindung des Todes ermöglichen. So erklärt es
sich, daß der Held nicht nur den toten Bruder (als seinen Sohn, d. i.
aber als sich selbst) wiederbelebt, sondern auch die Prinzessin dem
Reich der Unterwelt („Todesschlaf"), das der Drache auch repräsentiert, entreißt. Nun wissen wir aber aus analytischer Erfahrung und
mythischen Belegen, daß die Rettungsphantasie regelmäßig die Mutter
betrifft und dürfen daher auch die darauf folgende erste Wiederbelebung des Helden als inzestuöse Wiedergeburt auffassen. Dies
ist um so eher gestattet, als sowohl die Osiris-Mythe wie auch das
Märchen von Bata die inzestuöse Bedeutung des umworbenen Sexualobjekts deutlich bezeugen. Setzen wir diese Deutung ins deutsche
Märchen ein, so verstehen wir, daß von der Mutter der Brüder gar
nicht die Rede sein kann, da sie hinter den anderen weiblichen
Personen der Erzählung verborgen ist; wir begreifen aber auch die
freiwillige Entsagung (Motiv der Enthaltung) vom Geschlechtsverkehr,
wie sie in der einjährigen Abstinenz und im Motiv des Schwert-
legens (symbolum castitatis)[1] zum Ausdruck kommt, einerseits als
Inzestablehnung, anderseits als ambivalente Bußeinstellung nach

---

[1] Die allgemein übliche Zurückführung des Motivs der Schwerttrennung
auf den historischen Brauch des Brautwerbers und der mit diesem symbolisch
vollzogenen Ehezeremonie erklärt vor allem nicht die dabei verwendete
spezielle Symbolik und scheint darum vielfach einer mythischen Auffassung
weichen zu müssen, deren Grundlage F. v. Reitzenstein (Zeitschr. f.
Ethnol. 1909, S. 644—683) in den Hochzeitsbräuchen von Naturvölkern nachgewiesen hat. Danach dient das in den angeführten Überlieferungen als
symbolum castitatis verwendete Schwert ursprünglich der Befruchtung
in Form eines Holzes oder Stabes, den der Gatte in den ersten drei Nächten,
deren er sich des Beischlafs enthält, zwischen sich und sein junges Weib
legt. Aus Unkenntnis des Kausalzusammenhanges von Geschlechtsverkehr
und Empfängnis überläßt er in den ersten Nächten gewissermaßen einem
Gotte das jus primae noctis zur wunderbaren Befruchtung, nach deren
vermeintlichem Eintritt er sich erst dem Geschlechtsgenuß hingeben darf.

erfolgter Tötung des Nebenbuhlers (Vater, Bruder). Aber nicht nur
in der freundlichen Gestalt der Lebenspenderin und des ersehnten
Sexualobjekts erscheint die Mutter im Märchen, sondern auch in
Gestalt der furchtbaren Todesgöttin, die einen wieder in den ewigen
Schlaf (todesähnlicher Zustand des Drachenbesiegers; Versteinerung)
versetzen will, und die der Held überwinden muß wie die anderen
bösen Mächte. Darum läßt Bata seine Mutter und Gemahlin, nachdem sie ihn wiedergeboren hat, hinrichten und im deutschen Märchen
wird die Hexe verbrannt, nachdem sie den versteinerten Bruder
wiederbelebt hat.

Wir brechen hier die Deutung ab, die sich im einzelnen noch
weiter verfolgen ließe[1], um einen allgemeineren Gesichtspunkt für
die Psychologie der Mythenbildung zu gewinnen. Zu diesem Zwecke
brauchen wir nur in der Reduktion der mythischen Personen auf
die egozentrale Gestalt des Mythenbildners fortzufahren. Es muß
uns auffallen, daß die beiden Brüder Zwillinge sind, die einander
nicht nur körperlich „wie ein Tropfen Wasser dem andern" gleichen,
sondern auch in ihren Eigenschaften und Attributen (sie haben dieselben Tiere, gleiche Kleidung etc), und nicht einmal durch Namen
unterschieden sind, so daß die Königin ihren Gemahl nur an einem
künstlichen Zeichen erkennt. Wenn auf irgend etwas der Begriff
der Doublette paßt, so ist es auf die beiden Brüder, von denen der
eine ein genauer Abklatsch des andern ist. Mit dieser Reduktion
der beiden Brüder auf eine Person[2] ginge aber der Hauptsinn der

---

[1] Abgesehen von weiteren psychologischen Deutungen verzichten wir
auch auf jede naturmythologische Interpretation, die etwa möglich wäre.
So ist nicht auszuschließen, daß die im Zeitabstand eines Jahres bald schwarz
bald rot ausgeschlagene Stadt auf eine bestimmte Sonnen-Konstellation
(oder Mondphänomen?) Bezug hat, ebenso wie es auffällig bleibt, daß die
Herbeischaffung des Krautes zur Wiederbelebung des „Sonnenhelden"
genau 24 Stunden in Anspruch nimmt. Berücksichtigt man noch das ver-
kehrte Aufsitzen des Kopfes beim Erwachen und seine Umkehrung am Mittag
(wo die Sonne sich zum Abstieg wendet), so wird die Gestaltung einzelner
Motive durch Anlehnung an Naturvorgänge wahrscheinlich. Doch schließen
diese Bedeutungen den psychologischen Sinn der Erzählung keineswegs
aus, erfordern ihn vielmehr zum Verständnis der menschlich eingekleideten
Erzählung und der mythenbildenden Triebkräfte, die sich kaum in der
Schilderung von Naturvorgängen erschöpfen können.

[2] In einzelnen Märchen dieser Gruppe tritt tatsächlich nur ein „Bruder"
auf. Vgl. z. B. „Schwedische Volkssagen", übers. v. Oberleitner, S. 58 ff.

Erzählung, die Rivalität der Brüder um das gemeinsame Liebesobjekt, verloren, wenn wir uns nicht erinnerten, daß ursprünglich der eine Bruder ein älterer gewesen ist und am jüngeren Vaterstelle vertrat, wie im Märchen von Bata noch deutlich gesagt ist. (Als Rest dieser älteren Fassung spricht das deutsche Märchen an einer Stelle noch vom „jüngeren" Bruder, obwohl es Zwillinge voraussetzt.) Aber auch im deutschen Märchen repräsentiert der Drache, der Ansprüche auf die Prinzessin erhebt, und der alte König, der sie nicht hergeben will, den Vater, wie ja die umworbene Frau nach unserer Deutung die Mutter vertritt. Beide Annahmen werden vollauf bestätigt durch Varianten des Brüdermärchens[1], die damit beginnen, daß ein eifersüchtiger König seine Tochter von der Welt abschließt, diese aber doch auf wunderbare Weise (Inzest-Befruchtung) empfängt und Mutter der Zwillingsbrüder wird, die sie aussetzt; einer der Brüder heiratet dann, wie im mitgeteilten Märchen von der Lubia (S. 368, Anmerkung 1), in der Königstochter seine Mutter und erbt nach dem Tode des alten Königs (des Vaters) das Reich. Es handelt sich also in diesen Märchen um eine Verschiebung der ursprünglich dem Vater geltenden feindseligen und eifersüchtigen Regungen auf den älteren, bevorzugten Bruder (und auf die Schwester, statt der Mutter), welche Ersetzung sich im Osiris-Mythus mit seiner aneinandergereihten Familiengeneration noch verfolgen läßt[2]. Diese mythische Verschiebung spiegelt ein Stück primitivster Kulturleistung wider, die mit der Nivellierung der früher so ungleichen Gegner zu Zwillings-Doubletten einen ethisch befriedigenden Abschluß in den pietätvollen Brüdermärchen gefunden hat.

Aber die auf der fortschreitenden Verdrängung dieser primitiven Regungen beruhende Entwicklung macht bei dieser Form der Milderung nicht halt, sondern schafft weiter verhüllte Ausdrucksformen, die uns auf Grund der psychologischen Deutung des Brüder-

[1] Vgl. die Bemerkung von W. Schultz, daß „die Brüder gelegentlich auch als Vater und Sohn gelten mochten" (Einl. in d. Popul. Wuh., S. 64).

[2] Der Osiris-Mythus zeigt auch noch bei Verfolgung seiner Entwicklung wie aus dem ursprünglichen Mörder des Bruders sein Rächer wird. Ursprünglich ist Thout, neben Set, der Mörder des Osiris; später tritt er im Kampfe des Horus gegen Set als Arzt und Schiedsrichter auf, der aber schon zugunsten des Horus entscheidet. Schließlich ist er direkt zum Parteigänger des Osiris geworden und kämpft für ihn gegen Set (vgl. Schneider, l. c. S. 445 ff.).

motivs verständlich werden. Auf die innigen Beziehungen der Siegfriedsage zu unserem Märchen haben bereits die Brüder Grimm
in ihren Anmerkungen hingewiesen[1]. Hier sei nur hervorgehoben,
daß Siegfried die vom Drachen erlöste Jungfrau[2] verläßt, wie der
Held des Märchens, daß er aber dann wie dieser versucht, die Stelle
Ehebett des Nebenbuhlers einzunehmen, ja schließlich von Gunther
direkt aufgefordert wird, ihm die übermächtige Magd zu bezwingen.
Auch Siegfried legt ein zweischneidiges Schwert zwischen sich und
das Weib, aber der schmähliche Tod, den er erleidet, spricht noch
deutlich dafür, daß er ursprünglich wirklich der begünstigte Nebenbuhler sein mußte. Nur ist hier das verwandtschaftliche Verhältnis
der Rivalen zur Blutsbrüderschaft abgeschwächt[3].

---

[1] W. Mannhardt (Germ. Mythen, S. 214 ff.) hat die Übereinstimmung
unserer Märchengruppe mit der im Mahabhârata erzählten indischen
Sage aufgezeigt, die erzählt, „daß Indra nach des Drachen Ahi Tode
(nach Vritras Ermordung) sich in die Verbannung begibt, ein anderer
nimmt seinen Platz ein und will sich mit des Gottes Gattin vermählen, da
kommt Indra zurück und tötet den Eindringling". Mannhardt meint, daß
„der andre auf eine dem Indra so nahe verwandte und verbrüderte
Gestalt wie Agni zurückgehen" werde. Agni heißt Indras Zwillingsbruder
und ein „Enkel der Fluten" (apâm napât). — Ferner macht Mannhardt
auf ähnliche Züge in den Mythen von Freyr, Thor und Odhin aufmerksam
(S. 221 bis 223).

[2] Ihr todesähnlicher Schlaf entspricht dem Motiv der Versteinerung
im Märchen und weist auf ihre mütterliche Rolle gegenüber dem Helden
hin, die auch aus anderen Anzeichen ersichtlich ist.

[3] In diese Gruppe gehört nach Grimms Anmerkungen auch die
Sage von den Blutsbrüdern, von denen der eine die Stelle bei der Frau
des andern einnimmt, aber ein Schwert dazwischen legt, und schließlich
vom Aussatz befallen wird (nach Grimm = Versteinerung), wovon ihn der
treue Freund durch das Blut der eigenen Kinder befreit Diese werden dann
om Geretteten durch ein Wunder wieder belebt. Ebenso gehört hieher
uas Märchen vom „treuen Johannes" (Nr. 6), zu dessen Rettung aus der
Versteinerung (Wiederbelebung durch Blut) der König seinen eigenen
Söhnen den Kopf abschlägt, den ihnen der treue Johannes wieder aufsetzt.
In einer Version ist dieser selbst des Königs Ziehbruder. — Auch das
Märchen vom „Lebenswasser" (Nr. 97) und manches andere würde auf
Grund unserer Deutung in vielen Punkten verständlich. — Der Einreihung
all dieser Überlieferungen in die Gruppe der Brüdermärchen entsprechend,
nimmt Wundt (Völkerpsych., II. Bd., 3. Teil, Leipzig 1909, S. 271 ff.) den
„Begriff des Zwillingsmärchens in einem weiteren Sinne", indem er darunter
„alle die Märchen- und Mythenstoffe zusammenfaßt, in denen zwei Persönlich-

Noch weiter geht die Milderung des anstößigen Verhältnisses in einer Gruppe deutscher Sagen, die uns nur in späten Handschriften überliefert sind: den Ortnit-Wolfdietrich-Epen. Ortnit gewinnt mit Hilfe seines Vaters, des Zwergkönigs Alberich, die keinem Freier zugängliche Tochter des Heidenkönigs Machorel und entführt sie in seine Heimat (Gardasee). Der alte Heidenkönig sendet, Versöhnung heuchelnd, reiche Geschenke, darunter zwei junge Lindwürmer (Zwillingsmotiv), die herangewachsen das Land verwüsten. Ortnit will die Ungeheuer, trotz Abratens seiner Gattin bestehen und heißt sie, wenn er fallen solle, seinem Rächer die Hand reichen. Ohne Gefolge reitet er in den Wald, versinkt aber in so tiefen Schlaf (Versteinerung), daß ihn weder das Nahen des Ungeheuers noch das Bellen und Scharren seines Hundes (hilfreiches Tier) weckt. Er findet durch den Lindwurm den Tod. Ihn rächt in der uns überlieferten Sagenverknüpfung der junge Held Wolfdietrich, in dessen Kindheitsgeschichte die Motive des Vaters, der seine Tochter abschließt, die Verleumdung der Frau durch den abgewiesenen Freier, die Aussetzung u. a. in bekannter Bedeutung hineinspielen. Im Kampf mit seinen Brüdern um das Erbe flieht Wolfdietrich zu Ortnit um Hilfe. Als er dessen Tod erfährt, zögert er nicht, ihn zu rächen. Wie der zweite Bruder im Märchen verfällt er fast dem gleichen Schicksal, vermag sich aber im entscheidenden Moment durch das Schwert Ortnits zu retten. Er besiegt den Drachen, wie auch die aufrührerischen Vasallen und erhält zum Lohne dafür die Hand von Ortnits Witwe, mit deren Unterstützung er die Brüder besiegt und sein Reich erobert. Wir erkennen leicht die bekannten Züge unseres Märchens wieder und müßten daraus schließen, daß Wolfdietrich den Tod seines Bruders rächt und dessen Witwe heiratet. Das ist nun allerdings, wenn auch nicht in der oberflächlichen historischen, so doch in der zugrunde liegenden mythischen Schichte der Erzählung nachweisbar und den Forschern längst bekannt. Wenn wir Jiriczeks zusammenfassender Darstellung der „Deutschen Heldensage" folgen (Sammlg. Göschen Nr. 32)[1], so erfahren wir, daß in der uns vorliegenden Überlieferung zwei Sagen

---

keiten, die der gleichen Generationsstufe angehören, durch ihre Handlungen in ein freundliches oder feindliches Verhältnis treten . . ."

   [1] Man vgl. auch die jüngste Spezialarbeit von H. Schneider: „Die Gedichte und die Sage von Wolfdietrich". München 1913.

verschiedenen Ursprungs, die miteinander nichts zu tun hatten, verbunden seien: eine mythische von Ortnit und die historische von Wolfdietrich, wobei dieser an Stelle einer der Ortnit-Sage angehörigen mythischen Figur getreten sei. Eine reinere Fassung der Ortnit-Sage wäre bruchstückweise in der Thidrek-Sage erhalten, wo König Hertnit im Kampf mit einem Drachen erliegt, ein Held (Thidrek von Bern) den Drachen besiegt und die Witwe heiratet. „Aus Andeutungen und Sagentrümmern skandinavischer Überlieferung läßt sich eine ältere Gestalt der Sage erschließen, wonach der Bruder des Gefallenen die Rächerrolle übernimmt. Dieses mythische Brüderpaar heißt im Nordischen ‚Haddingjar‘, deutsch lautgerecht ‚Hartungen‘, vgl. den Namen Hartnit (Hertnit), woraus das mhd. Ortnit entstellt ist. Von diesen Namen geleitet, hat Müllenhoff in scharfsinniger Weise den Zusammenhang der Hartungen-Sage mit einem ostgermanischen Dioskuren-Mythus erschlossen" (Jiriczek, S. 146 f.)[1]. Ist hier das ursprünglich brüderliche Verhältnis der beiden Helden durch vergleichende Mythenforschung festgestellt, so erkennen wir auf Grund unserer Deutung hinter dem pietätvollen Rächeramt das eigentlich rivalisierende Verhältnis und wissen, daß im tieferen Sinne einer psychologischen Deutung der benachteiligte Bruder den begünstigten Nebenbuhler in Drachengestalt erschlägt, um dessen Witwe zu besitzen, ganz wie der Ödipus der griechischen Mythe. Die Ersetzung des Bruders durch ein Ungeheuer stellt dabei eine besondere Form des Zweikampfes mit dem unkenntlichen Vater dar, der in zahlreichen Überlieferungen — auch von Ortnit und seinem übermächtigen Vater Alberich — berichtet wird[2]. Dieser unerkannte Zweikampf selbst ist das Gegenstück zum unerkannten (inzestuösen) Geschlechtsverkehr, der in unserer Märchengruppe durch das Motiv

---

[1] Auch das Dioskuren-Motiv selbst, die Rächung der geraubten und geschändeten Schwester durch ein Brüderpaar, das sich bei verschiedenen Völkern findet, hat ursprünglich den Kampf zweier (Zwillings-) Brüder um die gemeinsam geliebte Schwester (resp. Mutter) zum Inhalt, der mit der Kastration des Gegners geendet haben mag, wovon ein Nachklang im Sinne der scharfsinnigen Vermutung des Naturmythologen Schwartz noch im Namen des griechischen Dioskuros Kastor (von castrare) enthalten sein mag. — Parallelen zum Dioskuren-Mythus bei Stucken, S. 144 ff.

[2] Dies zeigt hübsch ein (von R. Köhler, Kl. Schr. I, 21 ff. mitgeteiltes) gälisches Märchen (Variante zum Grimmschen Märchen Nr. 21), wo zwei Brüder um eine Ritterstochter freien und unerkannt miteinander kämpfen.

des Gattentausches (abgeschwächt mittels des symbolum castitatis) vertreten ist.

So führt also das Märchen in letzter Linie auf den primitiven Familienkonflikt mit dem übermächtigen Vater zurück und stellt für den benachteiligten Sohn oder Jüngsten in verhüllter Einkleidung eine Wunschkorrektur der unlustvollen Realitätsanpassung dar. Wenn wir darum bemerkt haben, daß die Mythenbildung mit der fortschreitenden Milderung urzeitlicher Greuel zu pietätvoller Menschenachtung und Nächstenliebe ein Stück der ethischen Kulturentwicklung widerspiegle, so darf nicht unerwähnt bleiben, daß daneben unbedenklich alte Reste primitiven Affektlebens im Märchen fortleben. Es zeigt so allerdings die Entwicklung ethischen Empfindens, aber nicht in der Form, wie sie sich wirklich vollzogen hat, nämlich mit Verzicht auf ehemalige Lustquellen und endlicher Anpassung an die harten Forderungen der Realität, sondern immer noch mit Festhaltung an den alten primitiven Befriedigungsarten, die in der Form verhüllter Wunschphantasien unter der moralischen Oberflächenschichte symbolisch Erfüllung finden.

Ein für das Märchen typisches Beispiel hiefür, das zugleich den primitiv-menschlichen Kern der mythischen Einkleidung enthüllt, hat uns die Aufzeigung des Stammbaums der Brüdermärchen geliefert. Es lebt darin, wie letzten Endes in fast allen mythischen Gebilden, die alte unumschränkte Macht des Pater familias fort, gegen die sich der Sohn in einer ursprünglichen Schichte der Phantasiebildung erfolgreich auflehnt (Heldenmythus). Stand dem Vater, wie es die primitiven Verhältnisse voraussetzen, unumschränktes Recht über das Leben der männlichen Familienmitglieder (einschließlich der Söhne) und über den Leib der weiblichen (einschließlich der Töchter) zu, so ist es begreiflich, daß das Streben des Sohnes dahin ging, diese Vorrechte des „Vaters" für sich in Anspruch zu nehmen, und zwar zunächst durch entsprechende Handlungen, welche jedoch die väterliche Machtentfaltung noch stärker herausforderten. Der Vater kann von dem Recht, die ihm unbequemen erwachsenen Söhne als Nebenbuhler um die Macht aus dem Verband auszustoßen oder als sexuelle Rivalen zu kastrieren, ausgiebigen Gebrauch gemacht und auf diese Weise die entsprechenden Revanchegedanken des Sohnes zu intensiven Rachegelüsten gesteigert haben. Dieses Stadium der Kulturentwicklung spiegeln nach einem Gedanken Freuds die zahlreichen Märchen wider, in denen die herangewachsenen Söhne, wie in unserer Gruppe, vom Vater (oder älteren Bruder) ausgetrieben werden (Aussetzung), um sich in fremden Reichen Ruhm und Weib zu erringen. Während aber in früher Kulturentwicklung die Wirklichkeit tatsächlich diese Opfer und Anstrengungen vom Sohn gefordert hatte, sucht er sich in der Phantasiebildung gleichsam dafür zu entschädigen, indem er die neue Heimat nach dem Bilde der alten verlorenen, den fremden König, in dessen Dienste er tritt, mit den Zügen des eigenen Vaters (Familienroman), die begehrten und eroberten Liebesobjekte nach dem Typus der vergebens ersehnten inzestuösen bildet. So wird der Held des ägyptischen Brüdermärchens, der die Mutter verführen will, vom bevorzugten Rivalen (Vater, Bruder) ausgetrieben (Verfolgung mit gezücktem Messer), oder entmannt (Selbstkastration), oder getötet (Aufenthalt im Zederntal). Das Bild der Mutter folgt ihm aber überall hin; er lebt mit dem Götterweib, bis sie ihm durch den König entzogen wird, in dem wir eine Vaterimago erkannten. Der Held folgt ihr an den Hof, was nichts anderes darstellt als die wunschgemäße Wiederkehr in das (unkenntlich gemachte) Elternhaus, wo der Sohn nunmehr am Deckbild fremder Personen die unerlaubten und von der Realität versagten Wunschbefriedigungen durchsetzen kann. Das gleiche Schema von der rücksichtslosen Durchsetzung des am meisten benachteiligten jüngsten Sohnes zeigt eine Reihe von Märchen, sowie die Mehrzahl der Mythen in einer ursprünglichen Schichte, die jedoch im Verlauf des Kulturfortschritts und der damit verbundenen Ein- und Unterordnung des Menschen unter die obrigkeitlichen Gewalten von den ambivalenten Gegenregungen der Reue und Pietät im Sinne der väterlichen Einstellung überlagert wird[1]. Auf dieser Stufe der Mythenbildung treten dann in der Regel im Märchen die ethisch

---

[1] Gewiß gibt es, wenn auch in beschränkterem Maße, ursprünglich von gehemmten Wunschregungen des Vaters ausgehende Phantasiebildungen. Besonders scheinen hieher die zahlreichen Mythen und Märchen zu gehören, welche die sexuelle Verfolgung der Tochter durch den Vater zum Inhalt haben und deren oft hochkomplizierte Wunschmechanismen Zeugnis davon ablegen, wie schwer diese primitiven Verzichte dem Menschen fallen. Das Schema ist in ähnlicher Weise wie beim Sohnesmythus die Ersetzung der Familie: Ein König verfolgt seine Tochter mit Liebesanträgen, sie flieht und gelangt nach mancherlei Abenteuern zu einem König, der sie heiratet, in dem man aber eine mehr oder weniger deutliche Doublette des Vaters erkennt.

hochwertigen, psychologisch sekundären Motive der Vaterrache, der
Bruderliebe, der Verteidigung der Mutter oder Schwester gegen
lästige Angreifer in den Vordergrund. So lange die rücksichtslos
sexuellen und egoistischen Urmotive das bewußte Handeln und Denken
des Menschen beherrschen dürfen, hat er weder die Nötigung, noch
die Fähigkeit zur Mythenbildung. Erst dem allmählichen Verzicht
auf reale Durchsetzung dieser Regungen geht die Ersatzbefriedigung
in der Phantasiebildung parallel, deren jeweilige Kompensationen
es gewissermaßen dem Menschen erst ermöglichen, einzelne Regungen
fortschreitend und erfolgreich zu unterdrücken. Die mythische Erzählung, wie sie ins Bewußtsein tritt, ist jedenfalls kein unentstellter
Ausdruck der primitiven Regungen mehr, da sie sonst nicht bewußt-
seinsfähig werden könnte, anderseits wird sie aus demselben Grunde
nicht von der menschlichen Familie erzählt, was noch immer zu anstößig wäre, sondern auf überirdische Wesen bezogen, seien es nun die
rätselhaften, mächtigen Himmelskörper, oder die dahinter waltend gedachten Götter oder die zu solchen erhöhten Heroen. So erklärt sich
vielleicht der Widerspruch, daß die Mythen teilweise naive Natur-
erkenntnis darstellen und vermitteln konnten, während die Form der
mythischen Erzählung rein menschliche Elemente bilden, deren besondere
affektive Stauung die eigentliche Triebkraft für die Mythenbildung abgibt.

Unter diesem Gesichtspunkt wäre die Mythen- und Märchenbildung als ein Negativ der Kulturentwicklung zu betrachten,
gewissermaßen als Ablagerungsstelle der in der Realität unverwendbar gewordenen Wunschregungen und unerreichbaren Befriedigungen,
auf die das heutige Kind zugunsten der Kultur ebenso, wenn auch
schwer und ungern verzichten lernen muß, wie seinerzeit der primitive
Mensch. Diese Funktion der Aufnahme und symbolisch eingekleideten
Befriedigung sozial unverwendbarer Triebregungen teilt aber der
Mythus mit der Religion, mit der er lange eine untrennbare Einheit
gebildet hat. Nur haben es die wenigen großen Religionssysteme
der Menschheit in der Umwandlungs- und Sublimierungsfähigkeit
dieser Triebe, in dem Grade der Verhüllung ihrer Befriedigung und
in der dadurch ermöglichten ethischen Höhe der Gesinnung zu einer
Vollkommenheit gebracht, die sie weit über den primitiven Mythus
und das naive Märchen, mit denen sie doch die wesentlichen Triebkräfte und Elemente gemeinsam haben, hinaushebt.

XIII.

MYTHUS UND MÄRCHEN[1].

Die im vorstehenden Abschnitt vom Märchen zum Mythus verfolgte Entwicklung und Umformung der Motive soll nun in der umgekehrten Richtung vom Mythus zur Märchenbildung näher betrachtet
und durch vergleichendes Material beleuchtet werden. Dabei wird es
sich vor allem darum handeln, zu bestimmen, was das Märchenmotiv
zum Unterschied vom mythischen charakterisiert, da die Vergleichung
beider, soweit sie bisher möglich war, zur Einsicht führen mochte,
daß der Unterschied nur formal und nicht essentiell ist, wie ja auch
Mythus und Märchengebilde als Ganzes nur verschiedenen Entwicklungsstufen der gleichen Grundsituation zu entsprechen scheinen.
Die formalen Unterschiede lassen sich ohneweiters aus einer Neben-
einanderstellung des Materials erkennen, während die Frage nach der
Motivumwandlung sich als psychologisches Problem insoweit heraus-
kristallisiert, als die äußeren Unterschiede verschwinden und der
wesentliche innere Gehalt zutage tritt, der in weitreichendem Ausmaße in allgemein menschlichen Regungen wurzelt.

Aber auch die Märchen selbst sind in ihrer psychologischen
Bedeutung noch nicht erschöpfend erkannt. Zunächst haben wir
vorwiegend wesentliche Bestätigungen für wichtige psychoanalytische
Grundlehren darin gesucht und gefunden und das Verständnis der
Märchen selbst gefördert durch Aufzeigung der Wunscherfüllungs-
tendenz, durch Aufdeckung der darin verwendeten Symbolik des
Unbewußten und durch Heranziehung der uns bekannt gewordenen
seelischen Mechanismen der Spaltung, Doublierung und Verdichtung.

---

[1] Nach einem in der „Wiener psychoanalytischen Vereinigung" im
Jahre 1914 gehaltenen, bisher unveröffentlichten Vortrag.

Später wurden (im „Brudermärchen") die ersten Schritte
nommen, um das psychologische Verhältnis des wirklichkeitsverleug
nenden Märchens zum wirklichkeitsersetzenden Mythus näher zu bestimmen. Daraus soll sich letzten Endes die Möglichkeit ergeben,
die Märchen auch an und aus sich selbst besser zu verstehen, d. h.
klarzulegen, in welchem Ensemble, in welcher Absicht und zu welchem
Endzweck sie Wunscherfüllung und Symbolik verwenden, wie es zu
ihrer eigentümlichen Ausgestaltung kommt und was diese psychologisch wie kulturgeschichtlich bedeutet.

Es kann im Rahmen dieser Sammlung nicht die Aufgabe sein,
diese kaum noch in Angriff genommenen Probleme zu lösen, sondern
nur einen Faden aufzugreifen, der ein Stückchen weiter in das Labyrinth hineinführt, wenn auch vielleicht noch nicht heraus; diese
Beschränkung wird aus der Fülle von Motiven, Gestaltungen und
Fassungen verständlich, welche die neuere, auf alle Natur- und
Kulturvölker ausgedehnte Märchenforschung ans Tageslicht gefördert
hat und zu deren restloser Bewältigung man trotz der vielseitigen
Bemühungen verschiedener Methoden noch keinen Zugang zu finden
vermochte. Wie auf dem Glasberg gleitet man überall ab, wo man
festen Fuß zu fassen versucht, so daß es zur ersten Forderung wird,
einen festen Standpunkt zu gewinnen, von dem aus die Aufgabe
in Angriff zu nehmen ist.

Die moderne Forschung hat nun gezeigt, daß man das Märchen,
auch wenn man es an und für sich selbst verstehen will, zunächst
nicht für sich allein und als Ganzes nehmen kann. Vor allem nicht
den zusammenhängenden Text der nach örtlichen und nationalen Bedingungen ausgeschmückten Erzählung, welche die Märchenforschung
als unwesentliches und dem eigentlichen Motiv nur lose übergeworfenes
Gewand erkannt hat. Man muß vielmehr ganz wie bei der Analyse eines
Traumes vorgehen, den man auch nur in seine einzelnen Elemente zer-
legt der Deutung unterwerfen kann, wobei man darauf vorbereitet
sein muß, daß einzelnes unerklärt, manches unverstanden bleibt und
auf einen anderen Zusammenhang warten muß, um Sinn und Bedeutung zu bekommen. Diese Zerlegung des Märchengehaltes in einzelne
Motive wird dadurch erleichtert, daß das Märchen, auch wo es als
scheinbar geschlossene Erzählung auftritt, bei festerem Zugreifen an
den Kittungsstellen zerfällt, während der ähnlich zusammengeschweißte
Mythus fester gefügt erscheint. Das zweite Grundprinzip der neueren

Märchenforschung ist die Forderung der Vergleichung der durch
die Zerlegung gewonnenen Motive mit verwandten Märchenbildungen
und -parallelen oder innerlich zugehörigen mythischen Überlieferungen. Hat man auf diese Weise eine Gruppe typischer Motive abge-
grenzt, so beginnt erst die eigentliche Forschungsaufgabe, deren
Lösung bisher auf verschiedenen Wegen versucht wurde und hauptsächlich im Anschluß und weiteren Ausbau der durch die Brüder
Grimm geschaffenen Grundlagen überraschende Zusammenhänge
aufgedeckt und wertvolle Aufschlüsse gebracht hat.

Besonders die kulturgeschichtliche Betrachtungsweise, die
Wilhelm Grimm in den Märchen die herabgesunkenen Überreste
des im Mythus ausgedrückten Götter- und Volksglaubens erblicken
ließ, hat — wenn auch nicht im Sinne dieser rein historischen Auffassung, sondern in ethnologischer Richtung — in neuerer Zeit
immer mehr Anerkennung und Bedeutung gewonnen. Allerdings will
die heutige Forschung in den Märchen die ursprünglicheren und
primitiveren Gebilde erkennen, während sie im Heroen- und Götter-
mythus eine höhere und spätere Entwicklungsstufe erblickt. So sagt
einer der neuesten Bearbeiter der verschiedenen Märchentheorien,
Karl Spieß[1]: „Es spiegelt sich in den Märchen noch heute ganz
unverhüllt und unverkennbar die Art wider, wie der primitive Mensch
die Dinge anschaut. Die Verkörperung geistiger Eigenschaften in
irgend einem körperlichen Merkmal der Märchenpersonen; die Gleichsetzung von gut und schön, von häßlich und böse; der Zug zum
Formelhaften und allgemein Gültigen, die Verwendung grob gezeich-
neter Typen, der Mangel an realistischer Beobachtungsgabe und
damit das Fehlen selbständig geprägter Charaktere; das Bedürfnis
nach sinnbildlicher Darstellung geistiger Begriffe; die Wertschätzung
des rein äußerlich in die Augen Fallenden, des Glänzenden und
Blendenden . . . .; die rohe Grausamkeit gegen hilflose schwache und
besiegte Gegner: das alles sind Züge des Märchens, die einer noch
unentwickelten Kultur angehören."

Dem psychologischen Verständnis dieser primitiven Verhältnisse,
die Ethnologie und Kulturgeschichte aufzudecken bemüht sind, war
man von psychoanalytischer Seite zuerst durch das Studium des
Traumes nahegekommen, der indirekt Einblick in archäische Denk-

---

[1] „Das deutsche Volksmärchen." Leipzig 1917 („Aus Natur- und
Geisteswelt", Nr. 587), S. 113.

und Anschauungsweisen wie in ihre Überreste im heutigen Kulturmenschen gewährt. Hat nun auch das Studium unserer nächtlichen
Träume manche formale und inhaltliche Eigenheit des Märchens
erklärt, so müssen wir zum Verständnis der tiefsten Wurzeln
seines Gehaltes auf die primitive Realität selbst zurückgehen,
aus der die unerfüllbaren Sehnsüchte und die unerfüllten Wünsche
einst in die Unterwelt des unbewußten Phantasielebens geflüchtet
waren. Wie die Psychoanalyse diese primitiven Regungen und Vorstellungen erst im kindlichen Realleben aufgezeigt hat und so das
aus dem Traumleben Erschlossene verifizieren konnte, so hat sie
weiterhin auch das am Kinde Beobachtete dann in der prähistorischen
Urzeit der Menschheit wiedergefunden. Die Hauptkennzeichen dieses
primitiven Zeitalters, die animistische Weltanschauung und die
totemistische Religion und Gesellschaftsordnung hat sie psychologisch verstehen gelehrt als Ausflüsse eines noch ungeschulten
seelischen Apparates, der sich auf seine Weise bemüht, die Reize
der Umwelt und den Triebandrang zu bewältigen. Auf den Animismus
geht die ganze Zauber- und Geisterwelt zurück, die im Märchen
eine Zuflucht gefunden hat, wo sie sich ohne Rücksicht auf die harte
Realitätsforderung ausleben darf. Die animistische „Allmacht der Gedanken", repräsentiert in dem Reich, „wo der bloße Wunsch schon zur
Erfüllung verhilft" (Spieß, S. 8) und wo das, „was das Leben versagt,
in reichstem Maße gewährt wird", ist eines der Hauptcharakteristika
des Märchens[1], während im Mythus die Veränderung in der Außenwelt wirklich geleistet, nicht bloß gewünscht werden muß, um den
ersehnten Erfolg herbeizuführen. Trotz dieses ungeheuer phantastischen Elementes stellt die Wunderwelt des Märchens eine Wirklichkeit dar, an die der primitive Mensch und sein naiver Nachfahre,
unser heutiges Kind, „als ernsthafte, völlig greifbare Wahrheit"
(Spieß, S. 95, 104) als an eine psychische Realität glauben, wie
sie die animistische Weltbetrachtung voraussetzt.

Für diese im Märchen ebenso wie in unseren nächtlichen
Träumen in Geltung gebliebene psychische Realität suchen wir das

---

[1] Siehe S. Ferenczi: Entwicklungsstufen des Realitätssinnes (Intern.
Zeitschr. f. ärztl. Psychoanalyse 1, 1913, bes. S. 137 f.). Dort heißt es ab-
schließend: „Das Märchen also, in dem die Erwachsenen so gern die eigenen
unerfüllten und verdrängten Wünsche ihren Kindern erzählen, bringt eigentlich
die verlorene Allmachtsituation zu einer letzten künstlerischen Darstellung."

kulturgeschichtliche Korrelat in der objektiven Realität und es zu finden ermöglicht uns die psychoanalytische Durchleuchtung der urzeitlichen Verhältnisse, wie sie die ethnologische Forschung der letzten Jahrzehnte ans Licht gefördert hat.

Die erste Stufe menschlicher Organisation, und zwar gleichzeitig in sozialer wie religiöser Hinsicht — beide Worte im weitesten Sinne gebraucht — sieht die Wissenschaft im Totemismus, dessen Hauptzüge darin bestehen, daß die Totemgenossen das Totem als gemeinsamen Stammvater verehren und den geschlechtlichen Verkehr untereinander meiden und verabscheuen. Dem ersten der beiden Züge entspricht es, daß das Totem — in der Regel ein Tier — seine Abkömmlinge verschont und von ihnen verschont wird. Diese Regel erleidet nach den scharfsinnigen Forschungsergebnissen Robertson Smiths eine Ausnahme. Um das Band der Gemeinsamkeit durch ein besonders heiliges gemeinsames Mahl zu befestigen, schlachten die Totemgenossen einmal im Jahr das Totemtier in einer Opferfeier, an der der ganze Stamm teilnehmen muß; durch den geheiligten Zweck und die Teilnahme aller, wird der sonst als ärgstes Verbrechen verpönte Mord zur heiligen Pflicht. Nachher wird das geopferte Totemtier gemeinsam betrauert.

Die Parallelisierung dieser Totemverehrung mit einer Reihe von Beobachtungen an Kindern und Neurotikern durch Freud[1] erwies die eigentümliche Ahnenverehrung einer bestimmten Tiergattung als Folge einer unbewußten Identifizierung dieses Tieres mit dem Vater, was übrigens auch die primitiven Totemisten direkt aussprechen, da sie sich in keineswegs bildlicher Weise als die Abkömmlinge des Totem betrachten. Damit wäre unschwer die Verehrung des Totems, aber nicht das eigentümliche Zeremoniell seiner Opferung erklärt. Gerade hier setzt Freud ein, indem er zu dem einen Rätsel das andere der Entstehung der Inzestschranke hinzunimmt, der die Exogamie der Totemgenossen entspricht. Er knüpft an Darwin und Atkinson an, die die älteste Form der Gemeinschaft in Analogie zu jener der höheren Affen in einer „Urhorde" sehen, bestehend aus mehreren Weibchen und einem alten und starken Männchen. Dieses duldet keinen Nebenbuhler in der Horde und tötet die Söhne oder treibt sie aus, sobald sie geschlechtsreif werden. Den Weg von

---

[1] „Totem und Tabu", 1912.

dieser „Urhorde" zur ersten Stufe sozialer Organisation, den die
genannten Forscher nicht gefunden haben, rekonstruiert Freud aus
dem eigentlichen Sinn des Totemismus heraus, den dieser allerdings
nur der psychoanalytischen Betrachtungsweise verrät. Schon Atkin
son vermutete, daß die ausgetriebenen Söhne sich verbanden und
durch Gemeinsamkeit gestärkt den Vater erschlugen. Das würde
der Vereinigung des Stammes zum Totemopfer entsprechen. Aber
da nun jeder die Weiber für sich begehrte und keiner stark genug
war, die anderen auszuschließen, entstand Unbefriedigung und Un-
friede. Um den Verband, ohne den der einzelne nicht zu existieren
vermochte, aufrecht zu erhalten, mußten Sämtliche sich freiwillig den
Verzicht auf die Weiber des Stammes auferlegen. Die wichtige Rolle,
welche die „Männerbünde" bei allen Naturvölkern spielen, ist eine
Stütze dieser Auffassung. Durch diesen Verzicht wäre die Grundlage
für die Totemexogamie gegeben, aber auch für die nachträgliche
Verehrung des Vaters, der imstande gewesen war, sich den heiß-
ersehnten Genuß zu verschaffen, und dessen nutzlos gebliebenen
Mord die Söhne bereuten.

Alle diese Ereignisse, die natürlich nur als Zusammenfassung
einer mehrtausendjährigen Entwicklung gedacht sind, haben in den
Bräuchen des Totemismus ihre Spuren hinterlassen und in den mythischen Überlieferungen wie in den märchenhaften Erzählungen ihren
kulturgeschichtlichen Nachklang gefunden. Spiegelt der Mythus in
diesem Kampf der Generationen vorwiegend die Abwehrversuche des
Vaters gegen den erfolgreich nach Selbständigkeit ringenden Sohn
wider, so scheinen die dem Mythus nahestehenden Heldenmärchen
eine weiter vorgeschrittene Stufe der sozialen und seelischen Entwicklung zu repräsentieren, wie sie sich im Brüderclan manifestiert.
Allerdings ist diese kulturgeschichtliche Scheidung, ebensowenig wie
jede andere auf diesem Gebiete, rein durchzuführen, weil die späteren
Entwicklungsstufen immer wieder auf frühere znrückgreifen und sich
großenteils der überlieferten Motivgestaltungen bedienen. Das Verhältnis zwischen Vater und Sohn und ihr Kampf um Besitz und
Weib repräsentiert aber nicht nur den ewigen Widerstreit zwischen
der alten und jungen Generation, der den Kulturfortschritt bedingt,
sondern erweist sich gleichzeitig als ein bedeutsames und weit-
reichendes Motiv, das den Kern der Mythen- und Märchenbildung zu
decken scheint, wie es die Religionsbildung und den sozialen Fort-

schritt umfaßt. Insbesondere innerhalb des „Familienromans" hat die Psychoanalyse am „Mythus von der Geburt des Helden" [1] und am „Brüdermärchen" zeigen können, in wie weitgehendem Maße diese primitiven Verhältnisse in Mythen- und Märchenbildung herrschen. So hat sich die Auflehnung des Sohnes gegen den tyrannischen Urvater als Haupttriebkraft für die Ausgestaltung des Heldenmythus erwiesen, während das Brüdermärchen die zweite Stufe der Familienorganisation repräsentiert, wo der ältere Bruder die Vaterrolle usurpiert hat und die Brüder sich untereinander bekämpfen.

Es handelt sich also bei Heraushebung und Verfolgung dieses Motivs nicht bloß um einen der vielen typischen Züge, sondern um eine der Haupttriebkräfte der Mythenbildung, die tief in die Dynamik der Motivgestaltung hineinführt, wie sie auch ein großes Stück der Formgebung bestimmt und beherrscht. Gerade die charakteristische Formgebung, in der sich ein wesentlicher Teil des seelischen Inhaltes ausprägt, soll mit Vernachlässigung des andernorts untersuchten Details auch den Gegenstand der nachstehenden Untersuchung bilden. Daß es dabei nicht möglich sein wird, den Grundsatz von der Zerlegung der überlieferten Erzählung in die einzelnen Motive, die bloß hervorgehoben werden können, auch voll durchzuführen, liegt im Wesen dieser Betrachtung, die die Motivenfolge und -wandlung eben im Ensemble der ganzen Überlieferung und vielfach auch das Nebeneinander wie die Aufeinanderfolge der Motive und Szenen als kausales Nacheinander zu verstehen sucht. Dieser synthetische Versuch stützt sich auf die Vergleichung der Motive mit den zugrunde liegenden, aus der Urgeschichte erschlossenen realen Situationen.

Trotz dieses Zurückgehens auf die realen Vorbilder der Märchenmotive wollen wir uns doch zu keiner historischen Wertung bekennen und lediglich psychologische Gesichtspunkte gelten lassen, die zunächst nichts über das Früher oder Später einzelner Motive oder gar von Mythus und Märchen als Ganzes aussagen, sondern die damit nicht zusammenfallende Frage von psychologisch Ursprünglichem oder Entstelltem beantworten wollen. Dabei soll nicht bloß das kulturgeschichtliche Korrelat der Märchenmotive, sondern auch die psychische Situation aufgezeigt werden, aus der die

---

[1] Vgl. Rank, Der Mythus von der Geburt des Helden, 1909.

Neubelebung dieser urzeitlichen Motive in der Form eigenartig eingekleideter Phantasieprodukte möglich und zugleich notwendig war.
Es handelt sich also, kurz formuliert, darum, die äußere, kulturelle und die innere, psychologische Situation aufzuzeigen,
aus der die Märchengebilde notwendig geworden, aus der
sie aber auch noch heute zu verstehen sind.

Die Lösung dieses eigentlichen und letzten Problems der
Märchenforschung wird hier an einem einzigen, allerdings tragenden
Motiv versucht, und zu diesem Zwecke stellen wir eine bestimmte
Motivengruppe, den Kampf der jungen gegen die alte Generation,
mit einer bestimmten urzeitlichen Organisation, dem Totemismus in
Vergleich, um aus der psychologischen Betrachtung dieser verschie-
denen Reaktionen auf ein und dieselben seelischen und kulturellen
Entwicklungszustände das hervorgehobene Kernmotiv durch den Lauf
der säkularen Verdrängung in der Mythengeschichte, sowie in seiner
spezifischen Ausprägung in der Märchenbildung zu verfolgen.

* * *

Der Mythus von der Geburt des Helden behandelt die Verfolgung des Sohnes durch den Vater, dem ein Orakel (Traum)
Unglück oder Verderben von seinem noch ungeborenen Knaben voraussagt. Der Sohn kommt trotz aller Vorsichtsmaßregeln des Vaters
zur Welt, wird aber entweder auf dessen Befehl oder ohne sein
Wissen ausgesetzt, schließlich jedoch gerettet und stürzt endlich
den Vater oder dessen tyrannischen Stellvertreter, um sich an
seine Stelle zu setzen. Dieses Schema findet sich bei den meisten
Helden in der Mythengeschichte der verschiedensten Völker. Die
psychoanalytische Deutung hat zunächst in der Aussetzung im
Kästchen und Wasser den symbolischen Ausdruck der Geburt erkannt, die Feindseligkeit des Vaters, die darin offen zutage tritt,
aufgezeigt und vom Standpunkte der Sicherung der älteren Generation, die sich gegen die jungen Aufrührer zu schützen sucht, betrachtet. So ist das Stück Aussetzungsmythus — hinter dem die
bereits angeführte symbolische Geburtsbedeutung verborgen ist —
offenkundig ein feindseliger Akt von seiten des Vaters, der im
Orakel eigentlich den Wunsch ausspricht, daß der Sohn gar nicht
hätte zur Welt kommen sollen. Betrachtet man im Sinne dieser Bedeutung des Aussetzungsmotivs die Heldenmythen, so bemerkt man

unschwer, daß sich dieser feindselige Urakt des Vaters noch einige
Male wiederholt. Zum erstenmal, sobald der Knabe, der ja die Kindheit in der Fremde verlebt, zum Jüngling herangewachsen ist.
Dieser Zeitpunkt erscheint besonders wichtig, nicht bloß in physi-
scher Hinsicht, sondern ebenso in psychischer. Es ist die Zeit, wo
mit dem Erwachsen der physischen Möglichkeit die infantilen Wünsche
sich zu realisieren suchen. Zu dieser Zeit zieht der mythische Sohn
aus seiner zweiten Heimat aus, um „Abenteuer zu suchen", und zur
selben Zeit trifft merkwürdigerweise der Vater neuerdings seine
Schutzmaßregeln zur Sicherung seines Lebens und seiner Macht.
Man versteht die eigentliche Bedeutung dieses mythischen Zuges,
wenn man das ethnologische Gegenstück dazu, die Pubertätsriten
der Wilden, zur Vergleichung heranzieht, die Reik in einer wertvollen Studie psychoanalytisch beleuchtet hat [1]. Auch dort wird den
reifgewordenen Jünglingen, allerdings in der bei weitem eindrucks-
volleren Weise des Ritus die noch ungebrochene Macht der Väter
vor Augen geführt. Die feindseligen Akte, welche sich die Alten bei
diesem feierlichen Anlaß gegen die Jugend erlauben dürfen, sollen
diese vor der Verwirklichung ihrer geheimen, aus dem Elternkomplex
stammenden Wünsche warnen und sind zugleich Standhaftigkeits-
proben auf ihre männliche Kraft, die sie erst würdig macht, in die
ältere Generation vorzurücken und in den Kreis der Väter aufgenommen zu werden. Im Mythus ist die Form, in der sich die Feindseligkeit des Vaters zum erstenmal wiederholt, eine durchwegs dem
höheren kulturellen Niveau angepaßte „Aufgabe", die eines „Helden"
würdig ist. Immer handelt es sich um ganz besondere Leistungen,
denen kein anderer sich gewachsen zeigt und bei deren Lösung noch
jeder den Tod gefunden hat, die der Held aber wider Erwarten des
Auftraggebers, ungeachtet aller Hemmnisse, bewältigt. Dieser Vorgang, beliebig vervielfacht, ergibt die eigentlichen „Heldentaten", die,
unter den entwickelten Gesichtspunkten betrachtet, sich in nachstehender Weise zur Aussetzung und den ihr entsprechenden „Aufgaben" verhalten:

Die Aussetzung stellt im Sinne ihrer symbolischen Bedeutung
die unter den erschwerten Umständen der primitiven Verhältnisse
erfolgte Geburt dar, die somit als die erste großartige Leistung

---

[1] „Die Pubertätsriten der Wilden", Imago IV, 1915.

(Aufgabe) erscheint, bei der viele den Tod finden, die der Held aber trotz aller Schwierigkeiten übersteht[1]. So liegt schon im Sohnsein selbst das Heldenhafte.

Die eigentliche Aufgabe, die zur Zeit der Reife gestellt wird, und deren verderbenbringende Absicht sie als Ersatz der Aussetzung verrät, ist eine Mannheitsprobe, die ebenso wie das Aussetzungsmotiv doppelte (ambivalente) Bedeutung hat: Sie setzt den Jüngling dem Verderben aus, macht ihn aber gleichzeitig mit dem Bestehen dieser Probe dem Vater ebenbürtig (Ordal)[2].

Das Aussetzungsmotiv, das — wie die Mythen- und Märchenmotive überhaupt — von ambivalenten Gefühlen getragen ist, erscheint so als gegenseitiger Schutz der beiden Generationen voreinander, gleichsam als eine Art wechselseitiger Lebensversicherung, da der Sohn durch die im Interesse des Vaters erfolgende Aussetzung letzten Endes vor diesem seinem Verfolger in Sicherheit gebracht wird, ja in ihm gerade der vom Vater mit Recht so gefürchtete Feind heranwächst. Darum kann es auch nicht verwundern,

---

[1] Es ist hier an den altgermanischen Brauch zu erinnern, das neugeborene Kind vor Anerkennung der Vaterschaft auf einem Schild im Rhein auszusetzen. Ferner ist auf den unter den germanischen Völkerschaften sehr verbreiteten Brauch der Kindesaufhebung hinzuweisen, welcher der römischen Sitte des „liberos tollere, suscipere" vollkommen entspricht: das auf dem Boden liegende Kind wurde vom Vater entweder aufgenommen oder ausgesetzt (altnord. „ût bera, ût kasta"). (Vgl. die auch sonst für unser Thema aufschlußreiche Abhandlung von Nejmark: „Die geschichtliche Entwicklung des Deliktes der Aussetzung", Aarau 1918, S. 13 u. 28.)

[2] Einen direkt sexuellen Sinn erhält dieses Motiv dort, wo nicht der Sohn, sondern scheinbar die Tochter im Mittelpunkt der Erzählung steht. Sie wird zur Zeit der Reife häufig zum Schutz ihrer Jungfräulichkeit in einen unzugänglichen Turm gesperrt, wo sie aber der „Held" doch zum Verdruß des Vaters erreicht, der nun den „Schwiegersohn" mit der gleichen Konsequenz wie den Sohn verfolgt. In manchen Überlieferungen liegt die eigentliche, später oft nur mehr durchschimmernde Bedeutung dieser Absperrungsmaßregel klar zutage, da die gereifte Tocher geradezu vor der sexuellen Verfolgung durch den eigenen Vater (z. B. im „Allerleirauh") geschützt werden soll. Wo die Aufgabe vom Vater zu dem Zwecke gestellt wird, um die Freier von der Tochter fernzuhalten, die er selbst besitzen möchte, da erweist sie sich nicht selten ganz unverhüllt als spezifische Potenzprobe und da bekommt auch ihre Wiederholung, die mitunter den Inhalt der eigentlichen mythischen Erzählung bildet, einen ganz speziellen Sinn.

daß die Heldenaufgaben, die ursprünglich eine Vervielfachung des urväterlichen Beseitigungsimpulses gegen den Sohn darstellen, sich schließlich als verkappte Rachehandlungen des Sohnes gegen den „bösen" Vater (Vatertötung) entpuppen, was allerdings dadurch verdeckt scheint, daß sie im Auftrage des Vaters selbst geschehen. In entsprechender Weise wird auch die korrelate urzeitliche Besitzergreifung der Mutter in der verhüllenden Gegensatzform des Potipharmotivs, das umgekehrt die Verführung des standhaften Helden durch ein lüsternes Muttersurrogat vortäuscht, verleugnet (Inzestscheu).

Indem der Sohn die aufrührerischen Handlungen und die Beseitigungsimpulse in der Fremde an Deckpersonen oder noch häufiger an Tierungeheuern (Totemismus) befriedigt, wird er durch Lösung der vom Vater zu seinem Verderben gestellten Aufgaben, aus einem unzufriedenen Sohn, ein sozial wertvoller Reformer, ein Bezwinger menschenverzehrender oder länderverwüstender Ungeheuer, ein Erfinder, Städtegründer und Kulturträger, wie insbesondere das kulturell so hochstehende griechische Volk in seinen Heroen Herakles, Perseus, Theseus, Ödipus, Bellerophon u. a. zeigt. Sie alle töten im Auftrag böser Tyrannen Tierungeheuer, die sich auf Grund ihrer totemistischen Bedeutung um so leichter als Vatersurrogate verstehen lassen, als der Mythus die erste Heldentat, die mit der Rettung (von der Aussetzung) gegebene Überwindung des Vaters, als wesentlich voranstellt. Mit dieser Einkleidung der Heroentaten in die Form der Vaterüberwindung verrät aber der Mythus ihre Herkunft und Bedeutung.

Schon dadurch, daß der Held mit Lösung der vom Vater zu seinem Verderben gestellten Aufgaben (Heldentaten) schließlich an die Stelle des Vaters gelangt (und die Frau für sich gewinnt) erweisen sich seine Leistungen als Ersatz der Vatertötung, woraus sich die Formulierung ergibt, daß das Heldenhafte eben in der Überwindung des Vaters liegt, von dem die Aussetzung und die Aufgaben ihren Ausgang nehmen. Also nicht der Held hat eine wunderbare Geburts- und Jugendgeschichte, sondern diese Geschichte selbst macht eben das eigentlich Heldenhafte aus. Historisch wäre dieser Tatbestand so zu formulieren, daß es einmal eine Heldentat war, als Sohn eines strengen eifersüchtigen Vaters zur Welt zu kommen und sich gegen sein Machtgelüste durchzusetzen. Die Aussetzung und die ihr auf späterer Stufe entsprechende Ausschickung auf

Heldentaten sind als mythische Motive schon wesentlich gemilderte
Formen der ursprünglichen Austreibung der Söhne, die der pater
familias vornimmt, um sich vor den Gewalttätigkeiten seiner heranwachsenden machtbegierigen Sprößlinge zu schützen[1]. Die Kultur-
und Sittengeschichte läßt keinen Zweifel, daß die in den Mythen
und Märchen erzählten Grausamkeiten innerhalb der Familie einmal
real waren. „Das Haupt der Familie besaß das volle Recht, nach
seinem Belieben über Leben und Tod eines hilflosen Familienmitgliedes
zu verfügen. Ein solcher Rechtszustand läßt sich noch jetzt bei verschiedenen Naturvölkern beobachten" (Nejmark, l. c. S. 1). „Der
Vater hatte zu entscheiden, ob das neugeborene Kind aufgezogen
oder ausgesetzt werden sollte und auch später lag das Leben des
Kindes in seiner Hand. . . . Deshalb verschwindet die Sitte der
Kinderaussetzung erst mit dem Untergang der streng patriarchalen
Familienverfassung . . . die bei den Naturvölkern die herrschende
Familienform ist" (l. c. S. 6). „Die auf höherer Kulturstufe stehenden
Naturvölker zeigen uns einige Beispiele einer solchen Abschwächung
der väterlichen Gewaltherrschaft. Es ist meistens der Fall, daß die
erste Beschränkung der väterlichen Gewalt in der Aberkennung des
Rechtes über Leib und Leben gegenüber dem heranwachsenden Sohne
auftritt. . . . Weiterhin wird das Tötungsrecht gegenüber den Kindern
ausschließlich auf die Neugeborenen beschränkt, und zuletzt wird
dem Vater auch dieses Recht der Tötung und Aussetzung von Neugeborenen ebenfalls entzogen" (l. c. S. 8). In besonders deutlicher
und kulturgeschichtlich interessanter Weise ist der Prozeß der Einschränkung der väterlichen Gewalt in der römischen Rechts- und
Staatsgeschichte zu verfolgen: „denn der römische Staat ist nach
dem Muster der römischen Familie entstanden, so daß der römische
König über seine Untertanen wesentlich dieselben Rechte hatte, die
dem pater familias gegenüber den ‚personae in potestate' zugestanden
haben" (l. c. S. 15). So erweist sich also die Revolution gegen jede

---

[1] Die mythische Austreibung des Sohnes nimmt in der alttestament-
lichen Überlieferung eine breite Stelle ein, wie das Umherirren des durch
Gottvater ausgestoßenen Brudermörders Kain, aber auch die Erzählungen
von Ismael und Jakob, der in der Fremde dienen muß, zeigen. Auch die
Legende vom verlorenen Sohn fällt in diesen Zusammenhang, von dem
Nachklänge noch bei Shakespeare (Glosters Sohn Edgar im Lear), Schiller
(Karl Moor) und in zahlreichen Dichtungen zu finden sind.

endlich drückend empfundene Gewaltherrschaft letzten Endes als
Auflehnung gegen die väterliche Gewalt[1]. Als eine Art Revanche
gegen die unbeschränkten Vorrechte des Vaters erscheint die „bei
zahlreichen Völkern herrschende Sitte, sich der Greise zu entledigen,
sei es durch deren Tötung, wie es bei den Eskimos und Grönländern
geschieht, bei denen der Sohn seinen Vater, wenn dieser alt und
unnütz wird, erhängt, sei es durch Aussetzung des Hausvaters wie
bei den Chippavaeren (Nordamerika)" (l. c. S. 2). Daß bei vielen
Völkern für den Haussohn sogar eine Verpflichtung bestand, seinen
gebrechlichen Vater umzubringen (l. c. S. 4), kann nur als bewußter
Nachklang der Totemopferung verstanden werden.

* * *

Ehe wir darangehen, die dargelegten Gesichtspunkte in der
hoch- und reichentwickelten griechischen Mythengeschichte aufzuzeigen, ist ein für das gesamte seelische Leben geltendes Grund-
gesetz hervorzuheben, das zwar aus der Neurosenpsychologie stammt,
sich aber schon durch seinen heuristischen Wert allgemein bewährt
hat. Wenn ein neurotisch Kranker durch ein Symptom etwas Bestimmtes erreicht — sei es die Unmöglichkeit eines Zusammenlebens
mit der Familie, sei es eine besondere Art der Lebensführung oder
Wartung und Pflege — so kann man sicher sein, daß die Analyse
seiner Symptome diesen Effekt als einen unbewußt beabsichtigten
enthüllt. In ähnlicher Weise konnten wir auch in dem in Frage
stehenden Mythenkreis feststellen, daß der endlich erzielte Effekt
der Vaterüberwindung zu den ursprünglichsten Tendenzen des Sohnes
gehört und werden finden, daß ein solches konsequentes Zurückschließen vom Effekt auf die Tendenz überraschende Einsichten in Sinn und Aufbau der griechischen Heroengeschichte gewährt, deren Überlieferung wir uns zunächst zuwenden wollen.

Den bekanntesten Typus der Heldenaufgaben bietet die Herakles-
Sage, die allerdings durch vielfache Komplikationen und entstellende Über-
arbeitungen ziemlich undurchsichtig geworden ist. Vor allem dadurch, daß
die Geburtsgeschichte des Helden mit dem Vater Amphytrion verknüpft ist,
während die Aufgaben von der Bruderfigur des Eurystheus ausgehen. Die
Vorgeschichte erzählt, daß Elektryon nach Verlust seiner Söhne seine

---

[1] Vgl. Dr. Paul Federn: Die vaterlose Familie. Zur Psychologie der
Revolution. Wien 1919.

Tochter Alkmene mit seinem Neffen Amphytrion verlobt, der jedoch durch einen „unglücklichen Zufall" den Tod seines Oheims und Schwiegervaters verschuldet. Nachdem Zeus in Gestalt des landflüchtigen Amphytrion der Alkmene beigewohnt hatte, erfolgt dann durch die eifersüchtige Hera die Verzögerung der Geburt des Herakles, so daß Eurystheus früher zur Welt kommt und als Erstgeborener die Herrschaft übernimmt, während der spätgeborene Herakles ihm dienstbar sein muß. Es folgt die Aussetzung und Rettung des jungen Helden, der schon in der Wiege die ihn bedrohenden Schlangen erwürgt (Heldentat). Zum Jüngling herangewachsen, erschlägt er seinen Lehrer Linos, und Amphytrion, dem schon früher vor seiner Kraft bangte, schickt ihn aufs Land zu den Herden (Austreibung). Die Aufgaben, die Eurystheus ihm dann als erstgeborener Bruder stellt, sind hauptsächlich Tiertötungen und schwierige Kraftproben, bei denen der Held zugrunde gehen soll. Seine eigenen Taten aber bestehen in Rachezügen gegen Fürsten, die ihm seinen Lohn vorenthalten, ganz wie Eurystheus das Erbe, sind also Ersatzhandlungen für die unterbliebene Familienrache, und enden meist mit der Eroberung von Frauen, wie Megara, Jole, Omphale, Hesione, Deïanira. Dem Eurystheus dient er nur gezwungen und auf Befehl seines eigentlichen Vaters Zeus, so daß schließlich doch sein wirklicher mythischer Vater die Aufgaben stellt, während die tödliche Strafe dafür an dessen irdischem Stellvertreter Eurystheus, wenn auch erst nach dem Tod des Herakles von seinen Söhnen Hyllos und Jolaos, vollzogen wird (Vaterrache).

Theseus, der attische Herakles, ist der Sohn des Königs Ägeus von Athen und der Aithra, bei deren Vater Pittheus in Trözen Ägeus zu Besuch weilte. Wenn es heißt, daß die Ehe des Ägeus kinderlos war, so läßt dieser Effekt auf die Tendenz zurückschließen, wonach diese typische Märchenformel ins Psychologische übersetzt heißt, daß er keinen Sohn haben will, was ja nur einem Vorgreifen der obligaten Aussetzung entspricht, die das unerwünschte Ereignis der Geburt rückgängig machen soll. Diese Angst vor der jungen Generation kommt auch darin deutlich zum Ausdruck, daß der Mythus erzählt, Ägeus habe Furcht vor den fünfzig Söhnen seines Bruders gehabt und darum bedauert, daß er selbst ohne Nachkommen sei. Die Art, wie er in der Fremde (in Trözen) und eigentlich gegen seinen Willen zu einem Sohne kommt, spiegelt deutlich diesen psychischen Zwiespalt· Hier ist also die Aussetzung oder Austreibung des Sohnes gewissermaßen dadurch ersetzt, daß der Vater selbst in die Fremde zieht, um dort den (unehelichen) Sohn zu zeugen. Beim Abschied von der Heldenmutter Aithra nimmt er ihr außerdem noch das Versprechen ab, den Sohn heimlich aufzuziehen und ihm den Namen seines Vaters nicht zu verraten. Auch schon für die Zeit, wo der Knabe zum Jüngling herangereift sein wird, sucht sich der Vater gegen ihn zu sichern und bereitet die Mannheitsprobe (erste Aufgabe) für ihn vor. Er legt ein Schwert und Fußsohlen unter einen schweren Felsblock, den aufzuheben die erste Kraftleistung des jungen Helden sein soll. Dies gelingt dem Theseus im Alter von 16 Jahren und er macht sich, mit dem väterlichen Schwerte in der Hand und den Sohlen an den Füßen nach Athen auf den Weg. Trotz Abratens wählt er den beschwerlichen und überaus gefährlichen Landweg, der damals von Räubern, Bösewichtern und Ungeheuern unsicher gemacht wurde. Unterwegs vollführt er, darin seinem Vorbild Herakles ähnlich, eine Reihe von Heldentaten: Er tötet den Keulenträger Periphetes, den Fichtenbeuger Sinnis, das unverwundbare krommyonische Schwein, den Unhold Skairon, den Ringer Kerkyron und den Damastes, der vergeblich versucht, den ungebärdigen Knaben in das Prokrustesbett zu spannen. Bei seiner Ankunft in Athen herrscht dort Zwietracht. Der alte Ägeus schmachtet in den Banden der Zauberin Medea (böse Stiefmutter), von der er Verjüngung erhofft (Angst vor der jungen Generation) und die ihn überredet, den jungen Fremdling zu vergiften (Beseitigung). Am Schwert erkennt ihn aber der Vater noch rechtzeitig und setzt ihn als seinen Sohn zum Erben ein (Effekt). Auf diese Weise sucht sich hier der Vater mit dem übermächtigen Heldensohn abzufinden, der durch die Tötung aller Feinde, die sich ihm auf dem Wege zum Vater, gleich den nachwachsenden Köpfen der Hydra immer neu entgegengestellt hatten, den Beweis erbrachte, daß er willens sei, die Stelle des Vaters einzunehmen und alle entgegenstehenden Schwierigkeiten mit Gewalt zu überwinden. Der alte Ägeus sieht in dem Heldenjüngling sogar das geeignete Werkzeug, die gefürchtete zahlreiche Nachkommenschaft seines Bruders zu beseitigen und tatsächlich tötet Theseus auch noch die fünfzig Söhne seines Oheims. Als Herrscher und Reformator befreit Theseus die Gegend vom marathonischen Stier, den Herakles von Kreta geraubt, den aber Eurystheus wieder freigelassen hatte, und tritt damit direkt in die Fußtapfen seines mythischen Vorbildes Herakles. Selbst nach Besitzergreifung der väterlichen Macht und Rechte kann der Held nicht ruhen, bis er nicht die „Haupttheldentat" vollbracht hat. Diese ist hier in die Besiegung des Minotaurus gekleidet, dessen Geschichte kurz lautet: König Minos von Kreta fordert als Buße wegen der Tötung seines Sohnes (Wunschmotiv) alle neun Jahre sieben Jungfrauen und sieben Jünglinge (Vervielfachung der Sohnestötung) für den Minotaurus zum Fraß. Minotaurus ist der unechte Sohn des Minos, den der König im Labyrinth eingesperrt hält (Beseitigung). Bei der dritten Wiederkehr dieses Menschenopfers erklärt sich Theseus freiwillig bereit mitzugehen, um das Ungeheuer unschädlich zu machen. Der Vater will ihn von diesem gefährlichen Unternehmen abhalten (statt ihn umgekehrt zu schicken: Schutzmotiv)[1], er aber verspricht, das Untier zu bezwingen und als Sieger heimzukehren. Wie gewöhnlich fährt das Schiff, das die Opfer nach Kreta bringt, mit schwarzen Segeln aus, aber Theseus nimmt für die siegreiche Rückkehr ein weißes Segel mit, das er zu hissen verspricht, um dem Vater schon von Ferne die glückliche Heimkehr anzuzeigen. Mit Hilfe der Königstochter Ariadne, die sich in den

---

[1] Die Umkehrung des Motivs ist hier dadurch ermöglicht, daß der Effekt schon erreicht ist, da der Sohn die Herrschaft des Vaters bereits angetreten hat.

jungen Helden verliebt und ihm ein Knäuel und ein Schwert (siehe Sandalen und Schwert des Vaters) gibt, tötet er den Minotaurus, den Vater der Ariadne, und entflieht mit ihr. Durch einen Götterspruch geschreckt, läßt er sie jedoch auf Naxos zurück, vergißt aber in der Trauer darüber das schwarze Segel einzuziehen [1]. Als der am Ufer harrende Vater Ägeus das schwarze Segel erblickt, glaubt er seinen Sohn verloren und stürzt sich verzweifelt ins Meer. Hier verrät der Mythus ganz deutlich am Effekt, dem Tod des Vaters, die ihm zugrunde liegende Tendenz: Da der Held durch seine Rückkehr in die Heimat den Vater tötet, muß man schließen, daß er eigentlich ausgezogen ist, um den Vater zu töten, der ihn durch Stellung der Aufgaben beseitigen wollte. Unter dieser Voraussetzung werden auch alle Tötungen von Räubern, Bösewichten und Ungeheuern, die der Held auf dem Wege zum Vater vollbringt, als Ersatzhandlungen für die eigentliche, noch hinausgeschobene Haupttheldentat, die Tötung des Vaters verständlich, die schließlich „unabsichtlich" und ohne Zutun des Helden durch ein bloßes Mißverständnis herbeigeführt wird [2].

Es darf hier an die unverhüllt krasse Mythe von Ödipus erinnert werden, der gleich Theseus auf dem Wege zu seinem Vater ein Ungeheuer tötet (Sphinx) und einen vermeintlichen Räuber erschlägt, der zufällig wirklich sein Vater ist und dessen Beseitigung ihm dazu verhilft, eine Frau zu gewinnen, die sich als seine Mutter entpuppt. Die Tendenz, die man auch hier aus dem Effekt erschließen darf, sagt das Orakel direkt voraus, indem es vor der Geburt des Ödipus verkündet, daß er seinen Vater töten und seine Mutter heiraten werde, weswegen der Vater die Aussetzung befiehlt, die hier noch ihren ursprünglichen Sinn und Zweck verrät [3].

---

[1] Das gleiche Motiv des Segeltausches ist in der Tristan-Sage zu absichtlicher Täuschung verwendet und erscheint in der verwandten bretonischen Ballade von Bran in der Beziehung zwischen Mutter und Sohn (Golther, Tristan und Isolde).

[2] Man vergleiche den unglücklichen Zufall, durch den Elektryon ums Leben kommt und der ebenso einer unbewußten Wunschprojektion seines Schwiegersohnes und Neffen entspricht wie der zufällige Tod des Ägeus dem verdrängten Mordimpuls des Sohnes.

[3] Wie alles Sträuben gegen das vorgezeichnete Schicksal und selbst das freiwillige Exil des Sohnes nicht vor der Erfüllung der unbewußten Wünsche bewahrt, zeigt auch die Geschichte des Kretensers Althämenes, eines Sohnes des Königs Katreus und Enkels des Minos, dem ein Orakel verkündet hatte, daß er seinen Vater töten werde. Er verließ deshalb Kreta und führte eine Kolonie nach Rhodos, wo ihm die Gründung des berühmten Zeustempels zugeschrieben wird. Nach einigen Jahren folgte ihm sein Vater nach, um den Sohn noch einmal zu sehen. Die Landung erfolgt bei Nacht, man hält die Angekommenen für Räuber, mit denen sich ein Kampf entspinnt, in dessen Verlauf der Vater erschlagen wird (Diodor V, 59; Apollod. III, 2, 2). Ähnliches in der Telemachie (Odysseus-Sage).

Daß auch in der Theseus-Sage die Beseitigung des Vaters der Haupt-
angelpunkt der ganzen Handlung ist, zeigt nicht nur der am Schluß erfolgende
Tod des Vaters und die darauf erst in ihrer eigentlichen Bedeutung ver-
ständliche Vorgeschichte, sondern ebensowohl die nachfolgenden Schicksale
des Theseus, die sich, trotzdem der eigentliche Heldenmythus schon abgeschlossen ist, immer noch im Rahmen des Ödipuskomplexes weiter bewegen
und die Vergeltung für die Verwirklichung seiner frevelhaften Wünsche
bringen. In zweiter Ehe heiratet König Theseus die Phädra, die Schwester
der Ariadne, die sich in ihren Stiefsohn Hippolytos verliebt und den
keuschen Jüngling bei seinem Vater unzüchtiger Anträge beschuldigt (Projektion des Inzestwunsches). Als Aufrührer gegen den eigenen Vater, der
selbst dieselben Wünsche in seinem Innern gehegt hatte, glaubt Theseus
blindlings dieser Beschuldigung seines verräterischen Weibes (psychische Vergeltung) und fleht den Zorn des Poseidon auf das Haupt seines Sohnes
herab, der von dem erzürnten Meergott getötet wird (Tötung des Sohnes).
Die aus der abgelenkten und sublimierten Vaterüberwindung hervorgegangene
Rolle des Helden, der vom Aufrührer zum sozialen Reformer wird, die sich
schon in der Säuberung des Landes von allerhand Gesindel und Ungetier
verriet, kulminiert in der von Plutarch berichteten Tatsache, daß Theseus
eigentlich erst Athen aus verschiedenen voneinander unabhängigen Sied-
lungen gegründet und das Volk zu geordneter Gemeinschaft geeinigt
hätte. Im Alter erhob sich aber das aufrührerische Athen gegen ihn (soziale
Vergeltung). Er wurde gezwungen, seine Vaterstadt, der er selbst auch Vater
war, zu verlassen und ging zu Lykomedes von Scyrus, der ihn ohne Aufsehen
beseitigen wollte. Er führte ihn ans Meer, um ihm die Aussicht zu zeigen,
und stieß ihn von rückwärts hinein, so daß der Held schließlich den gleichen
Tod findet, den er seinem Vater Ägeus bereitet hatte (reale Vergeltung).
Außer dem Amazonenkrieg, aus dem sich Theseus seine erste Gemahlin
Hippolyte mitgebracht hatte, werden ihm noch verschiedene Abenteuer und
Leistungen zugeschrieben, die wir jedoch in diesem engen Rahmen nicht
behandeln können. Zur Bekämpfung der Amazonen wird dann Bellerophontes ausgeschickt, dessen Geschichte wir uns nunmehr zuwenden wollen.

Bellerophontes wird wegen unvorsätzlichen Mordes (Wunschmotiv)
aus seiner Heimat flüchtig und wendet sich zu König Proitos nach Tiryns,
dessen Gemahlin Antea sich in ihn verliebt und ihn unerlaubter Annäherung
beschuldigt (Inzestabwehr). Der König, der den Jüngling liebgewonnen hat,
will ihn nicht töten (Schutzmotiv), sondern schickt ihn mit einem verderben-
bringenden Brief (Aufgabe) zu seinem Schwiegervater Jobates. Auch dieser
scheut vor dem direkten Mord zurück (Doublette), benützt ihn vielmehr zu einer
Reihe von sozialen Leistungen, bei denen er früher oder später zugrunde
gehen sollte. Er tötet aber die Chimära — mit Hilfe des Flügelrosses Pegasus
— ist dann siegreich gegen die Solymer und die Amazonen, deren Hinterhalt
er glücklich entgeht, so daß dem König schließlich nichts übrig bleibt, als ihm
Tochter und Thron zu geben. Bellerophontes büßt aber schließlich diese Erfüllung seiner Wünsche durch ein elendes Alter und Unglück in der Familie.

Seine Geschichte gehört einer weitverbreiteten Sagen- und Märchengruppe von dem neugeborenen Knaben an, der nach einer Prophezeiung
Schwiegersohn und Erbe eines Herrschers werden soll und dies trotz aller
Vorsichtsmaßregeln und Schwierigkeiten (Verfolgung) auch wird (Parallelen
bei Köhler, Kl. Sch. II, 347). Dieser Gruppe gehört nicht nur auf Grund
des Briefmotivs die biblische Erzählung von Uria an (2. Sam. 11), wo es
sich um die tatsächlich erfolgte Beseitigung des Uria auf den brieflichen
Befehl Davids handelt, der dessen Weib heiraten will, während in der
homerischen Erzählung von Bellerophontes (Il. VI, 166 ff.) die glückliche
Errettung des Helden — wenn auch noch nicht mittels der märchenhaften
Briefänderung oder Vertauschung — im Vordergrunde steht. Das Motiv
kehrt dann in der deutschen Sage von Kaiser Heinrich III. wieder
(Grimm, Deutsche Sagen). Dem König, der auf der Jagd in eine Mühle des
Schwarzwaldes kommt, wird prophezeit, das eben dort zur Welt gekommene
Kind, welches ein Sohn des hier flüchtig und unerkannt lebenden Herzogs
Leopold ist, sei zu seinem Eidam bestimmt. Er befiehlt daher das Kind zu
töten, aber die Knechte setzen es auf einen Baum und bringen dem
König das Herz eines Hasen. Das Kind findet Herzog Heinrich von Schwaben
und gibt es als Sohn seiner unfruchtbaren Gemahlin aus. Es erhält den
Namen Heinrich und kommt erwachsen an den Hof des Königs, der den
Jüngling lieb gewinnt. Einmal hört er, das Kind sei ein richtiger Herzog
von Schwaben und wird an die Prophezeiung in der Mühle erinnert. Er
schickt den Jüngling daher zur Königin mit einem Briefe, worin die sofortige
Tötung des Überbringers befohlen wird. Unterwegs aber wird dem schlafenden
Heinrich der Brief vertauscht (Märchenmotiv) und der Befehl zur sofortigen
Verheiratung des Überbringers mit der Königstochter untergeschoben.
So wird also Heinrich doch trotz aller Nachstellungen, wie es die Prophezeiung voraussagte, des König Eidam. (Weitere Parallelen bei Laistner:
Das Rätsel der Sphinx. Berlin 1889). — Ausgeschmückt und mit anderen
Motiven verbunden tritt uns das Motiv im Märchen vom „Teufel mit den
drei goldenen Haaren" (Grimm Nr. 29) entgegen, das in den mehrmals
versuchten, selbst noch nach der Ehe fortgesetzten Nachstellungen und
der ständigen Errettung des Helden noch deutlicher als die Heinrich-Sage
die Identität dieser Motivgestaltung mit dem „Aussetzungsmythus" zeigt.
Das Glückskind, dem hier geweissagt wird, daß es mit 14 Jahren die Tochter
des Königs bekommen werde, wird vom König ausgesetzt, aber in eine
Mühle gerettet. Als der Knabe 14 Jahre alt ist, kommt der König zufällig
in die Mühle und schickt den Knaben mit dem Uriasbrief ab, den jedoch
Räuber unterwegs dahin ändern, daß ihm die Königstochter zu vermählen
ist. Nun stellt der Schwiegervater nach der Hochzeit die Aufgabe, die drei
goldenen Haare des Teufels zu bringen, was dem Jüngling auch, nachdem
er unterwegs noch drei weitere Aufgaben lösen muß, schließlich gelingt [1].

---

[1] Diese Gruppe scheint eine Kulturstufe widerzuspiegeln, auf der der
Held nicht mehr aus der Fremde, in die er vertrieben wurde, nach Hause

Ein besonders schönes, wenn auch durch reiche Motivausspinnung kompliziertes Beispiel für die im Effekt zutage tretende Tendenz der mythischen Erzählung bietet die Argonautensage, deren Vorgeschichte kurz lautet: Phrixos, der Sohn des Königs Athamas und der Nephele, soll wegen Dürre von seinem Vater dem Zeus geopfert werden (Beseitigung), wird aber auf dem goldenen Widder entrückt. Nach anderen Versionen flüchtet er vor den Verfolgungen der Stiefmutter (Inzestabwehr); nach Hygin will ihn der Vater auf Bestürmen seines Bruders Kretheus töten, dessen Frau Demodike den Phrixos beschuldigt hatte (Potipharmotiv). Phrixos gelangt nach Kolchis, wo der Widder geopfert und sein Fell aufgehängt wird. Dem Kretheus folgt in der Herrschaft nicht sein rechtmäßiger Sohn Aison, sondern dessen Halbbruder Pelias, der ihn verdrängt hatte. Im Alter wird Pelias durch ein Orakel vor dem „Einschuhigen" gewarnt. Es ist Aisons Sohn Jason, der bloß mit einem Schuh bekleidet zu seinem Oheim Pelias kommt, um die Herrschaft anzutreten. Dieser sagt sie ihm zu, schickt ihn aber vorher um das goldene Vließ (Aufgabe). Der Weg nach Kolchis bildet die eigentliche Argonautenfahrt, die in ihren Abenteuern nur eine Häufung und Vervielfachung der Hauptaufgabe darstellt; deswegen sei nur kurz erwähnt, daß auch diese Aufgabe selbst wieder durch eine Reihe neuer Aufgaben (Doubletten) erschwert wird, die der grausame Kolcherkönig Aëtes dem Jason stellt, ehe er ihm das goldene Vließ überlassen will. Diese Aufgaben löst der Held, ähnlich wie Theseus, mit Hilfe der Königstochter Medea, die er samt dem Vließ mit sich führt. Während Jason auf der Fahrt all diese Abenteuer besteht, ereignet sich in seiner Heimat etwas, was man mit Rücksicht auf den psychologischen Gehalt des Mythus nur als Tendenz seiner Reise auffassen kann. Pelias tötet nämlich während der Abwesenheit Jasons dessen Vater — und seinen kleinen Sohn — so daß der Held bei seiner Rückkehr ganz wie Theseus — den Vater tot findet (Effekt). Die Rache der Medea, die gefährlicher Zauberkünste kundig ist, besteht darin, daß sie den Töchtern des Pelias an einem zerstückelten Widder das Verjüngungswunder vorführt und diese auch ihren Vater zerstückeln, und ihn auf dieselbe Weise vergebens zu verjüngen suchen.

---

zurückkehrt, um den Vater zu stürzen und zu beerben, sondern wo er in der Fremde bleibt, um sich dort Ersatz für das in der Heimat Aufgegebene zu suchen (Schwiegervater anstatt des Vaters). Eine weitere Familienorganisation, bei der die Schwiegersöhne nicht mehr im Haus (Reich) ihrer Gattin blieben, sondern sich die Braut wegholten, zeigt eine andere Gruppe von Märchen; im „Dornröschen" ist beispielsweise das Sträuben der Tochter und ihrer Eltern gegen diese Sitte ausgedrückt. Die Feen, die das Mädchen bei der Geburt mit guten Gaben ausstatten, repräsentieren die wohlwollenden Wünsche der Eltern, während die Alte, die ihnen den Verlust des Kindes (an den Mann) voraussagt, das Orakel vertritt. Darum ist die Ehe der Eltern so lange unfruchtbar, weil sie ihr Kind nicht haben wollen, wenn sie es nicht auch behalten sollen.

(Furcht der alten Generation.) Nach einer anderen Version ist sogar der alte
Aison noch am Leben und an ihm wird das Verjüngungswunder zuerst
probiert.

Perseus. Akrisios, König von Argos, wünscht einen Sohn. Diesen
Wunsch entlarvt die Einführung des Tochtermotivs, durch das der Vater
zum Großvater aufrückt, als heuchlerisch: ein Orakel warnt ihn nämlich vor
dem Sohne seiner Tochter Danae, die er darum in einem unzugänglichen
Gemach abschließt, in das jedoch Zeus als Goldregen Eingang findet.
Nach Apollodor stammt der Sohn der Danae von Proitos, dem Bruder ihres
Vaters, und damit wird auch der Streit der beiden Brüder begründet.
(Brüdermotiv.) Das neugeborene Kind wird ausgesetzt und landet auf der
Insel Seriphos, wo es die Brüder Diktys und Polydektes aufnehmen. (Vater-
doubletten.) Als Perseus zum Jüngling herangewachsen war, wollte König
Polydektes seine Mutter Danae zur Frau nehmen. „Da ihm Perseus aber
dabei im Wege war, schickte er ihn aus" (Austreibung), um das Haupt
der Medusa zu holen (Aufgabe). Unterwegs besteht er noch zahlreiche
Abenteuer, u. a. mit den drei Graien, bis es ihm schließlich gelingt, das
versteinernde Schlangenhaupt abgewendeten Anlitzes mit der Sichel abzuschneiden. Auf dem Rückwege findet er die an einen Felsen gefesselte
Andromeda, die — wie Danae — von ihrem Vater ausgesetzt und einem
Ungeheuer preisgegeben ist, das er gleichfalls tötet und so die Andromeda
für sich gewinnt. Sie ist die Tochter des Kepheus, dessen Bruder Phineus sie
nunmehr den Perseus streitig macht (dritte Bruderdoublette). Bei der Hochzeit
dringt Phineus ein und will aus Rache für die ihm entrissene Braut den Perseus töten. Dieser kann sich der Übermacht nicht anders erwehren, als indem
er die ganze Gesellschaft durch den Anblick des Medusenhauptes versteinert,
darunter auch den guten König trotz seines Flehens. Mit der Andromeda
kehrt er dann in die Heimat zur Mutter zurück. Da er eigentlich ausgezogen
war, um die Mutter von der unerwünschten Ehe zu befreien: „aus des erzwungenen Ehebettes Schmach", so entspricht die Frau, die er auf dem
Heimwege erlöst, der Mutter. Daraus wird verständlich, daß er nach Ovid
bei seiner Rückkehr nach Argos nicht nur seinen Oheim Preutos, der seinen
Bruder Akrisios vertrieben hatte, sondern schließlich auch den König Polydektes, der seine Mutter zur Ehe zwingen wollte, versteinert. Dazu war er
letzten Endes ausgezogen und nur die beschönigende Motivgestaltung
läßt ihn die Tat, die den bösen Pflegevater töten sollte, von diesem selbst
anbefohlen und an einem Ungeheuer ausgeführt werden. Aber die eigentliche,
durch Lösung aller Heldenaufgaben unersetzliche Tat muß noch geschehen.
Akrisios war aus Furcht vor Erfüllung des Orakelspruches nach Thessalien
geflohen, wohin Perseus auf dem Heimweg nach Argos, wo er den Großvater treffen wollte, zufällig zu den Kampfspielen kommt. Dort tötet er
ungewollt und ohne zu wissen, wen er trifft, im Diskuswurf seinen Großvater (Effekt). Aus Reue darüber scheute er sich aber, dessen Erbe in
Argos anzutreten (Verzichtmotiv), und tauschte darum mit Megapenthes,
dem Sohne des Preutos (dessen Sohn Perseus selbst sein soll), der Herrscher

von Tiryns war. Mit diesem märchenhaften Tauschmotiv, das den
Effekt verwischen soll, wird auch ein glückliches Ende der Geschichte und
des Heldenschicksals erreicht. Daß aber der Held ursprünglich nicht so
ungestraft ausgegangen ist, zeigt eine Überlieferung, die berichtet, daß dem
Perseus, der der Gorgo das Haupt abgeschnitten hatte, selbst wieder von
dem aus der Goorgo befreiten Chrysaoer das Haupt abgeschnitten wird
(Vergeltung). Später soll es ihm allerdings wieder aufgesetzt worden und
angeheilt sein, wobei es jedoch verkehrt (Tauschmotiv), mit der Nase nach
dem Rücken, zu stehen kam. (Siehe Brüdermärchen.)

In den Mythenkreis von dem seinen Sohn verfolgenden König gehört
auch die Hamlet-Sage mit ihrer kompletten („neurotischen") Umwertung
der Motive, die allerdings in dieser entstellten Form ihren ursprünglichen
Sinn oft deutlicher verraten. König Claudius (in der nordischen Überlieferung
des Saxo „Fengo" genannt) verfolgt zwar auch als Bruderdoublette des
Vaters den ihm unbequemen (Stief-) Sohn und sucht ihn durch gefährliche
Aufgaben zu verderben (Uriasbrief), bis er schließlich selbst dem gefürchteten
Sohne erliegt. Während aber im Mythus die Helden ihre den Vatermord
vertretenden und sublimierenden Taten wirklich ausführen und damit
den Vater eo ipso überwinden, so daß seine eigentliche Beseitigung schließlich
ihren affektiven Wert vollkommen einbüßt (Zufallstötung), bleibt Hamlet an
der ursprünglichen unsublimierten Aufgabe haften, die er natürlich nicht lösen
kann. Anderseits ist er außerstande, irgend eine Leistung zu vollbringen,
bevor er den Vater überwunden hat, so daß eigentlich die Verfolgung des
Sohnes (durch Aufgaben) hier in eine Verfolgung des Vaters umgewandelt
erscheint, der sich des Angriffs durch Stellung der Aufgaben erwehrt. Im
Hamlet besteht die Aufgabe des Helden aber nicht darin, kühne Taten
zu vollbringen, sondern in der unverhüllten Forderung, den Mann seiner
Mutter zu töten. Die Aufgabe ist hier sozusagen zu deutlich und ihre
Ausführung darum gehemmt. Daß sie vom leiblichen Vater selbst dem Sohne
auferlegt ist, stimmt ausgezeichnet zu ihrem mythischen Charakter. Anderseits muß das damit zur Vaterrache umgewandelte Motiv der Vatertötung
die Möglichkeit bieten, in der sich der ursprüngliche Sinn der Geschichte
auswirken kann. Die sonst durch die „Heldentaten" dargestellten Zwischen-
glieder zwischen dem ursprünglichen Impuls des Helden und dem eigentlichen, erst auf langen Umwegen erreichten Effekt werden hier gewissermaßen
vom Helden selbst aus seiner eigenen neurotischen Einstellung in der Form
von Hemmungen eingeschaltet, die insbesondere in der dichterischen
Bearbeitung Shakespeares in den Vordergrund gerückt sind. Haben sich
die mythischen Heldentaten als sozial wertvolle (normale) Leistungen einer
sublimierten Vaterüberwindung erwiesen, so wickelt der Dichter den ganzen
Prozeß in der Form der neurotischen Versagung ab. In der Sage, wie sie
bei Saxo erhalten ist, gelingt es dem Helden noch im Rahmen der mythischen
Motivgestaltung, wenngleich nicht mehr so geradlinig und nur in einer ans
Märchenhafte streifenden Art seine Aufgabe zu vollbringen. Bei Saxo beschließt der König, den unbequemen Hamlet mit einem Brief zum König

von England zu schicken, worin diesem die sofortige Tötung des Überbringers befohlen wird. Unterwegs öffnet Hamlet das Schreiben, setzt an Stelle seines Namens die Namen seiner beiden Begleiter (Märchenbrüder), die dann tatsächlich an seiner Stelle hingerichtet werden. So weit hat auch Shakespeare das Tauschmotiv übernommen. In der Sage aber fügt Hamlet noch hinzu, daß der König ihm, dem Überbringer, seine Tochter zur Frau geben möge, was dann gleichfalls geschieht. Diesen Zug, auf Grund dessen wir das ganze Motiv als ein typisches Sagengebilde (Uriasbrief) erkennen, hat aber der Dichter fallen gelassen. Bei seiner Rückkehr ins Vaterhaus tötet Hamlet dann noch den dritten gefährlichen „Bruder" (Ophelias) und schließlich erst den König. Er kehrt also wie seine antiken Vorbilder aus der Fremde zurück und der Vater findet damit den Tod[1]. Besonders schön deutet die Sage das in allen Mythen betonte Zurückfallen des Mordimpulses auf den Urheber darin an, daß Hamlet am Tage der für ihn veranstalteten Totenfeier zum Vollzug der Rache aus England heimkehrt und den König beseitigt. Er kommt, in schmutzige Lumpen gehüllt, in den Saal, und da er mit dem Schwert absichtlich allerlei Unfug treibt, heften es die Umstehenden durch einen Keil in der Scheide fest. Als alles trunken am Boden liegt, führt er sein Rachewerk aus, indem er die durch ein Netz festgehaltenen Gäste im Saale verbrennt. Dann erst sucht er seinen Stiefvater Fengo im Schlafgemach auf, vertauscht dessen Schwert, das am Bettpfosten hängt, mit dem seinigen (Tauschmotiv) und weckt ihn mit der Racheforderung für den ermordeten Vater. Fengo greift nach dem Schwert und während er sich vergeblich bemüht, die festgenagelte Klinge zu ziehen, wird er von Amlet mit seinem eigenen Schwert getötet.

Die extremste Umgestaltung der mythischen Verfolgung des Sohnes in die Verfolgung des Vaters durch den Sohn, zeigt eine chinesische Göttermythe, die auch sonst in diesem Zusammenhang bedeutungsvoll wird, da sich an ihr die Gesichtspunkte der entwickelten Auffassung besonders durchsichtig zeigen. Dabei ist es kein Zufall, daß gerade in der Überlieferung der Chinesen, die als das gegen die Eltern pietätvollste Volk bekannt sind, die größere Deutlichkeit der Tendenz von einer stärkeren Ablehnung, Verhüllung und Milderung des Effekts paralysiert werden muß.

Notscha[2], der jüngste von den drei Söhnen des Feldherrn Li Dsing und der ältesten Tochter des Himmelsherrn, kommt auf ganz wunderbare Weise zur Welt (Geburtsmotiv), so daß sein Vater sehr erschrak. Er schlug mit seinem Schwert die Kugel aus Fleisch, die seine Frau geboren hatte, entzwei und da sprang der kleine Knabe daraus hervor. Als Li Dsing das Kind sah, erbarmte er sich seiner und tötete es nicht (Feindseligkeit).

---

[1] Laertes, der auch sonst als Rächer der Ermordung seines Vaters Hamlets Gegenspieler darstellt, ist auch hierin sein Pendant: Er geht nach Frankreich und findet bei seiner Rückkehr den Vater getötet (Effekt).

[2] Chinesische Märchen, Nr. 18 (Märchen der Weltliteratur, Verlag Eugen Diederichs, Jena).

Sein Weib aber faßte eine große Liebe zu dem Knaben. Drei Tage nach
der Geburt des Knaben kam der „große Eine” (der gute Vater), der den
Knaben mit wunderbaren Gaben und Amuletten ausgestattet hatte, und
sprach: „Der Knabe ist wild und ungeberdig und wird viele Menschen töten
(Orakel). Darum will ich ihn zum Schüler nehmen, um seine wilde Art zu
sänftigen."

Als Notscha mit sieben Jahren im Flusse badete, wurde das Schloß
des Drachenkönigs im Ostmeer davon erschüttert. Der Drachenkönig sandte
einen schrecklichen Triton aus, den der Knabe aber mit seinem wunderbaren
Goldreif erschlägt (erste Aufgabe). Nun sendet der Drachenkönig seinen
Sohn, um den Knaben zu fangen; aber auch diesen tötet Notscha.

Unterdessen hatte sich der Drachenkönig bei Notschas Vater beklagt
und gedroht, ihn beim Himmelsherrn zu verklagen. Notschas Eltern waren
sehr betrübt, aber der große Eine rät dem Knaben, den Drachen am
Himmelstor zu erwarten, um seiner Anklage zuvorzukommen. Mit seinen
Künsten bewältigt Notscha auch diesen neuen Feind leicht und zwingt
ihm das Versprechen ab, ihn nicht zu verklagen. Der Drache schwor dem
Li Dsing fürchterliche Rache und verschwand in einem Blitzstrahl. — „Li
Dsing war auf seinen Sohn ernstlich böse. Darum schickte die Mutter
den Notscha nach hinten, damit er seinem Vater aus den Augen komme.
Notscha verschwand zu seinem Meister, um ihn zu fragen, was er tun solle,
wenn der Drache wiederkomme. Der gab ihm einen Rat, und Notscha kehrte
nach Hause zurück. Da waren auch schon die Drachenkönige aller vier
Meere versammelt und hatten schreiend und lärmend seine Eltern gebunden,
um sich an ihnen zu rächen." — Notscha befreit seine Eltern durch die
Versicherung, daß er jede Strafe auf sich nehmen wolle, und als man sein
Leben forderte, begann er sich vor den Augen seiner Eltern zu zerstückeln. —
Auf den Rat des großen Einen und auf das Drängen von Notschas Geist,
der seiner Mutter im Traum wiederholt erscheint, entschließt sich diese
endlich, ihm gegen den Willen und hinter dem Rücken Li Dsings einen
Tempel zu erbauen, wodurch er nach drei Jahren wieder belebt werden
könne. — Li Dsing, der immer noch auf Notscha böse war und die Ansicht
vertrat, „es geschieht dem verruchten Knaben recht, daß er tot ist",
kam ein halbes Jahr später zufällig an Notschas Tempel vorbei, der dort
allgemein angebetet wurde und große Wunder verrichtete. — Als Li Dsing
erfahren hatte, daß es „Notschas Heiligtum" sei, sprach er: „Zu Lebzeiten
hast du deine Eltern ins Unglück gebracht. Und nun, nach deinem Tode,
betörest du das Volk. Das ist abscheulich!" — Mit diesen Worten zog er
seine Peitsche hervor, schlug Notschas Götterbild in Stücke (Ersatz der
Tötung) und ließ den Tempel verbrennen.

Wieder eilt Notschas Geist zu seinem Meister, der die Handlungsweise
Li Dsings verurteilt: „Nachdem du den Eltern deinen Leib zurückgegeben,
gehst du ihn nichts mehr an. Was braucht er dir den Genuß des Weihrauchs
zu entziehen?" Hierauf verlieh der große Eine Notschas Geist einen Leib
und belebte ihn (Zeugung). „Notscha sprang in der Gestalt eines kleinen

Knaben wieder auf, warf sich vor seinem Meister nieder und dankte ihm." In einem unbewachten Moment eilt Notscha, mit neuen Zaubermitteln ausgerüstet, weg und stürmt racheschnaubend nach der Wohnung Li Dsings „Der vermochte ihm nicht zu wiederstehen und floh vor ihm". Als ihn schon seine Kräfte verließen, kam ihm sein zweiter Sohn Mutscha zu Hilfe. Die Brüder geraten in Streit, begannen zu kämpfen und Mutscha erlag (Brüdermotiv). „Aufs neue stürmte Notscha hinter Li Dsing her. In seiner höchsten Not wollte Li Dsing sich eben selbst ums Leben bringen," als Wen Dschu, der Meister Gintschas, des ältesten Sohnes Li Dsings, ihn in seiner Höhle verbarg. Wie der ergrimmte Notscha seine Auslieferung fordert und mit der Feuerlanze auf Wen Dschu losstürmt, läßt dieser einen Zauber wirken, der Notscha bewußtlos macht. Als er wieder zu sich kam, fand er sich gefesselt. „Wen Dschu rief nun den Gintscha herbei und befahl ihm, den ungeratenen Bruder tüchtig zu schlagen". In dieser Not half ihm auch der Anruf seines Meisters nichts, der sich im Gegenteil bei Wen Dschu für diese Lehre seines Jüngers bedankte. „Schließlich riefen sie ihn herein und befahlen ihm, mit seinem Vater sich zu versöhnen". „Aber kaum war Notscha wieder frei, da entbrannte aufs neue in ihm die Wut, und er nahm die Verfolgung wieder auf. Abermals hatte er den Li Dsing eingeholt; da trat noch ein anderer Heiliger hervor ihn zu schützen . . . als Notscha mit ihm kämpfen wollte", ließ er ein Feuer gegen ihn wirken, so daß Notscha um Schonung bat. „Er mußte nun versprechen, seinen Vater um Verzeihung zu bitten und ihm stets gehorsam zu sein." Der Heilige lehrte auch Li Dsing den Zauberspruch, durch den er Notscha zwingen konnte.

Der Bericht zeigt den jungen Helden in der Überwindung von Schwierigkeiten und der Vollbringung von Heldentaten, bis bei dem eigentlichen, zu deutlich aufgetragenen Ziel (der Vatertötung) die Hemmung eintritt, die hier zur Niederlage des Sohnes ausgestaltet ist. Aber die Hemmung der Effekte ermöglicht es in diesem Falle, die Tendenzen beider Generationen klar aufzuzeigen, denn die Taten geschehen wirklich und unverhüllt, nur mit gehemmtem Ziel, während der Mythus bestrebt ist, die ursprünglichen Objekte zu ersetzen und die Beziehungen zu ihnen in kulturell wertvolle Taten zu sublimieren: die Beseitigung des störenden Vaters in der Tötung schädlicher oder grausamer Ungeheuer, die dadurch ermöglichte Besitzergreifung der Mutter in der Rückkehr auf den heimatlichen Boden (Mutter-Erde), in der Befreiung des Geburtsortes usw.

Ehe wir die besondere und charakteristische Märchengestaltung studieren, die sich bemüht, bei womöglich gemildertem Effekt die Tendenz zu verleugnen, wenden wir uns zunächst noch der Betrachtung einiger Formen von sozusagen der Verdrängung

anheimgefallenen mythischen Motiven zu, die — ähnlich wie die
Hamlet-Sage — eine bereits extreme, gewissermaßen neurotische,
Reaktion auf die Urtendenzen darstellen. So wird beispielsweise der
Vater nicht vor dem Sohne gewarnt, der sein Leben und seine Herr-
schaft bedroht, sondern er bekommt ein Orakel, daß seinen Sohn Un-
glück treffen werde (ursprünglich von ihm selbst aus) und sucht den
Knaben nun ängstlich vor allen Gefahren (Aufgaben) zu bewahren
(Schutzmotiv), wie er es ja letzten Endes auch im Aussetzungsmythus
durch den vom Sohne im Effekt verkehrten feindseligen Akt der
Aussetzung getan hatte und wie es in den Mythen von der
abgesperrten Tochter angestrebt wird.

Krösus wird, nach dem Bericht des Herodot (l. c. 34 bis 45),
durch einen Traum gewarnt, daß sein Sohn Atys durch eine
Eisenspitze getötet werden würde. Um ihn davor zu bewahren,
läßt Krösus den Sohn an keinem Kriegszug teilnehmen (Verbot),
alle Eisenspitzen und Waffen aus seiner Nähe entfernen und ver-
heiratet ihn, um ihn ans Haus zu fesseln. Da taucht Adrastos am
Hofe auf, der aus Versehen seinen Bruder erschlagen hatte (Brüdermotiv) und deswegen vom Vater vertrieben worden war (Austreibung).
Es treffen Gesandte der Myser ein, um zur Teilnahme an der Jagd
auf den schrecklichen Eber aufzufordern, der das Land verwüstet.
Alles eilt freudig zu den Waffen, nur seinen Sohn Atys will Krösus,
eingedenk des Orakels, nicht ziehen lassen. Dieser fleht jedoch den
Vater an und weiß den Traum in seinem Sinne auszulegen, so daß
Krösus schließlich nachgibt. Er läßt den Sohn ziehen, übergibt ihn
aber ausdrücklich dem Schutze des Adrastos (des Brudermörders),
der sich für sein Leben verbürgt. Auf der Jagd verfehlt aber
Adrastos den Eber und sein Wurf trifft den Atys zu Tode. Adrastos
begeht aus Verzweiflung Selbstmord.

Hier ist mit der Umkehrung der Motive (Schutz vor der Aufgabe)
für den Vater die Wunschdurchsetzung in der Möglichkeit der Tötung
des Sohnes gegeben. Der Effekt, der erreicht wird, ist nicht mehr der
Tod des Vaters (Eber), sondern der im Mythus von der Geburt des Helden
vergeblich angestrebte Untergang des Sohnes, wobei aber die Tendenz
durch die in sentimentaler Umkehrung verwendeten Motive verleugnet
wird. Das (Bruder-) Mordmotiv und die Austreibung stehen hier in
loserem Zusammenhang mit der Haupterzählung und zeigen den Über-
gung zur zweiten Stufe der sozialen Organisation, dem Brüderclan.

Ähnliches findet sich in der Peleus-Sage, die direkt zum Brüdermärchen hinüberleitet. Nach Apollodor (III, 12 bis 13) hat Äakos,
König von Agina, drei Söhne: Peleus, Telamon und Phokos. Dieser
jüngste ist so geschickt, daß seine neidigen Brüder (besonders Peleus)
ihn (an Stelle des Vaters) töten. Sie werden darum vom Vater
verbannt; (zweite Stufe: Austreibung wegen Brudermord) und so
um den Lohn ihrer Tat gebracht. Auf dieser Stufe ermorden die
Brüder im jüngsten Sohn ihren eigenen gefährlichsten Konkurrenten
und so ist der Vater alle Söhne auf einmal los. Peleus kommt zum
König Eurytion, dessen Tochter er heiratet. Auf der kalydonischen
Eberjagd tötet er durch Zufall seinen Schwiegervater (Vatermord)
und muß deshalb fliehen. Er kommt nach Jolkos zu Akastos, dem
Sohne des Pelias, wo ihn die Königin unzüchtiger Annäherungen
beschuldigt. Akastos will ihn nicht direkt töten, sondern lockt ihn
auf den Pelion, wo er ihn wilden Tieren preisgibt (Aussetzung). Peleus
aber rettet sich durch sein wunderbares Jagdmesser. Nach Apollodor
hätten Peleus und Akastos um die Wette gejagt (verderbliche Probe).
Peleus schnitt dabei den erlegten Tieren die Zungen aus und als er
wegen Mangel an Jagdbeute verlacht wurde, zeigt er diese Trophäen
vor. Ermüdet schläft er dann ein und Akastos versteckt ihm sein
Zaubermesser. Peleus wird vom Kentauren überfallen, aber von
Cheiron gerettet und nimmt dann blutige Rache an Akastos und
dessen Frau.

In der eigentlichen Märchengestaltung kehren die gleichen
Motive wieder, insbesondere der Zug, daß die Brüder, die zur Entstellung der auf den Sohn bezüglichen Feindseligkeit des Vaters
allmählich hinzutreten, freiwillig zu schwierigen Heldentaten ausziehen.
Aber diese Motive weisen im Märchen eine ganz eigenartige Form
der Entstellung auf, die wir an einem durchsichtigen Beispiel studieren
wollen. Es ist das Märchen vom „Lebenswasser", das in der
Grimmschen Sammlung (Nr. 97) enthalten ist. Der kranke König
kann nur durch das Wasser des Lebens geheilt werden, wodurch
sich sein Leiden als das vor der jungen Generation zurückweichende
Alter verrät. Seine drei Söhne bieten sich an, es zu suchen (Selbst-
aufgabe). Zuerst bittet der Älteste, ausziehen zu dürfen (Selbst-
austreibung). „Nein," sprach der Vater „die Gefahr dabei ist zu
groß, lieber will ich sterben" (eigener Todeswunsch). „Er bat aber
solange und eindringlich, bis der Vater schließlich einwilligte. Der

Prinz dachte: Bring ich meinem Vater das Wasser, so bin ich der liebste und erbe das Reich" (Erbmotiv). Der Älteste zieht aus, bleibt aber unterwegs stecken, da er gegen einen Zwerg hochmütig ist. Ebenso ergeht es dem Zweiten. Der Jüngste, der sich zuvorkommend gegen den Zwerg benimmt, erfährt von ihm den Weg zur Unterwelt (Tod), wo er die bekannten Unterweltsaufgaben (Todesschlaf etc.) zu überwinden hat. Er findet dort auch eine Prinzessin, mit der er übers Jahr Hochzeit halten soll. Er will aber nicht ohne die Brüder heimkommen, die er im mythischen Sinne froh sein sollte, losgeworden zu sein, da ihn der Zwerg vor ihnen warnt. Er sucht die Brüder und befreit sie, die ihm zum Dank dafür das Lebenswasser wegnehmen und an dessen Stelle Meerwasser geben. Sie bringen dem König nun selbst das Lebenswasser und verdächtigen den Jüngsten, daß er mit seinem Trank den König vergiften wollte (Vatermordmotiv). Sie schenken ihm das Leben, aber er muß sich verpflichten, ihnen die Prinzessin zu überlassen. Der erzürnte König gibt jedoch inzwischen den Auftrag, den Jüngsten heimlich zu erschießen (Beseitigung). Der damit beauftragte Jäger rettet ihn aber (Schutzmotiv), indem er die Kleider mit ihm tauscht (Tauschmotiv). Als der König den Betrug der Brüder entdeckt, bedauert er den übereilten Befehl. Der Jäger verrät nun, daß der Jüngling noch lebt. Inzwischen erkennt auch die Königstochter die falschen Brüder und beschließt, auf den Rechten zu warten. Er kommt schließlich und geht mit seiner Braut zum Vater, dem er alles vom Verrat der Brüder erzählt, die sich der Strafe durch die Flucht entziehen und nicht wieder gesehen wurden (Austreibung).

Trotz Verwendung der gleichen Motive bietet dieses Märchen doch ein vollkommenes Gegenstück zum Heroenmythus. Die schwierige Aufgabe stellen sich hier die Söhne selbst, und zwar gegen den Protest des Vaters, der auf den Schutz der Kinder bedacht ist, während er sie im Mythus absichtlich Lebensgefahren aussetzt. Und wie im Mythus der Held die Taten letzten Endes, wie der Effekt zeigt, zur Tötung des Vaters unternimmt, wird hier die Aufgabe durchgeführt, um dem Vater das Leben zu erhalten[1].

---

[1] Die Liebe zum Vater dient dem Märchenhelden wie hier als Antrieb für seine Taten in den parallelen Überlieferungen bei Zingerle, K. u. H. M. 1854, II, S. 215 ff.; Sagen, Märchen, Gebräuche aus Tirol, 1859, S. 446 ff.; Philo von Walden (J. Reinelt), Schlesien in Sage und Brauch,

Die Tendenzen sind also hier ins Gegenteil verkehrt[1]. Es klingt
wie eine rechtfertigende Entschuldigung, wenn die Söhne von vornherein versichern: Wir wollen ja ausziehen, um unserem Vater das
Leben zu retten, was ja insofern richtig ist, als man im Sinne dieser
entschuldigenden Anklage ergänzen darf: Denn wenn wir blieben,
so würde er sterben (würden wir ihn töten). So retten sie ihm durch
ihr bloßes Weggehen das Leben, wie ja auch die mythische
Aussetzung nach der Aussage des Orakels diesen Sinn hat und die
Austreibung zu demselben Zweck erfolgt. Übrigens wird ja der
jüngste, gefährlichste Sohn auf Befehl des Vaters wirklich ausgesetzt
(getötet). Daß auch das „bloße Weggehen", im infantilen Sinne,
einem Sterben gleichkommt, sei hier nur mit dem Hinweis auf die
„Unterweltstaten" der Söhne erwähnt.

Das Märchen vom Lebenswasser zeigt aber auch deutlich, daß
die Söhne, sobald sie vom Hause weg (vertrieben) sind, untereinander
um Weib und Gut zu streiten beginnen, genau so, wie innerhalb der
Urfamilie der Sohn mit dem Vater rivalisierte. Dabei vertritt der
ältere Bruder die Stelle des Vaters und behandelt den Jüngsten wie
es dem ursprünglichen mythischen Helden von seiten des Vaters zukommt. Das Märchen spiegelt so die Kulturstufe wider, auf der
die Vaterherrschaft von der Brüderkonkurrenz abgelöst wird, die
schließlich zum gemeinsamen Verzicht auf das eine Weib führen
mußte, um derentwillen der Ur-Vatermord geschah, das aber nicht
alle zugleich besitzen können[2]. Auf dem Boden des Brüderclans

S. 71; Wisser, Wat Grotmoder vertellt, I, 34; Meier, Deutsche Volksmärchen
aus Schwaben, Nr. 5; Vernaleken, K. u. H. M. Nr. 52, 53; Knoop, Ostmärk.
Sagen, Nr. 15; Z. f. ö. V. II, 213. Ein weibliches Gegenstück bildet das
Grimmsche Märchen „Die drei Vögelkens", wo die falschen Schwestern
der guten Tochter schaden, die für die Mutter das Lebenswasser holt. Von
den Parallelen (Nr. 57, 60 und 96) ist „Der goldene Vogel" hervorzuheben,
wo der Vater die Aufgabe stellt, ehe die Söhne sie verlangen.

[1] In der russischen Parallele zum Lebenswasser wird sogar der Effekt
abgelehnt, indem der Held die ihm endlich zugefallene Herrschaft im Reiche
seines Vaters ausschlägt (vgl. den Tausch des Perseus), um im Reiche
seiner Frau zu herrschen, was einer Kulturstufe der Auswanderung und
Seßhaftmachung der Söhne in fremden Landen zu entsprechen scheint.
(vgl. Anm. S. 398).

[2] Diese psychische Situation scheint ihr reales Korrelat in der Über-
gangszeit der europäischen Urvölker von Jagd und Viehzucht zum seßhaften
Ackerbau in der Tatsache des gemeinsamen Bodenbesitzes (Mutter-Erde)

begann anfänglich die alte Konkurrenz wieder aufzuleben und das aus diesen Kämpfen und Konflikten hervorgewachsene Märchen bedient sich zu ihrer Darstellung auch der überlieferten mythischen Formen der patriarchalen Zeit, indem der Jüngste nun wieder als der Entrechtete in die Fußstapfen des alten Heros tritt, wenngleich auf dem wesentlich verschiedenen sozialen und kulturellen Niveau. Es wird also im Grunde, wenn auch vielfach auf anderen Wegen, der gleiche psychische Effekt wie im Mythus erreicht; nur die Tendenz scheint abgeleugnet wie das Erreichte in seiner Realität abgeschwächt zu werden. Deswegen geschieht im Märchen vieles nur zum Schein, was der Mythus ernsthaft geschehen läßt, da er voll an die psychische Realität glaubt und auch den Glauben an seine Realität zur Voraussetzung hat. Aus dieser Grundvoraussetzung des Mythus ergeben sich notwendigerweise eine Reihe von feststehenden Charakteren, die ihn scharf von dem sich offen über Glauben und Realität hinwegsetzenden Märchen unterscheiden. Während im Mythus allein äußere Widerstände, die sich als kulturell schwierige und wertvolle Aufgaben zwischen den Wunsch des Helden und seine Erreichung stellen, die direkte Durchsetzung des erstrebten Effekts hindern, sind es im Märchen vornehmlich innere Hemmungen, die sich mit zunehmendem Erfolg steigern und sogar der bewußten Anerkennung der verpönten Tendenz widersetzen. Besonders charakteristisch ist dies zu sehen im deutschen Märchen vom ehrgeizigen Schneidergesellen, der alle Proben standhaft abgelegt und die leichenfressende Königstochter von England erlöst hat. Wie er aber zum erstenmal im Ehebett liegt, überkommt ihn Grauen und die Erinnerung an die Taten seiner früher verzauberten Frau jagt ihm entsetzliche Furcht vor ihr ein (Wolf, D. H. M., S. 262). Daß sich diese Hemmung gerade auf die Sexualsphäre bezieht, spricht für die Herkunft des Schuldgefühl aus den verdrängten Kinderwünschen, die der mythische Held noch lustvoll zu realisieren vermag; obgleich dies in Form der sozialen Sublimierung oder der Verhüllung (siehe Ödipus) geschieht, wird der Held doch wie

---

bei den primitiven Ackerbauern zu haben, wie er sowohl bei den Kelten als auch bei den Germanen und Slawen, ja in Rom bestand und wie er noch heute bei den Russen, in Überresten in Deutschland, in der Schweiz und in Polen in der Form der sogenannten „Allmenden" erhalten ist, wobei Wald und Weide noch der Dorfgemeinde gehören (Nejmark, l. c. S. 26).

für das eigentliche Vergehen vom Schicksal ereilt und stirbt. Im Märchen dagegen ist auch der gestorbene Held nicht wirklich tot, sondern das Sterben wird durch das Motiv der Wiederbelebung illusorisch (Ansatz bei Peleus-Medea), was übrigens wieder auf die Geburt als die erste Heldentat hinweist. Überhaupt ist es charakteristisch für die Märchenhelden, daß sie durch die Frau (Mutter-Imago) aus Lebensgefahren errettet werden, während das Weib — entsprechend ihrer verderblichen Rolle in der Urhorde — den mythischen Helden meist ins Verderben stürzt.

Mit der verschiedenen Realitätswertung und -bedeutung hängen auch die charakteristischen Formen der Liebesbeziehung des Helden in Mythus und Märchen zusammen. Im Mythus ist der ausgetriebene Sohn gezwungen, sich in der Fremde wirklichen Ersatz für die verlorene Mutter zu schaffen (vgl. die Ziehmutter im Aussetzungsmythus), die er natürlich, seiner idealen Kindheitsphantasie entsprechend, nie finden kann und darum immer von neuem suchen muß (Polygamismus). Das Märchen dagegen kann, weil es die Realität von vornherein verleugnet, wieder auf die eine gemeinsame Frau des Brüderclans zurückgreifen, um die sich die Brüder in konkurrierenden Leistungen bewerben. Der Mythus ist polygam, das Märchen monogam. Es kennt weder die zahllosen Liebesverhältnisse des mythischen Helden noch die Schar der daraus entsprossenen Kinder. Dem Märchenhelden ist von Anfang an Eine bestimmt, die er oft gar nicht kennt oder nicht erstrebt, die er aber regelmäßig heiratet. Besonders charakteristisch für den monogamen Zug des Märchens ist die Ausgestaltung des Schwängerungsmotivs in einer Parallele des Märchens vom Lebenswasser, die im III. Band der Grimmschen Sammlung mitgeteilt ist. Der Jüngste findet auf seiner Unterweltsfahrt die Prinzessin schlafend und schwängert sie, schreibt aber auf ein Blatt, das dem Kirchenbuch zum Verwechseln ähnlich sieht, seinen Namen sowie Tag und Jahr des Ereignisses auf. Mag das nun auch — wie das ganze christliche Element im Märchen — der späte Zusatz eines besonders sittenstrengen Erzählers sein, der es vermeiden wollte, daß die Braut, wie in der russischen Parallele zum Lebenswassermärchen, den Vater ihres Kindes in der ganzen Welt suchen und mit Gewalt zur Ehe zwingen muß, so sind doch genug bedeutsame und bezeichnende Unterschiede zwischen der monogamen Eheordnung des Märchens und den ungeregelten polygamen

Verhältnissen des Mythus vorhanden. Während der Mythus, wie er fast durchwegs Verwandtenmorde berichtet, auch deren psychisches Korrelat, die Verwandtenehen, kennt, gibt es nach der vergleichenden Untersuchung von Löwis of Menar „Der Held im deutschen und russischen Märchen" (Jena 1912), nur ein einziges Märchen, wo der Held seine Base heiratet (Wolf, D. H. M., S. 178 ff.). Wo sonst die Verwandtenliebe vorkommt, wird sie mit allen Mitteln seelischer und sozialer Abwehr bekämpft, während die mythische Überlieferung aller Völker und Zeiten geradezu darin schwelgt[1]. In einem deutschen Märchen (Wolf, S. 145 bis 167) wird der Held von seiner eigenen Mutter entführt, die vergeblich versucht, ihn zur Blutschande zu verlocken; ähnlich wie der Vater in „Allerleirauh" und den parallelen Überlieferungen die Tochter. Im russischen Märchen, für dessen Beurteilung wir die ausgezeichnete Studie von Löwis of Menar besitzen, tritt öfter auch der Oheim als Verführer und Verleumder seiner Nichte auf (vgl. Perseus). Die gleiche Rolle wie der Oheim spielt der noch ledigen Heldin gegenüber die Frau des Bruders mit der Motivierung, daß der Bruder seine Schwester zu sehr liebe, wodurch seine Frau sich benachteiligt fühlt. „Der weibliche Held hat gegen die allzu große verbotene Liebe des Bruders anzukämpfen und gegen seine neidischen Schwestern als Nebenbuhlerinnen", während dem männlichen Helden seine zwei Brüder als Konkurrenten gegenüberstehen. Unzweideutiger wird die erotische Motivierung, wo der Held weiblichen Geschlechtes ist. „Die Heldin der Märchen mit erotischer Fabel hat vor allem gegen die Stiefmutter und Schwester oder gegen die Schwiegermutter zu kämpfen" (S. 67). „Besonders häufig stehen sich Stiefmutter und Stieftöchter gegenüber, nur selten dagegen Stiefsohn und Stiefmutter" (S. 33), die meist böse ist, weil sie den Stiefsohn nicht verführen kann. Stiefschwestern sind immer Rivalinnen um den Mann, ebenso wie die Schwiegermutter dem Mädchen immer feindlich entgegentritt. „Ein besonders inniges Verhältnis" findet Löwis of Menar „zwischen der Heldin und dem Vater und Bruder. Das erotische Motiv spielt auf Seiten der Männer öfter mit" (S. 113). Im allgemeinen ist im deutschen und russischen Märchen „die geschlechtliche Liebe die stärkste Gewalt, von der das Innenleben der männlichen und weiblichen Hauptpersonen beherrscht

---

[1] Vgl. Rank: Das Inzestmotiv in Dichtung und Sage, 1912.

wird". Dementsprechend behandeln nach Menar die Mehrzahl der
russischen Märchen (78 Prozent) erotische Abenteuer, und zwar entweder Erlösung der Braut aus verzauberter Gestalt oder Gewinnung
der Braut durch kühne Taten. Diese beiden Möglichkeiten entsprechen den zwei typischen Reaktionen auf die geschlechtliche Liebe:
Überwindung von Angst und Ekel (Tierverwandlung) oder von Unfähigkeit (Potenzproben). Daß aber die „Befreiung und Rechtfertigung
von Mutter oder Geschwistern oft Eingang oder Schluß der
Handlung mit erotischen Motiven bilden", zeigt uns mit aller wünschenswerten Deutlichkeit den urzeitlichen Effekt hinter der entstellten und
abgeleugneten Tendenz auf. Dieser Zug rechtfertigt zugleich den Ex-
kurs in die geschlechtlichen Verhältnisse des Märchens, die auf dem
Niveau der Brüderstufe das im Totemismus ausgesprochene exogame
Prinzip der Inzestscheu rein zu vertreten suchen und nicht wie die
Gestaltungen des Mythus auf die primitive Stufe der ursprünglich
nächstgelegenen Objektwahl zurückfallen. Auf die Gemeinsamkeit der
Frau in der Brüderhorde mag die im Märchen so häufig versuchte
Vertauschung der Braut oder auch der Frau hindeuten, da ja gerade
das Tauschmotiv als eines der häufigsten Mittel zur Entwertung
der Realität (vgl. die Vertauschung des Lebenswassers, das Motiv des
Uriasbriefes u. a. m.) etwas spezifisch Märchenhaftes ist. Die unter-
geschobene Braut wird immer rechtzeitig erkannt und dem Richtigen
zugeführt. Überhaupt liebt das Märchen feste, fast möchte man sagen
bürgerliche Familienverhältnisse, während die mythischen Helden
eigentlich nirgends heimisch sind und erst nach ihrem Tode im Kult
lokalisiert werden.

Im ganzen spiegeln die auf dem Boden der Brüderorganisation
stehenden Märchen eine andere, vorgeschrittenere Kulturstufe wider
als der den Standpunkt des übermächtigen Vaters in den Vordergrund
rückende Mythus. Der Mythus ist patriarchal, das Märchen
sozial. Es stellt eine Entwicklungsstufe des gesellschaftlichen Lebens
dar, auf der das Eingeständnis der gewalttätigen Tendenzen, die
der Mythus noch deutlich, wenngleich schon in sozialer Verwertung
verrät, den ethischen Forderungen nicht mehr entspricht. Das
Märchen ist ethisch, der Mythus amoralisch. Es ist ihm gleich,
mit welchen Mitteln er den gewünschten Effekt erzielt, während das
Märchen darauf ausgeht, die Tugend zu belohnen und Laster wie
Verbrechen, die sich als abschreckendes Beispiel um so intensiver

ausbreiten dürfen, zu bestrafen. („Belohnen und Bestrafen spielen ja überhaupt ... im Märchen eine große Rolle[1].") Es scheint, „daß das Handeln der Märchenmenschen gleichsam eingespannt ist in Gebot und Verbot" (l. c. S. 55).

Aber nicht alle Verbote und Gebote im Märchen entspringen psychischen Hemmungen oder moralischen Forderungen der Autoritäten, sondern das Märchen weist in einem Punkte eine weit unerbittlichere Realitätschranke auf, die an Strenge selbst den realitätsangepaßten Mythus übertrifft. Dieser dem Märchen — auch im Gegensatz zum Mythus — besonders eigene Zug, der es auch von den übrigen Phantasieprodukten auffällig unterscheidet, ist die Betonung des materiellen Momentes. Den Gegensätzen von arm und reich und der verschiedenen Stände (König und Bauer)[2] kommt im Märchen eine Bedeutung zu, die dem in exklusiven Götterkreisen spielenden Mythus gänzlich fernliegt. Und zwar ist es die besondere Not des Familienlebens, die in den Schilderungen des ärmlichen Milieus ebenso zum Ausdruck kommt wie in den zu seiner Korrektur eingeführten übertriebenen Wunschgebilden vom Schlaraffenland, dem goldlegenden Vogel und von allen ähnlichen Reichtum und Macht spendenden Wunderdingen. Es ist nun interessant, an einem der seelischen Hauptmotive des Heldenmythus, der Aussetzung, zu verfolgen, wie sich das materielle Moment dieses psychischen Materials in seinem Sinne bedient. Im Märchen zwingt nicht, wie im Mythus, das im Orakel geoffenbarte Machtgelüste des Königs zur Aussetzung des neugeborenen Sohnes, sondern dieses aus dem Heldenmythus übernommene Schicksal wird mit der materiellen Not des Familienlebens motiviert wie im Märchen von den zwei Brüdern, in „Hänsel und Gretel", wo die Kinder sogar selbst als Nahrung dienen sollen[3], im „Däumling" und vielen anderen. Daß damit das Märchen auf den alten, bei den Griechen, Germanen und anderen Völkern geübten Brauch der Aussetzung Neugeborener zurückgreift, ändert nichts an

---

[1] Charlotte Bühler, Das Märchen und die Phantasie des Kindes, Leipzig 1918.

[2] In Übereinstimmung mit dem alten Kindervers „Kaiser, König, Edelmann, Bürger, Bauer, Bettelmann" etc.

[3] Die Erzählungen von Menschenfressern im Märchen gehen zweifellos auf urzeitliche Zustände und Institutionen zurück. (Vgl. auch das Schlachten des Sohnes im russischen Märchen (Nr. 3).

der Rationalisierungstendenz, die sich in der materiellen Begründung psychologisch motivierter Mythenzüge offenbart[1]. So wird auch die Ablehnung der Nachkommenschaft im Märchen nicht mehr mit der Vergeltungsfurcht, sondern mit den Schwierigkeiten der Lebensführung motiviert.

Eine Zwischenstufe zwischen dem allen irdischen Bedürfnissen entrückten Heroenmythus und dem aus sozialer und materieller Not geschöpften Märchen stellt die romanhafte Geburtsgeschichte vieler Helden dar, in denen das ausgesetzte Kind sozial hochstehender Eltern von armen, niederen Leuten gefunden und in engen Verhältnissen, als Hirt, Diener oder Knecht aufgezogen wird (Zieheltern), um schließlich wieder seine aus der vornehmen Geburt folgenden Ansprüche geltend zu machen und durchzusetzen. In diesem romanhaften Zug spiegelt sich aber nur die Sehnsucht des Vertriebenen nach Wiederherstellung des verlorenen Kinderideals in den infantil erhöhten Eltern wider, nicht aber eine spezifisch soziale Not, wie sie die Mehrzahl unserer Volksmärchen charakterisiert.

Diese auffällige Betonung einer großen materiellen Not im Märchen müssen wir als einen Hinweis auf die äußere Situation betrachten, der das Märchen seine Entstehung verdankt. Sie scheint die Zeitmarke einer Periode wirklicher realer Not zu sein und sozusagen der Nabel, an dem das sonst überphantastische Märchen mit der Realität zusammenhängt. Aus einer solchen bedrückenden äußeren Not ließen sich psychologisch am ehesten auch einige seiner auffälligsten Charaktere verstehen: so die naive Wunscherfüllung, wie sie körperlichen Entbehrungen entspricht (man vergleiche die Durst- und Hungerträume) und das Schwelgen im Überreichen, Übergroßen, Übermächtigen, das keine realen Schranken anerkennt. Der psychologische Zeitpunkt für die Entstehung der Märchen wäre demnach in den durch eine große äußere Not geforderten Einschränkungen zu sehen, die ebenso zu einer Not des Familienlebens führen, wie in der Urzeit der Hordenbildung die affektiven Momente

---

[1] Auch **Nejmark**, der für die Sitte der Kinderaussetzung vorwiegend ökonomische und soziale Motive, in erster Linie Not an Nahrungsmitteln, geltend macht, muß doch angesichts der Tatsache, daß die Sitte auch bei hochentwickelten und reichen Völkern, wie z. B. den Griechen und Römern, erhalten blieb, neben den rein wirtschaftlichen noch andere Ursachen zugeben, unter denen er in erster Linie die bei den Naturvölkern übliche Form der Eheschließung (Kauf, Tausch oder Raub) nennt.

von Liebe und Haß, welche die Mythenbildung beherrschen (Austreibung der Söhne aus Eifersucht wie im Märchen aus Not). Aus der in beiden Fällen äußerlich ganz ähnlichen Situation der Familiennot erklärte sich zwanglos die Verwendung derselben, die gleiche seelische Konstellation widerspiegelnden Motive in Mythus und Märchen. Nur bringt das Märchen diese Motive in ganz eigentümlicher Entstellung und Gruppierung, weil es die Mittel, die in der Urzeit Abhilfe geschaffen hatten und die im Mythus noch unverhohlen eingestanden werden, zu verleugnen bestrebt ist.

Diese märchenhafte Verleugnungstendenz hat verschiedene Gründe, von denen zwei als besonders bedeutsam hervorgehoben seien. Einmal kann das von uns supponierte Märchenzeitalter der realen Familiennöte die sozialen Schwierigkeiten nicht auf dem kurzen und einfachen Wege der Tat beseitigen wie der Mythus es in Wiederholung der urzeitlichen Verhältnisse mit den seelischen Schwierigkeiten vermochte. Die inzwischen aus der sozialen Organisation erwachsenen kulturellen und ethischen Hemmungen nötigen zu einer Regression, welche im Sinne des Lustprinzips und mittels der primitiven halluzinatorischen Wunschbefriedigung die Versagungen der Realität aufhebt. Daß sich dabei die in relativ später Zeit erfolgende Märchengestaltung — ähnlich wie der Mythus an eine Urwirklichkeit — an ein „Urmärchen" anlehnt, das die Überwindung einer ersten großen Not mit Hilfe der Phantasie ermöglichte, sei hier nur vermutungsweise angedeutet. Die Unfähigkeit der Märchenschöpfer zur Durchsetzung der Wunschbefriedigungen in der Wirklichkeit hätte sie so einerseits auf den bequemen Weg der Phantasie gedrängt, anderseits zur Verleugnung der bewußterweise verpönten, im geheimen aber bewunderten Urtendenzen geführt.

Ein zweites innerliches Motiv für die Verleugnung der Urtendenzen ergibt sich aus einem Gefühle der Enttäuschung am Erfolg, ein ewiger Vorgang, der vielleicht seine letzten Ursachen in der Natur unserer Triebe hat, sich aber nirgends so weit durchschauen läßt wie gerade an den sexuellen Affekten des Familienkonfliktes. Wie der Mythus den Zustand der Urhorde im Kampf gegen den übermächtigen Vater und um das vielumworbene Mutterweib widerspiegelt, so setzt das Märchen die Organisation des Brüderclans voraus, innerhalb dessen sich allmählich wieder einzelne feste Familien herausbilden, in denen die Söhne und „Brüder" zu

Vätern geworden sind und selbst Macht, Besitz, Weib und Familie
haben. Die Mythenbildung folgt aus dem erzwungenen Verzicht auf
restlose Realbefriedigung derselben Urwünsche, deren Erfüllung
das Märchen als rosiges und alles scheinbar in Wohlgefallen auf-
lösende Gebilde eines Erfolgreichen voraussetzt. Aber dieser Erfolg
ist nur ein scheinbarer, äußerer, der eine innere Unbefriedigung
zurückläßt, ganz wie beim ersten Urerfolg der gegen den Vater
verbündeten Söhne (Reue). Nachdem es schließlich auf dem mühevollen und opferreichen Umweg der Kulturentwicklung, den Mythus
und Märchen in den scheinbar willkürlichen Wiederholungen der
Aufgaben schildern, den vereinigten Brüdern gelungen war, die beneidete Vatersituation zu erreichen, zeigte sie sich der großen realen
Opfer nicht wert und enttäuschte die so lange aufgespeicherte
Sehnsucht. Die herangewachsene jüngere Generation, von der nun
die Märchenbildung ausgeht, gewinnt die schmerzliche Einsicht, daß
es weder so leicht noch so angenehm ist, Familienvater zu sein und
für die hungrigen Kinder sorgen zu müssen, die man nicht mehr
skrupellos aussetzen oder töten kann, weil sie die soziale Ordnung
als wertvolle Arbeitskräfte schätzt. Die ursprüngliche Austreibung
der Söhne war aus Leidenschaft erfolgt; aber die mit der beginnenden Sozialisierung verhinderte Austreibung schafft die gleiche Not
aus realen Motiven wieder und mit ihr die alten Schwierigkeiten,
die aber nicht mehr mit den verworfenen Mitteln der Urhorde zu
beseitigen sind.

Der Mythus wiederholt ein Stück Realität, den urzeitlichen
Kampf des Sohnes gegen die väterliche Gewaltherrschaft, indem
er in rechtfertigender Weise zeigt, wie die von Reue gefolgte
Tat des Ur-Vatermordes einerseits vom Verhalten des Vaters veranlaßt wurde, anderseits zur sozialen Entwicklung (Heldentaten)
führt. Das Märchen verleugnet die gleiche Realität aus einem
übermächtigen Schuldgefühl, das aus der Enttäuschung am Erfolg
gespeist wird und die Wiederkehr der sozialen Urschwierig-
keiten als Vergeltung für die Urfrevel empfindet. Diese Vergeltungsfurcht der Märchenbildner braucht eine Rechtfertigung
des letzten Endes enttäuschenden Effektes und findet sie in der
Verleugnung der Mittel, mit denen er erreicht wurde. Der Effekt
wird keineswegs aufgegeben, aber es tritt die Verleugnung der
Tendenzen hinzu, und zwar als Trost für den unbefriedigenden

Erfolg, der der großen Opfer nicht wert scheint. Hier liegt ein Motiv für die Wirklichkeitsverleugnung des Märchens, die uns als Gipfel der Wunscherfüllung erscheinen muß. Sie bedeutet aber eigentlich einen Ausdruck höchster Resignation, der die Übergangsentwicklung der Menschheitsorganisation von der patriarchalen zur sozialen Epoche abschließt, welche Mythus und Märchen mit allen Schwierigkeiten ihrer realen und seelischen Leistungen schildern.

Ist, wie wir vermuten, dieser Selbsttrost einmal der Antrieb zur Märchenbildung geworden, so scheint die Tendenz zur Märchenerzählung in einem mehr positiven Moment zu liegen, das auch auf die heutige Funktion der Märchen als einzige Literatur unserer Kinder ein gewisses Licht zu werfen vermag. Das Lehrhafte, das dem Volksmärchen unzweifelhaft anhaftet, scheint so nicht erst später hinzugekommen, sondern nur die Ausgestaltung eines bereits von Anfang in der Märchenerzählung enthaltenen Kernes zu sein. Das Märchen ist, wie wir gezeigt zu haben glauben, psychologisch ein Ausdruck von Gefühlsregungen, wie sie nur der zweiten Generation entsprechen können, was durch die kulturhistorische Parallelisierung, welche die Märchen als Produkt der Brüderorganisation deklariert, bestätigt scheint. Diese zweite — kulturgeschichtlich erwachsene — Generation von Söhnen ist im Laufe der Realitätserziehung immer „jünger", und schließlich zur zweiten Generation kat exochen, zum Kind geworden[1]. Es scheint sich hier um einen typischen Vorgang zu handeln, ein geistiges Entwicklungsgesetz, das frühen Volksglauben als Kinderglauben konserviert, wie wir es bei spielsweise vom Storchmärchen wissen. Ähnlich verhält es sich mit den Pubertätsriten der Wilden, die nach den scharfsinnigen Ausführungen Reiks der jungen Generation die beiden totemistischen Hauptgebote der Vaterverehrung und der exogamen Inzestscheu in kultischen Handlungen vor Augen führen, wenn die Zeit herannaht, wo die Gefahr ihrer realen Übertretung möglich wird. Was dort die kultische Handlung bezweckt, das soll auf einer viel weiter vorgeschrittenen Stufe der sozialen Entwicklung das Märchen in der

---

[1] Auch Charlotte Bühler: „Das Märchen und die Phantasie des Kindes", Leipzig 1918, lehnt (S. 1, 10, 42) die ursprüngliche Schöpfung der Märchen für das Kind ab. — Löwis of Menar verweist darauf, daß die meisten Helden des Märchens heiratsfähige Jünglinge und Jungfrauen sind, für die das Kind kein Verständnis habe.

abgeschwächten Form der Erzählung, die heute noch als Ammen-
märchen dazu dient, das ungebärdige Kind zu schrecken und auf
diesem vielleicht doch unausweichlichen Wege pädagogisch einzu-
wirken. Es wird ihm die unnütze Grausamkeit der urzeitlichen Realbefriedigung mit der Aussicht vor Augen geführt, daß es alles gut-
willig bekommt, wenn es nur ein braves Kind ist. Die ursprünglich,
wenn man so sagen darf, in der Pubertät der Menschheit und für die
herangereiften Individuen zur Drohung, Warnung und Abschreckung
geschaffenen Märchen wären so im Laufe der sozialen Entwicklung
der Menschheit durch säkulare Verdrängung immer mehr in die
Kinderzeit verschoben worden, wie wir es ja auch von einzelnen
Pubertätsriten, beispielsweise von der die Kastration ersetzenden Be-
schneidung wissen.

Wie der Mythus vom Sohne so wären also die Märchen von
dem zum Vater avancierten Sohne der zweiten Generation, und zwar
für die junge herangewachsene Generation geschaffen, wenn auch
nicht ganz im Sinne ihrer heutigen Funktion, die aber bis zu einem
gewissen Grade tatsächlich der ihnen zugrunde liegenden Urtendenz
entspricht. Diese geht dahin, die ursprüngliche Brüderorganisation —
und später die jeweils herangewachsene ältere Generation — welche
von den Jungen die gleiche Auflehnung fürchtet, die sie selbst sich
hat zuschulden kommen lassen, vor dem gleichen Schicksal zu schützen
und zugleich die junge Generation zu warnen. Die erwachsene Generation also vor dem im Mythus dargestellten Kampf und der be-
fürchteten Vergeltung, die junge Generation aber vor der erfahrenen
Enttäuschung zu bewahren, ist die eigentliche Tendenz der Märchenerzählung, in der also die Eltern mit Recht meist wohlwollend ge-
zeichnet sind, weil sie im beiderseitigen Interesse die Kinder vor denselben unliebsamen Erfahrungen bewahren wollen, die sie selbst bei
der Erringung der primitivsten menschlichen Privilegien machen
mußten. Die Märchen verheißen gleichsam der jungen Generation,
indem sie ihr die Schwierigkeiten in der lebendigen Erzählung vor
Augen führen, daß sie alles, dessen sie zur freien Entfaltung und
Entwicklung bedarf, freiwillig bekommen soll, wenn sie dabei die
Rechte und Machtbefugnisse der alten Generation unangetastet lassen
will. Diese Forderungen stellen gleichsam die von der stärkeren
Partei diktierten Bedingungen dar. Es ist gewissermaßen ein Waffen-
stillstand, den die stets im Widerspruch stehenden und im Kampf

liegenden beiden Generationen in dieser Form geschlossen haben. Im Mythus muß sich der Sohn sein Recht auf Anerkennung durch den Vater erst erwerben, während das Märchen dies zum größten Teile schon durchgeführt zeigt, wenngleich das Sträuben der älteren Generation gegen diesen Kulturfortschritt noch durchblickt. So vollbringt sie zwar die der Urzeit entstammenden grausamen Motive der Aussetzung und Verfolgung der Kinder — aber nur unter dem Zwange der äußeren Not, mit starken moralischen Hemmungen und nicht zuletzt in einem das ganze Märchen durchsetzenden Gefühl der Unverletzlichkeit des Helden, der schließlich alle Fährlichkeiten glücklich übersteht.

Diese verdächtige Unwiderstehlichkeit des Helden verrät sich leicht als das unüberwindliche Ichgefühl des siegreichen mythischen Heros, das aus dem Heldenmythus in das Elternmärchen hinübergenommen ist, um dessen gute Lehren in Form der alten restlosen Wunscherfüllung für die junge Generation akzeptabel zu machen. Die mythische Rolle des sich sozial einordnenden Aufrührers fällt im Märchen dem Jüngsten zu, der allerdings für den Vater der Bedrohlichste ist, weil er am unmittelbarsten im gefährlichen Alter, also an der Austreibungsgrenze steht, ferner weil der Vater mit zunehmendem Alter immer weniger widerstandsfähig wird und endlich, weil der Jüngste am meisten an die Mutter attachiert ist, was — wie der Kronos-Mythus deutlich ausspricht — den Ansporn zur Beseitigung des Vaters verstärkt. Das Märchen macht aber, zum Trost für den Vater, den Jüngsten zum Ungefährlichsten (Dümmling), was vom Standpunkt des Sohnes möglicherweise auf das infantile Motiv der Verstellung zurückgehen dürfte. Dazu stimmt auch, daß er ja schließlich doch alles erreicht wie der mythische Held, aber nicht wie dieser mit Gewalt, sondern meist mit List und jedenfalls in den Grenzen familiärer Rücksicht. Indem aber gerade der Jüngste schließlich das Reich des Vaters und die vielumworbene Prinzessin gewinnt, ist er als der mythische Held charakterisiert und als würdiger Nachfolger des Vaters, der er auch im physischen Sinne wird und der damit in die ältere Generation aufrückt.

Als weiteren Grund für die restlose Wunschdurchsetzung der jungen Generation im Märchen dürfen wir annehmen, daß auf dem Wege der Identifizierung mit dem Helden, dessen Rolle sie ja wirklich in der Vergangenheit gespielt hatten, die Alten nachträglich selbst aus dem Motiv der Reue zu guten folgsamen Kindern werden und so das gute Beispiel mit mehr Überzeugung vortragen können. Spiegeln die Mythen die Auflehnung des Sohnes wider, so haben in den Märchen die Eltern wieder die Oberhand gewonnen und suchen die ihnen drohende Auflehnung der neuen Generation zu verhindern. Aber nicht mehr mit dem Mittel der familienzerstörenden Aussetzung und Austreibung, sondern — da bereits die Familien konsolidiert sind — mittels der abschreckenden Erzählung davon. Die Kinder erhalten auch jetzt volle Befriedigung ihrer Wünsche zugesichert, aber es geht alles in Gutem ab und die aus dem Mythus übernommenen Gewalttaten geschehen nur zum Schein (Tötungen werden rückgängig gemacht), gleichsam zur Drohung an die heranwachsende Generation, es nicht so zu machen wie der mythische Held, da die Eltern sonst so grausam vorgehen könnten wie es das Märchen von der Urzeit erzählt. Der Glaube an den Mythus stammt daher, daß er die Realität korrigieren und ersetzen soll, der sprichwörtlich gewordene Unglaube an das Märchen daher, weil es von der Realisierung der Urwünsche abschrecken will. Das Märchen kleidet die Rechtfertigung vor der heranwachsenden Generation etwa in folgende Formel: Wir haben das Erreichte nicht auf dem kurzen Wege errungen, auf dem es euch jetzt in den fortgeschrittenen Kulturverhältnissen entgegengebracht wird, und auch nicht in der Tendenz, die man aus dem Effekt erschließen könnte. Das Märchen zeigt vielmehr den langen mühevollen Umweg, der in vergangener Zeit zu diesen Zielen führte; gleichzeitig aber verleugnet es auch jene Tendenzen, deren asoziale Natur man aus der Erzählung schließen könnte. In diesem Kompromißcharakter vereinigt es sowohl die Durchsetzung als die Zurückweisung der primitiven Impulse, die — tief im Triebleben verankert und stark lustbetont — zu einer Sprengung der Gemeinschaft und zu wilden Taten der Gewalt führen müssen, wenn sie der Mensch nicht „bezähmt, bewacht".

SE VERUS
Verlag

Ebenfalls im SEVERUS Verlag erhältlich:

Wilhelm Weygandt
Abnorme Charaktere in der dramatischen Literatur
Shakespeare - Goethe - Ibsen - Gerhart Hauptmann
SEVERUS 2010 /144 S./ 19,50 Euro
ISBN 978-3-942382-22-9

„Bei Hauptmann wie bei Ibsen, bei Shakespeare und ebenfalls bei Goethe sahen wir, wie der Dichter in seinen Schöpfungen uns eine reichliche Fülle abnormer Charaktere in dem mannigfaltigsten Sinne dieses Begriffes darbietet."

Der deutsche Psychiater Wilhelm Weygandt (1870 bis 1939) verbindet in dem hier vorliegenden Buch seine unfangreichen psychiatrischen Erfahrungen, die er als Direktor der ehemaligen Staatskrankenanstalt Hamburg-Friedrichsberg sammeln konnte, mit den großen Werken der Literatur. Seine Arbeiten zählen zu den bedeutendsten Zeugnissen der Psychiatriegeschichte vom Ende des 19. Jahrhunderts bis in die Zeit des Nationalsozialismus.

www.severus-verlag.de

SEVERUS

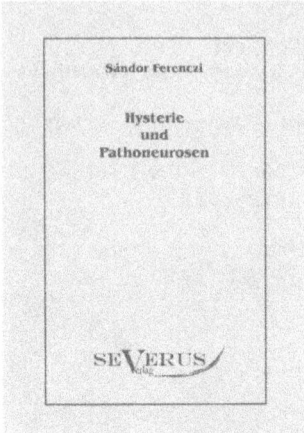

Sándor Ferenczi
Hysterie und Pathoneurosen
SEVERUS 2010 / 84 S. / 24,50 Euro
ISBN 978-3-942382-42-7

Dr. Sándor Ferenczis Studien umfassen praktische Erfahrungen hinsichtlich verschiedener Ausprägungsformen und –graden von Hysterie und veranschaulichen darüber hinaus auch weitere Problemstellungen, mit denen Psychoanalysten konfrontiert werden.

Er präsentiert eine Abhandlung über die hysterische Symptombildung, die er in Zusammenhang mit der Erfahrung frühkindlicher sexueller Gewalt setzt und beschreibt Hysterie als Regression der Erotik in sonst reinen Ich-Funktionen dienende Organe. Sein kurzer Bericht über Kriegsneurosen veranschaulicht darüber hinaus zahlreiche seelische Störungen, die sich hinter vermeintlich körperlichen Symptomen verbergen. Dr. Sándor Ferenczi versteht es sehr gut sowohl bereits vorhandene Forschungsgegenstände der Psychoanalyse eingängig und prägnant aufzugreifen, als auch richtungsweisend neue Untersuchungsfelder zu entwickeln.

www.severus-verlag.de

.

* 9 7 8 3 8 6 3 4 7 5 7 8 9 *